徽州民間規約文獻精編

社會生活規約卷

卞利 編著

時代出版傳媒股份有限公司
安徽教育出版社
·合肥·

圖書在版編目(CIP)數據

徽州民間規約文獻精編. 社會生活規約卷 / 卞利編著. —合肥：安徽教育出版社，2020.12
　ISBN 978-7-5336-9249-0

Ⅰ.①徽… Ⅱ.①卞… Ⅲ.①習慣法—匯編—徽州地區②鄉規民約—徽州地區 Ⅳ.①D927.543.215.9②B824

中國版本圖書館CIP數據核字(2020)第265784號

徽州民間規約文獻精編
社會生活規約卷

HUIZHOU MINJIAN GUIYUE WENXIAN JINGBIAN

出 版 人：費世平
策劃編輯：夏業梅
項目統籌：李冰冰　陶忠娣　付　静
本卷責任編輯：江　舟　杜偉偉　徐寶妹　付　静
裝幀設計：張鑫坤
責任印製：陳善軍

出版發行：時代出版傳媒股份有限公司　安徽教育出版社
地　　址：合肥市經開區繁華大道西路398號　郵編：230601
網　　址：http://www.ahep.com.cn
營銷電話：(0551)63683012，63683013
排　　版：安徽時代華印出版服務有限責任公司
印　　刷：安徽新華印刷股份有限公司

開　　本：710×1010　1/16
印　　張：41(本卷)
版　　次：2020年12月第1版　2020年12月第1次印刷
定　　價：590.00圓(四卷)

(如發現印裝質量問題，影響閲讀，請與本社營銷部聯繫調换)

總　序

"官有正條,各宜遵守;民有私約,各依規矩。"①在中國歷史上,先秦萌芽,秦漢、魏晋南北朝初步發展,隋唐定型,宋元至明清特别是明清時期達到鼎盛,近代新舊交替之際完成轉型的民間規約,廣泛地存在和深深地植根於中國傳統社會之中,并與國家法律及地方行政法規一道,相共與存,互相補充,彼此互動,維持着國家機器的正常運轉,以及社會、經濟、教育和文化等領域的有序運行。正如馬克斯·韋伯在《社會學的基本概念》一書中所云:"一種導引管理組織行動的秩序,可稱作'行政秩序'(Verwaltungsordnung)。而一種規範約束其他的社會行動,并保證行動者享有由此一規則所開啓的機會的秩序,則稱爲'規約式秩序'(Regulierungsordnung)。"②歷史上,中國民間規約所規範和約束的秩序,正是這種"規約式秩序"。

一、民間規約的概念及類型

何謂民間規約?民間規約的内涵與外延如何?從字面上來看,民間規約中的"民間",主要是相對於"官方"而言,但"民間"與"官方"兩者之間的界限往往并不十分清晰,有時甚至是非常模糊的。"規約"則是一種規範、規矩、規則、約定和約束。因此,我們可以對民間規約的内涵作如下表述:民間規約是指某一特定地域、組織或人群,依據當地風土民情、習慣與社會生産生活需要,共同商議制定,并由某一共同地域、組織或人群在一定時間和空間範圍内共同遵守的自我管理、自我服務、自我約束的規則或約定。嚴格來説,民間規約包含了"規"和"約"兩個部分,"規"指的是某一特定地域、組織

---

① 《清道光十八年仲秋月安徽省祁門縣灘下村永禁碑》,原碑立於安徽省祁門縣渚口鄉灘下村。
② [德]馬克斯·韋伯著,顧忠華譯:《社會學的基本概念》,桂林:廣西師範大學出版社,2005年,69頁。

或人群,在特定時間内共同發起、制定和遵守的約定俗成的規則或規範,其所維護和約束的是一定時間和空間範圍内組織與人群的整體利益和集體行爲,具有相對全局性、穩定性、原則性、規範性和嚴肅性等特點;"約"則是部分地域、組織、行業和人群爲某一特定事項而達成的某種群體性公共約定,其所維護的是某一特定時間内特定地域、組織暨特定人群的群體利益而非私人利益。在相對較爲統一的特定時間和空間範圍内,"約"是"規"的具體化,或者説,"約"是在"規"的指導下,因時、因地、因人、因事而制定和達成的一種約定或約束性規範。

　　需要特別指出的是,被某一特定組織或人群推舉或公認的精英人物個人所起草制定,并爲特定地域、組織和人群認同、接受與執行的規約,亦屬於民間規約的範疇。如宗族規約中的祖訓和家訓,主要是由宗族歷史發展長河中的精英人物在長期的社會生産與生活實踐中,通過自身經歷、經驗積纍和總結而形成的。如著名的《顔氏家訓》,即是由北齊文學家、教育家顔之推個人治家經驗積纍總結而成,并爲歷代顔氏家族成員所共同遵守的規訓。由於影響巨大,《顔氏家訓》後來甚至發展成爲全國各地各大家族效法和奉行的家族子女教育的典範,進而成爲家訓類規約的代表性作品。即使是民間創辦和運行的學校或書院等類規約,甚至是村莊的村規民約,亦有不少是由個人草擬、制定并實行的。其中,如明正德十二年(1517)著名心學家、甘泉學派的創始人湛若水(廣東增城人)爲其所創辦的大科書院而起草和制定的《大科書院訓規》①;清康熙年間,理學名臣、翰林院編修、兵部右侍郎、直隸巡撫李光地爲家鄉福建安溪縣湖頭村制定的村規民約——《同里公約》②等,都是由個人起草、制定和實施的民間規約的典型範本。

　　縱觀中國歷史上普遍存在并廣泛發揮作用的各類民間規約,儘管在時間、空間、載體、内容、性質和形式上有着豐富的内涵和複雜的類型,但從客觀科學的實際出發,我們更傾向於結合内容、性質和形式等因素,對各種複雜的民間規約予以類型上的劃分。

　　概括而言,歷史上的民間規約主要包括以下幾大常見類型:

　　一是村規民約,亦稱"鄉規民約"。在中國傳統的農耕社會,村規民約在衆多内容豐富、類型複雜的民間規約中占據着主導性和支配性地位。村規

---

① [明]湛若水:《湛甘泉先生文集》卷六《大科訓規》,清康熙二十年黄楷刻本。
② [清]李光地:《榕村别集》卷五《同里公約》,清乾隆刻本。

民約是指在特定時間內的某一特定鄉村地域空間,按照當地的風土民情、習慣和社會生產與生活實際,由某一特定組織、人群共同商議制定,并爲某一特定組織或人群在一定時間內共同遵守的自我管理、自我服務、自我約束的共同規則與約定。民間規約由"村規"與"民約"兩部分組成。這裏的"民約"既不是"民間規約"的簡稱,也不是私人約定的"私約",而是公共的"規則"或"約定",即"公約"。根據這一界定,我們可以嘗試着將村規民約依次分爲綜合類、經濟類、教育類、環境生態類和其他類等多種類型,其具體內容涉及村規俗例、環境生態和森林保護、村莊動産和不動産管理、鄉村集市貿易、村莊各類事務、村民議事、村莊勸善和村莊防禦等各個方面。

二是宗族規約。宗族規約是指具有共同血緣關係的宗族組織或人群,在特定活動時間和空間範圍內,按照當地風俗習慣和本宗族生產與生活實際,由宗族內部精英人物或人群共同商議制定,并由該宗族組織或人群在一定時間與範圍內共同遵守的自我管理、自我服務和互相約束的共同規範與準則。在長期的歷史和社會實踐中,自秦漢、唐宋至民國時期,我國各地逐漸形成和發展了一整套包括祖訓、家訓、庭訓、誡訓、家規、族規、祠規、家法、家政乃至族譜編纂凡例等在內的地域特色鮮明的宗族規約。這種以民間成文法形式出現和存在的宗族規約,對聚族而居村莊中具有共同血緣關係的同姓宗族成員而言,具有很強的約束力、影響力和控制力。這正是所謂"規約者,約同堂之人也"①的實質所在。在長期的社會生產與生活實踐中,個別地域的宗族規約甚至被當地官府以鈐印許可的形式予以批准,并以地方官府告示的名義給予頒布和施行,成爲得到國家認可的準則與規範,宗族規約亦因此成爲國家法律和地方行政法規的一項重要的補充和延伸。② 從存在形態上看,宋明以降至民國時期的宗族規約,既有獨立成册(含刊行)的單行本家訓與族規、家法,如《顔氏家訓》《袁氏世範》《浦江鄭氏家範》《休寧茗洲吳氏家典》,也有收入各類譜牒中的祖訓、家訓、家規、祠規、族約等文獻,另外還有大量存在的各種宗族公約類散件文書。基於宗族規約數量龐大這一

---

① [明]黄玄豹重編,[清]黄景管參補、黄臣槐等校補:《潭渡孝里黄氏族譜》卷四《家訓·敦睦堂家規引》,清雍正九年校補刻本。
② 參見瞿同祖:《中國法律與中國社會》,北京:中華書局,1981年;[日]滋賀秀三著,張建國、李力譯:《中國家族法原理》,北京:法律出版社,2003年;朱勇:《清代宗族法研究》,長沙:湖南教育出版社,1987年;卞利:《國家與社會的衝突和整合:論明清民事法律規範的調整與農村基層社會的穩定》,北京:中國政法大學出版社,2008年。

事實,爲便於閱讀和理解,我們還可將宗族規約細分爲家(祖、箴、規和庭)訓、族(宗、家、祠)規、家法、家政、家範、家議,以及族(規、戒、議)約與合同文約等種類。不過,傳統中國鄉村社會大多呈聚族而居格局,宗族與村落往往具有相互重疊的特徵,"幾乎在中國的每一個地方,幾個緊密相連的村落構成鄉村社會的基本單位。氏族[書面語一般爲'世系'或'宗族'(lineage)]通常只是村落的一部分。但是,在福建和廣東兩省,宗族和村落明顯地重疊在一起,以致許多村落只有單個宗族,繼嗣(agnatic)和地方社區的重疊在這個國家的其他地區也已經發現,特別在中部的省份,但在中國的東南地區,這種情況似乎最爲明顯"①。因此,在單一大姓望族聚居的村落中,由族長、宗子或其他族内精英所發起和制定的宗族公約,事實上亦兼具村規民約的功能。或者説,鑒於這類宗族規約同村規民約具有重疊性特徵,故其本身亦可被納入村規民約的範疇。

三是會館、善堂、公所暨行業組織類規約。會館、善堂和公所是中國歷史上尤其是明清至民國時期,由同鄉商人、官員或同業人員組成的地緣性或業緣性組織。從行業的分類視角上看,其門類十分繁多,涵蓋的範圍極其廣泛,民間素有所謂"三百六十行"之説。對此,我們按照歷史上特別是宋明至民國時期各類會館、善堂、公所暨各大行業規約文獻留存的實際狀況,依次將其細分爲會館、善堂、公所、行業規約,官方和私人興辦的私塾、書院暨并非官方興辦的學校内部管理規約,以及農、工、商業管理規約等類型。不過,衆多行業規約中的農業類規約,個别内容又與村規民約互相交叉和重疊。

四是會社類規約。秦漢以來,作爲民間組織或團體的會社遍布於社會生産與社會生活的各個領域、各個方面,存在於社會的各個階層、各個角落,在維持各類會社組織的運轉、保護會首和會社成員的權益等方面,發揮了重要的規範、約束與指導作用。根據會社活動内容和性質,我們可將會社類規約細分爲政治型、經濟型、軍事型、文化娛樂型、慈善與公益型、宗教和民間信仰型共六種類型。

五是寺廟宫觀等宗教設施管理類規約。寺廟宫觀等宗教設施管理類規約,是指管理與處理本寺廟宫觀事務的規則和約定。這些規約文獻包括叢林規約、齋醮規約、祠廟規約、寺産規約、墳塋或墓塋規約、祭祀規約、請神規

---

① [英]莫里斯·弗里德曼著,劉曉春譯:《中國東南的宗族組織》,上海:上海人民出版社,2000年,1頁。

約、朝拜規約、送神規約、禁忌規約、慈善規約、團合規約等,具有教派性、區域性、民間性等特點。東漢至民國時期的中國歷代各類宗教組織機構和設施,如佛教的寺廟庵院、道教的宮觀、伊斯蘭教的清真寺等,都曾專門制定內涵豐富的規約作爲管理與處理本寺廟宮觀事務的規範和準則,約束各類人群在寺廟宮觀及其內外設施的行爲。同一般的宗教戒律相比,儘管寺廟宮觀等宗教設施管理類規約亦有與之相同或相通的一面,并與宗教的清規戒律相互補充,但因寺廟宮觀等宗教設施管理類規約并不針對各類宗教教義和清規戒律本身,因此,兩者之間的區別和差異還是非常清晰的。

六是日常生活或社會生活類規約。之所以將日常生活或社會生活類規約從各類民間規約中單獨分離出來,主要是基於這類民間規約往往因與其他各類規約相互交叉而容易形成真空地帶,從而影響我們對民間規約的整體認知。因此,我們特地將難以歸屬但又司空見慣且數量巨豐的這類日常生活或社會生活中反復出現并廣泛發揮作用的規約獨立分類,主要是出於儘可能減少無法歸類的民間規約被遺漏的現象這一目的。就內容、形式和性質而論,日常生活或社會生活類規約內容堪稱豐富多彩,形式堪稱複雜多樣。這些規約在規範和約束特定地域、組織和人群的衣食住行、人生儀禮、民間救助、社會保障、宗教與民間信仰、祖先祭祀、人身與財產繼承以及移風易俗等方面發揮了巨大的積極作用。

民間規約是實現社會或組織秩序穩定,以及經濟、教育發展和文化認同的重要途徑,是傳統社會特別是基層社會治理、經濟活動管理和教育文化發展中不可或缺的重要規範之一。在中國傳統社會特別是在"禮法合治"的中華法系架構內,民間規約本身即具有"法"的性質和作用,這就是"因俗而治"的民間法。所謂"國重國法,所以懲刁頑;家尚家規,實以儆敗類。固以見國、家之一致,而知非有歧道也"①,就是這個道理。民間規約規範着被規約覆蓋的群體的思想言論、行爲理念及其社會經濟基本秩序。在國家與社會之間保持正常良性互動的條件下,良好而完備的民間規約有助於維繫基層社會秩序,有助於維護社會穩定,促進社會經濟的良性運行和健康發展,陳腐而落後的民間規約則只會起到相反的作用。同樣,在國家政治相對腐朽黑暗、國家與社會之間難以形成良性互動的背景下,處於相對權力真空中的

---

① [清]胡璟等纂修:《橫岡胡氏支譜》卷下《家規》,清康熙四十三年刻本。

地方基層社會或組織單位，也常常會主動調整民間規約的某些內容，采取和緩與讓步的方式，儘可能減少同所在地方官府的對立與衝突，尋求各方利益的平衡，并最大限度地維護自身權益免遭侵害。

應當説，中國歷史上特別是宋明以來的民間規約，往往是在中央和地方官府的指導下制定和實施的，起到了對中央和地方官府的某些政策進行細化和分解的作用，而且能够結合當地社會經濟或組織群體的具體實際，因人制宜、因事制宜、因地制宜和因時制宜地加以調整，以適應不斷發生變化的實際，這其實正是民間規約内涵的拓展與延伸。即如明代中葉以降全國各地所倡行的鄉約，其本身雖然是一種官方的行爲，但在具體執行和實施的過程中，許多地區的基層組織和民衆往往根據自身的實際，因地制宜地制定了一些更爲細化且更易於操作的鄉約條款，如明正德時期王陽明所倡行的南贛鄉約、隆慶年間祁門縣文堂陳氏鄉約、萬曆年間婺源縣沱川余氏鄉約和福建泉州府惠安鄉約等。儘管包括以上鄉約在内的全國各地鄉約在實施實踐中顯示出了各自不同的地域特點和社會文化差異，但結果却又出奇地保持一致，即都是通過鄉約的倡導和實施，把國家意志轉化爲鄉民的實踐，國家和鄉村社會亦藉此實現了良性的互動。這一社會實踐本身表明，民間規約有其自身的靈活性特徵。

還應指出的是，民間規約作爲基層社會治理和經濟、教育、文化等領域管理的一項非制度性設置，其本身帶有一定的自治性質。秦漢以來特別是宋明以降，在以皇權爲中心的高度專制主義中央集權統治下，基層社會特別是相對封閉的邊遠山區鄉村基層社會，基本上處於一種天高皇帝遠的權力真空狀態，專制政權難以將觸角伸展到這些地區，行使直接而具體的統治。加之歷史上特別是宋明以來中國絶大部分地區的鄉村社會呈現聚族而居的格局，血緣宗族往往與鄉村基層政權組織相互滲透，彼此配合，甚至互相重疊。因而，誠如上文所言，聚居於鄉村社會中的强宗大族所制定和施行的各類族規家法與宗族公約，明顯具有村規民約的性質與功能。包括鄉村在内的基層社會中，除了普遍存在的宗族組織以外，還有各種不同類型的會社等組織，其會社規約同樣也具有民間規約的性質和功能，它們在會社内部組織和成員中具有廣泛的認知與認同，對保障會社組織運行，保障會首與會社成員的權利、責任和義務等，具有重要的規範和約束作用。此外，由基層社會群體制定并經當地官府批准頒示的各類保護群體利益免受侵害的告示，無論就其所規範的範圍,還是就其所涉及的內容而言,都應被視爲當地基層組織和民衆主動邀請國家權力進入以增強其權威性與震懾性的民間規約範疇,是民間規約的不可或缺的重要組成部分。在這裏,官方文件與民間規約的界限十分模糊,甚至完全消失了。

我們還注意到,歷史上特別是宋明以來全國各地出現的以"合同"名義規範部分人群行爲的文本式規約,由於其涉及賦稅徵收和徭役僉派,土地租佃,地(山)界劃分,山林、墳墓與水利保護,祖先祭祀,公益設施興建與管理,家產分析繼承,訴訟調解與息訟,以及公平交易秩序等各個層面,因此,這類合同議約無論在內容上還是形式上,都與我們今天見到和理解的當代商業類合同有着較大的差異。但它們具有協調個體(少數人)與整體關係,規範合同當事人雙方或多方權利、責任與義務的"民約"性質,顯然亦應被歸入民間規約的範疇來予以考察。

總之,中國歷史上特別是宋明以來民間規約的內涵相當豐富,類型極其廣泛。儘管我們將這一時期的民間規約按照內容和性質作如上分類,但并非所有民間規約都如上述分類那樣呈現出相對獨立性的特徵。恰恰相反,這些民間規約往往是你中有我、我中有你,表現爲相互交叉的綜合性特徵,尤其是非單一性民間規約更是如此。

二、民間規約的特點與功能

中國歷史上特別是宋明以來民間規約的內容非常豐富,類型極爲複雜,內涵與外延相當廣泛。但概括而言,它主要具有以下幾個基本特點與功能。

一是地域性。任何民間規約都是存在於某一特定地域并在這一地域空間的界限內發揮作用的。以村規民約爲例,清順治三年(1646)廣東廣州府批示南海縣佛山鄉爲嚴禁開涌、保護耕地和墳墓所制定和頒布的村規民約時,即明確規定了該件村規民約所適用的空間範圍,即"三山、嶺岡、羅播、田心、寺邊、張槎各處鄉民知悉,務要恪遵示禁,不許妄意變更,仍前私挖涌源,致潦水淹浸,傷害民生風水。如有故違,許各堡鄉民指名具呈赴府,以憑拿究重治,決不輕貸"[①]。即使是跨地域的會館、善堂、公所等同鄉或同行業組織的規約,儘管其所涉及的地域範圍較廣,但也只是局限於規約中所列舉的

---

① 《佛山忠義鄉志》卷十三《鄉禁志》,清道光十一年刻本。

地域和人群，并不涉及規約範圍以外的地區。顯然，地域性是歷史上民間規約顯著的基本特點之一。

二是時效性。任何民間規約從制定、頒發到施行，都具有非常明確的時間限制，即使相對較爲穩定，如村規民約、宗族規約和日常生活規約者，亦都有其自身的時效性要求，并在規定的有效時間内發揮作用。失去了時效性，民間規約便不再有任何約束力。清嘉慶二十三年（1818）松江府婁縣義園修訂的《規條》，在將旅櫬"前議三年爲期"改爲"自辛巳年起，公議一年爲限"①時，前一《規條》的規定便自動終止，不再發揮作用。有些民間規約爲了强調其時效性，甚至嚴格規定了規約的起始和終止時間。福建福州會館在清道光十二年（1832）就明確作出"本章程成立，兩館舊章皆作無效"②的規定。可以説，時效性是民間規約的又一顯著特徵。

三是靈活性與變通性。歷史上特別是宋明以來的民間規約并不是一成不變的，它往往會因人、因事、因時、因地而不斷地發生變化，并根據變化了的形勢適時進行調整，特別是因應形勢變化而不斷增訂的民間規約，其實正是民間規約區別於國家法律的一個顯著特點。可以説，對規約内容和形式的每一次修訂與增删，都是對此前規約的補充和完善，并以最新修訂增删的規約作爲依據。如廣州的粤秀書院規約，從清雍正十一年（1733）始至道光七年（1827）止，短短不到百年時間，該書院規約就"因時斟酌"③，"隨時少有增删"④，前後修訂近十次之多，每一次修訂和增删後的《現行規條》都會成爲該書院施行的最新規範。粤秀書院規約的頻繁調整與補充，真實地反映了民間規約的靈活性與變通性特徵。

四是權威性和震懾性。儘管歷史上特別是宋明以來的民間規約是某一特定地域、組織和人群爲自我管理、自我服務、自我約束而制定的民間規則和約定，但爲了强調其權威性和震懾性，民間規約的組織者、制定者和執行者，往往會藉助當地官府的力量，通過當地官府頒發告示等方式予以發布和執行。清康熙五十六年（1717），福建安溪人李光地在《還朝臨行公約》中，對自己在返鄉省親時爲家鄉湖頭村制定的村規民約——《同里公約》進行了補

---

① 《新安義園徵信録·規條》，清光緒刻本。
② [民國]李景銘：《閩中會館志·福州會館規約》，載王日根、薛鵬志編《中國會館志資料集成》第1輯第4册，廈門：廈門大學出版社，2013年，75頁。
③ [清]梁廷枏：《粤秀書院志》卷二《規則》，清道光二十七年刻本。
④ [清]梁廷枏：《粤秀書院志》卷二《學規》，清道光二十七年刻本。

充,其中第一條即是利用自身人脉,藉助當地官府,使《同里公約》與官方權力互相"呼應",以增强其權威性和威懾力。該條原文如下:"諸鄉規,俱照去歲條約遵行。我已囑托當道,凡係人倫風俗之事,地方報聞,務求呼應作主。但恐我輩用心不公,處事不當,或心雖無私而氣不平,事雖不錯而施過甚,則亦於仁恕之理有乖,皆未足以服人心而取信於官長也。嗣後,舉行舊規,必酌其事之大小輕重,可就鄉約中完結者,請於尊長會鄉之耆老,到約完結。必須送官者,亦請尊長會鄉之耆老,僉名報縣懲治。如事關係甚大而有司呼應未靈者,鄉族長老僉名,修書入京,以便移會當道,最忌在斑白退縮,袖手緘喙,使二三乳臭聽匪類指使者把持鄉政。"①這種主動邀請地方甚至中央權力介入的方式,是歷史上特别是宋明以來包括村規民約在内的民間規約的一種常態形式。其實,會館、善堂、公所及各個行業的規約,不少以所在地方官府告示的名義來發布,其目的顯然是强化民間規約的合法性、權威性和震懾性。

歷史上特别是宋明以來,民間規約具有多方面的功能。概括而言,民間規約的基本功能主要還是爲了保障特定地域、組織和人群的切身權益,規範、約束其言行舉止,并進而維持既有的政治秩序、社會經濟秩序、倫理道德秩序和文化教育秩序。具體而言,這些功能主要表現在以下幾個方面。

第一是規範功能。規範特定地域、組織和人群行爲,協調個體與群體關係,這是民間規約最基本的功能,此正所謂"朝廷有律法,鄉黨有禁條"②,"朝廷有律例,商賈有規約"③是也。在遵守國家法律的前提下,每個地域的不同行業組織大都會制定和施行處理各種事務的規則與條約。但國家法律畢竟是宏觀的國家大法,而民間規約則是在某一特定地域、組織和人群内部制定和實施的具體規則和約定,是國家法律的補充和延伸。在"禮法合治"的中國傳統禮俗社會中,無論是村規民約、宗族規約、鄉約與會社規約,還是會館、善堂、公所暨行業規約及宗教和民間信仰規約,甚至各種合同文約,其本身都具有協調某一特定地域、組織和人群各種利益糾葛,進而發揮懲惡揚善、趨利避害、維護自身權益的功能,它們是個體行爲服從群體行爲的集中

---

① [清]李光地:《榕村别集》卷五《同里公約》,清乾隆刻本。
② 《清康熙十一年貴州從江侗族高增款碑》,載楊一凡、劉篤才編《中國古代民間規約》第三册,北京:社會科學文獻出版社,2017年,3頁。
③ 《清光緒三十年湖南武岡書業條規》,載楊一凡、劉篤才編《中國古代民間規約》第二册,北京:社會科學文獻出版社,2017年,127頁。

體現。只有將其言行舉止，權利、責任和義務以規約的方式予以明確規範并加以約束，才能真正維持特定地域、組織和人群的既定利益與秩序，才能實現國家與基層社會的良性互動。正如休寧縣《富溪程氏規訓叙》所云："家國一道也，國有法，家有規，均所以制治防危而不可廢焉。"①

第二是互助和救濟功能。從歷史上特別是宋明以來各類民間規約的豐富内容中，我們不難發現，互助與救濟始終在規約中占據着較大比重。且不說宗族規約和村規民約中的義田、義莊、膏火田的管理規約本身就是爲救助接濟本宗族生産與生活困難成員以及資助子弟讀書科第而設定，即使是會館、善堂、公所暨行業規約，其互助互濟功能也是顯而易見的，所謂"備棺施濟，原爲貧乏孤寡、無力措辦者而設"②。而清光緒二十年(1894)蘇州圓金業公所爲救助同業中年老貧苦無依者，還專門通過捐助設立專項救助資金，并制定規約，"循照舊章，同業中有年老無依者，仍由公所養贍，病則醫藥，故則殮埋，并將失業各夥設法安插"③。總之，"出入相友，守望相助，疾病相扶，患難相恤"④始終是民間規約恒久存在并保持活力的一項基本功能。

第三是獎勵和懲罰功能。歷史上特別是宋明以來的民間規約大都兼具獎勵和懲戒功能，對嚴格遵守規約内容，認真行使規約所賦予的權利，履行規約所規定的責任和義務者，各類民間規約的組織者一般都會設有專項獎勵條款，對其予以表彰和獎勵。清乾隆十四年(1749)、四十三年(1778)和嘉慶十四年(1809)，黟縣南屏葉氏宗族多次重申嚴禁賭博規約，對族内參與賭博的成員予以嚴懲，同時對舉報和訪拿者則承諾給予重獎，規定："族中邪僻之禁至詳，而所尤嚴者賭博。賭博之禁，業經百餘年，間有犯者，宗祠内板責三十。士庶老弱，概不少貸。許有志子弟訪獲，祠内給獎勵銀貳拾兩。"⑤對不履行甚至違反規約者，一些組織還制定了嚴厲的懲罰條款，如明嘉靖十六年(1537)休寧縣《率濱吟社條約》，即對怠懈違約者予以罰其繳納筆、墨、紙的處置，"作詩，每月一首，務宜會日完課。如怠懈者及失旨者，罰呈紙五十

---

① [清]程顯謨纂修：《富溪程氏祖訓家規封丘淵源合編》，清宣統三年抄本。
② 《上海同仁堂徵信録》，清道光二十四年刊本。
③ 《清光緒二十年圓金業興復公所辦理善舉碑》，載蘇州博物館等編《明清蘇州工商業碑刻集》，南京：江蘇人民出版社，1981年，173頁。
④ [清]鄭道選修、鄭士滿纂：《錦營鄭氏宗譜》卷末《祖訓》，清道光元年敦倫堂木活字本。
⑤ [清]葉有廣等纂修：《黟縣南屏葉氏族譜》卷一《祖訓家風》，清嘉慶十七年木活字本。

張、堅筆四管、京墨二笏入社,以助謄錄"①。至於宗族規約、村規民約和日常生活規約,以及會館、善堂、公所暨行業類規約,其獎懲制度規定得更加完善具體。獎懲功能,其實正是歷史上特別是宋明以來民間規約維繫特定地域、組織和人群的權利、責任和義務,進而維持基層社會秩序的最基本功能,是歷史上特別是宋明以來民間規約貫徹落實國家法律法規、維護基層社會與國家政權良性互動的重要方式之一。

總之,歷史上特別是宋明以來的民間規約內容豐富多彩,類型紛繁複雜,形式靈活多樣。其功能也是多方面、多層次的,它對維護既有的社會秩序,維繫國家與基層社會的良性互動關係,進而實現基層組織與社會的長治久安,起到了舉足輕重的作用。

三、民間規約與社會秩序

在對民間規約進行分類的同時,我們還要特別關注各類民間規約背後所隱藏和表達的社會信息,即規範組織與基層社會秩序,維護組織成員的權益,維持基層社會的穩定與經濟的發展。這既是民間規約應有之意,也是其制定者所要達到的目的和實現的願望。

明代中葉以降,隨着商品經濟的發展與社會的繁榮,民間規約亦呈現出日益增多和不斷細化的趨勢,小自個人和家庭,大到國家與社會,其觸角幾乎滲透到社會的各個角落和組織的各個層面。但無論內容、類型和形式如何複雜多樣,在維護社會經濟、倫理道德和日常生活秩序方面,民間規約的作用都是共同而相通的。

首先是維護社會的倫理道德秩序。歷史上特別是明清時期的民間規約,尤其是其中的村規民約和宗族規約,大多以明太祖的《聖諭六條》②和清聖祖的《聖諭十六條》③爲指導思想和最高準則,將維護社會的倫理道德秩

---

① [明]程應徵:《率濱社錄》卷首,明嘉靖二十七年刻本。
② 《明太祖實錄》卷二百五十五、洪武三十年九月辛亥條云:"上命户部下令,天下民每鄉里各置木鐸一,内選年老或瞽者,每月六次持鐸徇於道路,曰'孝順父母,尊敬長上,和睦鄉里,教訓子孫,各安生理,毋作非爲'。"
③ 《清聖祖實錄》卷三十四、康熙九年九月癸巳條云,上諭禮部曰:"朕今欲法古帝王,尚德緩刑,化民成俗。舉凡敦孝弟以重人倫,篤宗族以昭雍睦,和鄉黨以息爭訟,重農桑以足衣食,尚節儉以惜財用,隆學校以端士習,黜异端以崇正學,講法律以儆愚頑,明禮讓以厚風俗,務本業以定民志,訓子弟以禁非爲,息誣告以全良善,誡窩逃以免株連,完錢糧以省催科,聯保甲以弭盜賊,解仇忿以重身命,以上諸條,作何訓迪勸導,及作何責成内外文武該管各官督率舉行。"

序,實現"父子有親,君臣有義,夫婦有別,長幼有序,朋友有信"作爲最終的目的。明嘉靖年間,浙江永嘉縣的項喬在《項氏家訓》中曰:"聖訓六句乃做人之大略,尤爲生員、爲人師友者所當講解體念。"①萬曆《休寧宣仁王氏譜》的《宗規》指出:"《聖諭》當遵:'孝順父母,尊敬長上,和睦鄉里,教訓子孫,各安生理,毋作非爲。'此六句,包盡作人道理。凡爲忠臣,爲孝子,爲順孫,爲聖世良民,皆由此出。一切賢愚,皆通此義。"②而明崇禎年間休寧縣葉氏宗族在"重倫理以教家"的《家規》條款中所規定的"父子親、夫婦順、長幼序、朋友信,此等人出而事君,必爲忠臣,爲良臣。總之,倫常原于天性,不事矯飾,本慈孝以爲親,率唱隨以爲順,根友恭以爲序,袪虛假以爲信。合親、順、序、信以事君,倫理重而家教立矣"③,則正是在貫徹明太祖《聖諭六條》的前提下,希冀以此來維繫宗族內部的倫理道德秩序。清光緒年間纂修、民國刊印的祁門《京兆金氏宗譜》,甚至索性將明太祖《聖諭六條》和清聖祖《聖諭十六條》的文字悉數錄載於族譜扉頁之後,并以套紅的龍紋方框予以刊刻。④ 可見,明清兩代最高統治者的《聖諭》顯然已成爲各地宗族制定宗族規約的最高指導。因此,在社會倫理道德秩序方面,歷史上特別是宋明以來的最高統治者和民間規約的制定者,其根本目標是完全一致的。

其次是維護社會的尊卑名分和等級秩序。"名分乃天序大秩,人所共由,尊卑之禮,秩然而不可紊者也。宗族原乎一本,理當和睦,五服雖盡,尊卑名分猶存,于禮不可干犯。行坐之際,亦當謹守,不可違越次序。"⑤作爲民間規約的重要內容和類型之一,歷史上特別是宋明以來的宗族規約多是在族長等族內精英人物的主持下制定的,并用以維繫宗族內部長幼、尊卑、上下、男女之等級秩序,從而達到"尊卑上下,秩然不紊;吉凶賓嘉,有典有則;視聽言動,蹈矩循規,則身修而家亦於是齊矣"⑥這一目的。爲此,不少宗族還在宗族規約中闡明維繫尊卑等級和名分制度的道理。"大抵宗法之立,無非尊祖睦族、勸誡子姓,共成羨族,各宜遵守。毋玩毋狎,則昭穆由此而序,名分由此而正,宗族由此而睦,孝悌由此而出,人才由此而盛,爭訟由此而

---

① [明]項喬:《項喬集》卷八《項氏家訓》,上海:上海社會科學院出版社,2006年,517頁。
② [明]王宗本纂修:《休寧宣仁王氏譜》卷六《譜祠·宗規》,明萬曆三十八年家刻本。
③ [明]葉文山等修:《休寧葉氏族譜》卷九《保世·家規》,明崇禎四年刻本。
④ [民國]金啟富、金啟遜纂修:《京兆金氏宗譜》卷首《聖諭》,民國十年刻本。
⑤ [明]周思松等纂修:《重修休邑城北周氏宗譜》卷九《家訓》,明萬曆二十四年刻本。
⑥ [清]舒安仁等纂修:《華陽舒氏統宗譜》卷一《庭訓八則》,清同治九年敘倫堂木活字本。

息,公道由此而明,私忿由此而釋。不惟光耀宗祖,且垂訓後世于無窮矣。"①在嚴格規範與遵守尊卑名分和等級秩序的條件下,歷史上特别是宋明以來的民間規約將每一個地域或組織的成員都納入到一定的社會組織體系中,并通過具體的規約條款,規範和約束該特定地域空間或組織人群的行爲舉止,從而使其保持井然有序的"禮法合治"局面。

再次是維護經濟秩序,規範生産、交易、分配和消費行爲。俗話説:無規矩不成方圓。無論是農業、手工業還是商業經濟,只有在生産、交易、分配和消費的每一個環節都進行科學的管理與規範,才能使其始終保持健康可持續發展狀態。中國傳統社會包括村規民約和行業規約等在内的各類民間規約,在規範與維護生産、交易和分配秩序中,發揮了毋庸低估的作用,成爲維護經濟健康發展的有力保障。明隆慶年間,祁門縣文堂村陳氏宗族的《文堂鄉約家法》就曾設置專門條款,對本村的山林生産進行了規範,規定:"本都遠近山場,載植松杉竹木,毋許盜砍盜賣,諸凡樵采人止取雜木。如違,鳴衆究治"②,從而爲該村的林業生産提供了強有力的保障。爲規範茶葉交易秩序,維護交易雙方的經濟利益,婺源縣洪村於清道光四年(1824)專門制定了本村的村規民約——《公議茶規》,并將其以刻碑勒石的形式予以公布施行,曰:"凡買松蘿茶客入村,任客投主人。祠(較)[校]秤,一字平稱。貨價高低,公品公買,務要前後如一。凡主家買賣,客毋得私情背賣。如有背賣者,查出,罰通宵戲一臺、銀伍兩入祠,决不徇情輕貸。倘有強横不遵者,仍要倍罰無异。"③清代嘉慶年間,漢口的新安會館(又稱"紫陽書院"),爲規範和維護買賣秩序,亦曾以公議條規的方式規定:"照墻新街及本馬頭,曾經請官示嚴禁,毋許擺攤、挑水。祠役隨時查察,毋得疏惰。"④正是憑藉"定法則,嚴約禁"⑤,依法守規經營,漢口徽商所主持的紫陽書院纔得以保持健康的運行和發展。而嘉慶年間歙縣棠樾鮑氏《體源户規條》對每年食糧分配的規範,則有力地保證了鮑氏宗族内部救濟與分配維持在公平合理的狀態。"一、穀係給本族鰥寡孤獨四窮之人,須合例者,不得徇情濫給。一、四窮及廢疾,與例

---

① [明]吴世禄、吴應試等輯:《商山吴氏宗法規條》,明萬曆抄本。
② [明]陳昭祥輯:《文堂鄉約家法》,明隆慶六年刻本。
③ 《清道光四年五月婺源縣洪村光裕堂公議茶規碑》,原碑嵌於江西省婺源縣清華鎮洪村光裕堂東墙角。
④ [清]董桂敷:《漢口紫陽書院志略》卷八《雜志·舊規十六條》,清嘉慶十一年刻本。
⑤ [清]董桂敷:《漢口紫陽書院志略》卷首《增訂漢口紫陽書院志略序》,清嘉慶十一年刻本。

相符,應給穀者,執事之人知會督總,給與經摺,孤子注明年庚,以備查考,再行給穀,以專責成。一、四者之外,有自幼廢疾、不能受室、委實難於活命者,一例給發。一、鰥獨年至六十歲,給領食穀。後有願繼於爲子者,亦一體給領,全其宗祧。其子年至十八歲停止,其父母仍照例給發。"①這裏需要特別指出的是,中國傳統民間規約是在嚴格遵守國家法律即"遵國法"②的前提下,按照既定的規則與約定而制定和施行的,它嚴格地規範了經濟秩序,爲經濟發展保持活力與繁榮提供了保障。

最後,強調治生,要求組織成員各司其職,各謀其事,維護職業秩序。正如明萬曆時期休寧縣城北《周氏家訓》所云:"蓋士、農、工、商,各有本業。士者勤學好問,必至登名;農者力耕苦種,必至於積粟;工者專心藝術,必至於精巧;商者夙興經營,必至於盈資。各勤其職,理之正也。儉乃治家之本,一儉則勝於求人,其有布帛、菽粟,未常不是儉中蓄也。男子務生理,勤於外;婦人務紡績,勤於内。如此,未有不成家也。"③清道光懷寧縣《朱氏家訓》在《務本業》條款中指出:"最急惟治生,本業務爲主;富貴雖在天,大半由勤苦。讀書者奮芸窗,顯第榮宗祖;縱或終硯田,亦足給二餔。耕者力田疇,不可畏寒暑;早起夜眠遲,西成多稌黍。百工技藝精,器必不苦窳;農末兩相資,均堪游樂土。不農又不工,即當爲商賈;握算操奇贏,數口儘堪撫。"④中國傳統社會的四民觀,至宋明以降特別是明代中葉以後,隨着商品經濟的繁榮和社會的變遷與轉型,士農工商的傳統秩序被破壞。在部分地區,"商"甚至成爲首要的職業,所謂"古者四民异業,至於後世,而士與農、商常相混。今新安多大族,而其地在山谷之間,無平原曠野可爲耕田。故雖士大夫之家,皆以畜賈游於四方"⑤。但不管四民觀和士、農、工、商的傳統秩序如何變化,選擇一種適合自身發展的職業始終是人生的首要抉擇,重要的是各司其職,各謀其事。對此,一些宗族規約規定:"治家不可不立綱紀。所謂綱紀者,猶網之有綱也;所謂紀者,猶裘之有挈領也。治家無綱紀,則泛而無統,豈爲門户之福?改立主事者一人、副事者二人,束轄弟侄,令出入有常,各司其職,毋相

---

① [清]鮑琮纂修:《棠樾鮑氏宣忠堂支譜》卷十七《義田》,清嘉慶十年刻本。
② [明]鄭之珍、鄭之錫等纂修:《祁門清溪鄭氏家乘》卷四《規訓》,明萬曆十一年刻本。
③ [明]周思松等纂修:《重修休邑城北周氏宗譜》卷九《家訓》,明萬曆二十四年刻本。
④ [清]朱昌鳳等纂修:《朱氏宗譜》卷首《家訓》,清道光六年木活字刻本。
⑤ [明]歸有光:《震川先生集》卷十三《白庵程翁八十壽序》,上海:上海古籍出版社,2007年,319頁。

奪倫。"①除宗族規約對族内成員的治生及其職業進行規範和約束外,其他諸如會社、寺廟宫觀和日常生活類規約,也都要求其成員按照約定的事宜,各司其職,各謀其事,依法守規地履行其責任和義務,享受其權利,并不得違犯規約的規定。對違犯規約者,則進行嚴厲的懲罰,以維護既有的社會秩序。

總之,中國傳統民間規約涉及社會的各個組織、各個領域、各個層面,其對社會秩序的維護,主要體現在尊卑等級秩序、倫理道德秩序、經濟秩序、組織秩序、生産和日常生活秩序等方面。客觀地説,民間規約在上述各個領域,多能與當時的國家法律和地方法規緊密配合,在"遵國法"即不違犯國法的前提下,確實發揮了維護社會秩序的作用。所謂"家法治輕不治重,家法所以濟國法之所不及,極重至革出祠堂,永不歸宗而止。若罪不止此,即當鳴官究辦,不得僭用私刑"②。

但我們也注意到在中國傳統社會中,民間規約與國家法律之間并不總是互相配合、協調一致,并始終保持彼此之間的良性互動的。其矛盾、抵牾、對立甚至衝突之處往往在所難免,但"律設大法,理順人情,事貴因地制宜,難以拘泥成法"③。無論是國家法律、地方法規,還是官方規章條例,在不危及其根本與核心利益的前提下,通常多會對民間規約采取妥協與讓步的方式,對其予以接受和承認,從而使民間規約轉化爲官方意志。而民間規約爲取得權威性和震懾性地位,也經常會采取主動邀請國法或國家、地方權力介入的方式,來伸展自己的意志。兩者就是在這樣一種相互配合與彼此互動的情況下,共同支撐和維繫着歷史上特别是宋明以來的中國傳統社會秩序。

四、徽州傳統民間規約文書文獻的遺存

作爲中國歷史上特别是宋明以來傳統民間規約較爲發達和完備之區,徽州的民間規約在中國傳統民間規約發展史上占據着重要的地位。

徽州地處今安徽南部山區,與浙江和江西毗鄰。境内峰巒叠嶂,川流縱横,環繞四周的高山把徽州包裹成一個相對獨立而封閉的地理單元,使它成爲歷代兵燹鮮少波及的世外桃源。徽州歷史悠久,舊石器時代遺址業已存

---

① [清]胡廷瑞纂修:《武溪陳氏宗譜》卷一《家法三十三條》,清同治十二年敦厚堂刻本。
② [清]周善鼎等纂修:《仙石周氏宗譜》卷二《周氏宗譜家法》,清宣統三年善述堂木活字本。
③ [清]戴兆佳:《天台治略》卷六《告示·勸諭買産人户速循天台舊例了根找絶以斬葛藤以清案牘事》,清木活字本。

在，新石器時代遺址更是遍及境內各地。西周時期，徽州之地的先民們曾創造了燦爛的青銅文明。春秋、戰國時期，徽州曾先後隸屬吳、越和楚國。秦朝統一中國後，曾在這裏設立黟、歙二縣，統隸於鄣郡。東漢末年，生活在這裏的山越人，不斷在背後襲擊孫吳的軍隊，威脅了孫吳政權的統治。於是，孫吳先後派遣賀齊和諸葛恪平定山越，并析歙縣爲始新、新定、黎陽、休陽四縣，連同已有的歙縣和黟縣合計六縣，專門設立新都郡，統轄上述六縣。新都郡的設置，是徽州地區擁有郡一級地方政權的開端。其後，爲避嗣主孫休之名諱，休陽被改稱爲海陽。

西晋初年，更新都郡爲"新安郡"，改海陽縣爲海寧縣、新定縣爲遂安縣。南朝宋時省黎陽入海寧縣，新安郡僅領五縣。梁武帝大同中，析歙縣置良安縣，是爲績溪建縣之始。

隋文帝統一中國後，開皇十一年（591）改新安郡爲歙州，時州治在黟縣。更始新縣爲新安縣，隸婺州。此時，歙州僅轄有黟、歙、海寧、良安四縣。隋煬帝大業初年，一度復歙州爲新安郡，改海寧縣爲休寧縣，并以其爲新安郡治。義寧中，新安郡徙治歙縣。唐朝建立後，唐高祖武德元年（618），例改郡爲州，更郡太守爲州刺史，新安郡復改爲歙州，新安郡太守改稱歙州刺史。唐高宗永徽五年（654），析歙縣地，置北野縣。唐玄宗開元二十八年（740），析休寧縣，置婺源縣。唐代宗大曆元年（766），以方清起義平，設歸德縣，析黟縣及饒州之浮梁縣，新置祁門縣。又以平定宣州旌德縣王萬敵起事，析歙縣之華陽鎮置績溪縣。大曆五年（770），罷省北野、歸德二縣。至此，歙州總計統轄歙縣、黟縣、休寧、婺源、祁門和績溪六縣，直至南唐至北宋初年，歙州所轄六縣格局未有變動。

北宋徽宗宣和三年（1121），以方臘起義平定改歙州爲徽州，仍轄上述六縣。元世祖至元十四年（1277），徽州納入元朝版圖，更名爲徽州路，隸江浙行省管轄，徽州路所轄六縣未變。元成宗元貞元年（1295），升婺源縣爲婺源州，仍隸徽州路管轄。元順帝至正十七年（1357），朱元璋部將鄧愈攻陷徽州，改徽州路爲興安府。吳元年（1366），改興安府爲徽州府。明朝建立之初，降婺源州爲縣，維持徽州府所轄六縣如故。從此，直到清政府被推翻的宣統三年（1911），徽州府所轄的歙縣、休寧、婺源、祁門、黟縣和績溪六縣的行政格局基本沒有變化。

民國元年（1912），罷徽州府，改原徽州府屬六縣直隸安徽省管轄。三年

(1914),徽州六縣屬蕪湖道管轄。十七年(1928),又罷除道的設置,徽州原屬六縣仍直隸安徽省統轄。二十一年(1932),試行首席縣長制,徽州首席縣長長駐歙縣。同年十月,廢止首席縣長制,改設行政督察專員公署,安徽全省共設立十個行政督察區,徽州原有六縣歸第十行政督察區統轄,行政督察專員公署駐休寧縣。二十三年(1934),婺源縣劃歸江西省。二十七年(1938),設立皖南行署,駐屯溪鎮。二十九年(1940)三月,撤銷第十行政督察區,歙縣、休寧、祁門、黟縣和績溪五縣隸皖南行署管轄。同年八月,原第十行政督察區改爲第七行政督察區,轄歙縣、休寧、祁門、黟縣、績溪和旌德六縣。三十四年(1945),撤銷皖南行署,歙縣、休寧、祁門、黟縣和績溪五縣仍隸第七行政督察區,行政督察專員公署駐地由休寧縣城遷至屯溪。三十六年(1947),婺源縣劃回安徽省,隸第七行政督察區管轄。1949年,第七行政督察區所轄六縣相繼解放,婺源再次劃歸江西省管轄,徽州原屬歙縣、休寧、祁門、黟縣和績溪五縣改隸新成立的皖南區人民行政公署徽州專區管轄。

縱觀千餘年來徽州行政區劃的建置沿革歷程,自東漢獻帝建安十三年(208)新都郡的設立,徽州六縣行政建制初具雛形,到唐代中葉前後婺源、祁門和績溪縣的正式設置,徽州六縣格局完全形成,再到北宋徽宗宣和三年(1121)更歙州爲徽州,徽州作爲一個完整的行政區域,始終未發生大的變動。這種相對穩定的行政區劃,爲徽州地區經濟發展、社會進步和文化認同提供了極爲優越的政治保障。徽州經濟能夠走出一條適宜自身發展的道路,徽州宗族組織的建構和對基層社會的有效控制,徽商能夠由血緣、地緣到業緣漸次積纍,形成"無徽不成鎮"的局面,徽州科第異常發達,以及新安理學、新安醫學、新安畫派等獨具特色的地域文化與文明形態的產生,除相對封閉的地理環境之外,大都得力於這一行政區域的持續穩定局面的維繫。

除春秋戰國時期外,中國歷史上還先後出現了三國兩晉南北朝、五代十國和宋金對峙的三個分裂割據時期。爲躲避兵燹,遠離戰火,從東漢末年開始,隨着中原地區社會動亂規模的不斷擴大,成千上萬的北方世家大族開始挈家帶口向江南地區進行大規模的遷徙,形成了中國歷史上一次空前的人口南遷高潮。誠如民國《歙縣志》所云:"邑中各姓,以程、汪爲最古,族亦最繁。忠壯、越國之遺澤長矣。其餘各大族,半皆由北遷南,略舉其時,則晉、宋兩南渡及唐末避黄巢之亂,此三期爲最盛。"①

據《新安名族志》和其他相關家譜資料統計,西晋"永嘉之亂"至東晋之初,由中原地區遷徙并定居於徽州地區的世家大族,主要有程、鮑、俞、余、黄、謝、詹、胡、鄭等九大姓氏。南朝時期,又相繼有閔、任二姓大族遷入徽州。這是徽州歷史上第一次大規模接納來自中原地區的移民。唐代"安史之亂"至黄巢農民大起義之後以迄五代十國分裂割據時期,又有陸、陳、葉、孫、洪、羅、舒、姚、張、趙、戴、康、施、馮、夏、李、朱、潘、劉、曹、畢、王、吕、江、許、廖、查、何、項、范、仰、凌、祝、梅、齊、盧、邵等近四十個大姓遷居徽州。這是歷史上第二次徙入徽州的移民,也是徽州歷史上接納北方人口規模最大的一次,它奠定了徽州族姓和人口的基本格局。

北宋和南宋政權鼎革之際,爲躲避兵鋒,柯、宋、周、阮、楊、饒、馬、滕、孔、徐、韓、蘇、臧、佘、莊、杜、葛、章、游、宗、石等二十餘個大姓遷徙至徽州。這是徽州歷史上第三次也是最後一次大規模接納移民的高潮時期。

除避亂南遷之族外,此時來到徽州的移民,還有爲官該地、愛其山水而舉家定居於此者,這就是許承堯所説的"又半皆官於此土,愛其山水清淑,遂久居之以長子孫焉"②。截至明末清初,徽州的人口主要由被征服的山越土著、北方遷徙而來的世家大族和仕宦徽州退休後定居於該地的官員及其親屬們這三大人群構成。此後,直到清代乾隆中葉,徽州地區的人口構成基本保持穩定。雖然在明清時期隨着徽商經營的成功,曾有不少外地游民和商人來到徽州,但對徽州人口的基本結構并未造成太大影響。

不過,值得一提的是,清代乾隆中葉以後,人多地少,安慶府懷寧、宿松、潛山、桐城、望江等縣以及江西北部與徽州接壤地區的流民,成群結隊進入徽州山區,搭棚居住,成爲棚民。他們在這裏開墾荒山,種植高産穩産的農作物苞蘆;開挖礦産,燒制石灰等原料。儘管在清代中央和地方官府驅逐棚民的運動中,一些棚民被迫離開徽州,但最終仍有大批棚民在徽州各地特别是大山深處生存了下來,這是徽州現有居民中的一個重要構成。

在三次中原地區移民的高峰時期,先後徙入徽州山區的世家大族有七十餘姓之衆。他們在徽州山區聚族而居,"鄉落皆聚族而居,多世族,世系數十代,尊卑長幼,猶秩秩然罔敢僭忒。尤重先塋,自唐宋以來,丘墓松楸,世

---

① [民國]石國柱、樓文釗修,許承堯纂:《歙縣志》卷一《輿地志·風土》,民國二十六年鉛印本。
② [民國]石國柱、樓文釗修,許承堯纂:《歙縣志》卷一《輿地志·風土》,民國二十六年鉛印本。

守勿懈,蓋自新安而外所未有也"①。在經過武力拓展勢力範圍,站穩脚跟之後,他們逐漸開始崇文重教,唐代以後特别是南宋以降,這些聚族而居的中原地區移民群體,通過讀書力學暨參加科舉考試等途徑躋身仕途,壯大自身和家族的實力,强化宗族控制,最終促成了宋元明清時期徽州社會穩定、經濟繁榮、教育發達、科舉勃興、文化昌盛和徽商突起等局面的形成。自南宋以後至明清時期(除元朝外),整個徽州社會蓬勃向上,充滿生機,"人情丕變,萬象更新"②,"郁郁乎盛矣"③。在"萬殊一本"和"尊祖敬宗"的名義下,徽州宗族不斷集中人力、物力和財力,纂修譜牒,創建祠堂,繕修祖墓,建構以血緣關係爲中心的宗族連接紐帶,前後纂修和刊刻的各類譜牒總數達萬餘種之多,僅保存至今的各類徽州譜牒猶有不下兩千種之巨。這些譜牒記録和保存了大量包括祖訓、家訓、族規、祠規、家法,以及居家和人生儀禮、合同文約等在内的徽州宗族規約,特别是在其中不少譜牒缺乏族規家法的情况下,翔實而細緻的凡例在某種程度上也發揮了作爲該宗族或家族規約規範全體成員的功能。當然,這些宗族規約儘管有一些與國家法相矛盾或相抵觸的地方,但就總體而言,它們基本上是同國家法保持一致的,也就是説,它們是在"遵國法"的前提下,來行使對宗族組織暨宗族成員的控制權的。對此,光緒《績溪縣南關許余氏惇叙堂宗譜》曾就國法、家法與宗族規約之間的互動關係作了非常精彩而詳細的解讀和闡釋,云:"作奸犯科,國家有例,犯國法者,鳴官治之,非家法所當治也。家法祇以祖宗前杖責爲止,杖責以上非宗祠所可預聞。鄉蠻宗黨,往往有活埋、活葬慘情,妄謂家法爾爾。不思治人家法,自己已罹國法。即家法杖責、跪香、革逐,亦必悖倫逆理、盗賣祀産等情有關宗祠,乃可。非關宗祠者,宗祠爲之排解,不得妄施家法,開宗族以强欺弱之釁。尤有事關宗祠,非家法所能預定,又非家訓所能備載,不得不另立一則,以定準繩,謂爲規約。有背約者,闔族阻止之。阻之不可,再議擬家法以治之可耳!"④此外,在單一宗族聚居的城鄉社區特别是鄉村社區即村落,其宗族公約既是宗族規約的組成部分之一,又同村規民約之間存在互相交叉甚至完全重合的地方,但好在徽州知識和文化精英對此認識非常明

---

① [清]蔣燦纂修:《婺源縣志》卷二《疆域·風俗》,清康熙三十三年刻本。
② [清]佘華瑞纂:《巖鎮志草》貞集《迂談》,清雍正十二年纂,清乾隆刻本。
③ [明]張濤修、謝陛纂:《歙志》考卷五志六《風土》,明萬曆三十七年刻本。
④ [清]許文源等纂修:《績溪縣南關許余氏惇叙堂宗譜》卷十《規約》,清光緒十五年木活字本。

確,這在同時并存的家族或宗族的譜牒與村志中可以發現。

歷史上特别是宋明以來的徽州社會是一個典型的山區宗族社會,被譽爲"東南鄒魯"的"禮儀之邦",在倡導家國一體、禮法合治,強調出入相友、過失相規、患難相恤、疾病相賙和守望相助等鄉村基層社會治理方面,徽州始終走在全國的前列。尤其是在鄉村社會包括宗族、鄉約和文人會社等組織相對健全的背景下,宋明以來徽州鄉村社會中遺存至今的一百餘萬件(册)包括鄉約,保甲規約,環境保護、封山育林規約,以及規範茶葉和木材等商品交易、子女與財產繼承以及經濟糾紛調處等各種不同類型的村規民約,在維繫徽州鄉村社會環境、經濟、社會與文化秩序,規範鄉民的思想、言論與行爲等方面,發揮着不可或缺的作用,這其實正是"以鄉民治鄉民""以良民治良民"的集中體現。從南宋度宗咸淳六年(1270)徽州提刑節度同知致仕臣邱龍友、臨安府錢塘縣知縣致仕臣王英杰奏請立社祈報以鄉約相規,到明嘉靖、隆慶、萬曆年間徽州各地鄉約的普遍建立,尤其是隆慶六年(1572)祁門縣《文堂鄉約家法》和萬曆末年婺源縣《沱川余氏鄉約》的頒行與實施,徽州縉紳和鄉民就是在不斷遵奉各級官府及其統治者倡導的鄉村治理理念和政策的前提下,將最高統治者的統治思想與鄉民的日常生產和生活實踐相結合,形成一種上下聯動、彼此互動的局面。與鄉約同時并存的,還有諸如奉憲禁示之類的單項村規民約,如封山育林公約、禁捕河魚和禁止墾山的保護生態環境類公約、禁賭禁烟等移風易俗類村規民約等,尤其是大量鄉民繼承糾紛調處的和息類規約以及賦役合同文約等,都對徽州鄉村社會秩序的維繫和社會穩定的維護起到了重要作用。作爲理學集大成者朱熹的故鄉,徽州不僅享有"文公闕里"的美稱,而且還有"東南鄒魯"之譽。在居家生活的規範和人生儀禮的實踐中,徽州各地的宗族和鄉村縉紳等精英甚至地方官府,向來皆以推廣和踐行《文公家禮》相標榜,不斷重申"我新安爲朱子桑梓之邦,則宜讀朱子之書,取朱子之教,秉朱子之禮,以鄒魯之風自待,而以鄒魯之風傳之子若孫也"①。"冠、婚、喪、祭,稱家有無,遵行《文公家禮》,毋得襲用僧道,有違祖訓。"②并爲此制定和實施了一整套相對完備的居家生活與人生儀禮的條例與規約,如明萬曆歙縣溪南江氏宗族《居家禮儀》、清康熙《茗洲吴氏家典》和民國歙縣桂林《洪氏宗族四禮》等,用於規範和約束鄉民

---

① [清]吴翟纂修:《茗洲吴氏家典》卷首《序》,清雍正十一年紫陽書院刻本。
② [民國]金啟富、金啟琏纂修:《京兆金氏宗譜》卷一《家規》,民國十年刻本。

的禮儀行爲。除了冠、婚、喪、祭等人生儀禮外,大量宗教和民間信仰規約的存在,也深刻反映了徽州人内心精神世界的豐富性和多樣性,而各類衣食住行規約的存在,也説明傳統的徽州生活處處都有自身遵依的規矩和方圓。

作爲一種基層社會非制度性組織設置,宋明以來至民國時期,徽州的會社組織極爲發達,不僅類型豐富,而且活動頻繁。每一個會和社都訂立有極爲詳盡的規條與約章,藉以規範和約束會社内所有成員的權利、責任和義務,并在這一規約的指導與監督下開展自身的活動。"向來恪守會規"成爲包括文人會社、公益慈善性會社、宗教信仰性會社、宗族祭祀性會社以及經濟金融性會社會首和會衆們恪守的基本準則。正是因爲有了規約的強有力規範和約束,會社在宋明以來的徽州社會纔能得以廣泛建立和存在,并充當着各自不同的社會角色,擁有較強的號召力和公信力。清乾隆《橙陽散志》曾就文會在鄉村社會中的作用留下這樣一段文字記録:"鄉有争競,始則鳴族,不能决則訴於文會,聽約束焉。再不决,然後訟於官,比經文會公論者,而官藉以得其款要過半矣。"①

唐宋以來,徽州由尚武風氣向崇文傳統轉化的一個重要標志,就是各級各類學校、書院的創立和科舉中第的勃興。徽州人重視讀書,渴望通過讀書躋身仕途,改變自身命運,實現光宗耀祖的目的。在徽州,有一句俗語叫"養子不讀書,不如養肥猪"。而在縱横交錯的深山中,雖"十户之村,不廢誦讀"②。以倡導講學論道、商榷學術、砥礪名節爲宗旨的書院,從宋明以來的徽州府(州)治到六縣,再到山林和鄉村,基本上都建立起了界别不一、層次不等的各類書院,成爲享譽全國的書院最盛之區。"海内書院最盛者四:東林、江右、關中、徽州,南北主盟,互相雄長。"③有關宋明至民國時期徽州的各級各類學校和書院規約衆多,且非常詳細專業,其中既有辦學的合同議約,也有學校和書院教學管理、經費籌措和使用等綜合性規約,還有各類專門的講會規約,諸如明正德七年(1512)徽州府《紫陽書院會規》、明崇禎二年(1629)休寧縣《還古書院規則》、清嘉慶十六年(1811)十一月黟縣《公議碧陽書院規條》、清同治元年(1862)三月祁門縣石溪康永清祠派下街二祠《立束

---

① [民國]許承堯:《歙事閑譚》卷十八《歙風俗禮教考》,合肥:黄山書社,2001年,602頁。
② [清]蔣燦纂修:《婺源縣志》卷二《疆域·風俗》,清康熙三十三年刻本。
③ [清]丁廷楗、盧詢修,趙吉士纂:《徽州府志》卷十二《人物志·儒碩傳》,清康熙三十八年萬青閣刻本。

心預儲塾學合約》等，這些規約在規範學校和書院教學及管理秩序，維護學校和書院的正常運行等方面，發揮了重要的保障作用。

最後，特別值得指出的是，南宋以來特別是明代中葉以降，作爲一個來自徽州六縣的地域性商人群體，徽商無論在從商人數、經營領域、活動範圍、資金籌措與規模，還是在投資取向和利潤轉移等方面，在中國衆多地域性商幫群體中都堪稱首屈一指。徽商賈而好儒，重視商業經營經驗的總結，并通過編纂商業書的形式，來傳授經營成功的訣竅，這其中既有綜合性的商業書如《生意規略》《商賈格言》和《士商拾要》等，也有特定行業專門領域經營的規則，如《布經》《典業須知》等，還有各類商業合同規約。這些商書及其經營管理的商業行業規約，確實爲保護徽商經營者的權益、維護他們的切身利益提供了有力的保障。而爲保障同鄉與同行在外經營者的利益，聚集在全國各大城鎮經營的徽商，往往創建會館、善堂義園和行業公所等組織，制定内容詳細具體的章程和規條等規約，并通過敦請當地官府批准頒給告示或執照等方式，使會館、善堂和公所等組織依法依規有序運行，進而保障同鄉或同行業者的共同利益。沿襲至近代，一批在外爲官和經營的徽州籍精英們，還通過組建同鄉會等方式，溝通所在地區同鄉的聯繫，并同徽州故里保持着密切的聯繫與交往。這些同鄉會的章程和各項專門的規約，也爲同鄉會的合法合規運轉提供了重要的保障。

五、本書編纂説明

歷史上特別是宋明以來的徽州地區民衆擁有强烈的法制觀念，爭强好訟、民俗健訟已成爲徽州的社會傳統。因此，爲規範組織和人群的利益，維持社會經濟和文化教育的秩序，保持社會有機體的良性運行和發展，尤其是爲了避免官司之訟，徽州本土暨徽州人活動的域外不同地域、不同組織和不同人群，常常能够在嚴格遵守各個時代國家法律、地方法規的背景下，不斷結合自身所在地域、組織及人群的特點，制定各種不同類型、針對性和實用性很强的民間規約，藉以維護社會、經濟、教育、文化秩序，保障自身的合法權益。這些民間規約内涵豐富，類型廣泛，幾乎涵蓋傳統徽州社會生産與生活領域的各個方面。儘管這些民間規約因種種原因未能全部完整地保存下來，但值得欣慰的是，至今仍有百餘種徽州各類地方志書（含書院志）、兩千餘種譜牒，以及徽人文集、筆記，徽商會館、善堂、公所、橋梁徵信録和百餘萬件（册）原始契約文書、千餘通（處）碑銘等遺存，它們所記録和承載的各類海量的民間規約，爲我們了解和研究歷史上徽州的社會、經濟、教育、文化、風土民俗以及各個不同時代徽州社會各階層人群的活動等，提供了極其珍貴的第一手資料。

本書正是在上述存世數量巨大的徽州文獻（含碑刻文獻）文書的基礎上，結合編者主持的2014年度國家社會科學基金重大項目《中國古代民間規約文獻集成》（批准號：14ZDB126）的開展，集中對其中所記録的各類民間規約進行分類搜輯和整理，并從中精選二百二十萬字的民間規約，按照宗族規約，村規民約，會館、善堂、公所暨行業規約以及社會生活規約四個專題編纂而成的。承蒙安徽教育出版社原總編輯張丹飛、責任編輯夏業梅和綜合編輯部主任江舟三位女士的鼎力推薦與支持，2017年，本書被列爲該出版社的重點項目。2018年，該出版社又以本書爲題申報國家出版基金項目。2019年，經過專家的認真評審，本書被正式作爲國家出版基金項目予以資助。

現就本書不同卷次的編纂和安排説明如下。

《宗族規約卷》。徽州自唐宋以來即形成聚族而居的宗族社會，在"尊祖敬宗"和"萬殊一本"觀念與行爲的支配下，徽州各個大姓望族先後纂修了數以萬計的各類譜牒，其中既有單一血緣姓氏的家族支派或房派譜，也有跨地域聯宗的通譜或統譜，還有跨地域、跨血緣的地域性名族望族譜。這些譜牒中留存了數量繁多的各類宗族規約，堪稱徽州乃至中國宗族規約的寶庫，是中國古代民間規約中一枝耀眼的奇葩。此外，還有不少來自單行本的宗族規約，如明萬曆休寧縣《商山吳氏宗法規條》，以及原始契約文書和田野碑銘等文書文獻中保存的各類宗族規約。本卷嚴格按照宗族規約的定義，從現存徽州譜牒文獻、原始契約文書、田野碑銘和其他相關文獻中，精選不同時代、不同地域和不同類型的各類宗族規約，并依次按照章、節、目的順序進行分類歸總，其中章節按規約名稱和類型進行編排，目下則以時間爲經、以規約題名暨類型爲緯，時間相同者，則以規約名稱的拼音字母爲序進行排列。本卷共由五章構成，其中"家訓、宗訓、箴訓、遺訓、祖訓、規訓和庭訓"爲第一章，"家規、宗規與族規"爲第二章，"家典與家法"爲第三章，"規約、族約、戒約、議約與合同文約"爲第四章，"譜牒規約"則爲第五章。

這裏，着重就可能引起讀者疑問的三個問題予以特别説明。第一，祠規爲何未入本卷？第二，爲何收録不少内容和文字相對重複的族規、家規、宗規和祠規？第三，譜牒凡例爲何收入本卷？首先，第一個問題確實存在，因爲作爲宗族規約的極爲重要的組成部分，徽州宗族的祠規很多本身即是族規或家規，只是名稱不同而已。但是，又有不少祠規的內容僅僅局限於對本宗族祠堂進行管理，特別是對祠祭活動進行規範與約束，與族規和家規的內容有着較大差異。因此，爲免將不同內容的祠規分列各處，造成讀者查閱的不便，編者特地將祠規作爲"祠堂、墳墓祭祀標掛規約與條例"一章，統一輯錄并精選編入《社會生活規約卷》中。其次，本卷和《社會生活規約卷》分別收錄了一些內容、文字幾乎相同的族規、家規、宗規和祠規。客觀地說，這些宗族類規約除個別文字略有差異外，大部分文字內容都相同，顯然是互相抄襲而形成的。事實上，這種家規、祠規類宗族規約互相抄襲的現象不僅在徽州較爲普遍，在全國其他地區也是一種非常普遍的現象。但既然如此，我們爲什麼要把它們都收錄并編入本卷呢？這裏要鄭重聲明，我們并沒有將內容文字完全雷同、毫無差異的族規、家規、宗規和祠規悉數收入本卷和《社會生活規約卷》內，而是有選擇地收錄部分內容重複，但文字并非完全相同的族規、家規、宗規和祠規。我們之所以采取這一做法，一方面是出於爲讀者提供徽州宗族規約特別是族規、家規、宗規和祠規的全貌的目的，即使是彼此抄襲，其間多少還是存在細微的差異。我們冀望藉此能够給大家提供一個進一步思考問題的空間，這些家規和祠規類宗族規約的編纂者們爲何會如此肆無忌憚地抄襲。通過對這些宗族規約的異同之處進行考察，或許又能給我們進一步發現和解決問題提供新的思路。第三是爲何將譜牒的凡例收入本卷的問題。這主要是基於不少徽州譜牒特別是早期內容簡單的家族支派和門房譜以及跨地域的通宗譜或統宗譜，因種種原因，并無族規、家規或祠規等宗族規約的卷目和文字，但却有非常詳細的纂修凡例，其中很多凡例內容涉及本族成員的婚喪嫁娶、祖先的昭穆次序暨進主祭祀安排、同姓與異姓繼承，以及譜牒管理等諸多問題，堪稱無規約之名而有規約之實的宗族規約。因此，我們從不同時期纂修的不同類型和不同內容的凡例中，精選一部分具有典型性和代表性的凡例，連同《譜啓與修譜通知帖》《牒規與譜約》以及《譜牒避諱暨印牒告示》等一道，并特立"譜牒規約"一章予以收錄。

《村規民約卷》。聚族而居是徽州村落最爲典型的人文和社會特徵之一，特別是在一些大姓望族一姓獨居的村落中，宗族公約和村規民約之間的界限是非常模糊的，很難加以區分。或者說在大姓望族占據支配地位的大村落中，由於村落居住者和勞動者多爲有共同血緣關係的宗族成員，因此，某種程度上説，聚居於該村落的某一大姓宗族的規約本身就是村規民約。但宗族規約和村規民約之間畢竟存在不少明顯的差異。因此，本卷在精心對照和分析村規民約與宗族規約内涵及界限的基礎上，從現存徽州村志、譜牒文獻、原始契約文書、田野碑銘和其他相關文獻中，精選不同時代、不同地域和不同類型的各類村規民約，并依次按照章、節、目的順序進行分類歸總，其中章節按規約名稱和類型予以編排，目下則以時間爲經、以規約題名暨類型爲緯，時間相同者，則以規約名稱的拼音字母爲序排列。本卷共由六章組成，其中第一章爲"鄉約"，第二章爲"綜合性村規民約與保甲規約"，第三章爲"義莊、義田暨社會救助規約"，第四章爲"鄉村生態環境與經濟規約"，第五章爲"賦稅、差役、財産管理暨糾紛處置規約"，第六章爲"墳塋禁約與治安勸世規約"。應該説明的是，本卷第六章之"墳塋禁約"與《社會生活規約卷》内容有部分重合，不過，本卷精選的"墳塋禁約"更側重於將墓塋作爲村落的空間而非宗族的祖先墓塋。

《會館、善堂、公所暨行業規約卷》。本卷重點精選和收錄明清以來居住與活動在徽州本土之外的徽州籍官員、徽商以及各色徽州籍人員所創建的會館、善堂暨公所等組織規約與章程、綜合與行業領域商書、商人經營之合同議約、同鄉會規約等。此外，對徽州本土的各類私人或半官方創辦的私塾、學校和書院等規約、合約與告示，也儘可能予以收錄。同時，對涉及徽州士子參加科舉考試盤費籌措的賓興會規約，如《清道光績溪縣捐助賓興盤費規條》亦予以收錄。本卷共分四章，"會館、善堂、公所暨同鄉會規約"爲第一章，"徽商商業書類規約"爲第二章，"徽商各類行業經營規約"爲第三章，"書院、塾學、書屋暨科舉賓興規約"爲第四章。

《社會生活規約卷》。本卷是内容最爲豐富和龐雜的一卷。本來，我們計劃將徽州會社規約和徽州宗教與民間信仰規約單獨編輯、獨立成卷，畢竟歷史上特别是宋明以來徽州各地各類會社組織十分發達，在清代前中期的婺源縣慶源村和祁門縣善和村，甚至出現一個村莊同時并存十數種乃至三十餘種會社組織的現象，但在廣泛深入查詢有關文書、文獻以及碑銘等史料後，我們發現，會社的數量和類型固然很多，但遺存至今的會社規約却寥寥無幾，就編者現已閲讀和掌握的史料現狀來看，很難單獨編纂成獨立的一卷。而徽州宗教與民間信仰規約的内容特别是宗教信仰規約，也存在與會社規約同樣的問題。因此，爲全景展示歷史上徽州人群的社會生活，我們從搜輯整理的徽州會社規約和徽州宗教與民間信仰規約全部文字中，精選出部分具有代表性和典型性的規約文書或文獻，編入《社會生活規約卷》中。總之，本卷從現存徽州譜牒文獻、徽州方志暨雜記、原始契約文書、田野碑銘和其他相關文獻中，精選不同時代、不同地域和不同類型的徽州各類社會生活規約，并依次按照章、節、目順序進行分類歸總，其中章節按規約名稱和類型進行編排，目下則以時間爲經、以規約題名暨類型爲緯，時間相同者，則以規約名稱的拼音字母爲序排列。本卷共由五章組成，其中"居家禮儀與生活規約"爲第一章，"祠堂、墳墓祭祀標掛規約與條例"爲第二章，"宗教信仰與民間信仰活動規約"爲第三章，"會社生活規約"爲第四章，"移風易俗規約"爲第五章。

以上是對《徽州民間規約文獻精編》各分卷編纂情況的簡要說明。

本書在資料搜輯、整理、歸類和編纂過程中，不可避免地存在一些問題和不足，訛誤之處亦在所難免。因此，我們真誠期待讀者給予批評指正。我們將會對所有的批評意見和修改建議進行評估，并在未來的再版中予以及時的更正、補充與完善。

卞　利

2020 年 3 月 3 日

於南開大學中國社會史研究中心暨歷史學院

凡　例

一、本書按照"以時間爲經、以空間爲緯"的編纂原則，以章、節、目三級標題進行統轄，其中第三級標題"目"，則依據文獻形成的時間、地點、作者（含組織或自然人群）、内容和類型重新進行了題名。

二、本書第三級標題"目"的時間編排原則暨順序是，凡年月日時間明確者，在標題中標注至年月，省略具體日期；年月日不明者，則在標題中標注紀年年號或民國字樣；無法判斷文獻所屬王朝的紀年年號者，則在標題中標注王朝名稱；可判斷文獻屬某王朝前、中、後期者，則在標題中標注某朝前、中、後期。具體編排順序是，同一時間和類型的民間規約文獻，年月時間明確者，以其年月先後順序依次進行編排。無具體年月者，則以紀年年號先後爲序；紀年年號相同者，則以紀年年號後首字拼音字母爲序。無紀年年號者，則以文獻所形成的王朝命名，排列在有明確年月或年號的文獻之後。無法判斷并確定文獻具體時間者，則以文獻的來源、形成或刊印時間爲序，依次進行編排。其他依此類推。

三、本書第三級標題"目"的空間地域編排原則是，徽州本土地域，按照徽州（含徽州府、徽州路和歙州等）暨所轄歙縣、休寧、婺源、祁門、績溪和黟縣之地名的首字拼音字母順序編排；縣名無法考證并確定者，則以徽州某縣稱之；縣域以下地名明確者，亦按其拼音字母爲序。

四、本書所輯録的文獻的來源中，凡引文或時間、地點不明者，或於頁下脚注，或於文内酌情予以注釋説明。

五、凡文獻有文字殘缺，可確定其殘缺字數者，以"□"標明；無法確定殘缺字數者，以"……"標明；須加删節者，則以"( )"内注明"以下略"。凡需補充文字，使其涵義確切完整者，以"【】"標明；凡文字訛誤者，訛誤字以"( )"標注，并在訛誤字後的"[ ]"内注明正確文字。

六、本書引用的文集、雜記、志書、譜牒、文書和碑刻等文獻，僅標明纂著者、時代、書名、卷數和篇目,以求簡明。其中珍稀文書暨文獻的所在地、來源地和收藏地,均在《引用和參考文獻》中予以標注。散件和金石類規約文獻,則在文内予以標注。

  七、徽州規約的民間抄、稿本(件)文獻中,存在不少當地俗字、异體字。爲保持原貌,本書在輯録時,一般不予改動。但通篇异體字或同一篇文獻中同一文字先後書寫不一者,爲便於讀者閲讀,在不影響字義或文意的前提下,統一以常用文字取代。個别字保留了其簡體形式,蓋爲保持徽州民間規約特有風貌。

目　録

第一章　居家禮儀與生活規約　　001

第一節　家禮與居家雜儀　　001

明隆慶歙縣溪南江氏宗族居家禮儀　　001
清康熙婺源縣桃溪潘書馨日常生活規則　　003
清嘉慶十四年黟縣月塘莫氏宗族事親規約　　004
清光緒績溪縣南關許余氏宗族愊叙堂家禮　　008
清宣統績溪縣璜上程氏宗族家禮雜儀　　010
民國績溪縣龍井胡氏宗族錄注《司馬氏居家雜儀》　　014
民國歙縣桂林洪氏宗族四禮　　017

第二節　家政、家議與家範　　019

明嘉靖二十年七月婺源縣桃溪潘氏宗族家政序　　019
明嘉靖祁門縣善和程氏宗族仁山門支族《寶山公家議》之管理議　　020
明嘉靖祁門縣善和程氏宗族仁山門支族《寶山公家議》之叙跋　　022
明嘉靖休寧縣汪溪金氏宗族希傅公正家篇　　026
明萬曆徽州府新安王氏宗族家範　　027
清乾隆婺源縣星源銀川鄭氏宗族家範　　028
清同治績溪縣華陽舒氏宗族家範　　030
清光緒績溪縣南關許余氏宗族愊叙堂家政　　031

第三節　衣食住行規約

宋嘉熙二年十月婺源縣清華胡氏宗族忌日規約附編教再立規約　　033

明洪武二十二年三月休寧縣黃顯仁、黃觀仁等兄弟立芝山黃氏義規　　034

明成化十四年十二月休寧縣十二都汪壽馨等爲造屋滴水界等立合同文約　　035

明成化十五年十一月休寧縣十二都汪壽祈等立造房屋事宜合同　　036

明弘治十年十二月休寧縣十二都汪壽昌立住基造屋合同　　037

明嘉靖十四年八月休寧縣蟾溪程世堅兄弟立居住樓合同文約　　037

明嘉靖四十五年正月祁門縣西都謝村余天生等立房屋地界合同　　038

明萬曆四年十一月祁門縣謝村謝知虎等立分造樓屋合同　　039

明萬曆二十三年正月祁門縣安山謝棹等立忠孝議約　　040

明萬曆三十四年正月祁門縣十西都謝村謝宗善兄弟等立造屋合同文約　　042

明崇禎三年十月祁門縣謝村謝養性等二大房因善則堂望耕樓基地變更立納稅合同　　042

清康熙十年四月徽州某縣宋家塢汪大義等立祖遺廳屋禁止堆積放物等事合墨　　043

清康熙五十二年七月黟縣十都三圖余夢才等立造厨屋等事項議墨合同　　044

清康熙五十四年三月黟縣十都三圖余應男等立造新屋滴水議墨合同　　044

清雍正三年十月黟縣八都三圖查昇緒等出讓餘地造屋議墨　　045

清乾隆六年七月十一日黟縣十都三圖余應綸同侄文積等立造厨屋議墨合同　　045

清乾隆五十八年六月黟縣八都三圖查高寶兄弟立廳堂共用議墨合同　　046

清嘉慶十三年十二月黟縣十都三圖余興福等立樓屋出入議墨合同　　047

第四節　佃僕及奴婢管理　　048

明嘉靖祁門縣善和程氏宗族仁山門支族《寶山公家議》之莊佃議　　048

明天啟休寧縣東亭余氏宗族賞賜僕人規例　　050

清乾隆三十一年正月休寧縣渠口汪亨等爲與地僕胡奇生訴訟立合議墨 050

清乾隆五十六年七月休寧縣汪世忠祠支丁汪先岸等立禁將產業投賣僕姓合墨 052

第二章　祠堂、墳墓祭祀標掛規約與條例　053

第一節　祀產管理規約與條例　053

宋嘉泰元年三月休寧縣曹村譙國曹氏宗族監簿贍塋元約 053
明洪武十四年三月歙縣東門許氏宗祠標祀膳塋約議 054
明成化十八年二月歙縣東門許氏宗族重議膳塋定規 055
明成化十九年四月歙縣世忠廟田地盟書 056
明弘治十五年三月歙縣富山吕氏修理墳祠警約 057
明正德休寧縣南山畢氏宗族墓田規約 058
明嘉靖四十三年三月歙縣潭渡黄氏宗族孝子祠贍塋條款事宜 059
明嘉靖績溪縣積慶坊葛氏宗族會祀祭儀 060
明嘉靖祁門縣竹溪祭器、祭品、祀書與塋墓、土地祭祀儀節 061
明嘉靖休寧縣邑前劉氏祠規暨祠約 063
明嘉靖至清雍正休寧縣孚潭許氏宗族抄白衆廳支年老簿規則常貯 064
明萬曆三十九年二月歙縣範川遷蕪湖縣謝廷訓等立標祀祖先規約 090
明萬曆祁門縣清溪鄭氏宗族祀產條例 091
明萬曆休寧縣桑園呂氏宗族祀規 092
明萬曆休寧縣范氏宗族統宗祠祀儀 096
明萬曆休寧縣林塘范氏宗族怡樂堂祀先閣條例 099
明萬曆休寧縣林塘范氏宗族宗祠祀儀 103
明崇禎歙縣城東許氏宗祠祀典條錄 107
清康熙歙縣潛川汪氏惇本祠標祀條例 108
清乾隆十九年正月祁門縣康啟珂等立誠心保守祀產合同文約 109

清乾隆二十五年二月績溪縣西關章瑞鍾恭復祀事條規序　　110

清乾隆三十一年十一月祁門縣十四都某姓及楸等立申飭遵守合同管理租則祭產文約　　111

清乾隆四十年七月祁門縣李務本堂秩下李任和等立議管理祠產賬目合同　　112

清乾隆休寧縣龍川吳氏宗族立廟祀祖規約條議　　113

清乾隆歙縣徐潭徐氏墓祠備祭則例　　119

清嘉慶二十四年五月休寧縣張光義等立經管祀匣章程合議墨　　120

清道光十七年三月歙縣大阜潘氏宗族蘇州支族松鱗莊祭祀規條　　121

清道光二十二年正月歙縣漁梁姚氏宗族承澤堂祠產議約　　123

清道光二十六年六月歙縣大阜潘氏宗族蘇州支族松鱗莊續增祭祀規條　　124

清道光績溪縣仁里程氏宗族祭祀條例　　125

清光緒二十三年九月績溪縣東關馮氏宗族清明序附丁酉增立文烈公清明議規　　130

第二節　墓塋祭掃標掛規約　　132

宋祥興二年正月婺源縣考水胡梅巖省墓序并規約　　132

明永樂十四年三月至正統三年三月歙縣向杲吳氏宗族四大枝歷代祭祀規約　　134

明成化五年三月休寧縣倍郭程氏標掛冢墓文款　　137

明成化二十三年三月休寧縣縣市吳氏宗族世守墳塋規戒序　　139

明正德元年七月休寧縣藤溪陳氏宗族重定拜掃規約　　140

明正德休寧縣文昌金氏宗族標掛規約　　141

明嘉靖二年八月休寧縣縣市吳氏宗族清明祭掃規約　　143

明嘉靖十二年歙縣向杲吳氏宗族四大枝祭掃祖墓議約　　147

明嘉靖三十一年七月歙縣向杲等吳氏宗族大四枝祭祀合同　　149

明嘉靖四十四年正月祁門縣十七都環砂程時化等立安葬文約　　150

明嘉靖績溪縣積慶坊葛氏宗族墓祭規　　150

明嘉靖祁門縣善和程氏宗族仁山門支族《寶山公家議》之墓塋議　　151
明萬曆二十一年績溪縣登源汪氏宗族重立標掛祀典暨萬曆二十九年重議登
　　源標祀事宜　　154
明萬曆四十二年二月歙縣潭渡黃氏宗族黃墩祭祀簿引　　156
明萬曆休寧縣泰塘程氏宗族祭祀志　　157
明崇禎二年三月歙縣程氏宗族岑山等五派立輪值標掛祀事合同　　158
明崇禎八年正月歙縣東門許氏宗祠訂正祭祀配享等事定規　　159
明崇禎十二年二月休寧縣古林黃氏宗族修墓通知帖　　160
清康熙六年歙縣稠墅汪氏宗族重訂小金山墓記約言　　161
清康熙四十六年歙縣潭渡黃氏宗族洪坑祖墓約　　162
清康熙婺源縣中雲王氏宗族掃墓條約　　163
清乾隆四十二年六月祁門縣文堂王法太等立與陳勝等祖墳界址合同文約　　163
清乾隆四十四年四月江西浮梁縣金成宗與安徽祁門縣文堂陳錢等立陳氏宗
　　族墳界合同議約　　164
清乾隆四十六年八月二十四日歙縣古樓岑葉孟松等往祖墳知單　　165
清道光祁門縣文堂陳氏宗族合議墳規　　166
清光緒十一年三月休寧縣首村朱氏宗族歙縣篁墩祖墓標掛議約　　166
清光緒歙縣唐氏三族祖塋標祀規條　　167

第三節　祠堂管理與祭祀規約條例　　208

明正德休寧縣閔川午峰畢氏宗族祠規　　208
明正德九年八月休寧縣西門汪氏宗族祠規序　　209
明嘉靖四年七月休寧縣茗洲吳氏宗族告立宗祠書暨宗祠規約　　210
明嘉靖二十三年三月婺源縣濟溪游氏宗族祠規序　　212
明嘉靖三十五年三月歙縣溪南江氏祠堂規　　213
明嘉靖祁門縣善和程氏宗族仁山門支族《寶山公家議》之祠祀議　　214
明隆慶元年七月歙縣棠樾鮑氏三族西疇祠條約　　219
明萬曆二十一年七月歙縣潛川汪氏惇本祠重立標掛祀典　　220

明萬曆三十二年十月績溪縣旺川曹氏宗族增定祠規　　　　　　　221

明萬曆婺源縣濟溪重刻游氏宗族祠規　　　　　　　　　　　　223

明萬曆婺源縣江灣蕭江氏宗族祠規　　　　　　　　　　　　　224

明萬曆休寧縣望仙譚氏宗族祠堂議約　　　　　　　　　　　　227

明萬曆休寧縣林塘范氏統宗祠規　　　　　　　　　　　　　　228

明天啟三年十月歙縣十九都二啚鄉約里族徐啟明等立梁太守徐摘公延祀
　　文卷　　　　　　　　　　　　　　　　　　　　　　　　　233

明崇禎十三年二月歙縣潭渡黃氏宗族各派更定祠規　　　　　　234

明崇禎休寧縣古林黃氏宗族祠規　　　　　　　　　　　　　　236

清康熙十五年三月歙縣新館鮑氏宗族祠規附同治八年四月續議祠規　239

清康熙四十四年正月徽州某縣謝三略等立議祠祭合同文約　　　246

清康熙四十八年十一月休寧縣西門汪氏宗族宗祠祭祀規制述言　247

清康熙五十八年二月歙縣潭渡黃氏宗族德菴府君祠規　　　　　248

清康熙十一年二月歙縣潭渡黃氏大宗祠祀產簿序附公議規條　　252

清康熙歙縣金山宋氏宗族祠規　　　　　　　　　　　　　　　254

清康熙歙縣潛川汪氏惇本祠祭祀條規　　　　　　　　　　　　256

清康熙婺源縣中雲王氏宗族祠規　　　　　　　　　　　　　　257

清雍正十年正月休寧縣西岸汪氏宗族祠規　　　　　　　　　　258

清雍正十年十一月績溪縣泉塘葛士禹妻無嗣產業批入祠堂議約及乾隆十年
　　十一月復議約　　　　　　　　　　　　　　　　　　　　259

清雍正歙縣潭渡黃氏宗族旌孝祠祠約　　　　　　　　　　　　260

清雍正休寧縣江村洪氏宗族祠規　　　　　　　　　　　　　　261

清乾隆五年冬至日績溪縣旺川曹氏宗族續增祠規　　　　　　　262

清乾隆六年冬月歙縣東門許氏宗祠條規祭禮　　　　　　　　　266

清乾隆十八年正月績溪縣仁里程氏宗族重建宗祠條約　　　　　269

清乾隆二十四年四月歙縣稠墅汪氏宗族祠規　　　　　　　　　270

清乾隆三十二年三月祁門縣文堂陳禹範等立合祀文約　　　　　277

清乾隆三十五年正月祁門縣謝村謝善則秩下謝宗魯等立設置祀匣修整祠宇
　　議合文約　　　　　　　　　　　　　　　　　　　　　　278

清乾隆三十五年正月祁門縣謝村謝善則秩下謝宗泗等立復議設置祀匣修整祠宇議合文約	278
清乾隆績溪縣大谷程氏宗族世榮堂祠規	279
清乾隆績溪縣大谷程氏宗族世榮堂祠祀規儀	282
清乾隆歙縣東關濟陽江氏宗祠燈節事宜	285
清乾隆歙縣東關濟陽江氏宗祠新訂事宜	286
清乾隆歙縣東關濟陽江氏宗族祠規	289
清乾隆婺源縣星源銀川鄭氏敦本堂祠規	290
清乾隆婺源縣雲川王氏宗族新增祠規	291
清嘉慶十年正月祁門縣文堂陳正光與貴池陳應謙等立合祭始祖妣郭氏等合同文約	292
清嘉慶十七年三月績溪縣胡村龍川胡氏支祠條規	293
清嘉慶二十年十一月婺源縣遷浙江金華縣竹馬館李氏宗族冬祭胙規	294
清嘉慶歙縣棠樾鮑氏宗族宣忠堂值年規例	295
清道光十年秋月婺源縣雙杉王氏宗族妣祠規條	301
清道光二十二年二月祁門縣十西都謝文庭等立共管善則堂規例合同文約	302
清道光二十三年績溪縣眉山吳氏重訂宗祠事儀附民國十五年議決	303
清道光徽州府徽州汪氏宗祠祭祀規條	306
清道光績溪縣仁里程氏宗族敬愛堂祠規	307
清咸豐黟縣灣里裴氏宗族祠規	311
清同治十二年歙縣塥田汪氏宗祠理主條規	313
清同治績溪縣華陽舒氏宗族春分暨冬至祠祭發胙定例	314
清同治績溪縣華陽舒氏宗族祠規	317
清光緒九年二月績溪縣東關馮氏宗族桃生所議條規	319
清光緒二十年四月績溪縣龍井胡氏宗族裕倩堂祭祀議約附民國三十二年重議規條	320
清光緒二十九年十二月績溪縣余川汪氏宗族祠規	323
清光緒績溪縣北門張氏宗族祠規	326
清光緒績溪縣城西周氏宗族祠規	327

清光緒績溪縣大谷程氏宗族紀事諸規之祭祀條規	332
清光緒績溪縣錦谷程氏宗族祠規	338
清光緒績溪縣錦谷程氏宗族祠祭規條	343
清光緒績溪縣梁安高氏宗族祠堂進主毀主暨祭掃、頒胙例	346
清光緒績溪縣南關許余氏宗族報功祠記附報享例	348
清光緒婺源縣雙杉王氏宗族祠規	350
清宣統三年績溪縣泉塘葛氏宗族祠規	351
清宣統三年績溪縣魚川耿氏宗族祠規	353
清宣統歙縣義城朱氏宗族祠規	357
民國二十四年七月婺源縣遷浙江金華縣竹馬館李氏宗族祠規	358
民國二十四年婺源縣竹馬館李氏宗族新增冬祭胙規	360
民國績溪縣城南方氏宗族祠規	361
民國績溪縣盤川王氏宗族祠規	372
民國績溪縣旺川曹氏宗族祠規	377
民國績溪縣宅坦龍井胡氏宗族祠規	380
民國歙縣府前方氏宗祠祠規	383
民國歙縣漁梁姚氏宗族祠年例	384
民國婺源縣遷浙江金華縣竹馬館李氏宗族祠堂與祠產管理規條	386
民國婺源縣遷浙江金華縣竹馬館李氏宗族祭儀暨祭規	386
民國休寧縣衡川左臺吳氏大宗祠祠規	388

第四節　墓祠規約　　389

明弘治十五年三月歙縣呂氏存仁府修理墳祠警約	389
明萬曆歙縣岩寺汪氏十六族建墓祠約	391
清乾隆四十八年八月婺源縣雙杉王氏宗族始祖墓祠條例	391
清乾隆歙縣徐潭徐氏墓祠規約	392
清乾隆歙縣徐潭徐氏墓祠祀首事宜	394
清道光六年歙縣吳清山汪氏忠烈墓祠修祠公啟	396

清道光七年八月歙縣重修吳清山汪氏忠烈祖祠禁示碑　　397

清道光十九年十一月歙縣重修吳清山汪氏忠烈墓祠墓道請列銜名公呈縣署
　　立碑示禁啟暨道光十九年十一月歙縣正堂禁示碑附禁碑文　　398

清道光二十一年十一月歙縣吳清山汪氏忠烈祠墓禁碑　　399

清道光二十二年七月婺源縣湖山汪氏宗族議建墓祠啟附條議　　400

清道光婺源縣湖山汪氏宗族墓祠各條規後序　　402

清道光婺源縣湖山汪氏宗族墓祠善後條規　　403

清道光婺源縣湖山汪氏宗族墓祠續議落成致祭條規　　404

清道光婺源縣湖山汪氏宗族墓祠住守條規　　405

清同治九年二月歙縣吳清山汪氏忠烈祠墓禁碑　　406

民國五年歙縣重建吳清山汪氏三祖墓祠募捐公啟　　407

民國六年歙縣重建吳清山汪氏三祖墓祠籌款辦法　　408

民國歙縣吳清山汪氏三祖墓祠善後條規　　408

第五節　祠堂、墓塋暨風水保護禁約　　409

明景泰六年九月休寧縣乾灘吳氏宗族株木墩頭墳木合同　　409

明成化二十三年正月祁門縣謝村謝永先等立保護祖墳合同文約　　410

明正德十五年正月休寧縣乾灘吳氏宗族重立墩頭戒約　　411

清嘉靖三十九年六月祁門縣十西都謝村謝堂等立風水穴界合同文約　　411

明嘉靖休寧縣臧溪汪氏宗族富昨保墓規　　412

清康熙八年歙縣篁墩程氏保墓公啟　　413

清康熙四十五年七月徽州府頒行休寧縣五都查氏祖墓禁示碑　　414

清乾隆十七年四月初十日婺源縣保護江村澐公墓永禁告示　　415

清乾隆二十二年十一月祁門縣謝村謝明福、謝明桃二家立墓界合同議約　　416

清嘉慶十二年十月黟縣十都三圖余興福等立風水墳地議墨合同　　416

清嘉慶十五年十月祁門縣十三都一圖凌氏宗族務本堂立嚴禁侵葬祖墳束心
　　合同文約　　417

清嘉慶二十二年十月歙縣藍田葉氏宗族告三十六支族知單　　417

清嘉慶二十四年五月績溪縣東關馮氏宗族重建宗祠啟　　418
清道光十四年六月徽州某縣族長得昆等九門立長議修祠議單　　418
清光緒五年三月績溪縣東關馮氏宗族重修宗祠啟　　420
民國四年四月績溪縣十一都胡里村胡惇叙堂修繕知單　　420
民國十年七月績溪縣洪川程氏宗族修祠司事籌墊銀洋啟　　421

第三章　宗教信仰與民間信仰活動規約　　422

第一節　宗教信仰及其活動規約　　422

宋淳祐九年四月婺源縣甲道寶福院叙事誓言碑記　　422
明萬曆元年五月婺源縣上溪源程時讚等立造閶山香嚴院合同　　424
明萬曆三十八年六月祁門縣六都程天倫等立報慈庵嚴禁本家閑人駐庵攪擾等合同文書　　424
清順治十二年七月婺源縣胡參等石鎮源接佛祈雨議約　　425
清康熙二十六年六月婺源縣環溪吳氏宗族雲瑞庵禁約　　426

第二節　民間信仰及其活動規約　　427

元泰定四年六月歙縣程靈洗世宗廟田土之事禁約榜文　　427
明成化十二年十二月歙縣頒行世忠廟禁約榜文　　429
清道光六年十月徽州某縣金輪大法司剳付添進、新義二社剳文　　430
清咸豐十一年九月十五日婺源縣虹關鏡心壇條規　　431
清同治元年正月二十三日婺源縣虹關鏡心壇規條　　432

第四章　會社生活規約　　434

第一節　文會與文社規約　　434

明嘉靖十六年三月休寧縣率濱吟社條約　　434

明嘉靖四十二年歙縣岩寺汪氏十六族文會約	435
明嘉靖休寧縣泰塘程氏宗族佘山文會序	436
明萬曆十二年十一月歙縣江村聚星文社序	436
明萬曆三十二年七月祁門縣桃源洪氏興賢會引	437
明萬曆三十二年歙縣稠墅汪氏宗族貞一會約啟與跋	438
明天啟元年十月歙縣江村重興聚星文社序	439
明天啟三年歙縣江村建聚星文社館序	440
明天啟五年歙縣江村議建瑞金文會保龍序	441
明崇禎八年歙縣江村聚星文會會館告成序	442
明崇禎歙縣呈坎羅氏宗族潨川文會會規	443
清康熙三十一年歙縣稠墅汪氏宗族文會序及康熙三十二年象賢文會序及緣起	
	445
清康熙六十一年歙縣江村重修聚星文會會館序	446
清乾隆四年五月祁門縣版溪康氏宗族敦仁會序	446
清乾隆九年四月歙縣江村蟾扶文會序	447
清乾隆五十五年四月歙縣東關濟陽江氏文會胙產等事宜	447
清乾隆歙縣江村江氏宗族榮養堂文明新社序	448
清乾隆歙縣雄村竹山書院文會條約碑	449
清乾隆至嘉慶年間歙縣棠樾同老會序	450
清嘉慶十年十月績溪縣城西周氏宗族文會規條	452
清嘉慶、光緒婺源縣鳳山查氏宗族正誼文會序及規條	455
清光緒績溪縣梁安高氏宗族學愚文會序并祀例、貼例暨捐例	459
清光緒績溪縣南關許余氏宗族惜叙堂文會序	460

第二節　宗族祭祀類會社規約　　　　　　　　　　　　　　461

明弘治休寧縣陪郭葉氏祖社序	461
明嘉靖祁門縣左田黃氏宗族清明祀會序	462
明嘉靖休寧縣汪溪金氏清明會序	463

明嘉靖休寧縣西門汪氏墓祭會規約　463

明萬曆十五年二月暨清順治十四年三月徽州某縣清明會序及會規　465

明崇禎十三年休寧縣古林黃氏清明會序　467

南明弘光元年三月徽州某縣清明重訂惇本會規則　468

清康熙五十六年二月祁門縣徑併清明會規約暨祭儀　469

清雍正休寧縣江村洪氏清明會序　481

清乾隆五十四年九月績溪縣竹里村周思延等立汪公會祭器管理合同議約　481

清乾隆五十七年十一月黟縣濟陽江氏宗族龐村派福壽公支裔江上峰等復興冬至祀會合墨公約　482

清嘉慶十年績溪縣城西周氏宗族能幹會規條　483

清嘉慶歙縣桂溪項氏宗族始祖會會規　485

清道光八年二月黟縣四都汪新月等新立祭祀會入會議墨合同　487

第三節　經濟類會社規約　488

清乾隆四十六年五月黟縣十都豐登路會等置買山業立議公禁合同　488

清同治九年二月祁門縣桃源陳正輝等立興山會禁賭禁烟興利杜害合同規約　489

民國七年正月徽州某縣汪溥泉等眾姓立興杉松合同會約　490

第四節　神會規約　491

明萬曆四十年至民國三十年休寧縣旌城等村祝聖會會規　491

清道光十年正月績溪縣太子神會會規及幫貼議據　503

清道光二十五年正月績溪縣太子神會幫貼議據　504

清光緒二十一年祁門縣祁山船會規則　504

第五節　宗族盟約暨里社規約　518

宋咸淳七年十一月休寧縣率口程氏宗族宗會盟序　518

明洪武十三年三月婺源縣嚴田李氏宗族立掃松盟附書掃松集書拜掃集　520

明永樂元年三月婺源縣嚴田李氏宗族李氏蟠根思遠盟　522

明成化十九年四月二十二日歙縣二十五都世忠廟田地盟書　523

明宣德至萬曆歙縣東門許氏宗族高陽社約序暨義田約　525

明弘治六年十月歙縣黃川陳氏五老同庚會序　530

明正德五年正月休寧縣西門汪氏宗族知本祠會團拜序　531

明嘉靖七年十月休寧縣縣市吳氏宗族東岸節義社祭文式暨社款　532

明嘉靖二十二年正月祁門縣謝村謝知龍、謝知遠等兄弟共立善則規約　533

明萬曆二年歙縣沙溪張停社記　534

明萬曆四十七年二月某縣汪惟助等立社會合同文約　536

明天啟元年春歙縣江村仁里社序　536

明崇禎十一年三月祁門縣謝村謝孟善等立盟出糶祀穀、禁止拖欠合同文約　537

明崇禎十二年徽州某縣汪氏宗族四維聖會規　538

明崇禎婺源縣桃溪潘氏宗族團拜會序　541

明歙縣程霆議復忠壯公程靈洗真墓檄　542

清康熙三十五年五月休寧縣首村朱氏宗族朱世德等議墨合同　545

清康熙四十七年五月休寧縣首村等各村朱氏宗族收回春公墓捐款誓約　546

清康熙五十三年歙縣江村重建慈化西社記碑　547

清乾隆十二年十月祁門縣康啟儼等立毋許私繳老契破敗山場公產束心合同文約　548

清嘉慶三年三月祁門縣謝村謝善則堂謝錫祿等共議經管祖產規約　549

清嘉慶二十三年十月黟縣四都汪大旺等人入雷祖神會議墨合同　550

清道光十六年正月績溪縣東關馮氏建造祠堂邀會議約　550

清咸豐六年十一月祁門縣康起銛等立嚴禁盜賣祠內山場束心合文約　551

第六節　公益慈善暨互助性會社規約　552

清嘉慶十六年十月祁門縣八都邱新法等立澤濟橋會股分加禁合文　552

清道光二年二月祁門縣善和村程氏宗族利濟會規　　553
清道光二十八年三月徽州某縣五保何其盛等衆姓立聚義會同心合文約
　　555
清光緒二十二年二月祁門縣桃源洪氏宗族取善會引　　556
民國七年五月歙縣某村吳連興等柒拾伍仟會會約　　556

第五章　移風易俗規約　　561

第一節　綜合性移風易俗規約　　561

明隆慶休寧縣璫溪金氏宗族移風易俗議約　　561
清同治十一年正月祁門縣歷溪村王氏宗族合一堂暨同人堂族長王修焱等立
　　婚姻遵祖規合約　　584
清光緒二十七年二月徽州不纏足會章程　　585
清光緒二十七年季秋月婺源冲田積慶義濟茶亭規碑　　588

第二節　禁烟禁賭規約　　589

清咸豐十年三月徽州某縣許春和、李君茂等立兄弟戒賭合約　　589
清同治十二年七月徽州某縣廷會等共立嚴禁賭博烟燈并無故生端橫行鄉里
　　等事議約　　590

引用和參考文獻　　592

後　記　　613

第一章 居家禮儀與生活規約

第一節 家禮與居家雜儀

明隆慶歙縣溪南江氏宗族居家禮儀

居家禮儀序　彥傑公

《文公家禮》"冠、婚、喪、祭"之儀,凡士夫之家所宜講習而力行之者也。世俗厭煩就簡,多以古今異宜而莫之行。雖吾宗倣古,行其一、二,而猶以未詳爲憾,用是立祠堂、造祭器,以供祀事。然欲事事皆遵《文公家禮》,第恐才力或有所未逮耳。其四時之祭,惟年終祭於正寢,餘三時則祀於祠堂也。若冠、婚、喪、祭,亦宜量力而行,勿效世俗之侈靡,以爲夸奇鬭美之虛設,亦必以《家禮》爲準繩,而弗容於妄有所增損也。嗟夫! 禮者主乎敬,禮不足而敬有餘,猶庶幾也。故曰:"禮,與其奢也寧儉。"今以四者述爲一篇,藏諸家祠,俾後之子孫有所遵守。

謹序。

江氏家禮儀節

元旦宗祠慶賀只用通贊一位

序立,祭孫各就位,行慶賀禮。班齊,鞠(恭)[躬],拜,興;拜,興;拜,興;拜,興,平身。分班,班齊,鞠(恭)[躬],拜,興;拜,興,平身,復位。焚楮,禮畢。

宗祠春、冬二祭禮生九位,通贊一,引贊一,陪引一,司樽一,奠酒三,帛、祝各一。

通,序立,執事者各司其事。主祭者就位,陪祭者各就位。

引,就位。

通,降神。

引,詣盥洗所,盥洗,帨手,詣香案前,跪,焚香,酹酒,俯伏,興,平身,復位。

通，參神，鞠躬，拜，興；拜，興；拜，興；拜，興，平身。

奠帛行初獻禮

引，詣酒樽所，司樽者舉冪酌酒，詣始祖神位前，跪，奠帛，奠酒，俯伏，興，平身；詣東配神位前，跪，奠酒，俯伏，興，平身；詣西配神位前，跪，奠酒，俯伏，興，平身。詣讀祝所，跪。

通，陪祭孫皆跪，告祝，俯伏，興，平身。

引，復位。

通，鞠躬，拜，興；拜，興，平身。

行亞獻禮

引，詣酒樽所，司樽者舉冪酌酒，詣始祖神位前，跪，奠酒，俯伏。興，平身；詣東配神位前，跪，奠酒，俯伏，興，平身；詣西配神位前，跪，奠酒，俯伏，興，平身，復位。

通，鞠躬，拜，興；拜，興，平身。

行終獻禮

引，詣酒樽所，司樽者舉冪酌酒，詣始祖神位前，跪，奠酒，俯伏，興，平身。詣東配神位前，跪，奠酒，俯伏，興，平身。詣西配神位前，跪，奠酒，俯伏，興，平身，復位。

通，鞠躬，拜，興；拜，興，平身，撤帛。辭神，鞠躬，拜，興；拜，興，拜，興；拜，興，平身。焚祝文，禮畢。

各祖墓祭禮生二位，通一，祝一

通，序立，就位，跪，焚香，酹酒。俯伏，興，平身。參神，鞠躬，拜，興；拜，興；拜，興；拜，興，平身。跪，行三獻禮祝者執壺奠酒三行。告祝，俯伏，興，平身。辭神，鞠躬，拜，興；拜，興；拜，興；拜，興，平身。焚祝文，禮畢。

祀土地

通，就位，詣香案前，跪，上香，酹酒，俯伏，興，平身。參神，鞠躬，拜，興；拜，興；拜，興；拜，興，平身。行三獻禮，跪，奠酒三行，告祝，俯伏，興，平身。辭神，鞠躬，拜，興；拜，興；拜，興；拜，興，平身。焚祝文，禮畢。

喪事出殯立靈引、禮生四位

通，就位，詣香案前，跪，焚香，俯伏，興，平身。跪，告祝，舉哀。興，平身。焚祝文，迎神赴正堂。大祭禮生十位，做七辭靈，祭俱只用禮生八位，儀節同。

祀后土禮生二位,吉服

通,就位,詣盥洗所,盥洗,帨手。詣香案前,跪,焚香,酹酒,俯伏,興,平身。參神,鞠躬,拜,興;拜,興;拜,興;拜,興,平身。行三獻禮,跪,奠酒。告祝,俯伏,興,平身。辭神,鞠躬,拜,興;拜,興;拜,興;拜,興,平身。焚祝文,禮畢。

點主禮生二位,吉服

通,就位,詣盥洗所,盥洗,帨手。詣香案前,啟櫝出主,請題主,奉主入櫝,謝題主者。鞠躬,拜,興;拜,興;拜,興;拜,興,平身,禮畢。

通,盥洗,就位,請神主,浼題主官,興,跪。啟櫝出主、卧主、分主,用硃,進筆,先點(挾)〔頰〕中,次題主面;用墨,進筆,先點(挾)〔頰〕中,次題主面。合主,入櫝,請神主登座。謝題主官,鞠躬,拜,四拜,興,平【身】,興,禮畢。

祀神主引禮生四位

通,就位,詣香案前,跪,焚香,酹酒,俯伏,興,平身。參神,鞠躬,拜,興;拜,興;拜,興;拜,興,平身。行三獻禮,跪,奠酒,告祝,俯伏,興,平身。辭神,鞠躬,拜,興;拜,興;拜,興;拜,興,平身。焚祝文,禮畢。

——隆慶《溪南江氏族譜·江氏家禮儀節》

清康熙婺源縣桃溪潘書馨日常生活規則

日用要規四條

五宜敬:高年老成宜敬,矜名節士宜敬,節媛宜敬,學兼優士宜敬,有才幹能維持鄉里人宜敬。

五宜惜:字紙宜惜,五穀宜惜,生靈宜惜,精神宜惜,光陰宜惜。

五不宜慢:里長催糧不宜慢,佃戶交租不宜慢,報喜人不宜慢,學門子不宜慢,乞丐子不宜慢。

五不宜聽:婦人言不宜聽,讒間言不宜聽,導趨邪徑言不宜聽,妄傳過惡言不宜聽,鬼神哄惑言不宜聽。

治心六則

息機智:坦衷御物,計較不生。

禁淫邪：以理制欲，使心勿亂。
平忿怨：事由前定，逆來順受。
黜貪私：無慕於人，無便於己。
慎非議：隱人之短，諱人之過。
屏驕矜：炫才傲物，器小福薄。

讀書十韵有引

讀書，韵事也。唔咿之暇，可無韵趣？一灑心情，爲拈《十韵》以紀之，庶神舒襟爽，其與髯翁分席，與宇内韵人定有同致。

携琴待月。拭几焚香。郊外覽眺。花底徘徊。美人對榻。怪石供盆。隨腔低唱。薄飲微酣。傍陰蒔卉。臨沼飼魚。

適性怡情五十四則

掃葉烹茶。拭几焚香。抱甕澆花。踞石觀瀾。抄錄格語。檢理架書。扶筇獨往。擊劍高吟。採摘新蔬。更改舊詩。奇花邀賞。佳果分甘。

洗硯。展畫。布石。飼魚。種蘭。蔭竹。步月。負暄。鋤園。擁爐。漱流。升高。

看鳥度枝。看魚躍藻。看蝶穿叢。看雀引雛。看鵲構巢。看燕學飛。看移花影。看度風帆。看雲歸岫。看月升霄。看磯頭釣。看隴上耕。

琴聲。磬聲。書聲。鳥聲。咽泉聲。落葉聲。曉鐘聲。遠篴聲。野鶴聲。子規聲。欸乃聲。松濤聲。

夜蛩聲。簷馬聲。雨滴蕉聲。風敲竹聲。枕上鷄聲。静夜碪聲。

——[清]潘書馨：《穎川文集》卷十二，清康熙玉森堂刻本，載《北京師範大學圖書館藏稀見清人別集叢刊》第六册，廣西師範大學出版社，2007年，第415—416頁

清嘉慶十四年黟縣月塘莫氏宗族事親規約

事親規約

人子之道，莫重於事。生百年有限之親，一去不回之日，得盡一時心，即免一(時)[世]悔也。惟是易辦者，無窮之物難辦者，有恒之心，真心所切。

啜菽飲水可以盡親歡,賣薪負粟可以酬吾志。歐陽公曰:"祭而豐不如養之薄也。"痛哉斯言!人子誦之而有漠然不動念者,果何人哉?

服勞:父母呼,唯而不諾,手執業則投之,食在口則吐之,走而不趨。凡受父母之命,必籍記而佩之,時省而速行之,事畢則反命。

奉養:三牲五鼎、菽水菜根,皆養也,惟應及時爲可貴耳。然必須有賢內助焉,未有婦不賢而能養親者也。人欲養親,必先教婦。貧賤之家,子養親;富貴之家,親養子。親養子,則終身不知子道矣,悲夫。

穀食:凡事父母異食,古云老少異糧,況親乎?黍、稷、稻、粱,皆欲精鑿,麥欲頭羅,菽欲純而新是也。

肉食:魚去鯁,雞、鴨去骨,調諸腥以薑醋,肥膩以酒,斷脯橫理,斷魚順理。

水飲:水欲甘、欲澄、欲潔。污水飲之,最易發病。醢欲澄,酒欲醇,欲陳無宿,壺無再熱,糖欲澄垢。糖中砂垢最多。茗去粗末。茶之浮面及茶尾皆大寒,食之傷胃。

果實:果品無盞無損,戒先時、後時。先時味歉,後時味敗。無多進異味,非習嘗者勿進。凡瓜、梨、藕、桃、杏之類,皆爲生冷,能壞脾胃。

視膳:日四問食,食問所欲,適溫涼冷熱之宜,候生熟清濁之節,嘗醎淡、辛酸之味,視草、毛、蠅、蟻之物。

器用:父母一切所用之物,如筆、墨、紙、硯、書籍、卷軸及杯盞、壺榼、傘屐之類,安放宜有常處,恐一時取用不及,致生煩惱也。諸爲食具,溉滌欲潔,碗碟杯盞,欲精緻可愛,以得父母之歡。

衣服:五十,非帛不煖,禦寒之具,較春夏諸衣尤爲緊要,然須以輕煖爲佳。凡衾褥須置二副,一厚一薄,以適寒煖之宜。即冠巾、襪履,亦須有二,以備更換。

侍容:侍父母之側,無戚容,無怨容,無惰容,無莊容,無思容,無昏忽之容,無不足之容;無高聲,無叱咤之聲;無直言,無費解說之言,無犯諱之言。

啟告:樂事快言,憂事徐言,怒事笑言,悲事疑言,駭異之事平言。恐懼之事可以不聞者,勿言。

從命:人子事親,畢力盡志。凡有所命皆從之,毋強以拂其意。

悅心:氣血調於喜歡,疾病生於惱怒。壽親之道無他,一"悅"字盡之矣。時花新果,異物奇觀,好書名畫,有得必獻,可助一樂。

出入：必行之路，地坳則覆之，地凸則平之，地滑則沙之。升高下下則扶掖之，遠行則子弟從之，夜歸則操炬以迎之。

同人：親有所愛樂之人，趨治具，無厭色。父母所愛者，或子女之子女也，父母欲施之衣食，則衣之食之，無怨言，無後語。

僕御：親之近侍，以柔順勤謹者爲之。否則，易之，必得人而後已。

告面：《禮》，爲人子者，出必告，反必面。所遊必有常，所習必有業。人子出入而不稟命于父母，則意中無父母，目中亦無父母矣。犯尊犯齒之端，皆由於此子弟所宜，切戒。《孝經》曰："居則致其敬。"

承志：甘旨日給，是謂能養，而尤以善承親意爲主。不然，飲食供奉之間，親心時有戚戚焉。其養又安足道也？供養之間，尤宜致敬。孔子曰："今之孝者，是謂能養。至於犬馬，皆能有養。不敬何以別乎？"曾子曰："孝子之養老也，樂其心，不違其志。樂其耳目，安其寢處，以其飲食忠養之。"《孝經》云："養則致其樂。"

諫過：親有錯履，無遽言，無盡言，無當人而言，乘時乘機，設言以悟之。親有激怒，從其怒以緩之。怒平，順言以醒之，失禮於人者，陰爲遜謝之。

救難：或居官坐罪，或遠出遭殃，或因干涉累身，或以兵火受險，皆難也。此在他人，尚當救獲，親有難而不救，則禽獸不若矣。人子不幸遭此，毋畏禍，毋過激，必以全親爲上策。

祈壽：父母俱存，天倫樂事。然去日苦多，來日苦少。既可喜，亦可懼，孝子所以有祈年之願也。愛親者，果有減己益親之真情，至誠感神，鮮有不應。

司馬溫公曰："凡子事父母，婦事舅姑，天欲明，咸起，盥漱櫛，總具冠帶，昧爽，適父母、舅姑之所，問夜來安否。此則禮之晨省也。父母、舅姑起，子供藥物，婦具晨（羞）[饈]，供具畢，乃退，各從其事。將食，婦請所欲供之尊長，食畢，乃退。既夜，父母、舅姑將寢，則安置而退。此即禮之昏定也。居閒無事，則侍於父母、舅姑之所，侍立必恭，執事必謹，應對言語必下氣怡聲，出入、起居必謹扶衛之，不敢涕唾喧呼於父母舅姑之側。父母、舅姑不命之坐，不敢坐；不命之退，不敢退。"

夫事君、事親、事長，皆曰事。事之云者，孜孜惓惓，以之爲事也。今也不以爲事矣。迨至後來知悔，吞恨飲泣，處處傷心。雖欲補，吾不滿之分其可得耶？

侍疾：夫病，生死關頭也。善調攝之，則幾死可生；不善，則可生反死。《禮》，凡父母、舅姑有疾，子婦不離側，色不滿容，不戲笑，不宴遊。即有重大迫切之事，皆不暇及，專以延醫合藥、調攝爲務，疾已復初。

病室：病室須掃除潔净，固密壁户，不受風，不生濕。帳幃綿密，陽不惡明，陰不惡暗。

戒聲：在病室，入如竊，出如竊，立如瘵，坐如尸；無嚏噴，無咳咯，無履聲，無喘息聲，無安置器物之聲。

戒人：問疾者至，疾而勿傳，修文之客勿入，多言高聲之客勿入，休戚不關之客勿入，病者、聾者勿入。

慎食：不欲食，無强食；偶欲食，無多食。病者胃氣正弱，强之則病；胃氣始生，多之則傷。宜頻毋頓，愈少則愈多，更在子婦節縮之耳。預備品物，以供緩急之需。

慎言：可悲、可怒、可憂、可惡、可厭之事，即急，勿以告。病人多火，無端動怒，默而順之，無辯是非。

慎净：涕唾盂、帛各二，日滌而更之；溺器須備二、三，便更换也。如不能起，則扶持而置器于身下，用畢則更之。

延醫：粗醫，初學之醫，江湖之醫，不讀書之醫，泥書之醫，皆勿用。有良者，雖遠必致之，拜而敦禮之。檢方、置劑、煎藥必親手，將進必親嘗，煎藥不於病室。

察證：内之寒熱，疾之重輕，驗便溺之通否；傷之内外，病之有餘不足。察氣色，以是準之，無爲醫誤，故人子不可不知醫。

行禱：境内百神，皆可拜禱，不必五祀，不必牲醴楮幣。凡行禱，須有迫切殷懇之心，悲痛惻怛之意。積誠茹苦，以示可憐。萬一感格，尚可回天。即數窮氣盡，無可奈何，而人子之心亦無所不至矣。若只修文，反以速戾。

避嫌：病篤，治後事，無令病者聞之。在侍，無作泣狀，流涕而侍疾，恐傷親也。

侍疾之時，何時也？子之盡力，只此時；親之待事，亦只此時。若有踈虞，何能再補？能竭力於卧榻，庶能必誠必信於蓋棺。蓋有根心之愛者，自有不容己之情。有不容己之情，自不待勉之事作而致其情者，必怠必踈，豈能久耶？

——嘉慶《黟縣莫氏宗譜》卷三《事親規約》，載劉伯山主編《徽州文書》第二輯第五册，廣西師範大學出版社，2006 年，第 168—177 頁

清光緒績溪縣南關許余氏宗族惇叙堂家禮

冠禮

冠所以責成人之義,男子年十六至二十,無期以上喪,皆可行也。冠禮廢,天下無成人。唐時,士大夫家行之者鮮。至有宋而復以冠爲重,其《儀註》備載朱文公《家禮》,宜倣照行之。至其加冠及命字之詞,或將就爲易解吉語亦可。其三加禮或從省,爲一加亦可。

近世冠禮雖不盛行,而女子許嫁未有不笄者。但笄是合髻之簪,世俗誤以紒爲笄,紒與髻同音,所謂假髻,乃婦人加於髻上之飾耳。又世俗醮女之禮大重,使女南面端坐,母拜而整席拜而進酒,哭而整席哭而進酒,尊行卑,吉行凶禮,非禮之至。在女子,既笄將嫁,端坐而醮之,此俗實難頓改。母立而祝之,使小輩進酒可也。將有遠行,潸然出涕,固人情所不能禁者,奈何大作哭聲乎?是在禮法之家變通行之,毋大違禮可也。

婚禮

凡婚娶,須門户相對,嫁女宜稍勝於我者,娶婦宜稍不如我者。女家稍不如男家,免新婦驕傲翁姑、夫婿也。嫁女論禮而不論財,娶婦論德而不論色。不可慕人之豪勢而存倚傍之心,不可羨人之富有而起沾染之見。凡存此心、起此見,皆近於無恥也。至於婚姻之禮,原不能不從俗,但俗之大違乎禮者,亦不可從。如山鄉嫁女於婿,臨行時,女母以鎖鑰置女鞋中,並以假髮長跪號泣,以納婿袖中,非禮可笑,禮法者斷不可行。

新婦,三日行廟見禮,《家禮》增新婿滿月至婦家行廟見禮,此禮甚正,足補《禮》經之缺,最宜行之。凡我族新婿,自親迎後第二次來,嫁女之主人先告祠首,啟祠門,引婿以香,拜見祖宗。雖嫁女者因貧未能請酒,祠首不得爲難。至再醮之婿,雖豪富,不許行廟見禮,所以正綱常、重名節也。

喪禮

喪事,在宣、歙間有三大非禮,斷不可從。第一是作佛事,謂之"超度"。試思父母行善,何勞超度?父母若行惡,惟有行善以解父母之惡,又豈此輩所能超度?臨喪不哀,妄信邪說,大非禮一;第二是親房家家不舉火,而就食於喪家,喪家以酒肉燕客。夫孝子三日不食,親鄰當具饘粥以勸之食,奈何幸人之災爲醉飽計乎?至遠來吊客,亦止當具蔬食以待之,奈何每夕轟飲,同於喜慶,大非禮二;第三是惑於風水,停喪不葬。夫亡者以歸土爲安,人家禍福,由於善惡,故陰地由於心地。心地好,當得好地,十日內亦可得好地;心地惡,當得惡地,一百年還得惡地,斷非地師所能代謀。不求心地,而求陰地,以親死爲求福計,大非禮三。凡孝子,當去此三大非禮而後可言喪禮。

凡棺槨、衣衾,稱家之貧富,却不可以金玉入(歛)[殮]。喪禮,孝子朝夕哭奠,並無祭禮,喪主三年不祭祖廟,而況新喪?其哭奠當用一司祝及執事一、二人,司祝並不讀祭文,但每次哭奠之先,代孝子盥洗、行香以降神。因孝子不櫛沐,手不净,不能行香灌地也。執事代進酒殽,每日二次,無所謂祭也。在親友,吊死設祭,則用禮生以樂侑食,然禮生以當素服。世俗以吉服爲喪祭,禮生及孝子主祭行禮,皆大非禮。

進主是吉禮,然必供靈於家,三年服滿,然後行之。改葬是凶禮,改葬父母,雖已滿服,仍服凶服。改葬有服之祖,雖不及見其没,亦服其服而遷之。凡改葬起遷,則凶服,下棺即全換吉服,此所以異於新喪也。

凡忌日,亦素服,不飲酒,不聽樂,不與慶賀。倘五服內有於此日婚娶,彼既不避我父母之忌辰,我亦不必與彼之慶事。惟祖以上忌日,五服婚娶不必避,而是日亦不當與慶事,次日乃往。

祭禮
祠堂春、秋之祭,照《家禮》行三獻及侑食之禮。祭主有三:一是宗長,亦曰"宗子",乃本族長房之長子;二是族長,乃班輩最長者;三是年長,班輩雖不尊,而年齒冠一族者。然年長或有或無,非所重也。主祭以宗子爲重,族長陪祭。如宗長、族長不能行禮,則使族之有衣冠者代祭,而祝版祭主仍書宗子、族長之名。我族雖分許、余二姓,於筮仕、税户則然。至入祠堂,不分許、余,但自斗保公以下,作一家論,止一宗長、一族長。倘余姓謂在余是宗長,而欲立兩宗長者,余姓即爲不孝。若合族論輩,余姓是族長,而許姓謂余姓不得爲兩姓族長,許姓亦爲不孝。凡入祠堂,但作一家而論,方是孝子慈孫。

祠堂,所以序昭穆。徽、甯惡俗,有祠堂捐錢配享之例,錢多中座,錢少旁座,無錢不得入配,以致子中座而父旁座、孫配享而祖不得入祠,悖禮滅倫,莫此爲甚!凡我族祠堂,止論昭穆,由中而邊。但龕座易滿,以五世爲限,六世則毀,永不許開捐錢配享之例。

每年清明掃墓,凡發祥之祖,由合族祠首虔備牲儀,合族同往。各房由各房公堂舉辦,各家私墓,不論遠近,清明必至。

凡神主,當由祠堂措資,做成白胚,其趺與龕座配定安座,上方不傾倒,由喪家領去,自行油漆。主額以朱,漆以金,貼"皇清"字;主面用油粉,字用墨寫,庶乎易世可以改題、加封可以改題。如有封有官者,於"皇清"下接書"某封或某官顯考某號神主",妣則接書"某封顯妣夫人"。若孺人某氏神主旁書"孝男某奉祀",無官書"處士",妣亦書"孺人",其諱與生没、娶葬、子女,均填於夾裏。

祠堂及各家六祀神位,以金爲字,書本祠或本宅,中霤門户,行井竈之神位。世俗不奉六祀,乃以僧道、寺觀之神供之於祠堂、家宅,大不相宜,所謂非其鬼而祭之也。凡六祀,每祭祖必先具儀祭之,每祭墓,必先具儀祭司土之神,禮也。

慶禮

凡父母生辰,長子整席,請父母坐,長子夫婦及群弟夫婦爲一行,男東婦西;子婦爲一行,皆北面,再拜,興。長子奉酒,跪父母前,從俗進頌祝之詞。父母受酒,衆皆跪。長子復位,再拜,興,禮畢。如兄嫂生辰,弟率妻先行禮,兄嫂立而答。禮畢,子侄以下行禮,乃坐受之。

凡賀歲,父母坐,子孫一輩爲一行,同拜訖。第一行男東婦西立,第二行拜如前,以次拜訖。東西男婦相對揖,禮畢。祠堂,合族元旦行禮倣此,但族長不座,第一行拜後,皆立東序西面;第二行拜訖,皆立西序東面,以次拜訖,同揖而退。

——光緒《績溪縣南關許余氏惇叙堂宗譜》卷八《家政》

清宣統績溪縣璜上程氏宗族家禮雜儀

家禮雜儀

司馬氏《居家雜儀解註》,此章乃家居平常之事,所以列於家乘《規訓》之前,使覽者之所當遵焉。

家長。凡爲家長,必謹守禮法,以御群子弟及家衆,分之以職,授之以事,而責之成功。制財用之節,量入以爲出,稱家之有無,以給上下之衣食及吉凶之費,皆有品節而莫不均一。裁省冗費,禁止奢華,常須稍存贏餘,以備不虞。

卑幼。凡諸卑幼,事無大小,毋得專行,必咨稟於家長。《解註》:"《易》曰:'家人有嚴君'焉,父母之謂也。"安有嚴君在上而其下敢直行自恣不顧者乎?雖非父母,當時爲家長者,亦當咨稟而行之,則號令出於一人,家政始可得而治矣。

子婦不敢自私。凡爲子孫婦者,毋得蓄私財,俸祿及田宅所入,盡歸之父母、舅姑。當用則請而用之,不敢私假,不敢私與。《解(詎)[註]》:"《內則》曰:'子婦無私貨,無私蓄,無私器,不敢私假,不敢私與;父母若賜之飲食、衣服、布帛、佩帨、茝蘭,則受而獻諸舅姑,舅姑受之,則喜如新受賜。若反賜之,則辭不得命。如更受賜,藏之以待乏。'"鄭康成曰:"待舅姑之乏也,不得命者,不見許也。"又曰:"婦若有私親兄弟,將與之,則必復請其姑賜而後與之。"夫人子之身,父母之身也,身且不敢自有,況敢有私財乎?若父子異財,互相假借,則是有子富而父母貧者,父母饑而子飽者,賈誼所謂"借父耰鋤,慮有德色。母取箕帚,立而誶語"。不孝不義,孰甚於此!

爲子爲婦。凡子事父母、婦事舅姑,天欲明,咸起,盥漱櫛,總具冠帶;昧爽,適父母、舅姑之所省問。《解註》:"丈夫唱諾,婦人道萬福,仍問侍者,'夜來安否?何如?'侍者曰安,乃退;其或不安,乃候侍者以告,此即《禮》之晨省也。"

父母、舅姑起,子供藥物,婦具晨羞,供具畢,乃退,各從其事。將食,婦請所欲於家長。《解註》謂:"父母、舅姑或當時家長也,卑幼必請其膳羞之所欲乃退,具而供之。尊長舉筯,子婦乃各退就食。丈夫、婦人各設食於他所,依長幼而坐,其飲食必均一。幼子又食於他所,亦依長幼席地而坐,男坐於左,女坐於右。及夕食,亦如之。既夜,父母、舅姑將寢,則安置而退。居閒無事,則侍於父母、姑舅之所,容貌必恭,執事必謹,言語應對必下氣怡聲,出入、起居必謹扶衛之,不敢涕唾喧呼於父母、舅姑之側。父母、舅姑不令之坐,不敢坐;不命之退,不敢退。"

受父母命。凡子受父母之命,必籍記而佩之,時省而速行之,事畢則反命焉。或所命有不可行者,則和氣柔聲,具是非利害而白之,待父母之許,然後改之。若不許，苟於事無大害者，亦當曲從。若以父母之命爲非，而直行己志，雖所爲合理，猶爲不順之子，況未必是乎？

子事父母。凡父母有過，下氣怡色，柔聲以諫。諫若不入，起敬起孝，悦則復諫；不悦，與其得罪於鄉黨州閭，寧熟諫？父母怒不悦而撻之，流血不敢疾怨，起敬起孝。凡爲人子者，出必告，反必面；有賓客，不敢坐於正廳，升降不敢由東階，上下馬不敢當廳，凡事不敢自擬於其父。

父母、舅姑有疾。凡父【母】、舅姑有疾，子婦無故，不離側，親調藥餌，嘗而供之。父母有疾，子色不滿容，不戲笑，不宴遊，舍置餘事，專以迎醫、檢方、合藥爲務。疾已，復初。《解註》："《顏氏家訓》曰：'父母有疾，子拜醫以求藥。'蓋以醫者，親之存亡所繫，豈可傲忽也？"

凡子事父母，父母所愛，亦當愛之；所敬，亦當敬之。至於犬馬盡然，而況於人乎？

凡子事父母，樂其心，不違其志；樂其耳目，安其寢處，以其飲食（忠）[終]養之。幼事長，賤事貴，皆倣此。

子婦未孝敬。凡子婦未敬未孝，不可遽有（增）[憎]疾，姑教之。若不可教，然後怒之；若不可怒，然後笞之；屢笞而終不可改，子放婦出，然亦不明言其犯禮也。子甚宜其妻，父母不悦，出；子不宜其妻，父母曰："是善事，我子行夫婦之禮焉，没身不衰。"男女分别内外。

凡爲宫室，必辨内外。深宫固門，内外不共井，不共浴堂，不共廁。男治外事，女治内事。男子晝無故不處私室，婦人無故不窺中門。男子夜行以燭，婦人有故，出中門，必擁蔽其面。男僕非有繕修及有大故，不入中門；入中門，婦人必避之；不可避，亦必以袖遮其面。女僕無故不出中門，有故出中門，亦必擁蔽其面。鈴下蒼頭，但主通内外之言，傳致内外之物，毋得輒升堂室、入庖廚。

凡卑幼於尊長，晨亦【省】問，夜亦安置。坐而尊長過之則起，出遇尊長於途則下馬。不見尊長，經再以上，則四拜。賀冬至、正旦，六拜；朔、望，四拜。凡拜數，或尊長臨時減而止之。凡（愛）[受]女婿及外甥拜，立而扶之，外甥則立而受之可也。

教子女嬰孩。凡子始生，若爲之求乳母，必擇良家婦人稍温謹者。《解註》："乳母不良，非爲敗亂家法，兼令所飼之子性行亦類之。子能食，飼之，教以右手；能言，教之自名及唱諾萬福安置；稍有知，則教之以恭敬尊長；有不識尊卑、長幼者，則嚴訶禁之。六歲，教之數與方名，男子始習書字，女子始習女工之小者。七歲，男女不同席，不共食，始誦《孝經》《論語》，雖女子亦宜誦之。自七歲以下，謂之'孺子'，早寢晏起，食無時。八歲，出入門戶。及即席飲食，必後長者，教之以謙讓，男子誦《尚書》，女子不出中門。九歲，男子誦《春秋》及諸史，始爲之講解，使曉義理；女子，亦爲之講解《論語》《孝經》及《列女傳》《女誡》之類，略曉大義。十歲，男子出就外傅，居宿於外，讀《詩》《禮》，傅爲之講解，使知仁、義、禮、智、信，自是以往，可以讀《孟》《荀》《揚子》，博觀群書。凡所讀書，必擇其精要者而讀之，其異端非聖賢之書，傅宜禁之，勿使妄觀，以惑亂其志。觀書皆通，始學文辭。女子，則教以婉娩聽從及女工之大者。未冠、笄者，質明而起，總角靧面以見尊長，佐長者供養，祭祀則佐執酒食。若既冠、笄，則皆責以成人之禮，不得復言童幼矣。"

僕妾。凡內外僕妾，雞初（明）[鳴]咸起，櫛總、盥漱、衣服。男僕灑掃廳事及庭，鈴下蒼頭灑掃中庭，女僕灑掃堂室，抹椅棹，陳盥漱櫛靧之具。主父、主母既起，則拂床襞衾，侍立左右，以待使令。退而具飲食，得間則浣濯、紉縫，先公後私。及夜，則復拂床展衾。當晝，內外僕妾，惟人之命，各從其事，以供百役。

家道不和，生自婦人。柳開仲塗曰："皇考治家孝且嚴，旦望弟婦等拜堂下，畢即上手低面，聽我皇考訓誡曰：'人家兄弟，無不義者，盡因娶婦入門，異姓相聚，爭長（兢）[競]短，漸漬日聞，偏愛私藏，以至背戾，分門割戶，患若賊讐，皆汝婦人所作。男子剛腸者幾人？鮮不爲婦人言所惑。吾見多矣，若輩甯有是耶？'退則惴惴不敢出一語，爲不孝事。開輩祇此賴之得全其家云。"

婦人三從之道。孔子曰："婦人，伏於人也。"是故無專制之義，有"三從"之道，在家從父，出嫁從夫，夫死從子，無敢自遂也。教令不出閨門，事在饋食之間而已矣。是故女日守閨門之內，不百里而奔喪；事無擅爲，行無獨成；參知而後動，可驗而後言；晝不遊庭，夜行以燭，所以正婦德也。

女有五不娶。逆家子不娶，亂家子不娶，世有刑人不娶，世有惡疾不娶，喪婦長子不娶。《解註》："或問：'先儒嘗疑喪婦長子不娶，則無父之女不復嫁，如何？'曰：'先儒西山以爲，其母若賢，有非所拘。'大抵此云不娶者，自吾修身、齊家之人爲不可也。曲藝細民，身尚不能檢，安暇慮此哉？若泥而觀之，則逆、亂、刑、疾之家之女豈皆不復嫁乎？"

婦有七去、有三不去。凡婦不順父母，去；無子，去；淫，去；妒，去；有惡疾，去；多言，去；竊盜，去。有所取，無所歸，不去；與更三年喪，不去；前貧賤，後富貴，不去。

　　治家貴忍。張公藝九世同居，北齊、隋、唐皆旌表其門。麟德中，高宗封泰山，幸其宅，召見公藝，問其所以能睦族之道。公藝請紙筆以對，乃書"忍"字百餘以進，其意以爲，宗族所以不協，由尊長衣食或有不均，卑幼禮節或有不備，更相責望，遂有乖争。苟能相與忍之，則家道雍睦矣。

　　　　　　　　　——宣統《績溪璜上程承啟堂世系譜》卷首《家禮雜儀》

民國績溪縣龍井胡氏宗族錄注《司馬氏居家雜儀》

　　司馬氏居家雜儀。此乃居家平日之事，所以正倫理、篤恩愛者，其本皆在于此。必能行之，然後其儀章度數有可觀焉。不然，則節文雖具而本實無取，君子所不貴也。

　　凡爲家長，必謹守禮法，以御群子弟及家衆，分之以職，謂使之掌倉廩、廄庫、庖厨、舍業、田園之類。授之以事，謂朝夕所幹及非常之事。而責其成功。制財用之節，量入以爲出，稱家之有無以給，上下之衣食及吉凶之費，皆有品節而莫不均壹。裁省冗費，禁止奢華，須稍存贏餘，以備不虞。

　　凡居卑幼，事無大小，毋得專行，必咨稟於家長。《易》曰："家人有嚴君焉，父母之謂也。"安有嚴君在上而其下敢直行自恣不顧者乎？雖非父母，當時爲家長者，亦當咨稟而行之，則號令出於一人，家政始可得而行矣。

　　凡爲子婦者，毋得蓄私財。俸祿及田宅所入，盡歸之父母、舅姑。當用，則請而用之，不敢私假，不敢私與。《內則》曰："子婦無私貨、無私蓄，不敢私假、不敢私與。或賜之飲食、衣服、布帛、佩帨、茝蘭，則受而獻諸舅姑。舅姑受之，則喜如新受賜。若反賜之，則辭不得命。如更受賜，藏之以待乏。"鄭康成曰："待舅姑之乏也。不得命者，不見許也。"又曰："婦若有私親兄弟，將與之，則必復請其故，賜而後與之。"夫人子之身，父母之身也。身且不敢自有，況敢有私財乎？若父母異財，互相假借，則是有子富而父母貧者，父母飢而子飽者。賈誼所謂借父誼，所謂借父耰鉏，慮有德色；母取箕箒，立而誶語。不孝不義，孰甚於此？茝昌致切，耰音憂，誶音碎。

　　凡子事父母，孫事祖父母同，**婦事舅姑**，孫婦亦同，**天欲明，咸起，盥**，音管，洗手也。**漱櫛**，阻瑟切，梳頭也，**總**，所以束髮，今之頭㡊，**具冠帶**。丈夫帽子、衫帶，婦人冠子、背子。**昧爽**，謂天明暗相交之際，**適父母、舅姑之所省問**，丈夫唱喏，婦人道萬福，仍問侍者夜來安否？如侍者曰安，乃退；其或不安節，則侍者以告，此即禮之晨省也。父母、舅姑起，子供藥物，藥物乃關身之切務，人子當親自檢數調煮供進，不可委之婢僕。脫或有誤，則其禍不測。婦具晨羞，俗謂點心，《易》曰在中饋，《詩》云惟酒食是議。凡烹調、飲膳，婦人之職也。近年婦人驕倨，皆不肯入庖厨。今縱不親執刀匕，亦當檢校監視，務令清潔。其具畢，乃退，各從其事。將食，婦請所欲于家長，謂父母、舅姑即當時家長也，卑幼各不得恣所欲，退具而供之，尊長舉筯，子婦乃各退就食。丈夫、婦人各設食於他所，依長幼而坐，其飲食必均壹。幼子又食於他所，亦依長幼席地而坐，男坐於左，女坐於右。及夕食，亦如之。既夜，父母、舅姑將寢，則安置而退。丈夫唱喏，婦人道安置，此即禮之昏定也。居閒無事，則侍於父母、舅姑之所，容貌必恭，執事必謹，言語應對必下氣怡聲，出入、起居必謹扶衛之，不敢涕唾喧呼於父母、舅姑之側。父母、舅姑不命之坐，不敢坐；不命之退，不敢退。

凡子受父母之命，必籍記而佩之，時省而速行之，事畢則返命焉。或所命有不可行者，則和色柔聲，具是非利害而白之，待父母之許，然後改之。若不許，苟於事無大害者，亦當曲從。若以父母之命爲非而直行己志，雖所執皆是，猶爲不順之子，況未必是乎？

凡父母有過，下氣怡色，柔聲以諫。諫若不入，起敬起孝，悅則復諫；不悅，與其得罪於鄉黨州閭，寧熟諫？父母怒不悅而撻之流血，不敢疾怨，起敬起孝。

凡爲人子弟者，不敢以富貴加於父兄宗族。加謂恃其富貴，不率卑幼之禮。

凡爲人子者，出必告，反必面；有賓客，不敢坐於正廳，有賓客，坐於書院。無書院，則坐於廳之旁側，升降不敢由東階，上下馬不敢當廳，凡事不敢自擬於其父。

凡父母、舅姑有疾，子婦無故，不離其側，親調藥餌，嘗而供之。父母有疾，子色不滿容，不戲笑，不宴遊，舍置餘事，專以迎醫、檢方、合藥爲務。疾已，復初。《顏氏家訓》曰："父母有疾，子拜醫以求藥。"蓋以醫者，親之存亡所繫，豈可傲忽也？

凡子事父母，父母所愛，亦當愛之；所敬，亦當敬之。至於犬馬盡然，而況於人乎？

凡子事父母，樂其心，不違其志；樂其耳目，安其寢處，以其飲食終養之。幼事長，賤事貴，皆倣此。

凡子婦未敬未孝，不可遽有憎疾，姑教之。若不可教，然後怒之；若不可怒，然後笞之；屢笞而終不改，子放婦出，然亦不明言其犯禮也。子甚宜其妻，父母不悅，出；子不宜其妻，父母曰："是善事，我子行夫婦之禮焉，沒世不衰。"

凡爲宮室，必辨內外。深宮固門，內外不共井，不共浴室，不共厠。男治外事，女治內事。男子晝無故不處私室，婦人無故不窺中門。男子夜行以燭，婦人有故，出中門，必擁蔽其面。如蓋頭、面帽之類。男僕非有膳修及有大故謂水、火、盜賊之類，不入中門；入中門，婦人必避之；不可避，亦謂如水、火、盜賊之類，亦必以袖遮其面。女僕無故不出中門，有故出中門，亦必擁蔽其面。雖小婢亦然。鈴下蒼頭，但主通內外之言，傳致內外之物，毋得輒升堂室、入庖厨。

凡卑幼於尊長，晨亦省問，夜亦安置。丈夫唱喏，婦人道萬福、安置。坐而尊長過之則起，出遇尊長於途則下馬。不見尊長，經再宿以上，則再拜；五宿以上，則四拜。賀冬至、正旦，六拜；朔、望，四拜。凡拜數，或尊長臨時減而止之。凡受女婿及外甥拜，立而扶之，扶謂搦策，外孫則立而受之可也。

凡子始生，若爲之求乳母，必擇良家婦人稍溫謹者。乳母不良，非惟敗亂家法，兼令所飼之子性行亦類之。子能食，飼之，教以右手；子能言，教之自名及唱喏萬福安置；稍有知，則教之以恭敬尊長；有不識尊卑、長幼者，則嚴訶禁之。古有胎教，況於已生子？始生，未有知，尚舉以禮，況於已有知？孔子曰："幼成若天性，習慣如自然。"《顏氏家訓》曰："教婦初來，教子嬰孩。"故於其始有知，不可不使之知尊卑、長幼之禮。若侮詈父母、毆擊兄姊，父母不加訶禁，反笑而獎之。彼既未辨好惡，謂禮當然。及其既長，習已成性，乃怒而禁之，不可復制。於是，父疾其子，子怨其父，殘忍悖逆，無所不至。蓋父母無深識遠慮，不能防微杜漸，溺于小慈，養成其惡故也。六歲，教之數謂一、十、百、千、萬，與方名謂東、西、南、北，男子始習書字，女子始習女（子）〔工〕之小者。七歲，男女不同席，不共食，始誦《孝經》《論語》，雖女子亦宜誦之。自七歲以下，謂之"孺子"，早寢晏起，食無時。八歲，出入門户。及即席飲食，必後長者，始教之以（廉）〔謙〕讓，男子誦《尚書》，女子不出中門。九歲，男子誦《春秋》及諸史，始爲之講解，使曉義理；女子，亦爲之講解《論語》《孝經》及《列女傳》《女（戒）〔誡〕》之類，略曉大意。古之賢女，無不觀圖史以自鑒，如曹大家之徒，皆精通經術，議論明正。今人或教女子以作歌詩，執俗樂，殊非所宜也。十歲，男子出就外傅，居宿在外，讀《詩》《禮》，傅爲之講解，使知仁、義、禮、智、信，自是以往，可以讀《孟》《荀》《（楊）〔揚〕子》，博觀群書。凡所讀書，必擇其精要者而讀之，如《禮記》《學記》《大學》《中庸》《樂記》之類，他書倣此。其異端非聖賢之書，傅宜禁之，勿使妄觀，以惑亂其志。觀書皆通，始可學文辭。女子，則教以婉娩婉音晚，婉娩柔順貌，聽從及女工之大者，女工謂蠶桑、織績、裁縫及爲飲膳，不惟正是婦人之職，兼欲使之知衣食之艱難，不敢恣爲奢麗。至於篡組華巧之物，亦不必習也。未冠、笄者，質明而起，總角䫉䫉音悔，洗面也面，以見尊長，佐長者供養，祭祀則佐執酒食。若既冠、笄，則皆責以成人之禮，不得復言童幼矣。

凡內外僕妾，鷄初鳴咸起，櫛總、盥漱、衣服。男僕灑掃廳事及庭，鈴下蒼頭灑掃中庭，女僕灑掃堂室，設椅桌，陳盥漱櫛䫉之具。主父、主母既起，則拂床襞襞音壁，叠衣也衾，侍立左右，以備使令。退而具飲食，得閒則浣濯、紉縫，先公後私。及夜，則復拂牀展衾。當晝，內外僕妾，惟主人之命，各從其事，以供百役。

凡女僕，同輩謂兄弟所使，謂長者爲"姊"，後輩謂朱子舍所使，謂前輩爲"姨"，《內則》云："雖婢妾，衣服、飲食必後長者。"鄭康成曰："人貴賤，不可以無禮。"故使之序長幼。務相雍睦。其有鬭爭者，主父、主母聞之，即訶禁之。不止，即杖之，理曲者杖多，一止一不止，獨杖不止者。

凡男僕，有忠信可任者，重其祿；能幹家事，次之。其專務欺詐、背公狗私、屢爲盜竊、弄權犯上者，逐之。

凡女僕，年滿不願留者，縱之；勤舊少過者，資而嫁之；其兩面二舌、飾虛造讒、離間骨肉者，逐之；屢爲盜竊者，逐之；放蕩不謹者，逐之；有離叛之志者，逐之。

——民國《族譜便覽·司馬氏居家雜儀》

民國歙縣桂林洪氏宗族四禮

四禮

粵我洪系，派演天潢，家承文獻，固所謂"東南鄒魯、素號知禮"者也。然禮隆於國，所以觀廊廟之光；禮著於家，所以式鄉閭之則。以言冠，加冠易服，慶度元辰禮也；以言婚，旭旦泮冰，贊成佳耦禮也；以言喪，懍慎終之訓，墨絰居廬禮也；以言祭，極追遠之誠，馨香報德禮也。榮哀悉如制，幽明格以誠。豐儉酌中，有無隨量。式禮莫愆，恭行致告。

冠男子年十五至三十,皆可冠身,及父母無期、功喪始行。

擇日:前三日,主人告廟,(戒)[介]賓是日夙興陳冠服,行始加禮。元首加冠,成人在始,賓祝致敬;行再加禮,進儒巾,易襴衫絲縧,賓祝致敬;行三加禮,進幞頭,易公服,賓祝致敬;行醮禮,賓執爵,詣醮席,北向而祝致敬;見廟,冠者見廟而出,如見父母及諸尊長、父之執友,悉如禮。

婚男子年十七、女子年十六以上,並聽嫁娶,必主婚及己身無期以上喪乃可。

主婚:男女之家,各推尊長一人主婚。納采:主人具書,另具《儀狀》,奉書告於祠堂,今日納采且問名敢告。納幣:遣媒往女家進《書禮》,並以告期爲請;主人許諾,《禮書》復命,並同納采之儀。親迎:婿盛服,主人率以告於祠堂,然後命之迎。至女家,俟於次,主人出迎婿,婿入北面跪,奠雁,再拜;姆奉女出登輿,婿乘馬,先婦輿至其家,導婦以入;婿、婦交拜,歡飲合巹酒,訖,再拜,款勞送者。見舅姑:明日,夙興婦見舅姑,舅姑禮之,饋舅姑,舅姑饗之;舅退,姑終其事歸俎。婦氏見廟:三日,主人率婿、婦告於祠堂。陳設如常儀,主人先行四拜禮,然後婿率新婦見,婿、婦同四拜。廟見之明日,婿見婦父母,次見婦黨諸親,婦家禮婿如常儀。

喪長子爲喪主,無長子,則長孫承重,主婦或亡之妻,或主喪者之妻,紀喪一人,司書一人,司貨一人,皆擇子弟知禮者爲之。

主喪:喪家尊奉親長一人主喪、治喪。殮法:大殮、小殮、入棺、蓋棺;設喪次,設銘旌,具報訃,禮吊者。成服:五服之人,各如制朝夕奠,每晨陳饌,焚香奠酒,喪主以下哭盡哀,朔日加盛,有新物則薦,至百日而卒哭。治葬:三月而葬,前期擇地,擇日開塋域,祝后土。至葬之法,羅念庵先生有言曰:"墳內外異,宜內用二物,去沙,入沙者濕,治壙法也;外用三物,沙石雜用,可格刀斧,治墳法也。"刻誌石,造明器,作神主。發引:前一日,厥明,詣祠堂,祝告朝祖,主人代行親賓致奠賻;日晡,設祖奠,發引。厥明,陳器,前方相,次明器,次銘旌,次靈車,次功布,次大轝,轝旁使人執翣,禁俗樂、胡樂、僧道、巫師,贈物止用二鉦,代鐸前導;題主下誌石,立石碣。虞祭:行吉禮,日中而奠,柔日再虞,剛日三虞,設奠,讀祝如初,此皆行墓祭禮也。卒哭:葬後三日,祝易三虞爲卒哭。哀薦成事,祔卒哭。明日厥明,陳器具饌,奉新主入家廟。小祥:喪至此,凡十三月,即初忌。大祥:喪至此,凡二十五月,即第二忌。大祥之後,間一月而禫,喪至此,凡二十七月。

祭有牲曰祭,無牲曰薦。凡祭,主人必先期齋戒、沐浴,庖人治饌,必子孫躬親監視，務令精潔。

時祭：宗祠用立春、冬至二日，支祠用二社、歲臘三日。行三獻禮，讀始祖祝文、列祖祝文；別宗祠而祭支祠，則讀支祠祝文，禮亦如之。忌祭：祭考妣以上忌日也，讀祝、祇薦如禮。生忌祭：祭考妣以上生辰，即冥壽也，祝薦同。墓祭：俗用清明節，或前後二日，祝薦同。竈祭：歲暮祀竈，各隨鄉土所宜，然祝告如禮。社祭：《會典》，每里設壇一所，祀五土、五穀之神，讀祝文，奉牲醴如禮。厲祭：《會典》，每里百户内，設壇一所，祭無祀鬼神。五祀：祭户、竈、門、井、中霤也。《月令》："春祀户，夏祀竈，秋祀門，冬祀行，季夏祀中霤。"《白虎通》："冬祭有井而無行，取水旺之義。"後儒又有門户各一，而用井行者，讀祝祇薦如禮。八蠟：先嗇一、司嗇二、百種三、農四、郵表畷五猫虎、六坊、七水、庸八，禮如祭五祀。焚黄祭：《會典》，官員受誥封贈，並有焚黄儀，期前一日，受誥於祠堂。堂上居中設一案，以黄紙一副謄錄誥命於上。是日，臨祭舉，行三祭禮，讀祝者取祝，奉黄者取黄，俱詣焚所如禮。畢，祀后土，焚黄於廟，告知於墓，欲光前烈，嘉賴神庥，祝薦如禮。告墓：卜日焚黄，已行家寢。惟茲耄穸，與有褒榮。敢以祝告上言。焚黄典禮，國統遞嬗，代有變更。然告朔餼羊，古禮猶存，姑録之以示可考。

以上《宗規》《四禮》，由來已古，有適用，有不適用。今特撮其大者，與原譜稍有損益，然而殷因夏，周因殷，雖百世可知者，禮一而已矣。

——民國《桂林洪氏宗譜》卷一《四禮》

第二節　家政、家議與家範

明嘉靖二十年七月婺源縣桃溪潘氏宗族家政序

家政序　方塘

《禮運》曰："兄弟睦，家之肥也。"嘗怪庸夫惡貧樂富，而以多財爲肥，反致子孫賢者損志、愚者益過。成立之難，實財累之。彦霄毀券讓兄，陰慶推田與弟，貧富勿論；溫公以父事兄，子瞻以君呼弟，福禄自臻。前賢令聞，後人龜鑑也。

吾向爲功名，不治家事。祖父舊産，與弟共業未分。居官三十餘年，俸薪支剩，買田僅百餘畝，家口亦給。今吾年已衰暮，幸與淑人吕舉案，恩蔭二子溫、澄，俱年壯盛，堪傳家政，乃從俗，主分均撥，收租供稅，而仰事俯育，祭祀、賓客之需，濟以禮儉，自有餘贏。昔疏傳不爲子孫置產業，楊震遺子孫以清白。吾雖不逮古人，然不敢以庸夫自處，薄田處分，首以禮運爲言，使知積田不如積德，遺訓厚于遺金也。貽謀者祖父，繼志者子孫，爾等其永守之哉。

嘉靖二十年七月初八日方塘識。

——崇禎《婺源桃溪潘氏宗譜》卷十一《序》

明嘉靖祁門縣善和程氏宗族仁山門支族《寶山公家議》之管理議

管理議

《傳》曰："爲政在人，人存政舉。"夫家國一理，齊治一機，況國易而家難，家之齊者尤難乎！苟匪其人，孰濟於事？述《管理議》第一。

議曰：管理衆事，每年五房各壹人輪值壹年。事完，先期邀下年接管人筭明，將所領《家議手册》填注明白，復別具一册，填下年接管人名。至中元會祭日，三獻後，當年管理者捧《手册》，齊至寶山公神前，置棹上，跪宣告文。祭畢，仍設神壇於月臺，管理五人跪讀《誓狀》訖，接管五人剪牲歃血，以一其心，庶懷私者皆有所警矣。誓畢，每房家長一人同家衆，將當年《手册》查果無弊，家長酌衆議，於"功最"款下，書其多寡、有無收匿。復將接管《手册》應值人名，令其親書押號，付領承管。或查出有弊，及接管非時、交代不明者，家長同家衆即時舉罰。

中元，祭畢，各房家長同家衆於接管中舉一人領銀匣，一人領匙鑰，一人領《手册》，一人領印秤，一人領什物，填於接管《手册》各名下。至一年事完，送出點檢交遞。

遞年管理，開注《手册》在匣凡若干本，及後開新、舊文契一應什物，中元交遞之時，管理同接管告家長、家衆，照依上年交遞《手册》，眼同檢點明白。如有失落《手册》一本併失一契一物者，接管務要告家長、家衆，即時追出，仍加重罰，方許交遞。倘容隱不舉，責在接管者。

凡事屬興廢大節，管理者俱要告各房家長，集家衆，商確幹辦。如有狗己見，執拗誤事者，家長、家衆指實，從公糾正，令其即行改過。如能奉公守正者，家長覈實獎勸，家衆毋許妄以愛憎參之，以昧賢否。

各房如有不肖子孫，妄將衆共田地、山場、祠墓等件盜賣家外人者，管理者訪實，告各房家長會衆，即行理治追復。或告官治罪，以不孝論。此實興衰之機，不可容忍顧惜。

凡事有關鄉族，視理曲直，以爲舉止，毋分外生事相凌。

各房事有干法干義，管理者宜以情理相諭，務期敦崇禮義，無墜家聲。

寶山公文契，原貯衆匣，後因各房陸續檢去，在匣無幾，各宜賫出，盡歸衆匣，便後查考。如不肯賫出者，查明還衆收領。其後續買者，管理遞年謄錄上簿，即刊於《家議》，契歸衆匣，毋得各人私收。

寶山公親筆《謄契文簿》及逐年流水親筆《買業文簿》，宜歸衆付匣，珍藏爲是。

户門稅糧，原係衆者，各房分納。人衆弊生，至嘉靖三十一年間，照依舊額，盡行扒出入衆。今續買并舊額，共米壹拾叁石叁斗柒升捌合捌勺，麥陸石叁斗玖升肆合，立例于後，遞年填注糧額若干。其里役、糧差一應公事，俱係管理將衆銀應辦。日後，不許分析。苟有倡言分析者，即是陰壞衆業弊端，管理告家長、家衆，即時舉罰。

凡管理修治祠宇、田地併塘、塍、甽、堨等事，或監視，或估斷，用過銀穀，必要從實開帳。倘有交通工匠，故意虛捏工帳、於内竊取銀穀者，家長、家衆查出，重罰不恕。

名門右族，未有不以作興斯文爲急務。我祖宗時，有作興事例，其䋡恤愛護之者，無不周至。以故當時英賢濟濟，奮庸廊廟，於祖有光，於衆有補。吾程爲鄉邑稱首者，恃有此也。今也作興事例，久已不聞，而娟嫉之徒，反如沮抑。且如致禮本縣，大家門户攸關，尚令斯文自備，而衆若罔聞焉。不知衆存銀穀，將焉用之？輕其所重，寧非上逆祖宗之志意哉？無惑乎斯文寥寂，科目久湮，家聲漸泯，衆事日非。於此不加振作之方，後來日趨將不知所終矣。今議本縣迎送禮儀及遞年二節禮儀，俱係管理將衆銀買辦，憑斯文開具，往縣將送。其脚力飯食，係斯文自備，斯亦去禮存羊之意也。苟有能復祖宗之舊者，安知斯文不復振於前乎？

衆賓有事往來，應款酒飯。官長公務按臨，合具禮筵。管理者酌量事宜，或取給於軍裝，或取給於東房，先期預備，務期成享。毋得推捱，臨期誤事。

册中所議事體，專一責之管理，雖治山者亦屬焉，所以示家政之歸於一也。倘有祠墓、田地、山場橫遭外侮內患,事關重大,情非得已者,家長、家衆俱要同心齊力,禦侮杜患,毋得坐視,獨委之管理、治山者,以致僨事。

當年管理及下年接管,互有筭帳交帳酒酌,治山者皆預焉。每次議用銀陸錢,後照此毋過。

其東、西二房軍裝田租,併一應事務,俱係管理者一體帶管,同時交遞。

家長程　程　程　程　程

輪值管理程　程　程　程　程

其《手册》、銀匣、匙鑰、印秤什物,中元祭日,家長同家衆於前管理内五人,分派舉領,臨時填注某人名下。

告文式

維萬曆三年七月十五日,管理衆事嗣孫程　程　程　程　程 壹年已完,今將事宜《手册》謹告于我祖考寶山公之神前,維是今年　等,遵委管理一應衆事,敢不同志協力,潔己虛心,上體我祖志意,以竭愚衷。如有怠情以應故事,如有影射以私毫髪,如有賣公沽直以市己恩,如有狥情托好以廢公道,有一於是,我祖殛之。俾墜其家,業盡些須。俾殞其軀,災極于嗣。其慎遵守,兢業弗違。我祖鑒之,降以福祉。身康胤衍,奕世可師。我祖在上,洋洋若臨。正此法綱,孰不用情?醴穀再酹,惟神其享。

《誓狀》式,另刻板一張,臨祭,將黃紙刷印填注,管理共宣功最。

今將寶山公分下遞年稅糧米、麥開具于後:

舊管　米　麥

新收　米　麥

實在　米　麥

(潘寧錄,卞利校)

——萬曆《寶山公家議》卷一《管理議》

明嘉靖祁門縣善和程氏宗族仁山門支族《寶山公家議》之叙跋

叙家議

予家自尚書公始遷善和,而中奉公纘承其業,居下村。再傳爲承津公,分居上村,即予今之正居是也。承潛公繼居下村,再歷世而遷徙無傳。承海公分居中村,宋理宗時,有梧岡先生輩出,傳至于今,而其派漸盡,其故居即予曾祖寶山公之祠在焉。津公六傳至伯彥公暨兄伯源公輩,以孝行聞。宋紹興十七年,賜庵額"報慈"以旌之。再傳爲汝霖公,又再傳爲滋公,兄潏公,弟淳公、潤公,俱遷寓巖,而滋公獨守故居。三傳至和峰公,通儒能詩。四傳至仁山公,當元季變故,蘊德韜光,獲佐我高皇帝,功著鄒地,授行樞密院都事。已而,遯遊淮西,累徵不赴,生佐、儀二公。佐公生二子:長庭春公,次即予寶山公;儀公生子還春公。時户以例坐,累戍遼陽。命佐公往役,儀公侍養。未幾,佐公没于役所,以還公在病,屬庭公往補。仁山公因立遺文,囑令佐、儀二公子孫自後輪役,永爲定典,議扒田租若干,以資軍裝。後還公與寶山公復立合同文約,申明《仁山公遺囑》,以示遵守。時佐公之往役也,寶山公甫九歲。及長,痛念父兄遵承祖命,殞身邊徼,朝夕惕勵,思所以繼承先世。克勤克儉,開大其業;敦儒崇教,以啟書香。於是,予祖朝列大夫慎庵公奮身科第,而盛、達、懋、讓四公皆足述事,於業有光焉。公復慮户役繁重,應用難量,乃於所存未分田産,立文遺囑,存積以應不給,併所積續買田産,俱永遠不許分析,其慮宏且遠矣。再傳先布政竹巖公,行十有三人,而從叔文領鄉薦。又再傳爲予輩先兄昂等三十人,而從兄昊、先兄杲及予俱登甲科,於時聚居一堂,事出一體,旦則各事其事,夜則課其勤怠而勸誡之,莫敢不安分敦實以率規教。閨閫之間,尤致嚴肅,雍睦成風,達於内外,而無不率不足之人,故鄉邑稱有家教必首推焉。至弘治癸丑,舊居罹火。明年,正堂復成,視舊宏壯有加。又數年,各房私室並建,兼以復庇廡之朘剥,應無妄之外侮,興廢舉墜,以訖成功,率由同心協力而然也。故當夫多事,調度不見其匱,叢脞不覺其勞,而兢業繼承之善,具可見已。迄後,老成漸遠,子孫日繁。又值嘉靖甲午之火,正堂僅存,私居一燎殆盡。自是多故,而資計不足者有矣。家教罕聞,而所爲有不率者矣。蓋因各便散居,相聚日少,或有勸勉,或有商榷,無從而罄焉。宜乎議論弗浹,而事體多舛也,將貿貿焉習爲因循,蓋有可慮者。於是,衆相協議,以爲寶山公所存未分之産尚厚,能培而植之,亦足以爲維繫鼓舞之機。姑舉切於今而宜興理者有四:一青真塢之田山,一韓村之庄田,一百花園之祠墓,一中村之祠堂,皆根本所係也。夫山之産實爲田庄之助,田之入足爲祠墓之資。禮由是而可行,情由是而可洽,則跡雖疎而議易合,人雖衆而事易統。祖宗慶源遺澤之遠將焉不窒,而後人繼志述事之責亦可以少塞矣。且日積歲累,羨餘之下,皆爲給衆之需,將見衆物自可以爲永賴,而己物或未必可長恃也。可不思哉!可不勉哉!今述衆議因革事宜,而各分議于後,彙錄成册,名曰《寳山公家議》,因梓以傳,共爲永守之規。其東、西二房存留軍裝業産租數附錄于後,俾管理者一體遵守云。

時嘉靖貳拾肆年歲次乙巳菊節,曾孫昌謹述。

(潘寧錄,卞利校)

——萬曆《寳山公家議》卷首《叙家議》

《寳山公家議》附錄叙

予五大房既定《寳山公家議》七卷,末復有《附錄》一卷者何?蓋我東、西二房,承祖軍户,關係匪輕,故我祖仁山公建立軍裝,遺文俾子孫世守,以給軍餉,至今賴之。我《寳山公家議》,雖所議不一,要亦以儲備軍裝之所不給也。但《家議》緣有成議,故法守詳明,人懷警飭,資産儲蓄、出入盈縮,皆可稽查,而寳山公遺業日以光大。若軍裝,則我祖遺囑雖嚴,顧二房子孫漸繁,法守漸懈,雖管理代不乏人,率不若更代管辦互相稽察之爲得也。是以軍裝所積,亦不能拓于前,使此法不議,即前業且慮其蠹耗,況能備不虞而垂不窮哉?家衆因此集議,自萬曆元年爲始,每年西房輪議二人,東房即於管理五人中着二人,與西房二人協掌,其管理區畫,更代稽筭,悉如《寳山公家議》,二房子孫世守勿易。慮至深,利至遠也。自更法迄今僅幾年,雖未見有開拓,而資産儲蓄、出入盈縮,亦歷歷可稽。使行之永久,我軍裝所積,亦何讓於寳山公所積哉!《附錄》一卷,蓋議此也。噫!此法誠二房子孫所宜世守也,則此錄亦宜與《寳山公家議》並傳矣。

萬曆三年夏五月之吉,仁山公八世孫宗濂謹叙。

(潘寧錄,卞利校)

——萬曆《寳山公家議》卷八《附錄叙》

《寳山公家議》後跋

高祖創業詒謀,廣大悉備,其克艱之心,至今可想。故老相傳,典刑未泯,事出一家,情猶一體,固無俟於議也。迨嘉靖甲午火災之後,前哲日遠,祖契已成煨燼,所存無幾。且人衍散居,漸成乖隔,家君深有憂焉。於是,上體祖意,下集輿論,乃譔《家議》七卷,并《附錄》一卷,以揚前休,以束後裔。乙巳季秋,始落成焉。二十餘年,人皆訓行,忞忞然有會極歸極之風矣。乙丑版刻，毁於回禄，而《家議》之不行於時者，十載于兹，泯泯棼棼，無徵不信。且乙巳迄今，又踰一世，其間業產之增置，人事之變遷，又不知其幾矣。此《家議》之續刻不容以已也。所幸今歲管理銈、錢、法、沛、森，克承衆欲，共圖更梓，罔恤搜考之勞，殫竭心思之力，務期協夫諸論之大同，以成後來不刊之令典。顧余不佞，亦與有聞焉。其間隨時斟酌，視舊加詳，而宏綱要目，一遵夫前刻，無有違者。事竣，衆謂余宜有言。然自揣菲譾，莫罄揄揚，但家君手澤存焉，敢容默默已耶？於是歷披前後之詞，三復家君之意。以天下有治人，斯有治法，故首之以"管理"。人本乎祖，情莫切焉；體魄所藏，事莫重焉，故受之以"墓塋"。以償鬼神，則有祠焉，以仁祖考，則有祀焉，故受之以"祠祀"；犧牲粢盛，必有所供，故受之以"田地"；穀與材木，相爲表裏，故受之以"山場"；粟米力役，咸寓於農，故受之以"莊佃"；五穀熟則人民育，財用足則百事成，故受之以"銀穀"；東、西邊餉，又我祖遠慮之所在也，故受之以"軍業"終焉。袪弊剔蠹，類聚條分，焕然一家之良規矣。覲河洛者思禹功，觀斯議也，尊祖敬宗之心有不油然而興乎？故觀"管理"之議而知我祖掄材之急焉，觀"墓塋"之議而知我祖時保之勤焉，觀"祠祀"之議而知我祖明德之馨焉，觀"田地"之議而知我祖創業之難焉，觀"山場"之議而知我祖自然之利焉，觀"莊佃"之議而知我祖逮下之仁焉，觀"銀穀"之議而知我祖會計之當焉，觀"軍業"之議而知我祖憂勤惕勵之心焉。噫！方策陳而諒周道之未墜，文獻泯而驗杞宋之無徵。斯籍也，其未墜之周道，而非無徵之杞宋矣。家君作之於前，固善成我祖之德意，今余述之於後，亦敬承家君之嘉猷也。《家議》失而復續，衆事晦而復明，兹歲管理之功不其偉歟？且前刻於乙巳，今復成於乙亥。其先後協應之期，較若畫一之意，事若有待而然者，寧非我祖之靈牖其衷哉！日後，孫子能繼我祖之志，而夢寐不忘，能述我祖之事，而羹墙如見。杜自私自利之圖，成遵道遵路之美，則祖業日充，舉家無失所之人，祖德日培，比屋成可封之俗。燕山竇氏，不得專美于前矣。豈特一卿之望、一邑之光哉！《詩》曰："不愆不忘，率由舊章。"《書》曰："鑒于成憲，其永無愆。"後之孫子，其敬念之哉！

萬曆三年歲次乙亥孟秋月中元日，嗣孫鈁百拜識

    嗣孫 程鏌   程鈴

            程鉼   程鉰

            程銷   程鏞

	程鈁	程鏗
	程清	程湜
	程宗渠	程沾
	程淶	程宗濂
	程道川	同校正
本年管理	程銈	程錢
	程法	程沛
	程森	同校督梓
古歙黄鉞、黄鋐 刊		

（潘寧録，卞利校）

——萬曆《寶山公家議》卷八《附録叙》

明嘉靖休寧縣汪溪金氏宗族希傅公正家篇

正家篇　希傅公

夫君子卓志自立，修一身而正一家，蹈道德，服彝倫，懋才猷，垂風教，非學無以考其故，非識無以鼓其趨，非履無以踐其實，非文無以永其名。由是渢渢焉，布于乃族，而騰之人人矣。其始也，秡躬憲古，介辨慎初，非仁無爲，非義無行，非禮無序，非智無别，而天下之理得矣；其中也，敬老祇尊，叙長聯少，篤于父子，虔于君臣，友于兄弟，慈于卑幼，而天下之分明矣；其後也，共事循職，體道和衆，修之一身，行之五服，施之九族，達之四鄰，而天下之情通矣；其終也，德立行成，化乎風動，家律其矩，鄉儀其刑，近師其則，遠頌其美，而天下之俗變矣。我儀古人，汝南有袁夏甫者，修之身正，乃家蓋如斯焉；壽張有張公藝者，修之身正，乃家蓋如斯焉；博陵有崔孝芬者，修之身正，乃家蓋如斯焉；深州有李自倫者，修之身正，乃家蓋如斯焉。求之千古之上，莫不知有斯人也；求之千古之下，莫不知有斯人也；求之九州之内，莫不知有斯人也；求之九州之外，莫不知有斯人也，則斯人也，豈非所謂施于有政，是亦爲政者與？則斯人也，豈非所謂父兄足法而後民法者與？則斯人也，豈非所謂高山仰止，景行行止者與？則斯人也，豈非所謂遠之有望，近之不厭者與？吾人而能蹈道德，則修身正家可以如斯人也；吾人而能服彝倫，則修身正家可以如斯人也；吾人而能懋才猷，則修身正家可以如斯人也；吾人而能垂名教,則修身正家可以如斯人也。於是作《正家篇》。

——嘉靖《新安休寧汪溪金氏族譜》卷五之三《文翰紀載·正家篇》

明萬曆徽州府新安王氏宗族家範

王氏家範十條

敦孝友。《書》稱"君陳孝于親,友于兄弟",以爲一家之政。夫子稱之,曰:"是亦爲政。"蓋家、國初無二理,今日之所以教家,即他日之所以教國。此雖吾家先世之《遺訓》,而爲子弟者宜世守而勿失。敢有故犯不遵者,家長先責之以理。抗而不服者,聞諸公庭,依律發落。

睦宗族。家族本一家至親,不甚疎遠。故范文正公置義田、義宅以睦宗族,而張公藝猶以九世同居。二公之高誼,固不能學,亦須慕其餘風。凡事以遜讓爲是,不必因小忿致傷大義。保守身家之道,正在慎之於始。

勤生業。天下之事,莫不以勤而興,以怠而廢。周公,大聖人也,而猶作《無逸》、陳《豳風》以戒成王。子弟輩志在國家者,固當奮志向上,自強而不息。其不能者,或於四民之事,各治一藝,雞鳴而起,孜孜爲善。勵陶侃運甓之志,作祖狄起舞之勇,必求其事之成、藝之精,然後可。

節財用。理財之道,入之無數,不如出之有節。苟能節用,則所入雖少,亦自不至空乏。嘗見世之好華美而不質實者,鮮有不壞事者。設光武以帝王之家而猶戒公主勿用翠羽,子弟輩須知漸不可長。凡土木必不得已而後作,服餙之類,只宜以布爲美。婦人首餙,不必華麗,能如此便是守富之道。

戒爭訟。好爭非君子之道,爭之不已,則必致訟,訟豈盛德事哉?訟者之辭,皆無實之辭,甚足以壞人心術,且至費財破家,何益之有?凡事只宜忍讓,不必好爭。縱有外侮,亦宜靜以制動,公道既明,自然可寢。若以非理訟人,尤爲不可,故《易·訟卦》終訟受賞而猶有終朝三褫之戒。

毋倚勢。從古以來,未有不因恃勢而取敗者,強如秦,富如晉,使其能忘強富,豈非長久之道?有天下者尚如此,況其他乎?子弟輩苟或以力、以財欺人,是皆倚勢者也。安知勢之強於我者,不亦以勢而制我?正宜以此自反,雖有勢而不爲勢所使,便是守身保家之道。

崇典禮。養生送死,古先聖人自有一定典禮,可以行之萬世而無弊。智者或太過,愚者或不及,皆非也。且如葬、祭之類,自有《文公家禮》儀節,不豐不儉，乃爲中道。何近世惑於邪説，略不以此爲意，豈是大家體面？英俊合宜知之，凡葬、祭儀式及祭品等件，並遵朱夫子《儀節》，不可妄爲太過。吝而不及，失其中道。

遠佛老。佛老之説，最壞人心術。人死豈有輪迴之理？夫子謂："知生之理，則知死之理；盡事人之道，則能盡事鬼之道。"斯言盡之矣。修齋供佛，何益於事？或者又以爲表孝子心，則又愚之甚者。能盡葬埋之禮，而衣衾、棺槨之類並從加厚，擇吉地而以封以樹，便是孝子之心。若以修齋供佛而爲孝，則一切小人皆能爲之矣。必以是而爲脱離地獄，則又以父母爲有罪之人矣，安得謂之孝？後有賢者，不可不知此理。

別男女。《易》之"家人"卦曰："男正位乎外，女正位乎內。"男女正，婚姻之大義也。至哉！聖人之言。蓋天下之風化始於正男女，不先正以男女定位，則何以厚別？凡吾家男子，各宜從左巷出入，婦人從右巷往還。既有左右之分別，自有男女之倫理。有犯此者，並責在本房男子。或婦人不知名分，互相鬬口者，罰本婦。抗而違者，罰本婦男子。

重家學。天下之本在國，國之本在家，家之本在身。誠意正心，所以修身也。故大學之道，必首之以明德。《易》曰："蒙以養正，聖功也。"所謂養正者，教之以正性也。家塾之師，必擇正學端嚴、可爲師法者爲之。苟非其人，則童稚之學以先入之言爲主，教之不正，適爲終身之誤。若曰童稚無知，不必求擇明師，此不知教者也。

（潘寧録，卞利校）

——萬曆《王氏統宗世譜》卷一《家範》

清乾隆婺源縣星源銀川鄭氏宗族家範

家範十則

敦孝弟。父母者，吾身之根本也；兄弟者，吾身之筋脉也。有根本而後枝葉盛大，有筋脉而後手足持行。故義理雖無窮而莫先於孝弟，德業雖無窮而莫大於孝弟。孝弟也者，萬善之原也。孟子曰："堯、舜之道，孝弟而已矣。"人能孝弟，則天地佑之，鬼神護之，諸福集之，子孫保之。否則，或壽夭折，或招橫禍，或遭惡死，且後人必至衰微。報應甚速，不可忽也。

睦宗族。宗族雖有親疎之分，而追念數世前，原是祖宗一身，豈可因一言之忤、一事之争遂懷仇恨？《詩》曰："豈無他人，不如我同姓。"苟薄待同姓，即是薄待祖宗，祖宗必不祐也。近世若張公藝九世同居，范文正公置義田以贍族人，雖不能至正，不可不存是心也。

和鄰里。鄰里雖與我異姓而對衡望宇，非高、曾之婚媾，即祖父之朋友。待之當謙和退讓，不可較量是非。故鄰里善也，義當親之；鄰里橫者，禮當讓之。孔子大聖人，其處鄉黨且恂恂，似不能言，吾輩安可妄自尊大而不情意相為浹洽乎？

勤生業。有恒產者，有恒心；無恒產者，無恒心。人無生業，不特資身無策，將遊手好閑，日流匪類而玷辱祖宗。故秀良者訓以詩書、商賈，愚鈍者務以工作、力田，萬不可因循怠惰，自暇自逸也。夫漢鄧禹位極人臣，身都當富厚，有子十三人，猶使各治其業。吾輩庸庸碌碌，安可愒時玩日也？

諧伉儷。夫婦者，吾身之匹耦也。陰陽和而後雨澤降，夫婦和而後家道成。蓋和則貧賤有餘歡，不和則富貴多憂患，萬勿以薄細物故致生反目也。然不可溺私愛、聽偏言，任其慢舅姑、欺姒娌，驕淫奢侈，悍潑無制。故必如郤缺之相敬如賓、梁鴻之舉案齊眉，斯家道不患不興隆也。

重庭訓。上智不教而善，下愚雖教無益。若中人性介成敗之間，習於善則善，習於惡則惡，其機關總在一教。萬不可憐其幼稚無知，聽其自便自逸也。孔子曰："少成若天性，習慣如自然。"長大後之成敗，罔不在厥初服然。為祖父者，必先以積德為本，以正身為要。形正則影正，一定之理，不能易也。

尚勤儉。昔周公作《無逸》之書以訓成王，漢文惜百金之費不營露臺。自古帝王如此其勤儉，矧我士庶之家，可弗量入為出而日昃不遑乎？夫名門右族莫不由祖先節儉辛勤以成立之，莫不由子孫怠惰奢侈以覆墜之。成立之難如登天，覆墜之易如燎毛。前賢警戒，正宜切記。

慎言語。言語所出甚微，而關于禍福甚大。故出其言善，則千里之外應之；出其言不善，則一室之內違之。諺所謂"病從口入，禍從口出"，言雖淺近，正自親切，而人之不善，尤不可言。昔馬伏波誡子云："吾欲汝曹聞人過失，如聞父母之名，耳可得而聞，口不可得而言。"尤為切中，宜銘座右。

養廉恥。不貪之謂廉，羞惡之謂恥。故孔子謂"公綽之不欲，可為成人"，孟子言"無羞惡之心，即為非人"。蓋廉恥之心存之，進於聖賢；失之，入于禽獸，所係甚大，不可忽也。然必常常涵養此心，不可謂一事之微偶傷廉恥而無妨也。

戒爭訟。爭訟猶兵戰也，兵凶戰危，聖人屢屢言之。苟非重大不得已之事，安可妄聽訟師而輕易進詞乎？《易》曰："訟終凶。"甚言訟之不可好也。一好訟，小則廢時失業，大則破家蕩產。諺所謂"一字入公門，九牛拖不出"。與其悔之於後，毋寧忍之於先。

——乾隆《星源銀川鄭氏宗譜》卷首《家範》

清同治績溪縣華陽舒氏宗族家範

家範十條

敦孝友。《書》稱"君陳孝於親，友於兄弟"，以爲一家之政。夫子稱之曰："是亦爲政。"蓋國、家初無二理，今日之所以教家，即他日之所以教國。此雖先世之《遺訓》，而爲子弟者，宜世守而勿失。敢有故違不遵者，家長先責之以理；抗而不服者，聞諸公庭，依律發落。

睦宗族。宗族本一家，至親不甚疏遠。故范文正公置義田以睦宗族，而張公藝九世同居。二公之高誼，固不能學，亦須仰其遺風，凡事以遜讓爲是，不必因小忿致傷大義。保守身家之道，正在慎之於始。

恤孤寡。慘莫慘於孤寡，仁人君子，無不動心。況我同支同本之人，痌瘝一體，休戚相關，尤宜加意軫恤，格外推仁，務使各得其所而後已。從是而推之親戚、友朋，至泛交末路、奴婢、乞丐之類，無不以是心推之，則仁不可勝用矣。

勤生業。天下之事，莫不以勤而興，以怠而廢。周公，大聖人也，而猶作《無逸》、陳《豳風》以戒成王。子弟輩志在國家者，固當奮志向往，自強不息。其不能者，或於四民之事各治一藝，雞鳴而起，孜孜爲善，必求其事之成、藝之精，然後可。

戒爭訟。好爭非君子之道，爭之不已，則必至訟，訟豈盛德事哉？訟者之辭，皆無實之辭，最足壞人心術，且至費財破家，何益之有？凡事只宜忍耐，不必好爭。縱有外侮，亦宜靜以制動，公道既明，自然而寢。若以非理訟人，尤爲不可。故《易·訟卦》終訟受服，而猶有終朝三褫之戒。

毋倚勢。從古以來，未有不因恃勢而取敗者。強莫如秦，富莫如晉，使其能忘強富，豈非長久之道？在有國者尚如此，況其他乎！子弟輩苟或以力、以才欺人,是皆倚勢者也。安知勢之強於我者,不亦以勢而制我?正宜以此自反,雖有勢而不爲勢所使,便是守身保家之道。

崇典禮。養生送死,先聖自有定制,可以行之萬世而無弊。智者或太過,愚者或不及,皆非也。如葬、祭之類,自有《文公家禮》儀節,不豐不儉,乃爲中道。何近世惑於邪説,略不以此爲意?豈是大家體面?英俊合宜知之,凡葬、祭儀式及祭品等件,並遵朱夫子《儀節》,不可妄爲,太過吝而不及,失其中道。

別男女。《易》之"家人"卦曰:"男正位乎外,女正位乎内。男女正,天地之大義也。"至哉,聖人之言!蓋天下之風化,始於閨門,若不先正以男女,則家風何以厚哉?男子出入由右,【女】子出入由左。違者,罰在本房族長。

遠佛老。佛老之説,最惑人心。人死豈有輪迴之理?夫子謂:"知生之理,則知死之理;能盡事人之道,則能盡事鬼神之道。"斯言盡矣。修齋供佛,何益於事?或以爲表孝子之心,則又愚之甚者。盡葬埋之禮,而衣衾、棺槨之類並從加厚,擇吉地而以封以樹,便是孝子之心。若以修齋供佛以爲孝,則一切小人皆能爲之矣。必以是而爲脱離地獄,則又以父母爲有罪之人矣,安得謂之孝?後有賢者,不可不知。

重家學。天下之本在國,國之本在家,家之本在身。格物致知,誠意正心,皆所以修身也。《易》曰:"蒙以養正,聖功也。"家學之師,必擇嚴毅方正者爲師法。苟非其人,則童蒙何以養正哉?

——同治《華陽舒氏統宗譜》卷一《家範十條》

清光緒績溪縣南關許余氏宗族惇叙堂家政

惇叙堂家政

理財之人。族中別無,所謂家政,不過理財而已。古人有言:"窮村鄉,富公堂。"公堂富,則雖衆户貧寒,或助或借,緩急有恃。故一族雖以族長爲主,而理財必由合族公舉正直精明之人爲祠董,或加一、二人副之,以司出納。如其誠心經理,使公堂豐足,合族受惠,百年後,於報功祠立神主以祀之,俗所謂能幹祠也。倘或侵公肥己,無功有過,雖終身管理祠堂,沒後不許濫入。

祭祀之用。每年春、冬祭祀,牲儀、酒食、香帛及照例頒胙各費,均出於祀產租息，仍可有餘，不可不足。凶年則祀品皆從省儉，不用鼓樂。

營造之用。凡修整祠堂、墳墓及應辦器用，祀租無餘，則隨所用之數而勸捐於富戶、中戶；極貧者，不可苛派。

養老之用。凡生平公謹，至年老又遭患難，無子侄、服親，無田產者，於祠祀產撥租以養之。如祀租無餘，每年由祠董與族內富戶派送月米；如無富戶，則中戶派送。不得任其轉輾溝壑，不得視其流離乞丐。如本族有年老飢寒乞丐者，即族長、祠董與富戶親房之罪也。

賑貧之用。凡家貧、孤兒、寡婦與疲癃、殘疾，及年壯遇災、遇病，素行歸真、衣食無賴而無服親者，祠董撥祀產租以賑之。如祀租無餘，於合族上戶及其近房派送月米。在節婦，則尤當加禮。其寡婦及疲癃、殘疾，俱賑之終身。孤子、病人，以年長、病好為度。孤子日後發財，則捐資為義田、義倉，以濟後之貧者。

助學之用。族中子弟讀書三、五年，如果天資高妙，與天資平等而志大心專者，其家貧無力，則祠董於祀租每年撥助學資。如祀租無餘，則於上戶、親房勸其扶助，中舉則償其本。

救荒之用。每遇荒年，如既無義倉，又無祀租可撥，族長、祠董會計合族富戶捐資，以保合族貧戶，斷不至家家赤貧、家家無糧。務求一族之富人，能保全一族之貧民，不使一人獨受飢寒。富者有錢出錢，有穀出穀。倘明明有錢有穀，為富不仁，凡以上各條從中違拗，以致《祖訓》《家政》徒為具文，貧民求生無路，則由本族持此譜呈官求究，以不孝不義之罪治之。

以上各條，皆由文會不足、無義倉之故。如果顯宦富商能捐巨資，置田產，為義田、義倉，使鰥、寡、孤、獨、疲癃、殘疾、水旱、凶禍、節婦、志士皆有所賴，祇由祠董按例舉行，而不煩臨時勸捐，尤為無窮善舉。然此事不患無財，而患無理財之人；亦不患無理財之人，特患無能理財而好善之人耳！凡人欲後日昌盛，必做好事；欲做好事，必先從親族做起。苟能洗心不染，以理此事，使合族免飢寒之苦，何患日後不昌盛乎？

——光緒《績溪縣南關許余氏惇敘堂宗譜》卷八《家政》

第三節　衣食住行規約

宋嘉熙二年十月婺源縣清華胡氏宗族忌日規約附編教再立規約

忌日規約

紀忌日於《譜系》，幾如贅疣。緣忌一節關係最重，每歲長少一叙，可以昭子孫之孝思，可以知派流之同源。對越祖威，親睦愛敬之念油然而生，亦風俗淳美之一端。定庵嚴於立言者，意正有在寺僧，行至今日，亦爲莊整，諸尊循行之久，講明之熟，非可泛觀。謹錄此，庶彰尊長教人重本之意。

知府題詳事忌日須知

曾祖評事諱昶，字子輝，第廿五，生於至和二年乙未十二月初五日亥時，歿於宣和壬寅正月十一日，享年六十八歲，墓在如意寺左。所有庵堂，偶因火燼，遷祠堂於如意寺。至丁亥，法堂頹毀，昺出力新之，造龜頭亭於法堂後，奉祀其下。每歲遇忌，就寺命僧修薦，子孫並詣拈香。禮畢，偕僧衆約三十位，酒三行，豆乳、菜、麵，衰衆錢辦也，費不甚多，禮不至陋，僧襯五百文，楮錠壹萬，麵、乳、蔬、米皆有常，經歲率爲例。辛巳迨今，十八年間，固無廢典。枝葉漸衍，榮悴不同，切恐久有廢弛者，戊戌十月，昺得闕之官，去家千里外，念曾祖忌辰之費，不欲衆衰，亦不欲聞管，以己田在墓前者式畝，租谷式十秤，捨入如意寺，永以牒委寺僧，每歲自爲辦集，而直下子孫不過各詣祠堂拈香而已。是日也，蔬菜食，勿葷嗜。葷，辛臭菜。老少咸來，勿幹辭，上以昭恩遠之誠，下以遺子孫之訓，不亦可乎？曾祖母孺人王氏廿四娘墓在東山，遇評事忌辰，並薦焉。四男：小廿六宣議師範、三二成忠師益、五四將使師林、九八進義師喬。小廿六宣義早世，有子良圖，游太學，請免該息，恩補迪功郎；成忠，邊賞得禄；將使，本太學通試、武舉進士，第任將使，從鄂王勤王軍，辟軍前機宜文字；進義，亦邊賞補官。惟是四位子孫，富者好禮，才者好學，其餘皆謹願知恥，是可嘉矣。各毋忘其本，思耀乃祖云！

时嘉熙二年戊戌十月望日，曾孫迪功郎特改差江陵府大軍庫昺謹述。

編教再立規約

先人之官後，先伯氏代言代書，續以端復頻歲題名於册，端復筆文獻之訂，於此可觀。禍烈我家，父兄相繼亡祿，端復木斯拱矣，主張者無人。年來文脉頓衰，但觀題忌，是何書法。又聞每歲寺僧報請諸位，拈香甚不整齊，《禮》曰："君子有終身之喪，忌日之謂也。忌日不用，非不祥也，言夫日，志有所至，而不敢盡其私也。"鄭氏註曰："忌日，親亡之日，不舉他事，非時日不祥，而有所禁也，志有所主，主於親，以此日不忘其哀心如喪日也。"豈時人於此未考歟？且須知册既弊而剡藤之闕已窮，託宗一兄端復侄孫續加裝褙，擬唐人葉子册卷舒，自此歲必謹書之，立愛立敬，悽愴怵惕之心由乎中出，非外至也！曾子曰："慎終追遠，民德歸厚矣。"夫子曰："不學禮，無以立。"維兹述其事以自省，立教之本也。願相與勉之。定庵升志。

（潘寧録，卞利校）

——天順《清華胡氏族譜》卷六《忌日規約》

明洪武二十二年三月休寧縣黄顯仁、黄觀仁等兄弟立芝山黄氏義規

芝山黄氏義規

立義規兄黄顯仁，弟觀仁、義仁，惟我黄氏出自軒轅之後，至唐，七世雲公封國有熊。是日，黄雲見於南極，帝因賜姓黄氏，此黄氏得姓所由始也。至西漢，七十五世大綱公拜光州刺史，有善政，再封江夏侯，此吾黄氏以江夏爲郡也。至東漢，八十一世春公年方七歲，孝行蚤聞，此吾黄氏以孝行名魁古今也。至東晋，九十世積公亦以孝行尋擢新安太守，後卒于官，子孫遂家于歙之黄墩，此吾黄氏自江夏遷新安之由始也。黄墩遷于祁之左田，乃百八世昌門縣尉儀公也。後覆遷于休之西湧，乃百九世益謙公也。由西湧遷于□□□山，百二十世敬公也。居芝山百二十五世鄱陽教諭□□□者，乃吾考也。因述吾黄氏得姓郡、孝行之由，歷自唐虞、漢、宋之遠，然必祖德之積深，而後子孫之流長也。流長而派分，派分而不可無記也。求其繼業垂統之善，豈若吾考壽一公乎？有十四都約山之庄，有十七都上易之庄，有八都羅洪之庄，山田、地業之備全，屋宇、佃人之悉置。觀其岡隴環聚，山川秀麗，約山爲最也。吾考常謂曰："吾後有厭凡囂、惡市井、徙遷居，約山其上也。"不幸吾考捐館之後，約山道路頗遠，人心漸異。非有恒居，難理恒産。况吾弟義仁

性禀沉潛,志在山水,徙居約山,一以繼父之志,一以可理恒業,固盛舉也。第恐兄弟異居,情易疏遠,故《義規》不可無作也。況吾先人素重追遠之道,若無宗枝圖系,則傳久派差,派差則昭穆無序矣;若無膳田恒産,則奉祀無資,無資則事廢矣。故清其源流,序其世次,免後人妄祖他人之祖也;於各墳,圖其形勢,書其名氏,免後人妄拜他人之墓也;於田地,記其畝步,明其四至,免他人妄侵吾人之産也;患其業散難攝,於各産之中,必註三人同業之意;□□枝下子孫,不敢私爲變易也;産近各居,必註其□□經理之便,使分任有歸,衆事易舉也。恐其傳久□□□可僞爲,由是刻之於梓,以垂久遠之規,各執一紙,以備子孫傳後之照,因名曰《思本圖》。從此,兄弟異居之後,永遵《義規》爲用。若遇遞年清明墓祭,兄弟次第爲首,子孫亦以爲序。其膳田租利,各自照分收貯,臨期送與首家支辦。若祭儀之豐儉,不能預定,隨宜變通可也。各枝子孫,敢有盜賣前産者,許守法之人執此聞官,治以不孝,仍以《義規》爲用。後之子孫,各宜思之,世世守之,不辜吾兄弟今日之志。

　　洪武二十二年三月初八日,立義規兄　黄顯仁　押
　　　　　　　　　　　　　　　　弟　黄觀仁　押
　　　　　　　　　　　　　　　　　　黄義仁　押
　　　　　　　　　　　　　　親人　劉世英　押
　　　　　　　　　　　　　　　　　張士起　押
　　　　　　　　　　　　　　　　　朱長　　押
　　　　　　　　　　　　　　　　　朱子華　押
　　　　　　　　　　　　　　　　　汪松　　押

　　三族先考,立不世之業,願得世世相守,無忘先人之志,以守思本之源,當念祖宗創業艱難。嗚呼!

——洪武《休邑黄氏思本圖》

明成化十四年十二月休寧縣十二都汪壽馨等爲造屋滴水界等立合同文約

　　十二都住人汪壽馨、壽春、壽齊、壽美、壽明、壽祥等承祖基地一片,土名郝塢,于上祖父造屋住歇,年深人衆,修理不便。今各人情願商議,將住基地除正堂一間一丈一尺,門前簷外存坦,南至塘,北至汪積善田,東、西山通衆,出入無餘地,丈量作叁大分均分。南邊正基地一間,并低基直出六丈二尺、

横一丈七尺,高基横二丈一尺、直四丈五尺,隨水溝爲界闇分:南邊汪壽齊、明兄弟管業造屋。北邊正基地二間并餘地,直出五丈七尺、横二丈七尺,量作二分,中間壽春、祥兄弟,北邊壽馨、美兄弟管業造屋,南、北兩邊和同存留巷路,永遠從便,往來取光。所有各人已造屋料并瓦,聽從折去;衆屋料并瓦,照分均分,毋許停簪阻(當)[擋]基地。今從闇分之後,照依丈尺釘樁,滴水爲界,造屋永遠住歇。以後,兄弟子侄毋得倚強侵占爭論。如有異說,聽從執此合同,經公理直,仍依此文爲用,字號不(在)[再]開寫,稅糧照依原分,各自輪納,北頭硬取基地三間,與伙佃邵童移屋住歇,衆存使用。今恐無憑,立此合同,畫圖爲照。

成化十四年戊戌歲十二月初六日,立合同人　　汪壽馨　汪壽春

　　　　　　　　　　　　　　　　　　　　　　汪壽齊　汪壽美

　　　　　　　　　　　　　　　　　　　　　　汪壽明　汪壽祥

　　　　　　　　　　　　　見中人　汪壽林　李如璿　汪宗昌

　　　　　　　　　　　　　代筆　　李從福

————《明萬曆汪氏合同簿》,藏南京大學歷史學院資料室,編號000027

明成化十五年十一月休寧縣十二都汪壽祈等立造房屋事宜合同

十二都住人汪壽祈、壽興、壽祥等,爲故伯汪景名無子,成化九年間,憑族鄰等將伊歇房一間并基地,批與壽印,管辦工活。今景名已成化十四年憑親衆將住基承一分撥已定,今好造屋。壽祈等思將故伯存日原批房一間,衆拆子分,憑族鄰勸諭,議定後重樓屋基地一間,計七尺,以聽壽印自造樓屋住歇,北餘地壽祈、壽祥並作兩半,造屋住歇。故伯景名闇下分得首字五百八十一號、六百二號田並山地、塘、竹地、墳山,並作兩半均分,毋許強蠻爭論者,執此文憑,經公理直,仍依此文爲照。所有故伯批與壽印田產,只除基地一間,與壽印自造樓屋住歇,余批別產,日後將出契,不(在)[再]行用。今恐人心無憑,立此合同文約存照。

成化十五年十一月初四日,立合同人　　汪壽祈　汪壽興

　　　　　　　　　　　　　　　　　　汪壽齊　汪壽馨

　　　　　　　　　　　　　　　　　　汪壽美　汪壽茂　黃永通

代筆　　楊忠義

——《明萬曆汪氏合同簿》，藏南京大學歷史學院資料室，編號000027

明弘治十年十二月休寧縣十二都汪壽昌立住基造屋合同

十二都住人汪壽昌，今有住基東邊邵童住屋基乙料，今衆造屋，本身該得基地五尺，橫丈量，對與壽盈兄弟湊段造屋。壽盈兄弟將己價買汪壽瑄西邊與永招樓屋相連，取地低基五尺橫，照依衆屋，量撥與本家。今從議定之後，二家各無阻撓。如違，聽自經公，仍依此約合同爲記。今恐人心無憑，立此合同一樣二張，各收存照。

弘治拾年拾弍月初九日，立合同人　汪壽昌

　　　　見人　汪壽祈

　　　　代筆　汪永璪

——《明萬曆汪氏合同簿》，藏南京大學歷史學院資料室，編號000027

明嘉靖十四年八月休寧縣蟾溪程世堅兄弟立居住樓合同文約

蟾溪立合同人程世堅同兄程世高、程世顯，同承祖父男字號基址併繼換業地共計肆重，前貳重空地，後貳重父手已建樓墻，叁房向業同居。茲來兄弟俱家，深思遠慮，日月如流，老將至矣。恐後子孫繁衍，難以便宜，故思乎吾祖慮此深長，分業異居，遺之以安。於是兄弟按前思後，一心繼志，請憑吾兄侄輩戴天立地，公行正道，將前第壹重空地規議叁房，存衆造屋永遠，以便婚、祭。第貳重空地併第叁重屋地及第肆重屋地，兄弟憑衆眼同丈量地步，均平偏正，貼補樓墻，議價叁分，立撥山田作銀，如數津貼。空地造屋，再無異說。於內叁重，丈量實地，立界步數，間具於圖，以憑閱覽。又將低基厨地，衆取拾步，貼補偏堂。第肆重湊正，餘地丈量，分作叁分，均平對搭。議將西邊壹分入在第叁重，中間壹分入在第貳重，東邊壹分入在第肆重，各閒業爲定。衆存前後路，以便出入，亦開於圖，各遵毋違。從今規立閒定之後，各照合同分下管業，日後，子子孫孫務以仁義相處，道德相扶，以樂天倫，繩其祖武，無得生情占吝。如有此等，執此經公陳治，以故違《祖訓》不孝論，仍以合同永遠爲據。故此面立合同壹樣叁本，各執永遠存照。

嘉靖拾肆年捌月　吉日，立合同人　程世堅　押
　　　　　　　　　　　同立合同人　程世高　押
　　　　　　　　　　　　　　　　　程世顯　押
　　第壹重地基世高、世顯、世堅三分存衆造屋。
　　第貳重其基地於上倉屋三間外，貼銀伍拾兩，以作屋價，併厨地中分，俱世顯聞得業居。
　　第叁重樓屋基地，議作價銀玖拾柒兩，外併厨地西分，俱世高聞得業居。
　　第肆重樓屋基地，議作價銀伍拾叁兩，外併厨地東分，俱世堅聞得業居。
　　　　　　　　　中見人　程　魁　押
　　　　　　　　　　　　　程　科　押
　　　　　　　　　　　　　程　魋　押
　　　　　　　　　　　　　程文滔　押
　　　　　　　　　　　　　程大宗　押
　　　　　　　　　代書人　程　德　押
　　——散件文書，原件藏南京大學歷史學院資料室，編號000056

明嘉靖四十五年正月祁門縣西都謝村余天生等立房屋地界合同

　　西都余天生、余互、余祐等承祖上下，除正堂外，摽分得地人字號地二間，共造房屋二重。下邊中間地字號餘地及上廠中間地字號餘地，天生聞得；下廠前面人字號及上廠後面人字號餘地，余互、余祐兄弟聞得。下邊橫樓五間，天生摽得後截房二間五分，至余互兄弟山下餘地三步五分爲界；余互兄弟摽得前截房二間五分，內地二步五分，在天生後面餘地，以准半間之數。前面橫樓下餘地六步，併後山下餘地，內取一步，湊補七步之數。余互兄弟己業新屋下廠，衆存路一條三尺，前後通山，以便往來，毋許閉塞。前後房屋一重，洋溝係是衆存。憑中立約之後，二家子孫永爲遵守，毋許異詞執拗。如違前議者，甘罰白銀三兩公用，仍依此文爲准。今恐無憑，立此合同一樣二紙，各收一紙爲照者。
　　再批：日後子孫爭論，以准不孝罪論，仍照各人闔圖管業毋詞。押。
　　嘉靖四十五年正月十二日，立合同人　余天生　押
　　　　　　　　　　　　　　　　　　　余　互　押

```
                            余  祐 押
           代書見人  謝制本 押
                            余  三 押
           中見人    李  乞 押
                            江天元 押
                            慶  五 押
```
——散件文書,原件藏南開大學歷史學院卞利處

明萬曆四年十一月祁門縣謝村謝知虎等立分造樓屋合同

謝村謝知遠、知虎、知化、知學,侄大兆、大佐、大濟等承祖父遷居,創造善則堂基業,寫立《祀田規約》已備。今因屋宇高大,住歇不便,喜有桃川余仰爲先生勸諭,遷居高坐桐子樓坵田內艮脉入首發山向,前面造立正廳兩廊門屋,以安香火,後面分造樓屋六重及厨房捌分,住歇兩邊,前後存路,出入二廳通行。正廳丈一高,後住屋每重高一尺,前重簷水滴在後重地内。造屋正廳工食,以祀匣銀穀、木料有餘均分,支用造樓。其桐子樓坵田,係是知學已摽分,買受田租九秤　斤,知化買受田租式秤,義出與衆造屋。界下知虎、大兆、大濟衆樓坵、屋基坵、高坐摽分己田,俱出歸衆,以便取路通行。日後悉聽六分人均分,造屋居住,日後扒補田租價,悉憑桐子樓坵田價爲准,毋得把攬執拗。其桐子樹坵化、學等田,係是衆田扒補,一秤對一秤,皆仗義以爲繼前裕後之圖,人當體情義以爲高明廣大之計。是雖因地移居,仍要各人一一遵守善則堂祀匣《規約》,各里□之年,時備祭祀,務不致墜前人創垂之功,而可以啟後人昌盛。如有徇私執拗以壞衆事者,甘罰紋銀式十兩公用,仍依此文爲准。今恐無憑,立此合同文書爲照。

　　合同壹樣貳張,各執壹張爲照。押。

　　萬曆四年十一月十二日之吉,立合同人　謝知虎　押
　　　　　　　　　　　　　　　　　　　　謝知化　押
虎叔侄鬮得左邊,
　　　　　　　　　　　　　　　　　　　　謝知學　押
化兄弟鬮得右邊。
　　　　　　　　　　　　　　　　　　　　侄謝大兆　押
　　　　　　　　　　　　　　　　　　　　　　大佐　押
　　　　　　　　　　　　　　　　　　　　　　大濟　押

　　　　見議　兄謝知遠　押
　　　　　　婺眷余仰　押
福禄永臻。
　　　　——散件文書，原件藏南開大學歷史學院卞利處

明萬曆二十三年正月祁門縣安山謝棹等立忠孝議約

忠孝議約　安山謝棹

安山謝棹、國用、國泰、學禄、朝欽、寄春、祖春、廷茂等，竊見天下之道，忠與孝而已矣。儲蓄素辦，所以備國課於將來；祭掃盡誠，所以報祖功於既往。此誠仁孝之所用心，而尊君敬祖者所當亟（而）[耳]。

忠孝議約

安山謝棹、國用、國泰、學禄、朝欽、寄春、祖春、廷茂等，竊見天下之道，二忠與孝而已矣。儲蓄素辦，所以備國課於將來；祭掃盡誠，所以報祖功於既往。此誠仁孝之所用心，而尊君敬祖者所當亟講而求也。若不預立《規條》以垂世世，何以報聖明而妥先靈乎？爲此，集衆商榷，四大房二户官丁，向照私丁均派朋充。因人分不齊，竟致遷延後期，吏胥叫囂之擾難免矣。四大房敦本之禮，雖有成約，第時異勢殊，人心玩忽，不誠不潔之□□，自一□□之故，□□□□，與言念愧汗沾□□□□更始，痛務前弊，二户官□議將承祖遺田内，取貳拾壹秤輪辦供解。遞年清明祭掃，亦將承祖遺田内取拾伍秤以供祀典。議照二户人丁，每年遞着三人爲首，照後《條例》管辦。植下子孫，無問老幼，議各出分金爲進祀會之用。間有不敷，向上之輩，各發善念，憑意樂助，贊成鉅典。有心懷樂義而阻於力量之弗逮者，開樂義之門，以俟後日之進，則植本固而發源深，雖歲時有豐歉，而供費無缺失矣。至此，則忠孝少伸於萬一，而仁人孝子吾儕不亦可效乎哉！

自立文約之後，各宜謹守《條約》，毋得復蹈前轍。倘有不肖子弟鼠目寸光，不知大體，變亂是非，破壞前事，聽衆呈官理論，仍甘罰白銀伍兩公用。再有子弟除爲祖保塚外，徒逞血氣，輕舉生事，致惹官非，各坐己認，衆毫不管。此係一念至誠，布公論列。如生妄議，不惟難逃理論，天地鬼神共鑒之。

萬曆貳拾壹年孟春月初九日，立文約人　謝棹　押

　　　　謝國用　押

　　　　謝國佐　押

　　　　謝國治　押

　　　　謝國泰　押

　　　　謝學禄　押

　　　　謝朝欽　押

　　　　謝學祖　押

　　　　謝寄春　押

　　　　謝國華　押

　　　　謝國美　押

　　　　謝良善　押

　　　　謝祖春　押

　　　　謝廷茂　押

　　　　謝廷桂　押

　　　　謝夢熊　押

　　　　謝夢麟　押

　　　　謝夢鹿　押

　　　　謝夢龍　押

　　　　謝夢鳳　押

　　　　謝夢鯉　押

　　　　謝夢鸞　押

　　　　謝廷蛟　押

　　　　謝廷瑞　押

　　　　謝夢獬　押

　　　　謝四富　押

　見議　侄謝用義　押

　　裔孫謝朝欽　書

　　裔孫謝良善　撰

——王鈺欣、周紹泉主編：《徽州千年契約文書》（宋·元·明編）第六卷，花山文藝出版社，1993年，第441—446頁

明萬曆三十四年正月祁門縣十西都謝村謝宗善兄弟等立造屋合同文約

　　立合同文約人謝宗善、孟善、明善兄弟等叁分，原祖父基地叁重，土名隱將山下上邊，祖父存日，叁分未聞明白。今因明善、宗善式分于三十三年造屋在上，惟孟善基地壹重在學屋前聞，不便造屋，致孟善托中理説，憑中衆議，將明善兄弟分門前路邊田壹號，計田叁拾步零伍厘；又壹號計田叁拾步零伍厘，與孟善兄弟同業，明善該田壹拾伍步零式厘伍毫。式號共田肆拾伍步零柒厘伍毫。又將學屋前基地壹重，明善兄弟所該步數，俱貼與孟善兄弟造屋之需。其前田内原故父大佐將田硬租壹秤拾勧賣與善則堂業，今孟善將原價銀贖回，孟善即將田式號轉對換與宗善兄弟新造屋。下廠基地壹塊，計叁拾壹步，聽自孟善兄弟前去造屋毋詞。其前田式號，除敵基地外，所多步數，亦不計算，其田聽自宗善前去收租爲業。其基地田，叁分各管各業。自立合同之後，叁分無得異言爭論。如違前議，甘罰白銀拾兩入官公用，仍依此文爲始。今立合同壹樣叁紙，各收壹紙爲照。内改新字壹個。空。

　　萬曆叁拾肆年正月二十二日
　　立合同文約人　　謝宗善　押　謝孟善　押　謝明善　押
　　　　　　　　　　謝記善　押　謝性善　押　謝三善　押
　　　　　　　　　　謝嘉善　押　謝四善　押
　　中見人　謝知學　押　謝知人　押　謝大富　押
　　　　　　謝時操　押　謝來鳳　押　謝繼善　押
　　　　　　謝時摽　押　書
　　　　　　　　　　——散件文書，原件藏南開大學歷史學院卞利處

明崇禎三年十月祁門縣謝村謝養性等二大房
因善則堂望耕樓基地變更立納稅合同

　　謝村謝養性、謝孟善貳大房人衆等承祖善則堂望耕樓下邊基地，分丈六闆，編爲中、和貳字號，照闆業訖。因各基地變易，孟善兄弟造屋在上，不致善則納稅，照祖文各分子孫供解，不累善則堂祀匣納稅。各闆丈步，開具于後。

計開字號丈步于後：

中字號,知龍聞業,步數叁拾壹步叁分柒厘,該麥貳合陸勺,該米肆合。

和字號,知遠聞業,步數叁拾壹步叁分柒厘,該麥貳合陸勺,該米肆合。

中字號,知虎聞業,步數叁拾步零肆厘,該麥貳合肆勺,該米叁合捌勺。

和字號,知化聞業,步數叁拾步零肆厘,該麥貳合肆勺,該米叁合捌勺。
先年賣與孟善,訖。

中字號,知麒聞業,步數叁拾步零肆厘,該麥貳合肆勺,該米叁合捌勺。

和字號,知學聞業,步數叁拾步零肆厘,該麥壹合貳勺,該米壹合玖勺。
先將地乙半賣與善則。

崇禎三年十月十五日

立合同人　謝養性　押　謝廷鳳　押　謝應鳳　押

同立合同人　謝孟善　押　謝記善　押　謝三善　押

代書中見人　謝繼善　押

——散件文書,原件藏南開大學歷史學院卞利處

清康熙十年四月徽州某縣宋家塢汪大義等立祖遺廳屋禁止堆積放物等事合墨

立議合墨人汪大義、大禮、大傑、大賓、大紳等,本家大房承祖遺造土名宋家塢即釵釧廳屋,祖宗創造之意,蓋爲後嗣春秋祀祖、婚姻嫁娶、延待賓客、具行禮法之廳也。近因枝下不肖子孫堆積污穢,或貯柴炭灰糞,或貯木料物件,或住績邑斫柴之人,或住猪客以作經紀牙行之室,大失祖宗造廳創業之意,何成禮法之廳乎？兹大紳等率衆枝孫,於本月廿一日爲始,議將各家物件盡行撤去,共立合墨禁條于後。嗣後,敢有仍前堆積放物等事,衆議罰銀叁兩,以爲修廳并後層香火樓之常貯。如違,執此鳴官,以作不孝例論,究治無辭。本家大摠房子孫,各宜凛遵,毋貽後悔。恐後無憑,立此禁條合墨　張,各執壹張,子孫永遠遵照。

康熙十年四月　日,立議合墨人　汪大義　　汪光祖　押

　　　　　　　　　　　　　　汪大禮　押　汪光曉　押

　　　　　　　　　　　　　　汪大杰　押　汪光曜　押

　　　　　　　　　　　　　　汪大賓　押　汪光成　押

　　　　　　　　　　　　　　汪大紳　押　汪光暐

汪大富　　汪光祫
汪大瑞　　汪光茂　押
汪大雷　押　汪光輝　押
汪大霖　押　汪大珠　押
汪大節　押　汪大瓊　押
汪大倫　押

——封越健主編：《中國社會科學院經濟研究所藏徽州文書類編·散件文書》第四冊，社會科學文獻出版社，2017年，第40—41頁

清康熙五十二年七月黟縣十都三圖余夢才等立造厨屋等事項議墨合同

　　立議墨合同人余夢財、文景，今有土名舒家園，東邊文景基地壹片，西邊夢財厨屋基地壹片，弍家毗連。托憑族衆，文景自情願出備墻脚地磚瓦砌墻，夢財自情願貼備墻脚磚瓦，價銀叁兩正，其銀收足。日後夢財監造厨屋，即聽靠墻，文景不得執阻。自議之後，弍家永遠無得聲情異說。如違阻當，外罰銀伍錢，立此議墨壹樣弍張，各執壹張，永遠存照。

　　康熙五十弍年七月初八日，立議墨合同人　余夢財　押
　　　　　　　　　　　　　　　　　　　　　余文景　押
　　　　　　　　　　　　　　族衆　余夢錦　押
　　　　　　　　　　　　　　　　余應兆　押
　　　　　　　　　　　　　　代筆　余應煥　押

（陳雪明錄，卞利校）
——散件文書，原件藏安徽大學徽學研究中心特藏室

清康熙五十四年三月黟縣十都三圖余應男等立造新屋滴水議墨合同

　　立議墨人余應男、文景，原應男父所賣基地，土名舒家園，今文景監造新屋，北向後墻，墻外係應男綸地自存併滴水三尺五寸。今托憑中人面議，日後應男監造，即聽靠文景后墻，無得執阻。二家亦不得聲情異說。今恐無【憑】，立此議墨壹樣弍張，各執一張，永遠存照。

　　康熙五十四年三月　日，立議墨人　余應男　押
　　　　　　　　　　　　　　　　　　余應綸　押

　　　　　余文景　押
　中見　　余文禄　押
　代筆　　余應焕　押

（陳雪明録，卞利校）

——散件文書，原件藏安徽大學徽學研究中心特藏室

清雍正三年十月黟縣八都三圖查昇緒等出讓餘地造屋議墨

　　立議墨侄昇緒、昇續，今爲叔新賢、勇屋外餘地前後三塊，其南向墻，係昇緒、昇續業，其墻未曾成功，願與叔新賢、新勇出銀壹兩貳錢伍分，貼備侄昇緒、昇續名下，鳩工煞脊。日後聽自叔新賢、新勇監造靠墻，無得異説。今欲有憑，立此議墨存照。

　　雍正三年十月初六日，立議墨人　侄昇緒　押
　　　　　　　　　　　　　　　　　　昇續　押
　　　　　　　　　　　　　　　　叔新賢　押
　　　　　　　　　　　　　　　　　新勇　押
　　　　　　　　　　　中見　叔祖承登　押
　　　　　　　　　　　　　　　　叔新圖　押
　　　　　　　　　　　　　　　　　新舜　押
　　　　　　　　　　　　　　　　　新長　押
　　　　　　　　　　　　　　　　兄昇熵　押
　　　　　　　　　　　　　　　　　昇求　押
　　　　　　　　　　代筆　弟昇貫　押

（陳雪明録，卞利校）

——散件文書，原件藏安徽大學徽學研究中心特藏室

清乾隆六年七月十一日黟縣十都三圖余應綸同侄文積等立造厨屋議墨合同

　　立議墨余應綸同侄文積、文景等，原租天值公遺存屋壹所，因夢仙將門前基地一片，土名舒家園，賣與文景，于康熙五十四年監造樓屋，東向墻外原存直路一道，二家通行。今因文景樓屋東向墻外監造厨屋一間，二家合議，

將原路改換,與文景靠墻監造厨屋;將文景厨屋外北向取地三尺五寸轉彎至東,東向又取地三尺五寸至南大路,二家通行,永遠無得爭阻。如有異説,聽自執墨,鳴族理論。今欲有憑,立此議墨一樣二張,各執存照。

乾隆六年七月十一日,立議墨人　余應綸　押
　　　　　　　　　侄　文積　押
　　　　　　　　　　　文景　押
　　　　　　　　　　　文科　押
　　　　　　　保長　郭百先　押
　　　　　　　親　　盧漢清　押
　　　　　　　　　　張宗于　押
　　　　　　　族　　應兆　押
　　　　　　　　　　應焕　押
　　　　　　　　　　應聯　押
　　　　　　　　　　文禄　押
　　　　　　　　　　文利　押
　　　　　　　代筆　應高

(陳雪明録,卞利校)

——散件文書,原件藏安徽大學徽學研究中心特藏室

清乾隆五十八年六月黟縣八都三圖查高寶兄弟立廳堂共用議墨合同

立議墨合同人查高寶協弟高儞,緣我二家買土名麻窄前三間樓屋一堂,俱係買到啟洪名下出筆之業。但高寶于乾隆五十乙年之間買右邊樓上倉乙廣、樓下房乙間、廳堂一半,其厨下係正屋,前面樓上樓下各得一半。但高儞于乾隆五十七年之間買左邊樓上倉乙廣、樓下房乙間、廳堂乙半,其厨下係正屋,前面樓上樓下各得乙半,其房倉照各所買之契,各管各業。其廳堂憑中議定,兩家凡有喜憂之事,存衆出入,俱不得攔阻。倘若放傢伙,各宜自重,不得倚强欺弱。兩家一切俱要和好,無得爭論。恐口無憑,立此議墨合同一樣二張,各執一張,永遠存照。

再批:其屋内查啟愛原得樓上中倉乙廣存。押。

再批:外買厨下契壹紙,高儞執收。押。

乾隆五十八年六月　日,立議墨合同人　査高寶　押
　　　　　　　　　　　　　　　　　査高儶　押
　　　　　　　　　　　　中見　査昇本　押
　　　　　　　　　　　　　　　　　査高科　押
　　　　　　　　　　　　　　　　　査高森　押
　　　　　　　　　　　　　　　　　査高顯　押
　　　　　　　　　　　　代筆　査啟森　押

（陳雪明録,卞利校）

——散件文書,原件藏安徽大學徽學研究中心特藏室

清嘉慶十三年十二月黟縣十都三圖余興福等立樓屋出入議墨合同

　　復立議墨人余興福同弟興和、侄定俊,緣因乾隆癸卯年將文景公所遺門前基地壹大片,編立致、中、和叁(龜)[閫],興福(龜)[閫]得"致"字,定俊(龜)[閫]得"中"字,興和(龜)[閫]得"和"字。是年,興福監造前後三間樓屋壹所,又毗連兩邊,尖角厨屋壹所,地跡未切細説。恐有爭競,予今自揣,年將古稀,桑榆景短,特憑保正宗族説明,致字(龜)[閫]己地扒補,中字(龜)[閫]門前方正,以便致字(龜)[閫]厨屋門前出入,三股壹樣,眼同訂界。日後中、和二(龜)[閫]監造,均至墻心爲界,南向照依致字(龜)[閫]正屋墻面扯平,不得結出。而出入路道照依老議墨字樣,不得改擴。嗣後,子孫不得翻議。如違此議,以不孝不義公論。今欲有憑,復立此議墨一樣叁張,各執壹張,久遠存照。

　　嘉慶十三年十二月　日,復立議墨人　余興福　押
　　　　　　　　　　　　　　同弟　興和　押
　　　　　　　　　　　　　　　　　興取　押
　　　　　　　　　　　　　　侄　　定俊　押
　　　　　　　　　　保正　張德光　押
　　　　　　　　　　鄰　　舒鑑堂　押
　　　　　　　　　　親　　范滄沛　押
　　　　　　　　　　族　　國森　押
　　　　　　　　　　　　　國享　押

　　　　　國燽　押
　　　　　國魁　押
　　　　　興璧　押
　　　代筆　興洸　押

（陳雪明錄，卞利校）
——散件文書，原件藏安徽大學徽學研究中心特藏室

第四節　佃僕及奴婢管理

明嘉靖祁門縣善和程氏宗族仁山門支族《竇山公家議》之庄佃議

庄佃議

　　今之庄佃，前人之所遺也。往時各佃，率樂業安生，今多饑寒，多流亡，不自寧居者，其必有故矣。承先志者亦知小人之依乎！無小人莫養君子，當有以處之。述《庄佃議》第六。

　　議曰：前人置立庄佃，不惟耕種田地，且以備預役使，故馭之寬而取之恕。今時之弊，役使煩苦，且徵收科取比昔不無加重。況又有分外之徵，人所不知者乎？今宜悉革此弊，以甦佃困。不然，斂愈繁而佃愈困，其不至于遷徙流亡者幾希矣，此撫恤之不容已也。倘有奸黠之徒不遵主令者，又當以法繩之，難以一例拘矣。

　　計衆佃僕，昔稱繁庶，今漸落落，殊可慨也。各招置已庄者，又往往取之祖佃。主衆僕稀，徵役日繁，彼何以堪？今議：凡有婚娶、喪葬大事，令赴役一日，其餘尋常事務，毋得濫徵。

　　凡自祖庄遷各房已庄佃僕，係已長成而去，及葬墳在衆山者，但遇各房婚娶、喪葬大事，赴役一日。

　　韓村之庄，甲于諸庄；佃僕之困，甚于諸佃。其所當恤者，亦當先于諸佃也。前議丈量定租之説，衆論何如，當必一處。不然，坐視其流離而後處之，則非祖宗建庄之初意矣。

　　青真塢外庄已廢，內止一庄，固宜優恤，恐監守自盜之弊亦不能無，管理者不可不察。

百花園庄屋，既居守佃僕，又爲墓下祠堂，宜修葺停儅，以爲久遠安妥之計。

方村庄屋，已經修治，但田少多磽，僕難以安，亦不可不處。且倉廠所在，墻甓堅固，宜修葺貯穀爲便。不可閑曠，以致朽損。

林村之庄，係祖傳佃僕，屋廢已久，管理者宜加意起造。

中村庄佃，有看守祠宇、供奉香火之責，固宜推恤。苟污穢祠宇，不供香火，責當坐之。

章溪黄狗嶺庄佃，地涉遠僻，管理者多因循，罕至其所，故山野無所觀感。自後於收租之時，須親往徵算，使彼漸知向化。

各處庄佃，至除日辭歲，例有年飣，管理者照丁散給，每男丁給穀肆斤，幼丁及婦人俱各貳斤。正旦，俱集正堂拜年訖，照丁給散包子并酒。此例不可不守。

各庄佃男婦病故者，每人管理者給與銀壹錢，其年幼不能應役者，不給。

庄基土名、住人開後：

韓村庄基。方英、方七、方元保、方才保四家住。

方村庄基。方記住。

林村庄基。原潘壽保住，今屋廢。

中村祠邊庄基。張壽、張乞保兄弟二家住。

楊坑百花園庄基。汪金富、汪毛住。

楊坑上坳庄基。桂壽、桂初孫兄弟住，原交租肆拾斤，今應主免徵。

青真塢裏庄基。陳進住。

青真塢外庄基。原吳瓊住，今屋廢。

項源磜上庄基。正屋五間，東、西房共業，其背後舊餘屋及下手新建橫屋，俱東房已業，汪住保、汪尚、汪先得三家住。又買受西房銛、鏡、玫、啟、謨、三壽分籍，係萬保住；章溪黄狗嶺庄基，金千、金三二家住，與林共該一半。

胡家園庄基。汪福、汪毛乞二家住。

庵口前下庄基。汪二乞、汪元住。

庵口前上庄基。原汪可住，係裏截及高堭菜園地，以八股爲率，内買受汪纓、汪繼共壹股，汪綜壹股，汪統、汪維共壹股，汪新富壹股貳分伍厘，程模、程權共貳股五分，程梓肆分參厘，程然、程焕壹分，餘股未買。其地原係程積祖名目，餘股惟汪繼、紹、繹分未賣。又上廠汪義住後菜園地貳塊及前截程富孫見賃店基地，俱五大分已業，已開在前地款内。

黄坑塢庄基。汪住保、汪七、汪三保三家住。

溪頭承天塢口庄基。林福保、林天生、林七、林記住。

溪頭黄土嶺庄基。汪六住。

溪頭上塘塢裏庄基。汪留保、汪太、汪初住。

章溪江村庄基。胡多住，原胡保住基，計地肆分貳厘伍毫，係買陳文通、文達地。

項源磜上上庄基。陳虎保等四家住，係買沙灣方榕兄弟，十二分中得一分。

方村胥楊廟上庄基。葉虎住，并四園菜園地，俱十二分買受一分。

胡家園申明享後庄基。原金興亥住，今屋廢，係珠字二百六號，計地肆分玖厘肆毫，係買受陳文通、文達地。

中村案山前庄基。在朱六住後，原是祖興住，今屋廢，係闕字五百一號、二號、三號，計地登畝陸分零，五大分買受，三分中合得一分。

溪頭北乂口庄基。原汪福緣住，今屋廢。

胡良田庄基。朱乞孫住。五大分買受，三分中合得一分。

（潘寧錄，卞利校）

——萬曆《寶山公家議》卷六《庄佃議》

明天啟休寧縣東亭余氏宗族賞賜僕人規例

一、遞年臘月除日，各僕至辭年，每房僕人賜年酊生牛肉一斤、米一升。已分烟，方算一分。

一、遞年正月旦日拜年，家主上立，各僕在下，朝上對主跪、起四拜。畢，發於堦下兩廊，每七人賜熟豬肉一斤、熟牛肉一斤、炒腐二盤、酒一小罐約六大壺。外，潘氏已僕來拜年者，免拜，每十人賜豬肉一斤、牛肉一斤、腐二盤、酒一小罐。

一、有分各僕婦至拜年，每人賜糯米粽一雙，小僕女每人一個。

——［明］余顯功：《不平鳴稿——天啟崇禎年間潘氏訟詞稿》

清乾隆三十一年正月休寧縣渠口汪亨等爲與地僕胡奇生訴訟立合議墨

立合議墨汪亨、汪文、汪行、汪忠等，今因安山地僕胡奇生、胡慶、胡天元等叛主不法,情因奇生等舊與君宣訟事未清,以致橫行無忌。舊冬,曾經冒認河上市土神廟爲逆祖廟,串棍渭橋汪霞九,捏請府學胡老師(扁)[匾]聯,併欲混聯老師姓氏,希圖跳脫本族,已經往府禀明追繳。今本月十七,迎請顯祖越國公慶祝,自明迄今,例係墩上、門口山、安山三處地僕抬轎,執事迎送,獨安山逆僕胡奇生等藐抗不遵,反囑僕婦三仵、麻餅等撒潑辱詈,殊屬不法。事涉風化,一族體面攸關,難任肆行無忌。若不送官懲治,恐後效尤,不一而足。爲此合議,所有經公條例開後。立此合議墨存據。

一、費用等項,祠匣出支。

一、出官名目,臨審日再議。

一、上、下進紙等件,止給飯食,亨宅、貞宅各壹位。

一、君宣原訟未清,不得並案連入。

一、出入銀錢,交與鳴宇支給。

乾隆叁拾壹年正月拾七日,立合議墨　汪亨

　　　　　廣如　押　宗如　押　衣六　押

　　　　　浩祥　押

　　汪文　鳴宇　押

　　汪行　士升　押　德美　押　廷玉　押　維舜　押

　　　　　敬昭　押　二如　押　君宣　押　濟川　押　尹玉　押

　　　　　君玉　押　相五　押　思義　押　與三　押　天馭　押

　　　　　維蕭　押

　　汪忠　廷瑞　押　文斗　押　君佩　押

今議臨審到案名目:

　　亨:浩祥　押

　　文:鳴宇　押

　　行:思義　押

　　忠:君佩　押

　　　　——散件文書,藏安徽師範大學圖書館,載周向華編《安徽師範大學館藏徽州文書》,安徽人民出版社,2009年,第177頁

清乾隆五十六年七月休寧縣汪世忠祠支丁汪先岸等立禁將產業投賣僕姓合墨

　　立議合墨汪世忠祠支丁先岸、紫垣、振民、敏正等，緣承祖遺下十二姓僕衆，住屋、葬山均係我族各户產業。前因叛役跳梁，蒙前縣范憲勘訊，詳奉撫、藩各憲批飭發落，取遵立案。近因族中孽丁罔顧《祖規》名分，魆將祖遺山地各業投賣僕姓，得價無多，甚至盜賣無分之產，勾串族匪爲証，于中分價，種種不一而足。若輩甘於無恥，祖宗飲恨九原，殊堪心傷。姑除既往不較，用是合族支丁齊集祖宗神前公議，嗣後，如有各丁己分下僕基、山地等項業產，寔在力不能守者，許其賣入本族及各會，祠酌值付價，同存保祖之念，各顧廉恥之心。倘竟仍前串賣僕姓，并在契作中及經手推僉之族丁，均以不肖論，概行逐革，不許入祠。如有恃橫，合族呈官究治。立此合墨一樣五張，存祠一張，四門各執一張，永遠遵守。

　　立議支丁名書於後：
　　亨門：先岸　押　　雲占　押　　良冶　押　　暉吉　押　　禮叙　押
　　　　　廷芳　押　　有容　押
　　文門：紫垣　押　　士英　押　　輔周　　鳴宇　押
　　行門：振民　押　　名顯次子　代押　　宇清　押　　尹玉　押　　宇祥　押
　　　　　運三　押　　彩玉　押　　相五　押　　君玉　押　　君正　押
　　　　　憲章　押　　明廷　押　　天馭　押　　昭美　押　　佩蒼　押
　　　　　佩三　押　　國先　押　　玉書　押　　巨美　押　　榮干　押
　　　　　亦荀　押
　　忠門：敏正　押　　匯宗　押
　　乾隆五十六年七月　日，立議合墨汪世忠祠。
　　　　——封越健主編：《中國社會科學院經濟研究所藏徽州文書類編·散件文書》第四册，社會科學文獻出版社，2017年，第13—14頁

第二章　祠堂、墳墓祭祀標掛規約與條例

第一節　祀產管理規約與條例

宋嘉泰元年三月休寧縣曹村譙國曹氏宗族監簿贍塋元約

譙國贍塋・監簿贍塋元約
　　大抵子孫每歲仲春相率標掛者，非專爲飲食、遊賞而已，竊慮墳塋有人侵犯，樹木有人砍伐，一歲一度，庶得有主，且示瓜瓞綿綿之盛也。熙須爲兒童時，嘗侍六伯祖及諸尊長，時風俗醇厚，錢物流衍，當次者殊不費力，舉族同往，不問大小，出郊之際，轎馬喧闐，充塞道路，以爲鄉間美觀。逮夫壯年，時異事殊，每位只請尊長，倘或有幹子弟代行，雖不及曩時之盛，然遺風猶在。近歲，尊長皆已下世，稀疎寥落，言之使人寒心。豈弟侄輩不以祖宗爲念而甘爲衰敗不振之舉乎？蓋世態煎熬，糊口不給，奚暇治禮義哉？熙不才，塵忝之後，依托妻家，男女婚姻，俱在于彼，不得歲率族人，振起家風，是誠罪人。倘不經畫以爲久遠之計，祖宗何賴焉？子孫何忍焉？契勘楓林墳畔有陸地壹段，計壹拾餘畝，係徐十、汪六等租佃，歲得錢五貫文足。低山四水之內，係看守金二租佃，歲得錢兩貫文足數；內低山租課，德充、七二弟專一收掌，每年自備本處支用，人無間言。惟楓林密邇縣郭，主管無一定之論，多爲強有力者取去，非特有失指準，而佃戶亦不安跡，半就荒蕪。今會族中長上商議，委請兩人掌管，其中多是教學、醫藥、鋪店爲生。不然，則病老者力不暇及，獨彥錫、念九、弟元、老小九侄，非特能幹，又且公當，就煩主掌，仍時時檢行，毋致榛蕪。拘所租錢寄巖老十二侄處，每年輪請一位措置，以充楓林、尖山、新田等處支用，餘人不得干預。青天在上，有違約者，神明殛之。然族大人衆，此錢恐不能給，熙每歲助錢壹拾仟官券，至時差人賷歸，送在巖老處，族人對衆支用。然人生無常，萬一溘先朝露，難以傳遠。立此文約二本，一留族中，一帶歸平江，以示本位子孫不得踰盟。踰盟者，當以不孝論，請尊長貽書索之判官，奉直墳塋。仍煩族中因便一行，則存歿受賜。

時嘉泰元年三月十三日，朝散大夫、主管台州崇道觀　熙　押。

——萬曆《休寧曹氏統宗譜》卷四《監簿贍塋元約共二章》

明洪武十四年三月歙縣東門許氏宗祠標祀膳塋約議

城東許氏宗祠標祀膳塋約議

高陽郡本宗宗長許榮甫等，切照始祖會公墓居歙南浦口金釵塢，七暹公墓居問政山，大宣義公及四十公墓居東七里，三進士公、四六公墓居南踞結林，三六公墓居張王廟前，三五公墓居石堨頭。蓋吾六處墓祖乃我許氏世代之源，自前先伯壽甫公時，立作四大分，而春、秋以奉祭祀之禮，所以膳塋田土亦作四分受稅當差、收苗標掛。

今至明時，蒙《榜諭》："有產無丁，有丁無產，許令歸併。"榮甫爲見吾宗直下支派蔓續，皆賴祖宗之榮庇，而膳塋田產安得不均於衆？以此，榮甫邀集族內彥通、仲友、叔義、益友、谷祥等，議將膳塋產土照今戶計，權行均答，田糧開歸一十六分，受稅輸納。產內租苗，仍歸衆管。每歲十六分內，議立四人，收掌一年，不問時歲熟旱，收到實在租利，必須開稟族長，見數封鎖，毋得侵用入己。候至次年清明時節，將租穀置備俎禮，邀請本族不拘貧富大小，同詣六處祖墓祭掃，下年週而復始，還依舊格。向後設有子孫不賢，妄以字號、畝步歸戶科徵爲由，私將膳塋祖產盜賣者有之，私自侵葬祖墳畔所者有之。其違犯者，齎此出官，私賣膳塋田土之人，並以盜賣田土論罪，仍追回原產。私有侵葬祖墳塋畔之子恃尊違者，仰卑幼起掘，責令改葬。卑幼犯者，依聽族長起掘，並遵約內事理所行，不以發塚爲論。如斯所議，各守其規，庶不失尊卑序也。今置續簿，開列事件，交付四年分掌租之人，各執一扇，使後世子孫倣相傳焉。

一、續承祖一公，字德甫，存日，出備己財，於結林墳畔買到似字一千五百七十七號唐家田一畝六分五厘，本擬開塘貯水，不見墳前去水週摺。爲因兵革，天喪斯人，無從興工，所以田歸子業。在後，族衆榮甫等白於仲友、益友而索此田，慨蒙從諾。衆然而嘆曰："父存，終身有報本之義；父歿，其子不忘父之念。"所置田畝，樂入贍塋之用，後之子孫，興工開渠，不負前人之美意矣。原立四大分贍塋田產，仍以許三進士爲戶當差，收苗祭掃。自壽甫、卯弟公前元間凡值標掛之期，置備俎物，邀集男女大小，同至結林祭掃。後因壬辰年兵革以來，官府繁徵，會議前項贍塋田土，均入四分，輸納收稅。每年產內租穀，架下除存留原租四十秤，分歸四分輸納當差。餘剩租苗，值年之人收貯，添助本年分下該得租穀一十秤，湊辦祭禮，步行標掛。洪武辛酉年，輪值伯仁分下堅壽族內，仲友追思前人之念，復興男女乘舟祭掃之遊。彥通、叔義、益友、谷祥等樂從，慨將各存租穀盡數歸衆，仍僱二舡，皷樂同遊，以滿報本之心矣。今蒙官司歸併丁產，族議又將原承四分贍塋田土，均開一十六分，仍照前式輪收租苗標掛，使後世子孫永久爲例。

一、三六公墓居東關張王廟前，及前問政山、東七里、結林四處祖墓，遞年合族子孫俱要躬詣祭掃，毋違。

洪武十四年歲次辛酉三月吉日，本宗族長　許榮甫

　　　　　同立族人　彥通　愈卿　谷祥　善　仲友
　　　　　　　　　　益友　仲儀　堅壽　叔義　仲仁
　　　　　　　　　　仲廉　智師　季友　仲禮

——崇禎《古歙城東許氏世譜》卷七《城東許氏宗祠標祀膳塋約議》

明成化十八年二月歙縣東門許氏宗族重議膳塋定規

城東高陽里重議膳塋定規

族長許士聰等，切見本宗先世祖塋，須存田產，以供祭掃。恐後子孫繁衆，免致荒怠，前元壽甫公及今大明榮甫公等，將膳塋田產議立作一十六分，四人輪流收掌，一年收租，依時祀掃。後因各房子孫益蕃，又增八分，加置膳產。及慮日後或增或減，恐無一定，致有乖爭。且先塋有定而無加，子姓繁而不可爲止，此乃賴祖宗培植之厚，荷天地發生之多，祭儀恐乍散不敷，議各出銀，增添祭產，毋墜先志。然舊規二十四分，其間更變不常。今來人事益盛，以一爲二，作四十八分，每歲八分爲首，照前輪流經收，先年秋成，預收租利，以待來歲清明標掛。輪首之人，不問時歲豐歉，務要遵規潔辦祭儀，先一日邀請族衆，至期同詣墓所拜掃，毋許異言推故。六年一週，週而復始，永爲定例，並不許恃尊恃强，那移攙越及執稱價買，紊亂及奸謀展轉，亦不許私賣非吾宗之人。如違，聽從族衆贅此經公，以盜賣他人產土罪論，仍着令取贖歸衆，依此議約爲准。今將祖存并續置田土逐一條開于後。其稅糧俱已照分均裝，各戶解納。所有各處墳山地土，如有私自侵葬者，不論尊長卑幼，竟

自掘毀。此係尊祖遺命，不在發塚之論。斯規并租簿共成一册，每歲散胙畢，務要隨時交付接收爲首之人收藏，遵依而行。今恐無憑，已立合同一樣四十八紙，照分收執，此規永爲建例。須至議約者。

成化壬寅歲仲春月吉旦，族長許士聰立。

一、輪首收租之人，務於此簿該年將收過租穀數目、日期及還租人名目，逐一端楷細書，下年以憑照驗，切勿吝筆，以致爭論。違者，乃畜類也。

——崇禎《古歙城東許氏世譜》卷七《城東高陽里重議膳塋定規》

明成化十九年四月歙縣世忠廟田地盟書

世忠廟田地盟書

直隸徽州府歙縣二十五都世忠廟神祝方文旺等，今因程廷章等告爭本廟田地，已蒙欽差巡撫、尚書大人王批送各人情詞到問刑官處問理明白。誠恐世遠人亡，無憑查究，所是本鄉及廟及休寧寄莊田地，俱係供奉香火，不係自己產業。審得叔名得弟、文進、敏進，侄富榮等，俱各分户在前，與廟無干。程廷章等雖係忠壯公子孫，但其所居與廟相遠，管業不便，情願令文旺一支照舊在廟崇奉香火。見存田地租息及各處香錢等項，每年積聚在廟，遇有損壞，即便修理。並不敢將寸土尺地盜賣與人，亦不許各房叔伯、弟兄人等侵奪廟利。如有此等情弊，許諸人指實陳告。着今程廷章等自招僧道承管，各無異詞。今恐無憑，立此盟書爲照者。

計開本鄉田地、山塘壹拾肆畝伍分貳厘。

高段坑邊田貳號壹畝柒分，鐵源塘尾田壹畝，湖嶺下田壹畝伍分，吳村劉坑口地壹畝貳分，學田壹畝伍分，王家塢田壹畝及塘貳分，廟基貳畝肆厘，廟後地伍分，沙坡地玖分，莊上地叁分，廟後山貳分伍厘，沙坡嘴地伍分伍厘，長片田壹畝叁分，永豐鄉墳地壹分，衮綉鄉元譚公墳地肆分。又元譚公墳地陸分，仁愛鄉董氏夫人墳山柒分伍厘，休寧縣寄莊田地壹拾肆畝零。

成化十九年四月二十二日　立盟人　方文旺　方名得　方富榮　方敏進
　　　　　　　　　　　　　　　　　程廷章　程音遠　程金孫
　　　　　　　　　　　爲書人　方文信
　　　　　　　　　　　見人　　畢社政　王福

——康熙《新安程氏統宗補正圖纂》卷首《世忠廟田地盟書》

明弘治十五年三月歙縣富山呂氏修理墳祠警約

修理墳祠警約

古歙富山更衣亭左呂氏存仁府修理墳祠警示子孫議約

蓋聞天開地闢，山峙川流皆有根源本末。人生在世，自由祖宗積德、父母生身，致於今日事業。先正有曰："人本乎祖，故孝者天道之常經，人世之大倫。"《孝經》云："生事之以禮，死葬之以禮，祭之以禮。"此三者可以備矣。是故我等追思先世祖，顯達邦家，名垂萬古。自唐大曆年間，由吾始祖司馬呂渭公承父浙東節度使，延之公於至德三年所建興唐寺隙爲堂讀書，後遷禮部侍郎。至宋侍御檢討使文仲公復修成之，令子侄讀書于斯，仍奏請改爲太平興國寺。按，本家相傳，有曰造宅富山下，置田歙北庄舍，建寺於水西，後引選侍郎兼樞密直給事中呂溱公同從兄從順公，復修太平十二寺院，每寺與田陸畝，基地、山地共三十畝，俱以入寺經業解納，遵依祖命，毋許子孫侵奪。更奏請太平興國等寺亦有免科書，浴二院戒壇之基，流傳相繼。慶曆間，歙州官蔡永禎申奏朝廷，封爲太平興國寺都土地呂公侍郎之神。經年久遠，子孫廣衆，分派另居。每遇值年拜掃之際，見墳祠崩塌，欲要修砌，奈子孫居住各庄，遠近不齊。今弘治十三年十二月初四日，縣主朱公重建公廳，差遣義民汪讓、程琦，價買本家後世祖寧康寺前御史中丞墓上榔木作楹棟，各來彼分其椏枝。是故我等言曰："汝等子孫，何存大道？因貪小利而來，有何面目覷祖宗墳祠乎？"衆皆曰："可以補之。"今特告給下帖，議立此《警諭戒約》，示仰宗下子孫，後來世代，務要遵依，補益僧寺興旺，併修墳祠光耀。倘或本家子孫人衆，或同外人遊春、往來閑耍，無拘城鄉等輩，不許索取小菜、醋醬，止與閑人一同，或標掛之時，油、柴、鹽、醬俱係呂氏子孫辦，亦不經由寺僧。如有枝下子孫索飲酒食及損害僧寺左右土地、墳祠前後木植，併各樣等情，許令和尚稟知本家宗長重責，照物估價，加倍追賠，外罰銀一兩，入奉祖祠公用，仍依此《議約》爲準。亦各分遠近子孫，但有修設大小善事，俱要請太平寺僧永暇、志寬等項下徒弟孫侄貢獻，不許僧人巧立刁蹬，亦不許別尋另寺僧人。今特議立此約一樣三紙，各書花字，各收一紙，遵依帖文，不許因而生事。不許無干之徒故來損害，指名呈告，即不虛謬。仰于後代子子孫孫，但依我等警言，庶不失夫祖宗之心。恐無記錄，立此議約，永遠爲照。

弘治十五年三月吉旦，二十三世孫上下都提督呂仲斌敬立

     歙城族長 呂以暹

     歙北族長 呂仲彪

同立議約 侄呂廣福 呂本俊 呂本興 呂本祥 呂敏賢 呂存

    呂蔭 呂彥齊 呂彥員 呂相 呂旺 呂榮

    呂瑛 呂積護

——萬曆《新安呂氏宗譜》卷五《遺事表》

明正德休寧縣南山畢氏宗族墓田規約

南山墓田規約 **畢蕙**休寧閔川人

  予自卜歸藏之所于里之南山，既預請名公志于石，復創祠其前，勒所存祭掃田畝于石之陰，立爲南山墓戶，俾子孫世收其入，爲春、秋祭掃之用。凡墓戶輸解、科差，皆於是乎取給，務期世守毋替。敢有虧廢祀事及擅行貿易者，並許直下子孫經公理治以不孝罪，仍責復業，萬世永賴。嗚呼！《書》有之曰："惟事事乃其有備，有備無患。"《思亭記》曰："服盡則情盡，情盡則忘之。"然觀當世之人，其於祖宗塋墓，非但情盡始忘，固有未盡，憮然不知其所者矣。雖曰世使之然，要亦無備而致然耳！故予今於南山之墓立祠置產，名于官，有司所以啟其不忘之心，有產所以致其不忘之實。官有籍，家有約，所以保其悠久而不忘，則夫有備而無忘之之患，其庶矣哉！《詩》曰："孝子不匱，永錫爾類。"凡我子孫，心體予心，世守無忽。非惟我墓之克守，其於仁孝之錫類，亦得綿綿而無疆矣。念之，念之。

  計開田地山七畝，總四至，東山低田，西汪家山，南低田，北汪端低地及吳宅等田，週圍磚墻，內墳塋壹畝。墓墻門前低田壹分弍厘，租一秤；墓東墻下地叄分五厘，豆租弍斗；墓西墻下地壹畝零，豆租六斗半；墓後墻下竹園地七分，豆租三斗；墓後西園地六分，豆租叄斗；墓後西高基地壹畝零，豆租五斗；墓後東山堆二分；墓東低基田壹畝七分五厘，租十秤。

——正德《新安畢氏族譜》卷十七《詩文志》

明嘉靖四十三年三月歙縣潭渡黄氏宗族孝子祠贍塋條款事宜

附：孝子祠大贍塋條款事宜

嘉靖四十三年三月初六日，族長黄雙員邀同各門長，會議《贍塋條款事宜》。切見本族原有贍塋産土，逐年收取花利，以供春、秋二祭，并各處祖墳標掛及納糧差等項支費，額有定數，三十五分輪流承管，週而復始，一向無異。近于嘉靖初年，遽將贍塋頭首混入社内總管，以致收支不清，刷賬不明，深爲可慨。且族屬生齒日繁，標掛之日，往者頗多，而祭儀甚寡，不够供給，將來廢墜，恐負祖宗創業之心。今集衆議，仍遵原額三十五名，分爲七年，每年五人輪流經管。所收租利，開數作價，除供祭祀、標掛、糧差外，剩銀交數，付下年頭首收領，以備荒年裨補，毋得私匿。其各處租利，該年頭首務親身邀同，依時勤取，勿視衆物爲輕，以致廢馳。蓋祖宗所遺，關繫甚重，不宜輕易減數。其祭祀、標掛祭儀，務請族監視，稱數明白。至于墓所，祭畢，仍同各門與祭長者于守墳祠内重稱，驗數分派。如少罰補，毋得徇情。叢弊察出，定行罰該年頭首銀一錢，入祠公用。所收花利，該年頭首眼同糶賣，將銀封號，衆舉一人收貯，以備支用。毋得分散，一時科斂甚難，不能以時祭祀，所有存餘，止許祖墓田産支費，不許擅取雜用，如違，照數倍罰。標掛人數，亦依贍塋數目邀齊同往。曾立《條約》，各門收執，兹不再錄。後開《事宜》如不遵守，定行罰銀五錢，入祠公用，決不徇情，以壞祖宗大事。此照。

一、穀，每銀一兩作穀四十四斗算。

一、麥，每銀一兩作麥三十斗算。

一、豆，每銀一兩作豆三十斗算。

一、粟米，每銀一兩作粟米三十斗算。

一、祠左厢空屋兩半間，當年頭首鎖管。

今將贍塋頭首自嘉靖四十二年八月中秋日重起，逐年開列於後：

甲子年，正祖公、正與公、元生公、有常公、趙生公。

乙丑年，顯宗公、正寧公、德生公、正祺公、有中公。

丙寅年，正禩公、壇得公、環生公、顯祥公、有常公。

丁卯年，觀質公、祖寧公、永寧公、黄相公、佛熙公。

戊辰年，觀相公、福進公、正祥公、有中公、惠榮公。

己巳年，觀憲公、福寧公、盧生公、祖述公、黃相公。

庚午年，志原公、祖章公、永良公、永禧公、惠榮公。

已上三十五名，七年一週復起，各門依次照分輪當，毋得攙越混擾怠事。

附：孝子祠春秋二祭買辦祭儀

豕一口，計銀一兩二錢；羊一牽，隨時價；糯米做酒，銀二錢五分。

籼米做飯，銀一錢；香燭，銀一錢。

餚饌一桌，獻饌三碗，京菓五碟，時菓五碟，茶食五碟，計小餅錠六十，菜碟五品。隨時用。

——雍正《潭渡孝里黃氏族譜》卷五《祖墓》

明嘉靖績溪縣積慶坊葛氏宗族會祀祭儀

宗族會祀叙　可齋文簡

族之有合祭也，其來久矣，蓋收人心、厚風俗胥此焉賴，故有識者恒先之。予叔父輩亦嘗竊有志焉，而惜其費之未易辦也，乃因人心之樂出者而立法以聚之，旋以其所聚者遞分領之而取其息，將以為合祭之需也。此議之建時，為嘉靖庚寅。爰至于今，閱二十餘載，而銀之所積者將盈百焉。僉曰："是可以為祭祀之需矣。"乃定會祭之典焉。因命言于余，以諗同會者。予述夫會祭之不可以已者，以告之曰："宗族之不容不渙者，勢也；而其不渙者，情也。聚其情于不渙，以維其勢之易渙者，其會祭之舉乎？"蓋吾家自六二公言之，夫固一人身也；自今言之，則十百其身矣；十百之身，夫固一人之身也。苟十百其人而不十百其心焉，是猶夫一人之身也，無害也。惟十百其人而十百其心，至于昆弟、叔侄相戕相賊，蔑棄倫理而不顧焉，于是始不能以一家之身為一人之身矣。獨不思自其初言之，此身非吾人之身，夫固皆六二公之身也。今若此，是自把其一人之形骸而分裂之，耳、目、手、足交相為瘉而不知惜，其亦可哀也哉！今不徒以家有寢祭為足也，乃以六二公為始祖而特尊之。若夫四公以下之神靈，亦皆附食焉，而子孫咸集，以供祀事，則上而祖宗之合享也，有得于《禮》經所謂合食之義矣；下而子孫之合祭也，有得于《禮》經所謂合子孫之歡心以事其祖考之義矣。於斯時也，赫赫在上，明明在下，而祖宗、子孫噩然一氣融通於一堂之上焉，幽明之渙于茲萃矣。由是兄弟、叔侄之與斯祭者,覷六二公之在上也。其有智詐愚者,則反而思之曰:"吾人之身,皆此六二公之遺也,則吾向日之所詐者,非詐吾之兄若弟、叔若侄也,詐此六二公之身也,不有赧然而愧者乎?"其有勇苦怯者,則反而思之曰:"吾人之身,皆此六二公之遺也,則吾向日之所苦者,非苦吾之兄若弟、叔若侄也,苦此六二公之身也,不有赧然而愧者乎?"其凡蔑棄倫理而不顧者,則反而思之曰:"吾向日之所爲若此,是特知以吾之身爲身,而不知以六二公之身爲身也,不有赧然而愧者乎?"惟其愧也,則悔矣;惟其悔也,則反其所爲矣。惟反其所爲也,則相戕相賊之風不作焉,而十百人之身猶夫一人之身也。斯舉也,其有補於人心風俗豈淺淺哉？此合祭之禮所以不可已也。若夫祭祀之需,所以取之之規、散之之法,悉條于後,以爲不朽之計。凡我之子孫,其尚世守之哉？苟或有紊亂成規者,不惟上虧祖宗敬事之禮,而且下壞子孫維渙之法,是通天之罪人也！其得爲六二公之子孫也哉？爰書之以諗同會者。

祭儀

祭猪一口;三牲三副;猪肉三方,生肉三十六斤,定價文銀七錢二分,折無骨爛肉二十二斤八兩;魚三尾,生魚一十四斤,定價文銀一錢六分八厘,折熟魚、煎魚七斤,去頭尾不用;鷄三隻,生鷄一十四斤,定價文銀二錢八分,折熟七斤;面包,十五斤,定價文銀八分;糖、纏,各三十六個,定價文銀一錢四分四厘;酒米三斗,定價文銀二錢二分五厘,中酒六十壺;紅燭,一斤八兩,定價文銀三分五厘;芸、速香,各二兩,定價文銀一分;福紙,六百,定價文銀三分六厘;大箔,二百,定價銀一分四厘;幣帛五叚,計大土山紙五十張,定銀二分;表紅,二張,定價銀一分二厘;札白,三張,定價文銀三厘;大椒、川椒,大椒八錢、川椒五錢,定價銀一分;香油,一斤八兩,定價文銀三分;鹽,二斤,定價文銀一分四厘;醬,八兩,定價文銀一分;松柴,二百斤,定價文銀八分;鼓手,定銀四分;黃豆,一斗,定銀五分五厘;大米,二斗,做飯自辦,衆議不散;黍、稷、稻、粱、棗、栗、醓醢、藁魚、青蔬、芹蔬。黍、稷以下,輪首自辦。

——嘉靖《績溪積慶坊葛氏重修族譜》卷七《宗族會祀叙　祭儀》

明嘉靖祁門縣竹溪祭器、祭品、祀書與塋墓、土地祭祀儀節

祭器

香爐五,香盒五,燭臺十,酒盞三十,酒注五,碗三十,楪五十,筯三十雙。

祭品

香八兩；燭二十對；紙一千；豕二，計一百斤；羊二，計六十斤；乾魚一十斤；鴨子一百六十丸；粿一百五十斤；酒肆樽，每樽三十碗；飯米一石；腐四十斤；鹽五斤；醯二斤。

燕器

碗一百，楪一百，酒盞五十，酒注五，筯一百雙。

已上祭器、祭品，置《粉牌》四面，備書其上。臨祭，值年帶牌，憑衆逐一稽對，小有侵剋，追償不恕。

達各房祀墓書。字宜楷，紙宜完潔。具書者，書名勿書字。稱謂，各房或書行，或書字，不可書名，亦敬宗之一端云。

歲祀先墓，錄有成約。茲將適其時矣，若雨，削"茲適其時"一句，更云"偶雨失期，茲幸天霽"。下文削去"至期"二字，更云"酌於某日"。特價奉報，伏希吾宗列位，至期同赴墓所，躬脩歲事，而宗義因得少叙，則一舉而兩善並矣。萬毋遲誤，不勝感幸。

宗某再拜奉報。

宗望某人侍右。

各宅列位均此引意。

祭墓儀節

序立，參神，鞠躬，拜，興；拜，興；拜，興；拜，興，平身。詣幾世祖某行府君夫婦之墓前，跪，焚香，獻酒，再獻酒，三獻酒；讀祝，祝跪于主祭者之左，俯伏，興，平身，復位；鞠躬，拜，興；拜，興；拜，興，拜，興，平身；焚祝文，禮畢。

祝文

維年歲次月朔日辰，孝遠孫某等，敢昭告于幾世祖某行府君夫婦之墓。歲序流易，雨露既濡。瞻掃封塋，不勝感慕。謹以清酌庶羞，祗薦歲事。尚享。

祭土地儀節

就位，降神。鞠躬，拜，興；拜，興，平身；詣香案前，跪，焚香，獻酒，再獻酒，三獻酒；讀祝，俯伏，興，平身，復位；辭神，鞠躬，拜，興；拜，興，平身；焚祝文,禮畢。

祝文

維年歲次月朔日辰,弟子陳某等,敢昭告于土地之神,某等躬脩歲事,于幾世祖某行府君之墓。惟時保佑,實賴神休。敢以酒饌,敬伸奠獻。尚享。

燕禮

《坊記》曰:"因其酒肉,聚其宗族,以教民睦也。"釋者曰:"祭祀之末,序昭穆,相酬獻,示民以和穆之道也。"夫先王雖往,成法具存,而宗族不皆睦者,非其禮之不效於今也,弊起於親盡而莫之行耳。嗚呼,惑也甚矣!在今日,雖有踈戚之殊,原其始初,皆吾一氣而同胞者也,豈可以其踈而踈之哉?乃本諸《坊記》,通以鄉例之宜,著爲定式。祭畢,少長咸聚一堂,尊長並列於上,次左右序列,坐定。立子弟一人,朗誦《墓祀戒》一過,預警其弗率。然後頒胙,年六十及贊禮者有加焉,餘視人數均給之。酒先獻尊長,下皆避席揖請飲,次派如之,又次亦如之。每派酒至,卑幼揖請畢,左右復相揖而飲,毋得參差。五巡,更進尊長。有餘,始及諸少,適可而止,俱毋崇飲自恣。畢,俟尊長出,序立於門外,揖而退。凡此雖弗克盡如禮度,而亦不失於和矣。和而不節,流之漸也,必主之以敬而和出焉。俯心降氣以相接,怡顏溫語以相投,輸誠露悃以相照,然後少長之分,不苦於矜持,而獻酬之節不失於媟狎。否則,破規削矩,肆爲恢諧,寧復有尊卑少長之分?夫然,反以飲食致訟,豕酒生禍矣,豈先王之所以垂教,與今日之所以迓承之意哉?

——嘉靖《竹溪陳氏墓祀錄》卷三《祭器 祭品 報各房祭墓書 祭墓儀節 祭土神儀節 燕禮》

明嘉靖休寧縣邑前劉氏祠規暨祠約

祠規

一、宗祠每年四祭,正月初二日序拜、十五日元夕,三月清明,十一月冬至,其祭首五支輪次周流。臨期,具備牲醴果饌將事,毋致違誤,違則有罰。

一、祭祀必須宗子,此祖宗元氣也,宗長宜加愛護。若有疾,許宗長攝之;若爲惡,壞家法,教而不悛,擇小宗之賢者代之;其子若賢,仍復命主之。

一、祭祀之日,各支子孫,已冠巾者,俱要明潔禮服赴祠,各就班次序立。

其餘未冠巾者，亦隨班行禮，毋許喧嘩爭競。違則有罰。

一、臨祭之時，擇族中知禮者四人，先行拜過，爲通贊、引贊，則序立有定，庶禮儀不失。

一、祭畢，散胙、飲福，務照尊卑坐定，酒或三行、五行，衣冠整肅，言語端謹，毋得放肆。違則有罰。

一、每年清明，禮宜標掛各墓，必先於富瑯山學士公墓始，自五支爲首，買辦祭儀，各支子孫，俱至墓所。其餕餘，每五支請年高者至祠飲福，然後各祭支墓。

祠約

一、宗祠之設，妥祖宗之神，序昭穆之次，致祭祀之禮，此報本之地也。不許族中侵擾及敗壞門壁，常行灑掃，毋得褻瀆穢污。違者，宗長訓戒；不服者，告官懲治。

一、宗祠雖云族衆奉祀之地，不許私自假借與人造作，亦不許族中不肖子孫閑引優娼，在内飲酒作樂，事干污褻。不遵者，罰銀作修祠之費。

一、族屬既繁，長少不一，不可恃富、恃貧、恃老，踰分僭立，以壞宗法。不可因己貧賤退遜自卑，混亂規矩，以失世次，違則有罰。

一、是日祭儀，自有定規。祭品不許增減，務宜精潔；爲首者，不得收買不潔牲醴等物以充祭儀，察知量罰。於是日黎明，五支爲首者先至祠堂灑掃，具列香燭，各支子孫不約而同。若出外生理者，不論。如在家不行團拜禮者，宗長量罰，以警將來。

《規約》終。

（潘寧錄，卞利校）

——嘉靖《休寧邑前劉氏族譜》附錄《祠規》《祠約》

明嘉靖至清雍正休寧縣孚潭許氏宗族抄白衆廳支年老簿規則常貯

抄白衆廳支年老簿規則常貯

歲時之事，族屬之衆，非有所掌，不能一也。吾家聞以各枝輪流支管，今因人事不齊，力有能否，仍其舊而不能通之以變，或致怠事袪，非可久之道也。乃與族衆酌議，取財之出于衆者，生其息以助支年管辦之需，使管辦者不能致窘乏而事得以不怠，庶可以爲族世守之成規矣。立簿式十四册，略誌其田而并條陳《規式》,租課落於後,使知稽老觀法之。

嘉靖四十一年冬吉旦書。

載宏公、洪壽公房;本元初公、盛公房;仲仁漢公、亮公房;淮公房;伯公房;汝器瑚公。

一、議廳堂、廊下燈、燭、火等件,毋許混取。違者,罰銀五分,入衆公用。

一、議禮門列位來賀節,春盛酒三酌并果盒,各大餅一雙,上、下年首回年。

一、議李、汪、巴賀節,置酒各一席相待。

一、議本村及外村僕人來(見)［拜］節,與魚肉,計重二兩一包;米粽一雙,約每斗一百個,酒聽用。

一、議各處舞獅者,每人與豆一小升、炒豆酒三杯。

一、議清明漁灘掛錢,遵依舊規,每人米餅一雙,重八兩。冠巾者,與餅一雙;未冠者,不與。

一、議清明前後,迎接九相公,香燈供奉一月,送上廟,餘日不管。

一、議年首之家打掃,□□□鎖關各門及□□□□□短木牌數目、香案,人賠償無辭。

一、議族衆廳堂以備吉凶,邇年以來人衆,則吉凶多矣。衆議冠、婚、喪、祭,則稱家之有無。殯葬,近年廳後堂樓下停柩留久過年,人客往來不便。衆議自今以後,不許停柩過歲,且犯暴露之條,即無報孝之意。如有再犯,停柩過歲者,衆叱之,仍罰銀三兩,入廳公用。如有執拗不出銀者,尊長通衆告官,以不孝重罪治之。

一、議自癸亥年起,毋許停柩過歲。倘本年冬季而故者,不在此例,限次春出柩。違者,罰銀入衆公用。

一、議吉凶擇期,但預先出帖通知,並不許將強攪越。違者,衆叱。

一、議衆存支年田園租穀豆,以備祭祀,管辦支年,毋許枝下子孫私自謀買、盜賣、賣與異姓之人。如有此等子孫,不守規法,衆叱,告官懲治,以不孝罪罪之。

一、年首之家,每年十二月廿四日,迎接祖先,毋許放銃,恐驚陰魂不安。違者,罰銀三錢,入衆公用。

一、年首之家,買辦生猪腰叚肉三觔、米餅三十個,約重　觔,送與胡寶奇家。

一、年首之家，與守墳僕人十房米餅一百二十雙，約重十二觔。

一、議上年間祀先米羹，令衆革除。

一、議年夜，子弟放爆竹，只許明堂內放，毋許至廳堦上下放打。違者，罰銀一錢，入衆公用。

一、議廳堂冠、婚、喪、祭，出入務在潔淨。今……等人家縱放雞畜，走上廳堂穢污。今衆議自癸亥年正月朔起，倘有人家縱放雞畜，走上廳堂穢污，聽衆將雞畜打死勿論。倘放雞畜之家因打死雞畜而咒罵，衆即叱之，告官理治，穢污廳堂之罪。

一、遞年衆戲二本，各房派銀不齊。今衆議，除支年外，餘租穀廿八秤，又豆租八斗、塘租銀七錢、廁所銀二錢七分，共約計紋銀四兩二錢，內拔銀乙兩六錢戲酒席，拔銀二錢火籃、燭，拔銀四錢稅衣，將銀二兩煎作二兩二錢，打發戲子。其下戲所費，必須對衆筭帳。倘年不豐稔，隨所收多寡下戲。

一、議梳旦新娶者，朋管無辭。

一、遞年迎接九相尊神，上坦下村，伴當見丁來拖鑾駕；窄塘下村、吳家二處，用壯丁十二人抬轎。其鼓手及抬轎人，每人與豆五合，餘者每人與豆二合半，其計豆一斗三升。辛未，希孟管共四十七人。

計開田園、塘租于後：

一、漁灘四砠四秤，佃人社一；一、四姑塘尾田六秤，佃人；

一、新買美公邊田四秤，佃員力；一、新買紫塘尾田六秤，佃；

一、新買紫塘尾下田十二秤，佃進保，實；一、延充田九秤，佃有良；

一、新買橋頭田四秤〇七斤半，佃來力；一、新買漁灘良、英盆坑口田八秤半；

一、新買裡菴田十秤，佃岩印；一、星洲洲心豆租六斗，佃天祐、法，原上五斗，後因易西岸豆租一斗，湊買一斗，今共六斗；一、漁灘墳邊豆租四斗，佃員力；

一、姚家屋後豆租式斗，佃；一、西岸豆租一斗，因荒易銀一兩，湊買星洲洲心豆園；

一、上村頭豆租二斗半，佃；一、星洲家屋左豆，遞年下戲租；

一、新買裡菴田十一秤半；一、買漁灘張果豆租六斗；

一、新買裡菴田九秤半；一、新買漁灘張賓豆租二斗；

一、下塘租銀三錢；一、下塘尾田租七秤；

一、寺家塘租銀一百角；一、廳前廁所租銀三錢；

一、四姑塘租銀七角，漁灘標掛；一、買汪云廁所租一錢；

一、新買許爵漁灘田租七勈，係軍租，逼安人墳後，原岩尚賣與許爵。

輪流管年花名于後：

癸亥年，源遠公房；甲子年，永茂公房。

乙丑年，源深公房；丙寅年，永亮公房。

丁卯年，源大公房；戊辰年，永堅公房。

己巳年，源康公房；庚午年，永榮公房。

辛未年，源遠公房；壬申年，永俊公房。

癸酉年，源海公房；甲戌年，永正公房。

乙亥年，源大公房；丙子年，永高公房。

丁丑年，源潤公房；戊寅年，永寬公房。

己卯年，源遠公房；庚辰年，永經公房。

辛巳年，源深公房；壬午年，永起公房。

癸未年，源大公房；甲申年，永亮公房。

謹按《家譜》，自三十八世祖世芳公遷居孚潭，壬丙向，生三十九世祖吉甫公。傳至四十六世祖德亨公，生四十七世祖彥威公、祖彥美公兄弟二人，以孝悌仁義創立成家，建今祀屋廳堂，丁癸向，命曰"外門"也。經今又有十世二百餘矣。嘉靖辛卯，前人將祀屋修造，已五十年。其間修改，工尚未完。予族先有誕子、婚娶、老壽，皆有常規貯則。來之既遠，廢之已久，料不復也。惟于嫁娶，先輩率族一百二十人掌事舉行，名曰"成美"也。期通於媒妁，必使求女之家送禮，代文銀乙兩整，謂之"啟堂開門贊禮"也，本邑各鄉皆有例，族因而效之也。此銀貯入家廟，以為久遠葺理祀屋歲時之費。諺云："不勞己之力，不費己之財。"仰觀斯法，甚善哉，甚善哉！嗟乎！殊不知人心不古，於中塞而通，通而又塞矣。切思祖彥威公、祖彥美公二公筆創之際，同心共志，建立許多事業，規模宏大，頗為壯觀。至今子孫繁衍，反不如初，正是人心不齊，以致祀屋頹漏，路道崎嶇，溝渠閉塞，水溢廳堂，歲時祭享，無從支費。予等尤恐成立之難，覆墜之易，滌心倡率，繼仰前祖之志，勉勵後喆倣效，仍將成美事宜，勸行則可為久計耳。今立文簿一十八本，將前事自祖德亨公僉業起，併今新置田園，一應彙存。支年山塘、產土、各處夥佃屋基，及衆買辦各項什物、器皿等件，皆謄錄登記于文簿之上，敦請彥威公房、彥美公房枝下子孫共一十八人，專司其事，使日進出納具有常貯，支費而致公無私，是殆利物以和義，貞固而可守者。譬如車馬三十輻共一轂，御之者又皆得其人，則可以有行而遠無不致矣。故曰：信以成之，存乎其人也。曰源清流清於一時，愈久愈堅於萬代。俾予族一人舉一簿一覽，庶族衆千人皆得而知之，以永孚于休焉。日後，倘有徇私拗衆，損壞祀屋，不思祖宗創業守成之艱難，一旦墮廢祖宗之規法者，亦不辭其不孝不……各項事宜，開載于後。予故序之，以徵衆心云。

時萬曆九年九月　日，祀孫烈頓首拜書。

計開：

一、敬請兩房尊長二位，以揔知其事也。

一、舉司掌每房各六人。司者，司其匱匣以貯財帛者也；掌者，掌其簿，凡有日進出納，隨即記錄各簿者也。

一、舉揔附每房各一人，揔附者，揔理每歲各項利，及有女聘嫁者，同衆登門，收其禮乙兩，俱附司匱者貯之，掌簿者隨即記錄各簿也。

一、舉兩房上、下首支年者各一人執簿，掌其一應各項什物、器皿等件，至期，會衆查點，上、下首交替者也。倘有遺失，責令支年之家、經收之人即刻賠補，交與下首收貯。若故遲違者，罰銀乙兩，入家廟公用，仍令賠補也。其簿長房交與長房下首支年者，次房交與次房下首支年者，庶無遺失也。

一、衆議於内倘有老廢，或倦於事者，及出外經商者，或有事故者，俱聽舉本房勤能者代之可也。其揔附者不在，舉本房之人相代，必要會衆公舉概族素有才能者代之。

一、衆議凡有支費，必要會衆眼同動支，可支即支，不可支即不可支也。毋得三、五人而私自擅專，司匱者亦不得私自擅發也。倘有此者，以所費支銀若干倍而罰之，使各自警耳。

一、尊長二位：許行恕、許世祥。

一、司掌共一十二人：許列、許星、許德建、許冠、許天禮、許良佐、許尚禮、許希孟、許文鏓、許知性。司匱二人：許珙、許堅。

一、揔附二人：許德鎮、許堅。

一、上、下年首：許炎、許錠，輪流管年，週而復始。

淵公房，字源深，辛巳年。興公房，字永起，壬午年。

洪壽公，字源大，癸未年。亮公房，字永亮，甲申年。

濟公房,字源康,乙酉年。衡公房,字永貞,丙戌年。

淮公房,字源遠,丁亥年。盛公房,字永茂,戊子年。

滄公房,字源海,己丑年。登公房,字永俊,庚寅年。

洪壽公,辛卯年。梅公房,字永堅,壬辰年。

滋公房,字源潤,癸巳年。昌公房,字永榮,甲午年。

淮公房,乙未年。衍公房,字永寬,丙申年。

淵公房,丁酉年。樞公房,字永正,戊戌年。

洪壽公,己亥年。隆公房,字永高,庚子年。

濟公房,辛丑年。亮公房,壬寅年。

淮公房,癸卯年。權公房,永經,甲辰年。

滄公房,乙巳年。

計開:

威、美二公衆存田地、山塘、火(見)[佃]屋地開具于後:

新丈常字一千四百一十九號,土名石鷹坵,租六秤,原佃七得,中則,二百一十八步七分九,稅九分九五,係買許時亮田,存當門戶納糧邊。

新丈常字三千九十號,土名社田,租一秤,原佃辛得進、高,中則,二十八步,稅三分。

新丈常字三千九十一號,土名社田二坵,共租四秤,原佃五保,中則,六十三步,稅二分八,係支(田)[年]祭祖田。

新丈常字三千九十二號,土名社田,同前坵,共租,原佃五保,中則,四十四步,稅二分,係支年祭祖田。

新丈常字三千一百六十四號,土名裡菴,與後坵共租三十一秤,原佃始光、三得、進才、法起,中則,二百四七步,稅一畝二分二毛,併後六號內取十秤支年祭祖,仍廿一秤,遞年下戲,保火燭。

新丈常字三千一百六十五號,土名裡菴,與前同租,原佃始光、進才,中則,一百卅八步,稅七分三。

新丈常字三千一百六十六號,土名裡菴,與前同租,中則,一百一十七步,稅四分半。

新丈常字三千一百七十號,土名裡菴,與前同租,佃同前,中則,一百九十二步,稅八分七毛。

新丈常字三千一百八十二號,土名裡菴,與前同租,佃同前,下、中則,二百五十五步,税九分八。

新丈常字三千一百八十三號,土名裡菴,與前同租,佃同前,下則,一百二十五步,税四分八。

新丈常字三千八百七十五號,與後新置許邦寧、宗堯田三千八百七十號,土名上山,田租四秤,原佃汪法,中則,八十步,税三分六毛,係買許邦寧田,因賣下保紫塘將此田補數,遞年下戲。

新丈常字四千二百七號,土名朱村,租二十秤,原佃金高,上則,四百五步,税二畝三分,係買許世祥田,存留當門户納糧邊。

新丈常字四千四百六十五號,土名四姑塘尾,租七秤,原佃天鵝、三得。中則,二百六十五步,税一畝二分,係支年祭祖田。

新丈常字四千四百七十六號,土名四姑塘,糯穀十二秤,原佃全壽,上則,二百六十六步,税一畝二分三,係買許通之田,存當門户辦納糧邊。

實少二秤,新丈常字二千七百五號,土名漁灘中村,租四秤,原佃社大,中則,五十九步,税二分七,係支年祭祖田。

新丈養字二千七百八十九號,土名漁灘杉樹林,與中村共租,佃同前,中則,五十一步,税二分三,係支年祭祖田。

新丈養字二千七百九十三號,土名漁灘栗樹園,租四秤,原佃,中則,一百九十四步,税八分八,係支年祭祖田。

新丈養字三千一百七號,土名盆坑,八秤,原佃社大,中則,三百四步,税二畝二分九,係支年祭祖田。

新丈敢字一千二百四十二號,土名延充,租九秤,原佃有良、時力,中則,三百卅六步,税一畝七分三,係支年祭祖田。

新丈敢字一千三百二號,土名紫塘,租十二秤,原佃冬九,中則,二百九十步,税一畝三分二,係支年祭祖田。

新丈敢字一千三百卅一號,土名紫塘,租六秤,原佃法力、文力,中則,一百一十一步,税五分。

計開各處屋基火佃地豆園於後:

新丈常字二千八百卅二號,係貼程汪佃軍租,土名星洲洲心,豆租二斗,原佃程齊,中則,九十四步,税三分七厘六毛,里長收。

新丈常字三千八百七十一號,係許希文地賣與登之,土名上山田,下則,地十九步,税五厘四毛。

實，新丈常字三千九百四十六號，土名上園，淳公墳地，中則，二步四分，稅一厘。

實，新丈常字三千七百七十六號，土名橋頭水埠，下則，地五十六步，稅一錢。

新丈常字四千七百五十一號，土名，東至韓正地，西至仲仁地，南至惟厚地，北至子占地，許起地九十九步，威美地五十步，子占五十步。

新丈常字七百五十一號，土名乍塘，豆租，下下，地五十步，稅一分，係買子占地，衆議貼下戲，保火燭，自萬曆甲午始。

實，新丈常字四千七百七十四號，土名上坦，火佃屋地，中則，地一百四十七步，稅五分八八。

實，新丈常字四千七百七十六號，土名上坦，火佃屋地，中則，地五十八步，稅二分三二。

實，新丈常字四千九百十八號，土名花園村心，豆租二斗，原佃祖盛，中則，地六十一步，稅二分四，係支年祭祖園。

實，新丈常字四千九百十九號，土名花園村心，火佃屋，侄家住基，中則，地一百一十一步，稅四分四四。

實，新丈常字五千五十四號，土名廳基，上則，地一百八十八步，稅九分四。

實，新丈常字五千五十五號，土名廳前大坦，上則，地一百卅九步，稅七分九五。

新丈常字五千一百五號，土名廳大坦，左邊換惟寶地，清訖，上則，地卅八步，稅一分九。

實，新丈常字五千三百十號，土名石𥔵頭，中【則】，地十五步，稅七厘一毛，係小溪嶺兒頭更樓邊地。

實，新丈常字五千二百五十七號，土名堂樓基，斜角傘腦地，中則，地五步，稅二厘。

實，新丈常字二千七百八十九號，土名星洲，豆租六斗，原佃新虎，中則，二百一十三步，稅八分七厘，支年祭祖園。

實，新丈常字二千一百一十一號，土名星洲應塘，衆火佃住基，中則，地本家合得二十步，稅八厘。

實，新丈常字二千四百號，土名星洲沙坡，二處，共豆租五斗，原佃，下下，地一百一十五步，稅二分三，係星洲朱舟盛住基地對換星洲黃家園。

新丈常字二千四百四十號，土名星洲沙坡，租【同】前，下下，地一百〇三步，稅二分，係星洲朱舟盛住基地對換黃家園。

新丈常字二千三百九十號，土名星洲沙坡，租同前，下下，地一百七十三步，稅三分四，係星洲朱舟盛住基地對換黃家園。

新丈常字二千六百卅九號，土名星洲，豆租一斗，今巴牛交租，原佃黃馬，中則，五十六步，稅二分二四，係買許寄得園，衆議貼戲，自萬曆甲午年爲始。

新丈常字三千八百六十九號，賣與登之，土名上山田，豆租一斗二升，原佃，中則，四十七步，稅一分九，係買許希文地，衆議貼下戲，自萬曆甲午年始。

新丈常字四千一百一十七號，土名朱村，豆園，中則，一百卅二步，稅五分三。

實，新丈惟字七百五十一號，土名觀音山，菴基，上則，地七十一步八分七厘，稅三分六。

實，新丈惟字七百五十二號，土名汪王岩，園地，下則，地一百廿一步九分，稅三厘五毛。

實，新丈惟字七百五十三號，土名汪王岩，園地，下地，七十七步，稅二分三。

實，新丈惟字七百五十四號，土名汪王岩，園地，下下，地卅九步，稅。

實，新丈惟字七百五十五號，土名汪王岩，園地，下則，一百九步，稅三分一。

實，新丈惟字七百五十六號，土名汪王岩，園地，下則，七十八步，稅一分二五。

實，新丈惟字七百五十七號，土名汪王岩，園地，下則，卅步七分四，稅八厘七毛。

實，新丈惟字七百五十八號，土名汪王岩，園地，下則，四十四步六分六，稅一分三。

實，新丈惟字七百五十九號，土名汪王岩，園地，下則，二百四十八步，稅。

實，新丈惟字七百六十號，土名汪王岩，園地，下則，二百卅七步，稅六分八。

實，新丈惟字七百六十一號，土名汪王岩，園地，下則，四十四步二分，稅一分二厘六。

實，新丈惟字七百六十二號，土名汪王岩，園地，下則，四十八步，稅一分四。

實，新丈養字二千七百六號，土名漁灘中村，通安人墳地，中則，四百一十八步，稅一畝二分七二。

實，新丈養字二千七百十號，土名漁灘中村，通安人墳畔地，中則，七十步，稅二分八。

實，新丈養字二千七百七十五號，土名長町，衆火佃地，上則，本家合得十步，稅五厘。

實，新丈養字二千七百七十六號，土名長町，己火佃屋地，社一等住，上則，四百〇六步，稅二畝〇三厘。

實，新丈養字二千七百七十八號，土名長町，豆租四斗，原佃長高、長孫妻。

實，新丈信字二千二百四十一號，計地八十九步八分三厘五毛，土名廟嶺，火佃地，上則，本家合得九步九分八厘二，稅一厘。

實，新丈信字二千二百四十六號，計地九十步〇八分三厘三毛五絲，土名廟嶺，衆火佃，上則，本家合得廿一步二分〇五，稅二厘。

信字二千二百四十五號，計地十三步二分九，上則，本家合得一步四分七厘三毛三絲。

信字二千二百四十七號，計地一百八十步二分二五，上則，地本家合得廿步〇一厘四毛，本家四號，該分法，合得地七十二步六分七二。

康熙三十七年　月，古林黃泰和號租地，每年租銀七錢，上英塘火佃地，新丈敢字二千一百十一號，計地二十步，稅。

計開各處山於後：

實，新丈惟字七百五十一號，土名觀音山汪王岩，一則山三畝二分五。

實，新丈惟字七百八十二號，土名觀音山汪王岩，一則山二分五厘。

新丈毀字八十號，土名上村頭，一則山一畝。

計開各處塘於後：

實，新丈常字四千四百六十五號，土名四姑塘，佃人今三壽，一則塘六百九十五步,税二畝六分七,係支年祭祖塘租文銀七錢。

新丈養字二千七百八十八號,土名漁灘松樹林,一則塘十九步,税七厘三毛。

實,新丈敢字一千三百廿號,土名紫塘,佃人,一則塘八百七十六步,税三畝三分七,係遞年下戲,保火燭,塘租文銀四角。

後新置産,廿三年買業:

新丈　字　號,係買許邦聞田,土名,穀租十三秤,原佃,則,税,存貯。

新丈　字　號,係買許本海田,賣與許可任,土名張四充口,穀租十一秤,原佃,則,税,内取八秤,補盆坑口,仍三秤入貯。

新丈　字　號,廿四年十二月買田,土名下保,穀租廿秤○半秤,原佃賣與許可任,則,税,存貯。

新丈　字　號,買雙忠會園,土名朱村,豆租三斗,原佃,則,税。

實,新丈　字　號,買許本海田,土名新塘,穀租四秤,原佃麥力,則,税,係下戲次年收租。

萬曆九年,衆家將漁灘石壁嘴二分五厘作酒水,賣與廿九都溪口黄宅,收價銀卅一兩,買田租三十八秤,計開於後:

新丈　字　號,買許世祥田,土名朱村戽水坑,穀租二十秤,原佃金高,則,税,係當門户糧邊。

新丈　字　號,買許通之,土名四姑塘下,租十二秤,原佃金壽,則,税。

實,新丈　字　號,買許時亮田,土名石鷹坵,穀租六秤,原佃高尚,則,税,併前號存當門户納糧邊。

新丈常字三千八百七十五號,買許邦寧、宗堯田,與前三千八百七十五號同,土名上山田,穀租四秤,原佃汪法,則,税。

一、買許任之田、朱村田五秤,已取去價買田。

新丈　字　號,買許文鏓園,土名朱村,豆租五斗,原佃法弟,則,税,係下戲收租,萬曆甲午年爲始,誤。

新丈　字　號,買許汝器、道充共　荒,土名漁灘紫竹園,豆租二斗,原佃,則,税,係下戲完收租,萬曆甲午年爲始。

新丈　字　號,買許希文園,土名上山田,豆租一斗二升,原佃,則,税,係下戲完收租,萬曆甲午年爲始。

新丈　字　號,買許子瞻園,土名乍塘,豆租一斗,原佃,則,税,係下戲完收租,萬曆甲午年爲始。

實,新丈　字　號,買許寄得園,土名星洲,豆租一斗,原佃程馬,則,稅,係下戲完收租,甲午年爲始。

新丈　字　號,買許守中園,土名星洲,豆租一斗,原佃,則,稅,在原户,未扒入衆,係下戲完收租,萬曆甲午爲始。

實查租銀,遞年不納,新丈　字　號,買許誥地,土名,大成周旺造屋,遞年納銀七分,則,九步,稅,在原户,未扒入衆,係下戲完收租,萬曆甲午爲始。

新丈　字　號,與黃宅換,土名沙坡,豆租五斗。

萬曆二十二年抄録老簿增議條規

一、遞年衆戲二本,各家派銀不齊,今衆議除支年外,餘穀二十八秤半、豆租八斗、塘租銀七錢、厠所銀二錢七分,共約計紋銀四兩二錢。内拔乙兩六錢下戲酒,拔二錢松光炬燭,拔四錢稅衣裳,將銀二兩煎作二兩二錢,打發戲子,所費必須對衆筭帳。倘年歲不豐稔,隨數收多寡下戲。

一、議梳旦,凡新娶者,朋管無辭。

一、遞年迎接九相公,用人夫,上坦下村見丁來拖鑾駕、旗鑼、窄塘、吳家兩處用壯丁十二人抬轎,併鼓手每人與豆五合,餘者與豆二合半,計豆一斗三升。鼓手每人二官升,無吃。辛未年起例,凡作坐四十七人。

一、議以萬曆癸未年爲則,清明戲,不搭棚在坦上者,罰銀五錢,入衆公用。

一、議以萬曆癸亥年爲則,支年租。凡遇乾旱,只欠十二砠爲率,各聽天命,不補。如再缺,十二秤之外,衆處拔補,不致貽累年首,永爲定規。以前支過年者,不在此例。因前有全賠之例。衆批。

一、東閣宗家若通賀節之禮,衆貼年首酒席銀三錢。倘後不賀節,不貼。衆批。

一、議以萬曆戊申年爲則,迎接九相公,議將上村頭山租銀三錢、園租銀四錢貼補年首、人夫支費。

一、衆議遞年年首廳堂燭三對,净重七觔。廳堂點完,無得入己。

一、衆議廳堂門丞,務宜頂號長四尺四寸。如小者,罰銀一錢入衆。

一、衆議廳前空地及後左右路旁,各家毋許將糞草堆積。違者,衆叱掃除,仍罰銀三錢入衆。

一、成美銅鼓一付,重十七觔半,向係伯清收管。今于萬曆卅七年正月初五日交單與年首許社孫收管,遞年輪流交替。衆批。

一、衆議辛亥年起,衆匣遞年支出銀三兩二錢,貼補年首支費。天禮批。

讚譯序

嘗聞法爲規矩之原,規矩爲法之用,而始國齊家行之者一也。然國法立而天下治,家法立而內外肅,則法不可廢也,明矣。且法之行久而漸弛,緣以意不誠故耳。治國者充內帑以仁養士,振綱維而百姓勸;齊家者置常產以睦敦倫,明詩書而長幼序。分司其職,策運其源,庶臨事無措舉之艱,日久無廢怠之政,皆當先潔其誠而齊治之,法始不替矣。我祖歷來深達嘉封,莫竟其言。及祿山叛,遠公遂忠於睢陽。至儒公渡江而來,隱居不仕,道公卜遷海陽,賓公分歙之北。嗣後,支衍蔓延,派遷孚潭,以望族世芳公三十八世祖也,三十九世祖吉甫公爲宋衢州教授。歷代名儒而多賢哲,史牒燦若日星可考。四十四世祖天祥公,宋作顛離,潛名林壑,武演文脩,時懷恢復之志。四十五世祖伯莊公、四十六世祖仲亨公皆厭居元戎之地,徵不受詔,奕世同居,克勤克業。四十七世祖彥威、美公兄弟怡怡謙和仁讓,丕承先志。世際我皇太祖,以仁義得天下,以禮樂安天下,文明之世,學優未仕,復涉江湖,以副其志,創立公堂,命曰"外門"也。序昭穆,興禮樂,立文簿。公產貽之子孫,奕世相傳,成恢宏之基業,啓廣大之規模。分爲兩房,權衡次第。延及嘉靖辛卯,前政漸怠,復理公堂,繼立成美之政流行。萬曆辛巳,凡二百餘年,子孫益衍,而成美倍疎矣,有行恕公爲族長率,希武公爲序,相繼前規者一十八人,設門庭之議,分司其權,公其出入而成美復盛矣。越今甲寅,又三十餘載,輪及本房承管年事,首司權之制已解矣,僅有成美微行,惜乎!何行止一於此哉!觀其簿,則字跡模糊;究其政,則減增不一。業有虛實,事無條款,頻司者頗記誦其源,疎司者則臨事無措,殊非吾族之體也。俛思宗祖創立之勞,而後裔宜勉勵以繼其志,尊者舉之,能者贊之,續美於前,澤臨於後,不失其規,幸莫大矣。予齒末才下,奚敢言哉?惟將新舊公產簽業字號,兼以支年器皿諸物,常貯租苗而臨事支應,分類成集,族人一閱而種種朗然在目也。漫述愚蒙於一時,永著洪休於萬世。謹序。

時萬曆四十三年歲次乙卯春月穀旦。

祀孫傳善頓首拜誌。

萬曆九年,衆議將對河堨牛嘴石壁山稅三分,係新丈養字三千一百十一號,賣出二分五厘,作風水護墳,賣與二十九都二圖黃宅,收價銀三十一兩。

買田租三十八秤，仍存山稅五厘，同黃、張、許、汪四姓合墨禁約八張，每姓執收兩張，以免日後子孫打石開宕，呈官究治，以作不孝公論無辭。

萬曆九年九月　日

族長　許行恕

許世祥　許烈　許星　許德建　許剋　許天禮　許良佐　許尚禮

許希孟　許文鎰　許知性

司匱　許珙瑾　許德鎮　許聖巠

計開各項穀豆租數于後，此係實收，虛者不載。

一、衆議其租，若遇荒歉之年，以缺十二秤爲率。如多，衆補。

一、打發獅把戲及下戲穀租：常字三千八百七十五號，程憲塘即上山田，穀七秤原八秤，今讓作七秤，佃人汪法，頭年；新塘，穀四秤，佃人江郎今記象，先一年；裡菴，穀二十一秤，佃人進高法起女兒，下年；紫塘，穀四秤，佃人麥力，下年；漁灘下井畔，豆租二斗，佃人程赦，頭年；漁灘下井畔，豆租六斗作銀五錢，佃人程象，頭年。

一、掛錢：四姑塘租銀七錢，佃人法貴收銀時與□一雙、酒一壺，今佃上坦三壽。

一、支年穀租：社田，穀五秤，佃人進高；裡菴，穀十秤，佃人三得；四姑塘，穀七秤，佃人天得；五城山下，穀五秤，佃人胡湘；瀉塘，穀十二秤，佃人冬九；瀉塘，穀六秤，佃人文力；漁灘栗樹園，穀二秤，佃人長孫妻；漁灘中村，穀二秤，佃人臭力；延充，穀九秤，佃人時奇。

一、支年豆租：星洲，豆租六秤，佃人新虎；星洲曹祥地，豆一斗，佃人；漁灘長町，豆四斗半，佃人長孫；漁灘栗樹園，豆四斗加錢六分，佃人汪統；上村頭，豆二斗半，佃人祖法；豆一斗，佃人巴牛；花園原土名叫姚家地，豆二斗，佃人祖盛；漁灘黃家墳地租，二錢；廳前廁所，二錢；漁灘通公墓對面栗樹四株，租銀二錢，長高；上村頭地租，七錢，實收三錢，仍要討；成美匣貼，三兩二錢，實收二兩四錢，不卜何意短數。尊長親批：通安人墓左溝外，田租四秤，佃人始力與(于)[漁]灘共坵八；彥美公房支年，首年收次年，戊寅年，永亮公改佃井巷保先生；彥美公房支年，仍彥美公房收□□；彥美公房己業，以作標掛之用。

今將管年事儀規矩則類開於後：

一、首年同上首接送九相公，各出斗乙斗。如二房甲年，支年同；癸年，長房上首接送二次，本年接與下首；乙年，長房同接，而送則裡門矣。

一、拖旗幟、鑾駕者,每人與豆半升。

一、抬轎者,每人與豆一升。

一、鼓手,每人與豆二升,今本村鼓手零替,不在此限。

一、概不須酒飯。

以今年本村鼓手不齊,酌量增加,嗣後再議。

一、如甲年元旦打發獅子把戲、地戲、走馬等事,初一日,獅每部與肉一盤,每約人一片、魚一盤酌量兩尾、酒兩壺,每人豆半升,本村、外鄉皆如之。本村者稍厚。初二日起以後,獅每部與炒豆兩楪、酒兩壺,每人豆半升。

一、把戲,與酒二壺、腐兩碗,銀酌量與之。若出數多,酒加之。

一、撮弄戲、被戲、走馬,俱無酒,銀亦酌量與之。

一、初五日,上首交下物件,照單盤點收管。廳門早晚啟門,至次年正月初五日,照式點盤,交卸下首。

一、元宵,自來燈不常有,邇來節節有之,蓋爲添丁、豐登之兆也。其花燈及賞燈酒席豐(設)[嗇],各聽其便。

一、迎接九相公,數日前,當具帖于廳門首,通知各宅,以備鑾駕、旗幟等項。帖式:

謹選厶日,各宅齊備鑾駕、旗幟,迎接九相公尊神。年首稟。

先日晚,鳴鑼諭知各僕,次早齊赴廳堂,聽候迎神,先備上下馬福事:雞一隻、猪首、魚、腐、香燭、紙馬、金銀、銃九把、轎傘、提爐、插燈、旗幟、鑾駕、鼓樂,迎入廳堂,供奉香燈。早生福事,晚熟福事,日日如之。

一、九相公賀生,先具帖,粘壁通知,餘紅紙,以便書名。

一、九相【公】誕日祭儀,每出分資,照數備辦酒肉。其神前酒餚、菓獻一桌,壽桃一樹,果盒、香燭、紙大紅、紙馬、金銀、豆粉、鹽、油、醬、醋、柴薪、椒、葱、蒜、菜、海蜇、血湯、人工、厨子、鼓手,皆年首津貼。三奠雞、魚,年首出用,祭過收回。肚原係猪肉之物,仍付衆用。祭罷,眼同整治,照分享之。後或成常貯之會,不在此限。

一、下戲,近來不須搭棚,裝幔不宜苟且,糊燕雀,畫花盤,扎欄杆、火籃,四邊鼓樂吹打。

一、下戲,下首遞年貼靴四雙、鋪蓋四床。

一、梳旦,新娶者爲之朋管無辭。

一、戲子酒席,古例每臺六飡,共爲四席半。其整席酒,用鮮雞一隻;半席者，不必用雞。

一、戲子到此一湌，爲整席，共十二盤，乃用硃漆盤，鷄二盤、肉員二盤、炒骨二盤、炒丑二盤、蛋羔二盤、鮮魚二盤、豆腐數碗，酒飯聽用。

一、脚子，與肉、丑、腐、酒飯，至晚上臺，亦爲一整席。嗄飯酒席，脚子皆如前。臺上初湌爲半席，葷嗄飯六盤，酒飯。其脚子及點火籃者俱在內，不須設。臺上二湌爲半席，葷嗄飯六盤，用粥無酒，脚子等亦如前。

一、下臺爲整席，嗄飯如前整席同。

一、次早爲半席，葷嗄飯六盤，稍用酒飯，加醬菜。

一、立中飯爲整席如昨，到席同，週而復始。鼓手，與之酒、飯、粥、葷，來去無酒飯；每一夜，與銀一錢二分。

一、傀儡併作人戲一節，向來年首約貼銀三錢。近來，但聽年首邀得若干，而多費者，年首補貼，火籃、鼓樂稍減者有之。其下戲酒席，此乃古來規則，邇來各家整席有四十碗、半席有二十碗者，皆爲體面之故，不必拘拘以執舊例耳。

一、送九相公，惟長房遇之。如二房支年，皆裡門送，惟裡門迎相公，年首有送相公福事。

一、清明標掛，用上白大米，再復舂熟，用糖爲餡，其餅每雙重八兩淨准秤。清明二日，先掛社太朝奉偕安人、壽一朝奉，俱葬前塘。壽一安人葬塚，輪淳四朝奉葬上園墩，巽朝奉葬花園塘邊，此數處向來不祭請，竟不思皆祖也。予見欲將次日所用祭儀，先祭太祖等處，惟年首一人舉之。次日，過漁灘，祭高祖，冠者皆往，相繼而祀，不失其源，斯爲孝矣。予司年時，豈不□爲之？非獨任其事，冀參者亮之。

一、清明前一日早晨，將福事米餅、紙錢，先請九相公，復例在祖先堂內祭祀畢，鳴鑼三通，冠者齊赴漁灘。

一、臘月廿四日節前晚，潔掃廳堂，鋪安紙架、香几、椊橙，臺底砌安火爐二介。次早，置火於爐內。接年後，各宅祀祖，紙灰如中元。

一、念四日早晨，接。猪一隻，肚、肺、腸、血二盆，栗二楪帶蒲，柿二楪帶蒂，酒一百盞，竹（快）[筷]一百雙，燭一對，香紙、（藍）[籃]、經文，金銀二百錠，椊底爐內安火。祀先本族始祖及門中高祖起，先人一概祀之，不得遺漏。其栗、柿、酒杯、竹（快）[筷]俱放在椊上，待送年畢，方許收回。

一、念四晚，爲做年。酒一百盞，（快）[筷]一百雙，飯一百碗，葷羹一百碗,葷一百楪,每楪內肉一片、魚一尾、血一塊、大腸一塊,香燭、紙馬、金銀,祀先皆如接年式。文本公房,年羹有標掛散往之例,每宅眷羹一碗、肉二片。

一、除夜,令僕人先灑掃廳堂、門庭、門屋、樓閣、中庭、甬道、溝渠等處潔淨,帖換門神、桃符,對局鋪列香几、滿堂紅,插燈、火籃、椅、櫈。穿堂門屋,各懸燈一盞。檢點應用物廳門首,當具一帖。

帖式:

元旦,謹選△時,迎接土地尊神,△時出行,宜向△方大利。年首稟。

以達知各宅,元旦知吉時吉方出行之故耳。至夜。

一、元旦吉時,迎接土地,用大雄鷄一隻、猪首一枚、魚一尾、腐一方。通朝奉、通安人二處墓所標掛,福事一副,大鵝一隻,大熟猪頭一枚,大魚一尾,大米餅一盒,腐一方,酒、香燭紙、籃、經文各一副,金、銀每一百錠。山神、土地,福事一副,酒、肉、魚、腐、香燭、紙馬、金銀,二處用。二處墓後,餘錢二十掛禳之。

一、送大路胡宅無雜腰梁生肉三觔、大米餅六雙,重三觔。

一、守墳火佃,原十二房與米餅十二觔,中號者必要伺候,打草披、上土,一應使用。早晨,先着一人至年首家,挑米餅,去併挑,與之粥一飡、大【米】餅一雙。

一、支下子孫,冠者至墓所祭拜訖,各散大【米】餅一雙而回。

一、都公偕安人葬花園,標掛漁灘回,將福事祭請。文玉公房餅四雙,文學餅四雙,餅亦重八兩。如甲年二房支年,則漁灘回請;如乙年長房支年,仍上首本房標掛,窄塘胡氏拖草上土并草披,與(大)[米]餅一雙。文本公房米餅有標散之例,每宅(眷)[發](大)[米]餅一雙,重八兩。

一、七月中元節,先一日,灑掃廳堂,鋪安紙架,擺列祖先堂棹櫈、香几,以候各宅祀祖。其燒化紙灰,年首收取。

一、通公漁灘墓後柿樹四株,黃家墳地上栗樹兩根,通安人墓傍株樹三根,遞年候其熟成之時,先一日,令守墓家拔草淨。次日打取,年首收藏,待臘月二十四日祀祖供獻之用,多寡必要打取,以免外偷盗失業之患。酒五杯,香燭、土地、門丞户尉(紅)[紙]馬各一付,金銀,請畢,放銃三聲,再迎拜天地,香火祖宗。畢,令僕四人沿門扣接三次至廳者,先敬糖湯一杯,昭穆列坐,候人齊團拜。復坐定,照例受酒三巡、春盛三周。畢,各散大餅一雙而回,其麻餅每雙重六兩准。廳堂右柱上出一紅帖式:尊長命廳堂團拜已畢,各宅私禮免行。張畫滿堂，安置香几、花燭，供奉各處，及列椅櫈，以候各門賀節。其用接各僕人，長房支年用吳氏及己僕，二房支年用窄塘胡氏及己僕，除夜深來時，每人與酒飯一次、肉三片、小魚兩尾、熟菜，於中再加飯。事完，又與酒飯、雙包、雙粽、大餅兩雙，天明而回。

一、元旦，裡門賀節，坐定，送糖湯一道、酒三巡、春盛三巡，再敬酒，各送大麻餅一雙，係每勉四個者。長房支年達公房、和公房位先同出賀節，本門十七房共十七人，再上下年首，共十九人，即由達公房而再到和公房回年，二房支年先由達公房再到和公房賀節，二門同出回年。

一、元旦，各處火佃拜年，廊下設一黃桶，盛熱酒于其中，又漆碗一籠，以聽僕人參拜畢，自取酒飲之，再散包、粽。

一、各處包、粽規則：上坦，單包單粽；下村，單包單粽；曹、徐，單包單粽；吳氏，雙包雙粽，二房支年不必入廳；窄塘胡氏，雙包雙粽，長房支年；廟嶺，單包單粽；應塘，單包單粽；東坵，單包單粽；上村頭，單包單粽；漁灘汪氏，雙包雙粽；黃氏，單包單粽；文本公房支年沙卜園朱氏等，雙包雙粽。非本房支年，不必入廳。單包單粽者，包一個、粽一隻；雙包雙粽者，粽二雙、包二個。其包每個肉一兩、□一兩，其粽每斗米約果作一百個。再勿尅減，包、粽有規矩，酒聽用之。

一、如僕人併僕及長幼子包、粽，同未嫁之女，有粽無包。

一、元旦支應賀節等項，則司年者管，而獅、戲等事，又新年首矣。

一、初二日，巴氏賀節：茶一巡，果盒、酒各敬三鍾，後堂設四出餚、十果宴酒席：雞一大盤，略舉之，不許用，肉員一大盤熟者聽用，臘肉一大盤聽用，今有炒骨代者，鮮魚一大盤聽用，今有；十果：枝員、桃、栗、棗；十宴：雞、魚、臘肉、牛脯、肉員。春盛八格，列於中，酒聽勸用，接軍、民二房尊長及上、下年首，倍之。汪氏到，不可久留飲。

一、初二日早飯，汪氏賀節，茶、菓、酒、酒席如巴氏式，倍亦如之。其酒席則請巴氏者用去，稍補之。如汪氏到，巴氏酒未完，稍候起身，再入席，報知汪氏到，而巴氏自去矣。

一、初三日早晨，李氏賀節，茶、菓、酒、酒席如巴、汪式，倍亦同。有跟隨人，與之酒一壺、嘎飯三盤。

一、李、汪、巴三姓賀節，廳堂不許上坐，禮不必過遜古例也。

一、送年，正月初四日晚，酒壹百盞，飯一百碗，素羹一百碗，(快)[筷]一百雙,葷素一百碟,每碟內肉一片、煎腐一片,香燭紙、(藍)[籃]、經文、金銀百錠,祀先如接年同。

一、初五日早晨,將前上首交下廳堂各項等物,照舊開單盤點,交與下首。

一、早飯後,同三門往李、汪、巴三姓回例,在議停約齊,每姓一門一人,共九人;每門帶一僕,共三僕,分三處而行,永爲規則。

一、支年當用各項該買實物併傢伙等件于後:

酒米一石二斗,內八斗做料酒,余常酒;戶紅米約二斗,攪羹接、送年用;小米,果粽用約五百雙;飯米包□;豬包約四百個;醃魚包用每個乙兩;鮮魚;雞;麻餅,并大者共重一百六十觔,後再增加;海味;糖菓子;臘肉、牛脯、臘雞、酒、魚、臘豬舌、尾、腰子;蜜糖、鹽、油、紅、白蘿蔔、京菓五色;荳,送年用豆腐;大花燭三對,重七觔;小紅燭,內四兩者兩對,雷燈盤用,因人坐換燭不便;末香、線香;火紙;紙馬,係紅色,天地、土地、和合利市、門丞户尉、香火、經文、(藍)[籃]、爆竹、利市錢。

接土地:雄雞一隻;熟豬首一枚;魚一尾;腐一方;酒五杯;香燭、紙馬、金銀;金銀四把,接年、做年、除夜、元旦、送年俱在內;門神文武四對;鑲門神紙;雙紅六扣紙,對句用;色毛邊紙,中庭樓對句用;柴;松明;銃;銃硝一斤;硬炭,炙酒用;春盛六七臺,伯清兄、明卿兄、社弟、綿壽弟、仁望;大筦籮五擔,(乘)[盛]餅、粽、包;蔴布袋五擔;大錫酒罐六隻;大錫茶壺八把;菓盒一個并果子;大銀鍾三隻;小銀鑲杯十五個,并茶盤、互衣、楪;鑲(快)[筷]十五雙;茶碗併盤、匙,李、汪、巴用;小棹四張;椅六把;凳六十條;燈籠六個,接人用併往來;穿堂燈、門屋燈,燈盤四個,社內取用;高燈;滿堂三對;香几;大漆茶盤十六面;漆坐碗二百隻;漆楪一百個;漆木盞,一百個;竹(快)[筷]一百雙;燭臺六枝;皇桶二隻;四出篩大盤四面;十果宴酒楪一副;屈(義)[叉]一個;使用酒壺四把;斟酒壺二把;火籃二個;毛頭二根,把火籃用;索二根,捆火籃用;小繩二根,穿堂門屋扯燈用;小籚二隻,(乘)[盛]松明;鐵鉗二把;火爐二個;大食箱,(乘)[盛]嗄飯;銅鏇、木杓、刀、斧;滿堂紅,外借二對,安香火祖先堂用;釘六枚,除夜釘壁,以備元旦掛畫。以上傢伙,俱有餅送,惟板櫈不送者有之。

萬曆四十二年甲寅正月初五日,淵公坵等承管廳堂傢伙什物,交與衍公房收管:

木爐瓶一付；《五老圖》一副併竹匣；"福壽"畫四幅，在中庭樓；"山水""人物"四幅併匣一個；滿堂紅一對併鐵葉四對，壞未修桶內；香卓一張，脚踏兩個；小香卓二張，脚踏兩個；接新人櫈二條；大小栓道五件；戲櫈十六條，在中庭樓；又戲櫈四條，在祠堂內；長門橋四扇；祖先堂燈一個；相公轎櫈二條；棹馬二對；桶一隻，內紅袍一件、黃衫一件、山夾帽一頂、綠袍一件、白袴一條、角帶一條、皂靴一雙；鎖六把，匙六個，外中庭樓房鎖一把，天禮叔管；錫捌一對，在祿處；石香爐七個；大鼓一面併架；扁鼓一面，大小舊鼓皮五片；門屋掩心門栓一付、門柵一個；銅鼓併架一付，重十七斤半；火籃盤二個；新泥鍋三口，蓋二個；《支年簿》一本；明堂橋八扇；銃二把；戲棚方柱四對；明堂橋櫈十二個，丙辰年觀音山雪壓樹賣銀內支八兩買；大新滿堂紅一對。

支年收租帳

社田穀一秤，又二坵進高穀四秤，監割二秤十二斤。

裡菴三得穀十秤，收銀一兩。

四姑塘天得穀七秤，收六秤。

漁灘長孫妻、栗樹園穀二秤，收二秤。

漁灘臭力穀二秤。

延充時力穀九秤，收八秤廿斤。

紫塘冬九穀十二秤，收十一秤十八斤，讓。

紫塘文力穀六秤，收六秤。

五城山脚胡洲五秤，收五秤。

豆租

星洲新虎豆六斗，收六斗。

漁灘長町長孫妻豆四斗，收四斗。

漁灘栗樹園汪統豆四斗，加銀六分，收三斗。

星洲曹祥地豆乙斗，收豆一行斗。

上村頭後底山祖法豆二斗半，收二斗半；又杭口嶺豆二斗，無。

花園祖盛村心豆二斗，收正義會還二錢。

寄得還粢豆乙斗，收一斗。

厠所二角，朱孫後納錢，大成地七分，無。

打發獅併下戲租帳

裡菴，進高女兒法起，廿一秤，納銀二兩〇五錢。

程獻塘，汪法七秤頭年收，收七秤。

漁灘下井畔，程舍豆弍斗，今收實銀一錢四分，收銀一錢八分，漁灘下井畔豆租作銀五錢，今實一錢八分。

辛塘，江郎租四秤，頭年收，今大乳力，收四錢。

紫塘麥力租四錢，收四錢。

希文、守中、文鏓、子瞻園俱無。

其租若遇荒年，以缺十二砠爲率。如多，衆補。

雍正八年歲在庚戌正月，寶田堂裔孫許之鼐。

立合同人許評、許季暘等，觀夫盆坑口、金字面、觀音山、小蝦蟆石塢諸山峰巒，乃許氏一村之水口，禍福所繫，從未尚矣。近因遐富胡氏在蓮菰塢、小蝦蟆石塢開宕采石，不惟觀音山香火、龍脉有傷，抑且損一鄉外障之奇峰，陽基、陰墓莫不受害。評、季暘等目擊時艱，各備己資，收買山稅，禁其採石。但買者非是一人，而賣者僅書一契，故集買者酌議，將山稅收入六甲許威美户內，將原契付收貯，其餘抄録釘簿計二十一本，每人各執一本，以爲憑據。倘日後他姓同本族子孫違禁採石，損人利己者，族衆齊至收契之家，取原契，呈官法懲。其在山樹木、柴薪，日後挤砍，照分法均分，無得恃强霸占。今恐無憑，立此合同，永【遠存照】。

崇禎六年歲次癸酉孟夏之吉。

出銀姓名書列於後：

許評，号，出銀三兩五錢；許季暘，号，出銀三兩五錢；許道浩，号，出銀三兩五錢；許盈善，出銀三兩五錢；許正法、成，出銀二兩五錢；許順慶，号，出銀乙兩六錢五分；許紹宗，号，出銀七兩；許可敬，号，出銀七兩；許順九，出銀一兩三錢；許可藻，出銀五兩；許朝聖，号，出銀二兩五錢；許成用，出銀七兩；許九仞，出銀一兩七錢五分；許徹嵩，出銀七兩；許秋元，出銀三兩五錢；許九功，号，出銀一兩七錢五分；許天佐，号，出銀十兩；許夏陽，号，出銀一兩七錢五分；許富陽，号，出銀三兩七錢五分；許贇，号，出銀七兩；許覺，号，出銀七兩。共收銀九十一兩肆錢五分。外又收二契無辦，許季暘，出銀一兩四錢；許可敬，号，出銀一兩四錢；許中和，出銀一兩四錢；許天佐，号，出銀一兩四錢。

廿四都三圖立賣契人胡格，今自情山業一號，坐落土名蓮菰塢，新丈小蝦蟆石【塢】七百八十五號，計山稅弍分，其山東至，西至，南至，北至，前項四至内山,本身合得山稅五厘四毛三絲五忽;又將承祖山一號,土名汪王岩,係惟字七百八十一號,計山稅式分,其山東至,西至,南至,北至,前項四至內山,本身合得山稅一分八厘二毛二絲。前項山業共叁號,計廿四至,共山稅二分五厘六毛五絲五忽,盡行立契出賣與同都一圖親人許名下爲業。當日憑中三面議定時值價銀十五兩正,其銀當成之日,隨手一併收足。其今從出賣之後,一聽買主自行管業,收苗受稅爲定。如有內外人攔拮及重復交易、不明等情,盡是賣人祇當,不涉買主之事。其稅今值大造,本户隨即送起推,並無難異。今恐人心難憑,立此賣契存照。

  崇禎六年四月初六日立 賣契人 胡格 押
         中見人 金律初 押
            方復之 押
            許兆如 押
         代書人 胡志吾 押

前項契內銀兩,當成契日隨手一併收足,同年月日再批,号,領。

廿四都三圖立賣契人胡福同弟胡相,將承祖山一號,坐落土名蓮姑塢,新丈小蝦蟆七百八十五號,計山稅式分,其山東至,西至,南至,北至,前項四至內山,本身兄弟合得山稅式厘七毛一絲七忽五分;又業換二弟名下同號山稅式厘七毛一絲五忽五,本號二共山稅五厘四毛三絲五忽。又將承祖山業一號,坐落土名汪王岩,係惟字七百八十二號,計山稅二分,其山東至,西至,南至,北至,前項四至內山,本身兄弟合得一厘三毛;又將承祖山一號,坐落土名大蝦蟆石塢,係惟字七百八十四號,計山稅二分,其山東至,西至,南至,北至,前項四至內,本身兄弟合得山稅一分四厘。前項山業三號,共計十二至,共山稅式分零七毛三絲五忽,盡仁立契賣與同都一圖親人許名下爲業。當日憑中三面議定時值價銀十五兩正,其當成日隨手一并收足。其山今從出賣之後,一聽買人自行管業,收苗受稅爲定。如有內外人攔拮及重復交易、不明等事,盡是賣人祇當,不涉買主之事。其稅今值大造,本户自行起推,並無難異。今恐人心難憑,立此賣契存照。

  崇禎六年四月 日 立賣契人 胡福
          同弟 胡相
         中見人 金律初
            方復之

　　　　　胡志吾
　　　　　許兆如
　　前項契價銀，當成契日隨手一併收足，同年　月　日，再。
　　二十四都三啚立賣契人胡一貫，今……一號，坐落土名小蝦蟆石塢，新丈惟字七……二分，本身合得山稅八毛二絲，其山東至，西至，南至，北至；又將承祖山業一號，土名汪王岩，係惟字七百八十二號，共該稅二分，本身合得山稅三毛六絲，其山東至，西至，南至，北至。今將前項二號山業共八至，共山稅一厘一毛八絲，盡行立契出賣與同都一啚許名下爲業，收苗受稅。憑中三面議定作時值價銀二兩正，其銀當成契日一併隨手收足。今從出賣之後，一聽買人管業，收苗受稅。倘有内外人攔拈及重復交易、一切不明等情，盡是賣人秪當，不涉買主之事。今值大造年，隨即起推，辦納糧差，並無難異。今恐無憑，立此賣契存炤。
　　其在山樹木、柴薪，聽買主管業。再批。
　　崇禎六年四月　日　立賣契人　胡一貫
　　　　　　　　代書男　胡高郎
　　　　　　　　中見人　金律初
　　　　　　　　　　　　胡伯達
　　　　　　　　　　　　許兆如
　　前項契内價銀，當成契日，隨手一併收足，同年　月　日再批，領。
　　廿四都三啚立賣契人胡衡……一號，坐落土名小蝦蟆石塢，新丈惟字……二分，本身合得山稅一厘，其山東至，西至，南至，北至；又將承祖山一號，土名大蝦蟆石塢，係惟字七百八十四號，山稅二畝，本身合得山稅五厘五毛，其山東至，西至，南至，北至；又將承祖山一號，土名汪王岩，係惟字七百八十二號，山稅二分，本身合得一厘四毛三絲，其山東至，西至，南至，北至。今將前項山三號山業共十二至，共山稅七厘九毛三絲，盡行立契出賣與同都一啚親人許名下，收苗受稅。憑中三面議定作時值價銀三兩正，其銀當契之日，一併隨手收足。今從出賣之後，一聽買主管業，收苗受稅。倘有内外人攔占及重復交易、一切不明等情，盡是賣人秪當，不涉買人之事。其稅糧今值大造年，隨手起推，辦納糧差，並無難異。今恐無憑，立此賣契爲照。
　　其在山柴薪、樹木，聽從買主管業。
　　崇禎六年四月　日　立賣契人　胡衡

　　　　　中見人　金律初
　　　　　　　　胡伯達
　　　　　　　　許兆如
　前項契內價銀，隨手一併收足，同年　月　日再批，号，領。
　　廿四都三啚立賣契人胡應高……將承祖山一號，土名金字面……身分下山稅五厘，其山東至，西至，南至，北至。今將四至內本身合得分數，盡行立契出賣與二【十】四都一啚六甲許威美名下爲業，收苗受稅。當日三面議定時值價銀四兩正，其銀當成契日，一併收足。倘有內外人攔占及重復交易、一切不明等情，盡是賣人秪當，不涉買主之事。其稅目今大造之年，隨即起推，各辦糧差，並無異說。立此。
　崇禎六年六月　日　立賣契人　胡應高
　　　　　中見人　胡恒仲
　　　　　　　　胡奇平
　　　　　　　　許兆如
　前項契內銀兩，同年　月　日一併收足，再批，号，領。
　　廿四都三圖立賣契【人】胡一貫，爲因缺少糧邊使用，自情願央中，將承祖山業土名金字面，係惟字七百八十六號，山稅二分，該身山稅分下山稅三厘三毛，其山東至，西至，南至，北至。今將四至內山本身合得分數立契，盡行出賣與廿四都一啚許名下爲業，收苗受稅管業。當日三面議定時值價銀三兩正，其銀成契日隨手一併收足。倘有內外人攔占及重復交易、一切不明等事，盡是賣人之當，不涉買主之事。其稅目今大造之年，隨即起推，各辦糧差，並無異說。今恐無憑，立此賣契存照。
　崇禎六年六月　日　立賣契人　胡一貫
　前項契內銀兩。
　　立收約人胡魯直、桓仲……許名下惟字七百八十……惟字七百八十二號山山三號……恐無憑，立此收約存照。
　崇禎六年四月　日　立收約人　胡魯直
　　　　　　　　桓仲
　　　　　中見人　金律初
　　　　　　　　方復之
　　立收約人胡魯直，今收到許名下契外謝禮銀十兩正。今恐無憑，立此收約存照。

　　崇禎六年四月　日　立收約人　胡魯直　号
　　　　　　　　　　中見人　金律初　号

　　立收契外銀胡衡,山業土名蝦蟆石塢,惟字七百八十五號,山稅一厘;又土名大蝦蟆石塢,惟字七百八十四號,山稅五厘五毛;又土名汪王岩,惟字七百八十二號,山稅一厘四毛三絲。三號山稅,當日收契外銀四兩。今恐無憑,立此收票存照。

　　崇禎六年四月　日　立收票人　胡衡
　　　　　　　　　　中見人　金律初
　　　　　　　　　　　　　　胡伯達

　　二十四都三圖立賣契人胡一貫,今將承祖山洪坑長塊,係　字七百四十六號,山稅二分四厘,其山東至,西至,南至,北至。今將四至內山本身合得山……厘一絲,盡行立契出賣【與】許名下爲業。當日三【面議定】……銀當日隨手一併……是賣人之當……起推。今恐無憑,立【此賣契存照】。

　　崇禎七年五月　日　立賣契人　胡一貫
　　　　　　　　　　代書男　胡高郎
　　　　　　　　　　中見人　許若水
　　　　　　　　　　　　　　胡伯達

　　前項契內價銀,當成契日隨手一併收足,号,領。

　　二十四都一圖立賣契人許阿朱,今因錢糧急用,自願央中,將祖遺土名依充,係蓋字三千六十、六十一號,計地　步,於上蓄養大松樹三根,本身勳公房該分合得一根,阿夫先年當與都公匣內。今憑中加價出賣與都公匣內管業。當日得受價銀併前項當價共九七色銀八兩正,其銀隨手一併收足。其樹自賣之後,聽從買主管業,永相保守,蔭護宗祠。如有內外人言語,盡是賣主承值,不涉受主之事。今恐無憑,立此賣契存照。

　　雍正八年三月　日　立賣契人　許阿朱　押　則桂郎嫂
　　　　　　　　　憑　毓禎 小名祥福
　　　　　　　　　　　德修 小名元宥　押
　　　　　　　　　　　倍玉 小名佛　押
　　　　　　　　　　代書　許松如

　　其樹因合族宗祠命脉所關,故行保留。本房枝下子孫永相保守,不許砍伐。如有砍伐者，以不孝鳴公理論。

雍正八年三月初六日　房長　許志遠　批押

　　　　　　　　　　鄉約許。

此係都公保留勳公房桂郎嫂祠契，康熙五十【年】，將祠後大松樹一根，當與都文學公匣，保留兩根，將兩房支丁許毓禎土名依充，係蓋字三千六十、六十一號，計……本房合得一半，於上蓄養大松樹六根，熊熙公房該樹二根。向來蔭護宗祠，遮蔽水口，與都公房共業，互相保守無異。今因本房排役欠缺，錢糧無辦，央中出賣與文學公房爲業，三面議定時值價九七色銀陸兩正，其銀隨手收足。其樹自賣之後，聽從買主管業，永相保守，蔭護宗祠，不得砍伐。如有内外爭論等情，盡是出賣之人承值，不涉受主之事。其地都公房原有一半，文學公係都公之子，亦有分法，歷年俱已照稅完糧，日後本房子孫不得以地稅藉口生端。此係闔族水口命脉所關，故行保留。倘日後文學公房支丁子孫不顧宗祠，復行砍伐，仍聽賣主以不孝鳴公理論。立此賣契存照。

其樹永不許砍伐。倘日後或被颶風折倒，聽從買主取用，本房無得異説，再批，号。

……日，立賣契許毓禎。

許毓禎等今收到文學匣内樹價銀，除收契内價銀六兩外，又價銀四兩正，其銀一併收足。今恐無憑，立此存照。

雍正八年三月　日　立收契外價人　許毓禎

　　　　　　　　　　　　　　　　許松如

　　　　　　　　　　　　　　　　許德修

　　　　　　　　　　　　　　　　許倍玉

　　　　　　　　　　憑中　許履安

此樹因淵公房熊、熙二房出挵於中許侃臣、在周經手，挵于商山吴士祈、漁灘張生如價銀。

族中不樂砍伐，奈乎手中無稍，不能保留。此係祠後水口樹木，關其通族命脉體面，豈能坐視？因文學公支下只得商酌保留，而匣内存現銀一兩五錢五厘，履安侄孫欠七年利銀三兩六錢，憲章兄還穀銀一兩二錢，允芳侄還五十七年穀銀一兩乙錢四分。因銀不敷，將戲臺肚當銀二兩六錢，共去銀十兩，保留大松樹二根，仍餘剩銀一錢四厘，交司匣人晋山兄收貯。

許之鼐　抄白。

——《徽州會社綜録》下册《抄白衆廳支年老簿規則常貯》

明萬曆三十九年二月歙縣範川遷蕪湖縣謝廷訓等立標祀祖先規約

社瑾公支下糾首興立公堂議字

　　立議約人謝廷訓、廷位、廷仁、廷佳、邦麒、邦遴等，爲議立成規、標祭祖先，以修報本追遠事。身等原籍徽州歙縣二十二圖範川居住，故祖遷寓蕪湖永定圩。有太公祖社瑾朝奉葬于原籍考坑，瑾孺人葬于祖塋羅家塢鳳尾穴。祖玄昱公、玄景公祖母吳氏、昱孺人朱氏、景孺人，父元杞、元楚公俱于萬曆二十一年八月葬於祖家埵上，乾山巽向。原籍各處公衆祖先墳墓，族衆公堂有銀標祭。惟有考坑、埵上、羅家塢此三處，係身等已分公祖父母墳墓，因居蕪湖離家窵遠，墳山無人看守。遞年若不祭掃，未免被人侵毁，子孫不繼祖祀，係爲逆天不孝。爲此，衆分面議，遵祖父舊規，書簿一樣六本，每房各執一本爲照，存留公堂銀兩。遞年載簿生放，每年清明，昱、景二分子孫，着一支取衆銀作路費，回原籍三處墳前標錢祭掃，則年年歲歲皆知有祖有婆、有父有母，而墳塋不致于迷失；子子孫孫皆知有伯有叔、有兄有弟，而宗派不致于紊亂。自此之後，如有子孫不遵舊規，擅自違議利己者，係爲欺宗滅祖，忘本不孝，執此經公理治。所立《議條》，開具于後。

　　計開：

　　一、領銀之家，將扣門上田作當，限清明前十五日將本利一併交還。如違期限，照依領數，罰銀每領銀壹兩；遲限，外罰銀錢登簿公用。

　　一、初生男子者，上銀一錢公用。

　　一、嫁女者，三等論，上辭祖先銀一錢至三錢止。照。

　　一、男子初冠巾者，上銀三分公用。

　　一、朝年拜祖，如有一分不到，罰銀五分，登簿公用。

　　一、兄弟、子侄，不論尊卑，不重人倫，欺小犯大者，比鳴族衆，諸人公議，依情理大小輕重罰銀，登簿公用。照。

　　今將生子、嫁女、冠巾銀數開列於後：

　　訓生孫，出銀一錢；冠巾，出銀九分。

　　位嫁女，出銀二錢五分；冠巾，出銀六分。

仁生子，出銀二錢；嫁女，出銀一錢五分。

佳嫁女，出銀一錢五分。

士聘冠巾，出銀三分。

明萬曆三十九年二月念七日，璜公支下孫　廷訓　押

　　　　　　　　　　　　　　　　　　　廷位　押

　　　　　　　　　　　　　　　　　　　廷仁　押

　　　　　　　　　　　　　　　　　　　廷佳　押

　　　　　　　　　　　　　　　　　　　邦麒　押

　　　　　　　　　　　　　　　　　　　邦遜　押

右議字一紙，自明季至本朝，百有餘年，孫等因修家乘告竣，炤原本一字不敢增減，敬書附於譜末，以見我祖六分締造艱難之苦心云爾。

——民國《歙西範川謝氏支譜》卷十二《議字》

明萬曆祁門縣清溪鄭氏宗族祀產條例

祀產條例

一、譜中事例，已詳前者不載。

一、祠中《家規》，已詳於文簿，又舉大略，（扁）[匾]於祠之兩廡，兹不重述。

一、各處祠產，惟載實收，獨收者註全業，内得者註股分。

一、各處祖墳，承祖遺文，其各人分過山場，倘有風水，并係衆存，聽自合用之家扦造，無故不許占攔侵害。故有山分于他房而無山之家得以葬墳者，賴祖庇也。自後，子孫各宜遵守，葬墳之家不得以墳故而侵山，有山之家不得以分受而阻葬。萬曆伍年，八大單分山，其關内亦云："所有風水，仍遵祖文，聽自遷葬，存留禁步。如要寬闊，葬墳之家合當托憑親族以山對換，摽受之人不得固執。"此較前文益爲通變，蓋使葬墳之家得以遂孝敬之心，有山之人不致失分受之利。今譜所載葬某處某處者在在然也，其山之股分，各有分關，買契不在此限。

一、本族山場甚多，其前在五大房分關，其近在八大單分關之内者，聽遵前文。如不在分關之内，不在此例。

一、譜詳支派，産備蒸嘗，使祀産不立，則祀典何由而行？故子子孫孫各

宜謹守。如有不孝不義，盜賣祀產，聽自爲首之人撿舉，責令取贖，仍行犯一賠九。如有敢恃强梁，聽衆立文，排名花押，告祖捶殺之。此雖較之律法以爲頗重，但家國雖殊，忠孝則一，保守宜同。故竊土叛君者不忠也，廢祀滅祖者不孝也。不忠之徒，常刑罔赦，不孝之徒，比例宜然。否則，人將輕犯，此刑期無刑意也。各宜慎之。

一、申明溪心楊梅洲事例。本洲蓄養樹木，以爲來龍西邊庇蔭，往歲或遇洪水，漂流木貨、客篷等物，閣積在上，俱被地方强梁之人趁水搶奪。是以本祠原立條款，凡遇閣積，與收取人對半均分，一半給主。但行之既久，强梁益甚，一遇漂閣，則貪夜邀集黨與，不分水之大小，不問客之在否，一概搶奪，損人利己，害客成家，至傷本祠忠孝之心，大壞風俗，得罪親鄰。今後凡遇洪水漂積什物，必候次日天明水退，聽自本祠爲首之人舉人收拾。三日之内，無人識認，方行報官，憑公給散。再有仍前强梁，聽爲首人指名，呈官理治。切勿畏勢輕縱，上乖律法，下壞《家規》，故叮嚀之。

一、各處祠產，其土名、字號、畝步、四至，因萬曆九年新例丈量，原我一保係是髮字號，今遵府縣明文易爲致字號。且其丈過田地，初分三則起科，至次年來文又令改爲一則，今依新丈開具於後。

瓊公祀產

一、土名墳塢口田，係致字五百六十一號，本祀全業。

一、土名清幽叚范家住前田，係致字四百九十二號，本祀六殳中得一殳。必鈇平生忠直，族舉爲首，幹辦衆事，每存公道，不幸芻嗣，衆共憐之。每年清明之日，祠衆給銀叁分，付與親房標祀，以旌別之。

高石預存祀產：（以下略）

非不欲多，多則慮子姓所分不能以自給。非不欲少，少則慮祭祀之需不能以自供。故記曰："不可多也，不可寡也，惟其稱也。"其斯之謂歟？

——萬曆《祁門清溪鄭氏家乘》卷三《世墓祀產》

明萬曆休寧縣桑園呂氏宗族祀規

桑園祭祀規序

夫蒸嘗之祭，自始祖、先祖以致於禰，或家焉，或廟焉，因時以致其誠。清明墓祭，尤爲古今所尚，蓋亦均於崇本之道歟。夫祭必有儀，儀必有品。

聖人嘗出獵,較釣弋雖小同於俗,亦君子不得已焉。且是祭也,率長幼,登丘壟,掃松楸,畢事言。旋追修禊之迹,想舞雩之樂,對時育物,亦一時之嘉會。余自京返,因徵友呂古菴者談及祀事,以其所祭成規及其所葬之地,索余序其端曰:"孔子先簿正祭器,又欲存告朔之羊,冀其有所稽於前,有所張本於後,而不使遽至泯滅之患焉。余嘉其敦奉先之意,而且有傳後之懿,遂為之序。"

時嘉靖丙辰歲菊月朔旦,賜進士出身諫議大夫吏科左給事中浙衢開邑儀岡徐公遴撰。

休寧桑園家規序

春野子編輯《宗譜》既成,族弟汲泉捧其《家規》十四條,欲梓以垂永久。予閱之,見其處制有方,警戒有道,井井可觀,鑿鑿可據,非特堪為呂氏之《家規》,推之比屋,人人皆當奉而行之也。何者？遵行《聖諭》者,明也;順親不違者,孝也;長幼循序,悌也;繼嗣本族者,禮也;賑濟貧儒者,仁也;置田追遠者,厚也;强弱致戒者,義也。兼是數者,敦行不失,誠所謂有典有則,貽厥孫謀者也。雖萬石君之家聲丕振亦可臻矣,又何不足以追隆古之風哉？於是汲泉適然暢悦,始而歌《周南》之章,其樂也溶溶;繼而詠《召南》之章,其樂也泄泄;終而慮夫行之弗恒也。其色厲,其辭嚴,其樂也兢兢業業。春野子因其樂而能戒如此,遂正襟而起,援管而書之,以為呂氏子孫世守之箴。

《休寧桑園家規》開載于後:

一、伏讀皇祖《聖諭》曰:"孝順父母,尊敬長上,和睦鄉里,教訓子孫,各安生理,毋作非為。"竊謂父母生育之恩,昊天罔極,孝乃百行之本,續莫大焉。凡子事之父母,婦事舅姑,當先順意,下氣怡聲,衣食奉養,隨時營(辯)[辦]。倘有疾病,朝暮侍側,湯藥必親調。或者不盡此心,務要警戒,毋得反相倣傚。如有厲言遽色,私妻子厚,自奉而不顧父母者,重罰。

一、子孫,從幼教之以明人倫,訓之以義敬讓,出入門戶及即席飲食,必後長者;揖則少者拱而長者答,坐則長者先坐,起則少者先立;稱呼皆依正名,不許簡略失序。幼則訓之,長則叱之,庶幾風化敦厚,不致紊戾。或有自幼驕縱,至長狼暴;或因娶妻而惑於私,遂致忤逆。初犯,罪至死,姑恕外,重責;三犯不悛,呈官置之典刑,父母庇匿,罰之父母。

一、自夫婦而有父子、兄弟,至於九族,皆本三親,人倫為重,不可不論。

勿因小忿小利參商，遂成吳楚。内既不和，外人欺侮。凡事公處，毋得以强欺弱，恃富吞貧；毋得持尊凌卑，縱僕犯上。謹名分，崇愛敬，而睦道興矣，妯娌亦宜。不然，則敵者發怒，不敵者蓄怨，各宜深省痛戒。如有鬭毆，實爲悖義，衆察是非，罰銀肆錢，戒諭和睦。

一、仁者，愛之親；義者，事之宜。竊聞鄧伯道有存侄之仁，范希文有濟族之義。本家倘有節孝，日食不敷，衆宜資助，以全終志。不幸有罹孤苦，近屬親當植之。或有侵欺財産害者，衆攻罰之。寡獨無嗣，應當親枝立繼。若乞養異姓義子，實亂宗祧，遵律革遺，經公以違法論。

一、子孫篤志好學，發憤芸窗，家貧不能自振，族衆作興賑給，以勵上進。或農、工、商，各勤專業。善相勸勉，惡相規諫，務興禮義之風，以成敦厚之俗。倘有不肖背本外向，貽恥家庭，衆當誨改，毋使陷於非義。三犯不悛，具實呈究。

一、雨露既濡，啟人子思親念，春、秋祭祀，實生民報本之誠。非祭無以崇孝思，非財無以備享儀。是故裔孫廷福倡率，廷錦、廷積、廷文、廷欽、廷魁、廷朋、廷敖、廷萬、廷英、廷碧、廷蘭、廷齡各助銀壹兩柒錢，一杭、一梁、一本、一彬、一枋各助銀壹兩，一木、一棋、一檜、一林、一杬、一柯、一樂各助銀柒錢，廷齸、一櫎、一棟、一枝、一楨各助銀伍錢，共銀叁拾肆兩伍錢，營息續置土名桐子樹騰字號田貳畝壹分、土名老虎堨查石塥騰字號田捌分肆厘、土名高基岩前下田等處騰字號地貳畝。其田地税糧於隆慶陸年告鳴本縣，立户名"吕宗伯祠"，在三都一圖九甲解納，輪首耕種，租作價銀，永供資盛。以後，裔孫誕子，每名助銀貳錢，娶者壹錢，嫁者伍錢，永爲則規。諒付殷實子孫輪相營息，本銀每兩每年加利銀貳錢。其身家單薄，不許領。銀貯盈置，量度節用，不可奢費，慎終爲始。《詩》云："靡不有初，鮮克有終。"

一、祭祖掃墳，以思報本追遠。祖宗之所望子孫者，此也；子孫之所不忘祖宗者，此也。伏惟我族河東吕氏，歙追始祖唐侍郎渭公世祖宋學士、文仲公等墳祠，僉業府西披雲峰側，正月初十、三月三日致祭，吾裔往者，每規取路費銀五分；始遷休寧桑園祖仲榮公、世祖玄寶公墳，協路大塘塝上，清明祭掃，裔孫往者，每規取路費銀壹分；世祖佛音公以及考妣墳，僉高園等處。祠乃奉祖神位，墳乃安祖體魄。每遇節屆，務臨祭掃，以盡孝思，不失水木之本源，可見故家之盛典。但子孫十五歲，在家坐視不往者，爲悖禮，罰銀壹錢，决不饒恕。

一、祭祖，禮之大者，要編循環之，爲首必親身莅之主祭。若無爲首，臨祭期，事必推捱。既經編序，有不到，理必當罰，庶使祀業無墮失。如正月及三月三清明祭祖日，歲臨該首，每次名不到，罰銀壹錢，責其意怠。奠品儀節，皆依成式，照時管辦。但占穢壞，罰首倍賠，戒其不謹。察有偷尅，見一罰十。其鹽、油、醬、醋等項，首預先備，每年衆硬貼銀貳錢。不彀，首賠；餘剩，首收。

一、禮者，敬之本；敬者，禮之實。執事之人，誠敬或缺，褻瀆之愆，以似非小。今後，該首祭前三日，會同執事，習熟禮儀。臨祭，必須誠敬，毋得接耳喧嘩，或者失儀，罰其不敬。祭畢，從容徹俎饌胙，分依定規助財，子孫十五歲，序齒即席，聽講禮義。踰例，罰銀伍分，戒其不悌。

一、聞樹木之盛衰，實由人力之培養。欲盡培養之道，當立《禁約》之嚴，以見住基、墳塋木植合抱蔭護，奈被無恥私利戕伐。今後，男婦斫椏一枝，罰銀壹錢；樹一莖，罰銀壹兩。遇獲外人盜砍，經公究治。

一、祭祀輪首，自本年正月朔日起，至次年正月朔日止。《家規》事件，預先稽查，遂書粘壁。誕子幾名，娶嫁幾個，某該銀租，某犯規例，前項等俱要足色，遞年正月初十日，各照數兌備，供享儀祇祭先祖。違過一日，每壹兩罰銀貳分。或者不肖吞羈，觊將田地變易，以致失誤祭祀。此等子孫，違道悖德，逆莫大焉，率衆呈官，以不孝論。

一、《家規》所以修身、齊家之道，慎終追遠之意。衆尚禮義，遵守而行。以新先前，上報祖宗德蔭之流裔；以思裕後，下使子孫不失之孝敬。瓜瓞綿綿，相傳世世，修其業，承其志，感其德其終。《詩》云："不愆不忘，率由舊章。"繼述之攸久也。

一、萬曆丁丑年季春月，裔孫廷朋、廷敖、廷福、廷碧欲思報本追遠之忱，四人共出銀壹拾兩，買到歙縣九都五圖黃元基戶內鳥字號土名葛塘干民田壹畝壹分貳厘，入府西宗伯祠，進始遷桑園祖仲榮公神主。其田遞年收租，備儀永祭祖，完領胙肆分，帶還置田四人裔收，毋許爭論。

一、安奉遷居休寧桑園祖諱仲榮府君神位牌，在府西宗伯祠享祭，則年春月，規取租銀叁錢，與太平興國寺僧詣祠焚香燈，永期毋缺。

——萬曆《新安呂氏宗譜》卷五《桑園祭祀規序》

明萬曆休寧縣范氏宗族統宗祠祀儀

祀儀

禮莫嚴於祀，祀本之孝誠而發之儀節。儀節乃祀典之可按而循者，無賢愚共守之。有其文，無其誠，孝子慈孫猶不若是恝，況乎併其文而失之也，則儀之所當慎審矣。

統宗祠祀儀

一、春正三日，祭世祖。七族照舊例會于祠，即行宣《聖諭》。禮畢，即行祭禮，以輪管本年清明祀首主之，祖祠主祭行禮，仰德祠、述功祠，分獻行禮。共定主祭正獻一人、分獻二人、通贊二人、引贊六人、讀祝三人、執事八人，司帛一、司尊一、司爵一、司饌一，仰德、述功二祠司注、司爵各二，香案、茅沙盤各三處。凡入祠者，皆與祭。

列祖祭席，定規共十七桌：內上一桌尊居堂中南向，祀中龕一世祖考妣；堂左十一桌，序列西向，祀左一、左二兩龕考妣；堂右五桌，序列東向，祀右一、右二兩龕考妣。每桌五菓、五餚、酒、飯、盞、筯，如事生。常儀：奠帛、奠爵、奠饌三獻禮，惟于一世祖席行之，餘席皆先注酒。凡祭，只開龕門，不必移動木主，與祭子孫階前門屋下序拜。仰德祠祭席，萬曆乙未年共四桌，上一桌居中南向，餘三桌雁翅序列，以世代分左右，使將來可繼。述功祠祭席，萬曆乙未年共五桌，上一桌居中南向，餘席亦南向，但退一位以明世次。後有入祠者，各照世代東西序位，隨時加席。二祠祭陳設俱如前，但有上香、進酒、酹酒、奠酒，無三獻等儀，避列祖之尊，與祭者皆于祖祠內序拜。祭畢，外族會餕，本村作主，隨席多寡陪。

一、冬至前二日，祭始祖，七族會祭始祖平章公，祭席一。禮畢，即詣慈貞廟閣，祭觀察使母杜氏慈懿太夫人及貞烈孫女三娘，祭席二；中上一席南向，左一席西向，陳設、主祭俱如前，會餕亦如之。但與祭者稍減其數，林塘二人，各族或一人，本村近便，不在此限。

右春、冬二祭，用銀若干，皆取給于大清明會內銀穀支辦。一應價值，寧從寬裕，使無借口賠販。其椅、桌、盤、楪、祭器，目今祠中未備，且汊口、油潭、閔口路遠難帶，舊俱借之祖家，散漫不一。今眾會議，祖家即照瑤村塋祭户名簿，内長、中二支，每年各輪一户，協力管辦，各器用及贊祝、執事，子弟齊備，使路遠各族歲無煩難，庶幾情義兩盡。其各族輪年之家，定于初二日午間，到祠料理，一切祭事，虔恭如禮，亦無得草率遲誤，自取公罰。

祖家長、中二支，輪户管辦，照簿序次如左。萬曆二十九年辛丑，長支仁玘、中支節政；壬寅，長旺雪、中理桂；癸卯，長公秀、中洪秀；甲辰，長天恩、中聯芳；乙巳，長仲賢、中孝芳；丙午，長世用、中世珪；丁未，長孝晚、中世璋；戊申，長四萬、中德芳；己酉，長五萬、中澤芳；庚戌，長鈞鈴、中衍芳；辛亥，長仕寬、中梓芳；壬子，長耘墅、中璁珠；癸丑，長菊圃、中雲芳；甲寅，長淮鼎、中時芳；乙卯，長鋠、中時學；丙辰，長光玘、中友祥、鳳鳴。週而復始，大約十六年止輪一次，且可聯屬遠族，亦祖家英彥所樂爲者。若該祖家爲清明首，亦照此輪幫，均可省力。

一、春正三日，統宗祠祭世祖儀節。通：排班，班齊，捧龍牌，執事二人抬香案、《聖諭》牌，置庭中，跪，與祭者俱北向跪，宣《聖諭》，以音響洪亮子弟一人，在龍牌左立，南向高聲宣讀"孝順父母，尊敬長上，和睦鄉里，教訓子孫，各安生理，無作非爲"六句，俯伏，興，鞠躬，五拜，三叩頭，興，平身，各退廊立，撤龍牌，行大祭禮。通：執事者各司其事，主祭者就位，主祭、分獻各就位，參神，四拜，降神。引正獻，詣盥洗所，盥洗，詣香案前，執爵者一人，注酒隨行，跪，上香，進酒，執爵者跪于正獻之右，酹酒，于茅沙上，俯伏，興，平身，復位。通：奠帛，行初獻禮，引正獻，詣酒尊所，司尊者舉冪酌酒，執饌一人、執爵一人、捧帛一人，行在正獻前，帛先爵後，由中門入，正獻由東廊上，左門入，詣一世祖神位前。通：行分獻禮，分引詣各分獻前同贊，詣盥洗所，盥洗，分獻以次而盥，詣酒尊所，司尊者舉冪酌酒，執爵二人、執注二人，各在分獻前行，分詣仰德、述功二祠各朝神位立俟，左引贊詣仰德祠神位前，右引贊詣述功祠神位前，分引各祠中同贊，跪，上香，進酒，執爵者跪于分獻右進，酹酒，于茅沙上，奠酒，執注者跪于分獻左注酒，執爵者奠上，俯伏，興，平身，詣讀祝位，跪，讀祝，祝跪于分獻左，讀畢，祝文置案上，退堂右朝上立俟，俯伏，興，平身，復位，各在祠門屏立俟正獻，同西廊下復位，正引，前詣一世祖位時即贊。跪，奠帛，奠爵，奠饌，俯伏，興，平身，詣讀祝位，跪。通：與祭者皆跪，正引，讀祝，讀祝者跪于主祭之左，讀畢，置祝文于案上，退立堂西朝上俟，俯伏，興，平身，復位，由西廊下。通：鞠躬，拜，興；拜，興，平身，行亞獻禮。引正獻，詣酒尊所，司尊者舉冪酌酒，執爵一人、執饌一人，照前行，詣一世祖神位前，跪，奠爵，奠饌，俯伏，興，平身，復位。通：鞠躬，拜，興；拜，興，平身，行終獻禮，俱同亞獻儀，侑食，執事八人各執注，分詣祖位前及左右二祠添滿爵中酒，内堂上五人，左祠一人，右祠二人，徹饌，執事八人各詣堂祠神位前，稍移動籩豆，辭神，四拜，讀祝者捧祝，進帛者捧帛，各詣燎所，焚祝文，并焚楮錢，禮畢。主祭以下皆朝上一揖而退。

一、冬至前二日，統宗祠祭始祖儀節，與春正祭世祖同，但改"一世祖"三字爲"始祖"二字，及無分獻一段。

一、冬至前二日，祀慈貞廟閣儀節，注酒、焚香齊備。通：序立，班齊，參神，四拜，降神，引詣盥洗所，盥洗；詣香案前，執爵一人注酒隨行，跪，上香，進酒，執爵者跪于主祭之右，酹酒，于茅沙上，俯伏，興，平身；詣讀祝位，跪。通：與祭者皆跪，引讀祝，俯伏，興，平身，復位。通：鞠躬，拜，興；拜，興，平身；辭神，四拜，焚祝文，并焚楮錢，禮畢。

一、春正統宗祠祭列祖祝文

維　年　月　日領祀事，孝裔孫某等敢昭告于

一世祖唐宣歙觀察使西老府君，一世祖妣夫人甯氏；

二世祖唐翰林中書孝一府君，二世祖妣夫人洪氏；

三世祖唐將仕郎、吏部司務悌三府君，三世祖妣夫人吳氏；

四世祖唐處士忠二府君，四世祖妣安人孫氏；

五世祖宋處士信一府君，五世祖妣安人查氏；

六世祖宋處士禮三府君，六世祖妣安人戴氏；

七世祖宋迪功郎、翰林博士姚村府君，七世祖妣夫人胡氏；

八世祖宋處士夢琪府君，八世祖妣安人洪氏；

九世長支祖明父府君，安人趙氏；

九世中支祖徵父府君，安人曹氏；

九世小支祖行父府君，安人查氏；

十五世汊口遷祖可起府君，安人程氏；

十五世林塘遷祖國學上舍千九府君，安人吳氏，安人汪氏；

十八世高槻遷祖茂公府君，安人徐氏；

二十世合干遷祖叔齊府君，安人程氏；

二十一世閔口遷祖景成府君，安人查氏；

二十二世瑶關遷祖曇公府君，安人程氏。而言曰：惟祖肇育有初，孫子千億。昭我文明，滋我燕翼。厚德流光，祚福無極。今當孟春，雨露時歷。追遠興思，不勝愴惕。謹以潔牲醴齊，用申祭告。尚饗。此祝文參用《墓誌》

舊本。

一、仰德祠祝文

　　維　年　月　日領祀事，族孫某等敢昭告于

宋武康令尹松蘿居士先生、宋御賜風月處士求邇先生、明徵君耕隱先生、明工部主事平仲先生。於維先哲，奕世稱賢。文章德業，啟後光前。維茲孟春，祇嚴宗祀。敬潔蘋蘩，肅申仰止。尚饗。

一、述功祠祝文

　　維　年　月　日領祀事，族孫某等敢昭告于

明隱君蹇齋公、處士楓墩公、處士小山公、處士繼庵公、處士雲庵公、處士辛塘公、處士西野公、處士樂靜公。於維列公，遠猷特著。功在宗祊，僉思遐譽。維茲祀典，仰效報稱。流風高義，彌久彌增。尚饗。

一、冬至統宗祠祭始祖祝文

　　維　年　月　日領祀事，裔孫某等敢昭告于始祖唐同平章事先公之靈，而言曰：於赫先公，肇基河內。新安之祖，實公四代。溯流探源，譜系詳載。人有本始，安敢自倍。惟茲仲冬，敬陳鬯酹。明信德馨，洋洋如在。尚饗。

一、冬至統宗祠祭慈貞廟閣祝文

　　維　年　月　日領祀事，裔孫某等敢昭告于唐勅封觀察使母吳國慈懿太夫人杜氏之靈，而言曰：維太夫人，發祥流慶。篤生名賢，聚族蕃盛。婦德母儀，千載爲令。維茲仲冬，合宗展敬。靈爽如存，群蒿輝映。謹以勅封貞烈孫女三年祔。尚饗。

——萬曆《休寧范氏族譜》卷六《譜祠·祀儀》

明萬曆休寧縣林塘范氏宗族怡樂堂祀先閣條例

怡樂堂祀先閣條例

林塘中支仲德公玄二府君爲怡樂堂初祖，即淶之七世祖，義不敢略。特錄《祀先閣條例》如左，亦可通行。

一、本閣爲祀先正寢，乃子孫肅敬之處，毋得款客用匠，并童孩、奴妾喧譁，以致褻瀆祖宗，陰取罪譴。支年之家，常加扃鎖，惟朔、望及時祭，及各忌辰,許領鎖鑰開門,啟龕參拜。事畢掩龕,慎防火燭,看净即鎖門交鑰匙。如過夜不鎖者,領鑰之家,罰銀五分警衆。支祖以下各忌辰,各房子孫有别室行祭者,不必概入本閣。

一、龕位於萬曆辛卯年冬新置上座一層,中安祖傳香火,以香火舊座易爲中龕,安奉本門初支祖玄二府君、玄二安人,以至恭、寬、信各考妣神主;左上、下龕,奉敏位各府君以下及男祔位;右上、下龕,奉恭六安人葉氏、敏位各安人以下及女祔位。歲時陳設,如《條例》。其祧禮,俟時另議。

附録:祀先閣新龕成安奉各神主祝文

維萬曆十九年十二月　日,孝裔孫淶等敢昭告于本支顯祖仲德公玄二府君、顯祖妣玄二安人吴氏。恭惟列祖寢室,鼎成新龕,追念我顯祖妣。顯祖妣爲本門分支之始,禮當特尊。兹立新櫝,奉居中龕上一位,永享祭祀。伏念世祖聲二府君,安人程氏、程氏;世叔祖聲五府君,安人邵氏、程氏;高祖恭六府君;高叔祖十二府君、安人余氏;曾祖寬三府君、安人程氏;曾叔祖寬十三府君、安人余氏,曾叔祖寬十四府君、安人曹氏;先伯祖信六府君、安人趙氏;先伯祖信七府君、安人吴氏;先祖信十府君、安人劉氏;先叔祖信十五府君,安人黄氏、吴氏;先叔祖信念六府君、安人任氏;先叔祖信念八府君、安人汪氏;先叔祖信三十府君、安人汪氏,皆各房子孫所自出,恩德並隆,敬序中龕,永爲配享。恭六安人葉氏,生育恩深,寢祭宜恪,敢奉主于上右龕一位,以展孝思。自先伯考敏八以次府君暨先兄惠念四以次府君,兩世考妣,俱列上左右龕。此後昭穆,俱列下左右龕,以及有服之殤與無後者,各依位歲時祔食。仰惟先靈,歆妥厥居。庇佑後人,世承餘慶。謹以清酌庶羞,用申奠獻。尚饗。

一、時祭讀祝,亦倣宗祠例,惟中龕神主盡書行稱,左、右龕神主只總書祔,不必逐一宣讀,使其可繼。

一、祔饗神主,將萬曆十九年以前各行諱,盡書于《怡樂堂家規》《產物總簿》内,用備遺忘。以後,有新祔者,每年于正月初五送神日,對衆照式接續書之。惟無祀者,不得立主。蔑倫傷化、得罪祖宗者,不得祔。

一、歲時祀先。元旦,率衆子姓入寢閣賀歲,外正月初五日、春社、清明、端午、七月中元節、秋社、臘月廿四、除夜八節,每節陳設初支祖考妣位,正中南向。饌席一筵,悉照本堂簿規,五果、五餚、盞節、酒飯,餘左、右分設如常儀,務令整肅。邀上、下年首率同子孫,於本閣引禮拜祭、讀祝,祭畢不餕。

其有虛應故事,不盡孝敬者,非我族類。

一、冠、昏告于支祖考妣及高、曾、祖、考四代考妣。冠期前三日,昏期親迎日,各備隨宜茶果。力可辦者,或用饌席,皆于本閣陳設,支祖南向,四代東、西序向。冠者、昏者各隨主祭行禮;醮女者,惟主祭行。

一、冠畢謁祖,仍于本閣;昏畢謁祖,則於廳堂。陳設如本閣例,亦不必請主出龕,恐移動衆主,只以長條淡紅紙各書支祖及四代考妣行稱,各黏貼椅子靠背上。祭畢,同祝文焚之。

一、冠、昏告知寢閣儀節:就位,參神,鞠躬,拜,興;拜,興;拜,興;拜,興;平身。詣香案前,跪,三獻酒,讀祝文,俯伏,興,平身。辭神,四拜,平身,焚祝文,禮畢。

一、冠畢謁祖儀節:主人先行禮,冠者暫立于東側。主人就位,參神,鞠躬,四拜,平身。詣香案前,跪,三獻酒,讀祝文,俯伏,興,平身,復位,主人轉身西向。冠者就位,鞠躬,四拜,興,平身,焚祝文,禮畢。

一、昏畢謁祖儀節:三日,主人以婦見。通:序立,盥洗,復位,降神。引:詣香案前,跪,上香,酹酒,執事者跪進盤盞,主人受之,傾茅沙上,俯伏,興;拜,興;拜,興,平身,復位。通:參神,鞠躬,拜,興;拜,興;拜,興;拜,興,平身,主人獻酒,躬獻爵於支祖妣、前四代祖妣,執事斟酒,主婦點茶,畢,分立香案前,鞠躬,拜,興;拜,興,平身。主婦復位,主人不動,跪,讀祝文,俯伏,興,平身,主人轉身西向,新婦見,婿、婦並立兩階間,并拜,鞠躬,拜,興;拜,興;拜,興;拜,興,平身。辭神,衆拜,鞠躬,拜,興;拜,興;拜,興;拜,興,平身。焚祝文,并焚楮錢,禮畢,撤席,另舉饗婦之禮。俗饗婦設席于正堂中,按禮舅之禮,婦也席戶牖間,以賓禮尊之,授之室,俾爲主也,重之也,俗禮亦其遺意歟。

一、歲時祀先祝文

維大明萬曆　年　月　朔越　日,領歲事,孝裔孫某等敢昭告于本支顯初祖仲德公玄二府君;

顯初祖妣玄二安人吳氏;

顯世祖聲二府君,安人程氏、程氏;

顯世叔祖聲五府君,安人邵氏、程氏;

顯高祖恭六府君;

顯高叔祖恭十二府君,安人余氏;

顯曾祖寬三府君,安人程氏;

顯曾叔祖寬十三府君，安人余氏；

顯曾叔祖寬十四府君，安人曹氏；

顯伯祖信六府君，安人趙氏；

顯伯祖信七府君，安人吳氏；

誥贈通奉大夫、顯祖信十府君；

誥贈夫人顯祖妣劉氏；

顯叔祖信十五府君，安人黃氏、吳氏；

顯叔祖信念六府君，安人任氏；

顯叔祖信念八府君，安人汪氏；

顯叔祖信三十府君，安人汪氏。而言曰：祖功宗德，萬代如見。木本水源，百世一念。時維某季，節屆某辰。追感歲時，不勝永慕。謹以清酌庶饈，祇薦歲事。以恭六安人葉氏暨左龕歷世祖考府君以下、右龕歷世祖妣安人以下祔。尚饗。

一、冠期告知祝文：維　年　月　日，孝裔孫某敢昭告于本支顯初祖仲德公玄二府君、顯初祖妣玄二安人吳氏；

顯高祖考某官府君；

顯高祖妣某封某氏；

顯曾祖考某官府君；

顯曾祖妣某封某氏；

顯祖考某官府君；

顯祖妣某封某氏；

顯考某官府君，顯妣某封某氏。而言曰：某之長、次子某年漸長成，將以某日加冠于其首。謹以酒果，用申虔告。謹告。

一、冠畢謁祖祝文：維　年　月　日，以下同前，而言曰：某之長、次子某今日冠畢，用敢率見。謹以酒果，敬申奠告。尚饗。

一、昏期醮男告知祝文：維　年　月　日，以下同前，而言曰：某之長、次子某將以今日親迎于某官某郡某氏，不勝感愴。謹以酒果，用申虔告。尚饗。

一、昏畢謁祖祝文：維　年　月　日，以下同前，而言曰：某之長、次子某以某日昏畢，新婦某氏，敢見先宗。謹以清酌庶饈，敬申奠告。尚饗。

一、醮女告知祝文：維　年　月　日，以下同前，而言曰：某之第幾女，年漸長成，已許嫁某官某郡某人第幾子，其擇取某日于歸。今日醮女，不勝感愴。謹以酒果，用申虔告。謹告。

——萬曆《休寧范氏族譜》卷六《譜祠·祀儀》

明萬曆休寧縣林塘范氏宗族宗祠祀儀

林塘宗祠祀儀

一、謁祖，例於正月初三日，合本宗子姓，自弱冠以上，各具本色盛服赴宗祠，昭穆叙班，莊肅參拜。舊時，懸平章公及林塘遷祖千九公畫像于庭。萬曆壬辰春，衆議世代久遠，二像出自近年，疑似未的，不敢妄拜。以後只啟龕門拜主爲妥，而遷祖千九府君，安人吳氏、汪氏爲本村合族支派之始。是日，特於中龕前設饌席三桌，皆南向，每桌三爵，總置香案，顓伸合敬。各龕舊置盞酒，近於簡褻，免陳設。其三饌席即兩門支年者辦之，不餕。拜畢序坐，亦照清明時，東西相向。少許，掌祠尊長令執事散大餅，人各二枚，約重八兩，菓盒酒三盞，以當飲福受胙之意，亦聯屬人心、起愛起敬之一道也。

一、祠祭，例于清明節日。祭之前二日，祀首躬帥人役，掃除廳堂門宇，各龕前塵網，拭拂潔净。預定主祭正、分獻及各執事花名，黏貼祠壁通知，以便習禮。令善書者恭寫祝版如新式。凡祠中一切應行事件，皆預辦齊備，毋得臨時倉卒，失禮取罰。

一、主祭，吾家初議宗子，後以嫡庶賢愚有辭，且我朝典制惟繼襲論嫡，士庶祭祀，無宗子明文。因未立，凡族中生娶、殁訃，祠中巨細事宜，皆統之。各門尊長逐項登載《祠簿》，接管傳流，惇叙宗誼，從來無失。雖非宗子之名，實得宗法之意。故宗祠大祭，向從《祖規》，以值清明祀首數人主祭事，祀首有父兄在，則父兄爲主。今循例，但長者祭中龕，次祭左龕，次祭右龕，共行三獻禮，總讀祝。

一、中龕陳設始祖位，于庭中南向，特置香案，觀察使傳正公、翰林博士瑶村府君各西向；遷林塘祖千九府君東向，皆配饗庭中，各專席，奠帛三爵，祭中龕者主之。玄一府君以下各主，皆配饗堂中，以世次分前後，東西相向，各專席，總置東西香案、奠帛、三爵，分獻行禮。

一、左、右龕陳設，即於龕前量楹地闊狹，各爲總席，各置總香案、奠帛、三爵，分獻行禮。

一、中龕之主，惟始祖而下、功德顯著者，與各門支祖、爲衆房所自出者。此外，俱刊左右兩龕，各照世次遞遷。衆謂兩龕中，或有功於祠，或脩德於身,如古之鄉先生,没可祭於社之類,不論貴賤貧富,亦當酌議請入中龕,永爲配饗,以勸將來。稽各巨姓祠堂,多有此典,即七族統宗祠内,亦有仰德、述功二祠,但禮以時舉,姑闕以俟後人。

一、左、右龕應祧之主,乃高、曾以上者。但吾家清明祀首既非宗子,又未必皆尊行,何以定四代則祧之禮？兹會議以合族與祭,内名分最尊者爲準,遡而上之,屬四代外之主則祧。凡祧,皆於清明日祭畢,隨奉主入祧閣,亦從横渠張子之説,合祭而後遷也。

一、祭日,主祭以下,各夙興具服,按《會典》,主祭者見居官,則唐帽束帶；婦人曾受封者,則花釵翟衣；士人未爲官者,則幅巾深衣；庶人則巾衫結縧,婦人則大襖長裙,首飾如制。今祠惟焚黄者同主婦入祭點茶外,清明等祭,俱惟男子,各照本色整肅冠裳、衣巾,其餘服皆青色,貧者粗黑布亦雅,居制者易服入,以統于所尊也。重門洞開,祖考在上,俱從傍門、兩廊出入,肅聲斂袖,毋得喧譁。臨祭,尤當嚴謹,不得附耳私語、回頭四顧、搔癢伸腰、聳肩呵欠。拜時,必俟聲盡方起。拜後,勿遽拂塵抖衣,違者,罰。其各僕止于門外候,非呼唤不許擅入堂。違者,罰其主。

一、祭席,舊以見在與祭人數計,席預設于堂上,四面環向。祭時,即以此享神,不問神主多寡,是席原爲人設,非爲神設也。今定議先辦三龕饌席若干,餘照與祭人數若干,即預辦湊席。齊備,耦置廳事兩傍,用圍屏隔別,俟祭畢,通將各席如新例擺列餕飲。只一轉移間,尊尊、親親之禮兩不相悖,幽明咸安矣。其物品斤兩,上、下祀首較秤,俱如舊。

一、新正謁祖儀節:先燃香明燭,具饌席斟酒齊備。通:排班,班齊,鞠躬,拜,興,拜,興,拜,興,拜,興,平身；化財,揖,平身,闔龕門,捧龍牌,執事二人抬香燭案、聖諭龍牌,置庭中,宣《聖諭》,以音響洪亮者一人在龍牌左立,南向高聲宣讀"孝順父母,尊敬長上,和睦鄉里,教訓子孫,各安生理,毋作非爲"六句,鞠躬,拜,興；拜,興,拜,興,拜,興,拜,三叩頭,興,平身,禮畢。執事撤龍牌,各就坐。

一、清明大祭儀節:庭中、堂中各應祭神位,先用淡紅條紙,照祝文寫貼椅子靠背上,祭畢,焚之,不敢移動木主。通:執事者各司其事,主祭者就位,參神,鞠躬,拜,興,拜,興,拜,興,拜,興,平身；降神,引正獻詣盥洗所,盥洗,詣香案前,執爵者一人,注酒隨行,跪,上香,進酒,執爵者跪于正獻之右,酹酒,于茅沙上,俯伏,興,平身,復位。通:奠帛,行初獻禮,引正獻詣酒尊所,司尊者舉冪酌酒,執爵者四人、捧帛者一人,在正獻前行,帛先爵後,由中門入,一帛一爵詣始祖位,餘三爵分詣庭中三配位前各朝神位立俟，詣始祖平章公神位前。通：行分獻禮，各分引詣各分獻前同贊，詣盥洗所，盥洗，分獻以次而盥，詣酒尊所，司尊者舉冪酌酒，執爵者四人，在分獻前行，分詣堂東西配位及東西龕前各朝神位立俟，詣堂中配饗神位前，正引詣庭中始祖位，隨到隨贊，跪，奠帛，奠爵，俯伏，興，平身；詣觀察公神位前，跪，奠帛，奠爵，俯伏，興，平身；詣瑤村府君神位前，跪，奠帛，奠爵，俯伏，興，平身；詣林塘遷祖府君神位前，跪，奠帛，奠爵，俯伏，興，平身，稍立，俟分獻復位；分引各詣堂中東西香案，隨到隨同贊，跪，奠帛，奠爵，堂中配饗，每位一爵，內玄一、二、三聲，一、二、四、六位各加奠爵，餘爵皆先注酒，俯伏，興，平身；左贊詣左龕神位前，右贊詣右龕神位前。堂左者詣左龕，堂右者詣右龕，同贊跪，奠帛，奠爵，俯伏，興，平身，復位，分引、兮獻先行復位，正引贊：詣讀祝位，跪，讀祝者亦跪，取祝文退立於正獻之左，通：分獻以下皆跪。正引：讀祝，讀祝者跪讀畢，祝文置案上，退堂西朝上立俟。通、正引同贊：俯伏，興，平身，正引：復位。通：鞠躬，拜，興；拜，興，平身，行亞獻禮，正、分引各前，同贊：詣酒尊所，司尊者舉冪酌酒。執爵者八人受酒，共前行各朝八座神位立俟。正引：詣始祖神位前，分引：詣堂中配饗神位前，各引同贊：跪，奠爵，俯伏，興，平身；正引：詣觀察公神位前，跪，奠爵，俯伏，興，平身；詣瑤村府君神位前，跪，奠爵，俯伏，興，平身；詣林塘遷祖府君神位前，跪，奠爵，俯伏，興，平身，復位；分引、左贊：詣左龕神位前，右贊：詣右龕神位前，同贊：跪，奠爵，俯伏，興，拜，興，平身，復位。分獻俟正獻同復位。通：鞠躬，拜，興；拜，興，平身，行終獻禮，俱同亞獻儀，侑食，執事者執注，詣各神位前添滿盞中酒，闔門，祝噫歆，闔門少許，祝當門北面跪，作咳聲者三，啟門，點茶，以子弟代主婦，告利成，祝立于西階上，東向告曰：“利成”，徹饌，執事者各詣神位前，以籩豆稍移動，辭神，鞠躬，拜，興；拜，興；拜，興；拜，興，平身，讀祝者捧祝，進帛者捧帛，祝先跪，取祝文；捧帛者各跪，取帛，齊轉身向外立，各詣燎所，各由廟中門出，焚祝文，神位點紙并帛楮錢共焚，禮畢。

　　按，韓魏公家祭云：“飲福受胙之禮，久已不行，但以祭餘酒饌命親屬長幼分飲食之，可也。”本祠《儀節》，闕飲福受胙，蓋體此。又按，《事物紀原》云：“漢以來，葬者皆用瘞錢。後世稍以紙寓錢，至今喪祭之焚楮錢，蓋起於此。稽邵康節春、秋祭祀，亦焚楮錢。伊川怪問之，曰：‘明器之義也。’”《法苑珠林》云：“紙錢非釋氏法，用之無害。”正是明器之意，俗謂可資於冥途，則舛矣。

　　一、遞遷年躋送祧主儀節：清明祭畢，祀首、正獻一人、祝一人、引二人、執事二人即刻入寢室，先將中龕窗牖掩訖，以香燭案桌放在中龕窗外，到左右龕，請出應祧神主，各考妣相聯爲一位，每位空一、二寸，序次安置桌上，引贊：鞠躬，拜，興；拜，興，平身，跪，讀告辭，讀訖，燈上焚之，俯伏，興，平身。奉主入祧閣，一執事以盤盛香燭前導，一執事以盤捧祧主隨之，祀首又隨之，安於祧閣。與舊祧之主，昭穆爲序，揖，平身，禮畢。即行告知祧閣禮。

一、遞遷神主年告知祧閣儀節：是日，先於祧閣備饌席三桌，又二長桌，中一桌南向，餘桌照世次，前後東西相向，各置香燭案。每桌盞筯、羹飯、祭器及盥帨、楮錢，俱如堂中陳設。祀首主祭，各門房長與祭俟躋祧，禮畢。引贊：就位，鞠躬，拜，興；拜，興；拜，興；拜，興，平身，盥洗，復位；跪，上香，進酒，酹酒，俯伏，興，平身，復位。行三獻禮，跪，進爵，奠爵，再進爵，奠爵，三進爵，奠爵，東西席前後各三爵，皆先注酒，讀祝，俯伏，興，平身，復位；鞠躬，拜，興；拜，興；拜，興；拜，興，平身，焚祝文，幷楮錢焚之，禮畢。

一、清明大祭祝文

維大明萬曆年歲次　月朔日，領清明祀事，孝裔孫某等敢昭告于始祖唐同平章事履冰公，一世遷新安博村顯祖唐宣歙觀察使傳正公、夫人甯氏；

七世顯祖宋迪功郎、翰林博士瑤村府君，夫人胡氏；

十五世遷林塘顯祖國學上舍千九府君，安人吳氏、汪氏；

十八世顯祖玄一府君，安人方氏；玄二府君，安人吳氏；玄三府君，安人葉氏；

十九世顯祖聲一府君，安人方氏；聲二府君，安人程氏、程氏；聲四府君，安人程氏；聲五府君，安人邵氏、程氏；

二十世顯祖恭一府君，安人程氏；恭二府君，安人金氏；恭五府君，安人黃氏；恭六府君；恭八府君，安人汪氏；恭十二府君，安人余氏；

二十一世顯祖寬一府君，安人吳氏；寬二府君，安人金氏；寬三府君，安人程氏；寬六府君，安人趙氏；寬八府君，安人劉氏；寬九府君，安人蘇氏；寬十三府君，安人余氏；寬十四府君，安人曹氏。而言曰：祖功宗德，萬代如見。木本水源，百世一念。時維仲、季春，節屆清明。追感歲時，不勝永慕。敬以潔牲、柔毛、粢盛醴齊，祇薦歲事，以左龕歷世祖考府君以下、右龕歷世祖妣安人以下祔享本祠。尚饗。

一、遞遷年躋送祧主告詞

領祀事，孝裔孫某等敢昭告于某世顯祖考某府君、安人某氏，某府君、安人某氏。兹惟世次迭遷,昭穆繼序。先王制禮,不敢不至。敬奉主躋遷祧閣,曷勝感愴。謹告。

一、遞遷神主年告知祧閣祝文

維　年歲次　月　日,領祀事,孝裔孫某等敢昭告于十四世顯祖必誠公府君、安人孫氏,十六世顯祖菊山府君、安人張氏,十七世顯祖廷瑞府君、安人邵氏,十九世以下歷世顯祖府君、歷世顯祖妣安人。而言曰:今惟某世顯祖考某府君、安人某氏,某府君、安人某氏,以世次迭遷,躋茲祧閣。伏念列祖考、祖妣啟佑之恩,感時激衷,彌增永慕。謹以清酌庶饈,敬申奠告。尚饗。

——萬曆《休寧范氏族譜》卷六《譜祠·祀儀》

明崇禎歙縣城東許氏宗祠祀典條錄

宗祠祀典條錄

社祀。廟建郡城東門大街石坊,題曰"高陽里",重門三進,正堂侍立。社稷神位,坐以獅山,屏以問政,左象山,右紫陽,山環水抱。神妥鐘靈,四方人競祀之。本族置有社田三十餘畝,每歲取租柒佰餘斛輪收,迭爲祀首,額有定例。凡春祈秋報祀社大典,首家以是日敬備豚羊、牲醴、蔬帛致祭。畢,例有饌品,整胙鼓樂,樂散,四日盡飲。

小社。小社一壇,先年好事者爲之歡聚,至今猶爲盛舉,膳資祀儀、福胙樂散,亦如前式。

元日。每歲元旦,首家預備香楮、茶菓,五鼓謁廟,以俟族衆至齊,昭穆團拜。

燈節。元夜,有慶賞之禮,各會首家,輪以日次敍飲,自十一日至十八日止,永無攙越之嫌。

祠祀。社祠之右入,大廳五間,中堂爲演祀之所,亦敬宗睦族禮聚之地也。寢正室,侍立始祖考妣、各祖神主,樓名"旌義";上亦侍合族各支祖考妣遺像神主;後一樓上侍睢陽遠公、會公二神像。先世置有祀田三百餘畝,歲之穀利三千餘斛,及外之山塘、屋舍之子利若干。族有百分,每歲輪以十家爲首。首年收其田屋之資,次歲春、秋仲月望日,備儀陳設正堂,啟牘,迎出始祖七遷公、孺人駱氏,左昭大宣義公、孺人王氏,右穆三進士公、夫人萬氏配享，文穆公、夫人汪氏、汪氏各位神主，所有司禮者，進茶捧帛，讀祝三獻、飲福，各禮畢，計用豚胙五十餘口約二千餘斤、鷄百隻、魚百尾、棗、栗時果各百斤、蠟燭百斤、焚帛百端，香楮、蔬、肴、美醖之類，不及悉紀，譜有成規。各分分受胙肉九斤，各收獻卓儀，品分獻之胙。上妥宗祖之靈，永享蒸嘗之祀；下蔭子姓之蕃，世守不易之規也。

禮生。祠內春、秋致祭，各有定則，禮生四十二人，演禮畢，各受胙肉二斤。此外，有禮生之利息，不在祭田之例，亦每歲輪以七人爲首。

小祠。文穆公祠家廟、禾公百花營祠、山甫公等祠，每歲祭，每規有豕、羊、牲帛、蔬果分胙，亦皆盛典，係各子姓爲之。

掃墓。始祖會公墓金釵塢、三進士公墓結林，先世合族立有九十六分，置標祀之田若干畝，各山塘、屋租子利若干，每歲以八家爲首，首年收其子利。次年春，以清明前後三日爲規，敬備豚、羊、牲醴、卓席於梁下，裝備舟楫四號，每號鼓樂、酒饌、蔬果、湯飯支給，至彼二處標祀拜掃。畢，回舟，盡樂而歸。次日，問政山，詣七遷公墓及東七里、石塥頭各處祖塋祭。畢，亦有供給，照舟中式同。三日，祠內整齊，首家鋪設肴品、熟胙、佳釀、鼓樂，樂散盡飲。

鼓樂。凡祠內團拜、元宵社祀、春秋祀祖、掃墓等項，俱係新安衛人，彼亦有定則。如少有頂備之資，分胙、工食俱照祖例。

小膳塋。本族各分，自立小膳塋者，以其各支繁派不能總理，各以近支子孫自相爲拜掃之會，凡百餘家，約用猪、羊五十餘副，或舟或輿，遠近爭馳，亦如始祖拜掃致祭，鼓樂、散胙同。

——崇禎《古歙城東許氏世譜》卷七《宗祠祀典條錄》

清康熙歙縣潛川汪氏惇本祠標祀條例

標祀條例

撑長錢二人，拖槊燈二人，抬香桌四人，抬猪羊四人，抬食箱二人，挑祭桌一人，挑傢伙一人，挑點心茶一人，抬蒸飯二人，鼓手八人。

與祭，聽到轎夫，每人肉二兩、飯二碗、湯一碗，路遠加饅頭乙雙。管事二人，祭日五鼓，宰猪、羊祭品，先一日備辦。黎明，司祠四人，先往柿木嶺時俊安人墓祭，即趕至塥田天馬飲泉祠，衆俱乘輿，在塥田待俟；祭後，再同次坦頭片片落花；再次西王村螃蟹夜游；再次汪村邊；再次唐模憲公；再次古塘馗公；再次唐模社界山德暹公；再次唐模墓祠做祭，散祭，歸。

北鄉五祭，照前辦，路遠，宜早酌在何處吃飯，歸再散胙。

祭儀：猪一口，約六十觔；羊一口，約二十觔；菓罩五個；扎罩五個；麵，河西五碟；三饌，兔、鷄、魚；禮壺一把；爵杯三隻；杯盆一副；菓盒一個；椊圍三個；小香爐一個；香盒一個，末香、沉香；燭三對；香椊爐餅燭臺一副；祭文；告文；帛；紙錢標錢；猪首，三牲一副；金銀、紙馬，會計幾處，帶多少；麵餅六斤。

以後，逐年斯文一位，自舉族中能幹者二位，一同照看，不必多人，反滋紛擾。逐年清帳，祭後三日，開清登簿。批田徵租外，坐有田地、山塘租紋銀幾兩添用，自行註清。

——康熙《潛川汪氏惇本祠溯源家譜》卷六《享祀紀》

清乾隆十九年正月祁門縣康啟珂等立誠心保守祀產合同文約

立誠心保祀產文約康魁公秩下啟珂、鼎等，蓋聞人之生世，追思本源之德，必有酌宗報祖之費；鄉黨宗族，當成里仁之風，豈無門戶衆務之妥？亘古迄今，莫不同其一理也。今魁公秩下集衆，惟念上祖之垂蔭，誠念先人之刻苦，置遺山場、田產，自祖以來，世守無異。今因人丁蕃衍，賢愚不一，恐無歸束。是以閤族商議，設立合文，自兹以後，但凡各項衆業，各宜踴躍保守，毋得(系)[絲]毛變易。祀內遞年所存租谷、利谷，族內人等，必要經手之人眼仝現銀坐賣，將銀入匣公存，毋得私自賒借，吞收祀內銀錢。族內併他姓人等，倘有移借，務必將田或賣或當，須令佃人立約，以便監交。其餘田產併立借字，一概不當不借。如或循順私情授受，立追經手賠還。所有銀錢谷利，出入支收，隨時謄清行簿，俟筭賬之日，眼仝開匣，寔註庄簿。倘有移漏不清，經手賠還，毋得異說。倘有異棍侵橫竊盜祖林青山樹木，即當平理正法，毋得爲私棄公，推諉躲縮。自立合文之後，各宜遵守。倘有梗頑不肖眇踰不遵，仍蹈前轍，侵私橫行，先以不孝罪治。如恃强不法，合衆即將此約呈官理究。若有循私賣情，一同罪論，斷不姑恕。今立合同五紙，存祀匣壹紙，爵、祿二房各執弍紙，永遠存照。

再批：遞年議定管祀事二人，祀內拔出銀，津貼經管之人，以爲辛勤之資。照。

乾隆十九年正月十六日,立合同文約康魁公秩下

啟珂	押	子代	良銘 押
啟琰	押	子代	良杰 押
啟鼎	押	侄代	良熠 押
良燦	押	良銓	押
良錞	押	良鍾	押
良燻	押	良賢	押

合同五紙,存匣壹紙。爵公秩下:良賢收壹紙,良杰收壹紙。禄公秩下:良燦收壹紙,良熠收壹紙。

——封越健主編:《中國社會科學院經濟研究所藏徽州文書類編·散件文書》第四册,社會科學文獻出版社,2017年,第5—6頁

清乾隆二十五年二月績溪縣西關章瑞鍾恭復祀事條規序

恭復祀事條規序　瑞鍾

伊古鳩宗建廟,所以萃涣合離;敬立禴祀烝嘗,所以報本追遠也。人無判乎知愚、賢不肖,入廟未嘗不思水木源本,而供祀事顧欲孔明以光大典。苟簿正之設不先,則慢懈之竇浸啟;禮儀之制不備,則褻越之漸斯萌,不容不慎重而分明也。

歲在庚寅春仲,有志諸查刷聿觀祠祭,而慮司值之不克視昔以供厥事,爰延宗子、族長、斯文,其復臚列《條例》,越三日,乃成祭,尚致敬。備物不特豐潔粢盛,承祭者儀度必嚴,務求執事謹愙原本祖制而俾春祠冬烝。凡我與祭,對越在廟,罔敢失墜,以共伸敬承,其於愛存憖著、優見愾聞庶幾近之。且其間崇德報功之典既彰,敬尊愛親之義亦具,凡序昭穆與齒、(辦)[辨]貴賤與賢,無弗有倫有要,抑租稅存其羨餘,可以備修祖廟於春、秋,免動科派族衆,亦妥先裕後之一端焉。雖間有與邇年稍加損益,然皆度義定分,蓋亦查稽沿没舊章以修復之,非敢以後裔私心創爲軒輊耳。

竊聞子曰:"我祭必受福。"聖賢豈欺我哉? 又讀《詩》曰"降福"、曰"眉壽",及《商頌》之卒章亦曰"保我後生",經傳更歷有明徵。我族自兹以往,仁孝之念油然而生,循是《條例》,以衍烈祖,未必不獲邀降鑒而綿其福保。鍾願與諸父、諸兄、仲叔、季弟共勉於勿替。

時乾隆庚寅春仲,裔孫瑞鍾百拜盥手敬撰。

——民國《西關章氏族譜》卷三十六《序》

清乾隆三十一年十一月祁門縣十四都某姓及楸等立申飭遵守合同管理租則祭產文約①

立申飭遵守合同文約位中公祠秩下及楸、及灝、蘊瑛、蘊瑶四大房人等,原承上祖英才公祠、至域公祠輪流頭首,已經衆提存祀經管。近有續置田租、山場、碓基等項,盡係存留祖父祠内保守墳墓修理之費。今叔侄僉議,將所存田租内扒加八租陸拾秤,存公祖安公爲祀,四股輪流經管,以作標掛等項。爲此,特立文約爲憑。竊恐日後子孫繁衍,倘有不肖者妄行私鬻,破壞祭產,獲罪於先人,且啓費論於賢子孫,因托憑族長爲證,專立存留文書,所有土段,逐一開載于後。自定之後,各房子孫,永遠遵守,毋許私行質鬻。如有等情,聽賢子孫賚文陳官,責令取續,治以不孝罪名。如再抗違,逐出祠外,永不入祀祭拜。嗣後,子侄經管祭祀事體,各宜秉公持正,毋得狥私侵尅。設有餘積,充拓祀業。今欲有憑,立此合同文約四紙,各收壹紙,永遠存照。

計開管理租則祭產派後:

六保:梨樹塢,加八租弐秤○十一兩;苦竹塢、正塢,加八租十七斤四兩;古塘坑_{大彎圫},減租三斤;梨樹圫,減租九斤四兩;言坑、梨樹塢,加八租弐秤十斤;查家塢口,加八租三秤;蘆塢,租十弐斤;住膓塢,租五斤;大源塢,減租十乙斤,減尘八斤;石梘塢,減租乙秤十六斤;斜坑裡截,加六租七秤十四斤十兩;生墳塢大圫,減租乙秤;黄梅坳,加六租乙秤○弐斤;沙段,加八租乙秤○弐斤;楓樹塢口,原租加六十七秤七斤五兩,又減尘三秤;陳家門前,減租六斤,減尘四斤。

三保:塚林下,租五斤。

八保:流真坑,原租五秤○五斤八兩。

九保:黄土圫,租五斤十兩;長秧圫,加八租乙秤○乙斤。

---

① 封越健主編《中國社會科學院經濟研究所藏徽州文書類編·散件文書》第四册,未標出該件文書所在縣域,題名爲《清乾隆三十一年十一月某某縣某姓及楸等立申飭遵守合同管理租則祭產文約》,今查《安徽省祁門縣地名録》,結合相關地方志資料,考訂該文書中"言坑""石梘塢"等地名均在今祁門縣境内,故擬縣域名爲"祁門縣"。

十四都：絲毛圫，加六租三秤〇八斤；長叚，加七租四秤〇五斤；方塍段，減租八斤，減𠫗乙秤十五斤。

存祠田產：

六保：安成圫，加八租十乙斤四兩；斜坑中截，加八租式秤九斤；弓手叚，加八租式秤十三斤；王龍住前，加六四秤；宋王大塢，加八租式秤；石碑頭，加六租七秤十式斤，減𠫗乙秤；墳下上單，減𠫗十斤；古塘坑、峽里，加八租三秤〇乙斤；大圫、深圫，加八租三秤；大王二塢，加六租三秤；後頭塢南培，加六租乙秤十斤；齊坑源頭，租十斤八兩；金釵塢口，加八租式秤〇四斤半；金釵塢，加八租式秤十七斤；古塘坑，加八租三秤十四斤。

七保：八畝叚，減乾小麥乙秤十斤。

九保：黃鳩塢，減𠫗式秤。

十二都：下梘，加八租乙秤，又莊基分籍。

三保：九十里，加六租三秤〇七斤半；張村源，加六租式秤〇四斤；低壟，加六租三秤十乙斤半；本地碓基一所；黃陳源高地，信鷄乙隻，鴨子四個；淡竹塢苗山一叚。

一本堂，䄛谷乙秤。

蘊瓊山契壹紙，蘊琚山契壹紙，海曉山契壹紙。

乾隆三十一年十一月十一日，立申飭遵守合同文約位中公祠秩下經手
及楸　押　　及灝　押　　蘊璵　押　　蘊瑶　押
中見　　侄夢蓮　押　　侄孫興龍　押　　之良　押　　華邦　押
代書　　永嘉　押

——封越健主編：《中國社會科學院經濟研究所藏徽州文書類編·散件文書》第四冊，社會科學文獻出版社，2017年，第9—10頁

清乾隆四十年七月祁門縣李務本堂秩下李任和等立議管理祠產賬目合同[1]

立議合同李務本堂秩下人等，緣本堂歷來賬目結算清楚，並無混亂朦

---

[1]　封越健主編《中國社會科學院經濟研究所藏徽州文書類編·散件文書》第四冊，未標出該件文書所在縣域，題名爲《清乾隆四十年七月某某縣李任和等立議管理祠產賬目合同》，據《安徽省祁門縣地名錄》，結合相關地方志資料，考訂該文書中"李務本堂"爲祁門縣十西都李氏宗族之祠堂，故擬題該件規約文書之縣域名爲"祁門縣"，并增加"李務本堂秩下"文字于"李任和"之前，以強調其唯一性。

朧。詎意雍正年間以後，管事者雖不乏人，無如賬目殘缺，間有結筭之日，亦不過補苴枝倆，以致賬目叠叠不能歸楚，而秩下人等借端挪扯蒙蔽，弊不勝言。今本堂協同公議，所有從前支下各人收入等項，概不推求，聽其問心而已。自今以後，衆舉管事人六位，一切收支，須要眼同登記，公明清結，不許藉口前人挪欠比擬肥私。如有此情，察出公罰。在支下不管事人等，亦不得魆地鼓簧饒舌，致令内相攻訐以廢祀事。倘遇大故，必須邀率三門人等公同妥議，以決行止。而秩下不管事之人，亦毋庸袖手旁觀，多方推諉。今立合同一樣七張，各執一張存照。

再批：自議之後，司事人等務要培植祀事，不得狥情，私相授受。倘有此情，以不孝罪論。押。

乾隆四十年七月初一日，立合同務本堂
秩下同議人　任和　震和　順和　押
　　　　　　莊　押　兆坡　押
　　　　　　文星　天桂　在文　押
　　　　　　邦基　觀德　押　起炳　押
　　　　　　如珩　洪元　押
　　　　　　寬仁　將盛　押
　　　　　　銘　德寶　將華　押
　　　　　　大理　押
　　　　　　士捷　押
　　　　　　士扶　押

秉筆　大邦　押
一管事人名　順和　押　莊　押　在文　押　大邦　押　將盛　押
　　　　　　士扶　押

——封越健主編：《中國社會科學院經濟研究所藏徽州文書類編·散件文書》第四册，社會科學文獻出版社，2017年，第11—12頁

清乾隆休寧縣龍川吳氏宗族立廟祀祖規約條議

初立廟祀序

蓋聞木有本，水有源，人之有祖，（由）［猶］木、水之有本源也，惡可以忽

乎哉？故奉先思孝，慎終追遠，春、秋祭祀，庶稍以酬祖德、報宗功而人道之首務者。吾氏鼻祖泰伯遜讓居吳，遂爲吳氏一世。後季札辭位，封於延陵，而郡從出焉。至唐六十一世，少微公官拜左臺御史，歸隱本邑之石舌山，又爲遷休始祖。後抵七十二世太乙公，因遊獵至青山洞，愛山水之迴環，遷居汪圩，遂爲里之始祖。後未數世，洪水冲破，壞址散居。七十六世祖發公遷居龍川，又爲龍川始祖。然族浩門分，未遑細述，姑以吾支言之。吾八十四世祖聰公爲萃慶堂之元祖，今則又十餘世矣。山居禮簡，蒸嘗典缺，先世有志于斯者，第患人心匪一，猶豫不果。語諸後人曰："若等能修墜典，即爲繼述賢裔，不愧吾宗，行將有昌大者。勉之哉，勉之哉！"余等稟承先志，服膺不忘，乃於己卯之春，集我長、二、三房，熟議其事。果符先世遺言，人心匪一，洵乎先輩之不吾欺也。乃細詢諸族人，而同志者什中亦得七八。至于頑梗不化者，不過什之二、三。余等奮然互勉曰："若等不聞聖人之言乎？見義不爲，無勇也。建座安主，乃吾儕分内之事，胡可避嫌推諉？至於爲功爲過，誰毁誰譽，千載之下，自有公評。"爰是集同志，勸厥事，于萃慶堂右造立一座，設三祖主，附安列祖諸靈。其裝座木工，擇吉安祭，所費不資。凡每支丁，各斂銀壹錢，以備前用。其當付出暨力弱後出，并故拗不出，概列名於簿，次某已出、某未出、某不出，使後世一目瞭然，賢愚自定。至于有分、無分，亦可以類而推，毋煩諄諄置辯。立座之事雖完，而蒸嘗之典尚乏。欲綿祭祀，必賴常儲，使萬祀春、秋致敬有根，而奕葉報本有所取給者也。適值古漢李僕服勞已經多世，今李僕家裕豐財，乃煩本邑當事轉求脱役，至再至三。我族既不好拂當事面情，又迴憫李服勞已久，繳還身契，受銀肆拾。有識者指曰："李乃祖僕，奚不將兹身價以爲萬年祭祀常儲？公物濟公用，胡爲不美？"余等曰："斯言是也。"乃將斯銀置當租佃及斂丁銀支費，清列于賬，年收穀利，以辦清明、冬至二節之用。所議諸儀，列備條于後。座立矣，祖安矣，蒸嘗有主矣，報本之忱可以少盡矣。述諸事明，恭爲小序。

　　皇清乾隆二十四年歲在己卯暮春良辰，婺北祈園王國楷書。

　　支丁長：吳啟發　吳啟濟　吳閔賢

　　同議會首：吳啟時　吳潤賢　吳昌賢　吳聞賢　吳星賢　吳㫬賢
　　　　　　　吳息賢　吳銓賢　吳奕煌　吳奕光　吳四元

　　條議開列：

　　衆議未出分金者，永遠不得入會。自戊寅年之前，本年得子者，至十歲，出銀壹錢入席。眾議其銀清明交眾，冬至飲酒。自己卯年玘得子者，出銀叄分，交會生息；至十歲，出銀叄分入席。眾議不出。

一、清明齊集，上墳掛柏給胙。不到者，停胙。

一、議四十里之內，不到者，執胙無辭。

一、議未出分金者，不得上清明宗簿。

一、議在會者，租佃穀收割，即交頭首收領。違遲不交者，干穀以作生穀筭之數。

一、議租佃穀，照時價筭，備辦祭儀。

一、議頭首收租佃穀，不得身坐。違不遵者，以作不孝理論，追穀交眾，革出會外無辭。

吳啟發，銀壹錢；吳冬生，銀壹錢；吳啟時，銀壹錢；吳啟傑，銀壹錢；吳啟官，銀壹錢；吳啟振，銀壹錢；

吳秋生，銀壹錢；吳冬九，銀壹錢；吳啟高，銀壹錢；吳啟珠，銀壹錢；吳潤賢，銀壹錢；吳洵賢，銀壹錢；

吳淳賢，銀壹錢；吳天錫，銀壹錢；吳世賢，銀壹錢；吳戀賢，銀壹錢；

吳鍈賢，銀壹錢；吳閔賢，銀壹錢，三十八年分去，閩上天領；吳聞賢，銀壹錢，三十八年分去，自領；吳三元，銀壹錢；

吳星賢，銀壹錢；吳恕賢，銀壹錢；吳河賢，銀壹錢；吳貴賢，銀壹錢；吳茂賢，銀壹錢；吳四元，銀壹錢；

吳七壽，銀壹錢；吳海賢，銀壹錢；吳息賢，銀壹錢；吳得元，銀壹錢；吳錡賢，銀壹錢；吳銓賢，銀壹錢；

吳禮賢，銀壹錢；吳孫賢，銀壹錢；吳圭賢，銀壹錢；吳恩賢，銀壹錢；吳義賢，銀壹錢；吳惠賢，銀壹錢；

吳思賢，銀壹錢；吳日賢，銀壹錢；吳鎮賢，銀壹錢；吳金賢，銀壹錢；吳湖賢，銀壹錢；吳信賢，銀壹錢；

吳悠賢，銀壹錢；吳德壽，銀壹錢；吳德種，銀壹錢；吳鑑賢，銀壹錢；吳悌賢，銀壹錢；吳德順，銀壹錢；

吳忠賢，銀壹錢；吳怡賢，銀壹錢；吳坤賢，銀壹錢；吳積德，銀壹錢，戊戌年歿；吳奕有，銀壹錢；吳奕祈，銀壹錢；

吳奕福，銀壹錢；吳奕美，銀壹錢；吳奕旺，銀壹錢；吳奕相，銀壹錢，三十八年分，閩上天領；吳奕濤，銀壹錢；吳奕瀛，銀壹錢；

吴奕贵,银壹钱;吴奕财,银壹钱;吴奕传,银壹钱;吴奕模,银壹钱;吴奕盛,银壹钱;吴奕棠,银壹钱;

吴奕亮,银壹钱;吴奕新,银壹钱;吴春生,银壹钱;吴奕榜,银壹钱;吴奕槐,银壹钱,三十八年,闻上天分去;吴奕树,银壹钱,三十八年,闻上天分去;

吴奕松,银壹钱,三十八年,闻上天分去;吴奕隆,银壹钱;吴奕进,银壹钱;吴奕楣,银壹钱;吴世顺,银壹钱;吴世瑞,银壹钱;

吴奕澍,银壹钱;吴锟贤,银壹钱;吴镰贤,银壹钱;吴奕明,银壹钱;吴奕昇,银壹钱;吴奕祖,银壹钱;

吴瑛贤,银壹钱;吴永贤,银壹钱;吴奕俊,银壹钱;吴奕裕,银壹钱;吴奕坤,银壹钱;吴边贤,银壹钱;

吴奕顺,银壹钱;吴斛贤,银壹钱;吴奕棣,银壹钱;吴奕聚,银壹钱;吴仪贤,银壹钱;壬午年入席,吴奕瀬,银壹钱;

壬午年入席,吴全贤,银壹钱;壬午入席,吴奕梓,银壹钱;吴世儒,银壹钱;吴斗贤,银壹钱;吴奕礼,银壹钱;吴奕虎,银壹钱;

癸未年,吴钦贤,银贰钱;吴奕永,银壹钱,甲申入席;甲午年,吴奕兴,银壹钱;梁贤,银壹钱;奕樟,银壹钱;丙戌年,位贤,银壹钱;

世伦,银壹钱;奕煌,银壹钱;丁亥年,世仕,银壹钱;奕麟,银壹钱;奕基,银壹钱;庚寅年入席,奕桐;入席,奕溟;庚寅年入席,奕秋;辛卯,奕滔;奕瀚;丙申年入席,世森;丁酉年入席,世杰;壬寅年入席,世华;昌云。

吴启泽,银壹钱;吴启颢,银壹钱;吴启济,银壹钱;吴启高,银壹钱;吴启汉,银壹钱;吴启治,银壹钱;

吴启篮,银壹钱;吴柏贤,银壹钱;吴昌贤,银壹钱;吴暴贤,银壹钱;吴㚒贤,银壹钱;吴想贤,银壹钱;

吴思贤,银壹钱;吴椿贤,银壹钱;吴楷贤,银壹钱;吴榜贤,银壹钱;吴树贤,银壹钱;吴泓贤,银壹钱;

吴栋贤,银壹钱;吴梁贤,银壹钱;吴奕麟,银壹钱;吴奕德,银壹钱;吴奕馀,银壹钱;吴奕连,银壹钱;

吴奕昭,银壹钱;吴奕灿,银壹钱;吴奕煌,银壹钱;吴奕炳,银壹钱;吴奕均,银壹钱;吴奕正,银壹钱;

吴奕光,银壹钱;吴奕明,银壹钱;吴奕炡,银壹钱;甲辰首,吴奕玲,银壹钱;吴奕埤,银壹钱;吴奕环,银壹钱;

吴禎賢,銀壹錢;吴奕㸌,銀壹錢;吴奕燈,銀壹錢;吴奕炎,銀壹錢;吴運賢,銀壹錢;吴啟信,銀壹錢;

吴啟順,銀壹錢;吴譜賢,銀壹錢;吴啟俠,銀壹錢;吴奕垣,銀壹錢;吴添丁,銀壹錢;吴得九,銀壹錢;

吴世茂,銀壹錢;吴勵賢,銀壹錢;吴啟侃,銀壹錢;吴奕瑞,銀壹錢長房;壬午入席,吴世盛,銀壹錢;

吴觀運,銀壹錢甲申入席;世讓,銀壹錢丙戌入席;庚寅年入席,世彬;入席,世金,辛卯,世璧。

乾隆三十八年三月清明後次日,長、二房支丁各輸銀兩列後：

秋生,錢壹兩;啟高,肆錢;啟珠,錢壹兩;鑼賢,錢壹錢;錡賢,錢叁錢;

息賢兄弟,錢叁兩;思賢,錢式錢;義賢,錢伍錢;海賢,錢壹錢;湖賢,錢一錢;

銓賢,錢伍錢;鎮賢,錢壹兩;鑑賢,錢肆錢;錕賢,錢肆錢;奕明,錢壹錢;

奕進,錢壹錢;奕賜,錢壹錢;奕樹,錢式錢;奕聚,錢壹錢;奕楣,錢壹錢;

奕傳,錢式錢;奕祖,錢叁錢;四元,錢式錢;珪賢,錢壹錢;添丁,錢壹錢;

信賢,錢叁錢;天富,錢叁錢;孫賢,錢式錢;怡賢,式錢;煥賢,錢壹錢伍分;

全賢,錢壹錢;金賢,錢壹錢式分;奕祁,錢叁錢;奕旺,錢伍錢;奕濤,錢叁錢;奕貴,錢式錢;

奕煌,錢壹錢;奕盛,錢壹錢;奕亮,錢壹錢;世仕,錢壹錢;

奕昇,錢壹錢;奕模,錢壹錢五十一年清明收;鍈賢,錢肆錢;禮賢,錢式錢;

奕德,錢叁錢;啟漢,錢伍錢;啟治,錢壹錢;昌賢,錢式錢;溥賢,錢壹錢;

泓賢,錢壹錢;勷賢,錢叁錢;奕德,錢壹錢;奕海,錢式錢;奕河,錢式錢;

棟賢,錢壹錢;奕光,錢肆錢;奕連,錢肆錢;奕煌,錢壹兩陸錢;奕燦,錢式錢;奕環,錢壹錢;

觀運,錢壹錢;先太嫂,錢壹錢;奕信,錢伍兩扦居光家岭,每年兩位;來標掛,住一宿,長、二房輪流接待,茶飯每位飯金,眾議約計壹錢,支眾賬;

三元,錢式錢,三十九年清明付出;樹賢,長子生於辛巳年,姑蘇生育,至于甲午年回家入席,出本利銀式錢;

四十年,收助世瑞錢壹錢式分;

補三十八年奕瀛助錢伍錢,嘉慶七年奕槐助銀式兩。

乾隆弍拾四年三月右邊裝祖座，安祖主，設祭祀，各項費用列後：

支銀捌錢柒分，買樹；支銀弍錢捌分半，買板；支銀伍錢，買鎖；支銀壹錢伍分，買鐵打鎖橋；支銀壹兩，木匠工併飯十月；支銀肆分半，桐油乙斤；支銀肆分，買聯紙二張；支銀壹錢弍分，登賬紙。裝座共支弍兩伍錢陸分。

支肆兩弍錢壹分，備祭儀用；支銀壹錢伍分，下閃當租交易，酒酌用；支銀捌分，買腐酒。

乾隆二十四年衆萃慶堂當租佃穀開列：

一、買下閃土名背紅坑田租捌秤，價銀拾弍兩捌錢正，租穀陸秤拾弍斤，辛巳取去。

一、當土名上庄沙塢澤田租肆秤，價銀肆兩伍錢正，租穀叁秤。

一、佃孫賢土名塌頭坑佃皮拾秤，價銀肆兩伍錢正，收佃利穀叁秤。四十四年二月十九清明日，收本利（乞）〔訖〕繳還。

一、當奕連土名龍降坦田租叁秤，價銀叁兩正，租穀弍秤，卅七年取去。

一、佃啟傑土名下圩佃皮陸秤，價銀叁兩正，佃利穀弍秤，壬午年取回去。

一、佃方友祿土名石墻山佃皮陸秤，價銀伍兩正，佃利穀叁秤零拾斤。

一、當許觀寶土名嶺下田租伍秤，價銀肆兩正。

一、佃聞賢土名長公段佃皮拾秤，價銀弍兩正，佃利穀乙秤零拾斤。

一、當奕焔土名搭梘田叁秤，價銀叁兩正，租穀弍秤，三十四年二月廿七清明日取回。

一、佃福能土名上圩佃皮柒秤，價銀肆兩壹錢陸分，佃利穀弍拾斤，壬午年清明日取回，繳清。

一、佃胡齊生土名木杓垰佃皮叁秤，價銀二兩八錢，佃利穀乙秤弍拾陸斤。

一、佃胡桂生土名黃土降佃皮伍秤，價銀弍兩，佃利穀乙秤〇拾斤。

一、當信賢土名羊塢山租叁秤，當價叁兩，利穀弍秤。

一、佃公位土名塌坑口、下圩，共佃拾肆秤，佃價銀拾兩，利穀陸秤廿斤，卅七年取回。

一、佃洪旺孫土名系機塢佃皮陸秤，佃價銀叁兩，利穀弍秤。

一、聞賢加長公段佃價九五色銀弍兩正，利穀乙秤〇拾斤。

一、佃義賢土名汪圩佃皮叁秤，銀壹兩正，利穀廿斤。

一、當奕環土名屋基垰田租肆秤，交租穀弍秤弍拾肆斤，此當紙在添。

一、土名椅岑大山原約一道,租佃陸秤,當價銀式兩肆錢叁分叁,係二十六年實穀乙秤。

一、土名台上佃皮捌秤,肆元當價銀式兩伍錢,佃利穀壹秤廿斤,取去,二十八年。聞賢借去銀乙兩柒錢,并前兩宗叁共伍兩柒錢正,共交佃利穀叁秤廿肆斤。

一、當土名岑根田租式秤拾伍斤,當價九五色銀叁兩正,三十五年。
三十八年三月十二取回,遞年收實穀式秤,奕連當交穀成桂。

——《徽州會社綜錄》下冊

清乾隆歙縣徐潭徐氏墓祠備祭則例

備祭則例

一、祭器、祭品,不必如他族用籩豆、醢脯之屬。苟製器不如式,製品不能精,非古非時,反滋褻瀆,以貽笑大方,不如從俗之為愈。倘後賢有窮經稽古、研於講究者,不妨再易。

一、祭猪一口,其輕重須酌合於頒胙所用之數,寧少勿多。以少則祀首族之胙可折銀買補,若多則棄於無用之地,其費殊可惜。今後議照每年時價折胙,頗為省手。其祭猪仍稅用,其稅價向例銀三錢,總聽祀首之族從便。

一、祭羊一牽,禮畢之後,除公送洪宅四分之一外,其餘分頒各族行祭之禮生,佐以祭餅一雙。其羊價約在一兩三錢之內。

一、中座用三饌:雞、兔以猪肚代、魚。左右四座,俱用素三饌。

一、中座用四祭盒:猪首、雞、魚、肉、祭餅、筍、韭、豆腐。此猪首、雞、魚三件,皆用腌者,祀首之族帶來一用,可以省費。

一、五座俱用十肴:五葷:肉、雞、魚、蛋花、鰕米、韭。五素:包、筍、香蕈、木耳、煎豆腐。共五十碗,可作飲福五席之用。他肴聽換。

一、中座用二湯二飯,增杯盤二副、箸二雙。此外,四座只各用一湯一飯,現設有杯箸,不必另增。

一、中座用五果盤:元眼、荔枝、胡桃、棗、栗。他果聽換。

燎儀:奠帛二束、長錢二竿、掛帛一竿,標墓、大錫箔二千、大筐紙十刀、火爆一串五十響、棒香一把、蠟燭七對、大紙馬一座,祀土。

祭器:
錫爵杯三隻、錫饌碗三具、錫杯盤一副、錫醴壺一把、果盒一具、長托盤二面、漆盒四圓、茅沙盤一具、酒樽一具朽全、樽冪一幅、桌帷八幅、錦手巾一條、面盤一圓、盒架一座、木箸四十隻、漆杯四十隻、漆果盤五面、肴碗五十隻,廚人包帶、漆饌碗十二隻、湯飯碗十二隻。

首開錫祭器四件,祠中永不必辦,以防日久侵失,致起爭端。每年祀首之族自帶來暫用。

外,每年祀首之族自帶暫用器具:

茶罐一具、大小錫茶壺、斟酒壺五把、大錫酒鱉、布袋一隻,盛米用、風爐扇二把、茶葉半斤,開公帳。

記帶醃豬首、雞、魚三要件。

——乾隆《新安徐氏墓祠規·備祭則例》

清嘉慶二十四年五月休寧縣張光義等立經管祀匣章程合議墨

立合議墨人敘倫堂秩下張光義等,緣本堂承高祖星晙公創建堂宇,上妥先靈,下安支裔。自曾祖象佩、伉公等分爨,三家另提恒產,設立貯匣,以爲孫枝日新月盛,永遠世守,成盛舉也。不幸憲奇、烈二公早歿,匣無經管,雖有業進益,知者魆吞,每過分價,爾搶我奪,出入均不開支。乾隆五十五年,長房光昭外回,將匣欲理,向憲星公訊明。伊不開導,反嗔面叱,以致弛廢。後至嘉慶元年,三房光普承管,進出勉敷,亦無多餘。今春往楚,恰值明鳳回里,是以邀集公議,將匣清理。查閱乾隆十七年起至四十四年止,簿帳開載,收支分明;四十五年起至五十五年止,結簿各該乙百柒拾餘兩;五十六年起至六十年止,無帳稽查。四十六年,祀買光美楓樹灣山一號,後伊仍嘉慶十六年魆行復賣,殊非情理,俟後豐裕,贖回入匣。五十六年,光龍、美將湧漿坑學田魆當冰潭吳宅,長房於嘉慶二年備價贖回,此租權且長房收息,俟匣盈餘,提價償還,仍歸入匣。嘉慶八年,憲奇公空十排會領項,各甲坐追,伊家實無措辦。故念同堂誼義,將金竹坎井號山賣出,湊伊歸還項訖。前坑年田,嘉慶二十年,光普借當,伊家遞年認償穀柒秤,交支年者收,俟後伊家贖回,仍歸原田。查五十五年至本年止,各房支丁所立欠項,另謄於簿,俟後支下子孫興旺之日,歸還祀內。既前已往,均不細計。照閱以前私懷肥己,非但國課無供,抑且廳宇傾圮,成何體統?再不卓立《章程》,恐後更難整頓,特此邀同公議,祀匣議與長房經管,不得徇情(侮)[舞]弊。倘遇業分價,支下知者通知長房取收，註明清白，分文無弊，以免廢貯之咎。如再仍蹈前轍，鳴鼓共攻，以不孝罪論。今特立合議墨一樣三張，各執一張，永遠遵守爲據。

一、議本堂《規例》，均遵前議，所有豐歲，候祀內豐裕，再行設酌。

一、議祀匣事務，銀錢進出，俱係長房經管。倘遇業分價，支下人等不得向取。如有隱匿，察出倍罰。

一、議大廣公貯田，臨繼房做年，其租亦照前與經管人收。今議取價銀三錢，以免二、三房争收滋事。

一、議貯内除用度之外，倘有盈餘，支下不准私領。如遇合式產業，公同踏實，商酌方買，不得擅自擅專。

嘉慶式拾四年仲夏月　日，立合議墨人　張光義　押
　　　　　　　　　　　　　　　　　　光美　押
　　　　　　　　　　　　　　　　　　光普　押
　　　　　　　　　　　　　　　　　　光達　押
　　　　　　　　　　　　　　　　　　光明　押
　　　　　　　　　　　　　　　　　　明德　押
　　　　　　　　　　　　　　　　　　明鳳　押
　　　　　　　　　　　　　　　　　　明秀　押
　　　　　　　　　　　　　　　　　　明魁　押
　　　見議秉筆門弟　　　　　　　　　洪錦　押
　　　　　　　　　　　　　　　　　　明綸　押

光前裕後。

——封越健主編：《中國社會科學院經濟研究所藏徽州文書類編·散件文書》第四册，社會科學文獻出版社，2017年，第15—16頁

清道光十七年三月歙縣大阜潘氏宗族蘇州支族松鱗莊祭祀規條

松鱗莊祭祀規條道光十七年三月定

一、先曾祖光禄公嘗手置祭田，爲日後漸次擴充之計，筆之《家訓》，有志未逮。祖父仰承先志，遺命將自置田一千四畝七分六釐四毫捐爲贍族義産，並捐資建設莊屋一所，以垂永久。叔父芝軒公奉叔祖雲浦公遺命，捐田二百畝，爲本莊子弟讀書公産。從兄曾彦、曾琦、曾齡、曾丙，從弟曾毅，奉叔祖畏

堂公、叔父樹庭公遺命，捐洋二千圓，以助建莊之費，皆先曾祖遺意也。現在義莊既設，正楹奉先曾祖光禄公神位，東序兩室奉祖考光禄公、先考朝議公神位，西序兩室奉兩叔祖光禄公、叔父中翰公神位，中楹奉六世祖主政公、五世叔祖教諭公、高祖光禄公神位，後楹奉始祖唐刺史公神位，左右兩室奉歷世祖先神位。其六世伯祖、五世諸叔祖暨高、曾兩世伯叔，均祔祀焉。每歲春、秋，掌莊者會同子姓，展拜祭祀，需費由莊開支。

一、春、秋二祭，掌莊者預選日期，凡主政公支下子姓，皆用《傳單》知會。屆時赴莊，敬謹展祀。其有必不得已事，不能到者，單至即便註明，預行繳莊，不得於臨期無故不到，以昭誠敬。

一、凡祭祀，主祭一人；東西分獻，每案一人，鳴贊一人，引贊二人；讀祝文一人；司香帛爵每案二人；叙班二人。各司其事，毋稍紊越。其餘陪祭子姓，長幼序立，叙班者先爲排定。

一、祭器，謹遵《會典》定例置備，祭畢後，由莊敬謹收藏。

一、祭祀之期，子姓黎明齊集，由莊備設朝點一次。祭畢，備設餕餘，不過五簋，以崇簡樸。凡與祭子姓，會食後俱散。

一、每月朔、望，子姓詣莊展拜，隨到各自行禮。司事者候至日午，即將各祠敬謹封閉。

一、嗣後，凡遇九派子姓有功德於莊，或捐田百畝，或捐銀千兩者，始準入莊祔祀。其餘好善樂施，無拘多少，概行勒石，令後人知之。

一、蘇地祖墓，自五世祖以下，祭掃修葺，均應歸莊承辦，另當議撥祭産，以資需用。現在暫仍子姓各自詣祭，惟六世祖主政公塋遠在新安，而大阜子姓甚少，或至闕於展祀。兹每年酌支祭掃費錢十四千，交大阜支裔之老成者，率同子弟就近按時詣塋祭掃。此項於每年二月中先期寄歙，歙中承辦之子姓，於事畢後即報明松鱗莊，毋得怠忽後時。

右共捌條。

掌莊遵祁、希甫謹志。

——民國《大阜潘氏支譜·附編》卷二《義莊規條·松鱗莊祭祀規條》

清道光二十二年正月歙縣漁梁姚氏宗族承澤堂祠產議約

祠產議約

　　立議合同人姚明樣、國廣、國熊、國炤、國祥、國遑、國紳、國坡、國廷、宏炳等十名,今經理承澤堂思義公支下遺存山塘、田地、租苗,每名承值一週年,輪流挨轉,收租支管。上輸國課,並排年使費,不得遲延,以累下首,餘則來年元旦入本堂團拜祖先頒胙。是日,即將糧券先交出,存公匣內,再於清明節,思義公三處衆墳標祀,祭掃頒胙,庶盡孝思之體。司事承值之人,即將收支總賬開列總簿,清白轉交下首司年。但我等同心共議,一免失守祭掃規儀,並免國課懸累。今既出名共議,則自此之後可永無弛廢。其山塘、田地稅畝,並收租苗若干,詳列於後,以備輪流司年承管。自議合同堂下支丁,各無異說。久恐難憑,共立合同十紙,各執一紙爲據。

　　計開山塘、田地稅畝、租苗:

　　一、力字一千四百四十三號,田稅二分三釐三毛,土名黃栗山;

　　一、力字一千四百四十六號,田稅四分三釐七毛,土名同;

　　一、力字一千四百四十七號,田稅五分六釐七毛,土名同;

　　一、力字一千四百四十九號,田稅四分八釐八毛,土名同;

　　一、力字一千四百五十號,田稅六分三釐五毛,土名同;

　　一、力字一千四百五十一號,田稅八分零四毛,土名同;

　　一、力字一千四百五十二號,田稅一畝四分一釐三毛,土名黃栗山;

　　一、力字一千四百四十六號,塘稅四分三釐七毛,土名同;

　　以上每年現收租穀六十二斗。

　　一、力字一千四百四十四號,地稅一分一釐,土名黃栗山;

　　一、力字一千四百四十五號,地稅五分二釐八毛,土名同;

　　一、力字一千四百四十七號,地稅三分九釐五毛,土名同;

　　一、力字一千四百七十四號,地稅四釐二毛,土名碓頭;

　　一、力字叁千二百零二號,山地稅二分七釐七毛,土名黃栗山;

　　一、力字三千二百號,山稅二畝二分五釐,土名同;

　　一、力字三千二百十八號,山稅二畝二分五釐,土名同。

　　以上每年共收山地租錢三千二百三十三文。

一、小姚家山租即黃栗山，收錢一百二十文；

一、大三分山租即紫陽山下，收錢八百文；

一、金字面山租，收錢二百五十文；

一、金家灘墳地租，收錢三十文。

又議，本家各户錢糧，每户貼輪流承值排年人使費錢三十文。又照，按，此項本家各户貼費久已取消，其使費統由祠開支。各户錢糧，自行完納。

國炤　國坡　國廣　國紳

道光二十二年正月　日　立合同人　明樣　國遑　俱有花押

　　　　　　　　　　　　　國熊　國廷　國祥　宏炳

謹按，力字一千四百四十七【號】田稅，與今新田相差一號，當日必因塘水之故，以田改地。今復成田，收塘隩堅固之益，特更正。其號以七易八，恰相聯屬。又按，所開田稅，無施村田畝字號，則其業失之已久，時人猶未知也。

——民國《歙南武擔姚氏漁梁上門支譜》卷下《公膳雜記》

清道光二十六年六月歙縣大阜潘氏宗族蘇州支族松鱗莊續增祭祀規條

松鱗莊續增祭祀規條道光二十六年六月定

一、光福河亭橋敷九公墓、西跨塘萬禄山閑齋公墓、善人橋雅宜山貢湖公墓，現經莊内興工修葺，嗣後春、秋祭埽，俱歸莊承辦。每屆清明、霜降前後，擇定日期，傳知各支下子姓，屆期前往。如遇應行修葺事宜，亦歸莊經理。

一、三處條漕，嗣後俱歸莊承辦。墓地界址，敬謹查明丈步，清晰繪圖刻石，以垂永久。

一、祭埽舟飯一切，各人自備，每人貼費錢光福八百文，西跨塘四百文。其善人橋一處，原係順道，不再給。

一、向有長洲縣東六都十一圖東橋田十六畝零，係貢湖公手置祭產，遺命爲日後漸次擴充之計，今應將此項田畝一併歸莊收租辦賦，以承貢湖公之遺志。

右共四條。

——民國《大阜潘氏支譜·附編》卷二《義莊規條·松鱗莊續增祭祀規條》

清道光績溪縣仁里程氏宗族祭祀條例

祭例

一、新正元旦，先年配享首事，早晨詣祠開門，每龕供楪盒一個、鷄蛋一盤、茶三樽、大官香一炷、紅燭一對足兩、紅表一刀、大雙響共十五個，以便支丁來祠拜節。

一、新正十三夜，棹席首事點燈。祭菜，散福。十四夜至十七夜，配享首事點燈。每夜配享內給散福錢八錢。其紅燭與千八公派，五夜均配，至燈收掛，俱係配享首事與千八公派經管。

一、棹席。祠祭：奠帛，大對方一千二百張足○每龕二百四十張；大周箔，一萬五千張足；大建紙，剔破三千張足；葷素菜六席，每席十品○中龕二席，東西四龕各一，爵樽八隻，酢樽在內；菓子三十碟，并套○每席五碟；酒七十二杯，每席十二杯；拜墊二十個；氈條五條；樽圍八個；甲酒二十四壺。以上正月十三、九月十五日二祭俱備。大官香二炷；柄香一把；紅燭二對，每對重四兩；猪一口，并花○用雄；大五事二副；祭文一封，梅全，後同；祝版一套；托盤二個；以上正月十三日祭備。大官香四炷；紅燭四對，每對重四兩；猪、羊各一口，并花○猪用雄，羊不滿十四斤净，罰錢五錢；大五事四副；大雙響十二個，琢○後同；三饌一副，肉一方，鷄魚全身；毛血二盤；茅沙盤一副，置香案下○茅三根，長八寸，頭上總繫，下開三脚；禮壺一把；酒注一個，并瓢冪；銅盆、面架、絲巾各一；托盤四個，奠帛用；吹手四名，每名工食錢一錢○以上九月十五祭備。

一、棹席。能幹祠祭：奠帛，大對方二刀；大周箔，二千張足；大建紙，剔破五百張足；祭菜一席，亦照祠祭奠，菜辦十品；酒樽十二杯，菓子五碟，并套，酒三壺。以上正月十三、九月十五日二祭俱備。祭文一封，正月十三祭備。紅燭一對，重四兩；大官香一炷；柄香三根；大雙響六個；三饌一副，寢室移供；禮壺一把；爵樽三隻；酢樽一隻；棹圍一個；大五事一副；氈條二條；拜墊四個；吹手四名。每名工食錢五分○以上九月十五祭備。

一、配享祠祭：春分、冬至二祭同。奠帛，大對方十二刀○每龕四刀；大周箔，一萬張足；大建紙，剔破二千張足；大官香三炷；柄香一把；紅燭四對，每對重四兩○中堂香案一，寢室龕前各一；大雙響十二個；祭文一封；祝版一套；猪、羊各一口，并花○猪用雄，羊不滿十四斤，罰錢五錢，祭菜三席，每席十二品○海參、魚肚、銀魚、大尾、鮮雞、鮮魚、猪肉、肉丸、肚肺、蛋糕、肉包、嶂筍；三饌一副，肉一方，雞、魚全身，甲酒十六壺；菓子每席五碟；酒、茶、湯、飯、箸，每席各十；點心，每席三品〇捲蒸〇花包、壽桃；禮壺三把；酒注一個，并瓢、冪；爵樽九隻；酹樽一隻；大五事四副；毛血二盤；茅沙盤一副；銅盆、面架、絲巾各一；拜墊二十個；氈條五條；棹圍六個；托盤四個；吹手四名，每名工食錢三錢，并往吳家坑、道院二處墓祭在内。至祭冬至，吹手四名，每名錢　分。

一、配享，春分祠祭畢，即往吳家坑墓祭，下午回里，往道院墓祭。次日，胡政塢，花園前，梧村，上塘，岱村，頭園象形、龜形，南觀七處墓祭。又次日，首事往耿家巷等處標掛。其期，風雨無阻。

一、廿五公派下五世旁祖住傳者，今配享内議定，俱各標掛。其有墓處者，即往墓所標掛；墓失者，紙角附化與本生父墓。

一、棹席：首事於清明後十日，往元譚公暨夫人徐氏墓在歙冷水鋪，彥贊公墓在歙槐塘舊宅塢、延堅公暨孺人方氏墓同處，大圭公暨夫人謝氏墓在歙七里灣冕輦橋，子玘公暨夫人方氏墓在歙槐塘黃塘冲，放公暨夫人吳氏墓在歙綳塘村口，元定公墓在歙塔嶺脚，元定孺人墓在歙禮庄，共八處標掛，每處周箔五百張、建紙五刀、掛紙一竿、柄香六根、官香一炷、紅燭一對，外給錢一兩八錢，辦供儀雞魚肉三品，并盤纏在内。其期，風雨無阻。

一、祭瞻祖公暨宜人周氏墓：奠帛一刀，大對方；紙角四隻，用綿連紙一張裁做二隻，每隻裝建紙二十張，周對五十個，千士、萬貫各四張〇後同，建紙二刀；大官香二炷；柄香三根；紅燭一對，足兩；掛紙一竿，用夾頂紅紙〇後同；金銀串四串，用夾皮紙作條，周對均貼，每串五十個〇後同；大雙響六個；祭文一封；墓神紙一束，香三根，紙十張，周箔十二張〇後同；猪、羊各一口，并花；菜一席，十二品；三饌一副；酹爵一隻；禮壺一把；酒壺一把；爵樽三隻；酒樽一隻；大米粿一盒；煎腐一盒；鴨子八個，貯腐盒内；棹圍一個；燭臺一對；香爐一個；氈條二根；拜墊四個；托盤一個；甲酒三壺；吹手四名，粿一對；抬夫六名，每名工食錢二錢、粿一對，并往道院在内；夾扛一對，每對稅錢二十一文；小箕、彎刀各一；銅鑼一面；紙旗五十面。墓在吳家坑隱田岱。

一、祭卯公暨安人汪氏、穆氏墓：奠帛一刀；紙角六隻；建紙二刀；大官香二炷；柄香三根；紅燭一對；掛紙一竿；金銀串六串；大雙響六個；祭文一封；墓神紙一束。餘儀同上。墓在道院。朝宗公暨孺人汪氏、葉氏，紙角六隻、建紙二刀、金銀串六串、官香一炷，附祭於此。

一、祭煒公暨孺人許氏墓：奠帛一刀；紙角四隻；建紙二刀；大官香二炷；柄香三根；紅燭一對；掛紙一竿；金銀串四串；大雙響六個；祭文一封；墓神紙一束。餘儀同上。墓在胡政塢。三世叔祖煜公暨孺人汪氏原葬上舟坑塘塢口、四世叔祖彥和公暨孺人張氏原葬楊塘塢、五世叔祖永通公暨孺人汪氏原葬上舟坑，今俱墓失；又四世叔祖彥植公亦墓失。紙角各一隻，共計七隻，俱附化於此○其吹手、抬夫，每名工食錢二錢，并往花園前、梧村村頭園象形寶龜山、南觀等處在內，扛稅同前。

一、祭真保公、元保公暨孺人高氏墓：奠帛二刀；紙角六隻；建紙三刀；大官香二炷；柄香六根；紅燭一對；掛紙二竿；金銀串六串；大雙響六個；祭文一封；墓神紙二束。餘儀同上。墓俱在花園前。查舊譜，有彩雲姨婆、彩菊姨婆祔葬同處，三世叔祖垕公亦祔葬同處；又三世叔祖堂公原葬同處團圓墳右，今墓失。紙角各一隻，共計四隻，俱附化於此。又三世叔祖妣堂、孺人葉氏原葬十都臨溪橋東，墓失，計查紙角一隻，亦權附化於此。

一、祭真保孺人元配鄭氏墓：奠帛一刀；紙角二隻；建紙一刀；大官香一炷；柄香三根；紅燭一對；掛紙一竿；金銀串二串；大雙響六個；祭文一封；墓神紙一束；餘儀同上。墓在梧村上塘岱。

一、祭真寶孺人繼配鄭氏墓：奠帛一刀；紙角二隻；建紙一刀；大官香一炷；柄香三根；紅燭一對；掛紙一竿；金銀串二串；大雙響六個；祭文一封；墓神紙一束。餘儀同上。墓在村頭園。

一、祭善公暨孺人戴氏、唐氏墓：奠帛一刀；紙角六隻；建紙三刀；大官香二炷；柄香三根；紅燭一對；掛紙一竿；金銀串六串；大雙響六個；祭文一封；墓神紙一束。餘儀同上。墓在本里嚴塘象形。六世叔祖午童公暨孺人王氏墓失，又子童公暨孺人王氏原葬檀木墓，今亦墓失。紙角各一隻，共計四隻，俱附化於此。

一、祭郊容公暨孺人畢氏、陳氏、白氏、張氏墓：奠帛一刀；紙角十隻；建紙五刀；大官香二炷；柄香三根；紅燭一對；掛紙一竿；金銀串十串；大雙響六個；祭文一封；墓神紙一束。餘儀同上。墓在村末寶龜山。

一、祭辛祖公暨宜人汪氏墓：奠帛一刀；紙角四隻；建紙二刀；大官香二炷；柄香三根；紅燭一對；掛紙一竿；金銀串四串；大雙響六個；祭文一封；墓神紙一束。餘儀同上。墓在南觀。

以上俱係禮生墓祭。

一、祭亨公暨孺人曹氏墓：紙角二隻；建紙一刀；官香一炷；紅燭一對；掛紙一竿；雙響三個；三鮮一副，雞、魚、肉；粿一盒；煎腐一盒；雞蛋十個，盛腐盒內；酒杯三隻；酒壺一把，并酒；燭臺一對；拜墊一個；墓神紙一束。墓在留阜上耿家巷邊。

一、祭堂孺人葉氏墓：紙角一隻；建紙一刀；官香一炷；紅燭一對；掛紙一竿；雙響三個；墓神紙一束。餘儀同上。墓在十都臨溪橋東。今因墓失，紙角一隻，權附花園前焚化。但此墓字號、稅額，《族譜》俱載，分清務須查復，以便墓祭。

一、祭始遷祖主牌墓：掛紙一竿；周箔一百張；建紙二刀；官香一炷；紅燭一對；雙響三個。餘儀同上。墓在九都曹渡橋。又查舊譜，有光華公祔葬同處，與始遷祖同標掛。今仍其舊，紙角一隻，建紙一刀，官香一炷，附化。

一、祭闔祠祖牌墓：掛紙一竿；周箔二百張；建紙四刀，官香一炷；紅燭一對；雙響三個。餘儀同上。墓在半舍塢。

以上俱係首事標掛。

一、墓祭，祠內起身，須放大雙響三個，告祖并知會禮生人等。

一、各處祖墓，首事到墳，務先上山，四面巡視，查看有無盜砍、掘挖等情，再行鳴鑼，粘旗封禁。并帶小箕彎刀，添土墳頂，芟去荊棘。惟吳家坑路遠，須帶爐、鐺、松炭，以便烹茶點心。祭畢，首事即往伊村，粘貼《禁約》，并送管山人菓子二色。

吳家坑禁約稿附

立禁約十一都仁里程敬愛堂，今有本家墳山一業，土名隱田岱，安葬始遷祖廿五公，興養松杉木植，護蔭祖塋。近有不法之徒，魃行盜害，殊堪痛恨。特申嚴禁，伏冀地鄰俱各體諒，曷勝感佩！倘仍故害盜砍，一經撞獲，報明，勢必呈官究治，斷不徇情寬宥。立此《禁約》通知。

道光　年　月　日，立禁約程敬愛堂公具。

道院禁約稿附

立禁約人廿五公派下裔孫　等，今因二世祖文彬公安葬道院，歷年久遠，墓屬村旁。近有無知之徒，縱牧豬、牛，踐踏肆害，殊堪痛恨。因申嚴禁，仰冀地鄰各宜體念，訓誨子弟，不可損傷，所以篤本源而敦族誼也。嗣禁之後，倘仍有故蹈前轍，復肆殘害，一經撞獲，定行呈治，斷不徇情寬宥，立此《禁約》通知。

道光　年　月　日，立禁約人廿五公派裔公具。

一、禮生胙棹席。正月十三，宗子陪祭，一斤；九月十五，宗子主祭，二斤，以上祭同；新生讀祝，二斤，若新生數人，各給二斤；新生寫祝版《神主譜》《丁譜》，二斤；生監，一斤；例貢及捐職，一斤；廩生、恩、拔、優、歲副貢，二斤；舉人，三斤；解元，四斤；進士，五斤；會元，六斤；翰林，八斤；鼎甲，十斤。至出仕者，只照品級給胙，未入流與例貢、捐職同，九品與貢生同，八品與舉人同，七品至六品與進士同，五品至四品與翰林同，三品至一品與鼎甲同，從品與正品同。武科出身及捐例、議敘者，亦同。如遇考試、上京候選，并在任者，俱一體給胙。若封蔭，亦照品級給。在家，不到祠與祭，不給。祭能幹祠，宗子主祭，一斤；陪祭，半斤。新生讀祝，一斤。餘俱半斤。

一、棹席。老人胙：六十，半斤，到祠隨拜給，不到不給；七十，一斤，准子孫代拜領給，至居外村，祭日午後到祠拜祖，亦給，不到不給；八十，二斤；九十，四斤；百歲，十斤。若八九十歲老人遠住外村，已故，隱瞞冒領，查出，照胙倍罰。每歲正月十三給，九月十五不給。

一、棹席。重建宗祠能幹胙：惟飛昇、本潤二人各二斤，餘各一斤。飛昇公、本潤公，以上二斤。士可公、士玉公、士首公、士買公、行可公、官左公、行述公、行健公、行旅公、德基公、勳纘公、行隆公、國輔公、鵬飛公、上元公、行樣公、行棟公、行格公、度公、學聖公、兆鳳公、玉光公、駿聲公、越先公、三槐公、元俊公、章公、守先公、四達公、飛先公、本參公、孝先公、斗先公、步雲公、希元公、希耀公、華祝公、華福公、觀武公，以上各一斤。外有五人受祭不受胙。

一、配享世胙：每祭照卷一捐數給，禮生胙、主祭二斤，新生讀祝亦二斤，若逢數人，各給二斤，其餘紳士則照棹席例。

一、墓祭給胙：吳家坑主祭，三斤；讀祝，三斤。其餘執事，毋論功名大小，俱斤半。又每人中伙錢二十一文，道院各給大米粿一對。赤豆沙糖餡，重半斤。胡政塢、梧村二處主祭，共一斤；讀祝同執事，共半斤；到一處者，不給。花園、前村、頭園象形、龜山四處給胙，照胡政塢、梧村例；南觀各給錢三分。

一、查察，正月十三、九月十五、春分、冬至，每祭各給胙二斤。

一、祭文，原付新生謄寫，今紙角亦付新生寫，給羊肉二斤。

——道光《仁里程敬愛堂世系譜》卷三《祭例》

清光緒二十三年九月績溪縣東關馮氏宗族清明序附丁酉增立文烈公清明議規

世德公清明序

余之二十七世祖世德公，前明庠生，嘗手建樹德堂，以歲時祀其先；又築鋤月山房，爲子孫讀書肄業之所，是真所謂有孝慈之德於一身者也。生平所置產業，除兵坑柴山外，仍置有十一都汪村田產十餘畝、墳後護墳地一大片，其田稅入一都一甲馮爾求戶完納。該業坐立《清明議規》，另註於簿，以傳後世。後於乾隆間，有田業被人侵佔，賴伯祖光昱、光旦并余先祖光晨三公出力清理，取回管業。今派下公衆酌議，嗣後，新正發餅，三公下各給餅一對。有功名者，不論大小，人給一對。老人另給，六十，一對；七十，二對；八十，三對；九十，四對，由首事着人頒送到門。自今以往，願後人無忘祖宗之澤，咸興孝敬之思。果能勿墜貽謀，遐承厥緒，則有以受福胙於無疆者，必有以大門閭於厥後，而永爲吾族光已。

文烈公清明自序

余居家以勤儉自勉，所蓄餘貲，頗創些微產業，稍存裕後之心。今老矣，顧影汲汲，惟以祖宗、後嗣各事爲念，除前憑親族品搭產業，分授坡、坊兩兒，各執闖書一本爲據外，仍有手置租穀十四秤，載在闖書，坐立清明，爲永遠祭祀標掛之需。至分授坡兒闖書，內潔字五百三十一號，土名白岸塘，即白米塘山場一業，上至降，下至墳，裹至汪姓山，外至土地廟，計稅五分。今坡兒自願歸入清明，永作清明之產。其清明事例，每歲新正初二日，詣塋拜節，到者每人給一斤八個餅一對；清明標掛，到者每人給丁粿一斤。兩房輪流管年，其業共計稅三錢四分三厘八毛，入九都二圖馮煥文戶完納。除支用外，所有餘存，(遺)[移]交下首。自立清明之後，惟願子孫繁衍，克振家聲，以孝友睦姻爲箴規，以讀書明理爲根本，斯世德藉以勿替，而家道可卜日隆矣，我子孫尚其交勉之哉。

光緒六年八月，煥文謹序。

計開清明祀產：

潔字號大買租五秤，計租穀壹百五十勉，計田稅一錢，土名高飛，佃人古塘汪七分,清明。

男字二百五十一、八號大買租三秤,計麥十五升、租穀九十觔,計田税七分,土名唐家塔,佃人古塘汪順全。

男字一百四十九號大買租三秤半、麥八升七合半、穀八十七觔半,計田税六分五厘八毛,土名葉貴畈,佃人九里坑葉定鍾。

良、過字八百五十三、三百二十號,計麥六升二合半、租二秤半,計田税五分,土名東塘源,佃人馬家塢,冬至會。

潔字五百三十一、二號山地一業,計税五分,土名白岸塘。又名白米塘。

天字號計基地税二分四厘,土名東街聚睦坊下首。與宗祠合業,合公清明三股之一。

以上計租穀十四秤,店屋一所,山地一業。

附丁酉增立文烈公清明議規

一、議收租辦祭,兩房各管一年。

一、議穀、麥以清明行市作價。

一、議兩房有添新丁者,比時即向司年上丁,歸衆上丁錢三百五十文。次歲新正初二,由司年給喜餅一對。

一、議煥文户内國課,逐年歸司年完清,不得蒂欠。其租簿、賬簿,清明散胙夜結清,并契據公匣(遺)[移]交下首。

一、議兩房派丁有捐功名者,照宗祠公堂減半捐入清明。

一、議新正初二,詣墳拜節,由司年備足兩春雷三個、紙二座、利市紅表紙十張、果盒、素茶供儀等物。

一、議新正初二,詣墳拜節,到墳者每人給一斤八個餅一對,不到者不給。六十老人,給一對;七十老人,給二對;八十老人,照七十加倍;九十老人,照八十加倍;百歲老人,照九十加倍。自八十以上,不到墳者,均給。童生與孔生、從九品、文武生員、監生與六十老人,同給;恩、拔、副、歲、優五貢與七十老人,同給;舉人與八十老人,同給;進士與九十老人,同給;名登三榜者與百歲老人,同給。凡有出仕者,未入流與九品,與六十老人,同給;八品、七品與七十老人,同給;六品、五品與八十老人,同給;四品、三品與九十老人,同給;二品、一品,與百歲老人,同給。携供儀者,另給餅一對。

一、議清明登墳標掛,先備光古四刀、錫箔二百、捧香一支、雙響三個、錢紙二竿、酒一壺,以爲祭請椿公之用;次備光古六刀、錫箔六百、捧香一支、足兩爆竹三個、錢紙二竿、酒一壺,的於清明前一日,邀集兩房派丁,登墳標掛,風雨不得逾期。是夜,散胙,每人亥四兩、三甲酒一壺、腐乾一塊、切麵四兩,火燭、鹽、柴、秋油、雜用,作錢一百文。攜供儀者,給錢十四文。

以上《議規》,均城坊一同酌定,俾後世子孫遵而行之。

光緒丁酉仲秋之吉,男景坡、景坊拜手謹識。

——光緒《績溪東關馮氏家譜》卷末中《雜志》

第二節　墓塋祭掃標掛規約

宋祥興二年正月婺源縣考水胡梅巖省墓序并規約

宋理學名儒梅巖公省墓序并規約

熊持登詩曰:"拜掃無過骨肉親,一年惟有兩三辰。"白香山詩曰:"風吹曠野錢紙飛,瀟瀟暮雨人歸去。"此皆省墓而作也。昔襄陽有選人劉其姓者,入京師,逢一舉人,語言相得,藉草同飲。舉人因賦詩曰:"荒村無人作寒食,殯宮空對棠梨花。"明年,劉歸襄陽,尋訪舉人,惟殯宮存焉,乃知墓無子孫省拜,故九京有靈而其詩如此。即此觀之,省墓之禮,非特子孫之所當行,而亦祖宗之所深望也。子孫立志不堅,持登、香山之句不作,則祖宗魂靈如在,寧不動"空對梨花"之句乎？此句一作,爲子孫者何若？吾門其勉之。謹序。

省墓之行,展孝敬也。蓋墓者祖宗體魄所藏,魂靈所居。古人去家必上塚,四時必登墓。今惟正首相率省墓,已從簡矣。冠者皆行冠則成人,成人則知祖之當尊、墓之當省也。今圓冠方履,人則人矣,歲首省墓,大欠整齊。是人也,豈獨無孝敬之天哉？夫鄉鄰者,出入相友者也,歲首必冠帶而沿其門；親戚者,骨肉相關者也,歲首必涉遠而踵其門；神祠佛宇者,禍福之不爽也,歲首必執香信而俯伏其門。至於祖宗,乃吾身之所自出,吾受其肢體之遺,吾藉其衣冠之蔭,有堂搆者承其堂搆,有箕裘者襲其箕裘,其待子孫,嘗欲福之而未始禍之也。窮未達,貧未裕,豈祖宗之咎哉？今歲首樂去者三之一,勉强不容不去者半之,養安不去、吝費不去、奔香逐臭而不去者,間亦有之,是何待祖宗反不若待鄉鄰、待親戚、待神廟之厚哉？省墓亦有不可拘者,年逾六十者不可拘,有不測之禍者不可拘,有不時之疾者不可拘,宦遊於外者不可拘。外此，決所當去。荒塚纍纍，殯宫戚戚，棄置不顧，其與睨視而穎不泚者何異哉？東萊云："今日之爲子，異日之爲父。後乎兄者爲弟，而前乎弟者爲兄。吾不肯爲兄父之拜，則吾亦不得夫子弟之拜。"然則今日不拜祖宗墳墓者，恐他日子孫亦如之。於乎此固理之必至者，況乎人知尊祖，然後知敬宗。惟同拜某墓也，則知某爲叔、某爲侄，皆與某同出某墓者也；又同拜某墓也，則知某與兄、某與弟，又與某同出某墓者也。然則拜掃無非骨肉親也，非泛然同族比也。尊卑之分，悠然不渝。縱有少嫌，風休冰釋，豈忍下詈上、卑犯尊、相欺相凌、相戕相賊、相窺相弄也哉！吾故謂省墓者，孝敬之天所由寓，而亦名分所賴以綱維也。同門者試思之。己卯上元日，因整簿而書，幸無以次焱之言爲贅。

宋理學名儒梅巖公省墓後序

官司期會，不必吏卒及門也。富者不俟車，貧者不俟屨，衝風沐雨，破霧戴星，倉遽赴限，惟恐時刻差池，何則？懼於刑也。經商逐什一之贏，暑焉漿汗，寒焉栗膚。或月店聽雞，而山谷澗關，虎狼噬嚙；或風竿俟馬，而波濤澎湃，蛟龍出没。生死一瞬息，爾方汲汲焉不爲憚，何則？競於利也。山鬼水怪，土偶人木，居士恍然，象罔妄一。巫覡云："某祟宜禳，某廟宜禱。"瞿然齋戒，袖香奔走，爲父母、妻子者，又交口從臾之，何則？畏災而徼福也。春王正月，群行省墓。東風解凍，遲日融怡。岸容山意，梅柳漏春。非有疾風甚雨之弗便，非有大寒劇暑之當避，非有虎狼蛟龍吞噬之可憂，車屨從容，亦足行樂。且吾祖宗之靈，非土木、象罔者，而諄勤邀勒，養安托故，曾不若巫覡之片言，何則？無災可畏，無福可徼也。然而序所謂非所以習子孫之聞見而教之孝者，則固有不斧鉞之刑，非錐刀之利，而隱然他日之禍福存焉，何則？習其聞見而教之孝，彼固以尊祖敬宗爲當然，而他日還以施諸，我亦不敢不肖也，福與利孰大於此？習其聞見而教之不孝，彼固以養安托故爲當然，而他日還以施諸，我亦不敢不肖也，災與刑孰大於此？蘇子有言："達者知之，衆人昧焉。"可不凜然哉！

十三世孫次焱謹序。

——道光《明經胡氏壬派宗譜》卷一《宋梅巖省墓序》

明永樂十四年三月至正統三年三月歙縣向杲吳氏宗族四大枝歷代祭祀規約

向杲孟陽公叙歷代祭祀

切謂人之本乎祖而有其生也,當思所自焉。蓋修身慎行以保令名,慎終追遠以報前德,此人子之道,不忘所自也。吾宗前代,遠莫可稽,由遷居富饒以來,世守善行,不干利禄,勤而不傲,節用愛人,此祖宗修身以致于家齊,而令名著矣。十二世祖十一朝議建造清泉寺,而安人胡氏葬其傍,奉祠于寺,復資寺以田之租;十世祖三四朝議葬于休寧,亦置田,以其租入審坑寺而託奉祠堂并觀墓域,三四安人墓後,祠堂屋三間,於内安奉祖宗神主。以上祖墓,原衆有膳田,輪流收租。每年標掛一處,週而復始,下叙本支祭祀。八世祖千十朝奉墓前創潛德庵,七世祖六一朝奉所立資敬堂,皆厚置田産,收租以備奉祀宗祠。歲時宗族長幼咸集,資敬堂不小,看舊礫便知,詣塋祭掃。此祖宗追遠報本、和睦宗族之盛典也。歷代造祠奉祀,可謂孝順還生孝順子也,又可見敬祖宗得祖宗爲也。仍有向杲寺丙五公祠未叙出,或是後來建造,亦未可知。其後,世事更革,本里庵堂損壞,元至正壬辰之兵燹也,禮從而簡。先祖新朝奉,字彦銘,嘗爲收掌田租,葺庵屋,砌墳塋,立碑石,嚴祀禮,仍買田以助用。穀餘則給之子侄,又有年矣。此叙新公敬祖之大略,可與清泉寺碑文參看,益見其孝敬之心。近來各枝裔繁,將祖上膳塋田畝分爲己業,而所存穀少,則祭祀之禮漸疎略矣。據此,則知其時便有不顧祖宗祭祀者矣。雖然時異俗殊,將分膳田之過歸罪于風俗,亦妙,其於爲人修身報本之道安可忘也?此是正意。今吾宗人再行會議,將見有之租併各枝續添穀數,此是本族之各支也,所以逐年添穀祭祀,從權定爲標掛之儀,每歲于三月内,會族行禮,不許曠廢。然不能盡效前人之制,而不致于失之也。後來宗英,繼述前志,倘卑今之疎陋而宏展其規,惟適其中,無過不及,迺長久之計,則有光于前也。

永樂十四年丙申歲三月,八十七代吳祖蔭謹書。

計開:

一、富饒派下塌田、岩鎮、向杲、在城四大枝,輪流收租行禮。

膳塋田坐落張屯幹,籼租壹拾捌秤,佃人姚全壽;富饒墳前蝦蟆田,租穀壹秤;黃氏安人墓前後園,租豆、麥、米共四斗;又步碓墩租銀。其時,公衆膳塋,只此四項。

堨田支充首，於富饒十一朝議墓前陳祭，次于祠堂陳祭，標掛井東、井南黃氏安人墓步碓墩。禮畢，請墳鄰訖，設席會族，仍詣楊充。據此，則知祠堂袷祭過，其詣楊充掛紙叩拜而已。

岩鎮支充首，于清泉寺祠堂内陳祭，墳所標掛，設筵會寺衆僧徒。寺中亦回吾族酒禮、三品宴。畢，仍詣後歷。

向杲支充首，于休寧審坑標掛。每三月初，擇定祭日，前期半月，令僕奉書約寺僧，就發米麯煩釀，又送蓼花三合。及發書請族，至日，篁（圢）［墩］午飯，相聚詣墓標掛，于祠堂設祭畢，備會筵，族請僧徒。次日，寺僧回禮而歸。

在城支充首，標掛問政、高眉尖及江村，又往梅潭標掛。其時在江村散胙可知。

向杲本支各標祀不贅。

宣德八年癸丑秋，本支族衆因見膳塋田土租利，彼先輪收掌祭祀。近年爲收掌之人，不依時標掛，又或尅落。今于癸丑年衆議，通將租利收作一倉，每年立五人爲首，收掌租利，依時會族衆，將所收租對衆眼同買物行禮，爲首者不賠不落，週而復始。

此係議本支祀事也，其條款以四支祀事列在前。

一、富饒并楊充，清泉并後歷，審坑只一處，問政并梅潭，作四年輪流，四大枝一年一處。其膳塋田係張屯干形字乙百八十四號上田乙畝八分八厘八毫，彼先上租式拾秤，于内抽式秤納官税糧，各支只收拾八秤。又有富饒黃氏安人墓前地租米四斗、蝦蟆塘田租米五升田成地可知、步碓墩米五升，前項租四年一輪，收掌備禮。或不敷，各支酌添補。如遇本枝之年，將四三校書膳塋租通作一總補湊，庶得豐厚。

據此，輪到杲支，必加豐厚些，邇來與各支彷彿矣。

本支各處祀事不贅。

宣德九年，四大枝共議立《吳氏墓典》一篇，榕曾録入《四支祖墓通考》之首矣。今只將"標祀"一節録于左：

一、祖墓遠近搭爲四鄉，分坐四枝爲首，收膳【塋】田租，備禮標掛一鄉先塋，四年輪流，週而復始。年歲不登，爲首賠足，不許曠典。每歲三月，擇日預三辰，（貢）［具］書各枝告請。

第一年，在城支祀問政、江村、梅潭三處先塋。是日，就漁梁頭，燒餅酒三杯聚齊，往梅潭轉高眉尖、江家村墓祭。畢，回觀内擺桌，三菓、三菜、三割、三熟，散胙。

　　第二年，堨田支祀富饒、楊充二處先塋。是日，先詣富饒墓祭，就用果、菜、盆葦待墳鄰。次往楊充掛紙，回清泉寺，做前例散胙。

　　第三年，岩鎮支祀清泉、後歷二處先塋。是日，先于祠堂祭畢，次往後歷墓所掛紙。回，做前例散胙。

　　第四年，向杲支祀休寧審坑一處先塋。先十日，具書，併糯米弍斗、麯乙觔、蓼花一合，送造酒。至日，篁墩午飯聚齊，到墓看倖，詣祠堂祭。畢，做前例散胙。次日早，寺中五酌待回。

　　一、省墓之禮，存亡相保，實不可缺。族人聞請，無以私見爲急，雨暘泥濘，必須清晨奔赴，共襄祇祀。既畢，老少相率，環歷踏倖，羅石無損，溝路不更。止犯界，禁樵採，平鋤鏟，去蒿塞，餙詞設，正碑書，一一周備，然後散胙。如是來遲，致使缺略，及有行禮不恭、飲食放肆、(兢)〔競〕論非言，族尊舉責不恕。

　　正統三年歲次戊午三月審坑標掛
　　孟陽公年七十九歲創立儀式
　　吾知自身老耄，更難掌管，立此儀式，後人遵而行之，永爲良規也。一於每年三月定日，先委僕賷書及白糯米二斗、麯一觔、蓼花一合、籼米一斗，送寺，約日期外，三日前，奉書約族眾。是日，篁墩備醎魚、茶湯、菜飯，候族人到相待。本支先委二人管顧祭物往寺，各支族長到篁墩時，本支請各支行拜禮，作德公至孟陽公纔九代，一年一會，不可無拜禮，況爲首即如作東，便有賓主之分，宜加恭敬也，敘問起居。待飯訖，同到寺，便請山主相見，行二拜禮，言謝。煩引詣祠堂，族眾排班，行四拜禮。仍浼山主委與吾族看墳佃人，指引族眾至墓，向墓列班，行四拜禮。令人除去柴草，看視塋域，有無損動。如有疑惑，仔細檢點。掛紙訖，浼寺中所委人指教，看倖山界及樹木若何。又到南邊薩墩小山上看倖，上有一穴，亦掛紙。下山，看膳塋田成熟若何，然後回寺。詣祠堂，嚴肅陳設祭禮，族眾列班，恭拜奠獻，另寫得有祝版祝告。祭畢，仍觀看吾族石碑齊整。是晚，吾族設席散胙，請山主東坐，山主即住持可知，寺中師徒皆坐上，吾族一位尊長相陪，蓋所以敬其奉祖先也。本宗依行第列坐位，不可些(需)〔許〕差失。每二人一桌，四菓、菜案、酒陳，宣德九年所議，每事三，今每事四者，係本族外加豐盛些，非通例可知，餚饌必須豐厚精潔。起初，果盒酒一把，後只巡斟，依司馬溫公禮，止七行，並不得過數，更稟知各族尊誡約宗人，在筵務要禮貌端莊，毋得戲謔失禮，免致外觀恥笑。酒畢飯散，仍備酒餚犒勞守墳山者及寺中僕。俱要檢點，夜眠不可喧爭鋪蓋，及勿令幼者污穢床席爲美。次日，寺中回禮，雖荷其慇懃相勸，並不得多飲，受飯而回，仍託以祠堂、塋墓爲祝。

尊祖敬宗之禮，可謂至矣。

是年，各支族衆來齊，多遵定式。看得墳前舊所砌石有不整齊，疑被人偷葬，衆議選日，用工修理。隨計磚石若干，即便衆敷，定日前去整理堅完。如此，則外人不敢欺侮侵損，切不可怠慢，此事最當緊也。又因寺中文德山主性尚禮體，敬客意虔，荷其盛饌，以待吾族。然膳塋田租除納二縣稅糧，外剩有限，惟敬奉祠堂、照管墳墓，乃爲正理。其回禮飲饌，但不可缺，豈宜侈費而受之宜乎？今亦代定儀式，每二人一桌。若人多，其卑者三人一桌，俱三菓、菜案、酒，餚饌用猪頭、猪蹄、魚三品，不用五套湯，酒不得過七行，然後煎茶吃飯。外僕從每人醎魚四兩、酒三鍾，菜飯與之。今所定式從簡者，蓋謂禮與其奢也寧儉，在于敬而已矣。譬如洪水則易竭，其泉源則不捨晝夜，是以吾族人愈多而事不繁，年代雖久而情不厭，乃長久之計也，後人必須遵而守之。

——《徽州會社綜録》下册《向杲孟陽公叙歷代祭祀》，清抄本

明成化五年三月休寧縣倍郭程氏標掛冢墓文款

標掛冢墓文款

吾家自南節公始遷倍郭，子孫蕃衍。後因兵燹之餘，枝葉散分南北，鄉井不同，不能具述。緣思本枝自太古公避兵戈擾攘，據於西鄉田舍，欽奉國朝洪武初號令，照依原籍併居城市，復還倍郭舊業。然而子孫不一，又被敬卿叔祖枝下子孫因執舊簿，侵用租穀，破壞標掛事例，以至禮法疎違，各處墳墓，無人照管，多被侵疆，及迷失者，亦有之矣。識者莫不慚愧，況望其盛大乎？於是，自吾遜卿公枝下子孫重立規格，每人出銀三錢。其後，誕男格出銀一錢五分，俱是德輝等收貯，同於營運，以備置產，擬爲後來之計。每歲清明節，以展拜掃之誠，以盡不忘本之意。其成化五年以前十有餘年，並係文用、文通、德輝三宅標掛，已無失所。今自成化五年起，每歲排定四人爲首，共用銀一兩四錢爲率，前期置辦禮物。至期凌晨，不請而自至，先詣在城附

郭左近拜掃。及回，同赴首家叙班行禮，以祀宗先。既已畢，從長幼就坐，宴胙而歸。次日，同往八都等處標掛，永爲常例，不以雨雪違期。候收租苗之日，另議取用。如此，則上盡尊祖敬宗之心，下盡孝思睦族之道，將必感於祖宗之靈，而子孫愈見昌大矣。所有事宜、冢墓條列于後。

成化五年歲在己丑清明節，倍郭裔孫亨衆立。

計開：

墳地五處：曰壕果，曰上富瑯，曰下富瑯，曰車田，曰典村。其地歷五季及宋四五百年，遜卿公枝下承祖衆業。其外墳地，士永房已置經業，雖同標掛，衆並無分，以故不開。今將五處墳塋傳祖管業爲定，具列于後：

一、壕果。南節公墓一，大松木之下；戀公墓一；繼學公配汪氏墓一；仕龍公墓一；戀公配劉氏墓一，地名東路洲上，地連壕果；文道公配□氏墓一。

一、上富瑯。汝富公墓一，鳳公墓一，光廷公夫人王氏墓一，蘊公墓一，仕龍公配金氏墓一，遜卿公墓一，仕全公同配查氏墓二，文美公配閔氏墓一。

一、下富瑯。繼學公墓一，光祖公夫人金氏墓一，必達公配張氏同墓一，文達公同配張氏墓二，文道公墓一，文振公配葉氏墓一，德寬墓一，宗榮墓一。

一、車田。汝富公配金氏墓一，鳳公配張氏墓一，太古公墓一，文通公配汪氏墓一，萬春繼配吳氏墓一。

一、典村。藻公配曹氏墓一，承訓公同配夏氏墓二，子華公同配朱氏墓二，彌公同夫人查氏墓二，敬卿公墓一，仕亮公墓一，仕斌公同配汪氏墓一，仕和公墓一，文郁公墓一，文祥公墓一，文傑公同配許氏墓二，以芳公墓一。

所有自祖衆業墳塋，具開如前，詳盡無遺，直下子孫依禮標掛。倘有不肖之徒踈違不敬，小則罰之。敢有私將典賣者，許令同宗告，治以不孝論，族衆贖回，叱退枝下，不與書名，永爲定例。的示。

仕永房已置墳地四處：

一南極宮，一陵村，一上山，一董關。

一、南極宮：遜卿公配安人金氏墓一，文美公，士永公同安人鄭氏，文通公配安人唐氏，萬春公同安人汪氏。

一、陵村：文美公配安人項氏，文用公同安人吳氏，鐘一公，璣一公，瑚二公同安人吳氏，文通公，銘三公，杲一公，才一公。

一、上山。

一、董關：太古公繼配安人胡氏，學古公同安人曹氏，仕珍公同安人汪氏，昺三公配安人吳氏，應二公配安人徐氏。

——弘治《倍郭程氏敦本録》卷下《跋·標掛冢墓文款》

明成化二十三年三月休寧縣縣市吳氏宗族世守墳塋規戒序

吳氏世守墳塋規戒序

嘗謂水本乎源，木本乎根，人本乎祖，理之自然也。祖宗根本，一脉相傳，無彼此之異。其興替存亡，係子孫賢否何如耳。子孫賢，則祖宗塚墓圻林不特一世，雖百世尚存而不泯也；子孫不賢，何能百世？雖一世尤難保也。觀諸世家塚墓林圻，墳臺肅然，木植森然，何也？子孫之賢故也。塚墓荒頹，榛棘湮塞，樵採侵之，牛羊牧之，何也？子孫不賢故也。爲今日子孫者，當思今日祖宗即前日之子孫也；今日子孫，後日之祖宗也。誠能力學躬耕，明禮義，序昭穆，尊祖敬宗，年年祭掃，則松楸有光，何患祖宗圻林不萬古猶一日乎？若惟以利爲利，不尚禮義，視祖宗爲路人，安知後日子孫不忘今日之祖宗乎？

吳氏，休邑望族，忠、孝、節、義，世有其人，皆祖宗之遺蔭也。予游聖門，習禮義，報本之心尤切。旁觀世人，多以祖宗求富貴，蔭則視以爲重，不蔭視爲末務。又有不論昭穆而侵其祖者，予甚鄙之。慮吾族後之子孫亦如是也，故書《歷世墳圖》，編成一册，備録事實于左，以便子孫觀覽不忘。或子孫有曰："未歸三尺土，難保百年身。已歸三尺土，難保百年墳。"何用心如此？噫！是真不知根本者矣！保一日之安，則一日之祖宗也；保一世之安，則一世之祖宗也。使子孫人人不顧，無祖無宗，禽獸不異。正猶水不濬其源，木不培其根，焉能使枝流長遠而暢茂哉！自今以後，若恃頑無恥，將祖墓侵葬、盜賣者，其直下子孫，有能仗義告理，坐以不孝之罪，務令改正取贖乃已。仍罰白金貳拾兩，入祠公用。如此者，則是不孝子孫矣，譜削其名，祠不容入，以警將來可也。爲族屬者，共宜戒之。

成化二十三年三月清明日，嗣孫琰拜書于忠孝節義堂。

——嘉靖《休寧縣市吳氏本宗譜》卷十《吳氏世守墳塋規戒序》

明正德元年七月休寧縣藤溪陳氏宗族重定拜掃規約

重定拜掃規約

一、諸處墓林膳塋田土，僉業已定。歲歷既遠，倘支下子孫不以祖宗爲心，苟圖利己，有私售而咨葬者，族長會衆，執令改正。不服者，以不孝聞官，務令取贖，仍罰銀十兩。

一、旭祖墳善字　號餘地上租弍砠，佃人程以體恤。

一、贍塋田：

尺字八十九號田，內取田壹畝玖分，土名魚池圻，上租十九砠，佃人程社宗。

尺字一千五十六號田，內取田四分五厘，土名泉水干，上租三砠十五斤，佃人王回宗。

尺字一千二百三十一號田，柒分五厘六毫，土名程塘下，上租五砠，佃人程寄奴。

尺字一千六百九十號田，壹畝五分四厘六毫，土名武中正，上租十砠，佃人華得。

尺字一千八百二十一號田，內取莊下田壹畝八分，土名丫叉圻，上租十六砠，佃人王景成。

尺字八十三號田，內取莊下田六分四厘四毛，土名丙圻，上糯租七砠，佃人程社郎。

尺字一百五十七號，內取莊下田壹畝三分五毛，土名嶺根橋頭，上租十四砠，佃人葉得。

善字，土名石門上村，上租一砠半，佃人程員。

一、每年田租，當首之家收貯，待次年清明備祭祖之儀外，餘計若干砠，付首家管領。或有故所用及生放會衆支出，毋許一人私支。違者，議罰。

一、每歲清明後一日，當首之家，潔備祭儀，至墓拜掃標掛。衆人齊到，首家設旭祖神位祭祀，整肅行禮，飲福而散。

一、自今立《規約》爲始，凡借去穀銀者，首家預先摧辦。至清明會日，各將本息籌還入衆，只一周歲爲例。如有故意拖欠，負息利己，以敗《規約》者，衆議罰之。

一、祀祖及飲福合辦儀物,詳開《清明會簿》。

一、祭之日,各將所領《宗譜》對衆呈看。不持至者,罰銀五分;有不珍藏而損污者,罰銀二錢;有失去者,聞官追究得獲,罰銀十兩,並入拜掃公用。

一、具各年輪流當首子後:丁卯年,世良、尚義;戊辰年,友仁、彦文;己巳年,遠鳴、士善;庚午年,仲富、復初。(已)[以]上依舊定名,周而復始。

正德元年丙寅歲七月之吉

内每砠照依時價敷穀,秈穀每砠舂米一斗四升,糯穀每砠舂米一斗四升,豆每斗造硬腐二十六斤,糯米每斗造臘酒六壺半,米每一斗造粿十八斤,大栗四斤,好棗四斤,合桃四斤,米糖四斤,大蒜六十個,花椒二兩,鹽二斤。

右品物附記《規約》後,永爲定例。

祝文

維某年歲次干支某月某朔越某日某辰,孝裔孫敢昭告于始祖某府君之墓。神格于天,魄歸于土。垂裕後昆,昭兹來許。歲序流易,雨露既濡。瞻掃封塋,不勝感慕。謹以潔牲醴齊,祈薦歲事。尚饗。

——正德《新安陳氏宗譜·重定拜掃規約》

明正德休寧縣文昌金氏宗族標掛規約

標掛規約

《規約》開列于後:

一、各處墳墓蔭木、贍塋田土,官有禁例。但有尊長及在上之人恃長凌幼,又及子孫倚頑之徒,妄起異心,拴通貿易,執占盜賣,許直下子孫執此,赴官陳告,追還物業明白。仍以不孝罪之,書寫所犯情由,記名于籍,以彰其惡,視如途人,不許入族。

一、每年租穀,輪流爲首子孫及下次眼同見數收貯。爲首之家,於内先支納官稅糧,併買辦祭禮外,餘者不許費用,留數積蓄,以備修理。

一、拜掃,清明前三日,族衆子孫,不避風雨,俱赴爲首之家,聽衆往遠近墓所標掛。違者,罰銀三分入衆。

一、行山掛紙,子孫各各早飯前齊至爲首之家,然後去各各墳所,添土掛紙。除官務、商賈及年七十以上者免行,如在家固不行者,每名議罰銀三分。

一、應支用燒餅、掛紙、鹽料、柴薪、墳鄰、鹽包等項,並係頭首同下次預先將衆穀價銀買辦。

一、行祭禮，子孫在家不至者，革送享胙。如有官務及商外，并緊急事情，明白聲説，衆行體訪相同，依例送胙。

一、俵散餅物，族衆子孫七歲以上、能至山所者，頭首記名，每人餅一雙。次日去者，各與胙肉二兩、酒三杯。

一、每年頭首下次收糶租穀、支銷納官稅糧，并挑租脚酒、買辦祭禮標掛物料等項數目，務要明白開寫時價、斤兩多寡及餘剩銀兩，請衆看視，當日交簿與下次收掌，帳目毋得含糊不開。如違，罰銀五錢入衆。

祭掃贍塋，頭首編定輪流，週而復始。

丙子年
　　希昂　希旻　以明　惟陸　惟烈　惟鼎　世順　世行
丁丑年
　　希潤　富寶　暉忠　隆忠　萬忠　護忠　萬英　萬雄
戊寅年
　　希大　岩政　惟源　惟中　惟璽
己卯年
　　祖福　祖亮　祖志　祖富　祖德　祖憲　祖傳　聰
庚辰年
　　盈舟　岩釗　岩鑑　岩錦　岩銹
辛巳年
　　添良　添貴　添富　添運　添高　添敖
壬午年十都
　　仁宗　岩宗　貴宗　寄云　添俊　添秀
癸未年
　　兆鉅　效忠
甲申年
　　惟光　惟俊　惟傑　惟信　惟珪　惟軒　世璧　世顯
乙酉年
　　智忠　和忠　廷秀　聯忠　積興　禄　玄大　玄鳳

右《世譜》附錄，俱繼續《贍塋規約》也。切惟吾家自唐始祖大三府君，歷世以來，祭掃先墓。贍塋、義莊田畝，經代遠没，獨有《規條》存焉，載之《附錄》之首,今日吾族蕃夥,參差不能一矣,難效先規。今吾弟兄、叔侄議增贍塋,所以保丘墓,而其祭祀禮宜去奢從儉,以圖悠久,不墜先人之爲。每歲拜掃時,支糯造酒,糶籼備肴,請衆摽紙致祭、飲酒食胙,此常例也。世人多以是日到于頭首之【家】。(下殘)

——正德《新安休寧文昌金氏世譜》卷末《附錄・標掛規約》

明嘉靖二年八月休寧縣縣市吳氏宗族清明祭掃規約

清明祭掃規約序

夫禮莫大於祭,而祭必致其誠者,所以隆根本之義也。《傳》曰:"祭如在。"又曰:"事亡如事存。"欲人盡誠敬於致祭之時,不徒于籩豆、罍爵之末爾!吾休有大族吳氏,出唐少微公之後,代有偉人,忠、孝、節、義之風,久而益著。每於清明標掃墓祭,必先三日偕族之長少,自始祖而下,凡相共業者,一皆率由舊章,以次標祭,俾後之子弟目染耳濡,期傳悠久而無忘焉。禮畢燕飲,長少咸集,酬酢交歡,尊卑之禮、昭穆之分又秩秩然雍肅,無有譁而違禮者。

吳君本通出其所立《清明祭掃規約》若干條,請余一言,書于首簡,以示將來。余嘉其能盡追遠之誠,且達禮之大本,故不辭而序之。今吳氏立祠以栖祖考之神,省墓以安祖考之魄,立田以爲祭祀之需,敦義以明長幼之序,實得先王立法之深意,而出乎尋常遠甚,是可嘉已。爲後人者,當引而勿替之可也。若夫奠獻之儀、籩豆之數、丘墓之所、禮文之節,舊有《條款》,茲故可略,是爲序。

嘉靖癸未中秋後三日,郡人江一桂序。

條款

一、清明祭掃,每年爲首四人,先一日齋戒,宿於祠所。次日,致祭,自唐監察御史少微公之下,歷世列祖諱位,已另置文簿,照依譜內系次列書,唱班引禮,悉遵《祭儀》,不得錯亂。

一、祭畢,自唐宋元及國朝世守墳塋,枝下子孫,俱要親詣標掛。除六十以上、十五以下者免,其餘無得因而推故。已另立《規約》,以行賞罰。

一、遞年祭儀,猪、羊各一,及果品之類,已另立有《買辦文簿》。後之子孫,世世遵守,毋得更改,爲首者週而復始。祭畢燕飲,以叙昭穆,以敦禮義,不得因酒悖亂。違者,責之。不悛者,黜之。

一、宋、元以來,置開祭田及後續置者,子孫多不知坐落、四至,以致失業。今將田山備載譜末,以便子孫時閱,庶知源流。其各處產業,一時查理不盡,日後查出,皆係眾業,不許因而隱匿。

一、各處山田,自後凡清明爲首四人,務要上下相率,年年倖看。非惟承上引下更相勉識,抑且免被外人侵欺之弊。

一、各處族眾,世共墳塋併各處田產,倘有墮壞者,遞年爲首,務要倖看,禀眾眼同及時修理,不得虛應年久。如有上下首失於經歷者,眾議罰之。

一、清明銀兩,自後凡遇清明日,筭帳明白,上下交接。所有本銀,眼同付答的實親人之鋪營利,不許枝下子孫承領拖延,有誤祭祀。眼底大族,多因之以啟爭端,致傷和睦,永宜戒之。

計開吳氏宋元傳業祭掃及續置各處田山坐落于後:

五都田

岡字　號田捌畝有零,大小十七坵,坐落土名馮家嶺,係承祖山開墾成田。其田因被水打去塌基。嘉靖六年,文堅手用銀二十餘兩,開塘灌溉及修理用,該秈租五十四砠,佃人程岩真,係本家莊屋與居火佃。東至溪,西至路及本家山,南至水坑,北至余家等低田。

　字　號田　坵,坐落土名辛田鮑坑源,該秈租十四砠,佃人徐添隆。東至　,西至　,南至　,北至　。

　字　號田　坵,坐落土名辛田,該秈租四砠,佃人金護。東至　,西至　,南至　,北至　。

　字　號田　坵,坐落土名普杭,該秈租九砠,佃人程遠。東至　,西至　,南至　,北至　。

　字　號田　坵,坐落土名辛田,該秈租四砠,佃人程添隆。東至　,西至　,南至　,北至　。

　字　號田　坵,坐落土名瑯珊,該秈租八砠,佃人吳祖。東至　,西至　,南至　,北至　。

闕字六百七十三號田二畝坵,坐落土名金隅坵,該秈租十三砠,佃人程添成。東至　,西至　,南至　,北至　。

闕字　號田一角二十五步,該秈租貳砠,坐落土名戽水塘。東至　,西

至　　,南至　　,北至　　。

關字　號田二角三十步,該秈租四砠,坐落土名厈水塘。東至　　,西至　　,南至　　,北至　　。佃人　　。

關字　號田一角三十步,坐落土名舩塢,該秈租二砠。東至　　,西至　　,南至　　,北至　　。佃人　　。

關字　號田三角三十四步,坐落土名舩塢,該秈租六砠。東至　　,西至　　,南至　　,北至　　。佃人　　。

關字三百五十號田一畝坵,坐落土名辛田,該秈租八砠,佃人金貴真。東至　　,西至　　,南至　　,北至　　。

關字　田六分坵,坐落土名公賞充,該秈租五砠,佃人金富宗。東至　　,西至　　,南至　　,北至　　。

關字一百七十三號田六分坵,坐落土名厈水塘,該秈租五砠半,佃人金文義。東至吳家田,西至金家田,南至吳家田,北至吳家田。

　字　號田　坵,坐落土名,該秈租十砠,佃人謝真保。東至　　,西至　　,南至　　,北至　　。

二都田

列字三百三十號田六分坵,坐落土名堨田,該秈租六砠,佃人潘士下。東至　　,西至　　,南至　　,北至　　。

列字　號田一畝二分坵,坐落土名堨田,該糯租十一砠,佃人汪佛善。東至　　,西至　　,南至　　,北至　　。

　字　號田　坵,坐落土名東干,該秈租五砠,佃人汪梅。東至　　,西至　　,南至　　,北至　　。

藏字一千三百八十五號地成田一畝有零,坐落土名趙家巷,係買吳祥、吳清、吳兆田,用價銀二十一兩六錢;伊原買普滿寺僧良玘田,稅糧未曾起割,仍契一道在公禮收,該租銀七錢,佃人葉來寧。東至趙家巷大路,西至本寺田,南至本寺及金宅田,北至本家墳地。

八都田

　字　號田一畝坵,坐落土名葉村,該秈租七砠,佃人汪來興。東至　　,西至　　,南至　　,北至　　。

五都山

岡字五十八號山二角二十步、五十九號山一畝一角、六十號山一十步、六十一號山三十步、六十二號山二十步、六十三號山二十步,承祖山六號共處,坐落土名茶塢口。東至　,西至　,南至　,北至　。

岡字一百七十號山一畝、一百七十一號山　,承祖山二號共處,坐落土名上清塢。東至　,西至　,南至　,北至　。

岡字一千七百七十四號山四畝,坐落土名馮家嶺。東至　,西至　,南至　,北至　。

岡字七百八十號山四厘二毫、一千七百八十一號山三分三厘三毫,承祖山二號共處。東至　,西至　,南至　,北至　。

岡字一千七百九十六號山六畝,坐落土名青塢。東至　,西至　,南至　,北至　。

闕字號山,失業者百載之上。津因修譜,將各山田附刊,備行查出。津卓力倡率族祖岩祥、伯文堅、志璇,父文美、兄本清、本鍵理訪,得還失業山場,將貳百兩田約四畝數。今特筆之,以告于後。但眾產已行查出者,務相效力以承;仍未查出者,冀相協力以究,庶上不失祖宗創立之心,下以全後人守成之志。幸焉!津謹告。

列字十五號山乙畝六分八厘八毫,坐落土名二都櫸木塢,今牛屎湖堀。東至吳保之田,西至降,南至降,北至吳保之田。守山人吳本鍵。

闕字一百三十五號山一畝三角五步,坐落土名水塢。東至趙迎甫山,西至趙仲正山,南至降,北至　。

闕字一百五十九號山一畝二角、地一角十三步,坐落土名公償充。東至降,西至趙吾齋山,南至吳千二田,北至尖。

闕字一百六十三號山一角,坐落土名戽水塘充。東至自山,西至自山,南至塢心,北至降。

闕字一百六十四號山一角,坐落土名戽水塘充。東至自山,西至自山,南至塢心,北至降。

闕字一百六十五號山一畝,坐落土名戽水塘充。東至自山,西至降,南至吳千二田,北至降。

闕字三百二十九號山一角,坐落土名原塘充。東至金世榮山,西至金子全山,南至尖,北至金子全山。

闕字三百八十號山二角,坐落土名塘尾,又名棠棃源瓜田坑。東至渠,西至降,南至渠,北至吳勝祖山。

闕字三百九十一號山一角,坐落土名許家尖。東至自山,西至趙教諭山,南至降,北至吳勝祖山。

闕字三百九十三號山二畝,坐落土名許家尖。東至吳勝祖山,西至自田,南至降,北至吳勝祖田。

闕字六百一十二號山一角,坐落土名山後。東至張子昭,西至降,南至余文田,北至趙迎甫山。

闕字六百二十三號山一角,坐落土名感舡塢。東至趙迎甫山,西至余文田,南至金勝孫田,北至同。

闕字六百七十號山一畝,坐落土名棧橋。東至水坑,西至降,南至一都田,北至水坑。

闕字六百七十七號山一畝,坐落土名山塝下。東至程志甫山,西至王勝甫山,南至水坑,北至降。

前共祭田一百八十三砠半,前共山二十四畝七分七厘,前各號田坐落、租數,俱照承祖開業及契文附述。各號山四至、畝步,俱照《寶簿》簽業附載。然彼時畝步與今較之,一畝或將有畝半之數。後之子孫,務視坐落闊狹,當以四至爲定,不必以畝步爲拘,庶免外人溷侵之弊。其各處山田地佃守者,或挤柴薪,或將麥、穀償還,此皆衆業苗利併遞年收貯田租。看倖山田,修理墳墓,長養樹苗等事,衆議規法在前,並是掌清明者四人上下首輪管。倘四人勤墮不一,恐致缺略,仍乞族賢研加督察,以立戒勉,庶乎上不墜志於先,下可垂勉於後。所有各號山,除已載、未載外,仍恐有失業者,當各查究稟衆理贖。不論各房簽業多寡,果係衆產,皆當以義爲重,悉屬族業,毋致乘私隱匿。其餘出入帳目,遞年務立文簿,節行清楚,勉致疏失。前後衆立《規款事條》,立言之切者,爲慮之遠也。缺略者,伏乞補之;可法者,伏乞擇之。幸焉!津謹告。

——嘉靖《休寧縣市吳氏本宗譜》卷十《清明祭掃規約序》

明嘉靖十二年歙縣向杲吳氏宗族四大枝祭掃祖墓議約

四大枝祭掃祖墓議約

立議約人向杲吳逵、岩鎮吳惟明、城北吳以澄、竭田吳寧等四枝子孫,自宋、元以來,傳祀揚充、後歷、富饒、清泉、問政、江村、梅潭、審源、妹灘等處祖墓,其清明祭掃,原爲世遠地殊,勢難歲徧。故析爲四祭,四枝分管,每歲輪祭其一,四歲徧祭其三。當祭之期,預約各枝子孫,如期往祭,祭畢而循舊例宴會。向因人無定數,席無定規,輪首之人,酌量設席。若遇人來數少,則席剩有餘,虛費可惜。或遇人來數多,則席設不及,競論堪嗟,二者各有其弊。此置膳塋田産,爲祭掃報本,以寓睦族之義,非徒餕餘餔餟而已。況今族裔繁衍,人心不齊,苟非定則於前,何可垂法于後?以故約會族衆,議處適中,人數不過于多,席品惟從其簡,庶可以救前弊,經久可行。其于報本睦族之情,亦得兼盡。所有議定一應事宜,開列于後,以詔族人,俾知依議遵行,不致故違,以取公罰。今恐無憑,立此議約,刊布爲照。

計開:

一、四枝定數共一百三十人,僕從共二十七名。向杲枝六十人,僕一十二名;岩鎮枝二十八人,僕六名;城北枝二十八人,僕六名;竭田枝一十四人,僕三名。如有不遵定數多來者,及未冠者,俱不許入席。其仕宦跟隨僕從,不在此限。

一、到墓所拜祭畢:三把酒,猪肉四斤,驢脯四斤,包子各一雙,重五則。

一、正席桌面:五菓,核桃一碟,棗子二碟,柿條二碟;五案,猪肉六則,驢脯六則,炒骨八則,包子十則;插換,猪首肉,鵝肉或雞,鰕米和韭;湯五套,酒十二標,飯隨用。

一、僕從,每一名:猪肉二則,驢脯二則,鴨子一個,包子一雙,酒半壺,飯二大碗。

一、標掛,定期三月十五日,不分晴雨,過期罰銀一兩,修理墓祠公用。

其菓品、餚饌,俱要堪用,否則議罰。

一、揚充、富饒、湖田墩、步碓墩,竭田枝爲首。三把酒,在釜形。

一、後歷、清泉祖墓,岩鎮枝爲首。三把酒,在後歷。

一、審坑祖墓,向杲枝爲首,中飯備在篁墩。三把酒,在墳所。

一、問政、江村、梅潭、妹灘祖墓,城北枝爲首。三把酒,在梅潭。

已上輪祭各墓,禮儀併紙八分、紅燭二分,俱要齊整。依此相輪,週而復始。標祀妹灘,自此年起。

嘉靖十二年,立義約合同人

向杲枝:吳　逵　吳奇茂　吳仲茂　吳遲茂

岩鎮枝:吳惟明　吳以權　吳敬助　吳廷澤

城北枝：吳以政　吳以澄　吳永通　吳尚蔭

堨田枝：吳　寧　吳文貴　吳社富　吳天祥

其時膳塋租粒：

張屯干田一畝八分八厘，又名剛塝後，每年租穀十八秤，每秤三斗，其斗合今八□。

黃氏安人墓前地，每年租米四斗。

蝦蟆塘田，每年租米五升。

步碓墩，每年租米五升。

上峰田租，每年租銀一兩一錢。

朱坊叚田乙畝三分六厘，嘉靖十四年置，每年　　。

——《徽州會社綜錄》下冊《向杲孟陽公叙歷代祭祀》，清抄本

明嘉靖三十一年七月歙縣向杲等吳氏宗族大四枝祭祀合同

嘉靖三十壹年，龍池枝入會。三十八年，吳焯墓葬。四十一年，起舉出會，兩繳清訖。今將四枝所存合同錄左，以見事實。

立合同人岩鎮、向杲、堨田、城北吳佐、吳良敬、吳文貴、吳淵等，今因龍池枝出備祭田價銀，岩鎮支領買田式畝七分，土名朱坊；向杲領買田式畝七分，土名社前。每年議定各該净穀八十一斗，其穀逐年照依時價糶銀，衆議內共坐文銀乙兩，添補該年標掛頭首，餘銀限定十月內，會衆眼同買立各處祖墓石碑，及干涉四枝事體公用，毋許遲延，徇私妄費，并侵匿入己。如有此等，族衆鳴鼓攻之，罰銀乙兩，入衆公用。恐後無憑，立此合同一樣四紙，各收一紙，永遠存照。其前二處田稅，俱係四支分裝。

嘉靖三十一年七月十三日，立合同人　吳　佐　吳　璉　吳　理

　　　　　　　　　　　　　　　　　　吳良敬　吳時宜　吳伯潤

　　　　　　　　　　　　　　　　　　吳文貴　吳積德　吳　淵

　　　　　　　　　　　　　　　　　　吳　經　吳伯明　吳和甫

其時，本會膳塋田未足五畝之數，而龍池入會，肯置五畝四分之田，必有緣故。

餘慶堂賬，嘉靖四十年十月支銀三兩〇五分八厘，派買曹吳田，係希周

公經手，《帳簿》現存，未知如何派法。

高塍支所買朱坊田弍畝七分，即改爲後歷祀田，至今仍在，係高塍、龍池一遞一年，祭掃後歷墓塋。

——《徽州會社綜錄》下冊《向杲孟陽公叙歷代祭祀》，清抄本

明嘉靖四十四年正月祁門縣十七都環砂程時化等立安葬文約

環砂程時化、時泰、時新、侄天表四大房共有八□，土名泯塘彎，先葬祖恭公夫婦、敬公、本叔公在山。今有左邊造穴四所，衆議安葬祖文禎公、文祥公、文福公、文衫公在上，因目下年月未書，權將衆家人尸棺四柩在内，候揀大利年分，眼同一齊將前議文禎、祥、福、衫四公入穴安葬。又議右邊原存壹穴，四□同議將前，四祖孺人四柩，揀日眼同一齊安葬。議後，各要遵文，毋得設法私自盜葬。如違，聽自遵之人告理改正，罰銀二十兩公用，仍依此文爲准。今恐無憑，立此合文四紙，各收爲照。

嘉靖四十四年正月初四日，立合文人　程時化　押
　　　　　　　　　　　　同弟　時泰　押
　　　　　　　　　　　　　　　時新　押
　　　　　　　　　　　　侄　　天表　押
　　　　　　　　　　　　　　　天照　押
　　　　　　　　　　　　見人　天密　押

（陳雪明録，卞利校）

——散件文書，原件藏安徽省祁門縣博物館

明嘉靖績溪縣積慶坊葛氏宗族墓祭規

墓祭規叙 可齋文簡

墓祭，禮歟？人之死也，體魄歸地，魂氣上升。既迎其魂而祭之廟矣，則墓祭非禮也。然自古及今，墓祭亦不廢。觀柳子厚貶永州，寄書中朝，惓惓以遇歲時不得上丘隴爲大戾，則知墓祭情之所不可廢者。今將合祭先塋，其祭祀之儀、買辦之需、經紀之人，悉立成規，使人知所遵守，示畫一也。稽之

近時，惟五塢口楊柳村墳塋，每元旦、清明，長幼咸集。若先塋之在楊溪者，則往祭之人落落如稀星然。然此在楊溪近處，猶有人往也。苟視楊溪稍遠者，如塔石、石債下，或有望空以祭而不及見其墓矣。然此在先塋會聚處，猶有望祭也。苟塋域孤遠者，如蓮塘坦、石門裏，則并其祭而廢之矣。然此皆葛氏正派也，猶簡忽之若此，則祖宗之娶而無子者，及諸姑姊妹之未嫁者、兄弟之絕嗣者，經年積歲不獲一祭而為林泉餒鬼無所依倚者，不知其幾矣。興言及此，良可痛心。今所立之規，一洗宿弊，無或仍前安於玩愒，棄祖先而不顧也。夫謝疊山遭宋運式微，奔馳王事，道逢寒食，憾不得歸祭先塋，賦詞見志，深懷淒其之感。雖林間噪雀，猶思無以慰其望也，況處平居無事時，可不知持麥飯、洒丘壟，以慰先靈於地下乎？此今日立規之意也。雖然賢子賢孫雖無規焉，猶思所以自盡也。苟有此規矣，而猶不知所遵守，則吾之規有不可達者焉。爰叙之以儆來裔。

合祭祖墓

計開：

六二公嚴塘墓，杰公火樓尖墓，宗喻公五塢口墓，四乙孺人蓮塘坦墓，辛公黃株嶺墓，五七孺人雲臺路墓，丁公五塢口墓，承乙公黃株嶺墓，五孺人曹氏上三里園內墓，五孺人胡氏梘頭坑墓，福孺人吳氏塔石墓，壽公胡圭塘墓，六孺人蓮塘坦墓，方孺人石門裏墓，懿孺人胡圭塘墓，賢公胡圭塘墓，善公石債下墓，堪乙公五塢口墓，真應公楊柳村墓，慧孺人葛氏雲臺邊翠眉亭墓，節小娘石門裏墓。

一、元旦祭儀

真速芸香三兩，末香一升，紙二分計一觔，燭五對，掛紙二分。

一、清明祭儀

真速芸香，末香三升，燭十對，京選紙四百，黃紙馬山神，金銀課五百足，三牲五副，酒三壺，雞卵，菓，羹飯，札白五張，福紙一千。

——嘉靖《績溪積慶坊葛氏重修族譜》卷七《墓祭規叙》

明嘉靖祁門縣善和程氏宗族仁山門支族《寶山公家議》之墓塋議

墓塋議

古不修墓，非不修也，慎之於初，無庸於修也。蓋以人之根本在是，不宜輕動耳。苟輕動之,猶植木而戕其根,欲枝葉之茂,得乎？故凡所當保者,不可忽也。述《墓塋議》第二。

議曰:自尚書胡夫人以下十墓,清明合祭宗祠,各捧紙錢,分往各墓標掛。自汝霖公以下拾壹墓,清明合祭宗祠後,五房輪備祭品,往各墓所致奠摽錢。寶山公以上叁墓,以下叁墓,俱於清明合祭宗祠,數日後,五房輪備祭品致奠各墓摽錢,長幼畢集百花園墓祠散胙。即日,每房各一人至章溪劉孺人墓致奠摽錢,不至者,罰銀伍分。前項奠儀,俱有祭穀,有定式。

始祖以下墓塋拾所,多屬湮沒,先叔貫倡義稽證修復,各結砌完整,立碑石於上,至今世守,不失其故,皆其力也。使後人能繼其善,豈復有迷失之憾？

自今以上祖墓,各得山水環聚之所,俱係前人積德所致,有非偶然。然所據一席之地,已盡翕聚之理,再無餘蘊,觀其發散於後人者可驗。其有尼而侵袝者,斯兩失之。以往勿論,日後,倘有各房子孫侵袝祖墓者,衆共攻之,責令立時改正,仍加重罰。如有不伏,衆即立時舉起,仍行告鳴理治,以不孝論。

歷觀祖墓,咸協吉康,無論已。但佐公、庭公二墓,竊有議焉。嘗聞子雖齊聖不先父食久矣,佐公乃寶山公之父,庭春公乃其兄也。今子祠屹然中立,而父兄之墓旁袝,子享大庭豐祀,而父兄兀坐旁觀。塋域未聞專祀之典,祠奠徒增向隅之悲,匪惟子孫惻然不安,寶山公之心豈若是忍乎？且二公捐身萬里,艱苦萬狀,體魄雖泯,靈爽猶存,故園松楸之思,寒暑變遷之感,曾謂子孫而可以若斯報之乎？況佐公為人好善樂施,鄉稱長者。緣户啟尤,因人受累,原非自致之辜。庭公年方十六,仰承祖命,毅然代父繼役,不累兄弟,遑恤家室,非孝且義者不能。二公韜德於身,留福於後,其奕葉樂利安榮相仍而未艾者,皆二公之所詒也。為子孫者,可食其報而忘所自乎？愚意謂宜別選吉地,改卜宅兆,大啟規模,建祠樹石,庶少慰我二公之靈。其見在墓地兩旁加造寢室二間,內立用行十三公神主,左右從祀,則一舉數得,父子、兄弟各安其位,罔怨罔恫,寧不為子孫之一大快乎？倘有興念及此者,宜急圖之,幸毋以言為迂焉。

各處墓塋樹木,屬前遮蔽者,可少剪除；係庇蔭者,宜慎保守。各房毋得縱容奴僕擅自盜伐,及外人侵損,管理者查訪,從重處治。

百花園墓,今立莊僕看守,凡有折一草木,責必歸之,管理者宜不時曉諭。其程乞住邊方墳背後山地，係五房久業，衆墳在上，清明會祭日，一體標祀。

　　墓塋各具于後，餘詳《族譜·足徵錄》。

　　尚書公墓，在浮梁錦里潘村韓嶺之麓，丙向。

　　尚書胡夫人墓，在本里東山中培，辛向。

　　中奉公墓，在本里楊坑江家嶺下上塚，寅向。

　　承津公墓，祔中奉公墓左，寅向。

　　貴昂公墓，在本里汪村園塘尾，卯向。

　　穎公墓，在住後降背塢口，坤向。孺人洪氏祔壙右。

　　宿三公墓，在本里下村宅後，巳向。

　　侁九公墓在本里汪村園鼢皺培，見在宗渠買業墻圍內，子癸向。

　　侁九公夫人佘氏墓，在報慈庵後，巳向。

　　伯彥公墓，在本里楊坑中八畝段楊樹橋東，坤向。

　　伯彥公孺人張氏墓，在學堂山程巖住後，丁向。

　　汝霖公墓，在八都巧坑麻榨塢，係官字九百二十號程必成經理山四畝，坤向。

　　汝霖公孺人佘氏墓，在二都雍家嶺背楚溪頭莊婆塢，午向。秋字一百三十號程萬三進名目山六畝。潤公墓祔左。向因地鄰王初等侵損，萬曆二年狀告府縣，責令改正，僞契七紙塗抹附卷抄招給帖存照。

　　滋公墓，在本里外江家塚背，近許五塢口，酉向。

　　有亨公墓，在江家塚背上邊，近柘木坑，酉向。

　　光岳公墓，在本里上東山胡家園上培，丁向。孺人方氏合葬。

　　國寶聖佑公墓，在本里許五塢口，未向。

　　如柏公墓，在本都項源磜上宋家山，丁向。

　　如柏公孺人于氏墓，在本里黃坑桂家塢口，坤向。

　　仕榮公墓，祔如柏公壙右。

　　仕榮公孺人陳氏墓，在住後降背塢口穎公墓旁，午向。

　　仁山公墓，在本里溪頭觀音堂後，午向。

　　仁山公孺人汪氏墓，祔如柏孺人壙右。

　　佐公墓，在本里中村書院後，午向。庭春公墓附右。

　　佐公孺人蔣氏墓，在本里下東山，乾向。

　　寶山公墓，在本里楊坑百花園，卯向。

寶山公孺人汪氏墓，祔佐孺人壙右。

寶山公孺人劉氏墓，在本都章溪江村，申向。

寶山公繼孺人查氏墓，在住後下塢口左山麓，丙向。

（潘寧録，下利校）

——萬曆《寶山公家議》卷二《墓塋議》

明萬曆二十一年績溪縣登源汪氏宗族重立標掛祀典暨萬曆二十九年重議登源標祀事宜

癸巳司馬道昆傳帖

往歲聚族展墓，先邵石而次登源，蓋尊始祖、重遷祖，歲省之禮也。于時共議定初二、三，遠屬或未遑，而居涫安及績溪者，原出本支，各附近祖墓，世守不遷者，與具祭，亦既成禮而行。今議諸族贏詘不齊，内十族皆有餘力。十族者，唐模、稠墅、大里、潛口、中市、金紫、叢睦坊、松明山、西沙溪、巖鎮、章祈是也。衆議歲釀具祭，似涉多事而且稽程。不若戮力買田收租具祭，第立户，付之世守，訂期就彼預辦之，如期一祭而行，亦世守之利也，一勞永逸，似可相從。兹屆祭期，余小子力疾而申前議，請十族各一人行者，各携四緡，兼之近墓梧村、汪村，亦各出四緡，共四十八緡，付彼買田若干畝，以供祭事，歲以爲常。余小子遣長兒無擇從行。敬告。

重立標掛祀典

一、議待後各族銀兩付齊，置田收租，税歸前王祖墓祠户，每歲糧差，即于田内所收租銀充當。此在本縣居近梧村、汪村及或寓彼中貨居者經管，每歲登簿，收支填註明白。祭畢時，面結批證，除糧差外，則充辦後定《祭儀》，往祀者，每人給盤纏、轎力二錢七分，總照數付首事之人支給。除支前三項外，仍有羨餘，即面書簿，付本年會首領運。次年祭畢，本利又交次年會首領運，以俟他日取用。然此未買祀田，近屬各請耆舊一人，各備盤纏二錢七分，祭儀于邵石租銀取用。後買祀田收租，俱照邵石舉行。

一、每歲擬於三月六日，俱至城中會齊，各乘轎至登源祭，畢則返漁梁登舟，以達邵石。如不至者，罰銀二錢五分；不乘轎者，罰銀二錢；會首不帶簿往墓祠批註，罰銀二錢；《儀註》錯亂者，罰銀一錢；祭品不精及短少者，罰銀一錢,及不盡散而私携行者,罰銀一錢,亦即付會首領運,併前項羨餘銀兩,俱議週年二分起息。

萬曆辛丑年重議登源標祀事宜

一、登嶺山墓地、祠地樹木,俱召與守祠墓道人長養,蔭庇祠墓,不許外人侵盜,亦不許監守自盜,併私刁樹枒。如違,罰出本年各項租利。再犯,另召他人看守。其柴草給與道人冬月砍燒,其墓前地亦給與自種自食,以作看守勤勞之資,永爲定例。

一、登源祀田租利,此在近墓梧村族經管,遞年照豐歉徵收,作時價付領生息。或曬貯倉内,至次年,預期照時價出糶,俱遵定式,亦照時價預辦祭墓祭儀及祭顯祖香燭,併祀屋祭儀。祭日,當年者至祠查理稱點,若察出侵漁租利及祭品不鮮潔或短少,即舉重罰,各罰銀二錢,仍令照數補足,併剩餘租利付衆登簿,收支再餘,輪領生息。

一、登源祀銀,下肩當年之族,同梧村族司領,至次年,預期照時價,依式備辦陸路供給及轎金,以候上、下首事者稱點,各要精潔紋銀,不許短少。如違,重罰,各罰銀二錢,併剩餘祀銀付衆登簿,收支再餘,亦輪領生息。

一、前租利併祀銀,週年二分起息,各族公舉賢達者,至登源祠祭畢,司領生息,漸次買田徵租,以需日後敦祀及修墓、理祠等事,其銀俱要真紋,舉上、下肩不領銀之族估兌。如有越領者,及不依期會所書簿盡號交領者,察出,重罰,各罰銀五錢。倘致遲誤,各族仍乘轎往取,倍罰轎金,供給亦要兩家均認。

一、《登源祀典總簿》一扇,接次下肩當年之族,司領《登源祀典簿》一十六扇,附《邵石祀典簿》後,本宗十六族司領,至次年祭日,俱各付出,先登總簿,然後各族再錄己簿,令上肩領銀之族畫字明白,然後各收。如不帶簿及不書簿者,各罰銀二錢五分。如失去簿者,倍罰。

一、祠墓主祭,俱當年之族主之,不必推讓。其各族往祀者,各舉衣冠之士或賢達者與之,不惟便于行禮供事,且能全睦族之誼。其祠中任上、下當年者同當,各族有好事者願往與祭,照舊例輪銀。

一、祠墓祭儀祭畢,以與祭者同散其酒,見一位一壺,籌盡散席,席上所剩酒殽,給散侍從。其祀后土祭儀,添作路菜。

一、往登源轎夫工食,原衆議每一乘給與工食紋銀二錢三分,到登源,早晚犒以酒飯、胙物。近因冒領，致召口舌，故共折工食紋銀二錢七分，潛口、叢睦、松明，路遠十里，加銀二分。轎回，必令送至漁梁登舟，外帶侍從酒飯□給工錢議免。

一、標祀，諸宗公所至，各族即相與習善者，但備菓、茶，亦不必私接酒飯，以資多費。

一、標祀事宜，除是年重議舉行之事外，仍遵甲午、戊戌二年定典，以俟後之君子再加增裁爲幸。

——民國《汪氏世守譜》卷二《司馬墓字號祭文》

明萬曆四十二年二月歙縣潭渡黃氏宗族黃墩祭祀簿引

附黃墩祭祀簿引

新安之有黃，蓋自東晉太守積公始。太守公自江夏來守新安，卒於官，葬歙之姚家墩。子二世祖尋公廬墓側，遂家焉。厥後子孫蕃衍，人氏其地曰黃墩。黃墩之派徧郡邑，名卿巨族，林林總總，奚啻千億！然孰不知太守公其始祖也，亦孰能知太守公之墓而經之營之也。噫嘻！知祖太守公而不知祀太守公，又安在其子孫千億也？不有黃墩之近裔，若石嶺之派，墓地殆幾沒矣。墓之地畝稅糧，由晉迄今，千有餘歲，悉屬石嶺版籍，世守之功，顧不偉歟！歷世滋久，經理疎曠，遂侵蝕於地鄰過半，至嘉靖間，惟有吳義立約佃租可鏡。迨至吳勝視爲己業，萬曆辛巳，丈量土田，乘機易冊，賣與程別高架樓房，障塞墓門。惟時石嶺尚德公出鳴近派各族，會同諸縉紳、文學呈府清理，稍稍復蠶食之餘。於是五城少潭問公倡義首舉捐貲，於墓地削其浮土，培以高封，樹穹碑於隴上，建華表於墓門。自首事以至竣事，其料理、經營之功，見於參議公新陽先生之《誌銘》，不誣矣。夫以千餘年之祖塋幾湮滅於荒墟蕪草間，一旦而廢興頹舉，堃窬臺崇，煥新耳目，合群族如林之裔，舉祀典於墓域，而人文濟濟，威儀肅肅，蓋亦曠世盛舉哉。然非太守公之靈於昭赫奕，曷克臻此？是舉也，供祭有貲，牲俎有器，簿正有品，駿奔之廟，亦有儲蓄可以徐舉。第自首事創議諸老抵今二十餘年，先後謝世，《祭祀條例》雖有成規，未及刊刻，頒行各族。日久人心漸弛，祀事漸不如初，誠可慮也。不佞始得與聞末議，不揣譾陋，追稱二公經始之勞，以詔後來。覬繼少潭公而興者，竟其未竟之事，垂之永世，爲確然不可易之成憲云。萬曆四十二年甲寅仲春，小路口派裔孫道中屬當祭首，因綴小引於《祭祀簿》之簡端。

——雍正《潭渡孝里黃氏族譜》卷五《祖墓》

明萬曆休寧縣泰塘程氏宗族祭祀志

一枝曰：祀者，國之大節，而禮之所成也，故慎制之以爲典祀。郡二千石率官屬歲時祀世忠廟，所從來尚矣，則我裔姓所以昭，孝事祖，通神明，其可曶歟？志《祭祀》。

元旦，合族集宗祠，致祭忠佑、忠壯、嵩將、軍謀四公，《儀節》《告文》，略如朱氏《家禮》。祭畢，與祭者分胙。祀祭畢，嚮有事于佘麓者，復集佘麓謁墓，畢，入墓祠致祭。軍謀、泗州、宣城三祖，《儀節》《告文》，略如宗祠，品物減省，將之以誠敬，不欲瀆也。

清明墓祭：在東密者，爲秔公；在溪口者，爲知運公、克明公、可周公；在葛坑，爲克明公之韓夫人；在挾山，爲煒公；在武容，爲煒公之陳夫人；在茶山，爲秦公之吳夫人，爲康公之劉夫人；在暘塘，爲敷華公及其黃夫人；在上井塢，爲知運公之陳夫人、汝能公之朱夫人；在公社塢，爲可周公之汪夫人；在佘麓，爲秦公，爲康公，爲汝能公。高干爲永公；京子塢爲應公之汪夫人；佘坦爲應公；齊充爲應公之明夫人，爲天瑞公；孫村爲天瑞公之沈夫人。以清明前十之日，會支衆銀，備祭儀。六之日，爲祀首者六人，要挾山派一人，肩輿之東密、溪口致祭，《儀節》《告文》，壹如家禮，祭畢，與祭者會食分胙。五之日，之武容、葛坑、挾山、余麓、茶山、公社塢、暘塘、上井塢、京子塢致祭，儀如前，祭畢，會食而散。若高干之祭，亦以前五日，其品物率自永公支祀首辦之。惟佘坦、齊充、孫村之祭，則以清明日，爲祀首者四人主辦品物，率冠者皆至墓所。祭畢，回祠享胙而散。如佘麓清明、冬至之祭，有事於佘麓者主之，與祭者燕飲。世以元宵、中秋日，合族祭忠壯公於祠。祭畢，與祭者會食。

是祭也，爲元旦者二，爲元宵者一，爲清明者五，爲中秋者一，爲冬至者一。舉自族者，則自族舉之；舉自佘麓者，則自有事於佘麓者舉之。清明之祭，爲族者七，爲永公者一，爲應公者四。舉自族者，自六祀首主之；舉自永公者，自永公之支主之；舉自應公者，亦自其支四祀首主之。品物不精美，稱量不及數，例有罰。其經費之所出，則有租穀、豆及山租銀若干。註各常儲銀簿。常儲祭銀，族爲東密、溪口墓者若干，其修息者，歲以族祀首。每銀十兩，周年生息一兩五錢。其更代之期，歲以清明後三日，其息銀備祭儀、修墓之用。外彥輝、盛甫、挾山三房各出銀一兩五錢，歲加息二錢四分，貼備墓祭支費。爲祠堂者若干，其修息者，歲以族祠首，生息同前。其更代之期，歲以元旦後三日，備存修祠譜公用。本支爲孫村者銀若干，其修息者，歲以本支祀首，生息同前。其更代之期，歲以清明後三日，備存修墓公用。爲佘麓墓祠若干，其修息者，歲以有事佘麓首，生息同前。其更代之期，歲以清明、冬至日，備存修祠墓公用。凡主收納之事，如期集各房祠首至祠，會計註簿，收若干，支若干，存留若干，于時付出，交與下首。其應領者，須以本房股實之人互保，書券於簿。若歲時薦，若各房忌日，則人自爲祭。若有大吉慶、大修舉，有事于祠墓者，非制所能盡也，不具載。

　　神祀，春以元宵，秋以立秋後，詣蓮堂祇迎汪忠烈諸神出遊，爲祈報也。通鄉爲會首者九人，歲有事，則我族之充會首者主之，其經費之所出，具本支經費下所爲幹辦，則載《神會籍》中。

——萬曆《程典》卷廿四《祭祀志第八》

明崇禎二年三月歙縣程氏宗族岑山等五派立輪值標掛祀事合同

　　立合同岑山派程大五、鳳凰派程體、大呈派程元、槐塘派程紹堯、富溪派程志彬等，我五派皆高祖子瑜公槐塘上府派也。其墓在身字九十五號，土名周云冲，近在槐塘，其稅向來遷在子龍户下。四派遠遷，人心不一，因標掛併世忠廟、宜男等祀事，俱槐塘派紹堯、務學等與彼三府挨管四年，輪該本府一年，共計費捌兩。今堯等力量不敷，因邀集四派議定，每派量力出銀，各領生息。至本府該管之年，各派付出，以爲一切祀事之費。但各派有貧富不同，議岑山派出銀叁兩伍錢，鳳凰派出銀壹兩，大呈派出銀壹兩伍錢，富溪派出銀貳兩。其銀各派領去，每年貳分行息，至該管之年，將息貼付紹堯、務學等備辦祭儀支費，不得延捱，致本府祀事荒廢。其世忠廟祭，係正月十三，本府該管之年，每派二人，先一日至槐塘候行祭，無得不到。其延堅公每年祭在三月初三日，子瑜公標掛，亦於三月初三各派齊至墓所，議祭儀、紙箔之數，每年額用爲規，各派輪管，其所費即於該派管年備辦。因立合同五紙，各收一紙爲據。倘有不遵合同違議者，罰白銀拾兩，與遵合同之派。恐後無憑，立此爲照。

　　岑山派：每年該息柒錢，四年共息貳兩捌錢。

　　鳳凰派：每年該息貳錢，四年共該息捌錢。

　　大呈派：每年該息叁錢，四年共息壹兩貳錢。

　　富溪派：每年該息肆錢，四年共息壹兩陸錢。

　　再，子瑜公標掛，該管年之派出銀叁錢辦祭儀。己巳年，衆辦；庚午年，槐塘、鳳凰派出貳錢、出壹錢，二派同管；辛未年，岑山派管；壬申年，大呈派管；癸酉年，富溪派管。以後，照此鬮定，週而復始。

　　崇禎二年三月二十日，立合同　岑山派程大五　押

　　　　　　　　　　　　　　　　鳳凰派程體　押　　尚元　押

　　　　　　　　　　　　　　　　大程派程元　押　　應皋　押

　　　　　　　　　　　　　　　　槐塘派程紹堯　押　　務學　押

　　　　　　　　　　　　　　　　富溪派程志彬　押　　尚傑　押

　　　　　　　　　憑族中文會　程振宇　押

　　　　　　　　　　　　　　　程登于　押

　　　　　　　　　　——乾隆《新安大程村程氏支譜》卷下《各文續錄》

明崇禎八年正月歙縣東門許氏宗祠訂正祭祀配享等事定規

古歙東門許氏宗祠訂正祭祀配享等事定規

　　許氏族長允諒等，切照今因脩譜，知我許自忠烈遠公五世孫規公時羈旅宣、歙，至孫太廟齋郎會公，始繇池遷歙之東門。後四世孫寶公，又繇東門遷歙北之寧泰鄉。至九世暹公，復居城東故址。歷宋、元、明，子姓繁衍，爲郡之望，皆始遷祖之庇廕也。今閲洪武十四年族長榮甫公等《標祀定規》，首載始祖會公墓在歙南浦口金釵塢，暹公墓在問政山姚家塢等墓，前元族長壽甫公已定祭祀標掛之禮。今宗祠故有會公大像座安樓上，祭時不便奉移。故春、秋二祭，惟以暹公饗祭中堂，以大承事、三進士二祖配饗，而會公反附祭焚帛。夫宗祭復居東門之世孫，而附祭始遷東門之烈祖，於禮不合，亦宗祠一大缺典也。因思像固難移，主則可出，今定設立始祖會公牌位，祭則出主正堂，以暹公支祖配饗，庶本源兼舉，禮義俱全矣。

　　我高陽之許，得列國梁者，以唐之相族故也。乃相唐者以不能争后武才

人而爲子孫所挑。今伯父太傅國公於神廟朝九年輔相,七疏建儲,去就争而前星定,天下稱賢焉,可謂幹祖之蠱矣,於宗有光。且已崇祀宫墻,允宜配饗家廟。因定來兹有能起家甲科、砥礪名行、祠名宦、祀鄉賢者,悉如太傅例,配饗始祖。其有孝子順孫、節烈婦之可旌者,入主附祀,不待出貲。

我宗祠之出貲入主,置買祭田,本欲血食永延,豈期末世有不肖者,將已親屬無嗣之主更易别親,何異奪此親之飲食以殺之而食他親者有焉?甚至以已祖宗之主貿易他人,更其名以饗祭,不啻扼祖宗之喉,奪其食以弑之而食他人者有焉。圖數金之便宜,使他人爲餒鬼,賣者固惡,買者尤凶,固人鬼所共(墳)[憤]也。除已往覺而改正舊主外,倘有再犯此弊,非我族類也,主仍改舊,人共斥之。

我宗與墓祭者,咸有分胙。間有艱跋涉者,祭祖則不前,領胙則(競)[競]進,殊無敬祖之心,何止失禮之節?故議定至暹公墓所,發領胙籌,不至者,罰胙。故近年少不拜墓之子孫,法之善也。

右四條,大爲禮綱,小亦禮紀,皆集衆思而歸之至當者。爰命侄志古次第書之,與合族遵守無斁。

崇禎八年乙亥春正月望日,族長允諒

同族人鳴和　希德　志古　志才　志伸　志仁　光勛　士楨　士鼎

——崇禎《古歙城東許氏世譜》卷七《古歙東門許氏宗祠訂正祭祀配享等事定規》

明崇禎十二年二月休寧縣古林黄氏宗族修墓通知帖

修墓通知帖

《易》曰:"古之葬者,不封不樹。"後世人子卜地葬親,樹封堅固,審察地形,慮夫日後不爲道路,不爲城堞,不爲溝渠,耕犁不能及,豪勢不能奪,有一于此,則惕然凛懼,别卜區焉。此孝親之至,永錫爾類者也。且夫墳墓之守,非名族世家,則易于湮没。惟我徽郡山川險峻,兵燹罕及,鮮有遷徙流離之患,故得長保其封域,他郡則不然。不肖文明年甫垂髫,嘗侍父兄之側,聞議吾族唐、宋世祖之墓有妨於道路、溝渠者,有碑文剥落者,有封土傾隳者,病縣瞻掃弗虔,致丘壟漸荒。族彦曾有葺復之舉,奈緣數奇未偶而難合,俟將來視公事若己務者任之有成也。明佩斯訓誌而弗忘,年及壯,即有志譜牒,嘗簡先後所續文章、世系讀之，燦然眉睫，千百年如一日也。愾然惇叙之心生，翻然續輯之念起。追憶夙聆父兄之訓，其可不思舉而安于蹉跎乎？中心孔急，用是告諸族長，人心咸悦，欣裁遷改地，卜堨瑶上宅之麓，山水秀麗，負甲面庚，擇日採石，築塋改葬，以避道路、溝渠之有妨，庶幾苟完其一也。尚有荒凉，未遑經理，厥念難忘。今值家乘之續，墓葺之議，亦當斯時。一舉兩全，不亦善乎？明不揣僭董譜續，業屬一體，不避再瀆，仰冀各門協成是舉，卜期鳩工，封頹培以吉壤，碑剥勒以新文。泉扃增色，華表復光。禮闕裁規，立會貯蓄，以供祭祀。歲臨節届，詣墓封標。使子孫人人知世墓之所在，奕葉相承，守祀典，保世墓，庶無懈葺荒頹之患矣。敢佈愚悰，仰祈合志，玉成是禱。

時崇禎十二年歲次己卯二月　日，具。

——崇禎《古林黄氏重修族譜》卷一《修墓通知帖》

清康熙六年歙縣稠墅汪氏宗族重訂小金山墓記約言

重訂小金山墓記約言　康熙丁未裔孫之恒子久

我汪氏雖肇自潁川，至漢末，龍驤將軍文和公始渡江而南，則實爲江南汪氏之鼻祖也。世胄綿遠，氏族殷繁，不啻星羅棋布，而曠代祖墓隨時遷流，間有委諸荒榛蔓草間者。明司馬伯玉公大會族屬而謀之，稽諸家乘史牒，殫厥心力。其墓之係某公者，書爵書邑，詳其世系，誌其地名，爰植豐碑，俾山川、土田疆界既正，祀事孔明，歲時罔闕。遐哉仁孝之極思，敦本睦族之盛軌也！無何，運當鼎革，金戈鐵馬無寧日，徽、淳接壤，道路梗塞不通，老成凋謝，後起無人，遂致龍驤公祀典曠然弗舉者二十餘年。嗚乎！司馬不作，凡有仁孝之思者，疇不懷修廢舉墜之志，第蒿目持籌，遲之又久，亦以時事多艱，付之無可如何而已。邇乃於康熙丙午仲冬，期各族宗人會於西溪之忠烈祠，訂以來年季春六日，復循舊規，買舟漁梁，旋往金山標祀。所有前朝崇禎初年十六族分領祀銀，世遠人湮，甲或淆乙，難以稽考。因共爲酌量，以本銀二十七兩之數均攤，外此溢額之銀，六折付出，斯固衆論僉同，無容滋議矣。且夫仁人孝子之用心，以光復祀事爲本，光復祀事，尤必以敦宗睦族爲先。未有族誼不敦而可共襄厥祀，要於成行且久也。兹記各族實徵之銀，共存若干兩，每歲定取二分之息，上足供祀費而不侈夫有餘，下可垂奕世而不至於

161

或歉,登源五墓之祀,可並舉而行之矣。《易》曰:"窮則變,變則通,通則久。"此道得也,於以無忝前人,有光休烈,其庶幾乎!後世子孫,其永永圖利之。

——民國《歙西汪氏重輯支譜》卷四下《典籍志》

清康熙四十六年歙縣潭渡黄氏宗族洪坑祖墓約

附墓約

一、各處祖墓,最嚴侵葬、盜賣,律有明條。如有干犯,必會衆呈公,務使侵葬者起柩,盜賣者勒限贖歸,仍於譜系削名,盡法重處。

一、大、小贍塋及四門、三門已置贍塋之各處祖墓,於祭畢周視壙壠,按覈山界,及囑戒佃守人等。已有舊規,務須遵循外,其未置贍塋之祖墓,每逢寒食,子孫須親往祭掃展視。如有平塌淺露處,即擇潔土培之。或未立碑,必伐石,深鎸世數、諱字、生卒,免致日久湮沒難考。

一、封墓,務須如式堅築,不可潦草,以貽日後之悔。

一、輪值各贍塋司年會計經理,須視爲切己之事,然必擇二十五歲至六十歲者,過此則血氣既衰,恐難勝稽察之任矣。

一、各贍塋司年,一應經手錢穀,其簿籍必須逐項詳註,於交代時分明條說,毫無舛錯,方許交代。

一、經管各贍塋穀、粟、豆、麥,俱須十分用心,及時收曬,免致霉爛。其收支務須明白,勿致虧折;關防務須勤謹,勿致遺失。責有攸歸,慎勿泄視。

一、大贍塋爲八堂四派共祖,小贍塋爲四門共祖,前人皆建有莊屋墓祠,如向杲、七里灣二處,俱召佃守護,此中大有深意。其册籍、契約皆鑿鑿可據,且近在咫(只)[尺],自當百世保守。乃不知何時,兩處墓祠、莊佃盡行遺失,至今無從查究,豈以我開基發祥之列祖尚不如平泉莊之一木一石也耶!言之惟有流涕。況有胙可領之七里灣子姓,祭掃尚濟濟可觀。若向杲則天時陰晴難定,或跲踔於泥塗之中,或薰灼於烈日之下。由向杲、牌邊、梘頭而至八十畝段,往來僕僕二三十里,俱盡此一日之足力。夫畏勞喜逸,人之常情,故到墓者不過寥寥數人,況其精神之倦怠、禮儀之草率,有不爲强鄰之所譏誚者乎?今雖一時不能遽復舊規,然當祭掃之期,文會中應輪派四人,與七家頭首同往墓所,執事行禮,不可計胙之有無而甘爲不孝之歸也。

一、洪坑祖墓,枕穴强鄰,雖有輸貲生息爲標掛之貲,終非經久之策,其贍塋産土,宜早爲捐置,其莊屋亦宜鑒前車,時爲修葺。

以上《墳約》,係康熙丁亥年裔孫又、爾類、正圖、曰瑚、堂、純佑、瀾、大成等于京師同議。臣槐補註。

——雍正《潭渡孝里黃氏族譜》卷五《祖墓》

清康熙婺源縣中雲王氏宗族掃墓條約

掃墓條約

右各祖墓,悉知所在。每歲清明,遠者議擇老成斯文知事十人,祠辦祭品,每人給費捌分,齊登墓所,祭拜省視;近則人不必擇,有拜墓者,酬小餅一對,永爲【定】例。

跋曰:圖祖墓者何爲?後裔勢有盛衰,時有變遷,按圖索所,僉號稅至,昭然可據,以防贗冒,以杜侵謀,誠尊祖敬宗最要義也。毋論他氏,即我靭公,非始遷烈祖乎?原葬福山,值兵燹,遷徙失認,埋沒荒坵六百年。兩洗塋志,族告修遷,橫遭黃氏妒訟,以萬曆乙巳改葬西門山,豈非明鑒歟?然此計保祖耳,而意猶不止此。熊(其)[持]登詩云:"拜掃無過骨肉親,一年惟有兩三辰。"白香山詩云:"風吹曠野紙飛錢,瀟瀟暮雨去人歸。"蓋皆省墓作也。昔襄陽劉君逢一舉人,席草同飲,舉人賦詩曰:"荒邨無人作寒食,殯宮空對梨花泣。"明年,劉歸襄陽,尋訪舉人,惟殯宮存焉,乃知墓無祭拜,故九原有靈而怨形於詩如此。由此觀之,圖在斯知墓所在,墓在斯靈爽即在。匪惟千秋世守,永固無虞,抑亦雨露有懷,饗祀不忒也。吾族子孫,尚其念諸。

二十五世孫夢祥識。

——康熙《婺南雲川王氏世譜·墓圖》卷六《掃墓條約》

清乾隆四十二年六月祁門縣文堂王法太等立與陳勝等祖墳界址合同文約

立合同文約王法太、王兆慶等同陳勝、陳紀等,原王姓有二十都七保悲字貳百貳號土名禾尚塢山九畝,陳姓有同保悲字貳百三號土名禾尚塢山九畝,因山毗連,號界難分,訐控六載。現奉府憲親提訊詳,身等兩造思屬親誼,各自輸將,土名禾尚塢悲字貳百二、三兩號,共計山壹拾八畝,王、陳兩姓永遠均共。其陳姓始祖文洪公墳墓右首高坡橫隴,經中同王、陳兩姓人等眼同埋石五個爲界,界石外首之山,以爲陳姓保祖管業;界石裡首之山,盡作王、陳公共管業。該均業山內，已葬過墳塚，聽憑照舊祭掃，嗣後，各不許入山抃葬盜砍。如有等情，聽憑執文鳴官理論。自立合同文約之後，各不許翻悔。如違，甘罰銀硃壹拾觔，入官公用，仍依此文爲准。今欲有憑，立此合同文約壹樣貳紙，各收一紙，永遠存照。

  乾隆四十二年陸月二十日
  立合同文約 王大用公秩下經手 王法太
                 王兆慶
       文洪公秩下經手 陳紀
                 陳勝
         中見 鄭一屋
              王元晨
              陳乘六
              陳孚遠
              王中孚
              王君俊
              汪青萬
              王廷弼
         代筆人 鄭於茂
              鄭君餘

——道光《文堂陳氏宗譜》卷首《合文》

清乾隆四十四年四月江西浮梁縣金成宗與安徽祁門縣文堂陳錢等立陳氏宗族墳界合同議約

  立合同議約人浮梁金成宗、發，祁門陳錢、琳等，緣浮邑西城門外西山觀右，唐時陳姓葬有始祖妣英烈侯夫人郭氏墳一塚，陳姓墳業，向有界（恨）〔限〕。今身在陳墳後賣地一穴，與李姓安葬，致陳向身理論。自願憑中將陳墳業清出，當立界石，陳墳前後，俱橫埋石三個；左邊後截至塝前截，埋石三個；右邊後截靠弦水溝前截至地，四至內盡遵陳姓照舊管業，再不得擅賣他人，致有侵犯。其四至之外，先年觀內葬有墳墓，陳姓亦遵觀內管業。自立合同之後，兩無異説。如違，聽其執約鳴官理論。今欲有憑，立此合同壹樣貳紙,各執一紙,永遠存炤。

內批:陳墳前界,自陳墳墓門石量至界石,計有九丈三尺;陳墳後界,自陳墳墓門石量至界石,計有十二丈七尺。只此。

乾隆四十四年四月十四日,立合同議約人

     浮梁縣　金成宗、發併書
     祁門縣　陳　錢
        陳　琳
        陳　維
        陳邦明
    中見人　彭京雲
    當年保長　吳壽一
    真存坑口　錢收

——道光《文堂陳氏宗譜》卷首《合文》

清乾隆四十六年八月二十四日歙縣古樓岑葉孟松等往祖墳知單

奉祖知單

爲因古樓岑祖墳前現被異匪盜挖取坭,支丁往墳目擊心傷。誠恐後患不測,爲此,故發《知單》,會衆族丁,自係至十五歲起至六十歲爲則,俱要本月念八日午時到墳。如遲不到者,每丁公罰銀叁錢入衆。憑此發單通知。

乾隆四十六年八月二十四日

立知單人

長房葉孟松　孟日　可光

二房可元　可賜

三房孟恒　可晉　可能　可順　承莳　承永

四房孟東　孟烈　可池　可桃

五房可旺　可明　可善

奉書人　可海

——散件文書,原件藏南開大學歷史學院卞利處

清道光祁門縣文堂陳氏宗族合議墳規

合議墳規

一、各家墳塋，或葬于山，或葬于田地，或以斂業而葬祖者，或買全買分而葬祖者。葬後，子孫式微，或將墳業賣全賣分而與他人葬者，亦有買全買分而未葬者，族譜只載墳塋土名、坐向，不必載墳業號至、股分多寡，以杜藉佔之弊。日後，不得以業沒墳，亦不得以墳占業，其產業悉歸契稅執管。

——道光《文堂陳氏宗譜》卷首《合文》

清光緒十一年三月休寧縣首村朱氏宗族歙縣篁墩祖墓標掛議約

篁墩標掛議約

立議約人首村長支十三派衆等，緣我等唐殿中丞師古公爲新安朱氏統宗一世鼻祖，暨二世祖妣余、陳二夫人墓葬歙南篁墩。疇昔先公定以清明後八日，二世瓖公墓葬鬲山，定以清明後七日標掛，春園林秀四小支風雨無阻，詣墓致祭。千百年來，禋祀弗替。奈自咸豐、同治之世，粵寇叠擾，四支中子孫均被大創，幸賴匪存，霞瀛需租亦收，理應支持標掛。然我等長支，春公支下昔時昌盛，五派合辦一閽，以奉祭祀蒸嘗。然今非昔比，然自揣以霞瀛計較，孝不容推，義不容辭。然照前則式十派輪流司辦祭祀，各閽中均難支持。今長支集衆公議，權以十六派品搭，均匀分作孝、義二閽，當即接辦，司首各派，毋得推諉。俟出《知單》公啟，集會歙邑西、南二鄉本家，方可定正《規則》。凡今在議，必守今日之約。如有異言翻議者，憑公斥之。恐口無憑，立此議約存照。

光緒十一年三月十六日

立議約人　朱良甫　廷秀　殿元　殿賢　星如　清吉　瞻原　懋東　仲謙
映才　康義　友良　懷新　紹賢　仲安　運璋　廷英　福田　清明　明聚
執筆　鳴臯

孝字首閽拈得：長豐　礄溪　首村　裡田　水路塘　巴莊　霓湖　遐保
義字二閽拈得：倫堂　琳溪　古積田　新屯　資莊　石佛　真君殿

東圳

——光緒《新安朱氏宗祠記》

清光緒歙縣唐氏三族祖塋標祀規條

唐氏三族祖塋祭祀譜卷一

葛塘蓮花冲標祀規條

一、葛塘祭

宋知歙州軍州事遷徽始祖考承旴府君、宋封夫人遷徽始祖妣許夫人。

宋敕授承務郎二世祖考守成府君、宋敕封安人二世祖妣金安人。

七世祖考濬府君、七世祖妣孺人程氏。

宋恩封儒林郎八世祖考大有府君、宋恩封孺人八世祖妣朱孺人。

九世祖妣孺人黃氏、九世繼祖妣孺人祝氏。

十世嫡祖妣孺人程氏、十世所生祖妣孺人程氏。

一、蓮花冲祭

宋舉人敕授登仕郎九世祖考廷雋府君。

十世伯祖重三齋諭公。

宋舉人選以待補出身紫陽書院山長十世祖考虞府君。

按，《三族規》曰："再詳之八世，恩封七五府君、恩封七五孺人朱氏，俱葬歙邑古關一啚葛塘，仁字二百九號，今丈盡字二千三百八十九號山內，土名硯瓦塘，卯山酉向，辛卯、辛酉分金，左水流右，今見有朱氏婆婆墳，而七五府君名目，碑上未載。九世百六登仕公配孺人黃氏、祝氏，俱葬歙邑古關一啚葛塘，仁字二百九號山內，土名硯瓦塘，甲山庚向，庚寅、庚申分金，左水流，右與朱氏婆婆之墳山字號同"諸語。今八世祖妣墳碑實無八世祖考名目，而九世祖妣、九世繼祖妣雖曰與朱氏婆婆之墳山字號同，今墳亦無。又按，《家事筆記》曰："余在申時讀《唐暉合祀譜》，上未載及始祖考妣暨二世祖考妣墓標祀"之語。同治六年，余謁祖塋而見其碑尚係雍正間重立，今時標祀亦祭之焉。余詢族人，皆曰："唐□時失去，而後人復查出耳。"余又查我父所錄之譜，載"葬歙邑西關紫陽山，土名胡家村，東至姚壽之山，西至王大發田，南至方甫仁地，北至自地，與此地名不合，不知何故"諸語。今皆附錄於此，俾三族宗人參考。然前人既已祭之，後人亦不得因疑而不祭也。《合祀譜》即《三族規》也。

一、處暑前三日，三族往葛塘、蓮花冲看田，每族二人，在守墳僕人家午飯。菜係腐角、北瓜二色。

一、向例，凡稱"舊例"者，指《三族規》上之例也；稱"向例"者，指崇禎九年以後三族重定之例也。後凡言"舊例""向例"，倣此。看田以錢四百八十文爲辛工，派上族九十六文，中族九十六文，下族二百八十八文。錢歸管年墊出，俟收租日，於租内扣還。其所派之錢，歸各族來看田人均分，今照舊。

一、秋收定于八月二十日，風雨不更。三族往守墳僕人家，每族二人，其日，亦在守墳僕人家午飯，菜同看田。

一、收租，三族各帶筆墨、租簿、筭盤、升斗往，公同看收，各自註帳。新洲之地租，亦於是日收，惟葛塘、蓮花冲地塘租，次年三月十五日收。

一、收租日，收租訖，管年將所收之穀合筭若干，九折乾穀與衆，酌給守墳僕人穀數斗，以爲看田日及收租日所吃伊之酒飯費。現守墳僕人，亦種有祀田，於其交租，公議少收數斗，以爲酒飯費。但日後伊家或不種祀田，而酒飯費不能不給。今時固宜照舊，此乃爲日後計耳。餘穀照新穀價折洋。管年是何處人，即照何處穀價。及佃户無穀而交錢者之錢並新洲地租錢，均歸本年唐三族户完糧。唐三族户册費、看田辛工、收租辛工，來年祀事之用。

一、向例，有葛塘找租錢四百八十文，三族照看田式派。今收租只儘一日收全，不許佃户有欠找。此錢公議即作收租者辛工，仍照看田式派，上族九十六文，中族九十六文，下族二百八十八文，歸各族來收租者均分。

一、向例，收租風車，擡來擡去，擡力開支公帳。同治五年，始議向葛塘人家借用，將擡力革除。今余以借用終屬不便，與諸弟捐買風車一乘，放於守墳僕人家，以爲扇租之用。倘有損壞，開支公帳修之。

一、北關壹啚叁甲唐三族户，乃余先考漾荷府君諱宏浩所立，其上之産，皆我先考及余，並余弟光照、丹黻、必彬、二亡弟必鈞繼妻江氏、三亡弟必澋妻許氏所助錢糧及册費，均於所收租内扣納開支。今議管年於收租日筭帳後，即計唐三族户錢糧、册費共若干，將錢照數當衆面交余先考墓管年收去，完納錢糧，並付册費。

一、看田收租，余先考墓管年須親到，如有事在身，聽遣人代。雖定例看田收租，每族只許二人，我先考係徐卿府君子孫，則所往看田收租二人内，一人須我先考子孫，此事我族支丁謹記。

一、舊田地、山塘之錢糧，《三族規》載：遞年於允吉公祀産租銀扣納。守塋産，《三族規》載：錢糧即於租穀内筭納。查守塋産乃光昭堂捐出，故稅畝不分隔都，三族仍在光昭本族户。于順治十一年，光昭堂將盡字壹千陸百壹拾捌號田叁分肆釐柒毫土名灣圩、盡字貳千叁百柒拾壹號田壹畝伍分肆釐土名硯瓦塘、盡字貳千叁百柒拾陸號田玖分伍釐土名硯瓦塘，賣出與江君信。順治十五年九月，三族用價江處買回，將盡字壹千陸百壹拾捌號、盡字貳千叁百柒拾陸號田歸祀產，惟將盡字貳千叁百柒拾壹號田與守塋僕人自種自食，蓋深惡光昭堂之賣伊通同作弊也。然道光二十七年至咸豐三年收租之帳，我族尚存，其上無開支完守塋產錢糧、册費等帳，此亦必三族曾經公議，亦歸下族納付。又雍正間，三族捐置之田，帳上亦無開支錢糧及册費，此亦必三族曾經公議，亦歸下族納付。但歸下族納付，其時公議必有事故。否則，下族何獨甘心耶？又查同治八年九月初二日公議"明朝所置祀產及本朝雍正間添辦，向例係下族允吉公祀產内扣納錢糧及册費"。今行抵徵，惟守墳田之壹畝伍分肆釐，以明年起貼守墳出衆帳。此錢本應下族出，因"伊產亦不足，俟長徵之日，仍照老例"等語，今時自應暫依同治八年之議行，俟長徵之日，再照向例。

一、舊田地、山塘並雍正間添置者，以及守墳產，向例糧票等歸下族收。此時行抵徵，係佃户納糧，俟長徵之日，仍照舊。

一、唐三族户歸户赤契、稅票、租批等，歸余先考墓管年收，糧票俟長徵之日，亦歸余先考墓管年收。

一、各事管年者，務期至公至當。如年甚荒歉，租讓佃户過多，管年者會同三族斟酌，暫停分胙。不過是權宜之法，不得借年之稍荒停胙取利，祭品、供品不得短少。

一、所收之穀，由管年者售，或自喫，俱聽。如自喫，來年不將洋錢交出，及將售穀錢洋、佃户無穀而交錢者之錢、新洲地租錢花去，致祀事有缺者，三族公同禀官押追，並將其人出族，以爲效尤者戒。訟費小則開支公帳，大則三族公捐。

一、管年，舊例三族輪流分管，各小房頭再又輪流。向例我十二世祖考徐卿府君子孫管二年，桂芳公子孫管一年，各小房頭仍舊。惟琪卿公子孫永不准管年，蓋琪卿公子孫管年曾花去錢洋，致祀事有缺故也。今仍照向例，如有似中族昔日管年之花去錢洋，致缺祀事者，照新例禀官押追，將其人出族，不必照向例，將該族一族之人均永不准管年。

一、近時下族住槐塘者，管年往往託上族住城中者代辦，因槐塘路遠，祭品、人夫、吹手價貴於城中故耳。但管年到城中託代辦，代辦者以其路遠，必供點心、茶、煙，今定點心、茶、煙之費開支公帳。其費不得過四百文。若非該族管年，則無託辦之理，不得開支。

一、主祭用三族，統族長。如其人有大故及有事在身，不能到墳者，則推到墳之長。

一、雖應爲主祭之人及到墳之長，係甘爲庸下、不齒正人之林者，亦不許爲主祭，以到墳之人中，非甘爲庸下、不齒正人之林分尊者爲之。

一、禮生，惟葛塘用九人，蓮花冲用二人，此是向例，俱三族到墳之有職銜及進士、舉人、貢監、生員聲音之洪亮者爲之。如其人到墳者少，即以童生習儒者代之。倘其人到墳者多，當推爵尊、分尊任事者，不准攙越、喧嘩失禮。

一、助祭之人，皆三族子孫，不知何時起重三齋諭公本生即藤坑唐姓亦來助祭。

一、行禮，先葛塘，次蓮花冲。

一、山神，向例合祭，今照舊。

一、朱家村、問政山標祀，向例於葛塘、蓮花冲祀產内分錢一千文。光緒元年，公議分錢一千二百文。今公議分錢一千四百文，二處標祀之用。

一、藤坑標祀，舊例歸三族收租辦飯、辦祭品，不知何年何人所起，租歸藤坑唐姓收，祭品及飯亦歸其辦。故同治八年三族公議，因藤坑唐姓私心箔少，三族各捐箔一把帶往。光緒元年，公議藤坑捐箔停止，在公帳中支錢，買小箔五把，由管年帶往。今欲更章，勢亦難行，理宜照舊。外再於葛塘、蓮花冲祀產内分錢一千文，由管年帶往，爲辦菜之用。

一、標祀之期，舊例三月十五日，風雨不更，今照舊。

一、標祀用高照一對，上書"唐府恩榮堂"，内插二兩紅燭一對，用二人扛。金銀筒紙架一對，上安金銀筒紙各一副，小銀串三十吊，用二人扛。筒紙黃色，繪四爪龍。香案一，案上有亭，亭蓋黃布，上安五事件，或銅或錫，及祝文板架，禮壺，上京香三根，四兩紅燭一對，即插燭臺上，瓶或插鮮花，或松或柏，水酒二壺，賓禮壺内祝文，即黏於祝文板上，以葛塘祖墳祝文黏於前，次葛塘山神祝文，次蓮花冲祖墳祝文，次蓮花冲山神祝文，用二人擡。羊架一，上安乾羊一，用二人擡。豕架一，上安乾豕一，用二人擡。羊、豕俱稅用。食箱一，用二人擡。内盛掛紙竿五根，葛塘用四根，蓮花冲用一根。扯白小紙三刀，葛塘用二刀，蓮花冲用一刀。小紙七刀，葛塘焚五刀，蓮花冲焚二刀。小箔十五把，葛塘焚十二把，蓮花冲焚三把。爵三，有托杯一、尊一，花罩六個，蓋禮生餅用祭時只用五個。棒香一把，葛塘用三十九根，餘歸蓮花冲用。饌三,一餅二隻,重十二兩;一鮮魚一尾,重約八兩;上下一猪肚一個,做兜,用大碗三隻盛之。椁衣兩件,鹽三牲一副,猪肝一塊,笋一支,用槃五個盛之。禮生餅二十隻,重三斤,亦用槃五個盛之,帛一端,用漆盤盛之。山神紙馬兩個,每個内裝小箔一花,小紙半刀,葛塘焚一個,蓮花冲焚一個。祭盒一個,内實鹽三牲一副,杯一隻,此二物設於山神前。胙票,約到墳人數多寡而辦,甯有餘。主祭轎錢肆百文,禮生錢一百五十文,盤錢五百七十文,功勞户錢四百文,帳目藤坑纏錢六百文,用餘之錢,守墳小餅一斤,吹手餅十二隻,重一斤八兩。乞丐小餅二斤,均放食箱内,拜墊四個,放於香案底,帶往吹手六名。

一、祭畢,三饌及酒,並主祭轎錢送主祭,禮生錢禮生均分。禮生餅二十隻,禮生每人二隻,餘二隻,蓮花冲禮生二人均分。盤錢五百七十文,派上族一百二十文,中族一百二十文,下族三百三十文,此款向例如此分派,恐即是舊功勞户也,交各族到墳之長,自行分給該族到墳之人。功勞户錢四百文,交余先考子孫到墳之長,自行分給余與余兄弟子孫到墳諸人。此款即余先考所助之祀田及守墳僕人屋並屋地,以及我兄弟等所助新洲地之功勞户。藤坑纏錢六百文,派上族一百二十文,中族一百二十文,下族三百六十文,此亦向例如此分法,交各族到墳之長,自行分與該族之進藤坑者。花罩六個,派每族二個,交各族到墳之長,自行給與該族到墳之最年幼子孫用。餘之錢,主祭禮生、管年及各族到墳諸子孫均分。猪肝一塊,笋一支,送管年。守墳小餅,給守墳僕人。吹手餅,給吹手。乞丐小餅,交守墳僕人派乞丐。

一、助祭之人,如至中途祭畢而到,不與之胙,以爲怠慢者戒。倘敢與管年争鬧,即將其人出族。

一、各族子孫,有聲言分祭生事擾鬧及管年不遵公議《規條》行事者,舊例罰銀三錢,似覺難行。今定罰小箔三把,於次年標祀焚奉祖宗。如不遵,罰出族。

一、主祭禮生,須穿本等公服,其非有職銜,非進士、舉人、貢監、生員爲主祭禮生,亦宜穿套戴大帽。萬一無套,則大帽不可少。

一、各族子孫之跟隨僕役及有興從者,均自出錢,不許在公帳中支用。子孫貧富不等,所當體諒。

一、高照三年一製,費開公帳,輪流上遞下收。

一、高照架、金銀筒紙架、香案、羊架、豕架、食箱五事件,祝文板架、鹽三牲、爵,杯有托杯、杯盤、禮壺、祭盒、椁衣、饌碗、尊、帛盤、拜墊等物件,或各族自辦。有者或借用者，倘有碰壞，開支公帳脩還。

一、各族子孫，嗣後有願助三族祖塋祀產，即於所助祀產租內扣納錢糧，開支冊費。

一、各族子孫，嗣後有願助三族祖塋祀產，三族公估時值若干，每百兩送功勞戶錢二百文。此照今標祀時所送我先考子孫功勞戶式。

一、《三族規》云：一舊例用燒餜，以遠年之祖而祀以乾枯之物，殊不相宜。今何反用乾豬、乾羊，緣此時所入無多，莫可如何。日後田地之租起色，自當應用鮮豬、鮮羊，即以豬、羊分胙。如選用鮮豬、鮮羊，羊、豕之輕重，不能一定，須看錢多寡而辦。又當用屠夫一名隨往，以爲分胙之需，並宜令屠夫帶屠刀及大小稱各一把，往應用屠夫工食開支公帳，大小稱、屠刀向肉店借用。

一、吹手，舊例用六人，後增二人。道光二十八年，復照舊例，用六人。今議定用六人。但今習此業者少，而城中只三人，鄉間者不敢入城，故歷年所用三人、四人不等，而價亦漸大，此亦無可如何。總之，日後習此業者多，以六人爲率。

一、吹手祭時穿黃馬甲，向例有十件，輪流上遞下收。今時各族自製，歸各族自收。黃馬甲以布爲之，標祀日，交吹手自帶往，祭時穿之。祭畢，交與管年，放於食箱內擡回。

一、分胙票板，各族自刻，歸各族自收。

一、《標祀帳簿》《收租簿》，向例各族自置，自寫自藏，今仍照舊。

一、朱家村、藤坑、問政山標祀祝文紙，朱家村、問政山標祀帳目紙，向例歸葛塘、蓮花冲標祀帳內總開，今仍照舊。

一、祭品各物，照市作價。管年是何處人，即照何處價目。不可故意加價取利，致啟爭端。

一、葛塘、蓮花冲、朱家村、藤坑、問政山等處祖墳餘山地及祀產，永不准出賣，三族謹記。

一、《唐氏三族祖塋祭祀譜》，每族兩部，交各族管年收，自行輪流上遞下收。倘三族支丁要者，可至余先考墓管年家買，現錢交易，不得賒欠。

一、《三族規》，余先考已翻刻，如三族支丁有要者，亦至余先考墓管年家買，現錢交易，不得賒欠。

一、三族支丁，有願將《三族規》及《唐氏三族祖塋祭祀譜》翻刻者，聽，余之子孫及余諸弟之子孫，不准與之爲難。

一、帳式。管年須照此式開之，放於食箱內，帶往與衆觀看，以示無私。其非每年常應開公帳者，此書所載准開公帳，亦可開入。其公捐之事，則另開帳。所捐之錢，用有餘多，亦宜攤算還人。倘有毋庸開捐，不得不開公帳之事，三族公議方可。

某年分收租穀若干，扣錢，乾穀若干，計英洋若干，收田此乃佃户無穀交錢者地即新洲地租錢若干。

某年三月十五日，收地塘租錢若干。

共收英洋若干，扣錢若干。

共收錢若干。

支錢肆百捌拾文，去年看田。

支錢肆百捌拾文，去年收租。

支錢若干，去年唐三族户錢糧並册費。此款此時不必開入，俟長徵之日再開入。

支錢若干，去年挑穀力。如在葛塘售，則不得開支。

支錢若干，點心、茶煙。此款如非託辦，不得開入。

支錢若干，小箔二十把，二花内五把帶藤坑。

支錢若干，金銀筒紙、小銀串、花罩、掛紙竿、帛、山神紙馬。

支錢若干，祝文紙、帳目紙、胙票紙。

支錢若干，紅頭繩，香案、金銀筒紙架上用。

支錢若干，縴繩，香案、羊、豕架上用。

支錢若干，紅燭，四兩一對，足兩一對。

支錢若干，京香三根，棒香一把。

支錢若干，小紙十一刀。

支錢若干，猪、羊。

支錢若干，鮮魚一尾，重若干。

支錢若干，猪肝、猪肚。

支錢若干，笋一支。

支錢若干，餅，八斤四兩。

支錢若干，水酒。

支錢肆百文，主祭轎錢。

支錢壹百伍拾文，禮生纏。

支錢伍百柒拾文，盤。

173

支錢肆百文,功勞户。

支錢陸百文,藤坑纏。

支錢壹千肆百文,朱家村、問政山標祀。

支錢壹千文,藤坑菜。

支錢若干,人夫十二名。

支錢若干,吹手。

支錢若干,屠夫一名。此款俟用鮮猪、羊之日再開入。

支錢若干,守墳田錢糧。此款俟長徵日革除。

支錢若干,補串底少串。

共用錢若干,仍存錢若干,人分,每人,共錢若干,餘錢給守墳訖。

一、標祀前期數日,管年將應用物件俱行定之,並繕寫祝文。朱家村、藤坑、問政山等處祝文,亦可同寫。填三族長者名各一人。

一、祝文,白紙墨書,各處皆同。

一、標祀前期一日,管年將物件俱宜辦齊。

一、正日早,管年喚齊人夫、吹手,吹送祭品前往。何家管年,在何家吹送。倘管年家屋小,則在宗祠中吹送亦可。

一、管年到葛塘祖墳,先陳設扯白懸竿,給守墳小餅一斤,即收地塘租,收畢,再將帳與衆觀看。帳之收結,當俟散胙後填之。

一、候至午正即祭,不必問人齊否。此是向例。

一、葛塘祖塋前陳設供案一,此物向守墳借用,棹衣一件、盤十,設供案上;祭盒一、杯一,此二物設供案左,香案一、羊一、豕一,均設供案前;高照一對,設香案前;小箔十二把、小紙五刀、金銀、筒紙、小銀串十五吊、山神紙馬一個,均放於燎所;尊案一,此物亦向守墳借用;棹衣一件、上京香三根、棒香三十九根、禮壺一、尊一、帛一、祝文、爵三、有托杯一、饌三,均設尊案上;拜墊,供案前設三個,香案前設一個;其吹手餅、乞丐小餅,不必陳設。

一、葛塘祖塋前致祭《儀注》。管年令人夫點香燭,通贊生、陪贊生向上一揖,分左右上,通贊生立供案左,陪贊生立供案右。通贊生唱:"序立。"衆禮生在香案前拜墊後序立。通贊生唱:"執事生各司其事。"衆禮生向上一揖,鳴引生立香案前拜墊左,陪引生立香案前拜墊右,禮生四人立尊案上邊,司尊生立尊案下邊。通贊生唱:"陪祭者各就位。"三族支丁在香案前拜墊後,分尊卑、長幼重行立,藤坑唐姓在三族支丁後立。通贊生唱:"主祭者就位。"鸣引生赞："就位。"主祭就香案前拜垫立。通赞生唱："参神。"鸣引生赞："诣司尊所。"及陪引生导主祭至尊案前立。鸣引生赞："司尊者捧香。"司尊生至尊案前，捧京香，棒香复位立。鸣引生赞："送香。"司尊生捧香，至第一礼生前立。鸣引生赞："执事者接香。"第一礼生接香立，司尊生复位立。鸣引生赞："司尊者捧壶。"司尊生至尊案前捧壶，复位立。鸣引生赞："送壶。"司尊生捧壶，至第二礼生前立。鸣引生赞："执事者接壶。"第二礼生接壶立，司尊生复位立。鸣引生赞："司尊生捧杯。"司尊生至尊案前捧有托杯，复位立。鸣引生赞："送杯。"司尊生捧有托杯，至第三礼生前立。鸣引生赞："执事者接杯。"第三礼生接有托杯立，司尊生复位立。鸣引生赞："诣香案前。"及陪引生导主祭至香案前立。鸣引生赞："跪。"第一礼生跪于右，第四礼生跪于左。鸣引生赞："敬香。"主祭接京香，向上拱举。鸣引生赞："上香。"主祭将京香授于第四礼生，第四礼生接香，兴，上于炉内，第一礼生亦兴，第二礼生跪于右，第三礼生跪于左。鸣引生赞："酌酒。"第二礼生酌酒于有托杯内，鸣引生赞："酹酒。"主祭接有托杯，酹酒于地，将有托杯授与第三礼生，第二、第三礼生俱兴，以壶及有托杯奠于香案。鸣引生赞："叩，兴。"主祭行一叩首，兴。鸣引生赞："诣始祖考、始祖妣、二世祖考、二世祖妣封茔前。"及陪引生导主祭至坟前立。赞："跪，主祭跪。"第一礼生跪于右，第二礼生跪于左。鸣引生赞："敬香。"主祭接棒香十二根，向上拱举。鸣引生赞："上香。"主祭将香授与第二礼生，第二礼生捧香，兴，上于坟前，第一礼生亦兴。鸣引生赞："叩，兴。主祭行一叩首，兴。"鸣引生赞："诣七世祖考、七世祖妣封茔前敬香棒香六根，上香，叩，兴。"赞："诣八世祖考、八世祖妣、九世祖妣、九世继祖妣封茔前敬香棒香六根，上香，叩，兴。"赞："诣十世嫡祖妣、十世所生祖妣封茔前敬香棒香十二根，上香，叩，兴。"其仪均与始祖坟前同。鸣引生赞："复位。"及陪引生导主祭复位立，四礼生亦复位立。鸣引生赞："跪，叩，兴。"主祭率众行一跪三叩首，兴。通赞生唱："奠帛，行初献礼。"鸣引生赞："诣司尊所。"及陪引生导主祭至尊案前立，鸣引生赞："司尊者捧帛。"司尊生至案前捧帛，复位立。鸣引生赞："送帛。"司尊生捧帛，至第一礼生前立。鸣引生赞："执事者接帛。"第一礼生接帛立，司尊生复位立。鸣引生赞："司尊者捧祝文。"司尊者至案前捧祝文，复位立。鸣引生赞："送祝文。"司尊生捧祝文，至第二礼生前立。鸣引生赞："执事者接祝文。"第二礼生接祝文立，司尊生复位立。鸣引生赞："司尊者举幕。"司尊生至尊案前举幕，复位立。鳴引生贊："酌酒。"司尊生至尊案前，以瓢取尊酒，酌於爵，尊內之酒陳設時，以禮壺內酒倒一半於尊內應用，復位立。鳴引生贊："覆幂。"司尊生至尊案前覆幂，復位立。鳴引生贊："捧爵。"司尊生至尊案前捧爵，復位立。鳴引生贊："送爵。"司尊者捧爵，至第三禮生前立。鳴引生贊："執事者接爵。"第三禮生接爵立，司尊生復位立。鳴引生贊："司尊者捧饌。"司尊生至尊案前捧饌，復位立。鳴引生贊："送饌。"司尊生捧饌，至第四禮生前立。鳴引生贊："執事者接饌。"第四禮生接饌立，司尊生復位立。鳴引生贊："詣供案前。"及陪引生導主祭詣供案前立。鳴引生贊："跪。"主祭跪，第一禮生跪於右，司尊生跪於左。鳴引生贊："敬帛。"主祭接帛，向上供舉。鳴引生贊："奠帛。"主祭將帛授與司尊生，司尊生捧帛，興，奠於供案上，第一禮生興，至主祭左邊立。第二禮生跪於右，第一禮生跪於左。鳴引生贊："敬祝文。"主祭接祝文，向上拱舉。鳴引生贊："獻祝文。"主祭將祝文授與第一禮生，第一禮生捧祝文，興，獻於供案上，第二禮生興，至主祭左邊立。第三禮生跪於右，第二禮生跪於左。鳴引生贊："敬爵。"主祭接爵，向上拱舉。鳴引生贊："獻爵。"主祭將爵授與第二禮生，第二禮生捧爵，興，獻於供案正中，第三禮生興，至主祭左邊立。第四禮生跪於右，第三禮生跪於左。鳴引生贊："敬饌。"主祭接饌，向上拱舉。鳴引生贊："獻饌。"主祭將饌授與第三禮生，第三禮生捧饌，興，獻於供案正中，第四禮生興，立於主祭左邊。鳴引生贊："叩，興。"主祭行一叩首，興，第二禮生捧祝文立。通贊生唱："主人以下皆跪。"主祭率衆及第二禮生俱跪。鳴引生贊："讀祝。"第二禮生跪，讀。畢，興，以祝文復於供案上。鳴引生贊："叩，興。"主祭率衆行三叩首，興。鳴引生贊："復位。"及陪引生導主祭復位立，四禮生、司尊生亦復位立。通贊生唱："行亞獻儀。"如初獻儀，獻於供案左。無祝帛，司尊生送爵，乃第一禮生接爵；送饌，乃第三禮生接饌。供案前，係第二禮生接爵，第四禮生接饌，司尊生不隨至供案前。通贊生唱："行終獻禮。"如亞獻儀，獻於供案右。通贊生唱："撤饌。"第一、第二、第三禮生由左上至供案前，每人捧饌，一由右下，轉至尊案前，安於尊案上，復位立。通贊生唱："辭神。"鳴引生贊："跪，叩，興。"主祭率衆行一跪三叩首，興。通贊生唱："恭捧祝帛、爵、香送燎所。"第一禮生詣香案前捧京香，第二禮生詣供案前捧祝文，第三禮生詣供案前捧帛，第四禮生詣供案前捧爵。祝文前，次帛，次爵，次香，依次由中送燎所。主祭退避右邊，俟過復位立；諸禮生仍捧祝文、板架、帛、盤、爵、杯，安於原處，復位立。通贊生唱："望燎【所】。"鳴引生贊："詣望燎位。"及陪引生導主祭至燎所前立。鳴引生贊："焚紙錢。"守墳僕人舉火。鳴引生贊："跪，叩，興。"主祭行一跪三叩首，興。鳴引生贊："復位。"及陪引生導主祭復位立。通贊生唱："禮畢。"主祭率衆退立他處，通贊生、陪贊生、鳴引生、陪引生、四禮生、司尊生俱至香案前拜墊後，同行一跪三叩首。

一、祭畢，管年先收物件，令人夫擡往蓮花冲，再將乞丐小餅交守墳僕人派與乞丐。

一、管年到蓮花冲祖塋，先陳設扯白懸竿。

一、蓮花冲前陳設，不用供案、尊案、棹衣、尊、帛，以食箱代。供案上設爵三、禮壺一、盤十、祭盒一、杯一，此二件在左。前設香案一、羊一、豕一、高照一對，在香案前。小箔三把、小紙二刀、小銀串十五吊、山神紙馬一個，均放於燎所。墳前棒香九根，香案爐內三根，墳左三根，俱點着，餘香全數放於燎所。拜墊只用二個，一設香案前，一設右梢上。祝文設於香案上，其吹手餅不必陳設。

一、蓮花冲祖塋前致祭《儀注》，贊禮生即前鳴引生爲之，俟陳設畢，立於左，唱："執事者各司其事。"讀祝生即前第二禮生爲之立於右。贊禮生贊："就位。"主祭就位立，三族支丁在主祭後，分尊卑、長幼重行立，藤坑唐姓在三族支丁後立。贊禮生贊："跪，叩，興。"主祭率衆行一跪三叩首，興。讀祝生捧祝文，至讀祝位立。贊禮生贊："跪。"主祭率衆及讀祝生俱跪。贊禮生贊："讀祝。"讀祝生跪，讀。畢，捧祝文立，安原處，復位立。贊禮生贊："叩，興。"主祭率衆行三叩首，興。贊禮生贊："恭捧祝文送燎所。"讀祝生捧祝文送燎所，人夫舉火，讀祝生捧板架立，安原處，復位立。贊禮生贊："禮畢。"主祭率衆退立他處，贊禮生、讀祝生俱至香案前拜墊後，同行一跪三叩首。

一、祭畢，管年先收物件，再將三饌酒送主祭，禮生餅與諸禮生分之，分式見上，吹手餅與吹手，然後令人夫擡祭品各物件回。高照須留下，以便交下手管年。

一、管年於人夫擡物件回後，再至狹處發胙票。

一、管年發畢胙票，回守墳僕人家，先將轎錢送主祭。禮生纏盤錢、功勞戶錢、藤坑纏交出，照前式，交各族到墳之長及余先考漾荷府君子孫到墳之長，自行各自均分。再計票發去若干，將餘錢照票若干分之，收票給錢。

一、收票給錢，向例先右圓，次羅田，次琶村，次藤坑，次槐塘，次郡城，此以路之遠近分先後，今照舊。

一、收票給錢，並非按人收給，惟問該處到墳之長，該處若干人到，即向該長收票若干，撿明不錯，將應分該處若干，總交該長自行分給。日後用羊、豕分胙，照此式。

一、管年分胙畢結帳，將此書所載輪流上遞下收者，交與下手管年，然後回家。

葛塘祝文

維大清　年歲次　春三月　朔越十五日　之辰，裔孫　等敢昭告于宋知歙州軍州事遷徽始祖考承旿府君唐公、宋封夫人遷徽始祖妣許夫人、宋敕授承務郎二世祖考守成府君唐公、宋封安人二世祖妣金安人、七世祖考濬府君唐公、七世祖妣孺人程氏、宋恩封儒林郎八世祖考大有府君唐公、宋恩封孺人八世祖妣朱孺人、九世祖妣孺人黃氏、九世繼祖妣孺人祝氏、十世嫡祖妣孺人程氏、十世所生祖妣孺人程氏尊靈。曰：歲序流易，雨露既濡。瞻掃封塋，不勝感慕。謹以牲帛酒醴、粢盛庶品，祗薦歲事。伏惟尚饗。

維大清　年歲次　春三月　朔越十五日　之辰，信士唐　等致祭於唐家山之神曰：茲爲躬脩歲事於宋知歙州軍州事遷徽始祖考承旿府君唐公、宋封夫人遷徽始祖妣許夫人、宋敕授承務郎二世祖考守成府君唐公、宋封安人二世祖妣金安人、七世祖考濬府君唐公、七世祖妣孺人程氏、宋恩封儒林郎八世祖考大有府君唐公、宋恩封孺人八世祖妣朱孺人、九世祖妣孺人黃氏、九世繼祖妣孺人祝氏、十世嫡祖妣孺人程氏、十世所生祖妣孺人程氏之墓。惟時保佑，實賴神庥。謹以酒饌，敬伸奠獻。尚饗。

蓮花冲祝文

維大清　年歲次　春三月　朔越十五日　之辰，裔孫　等敢昭告于宋敕授登仕郎九世祖考廷雋府君唐公、十世伯祖重三齋諭唐公、宋舉人選以待補出身紫陽書院山長十世祖考虞府君唐公尊靈。曰：歲序流易，雨露既濡。瞻掃封塋，不勝感慕。謹以牲箔酒醴、粢盛庶品，祗薦歲事。伏惟尚饗。

維大清　年歲次　春三月　朔越十五日　之辰，信士唐　等致祭於唐家墳山之神。曰：茲爲躬脩歲事於宋敕授登仕郎九世祖考廷雋府君唐公、十世伯祖重三齋諭唐公、宋舉人選以待補出身紫陽書院山長十世祖考虞府君唐公之墓。惟時保佑，實賴神庥。謹以酒饌，敬伸奠獻。尚饗。

祀產

盡字貳千貳百伍拾號田叁分伍釐陸毫叁絲，土名石潭邊，計柒拾玖步捌分。

清册分庄三族

祖遺祀産,其税分庄,隅都甚明。

西南隅貳啚唐汝欽貳拾陸步陸分。

西南隅壹啚唐轍貳拾陸步陸分。

貳拾貳都陸啚唐承祉貳拾陸步陸分。

原查

西南隅貳啚唐汝欽貳釐柒毫。

西南隅貳啚唐汝鶯叁釐。

西南隅壹啚唐轍壹分貳釐。

貳拾貳都陸啚唐承祉壹分壹釐玖毫。

貳拾捌都陸啚唐桓貳釐玖毫柒絲。

貳拾捌都陸啚唐元炳貳釐玖毫陸絲。

舊例硬租穀柒斗壹升,今硬租穀拾貳斗。

盡字貳千叁百肆拾肆號田壹畝叁釐貳毫陸絲,土名硯瓦塘,計貳百叁拾壹步叁分。

清册分庄

西南隅貳啚唐汝欽柒拾柒步壹分。

西南隅壹啚唐轍柒拾柒步壹分。

貳拾貳都陸啚唐承祉柒拾柒步壹分。

原查

西南隅貳啚唐汝欽捌釐柒毫。

西南隅貳啚唐尚賓肆釐貳毫。

西南隅貳啚唐鏞肆釐肆毫。

貳拾貳都陸啚唐承祉叁分肆釐肆毫。

西南隅壹啚唐轍叁分肆釐肆毫貳絲。

貳拾捌都陸啚唐桓捌釐陸毫。

貳拾捌都陸啚唐元炳捌釐陸毫壹絲。

舊例硬租穀貳拾斗柒升,今硬租穀叁拾陸斗。

盡字貳千叁百柒拾號田捌分叁釐叁毫,土名硯瓦塘,暉公兄弟捐出,原收貳拾貳都拾壹啚徐拱極。

原分

西南隅壹啚唐宗祠柒釐叁毫。

貳拾捌都陸啚唐朋貳分柒毫伍絲。

貳拾都伍啚唐社祠貳分柒毫伍絲。

貳拾貳都陸啚唐承祉叁分肆釐伍毫。

舊例硬租穀貳拾伍斗，今硬租穀貳拾肆斗。

盡字貳千叁百柒拾捌號田壹畝柒分捌釐，土名唐家墳前，暉公兄弟捐出，原收貳拾貳都拾壹啚徐拱極。

原分

西南隅壹啚唐宗祠壹分伍釐。

貳拾捌都陸啚唐朋肆分肆釐伍毫。

貳拾都伍啚唐社祠肆分肆釐伍毫。

貳拾貳都陸啚唐承祉柒分肆釐。

舊例硬租穀伍拾叁斗叁升，今硬租穀陸拾叁斗。

盡字貳千叁百柒拾玖號田壹畝叁分柒釐肆毫肆絲，土名硯瓦塘，計叁百零柒步玖分。

清册分庄

西南隅貳啚唐汝欽壹百零貳步陸分叁釐。

西南隅壹啚唐轍壹百零貳步陸分叁釐。

貳拾貳都陸啚唐承祉壹百零貳步陸分叁釐。

原查

西南隅貳啚唐汝欽壹分壹釐伍毫。

西南隅貳啚唐炳壹分壹釐肆毫。

西南隅壹啚唐轍肆分伍釐陸毫。

貳拾貳都陸啚唐承祉肆分伍釐捌毫。

貳拾捌都陸啚唐桓壹分壹釐伍毫。

貳拾捌都陸啚唐元炳壹分壹釐肆毫伍絲。

舊例硬租穀貳拾柒斗柒升，今硬租穀肆拾貳斗。

盡字貳千叁百捌拾肆號田伍分貳釐伍毫，土名硯瓦塘，計壹百壹拾柒步陸分。

清册分庄

西南隅貳畐唐汝欽壹拾玖步陸分，唐祐之伍拾捌步捌分。

西南隅壹畐唐轍壹拾玖步陸分。

貳拾貳都陸畐唐承祉壹拾玖步陸分。

原分

西南隅壹畐唐宗祠壹分肆釐。

西南隅貳畐唐汝欽貳釐叁毫。

西南隅貳畐唐鋭貳釐壹毫。

西南隅壹畐唐轍捌釐柒毫伍絲。

貳拾貳都陸畐唐承祉壹分捌釐叁毫。

貳拾都伍畐唐社祠貳釐伍毫。

貳拾捌都陸畐唐桓貳釐壹毫伍絲。

貳拾捌都陸畐唐元炳貳釐貳毫。

舊例硬租穀拾斗伍升，今呆租穀叁斗。

盡字貳千貳百叁拾壹號田壹畝伍釐陸毫，土名葉家冲，暉公兄弟捐出，原收貳拾貳都拾壹畐徐學龍等。

原分

西南隅壹畐唐宗祠肆分貳釐貳毫肆絲。

貳拾貳都陸畐唐承祉陸分叁釐叁毫陸絲。

舊例硬租穀叁拾陸斗，今硬租穀肆拾伍斗。

盡字貳千貳百伍拾壹號田壹畝貳分肆釐肆毫貳絲，土名硯瓦塘，暉公兄弟捐出，原收貳拾貳都拾壹畐徐拱極。

原分

西南隅壹畐唐宗祠肆分玖釐柒毫陸絲捌忽。

貳拾貳都陸畐唐承祉柒分肆釐陸毫伍絲貳忽。

舊例硬租穀貳拾柒斗叁升貳合，今硬租穀叁拾陸斗。

盡字貳千貳百伍拾肆號田壹畝柒釐壹毫，土名硯瓦塘，暉公兄弟捐出，原收貳拾貳都拾壹畐徐學龍等。

原分

西南隅壹畐唐宗祠肆分貳釐捌毫肆絲。

貳拾貳都陸畐唐承祉陸分肆釐貳毫陸絲。

舊例硬租穀叁拾貳斗壹升，今呆租穀拾斗。

盡字貳千貳百叁拾壹號、貳千貳百伍拾壹號、貳千貳百伍拾肆號，舊例歸問政山伯和公、吉祥公墓祀產，不知何時改章歸入葛塘、蓮花冲祖墳祀產。

盡字貳千叁百肆拾伍號田壹畝伍分壹釐壹毫叁絲，土名龜山，原是地，今成田，計肆百陸拾壹步。

清冊分庄

西南隅貳啚唐汝欽壹百伍拾叁步陸分柒釐。

西南隅壹啚唐轍壹百伍拾叁步陸分柒釐。

貳拾貳都陸啚唐承祉壹百伍拾叁步陸分柒釐。

原查

西南隅貳啚唐汝欽壹分貳釐伍毫。

西南隅貳啚唐尚賓陸釐叁毫。

西南隅貳啚唐鏞陸釐叁毫。

西南隅壹啚唐轍伍分肆毫。

貳拾貳都陸啚唐承祉伍分肆釐玖毫。

貳拾捌都陸啚唐桓壹分貳釐陸毫。

貳拾捌都陸啚唐元炳壹分叁釐柒毫貳絲。

硬租穀肆拾貳斗。

盡字貳千叁百柒拾陸號田玖分伍釐，土名硯瓦塘，暉公兄弟捐出，原收貳拾貳都拾壹圖徐學龍等硬租穀貳拾肆斗。此號田舊係守塋產，順治十一年，光昭堂賣出與江君信，順治十五年九月，三族用價江處買回，將田歸公，其稅隸唐承祉戶。田壹畝貳分，硬租穀叁拾陸斗；田柒分，硬租穀貳拾壹斗，此二號田皆雍正間添置，其字號、土名，三族收租簿不載，兵燹之餘，無從查考。其作何分法，今亦不得而知，俟弓丈之日，三族再議可也。

盡字壹千玖百叁拾壹號田壹畝貳分伍釐，土名善竭干，余先考漾荷府君所助，硬租穀貳拾肆斗，稅在北關壹啚叁甲唐三族戶。

盡字壹千玖百肆拾叁號田壹畝叁分捌釐陸毫貳絲，土名善竭干，余先考漾荷府君所助，硬租穀貳拾肆斗，稅在北關壹啚叁甲唐三族戶。

盡字貳千壹百陸拾、陸拾壹號田柒、捌分壹、柒釐，土名善竭干，余先考漾荷府君所助，硬租穀貳拾捌斗，稅在北關壹啚叁甲唐三族戶。

盡字玖百貳拾叁號田壹畝壹分伍釐叁毫，土名善竭干，余先考漾荷府君所助，硬租穀貳拾柒斗柒升，稅在北關壹啚叁甲唐三族戶。

崗字伍拾肆、伍號田肆分玖釐貳毫、壹畝叁分壹釐,共一坵,土名油杉樹下,余先考漾荷府君所助,硬租穀叁拾捌斗,税在北關壹啚叁甲唐三族户。

盡字壹千貳百陸拾伍號地壹畝柒分零壹毫,土名蓮花冲,前明清冊,本號共地貳畝柒分伍釐壹毫貳絲,扞業拾都玖啚叁甲唐元和。

原分

西南隅壹啚唐宗祠壹畝壹分叁釐肆毫。

貳拾貳都陸啚唐承祉伍分陸釐柒毫。

盡字貳千叁百捌拾叁號地肆畝叁分貳釐柒毫壹絲,土名葛塘,計山地壹千叁百壹拾玖步柒分玖釐。

清册分庄

西南隅貳啚唐汝欽叁百玖拾玖步玖分叁釐。

西南隅壹啚唐轍叁百玖拾玖步玖分叁釐。

貳拾貳都陸啚唐承祉伍百壹拾玖步玖分叁釐。

原查

西南隅貳啚唐汝欽叁分伍釐捌毫。

西南隅貳啚唐尚賓叁釐柒毫。

西南隅貳啚唐仲仁叁分貳釐。

西南隅貳啚唐鋭貳釐玖毫。

西南隅貳啚唐炳貳分零肆毫。

西南隅貳啚唐鏈叁釐柒毫。

西南隅貳啚唐汝鶯貳釐玖毫。

西南隅壹啚唐轍壹畝壹分捌毫。

貳拾貳都陸啚唐承祉壹畝捌分伍釐柒毫。

貳拾捌都陸啚唐桓叁分叁釐伍毫柒絲。

貳拾捌都陸啚唐元炳叁分叁釐伍毫陸絲。

盡字貳千叁百陸拾捌號地壹畝壹分陸毫,土名葛塘山口,計叁百零玖步陸分。

清册分庄

西南隅貳啚唐汝欽肆拾柒步捌分柒釐。

西南隅貳啚唐泰來壹百陸拾陸步。

西南隅壹啚唐轍肆拾柒步捌分柒釐。

貳拾貳都陸啚唐承祉肆拾柒步捌分柒釐。

原查

西南隅貳啚唐汝欽肆釐叁毫。

西南隅貳啚唐銳貳釐壹毫。

西南隅貳啚唐汝鶯貳釐壹毫。

西南隅壹啚唐宗祠叁分肆釐叁毫。

西南隅壹啚唐轍壹分柒釐壹毫。

貳拾貳都陸啚唐承祉肆分貳釐壹毫。

貳拾捌都陸啚唐桓肆釐貳毫捌絲。

貳拾捌都陸啚唐元炳肆釐貳毫柒絲。

盡字貳千叁百捌拾柒號地壹畝肆釐肆毫，土名山口，計貳百玖拾貳步叁分。

清册分庄

西南隅貳啚唐汝欽玖拾柒步肆分叁釐。

西南隅壹啚唐轍玖拾柒步肆分叁釐。

貳拾貳都陸啚唐承祉玖拾柒步肆分叁釐。

原查

西南隅貳啚唐汝欽捌釐柒毫。

西南隅貳啚唐炳玖釐叁毫。

西南隅壹啚唐轍叁分肆釐捌毫。

貳拾貳都陸啚唐承祉叁分肆釐捌毫。

貳拾捌都陸啚唐桓捌釐陸毫捌絲。

貳拾捌都陸啚唐元炳捌釐陸毫玖絲。

盡字貳千叁百玖拾捌號地壹分貳釐，土名山口，暉公兄弟捐出，原收東南隅壹啚吳侍臣。

原分

西南隅壹啚唐宗祠肆釐。

貳拾貳都陸啚唐承祉伍釐。

貳拾都伍啚唐社祠叁釐。

舊造有土庫屋壹間，住守墳僕。洪逆之亂，屋被拆。

盡字壹千陸百壹拾捌號地叁分肆釐柒毫，土名灣垆，原是田，今成地，暉公兄弟捐出，原收貳拾貳都拾壹畾徐學龍、拱極。此號地舊係守墳產，順治十一年，光昭堂賣出與江君信。順治十五年九月，三族用價江處買回，將地歸公，其稅隸唐承祉戶。

盡字貳千肆百貳拾捌號地貳分玖釐叁毫，土名壇石頭，余先考漾荷府君所助，稅在北關壹畾叁甲唐三族戶。此號地原係程小狗之業，上造有坐東朝西披屋一堂，我先考以舊守墳屋不存，買此屋住守墳僕人。

金字叁百零陸號地陸分叁釐，土名沙園，余與余弟光照、丹黻、必彬及弟婦江氏、許氏所助，稅在北關壹畾叁甲唐三族戶。

金字貳百貳拾柒、捌號地壹畝陸分，土名沙園，余與余弟光照、丹黻、必彬及弟婦江氏、許氏所助，稅在北關壹畾叁甲唐三族戶。

金字貳百貳拾陸、柒號地玖分貳釐，土名沙園，余與余弟光照、丹黻、必彬及弟婦江氏、許氏所助，稅在北關壹畾叁甲唐三族戶。

金字貳百零捌、玖號地玖分，土名沙園，余與余弟光照、丹黻、必彬及弟婦江氏、許氏所助，稅在北關壹畾叁甲唐三族戶。

金字貳百拾叁、陸號地壹畝，土名沙園，余與余弟光照、丹黻、必彬及弟婦江氏、許氏所助，稅在北關壹畾叁甲唐三族戶。

金字貳百叁、伍拾陸、陸號地壹畝捌分，土名沙園，余與余弟光照、丹黻、必彬及弟婦江氏、許氏所助，稅在北關壹畾叁甲唐三族戶。

金字貳百零貳號地貳分，土名沙園，余與余弟光照、丹黻、必彬及弟婦江氏、許氏所助，稅在北關壹畾叁甲唐三族戶。

金字壹百伍拾捌號地壹畝貳分，土名沙園，余與余弟光照、丹黻、必彬及弟婦江氏、許氏所助，稅在北關壹畾叁甲唐三族戶。

金字壹百拾貳號地捌分捌釐，土名沙園，余與余弟光照、丹黻、必彬及弟婦江氏、許氏所助，稅在北關壹畾叁甲唐三族戶。

金字壹百貳拾號地肆分伍釐，土名沙園，余與余弟光照、丹黻、必彬及弟婦江氏、許氏所助，稅在北關壹畾叁甲唐三族戶。

金字壹百肆拾捌號地陸分伍釐，土名沙園，余與余弟光照、丹黻、必彬及弟婦江氏、許氏所助，稅在北關壹畾叁甲唐三族戶。

金字貳百捌拾肆號地叁分柒釐陸毫，土名沙園，余與余弟光照、丹黻、必彬及弟婦江氏、許氏所助，稅在北關壹畾叁甲唐三族戶。

金字貳百貳拾玖、貳拾號地柒分伍釐，土名沙園，余與余弟光照、丹黻、必彬及弟婦江氏、許氏所助,税在北關壹啚叁甲唐三族户。

岡字陸百肆拾貳號地捌分肆釐伍毫,土名沙園,余與余弟光照、丹黻、必彬及弟婦江氏、許氏所助,税在北關壹啚叁甲唐三族户。

岡字伍百柒拾叁、柒、捌號地壹畝叁分柒釐陸毫,土名沙園,此號係聶姓小買,余與余弟光照、丹黻、必彬及弟婦江氏、許氏所助,税在北關壹啚叁甲唐三族户。

盡字壹千貳百陸拾陸號山柒分柒釐伍毫,土名蓮花冲,前明清册,扦業西南隅貳啚唐汝欽、唐祖元。

原查

西南隅貳啚唐汝欽陸釐壹毫。

西南隅貳啚唐尚賓壹釐捌毫。

西南隅貳啚唐炳壹釐捌毫叁絲。

西南隅貳啚唐鏽壹釐捌毫。

西南隅壹啚唐轍貳分壹釐柒毫叁絲。

貳拾貳都陸啚唐承祉壹分壹釐。

貳拾都伍啚唐社祠貳分肆釐肆毫。

貳拾捌都陸啚唐桓陸釐捌毫。

貳拾捌都陸啚唐元炳陸釐玖毫,上葬九世祖考廷雋府君、十世伯祖重三齋諭公、十世祖考虞府君,俱扦作癸山丁向,丙子、丙午分金,元辰水去。

盡字貳千叁百肆拾伍號山壹畝陸分捌釐,土名龜山,丈山陸百零叁步。

清册分庄

西南隅貳啚唐汝欽貳百陸拾陸步柒分。

西南隅壹啚唐轍貳百伍拾壹步叁分。

貳拾貳都陸啚唐承祉捌拾伍步。

原查

西南隅貳啚唐汝欽壹分柒釐伍毫。

西南隅貳啚唐尚賓叁釐。

西南隅貳啚唐銳壹釐柒毫。

西南隅貳啚唐炳壹分。

西南隅貳啚唐鏽貳釐。

西南隅貳啚唐汝鶯壹釐柒毫。

西南隅壹啚唐轍柒分零肆毫。

貳拾貳都陸啚唐承祉貳分陸釐伍毫。

貳拾捌都陸啚唐桓壹分玖釐陸毫叁絲。

貳拾捌都陸啚唐元炳壹分柒釐伍毫。

盡字壹千叁百捌拾貳號山玖分零陸毫伍絲，土名蛇形，丈山叁百貳拾伍步肆分。

清册分庄

西南隅貳啚唐汝欽伍拾壹步玖分。

西南隅壹啚唐轍肆拾柒步陸分。

貳拾貳都陸啚唐承祉貳百貳拾伍步玖分。

原查

西南隅貳啚唐汝欽叁釐陸毫。

西南隅貳啚唐尚賓壹釐柒毫。

西南隅貳啚唐鏞貳釐柒毫。

西南隅壹啚唐轍壹分叁釐叁毫。

貳拾貳都陸啚唐承祉柒分零陸毫。

貳拾捌都陸啚唐桓叁釐玖毫。

貳拾捌都陸啚唐元炳叁釐肆毫捌絲，上有文鳳公墓，歸槐塘唐姓自祭。乃唐璣盜葬者蛇形，係三族衆産，其税亦分掛清楚。倘有争差，此處可驗。

盡字貳千叁百捌拾捌號山壹畝柒分捌釐捌毫，土名葛塘，丈山陸百肆拾壹步玖分。

清册分庄

西南隅貳啚唐汝欽貳百壹拾叁步玖分陸釐。

西南隅壹啚唐轍貳百壹拾叁步玖分陸釐。

貳拾貳都陸啚唐承祉貳百壹拾叁步玖分陸釐。

原查

西南隅貳啚唐汝欽壹分伍釐。

西南隅貳啚唐尚賓貳釐壹毫。

西南隅貳啚唐炳壹分柒釐。

西南隅貳啚唐鏞貳釐壹毫。

西南隅壹啚唐轍叁分柒釐玖毫。

壹都伍啚唐汝昇貳分貳釐。

貳拾貳都陸啚唐承祉陸分陸釐玖毫。

貳拾捌都陸啚唐桓壹分陸釐柒毫貳絲。

貳拾捌都陸啚唐元炳壹分肆釐玖毫，上葬遷徽始祖考承旷府君、遷徽始祖妣許夫人；二世祖考守成府君、二世祖妣金安人暨七世祖考澬府君，七世祖妣孺人程氏，扦作子山午向，丙子、丙午分金，左水流右；十世嫡祖妣孺人程氏、十世所生祖妣孺人程氏，扦作卯山酉向，辛卯、辛酉分金，左水流右。

盡字貳千叁百捌拾玖號山伍分捌釐陸毫肆忽，土名硯瓦塘，丈山貳百壹拾步肆分。

清册分庄

西南隅貳啚唐汝欽陸拾貳步壹分叁釐。

西南隅貳啚唐泰來貳拾肆步。

西南隅壹啚唐轍陸拾貳步壹分叁釐。

貳拾貳都陸啚唐承祉陸拾貳步壹分叁釐。

原查

西南隅貳啚唐汝欽肆釐叁毫。

西南隅貳啚唐汝鸞貳釐壹毫。

西南隅貳啚唐鋭貳釐壹毫。

西南隅壹啚唐轍壹分柒釐肆毫。

西南隅壹啚唐宗祠肆釐。

貳拾貳都陸啚唐承祉貳分貳釐玖毫。

貳拾捌都陸啚唐桓肆釐柒毫。

貳拾捌都陸啚唐元炳肆釐壹毫捌絲，上葬八世祖考大有府君、八世祖妣朱孺人，扦作卯山酉向，辛卯、辛酉分金，左水流右；九世祖妣孺人黃氏、九世繼祖妣孺人祝氏，扦作甲山庚向，庚寅、庚申分金，左水流右。

葛塘祖墳有可疑者，《三族規》《家事筆記》二書已詳言之矣，不必贅。但願日後三族宗人力能脩墓者，照《三族規》所載，九世祖妣孺人黃氏、九世繼祖妣孺人祝氏墓山向，而爲之立一墓於此號山內也；至若八世祖考，《世塋錄》載，與八世祖妣合葬，而碑上未載八世祖考名目，宜乎？暉公起疑，以余思之，《世塋錄》今雖不存，然作於暉公《三族規》之前，當以《世塋錄》爲主。後之脩墓易碑者，宜八世祖考、八世祖妣名目並載焉。又余有《唐氏宗譜·

墓圖》一紙,乃下族支丁獻珍族兄所贈,圖上有掌書公墓。以圖考之,其墓在雍正十年本府禁碑左近,後之力能脩祖墓者,似可按圖而爲之立一墓焉。此數事,余有志久矣,惜力不逮,故厚望於宗人。倘余稍有餘力,則當次第行之。日後,倘將九世祖妣墓、掌書公墓脩復,應於公帳中開支,加買掛紙竿二根、扯白小紙二刀、小箔一把、小紙一刀,祝文加書掌書公名,棒香則於蓮花冲祖塋餘香内取用。

盡字貳千叁百陸拾叁號塘壹分肆釐陸毫,土名上硯瓦塘,暉公兄弟捐出,原收貳拾貳都拾壹圖徐拱極。

原分

西南隅壹圖唐宗祠貳釐。

貳拾貳都陸圖唐承祉陸釐。

貳拾都伍圖唐社祠叁釐陸毫。

貳拾捌都陸圖唐朋叁釐。

盡字貳千叁百捌拾號塘壹畝壹分柒釐壹毫捌絲,土名硯瓦塘,計叁百柒拾伍步。

清册分庄

西南隅貳圖唐汝欽陸拾步。

西南隅壹圖唐轍貳百伍拾伍步。

貳拾貳都陸圖唐承祉陸拾步。

原查

西南隅貳圖唐汝欽壹分柒釐玖毫。

西南隅貳圖唐尚賓玖毫捌絲。

西南隅貳圖唐銳肆毫。

西南隅貳圖唐炳貳釐叁毫。

西南隅貳圖唐鏽捌毫。

西南隅貳圖唐汝鸞肆毫。

西南隅壹圖唐轍貳分陸釐伍毫。

貳拾貳都陸圖唐承祉壹分捌釐捌毫。

貳拾都伍圖唐社祠貳分陸釐陸毫。

貳拾捌都陸圖唐桓肆釐陸毫玖絲。

貳拾捌都陸圖唐元炳壹分柒釐玖毫肆絲。

盡字貳千貳百零貳號塘壹鳌,土名鵲鳥山塘,余先考漾荷府君所助,以灌所助祀田,不收租錢,稅在北關壹區叁甲唐三族户。

盡字貳千柒百拾貳號塘壹鳌,土名鄭家塘,余先考漾荷府君所助,以灌所助祀田,不收租錢,稅在北關壹區叁甲唐三族户。

盡字柒百零伍號塘叁毫,土名灌塘,余先考漾荷府君所助,以灌所助祀田,不收租錢,稅在北關壹區叁甲唐三族户。

以上田地、山塘共伍拾畝零叁分玖鳌叁毫肆絲肆忽,田共貳拾畝零捌分零伍毫,地共貳拾貳畝伍分壹鳌貳毫壹絲,山共伍畝柒分叁鳌伍毫伍絲肆忽,塘共壹畝叁分肆鳌零捌絲。

右田地、山塘,惟稅在三族户者,於所收租內扣納錢糧,開支冊費,餘向例俱下族遞年於允吉公祀產租銀內扣納錢糧,並付冊費。

聞之故老曰:蛇形乃唐璣盜葬,曾興大訟。官斷以年代久遠,不能押令起遷,惟罰其家,凡三族公產,歸其納糧。故暉公著《三族規》,定遞年於允吉公諱家楨祀產租銀內扣納也。今附書於此,日後,長徵應行照舊例及向例,歸下族完糧並付冊費。倘允吉公子孫不依,可執《三族規》及道光二十七年至咸豐三年之帳與之理論。《三族規》雖翻刻余族,尚有明版《三族規》一部,在余弟光照家。道光二十七年至咸豐三年之帳,雖是鈔者,尚有宏澤公所寫者在余族族長宏濬族叔家。宏澤公,字麗之,小名三元,生於嘉慶二十三年五月十四日,歿於咸豐七年閏五月二十日。

守塋產

盡字貳千叁百柒拾壹號田壹畝伍分肆鳌,土名上硯瓦塘,暉公兄弟捐出,原收貳拾貳都拾壹區徐學龍等舊例原租穀肆拾陸斗貳升。此號田舊係守塋產,順治十一年,光昭堂賣出與江君信。順治十五年九月,三族用價江處買回,將田仍賞守墳僕人自種自食,其稅隸唐承祉户。

盡字貳千叁百陸拾叁號塘壹分玖鳌陸毫玖絲,土名上硯瓦塘,暉公兄弟捐出,原收貳拾貳都拾壹區徐學龍等,稅隸唐承祉户。

以上田塘共壹畝柒分叁鳌陸毫玖絲,向例下族完糧及付冊費。

禁碑

歙縣為懇示三尺之禁、永保百年之墳事。據生員唐昕等呈前事:恩封高祖母朱氏、先朝扦葬葛塘程氏二祖母宅兆在左,先賢梧岡公窀穸在右,三塚垂蔭,百代蒙庥,是以狀元首出,科甲聯翩,向來世守無異。不料人心漸澆,日月之省墓者稀；地去頗遙，耳目之看守不逮。塞遭地虎黃四、程志孫等謀佔不遂，百計侵傷，輒於隴頭墳腦闢就通途。惟是一山之中，分為兩斷。且掘土挖就深坑；斬龍絕脉，造屋橫開基趾。越界侵山，九原之甯宇為之搖動，而三世之人文繇此凋落。理不可遣，法不能容。五月初二，司理制歸，登山設祭，目擊寒心。當鳴地方，劉卿之等審，生等具詞控臺。隨蒙親臨踹勘，見處處侵害不堪，句句呈鳴是實。已將各犯責擬，仍限十日內填深挖之坑，還越佔之地，閉塞新塗，復還故道。既已招成案結，何敢復縈天臺？但祖塋被損，復路為先。今欲移塚上之路，還之通衢，誠恐地虎負嵎勢行，阻撓於先；又恐勾引多人，肆行踐踏於後，則暫杜堅冰之漸，終有履霜之憂。若不懇求嚴示，無以彈壓居民。為此，冒昧上呈，仰求給示，俾生家洗石勒碑於墓所，永垂明禁，庶刁奸不敢弁髦，枯骨得全抔土，九泉戴德，百世銜恩等情。據此，看得地虎黃四、程志孫等垂涎狀元祖墓，常懷隱謀，而造屋佔地、開路掘坑。種種殘傷，俱經親勘分明，殊可痛恨。當堂審的，業將前犯責懲，嚴限填補新路兩旁塚頭深坑外，今據具呈前因，合行給示，刻碑嚴禁。為此，示仰地方墳鄰居民人等，如棍徒仍前不悛，及唐氏脩墳移路之日，或倚地虎，負嵎逞群兇而公然阻撓，或致勾引多人，舍正路而肆行踐踏，許地方諸色人等並本家指名呈縣，以憑拿究，重責枷號，決不寬貸。須至示者。萬曆四十一年八月初三日示。

　　直隸徽州府歙縣為懇示三尺之禁、永保百年之墳事。抄奉本府信牌，據生員唐昕等呈前事，牌開隨經牌行歙縣查勘去後。續據該縣申稱：已經踏勘明白，隨將犯人黃四等責擬，仍令速塞已開之路，填新掘之坑。至於造屋佔地，姑准立約，以俟日後改正。凡縱畜、鬻麵等項，俱不許復行無忌。今已給示張掛，永為遵守。等因回申到府為照。先賢祖墓，豈宜居民侵傷？據呈申禁，誠非得已。今該縣責擬出禁，諒已知儆。但恐頑民無知，因循日久，違玩必多，合再申飭。為此，仰縣官吏照牌事理，即將生員唐昕等呈詞備云本府申飭至意，再給告示，諄切曉諭，務宜恪守嚴禁，毋得仍舊殘傷踐踏等項。如再故違，申府查究不恕，等因牌行到縣，奉此。擬合給示，刻碑嚴禁。為此，示仰地方墳鄰居民人等知悉，俱照告示內事理，遵守毋違。敢有故意違玩，仍蹈前轍，復於先賢祖塚之上四面殘傷，恣行踐踏，縱畜鬻麵者，許諸色人等並本家指名呈縣，以憑申府究治施行，決不姑貸。須至告示者。萬曆四十一年九月十二日給。以上二碑，今不存。

江南徽州府正堂、加一級、紀錄十五次在任守制竇，爲恭籲示禁，保墓永祀、先賢攸賴、後裔沾恩事。據歙縣二十二都六啚吏部進士唐廷賡，浙江嘉興府嘉興縣儒學教諭唐德培，金華府湯溪縣儒學訓導唐虞際，候選州同唐廷燨、唐應鶴、唐徵、唐源、唐啟立、唐組、唐綱，候選知縣唐珩，監生唐祈、唐常立、唐潤、唐元隆、唐鑾、唐元豸、唐鑄、唐霈，生員唐載本、唐煜、唐時隆、唐漢、唐光被、唐瑨、唐士振、唐夢隆、唐瑾、唐璜、唐琦、唐聚奎、唐元吉、唐錦等抱呈，唐張耀具呈前事。呈稱：藕性潰堤，釀於聚蟻，堅冰戒於履霜，患不預防，禍生叵測。賡等十三世祖興國知縣、趙王府紀善、崇祀郡邑鄉賢祠諱子儀，十世祖紫陽山長諱虞，暨上世五代墳塋，俱葬古關、葛塘地方，歷年三百餘載，傳嗣一十餘世，蔭庇發祥數代。人文鵲起，流傳紹秀；兩朝科第蟬聯，故敷政宣猷，累膺藩府臬司之寄；文章理學，世著狀元學士之聲。雖養士儲賢皆賴朝廷之恩澤，而鍾靈毓秀胥本祖墓之淵源。尚有支裔御史唐相、廉史唐弼、學士唐臯、總制唐澤、軍門唐暉、巡按唐濂等，篤念祖塋，捐立祀產，置有盡字二千二百五十等號田地、山塘三十二畝有零，徵租辦課，歲時祭祀。復慮人心多渙散之憂，嗣後有擅專之懼，照稅分庄，派入各户，誠裕後之良謀，洵杜患之善策。無如生苗漸繁，派衍三族，既年代之久，更遂人心之不古，豪滑起覬覦之思，強橫蓄鑽營之志。誠恐族位有隆替之不齊，支丁亦賢愚之類異。倘或封樹之搖動，吉凶攸繫乎命脉；產土之侵損，祀事有缺於蒸嘗。生等離墓居住窵遠，仕宦者大半驤首王途，耕讀者一皆株守鄉落。非乞靈於嚴示，竟貼席之無期。迨覆轍以驚心，恐噬臍之莫及。爲此，瀝具輿情，恭籲憲轅，伏乞憲太祖臺脩鑒。祖墓之不保，責在子孫；賢祀之永固，光及郡邑。盜賣實徽俗之刁風，侵葬誠一府之積弊。賞給明示，申嚴禁令，檄飭縣廉立案勒碑，保墓永祀，先塋奠安，千秋尸祝，激切翹恩上呈等情。據此，合准給示嚴禁。爲此，示仰該啚保甲、黄册、看山及該族支丁人等知悉，嗣後，務守先人遺產，永備蒸嘗，祖墓墳塋，毋致侵損。倘有豪滑之徒勾通不肖支丁、不法黄册，視稅分產，罔顧衆產，私自盜典盜賣盡字二千二百五十等號田地、山塘，以及侵損墳塋命脉產土。種種情罪，一經違犯，許該保甲及看山人等指名，赴府呈稟，以憑立拿，按法重究。倘敢徇私不報，一同治罪。各宜凜遵毋違。特示。雍正十年六月　日示。

　　即選道特授江南徽州府正堂、加十級、紀錄十次春，爲准給示禁，以保祀產事。案據歙縣五品封銜唐必桂、附貢生即選郎中唐光照、附貢生國子監典籍銜唐丹黻、候選府經歷唐必彬抱呈,唐升稟稱:竊職等遷歙始祖宋知歙州軍州事諱承旷暨下世五代墳塋,俱葬歙邑古關、葛塘地方,歷年七百餘載,傳嗣三十餘世。向有裔孫湖廣巡撫唐暉、生員唐昕篤念祖塋,勸於三族,捐立祀產,置有盡字二千二百五、六十等號田地、山塘二十二畝有零,照稅分莊,派入各戶。前經裔孫常熟知縣唐廷賡等稟請前府憲寶給示勒碑墓所,永禁典賣在案。同治間,故父運同銜江西補用知縣唐宏浩擬置田塘二十畝,以助祭祀,另立北關一啚三甲唐三族一戶,以免與舊戶混淆,僅置七畝有零,旋即病故。職兄弟等恐年湮代遠,無以繼父志,遂於光緒七年置地十三畝有零,其稅亦推入所立唐三族戶內收租完課,永助祀事。誠恐日後有不肖支丁盜典盜賣等情,為此,恭懇垂鑒下情,賞給示禁,檄飭縣廉立案,俾職等洗石勒碑,置於墓所,永垂明禁,則祖塋奠安,千秋日祝,激切翹恩上稟,等情到府。據此,除批示並行歙縣立案外,合行示禁。為此,示仰該職唐姓親族人等知悉,自示之後,爾等當思該職兄弟等仰承先志,捐置祀田,原為乃祖先血食起見。措置匪易,祭祀攸關,將來代遠年湮,慎毋擅行典賣,以冀永保蒸嘗。至該處附近居民,亦不得私受典賣。倘有不遵示禁,故蹈前(輒)[轍],許該職及後裔等隨時指稟,以憑拿究,斷不姑寬。各宜凜遵毋違,切切。特示。光緒八年十一月二十二日給。

唐氏三族祖塋祭祀譜卷二

朱家村問政山標祀規條

一、朱家村祭宋進士三世祖考繼宗府君、宋封安人三世祖妣俞安人、宋參軍四世祖考子良府君。《家事筆記》曰:四世祖考墳,《合祀譜》:係與三世祖考同地,及所載之山向,及地之字號,皆同,必同穴無疑矣。而前明萬曆朝所易之碑,至今清楚,但上未刻四世祖考諱。然細思之,萬曆時尚未知,唐暉何得而知耶?然《三族合祀譜》作於崇禎之時,然余觀其穴,實只二棺之地,而唐暉《合祀譜》猶云"浦口祖塋無可疑者,不必贅",今則不可考矣。然子附父祭,其誰云非?

一、問政山祭前明敕贈工部營繕司主事伯和公、前明南京工部營繕司主事吉祥公。

一、坐葛塘、蓮花冲祀產租錢一千四百文,為朱家村問政山標祀費。

一、管年即葛塘、蓮花冲祖塋管年。

一、管年倘將錢花去,致祀事有缺者,照葛塘、蓮花冲《標祀規條》例辦。

一、主祭,照葛塘、蓮花冲《標祀規條》例。

一、禮生,照蓮花冲標祀式。

一、助祭之人,皆三族,其重三齋諭公本生不來助祭。

一、行禮,先問政山朱家塢吉祥公墓,次問政山野鷄尖伯和公墓,次朱家村三世祖考、三世祖妣、四世祖考墓。

一、山神,向例問政山合祭於伯和公墓,朱家村合祭於三世祖墓,今照舊。

一、標祀之期,舊例三月十六日祭朱家村祖塋,三月十八日祭問政山墓。向例則統於十八日,今仍照向例。

一、標祀用掛紙籃二,用一人挑,內盛掛紙竿三根,朱家塢用一根,野鷄尖用一根,朱家村用一根,扯白小紙三刀,朱家塢用一刀,野鷄尖用一刀,朱家村用一刀,小紙七刀,朱家塢焚一刀,野鷄尖焚一刀,朱家村焚五刀,小箔五把,朱家塢焚一把,野鷄尖焚一把,朱家村焚三把,香,只買十文,朱家塢用六根,野鷄尖用六根,餘歸朱家村,祭餅二十隻,重五斤,腐乾二塊,笋一支,用槃七個盛之,水酒二壺,用一錫壺盛之;爵三、杯一,杯係山神前用,山神紙馬三個,每處焚一個,每個內裝小箔一花、小紙一刀,祝文板架,祝文即粘板上,以吉祥公墓祝文粘於前,次伯和公墓祝文,次山神祝文,次朱家村祖墳祝文,次朱家村山神祝文。帳目餘錢,乞丐小餅三斤,每處一斤,均放籃內,燈籠一對,上書唐府恩榮堂,內插足一兩紅燭一對,懸於籃上帶往。

一、用餘之錢,作兩股分開,以一股為問政山主祭、禮生暨各族到墳諸人均分,以一股為朱家村主祭、禮生暨三族到墳諸子孫均分,緣近時有在朱家村等候而不到問政山故也。到一處者,而得胙與到二處者同,將來問政山誰肯往乎?

一、祭餅二十隻,送主祭四隻;禮生二人,每人二隻;餘十二隻,每族四隻。

一、腐乾、笋、酒,送管年。

一、助祭之人,如至中途祭畢而到,照葛塘、蓮花冲《標祀規條》例。

一、各族子孫,有聲言分祭、生事擾鬧及管年不遵公議《規條》行事,亦照葛塘、蓮花冲《標祀規條》例罰之。

一、往來朱家村過渡,均自出錢,即管年及挑掛紙擔者,亦如之。

一、各族子孫之跟隨僕役及有興從者,照葛塘、蓮花冲《標祀規條》例,均自出錢。

第二章　祠堂、墳墓祭祀標掛規約與條例

一、燈籠三年一製，費開公帳，輪流上遞下收。

一、掛紙籃、槃、酒壺、爵、杯、祝文板架等物件，均由管年借用。倘有碰壞，開支公帳脩還。

一、伯和公乃十一世祖考元府君胞弟輝公之孫、德潤公之子。德潤公爲餘干吏目，伯和公從學江彥脩，辟舉賢良方正，授吏目，陞經歷，以疾辭歸，再舉賢良，授黃州歷陽湖泊官，以子吉祥公貴，贈南京工部營繕司主事；吉祥公，仕勉公所撰《唐氏族譜》：文鳳公序稱吉祥公曰彥楨，登建文二年庚辰進士。《唐氏族譜》及《三族規》皆稱洪武庚辰進士，以明成祖革除建文年號故也，授湖廣永州府祁陽縣令，再調河南南陽府南陽縣令，陞南京工部營繕司主事。二公前代名賢，其墓以子孫寥寥散逸而失之。昕公殫十年心力蒐尋，得之，各爲脩墳立碑，邀三族致祭，誠善舉也。三族宗人宜體暉公兄弟之心，遵《三族規·規條》所載"各宜如祀己祖嚴肅"一語，則二公之靈必默佑之矣。

一、朱家塢口地租，向例三月十八日收，今照舊。

一、朱家塢口地租，併於問政山散胙，不必分一半爲朱家村胙。

一、祝文紙、帳目紙，均歸葛塘、蓮花沖標祀帳開支。

一、帳式。管年照此式開支帶往，其非每年常應開公帳，及此書所載准開公帳，亦准開入。

收葛塘來錢壹千肆百文。

支錢若干，小紙十三刀。

支錢若干，紅燭一對，足一兩。

支錢拾文，棒香。

支錢若干，小箔五把三花。

支錢若干，掛紙竿三根，山神紙馬三個。

支錢若干，餅八斤。

支錢若干，水酒二壺，笋一支，腐乾二塊。

支錢若干，挑擔力。

支錢若干，補底串少串。

共用錢若干，仍餘錢若干。

收朱家塢口地租錢若干。

一、標祀前期數日，管年將應用物件俱行定之。

一、標祀前期一日，管年將物件俱宜辦齊。

一、正日早，管年喚人夫挑擔前往。

一、管年到朱家塢墳，先陳設扯白、懸竿，收地租，再將帳與衆觀看。到朱家村祖墳，亦先陳設扯白、懸竿，再將帳與到朱家村、不到問政山者看。

一、朱家塢及野鷄尖墳前陳設，以掛紙籃代，供案設爵三、壺一、槃七、杯一，杯設於左，其小箔一把、小紙一刀、山神紙馬一個，均放於燎所。墳前棒香三根，墳左三根，祝文設於地上，右邊，燈籠設於籃前。

一、朱家村祖墳前陳設，亦以籃代，供案設爵三、壺一、槃七、杯一，杯設於左，其小箔三把、小紙五刀、山神紙馬一個，均放於燎所。墳前棒香九根，墳左三根，餘香全數放於燎所。祝文設於地上，右邊，燈籠設於籃前。

一、朱家塢、野鷄尖墳及朱家村祖墳致祭《儀注》：贊禮生立於左，讀祝生立於右。贊禮生贊："就位。"主祭就拜位立，三族支丁在主祭後分尊卑、長幼重行立。贊禮生贊："跪，叩，興。"主祭率衆行一跪三叩首，興。讀祝生捧祝文至讀祝位立。贊禮生贊："跪。"主祭率衆及讀祝生俱跪。贊禮生贊："讀祝。"讀祝生跪，讀。畢，捧祝文立，安原處，復位立。贊禮生贊："叩，興。"主祭率衆行三叩首，興。贊禮生贊："恭捧祝文送燎所。"讀祝生捧祝文送燎所，挑擔者舉火，讀祝生捧板架立，安原處，復位立。贊禮生贊："禮畢。"主祭率衆退立他處，贊禮生、讀祝生俱至主祭拜位後，同行一跪三叩首。

一、朱家塢祭畢，管年先收物件，再派乞丐小餅。

一、野鷄尖祭畢，管年先收物件，再派乞丐小餅，然後將餘錢一半並朱家塢口地租錢均分。

一、朱家村祭畢，管年先收物件，將餅照前式分之，再派乞丐小餅，然後將餘錢一半均分。

朱家塢祝文

維大清　年歲次　春三月　朔越十八日　之辰，姪孫　等致祭於前明南京工部營繕司主事吉祥唐公之靈，曰：歲序流易，雨露既濡。瞻掃封塋，不勝感慕。敬以牲箔酒醴、粢盛庶品致祭。尚饗。

野鷄尖祝文

維大清　年歲次　春三月　朔越十八日　之辰，姪孫　等致祭於前明敕贈南京工部營繕司主事伯和唐公之靈，曰：歲序流易，雨露既濡。瞻掃封塋，不勝感慕。敬以牲箔酒醴、粢盛庶品致祭。尚饗。

維大清　年歲次　春三月　朔越十八日　之辰，信士唐　等致祭於山神之神,曰:茲爲躬脩歲事於前明敕贈南京工部營繕司主事伯和唐公、前明南京工部營繕司主事吉祥唐公之墓。惟時保佑,實賴神庥。謹以酒饌,敬伸奠獻。尚饗。

朱家村祝文

維大清　年歲次　春三月　朔越十八日　之辰,裔孫　等敢昭告于宋大進士三世祖考繼宗府君唐公、宋封安人三世祖妣俞安人、宋參軍四世祖考子良府君唐公尊靈,曰:歲序流易,雨露既濡。瞻掃封塋,不勝感慕。謹以牲箔酒醴、粢盛庶品,祇薦歲事,伏惟尚饗。

維大清　年歲次　春三月　朔越十八日　之辰,信士唐　等致祭於唐家墳土地之神,曰:茲爲躬脩歲事於宋大進士三世祖考繼宗府君唐公、宋封安人三世祖妣俞安人、宋參軍四世祖考子良府君唐公之墓。惟時保佑,實賴神庥。謹以酒饌,敬伸奠獻。尚饗。

朱家村塋地,是字伍拾肆號地貳分捌釐壹毫,土名浦口村心進士墳,稅在貳拾貳都陸啚唐承祉户,上葬三世祖考繼宗府君、三世祖妣俞安人、四世祖考子良府君,俱扦作癸山丁向,丙子、丙午分金,右水流左。

野鷄尖墳地,父字壹千陸百柒拾玖號地壹釐捌毫,土名野鷄尖即問政山齋堂前,原分西南隅壹啚唐輳玖毫,貳拾貳都陸啚唐承祉玖毫,上葬伯和公,扦作申山庚向。

朱家塢墳山祀産,嚴字壹千肆拾叁號山肆分肆釐肆毫肆絲,土名朱家塢,暉公兄弟捐出,係天啟丙寅年陞科,原分西南隅壹啚唐宗祠貳分貳釐貳毫貳絲,貳拾貳都陸啚唐承祉貳分貳釐貳毫貳絲,上葬吉祥公;嚴字壹千肆拾貳號地貳分陸釐壹毫貳絲,土名朱家塢口,暉公兄弟捐出,係天啟丙寅年陞科,原分西南隅壹啚唐宗祠壹分叁釐陸毫,貳拾貳都陸啚唐承祉壹分貳釐伍毫貳絲。以上地山共壹畝零零肆毫陸絲,地共伍分陸釐零貳絲,山共肆分肆釐肆毫肆絲。右地山舊例皆下族遞年於允吉公祀産租銀內扣納錢糧,並付册費,今照舊。

唐氏三族祖塋祭祀譜卷三

藤坑標祀規條

一、藤坑祭十世庶祖妣王氏、元徽州路儒學教授十一世祖考元府君、元封太孺人十一世祖妣徐太孺人、外祖景仁徐公、外祖母孺人胡氏。

一、藤坑之租,舊例係三族管年收,三族族衆到墳酒飯並祭品,亦三族管年辦。不知何人改歸藤坑唐姓收租、辦飯、辦祭品,致啟藤坑唐姓懷私。今欲更章,而三族遵行已久,莫可如何,照舊行事。今將現在各款列後。

一、標祀之期,三月十九日,往藤坑,夜宿藤坑唐氏宗祠內。二十日早,上墳。

一、進藤坑,每族不得過十人,多者不能,少者聽。

一、進藤坑,均自帶被鋪,或向藤坑唐姓稅被用,稅被之錢自出。惟管年有年頭被用,毋庸自出錢文。

一、管年即葛塘、蓮花冲、朱家村、問政山之管年。

一、管年往藤坑,帶爵三、禮壺一,此二物由管年借用,祝文四道、小箔五把、小瓶兩個,盛醬油、料酒用。葛塘、蓮花冲標祀內坐出之辦菜錢一千文,用一籃,小瓶、籃俱管年借用盛之,携往。此數件,臨動身時,務要細點,最爲緊要。如其忘記一件,大衆決不祭祖也。

一、祝文紙、小箔五把,均歸葛塘、蓮花冲標祀帳開支。

一、管年行至佛嶺脚,將葛塘、蓮花冲標祀內坐出之辦菜錢一千文,以錢七百五十文買肉,二百文買笋,餘五十文買鹽、醬油、料酒,携往唐家塢。

一、管年至唐家塢唐氏宗祠,將所辦之菜,到該處唐姓管年家借鍋燒之,即向其家借碗盛菜,分作二餐喫。次日,喫者即託該處唐姓管年者,於飯鍋上蒸之。柴向該處管年者要,不另給錢。倘管年不慣燒,可即託三族中慣燒者燒之,切不可託藤坑唐姓者燒,以防偷喫。

一、藤坑唐姓管年辦飯與三族喫,向例一飯兩粥,十九晚粥,二十早粥,上墳後飯。近改兩飯,十九晚飯,二十日上墳後飯。

一、藤坑唐姓管年與三族吃飯之菜,係小菜,向不開支,惟二十日上墳後之飯有肉,然亦是祭品內肉。

一、藤坑唐姓管年辦飯與三族喫,向例兩粥一飯,每人米一升。近雖改兩飯,每人仍米一升。

一、三族之人進藤坑,數逾三十,藤坑唐姓管年只辦三十人之飯。

一、向例,三族之人進藤坑,須到該處唐姓族長家拜年,今停止。

一、三族茶水,皆該處唐姓管年辦,不另給錢。

一、十九晚間飯畢,藤坑唐姓管年交帳,携筆、墨、紙、算盤來,並點八錢紅燭一對。

一、帳式:

支錢柒文,稅被一條,此即三族管年之被也。

支錢捌文,酒一碗。

支錢若干,肉一斤。

支錢若干,小箔一把。

支錢若干,錢紙一刀。

支錢若干,燭,一兩一對,上墳用;八錢一對,算帳用。

支錢若干,香。

支錢貳拾肆文,稅鹽雞、鹽魚各一。

支錢陸文,掛紙竿三根。

支錢若干,祭餅。

支錢柒拾文,挑餅力。

支錢若干,米幾斗幾升,此乃三族飯米,照到藤坑人數核算。

收穀租錢貳千捌百叁拾貳文,收竹園地租錢壹百文,共支錢若干,仍存錢若干,存錢添買祭餅。

一、藤坑田租,舊例五百七十一斤,向例七百零五斤。同治六年,查見七百零八斤。嗣後,照七百零八斤算錢,豐年不加,荒年不減,包與該處唐姓管年,永以為例。

一、藤坑租穀折錢,向例不知何人所定,每斤折錢二文。同治八年三月十九日,三族公議,每斤折錢四文,所加雖不多,然已大費周折矣。

一、祭餅,除四斤給藤坑唐姓小兒,餘餅及存錢之不能添買祭餅者,作三股分,以二股與藤坑唐姓;餘一股再作二分分之,以一分與下族到藤坑者分之,餘一分,上、中兩族對分,自行與其族到藤坑者均分。此是向例,如此分法,最不公道。

一、藤坑祖塋有事捐錢,照分餅式出。此同治八年公定也。

一、三族子孫之跟隨僕役及有興存者,均自出工食。如其族所到藤坑之人連僕役、興夫,未逾十人者,准該僕役、興夫吃飯。一有十人,即不許。

一、二十日早上墳,管年將禮壺、爵杯、小箔五把交該處唐姓管年帶往。倘該處唐姓管年不能帶,則與三族到藤坑者,共帶往或自帶往,祝文須自帶往。

一、行禮,先十一世祖考妣墓,次十世庶祖妣王氏墓,次外祖墓。

一、小箔五把:十一世祖考妣墓焚二把,十世庶祖妣王氏墓焚一把,外祖墓焚二把。

一、山神,向例合祭於外祖墓,今照舊。

一、未上墳之前,藤坑唐姓管年將祭品捧至祠內,拜太子。三族之人,向例不拜,近亦有拜者。

一、祭墳《儀注》:藤坑唐姓管年陳設畢,三族到墳之長立於正中,讀祝生立於三族到墳之長左稍上,三族諸人在三族到墳之長後,藤坑唐姓諸人在三族諸人之後,同行一跪三叩首,復,俱跪。讀祝生讀祝文。讀畢,大衆同行三叩首,興。讀祝生送祝文於燎所。

一、諸墳祭畢,管年先收禮壺、爵杯,以免遺失。俟飯畢分胙,各回。

一、藤坑唐姓,私心最重,視我三族比路人尤甚。此皆昔日更章所致,而所祭之祖又非伊祖。祀產乃三族公置,與伊痛癢毫無干涉,雖云前人所定,未易更改,但日後之事,不可不防。倘日後該處唐姓有邈視我三族,不遵我三族公議《規條》行事者,我三族公同鳴保起業,招佛嶺腳下人耕種,自行管業,自行收租,辦飯,辦祭品,另議《章程》。

一、藤坑唐姓,乃重三齋諭公本生,現伊祠內亦供有桂芳公神主,以爲是桂芳公子孫。考十一世祖考《筠軒集》,有次兒耆《藤坑省族因憶舊遊詩二首》,耆即琪卿公,而桂芳公乃琪卿公之胞弟,何十一世祖考即稱之爲族也?伊祠內又懸有"五倫書"額、"龍興獨對"額、"狀元及第"額,此皆昔日下族支丁所爲,余今詳書於此,俾各族宗人皆知,並敬錄十一世祖考次兒耆《藤坑省族因憶舊遊詩二首》於左,以明非余臆說也。

十一世祖考次兒耆《藤坑省族因憶舊遊詩》曰:"避亂垂髫日,千山導板輿。開門當樹色,隔澗認鄰居。未省談宗譜,何能讀父書?苟全吾所獨,同里甚欷歔。""避亂垂髫日,慈親雪未簪。釣魚臨澗水,打栗上荒林。風木悲清夜,寒燈誤苦心。吾兒訪耆舊,遺迹好重尋。"

祝文

維大清　年歲次　春三月　朔越二十日　之辰,裔孫　等敢昭告于十世庶祖妣王氏尊靈,曰:歲序流易,雨露既濡。瞻掃封塋,不勝感慕。謹以牲箔酒醴、粢盛庶品,祗薦歲事。伏惟尚饗。

維大清　年歲次　春三月　朔越二十日　之辰,裔孫　等敢昭告于元徽州路儒學教授十一世祖考元府君唐公、元封太孺人十一世祖妣徐太孺人尊靈,曰:歲序流易,雨露既濡。瞻掃封塋,不勝感慕。謹以牲箔酒醴、粢盛庶品，祇薦歲事。伏惟尚饗。

維大清　年歲次　春三月　朔越二十日　之辰，外嗣孫唐　等致祭於外祖景仁徐公、外祖母孺人胡氏之靈，曰：歲序流易，雨露既濡。瞻掃封塋，不勝感慕。謹以牲箔酒醴、粢盛庶品。祇薦歲事。尚饗。

維大清　年歲次　春三月　朔越二十日　之辰，信士唐　等致祭於山神之神，曰：茲爲躬脩歲事於十世庶祖妣王氏、元徽州路儒學教授十一世祖考元府君唐公、元封太孺人十一世祖妣徐太孺人、外祖景仁徐公、外祖母孺人胡氏之墓。惟時保佑，實賴神庥。謹以酒饌，敬伸奠獻。尚饗。

祀產

積字叁百壹拾陸號田壹畝捌分柒釐伍絲，土名汪三園。

清册分庄

西南隅貳啚唐汝欽陸分貳釐叁毫伍絲。

西南隅壹啚唐轍陸分貳釐叁毫伍絲。

貳拾貳都陸啚唐承祉陸分貳釐叁毫伍絲。

原查

西南隅貳啚唐汝欽壹分零肆毫。

西南隅貳啚唐炳捌釐捌毫。

西南隅貳啚唐鏞貳釐叁毫。

西南隅壹啚唐轍陸分貳釐叁毫。

貳拾捌都陸啚唐元炳貳分柒毫捌絲。

貳拾捌都陸啚唐桓貳分柒毫捌絲。

貳拾貳都陸啚唐承祉陸分貳釐叁毫伍絲。

積字叁百叁拾叁號田貳分陸釐柒毫，土名教授公墳前。

清册分庄

西南隅貳啚唐汝欽捌釐玖毫。

西南隅壹啚唐轍捌釐玖毫。

貳拾貳都陸啚唐承祉捌釐玖毫。

原查

西南隅貳啚唐汝欽壹釐伍毫。

西南隅貳啚唐銳壹釐叁毫。

西南隅壹啚唐轍捌釐玖毫。

貳拾捌都陸啚唐元炳貳釐玖毫陸絲。

貳拾捌都陸啚唐桓貳釐玖毫捌絲。

貳拾貳都陸啚唐承祉捌釐玖毫。

積字叁百肆拾貳號田伍分玖釐玖毫，土名朱家山脚。

清册分庄

西南隅貳啚唐汝欽壹分玖釐玖毫。

西南隅壹啚唐轍貳分。

貳拾貳都陸啚唐承祉貳分。

原查

西南隅貳啚唐汝欽叁釐叁毫。

西南隅貳啚唐尚賓貳釐伍毫。

西南隅貳啚唐汝鸞肆毫。

西南隅壹啚唐轍貳分。

貳拾捌都陸啚唐元炳陸釐陸毫伍絲。

貳拾捌都陸啚唐桓陸釐陸毫伍絲。

貳拾貳都陸啚唐承祉貳分。

積字叁百陸拾號田伍分零壹毫，土名塢裏。

原查

西南隅壹啚唐轍壹分陸釐柒毫。

貳拾捌都陸啚唐元炳壹分陸釐柒毫

貳拾貳都陸啚唐承祉壹分陸釐柒毫。

積字叁百陸拾玖號田壹分叁釐捌毫，土名祠堂基，原被水衝，查有實田，稅在貳拾貳都陸啚唐承祉户。

積字叁百貳拾壹號田貳分，土名汪三園，收叁拾伍都貳啚唐存孝。

原分

西南隅壹啚唐宗祠壹分。

貳拾貳都陸啚唐承祉壹分。

積字叁百陸拾柒號田貳分壹釐陸毫伍絲，土名藤坑唐社禎住基，收叁都叁啚程應鳳。

原分

西南隅壹啚唐宗祠壹分零捌毫貳絲伍忽。

貳拾貳都陸啚唐承祉壹分零捌毫貳絲伍忽。

積字叁百陸拾捌號田叁分壹釐柒毫,土名藤坑唐社禎住基,收叁都叁啚程應鳳。

原分

西南隅壹啚唐宗祠壹分伍釐捌毫伍絲。

貳拾貳都陸啚唐承祉壹分伍釐捌毫伍絲。

積字叁百貳拾壹,陸拾柒、捌號共田柒分叁釐叁毫伍絲,係崇禎九年九月十八日三族捧十一世祖墳餘山木價,昕公酌收買。

積字叁百叁拾貳號地壹分零柒毫,土名竹園。

清册分庄

西南隅貳啚唐汝欽叁釐陸毫。

西南隅壹啚唐轍叁釐陸毫。

貳拾貳都陸啚唐承祉叁釐伍毫。

原查

西南隅貳啚唐汝欽柒毫壹絲。

西南隅貳啚唐尚賓陸毫。

西南隅壹啚唐轍叁釐陸毫。

貳拾捌都陸啚唐桓壹釐壹毫玖絲。

貳拾捌都陸啚唐元炳壹釐叁毫壹絲。

貳拾貳都陸啚唐承祉叁釐伍毫。

積字叁百叁拾叁號地壹釐零柒絲,土名教授公墳前。

清册分庄

西南隅貳啚唐汝欽叁毫柒絲。

西南隅壹啚唐轍叁毫。

貳拾貳都陸啚唐承祉肆毫。

原查

西南隅貳啚唐汝欽叁毫柒絲。

西南隅壹啚唐轍叁毫。

貳拾貳都陸啚唐承祉肆毫。

積字叁千肆百玖拾叁號山肆分壹釐柒毫,土名門前。

清册分庄

西南隅贰啚唐汝钦壹分叁釐玖毫。

西南隅壹啚唐辙壹分叁釐玖毫。

贰拾贰都陆啚唐承祉壹分叁釐玖毫。

原查

西南隅贰啚唐汝钦贰釐壹毫。

西南隅贰啚唐锐壹釐叁毫。

西南隅贰啚唐鏪壹釐叁毫。

西南隅壹啚唐辙壹分捌釐伍毫肆丝。

贰拾捌都陆啚唐元炳陆釐壹毫捌丝。

贰拾捌都陆啚唐桓肆釐叁毫贰丝。

贰拾贰都陆啚唐承祉壹分叁釐玖毫。

积字叁千肆百玖拾肆号山伍分陆釐肆毫，土名三公坟。

清册分庄

西南隅贰啚唐汝钦壹分捌釐捌毫。

西南隅壹啚唐辙壹分捌釐捌毫。

贰拾贰都陆啚唐承祉壹分捌釐捌毫。

原查

西南隅贰啚唐汝钦叁釐壹毫。

西南隅贰啚唐炳贰釐壹毫。

西南隅贰啚唐鏪壹釐。

西南隅壹啚唐辙贰分伍釐。

贰拾捌都陆啚唐元炳捌釐叁毫叁丝。

贰拾捌都陆啚唐桓捌釐壹毫贰丝。

贰拾贰都陆啚唐承祉壹分捌釐柒毫，上葬十一世祖考元府君、十一世祖妣徐太孺人，扦作巳山亥向，丁巳、丁亥分金，右水流左。

积字叁千肆百玖拾伍号山伍釐陆毫肆丝，土名三公坟後。

清册分庄

西南隅贰啚唐汝钦壹釐捌毫捌丝。

西南隅壹啚唐辙壹釐捌毫捌丝。

贰拾贰都陆啚唐承祉壹釐捌毫捌丝。

原查

西南隅貳啚唐汝欽叁毫壹絲。

西南隅貳啚唐尚賓叁毫。

西南隅壹啚唐轍貳釐伍毫。

貳拾捌都陸啚唐元炳捌毫叁絲。

貳拾捌都陸啚唐桓捌毫叁絲。

貳拾貳都陸啚唐承祉壹釐玖毫。

積字叁千肆百玖拾陸號山壹畝陸分柒釐伍毫,土名三公墳後。

清冊分庄

西南隅貳啚唐汝欽伍分貳釐伍毫。

西南隅壹啚唐轍伍分貳釐伍毫。

貳拾貳都陸啚唐承祉伍分貳釐伍毫。

原查

西南隅貳啚唐汝欽捌釐柒毫。

西南隅貳啚唐尚賓貳釐壹毫。

西南隅貳啚唐炳伍釐伍毫。

西南隅貳啚唐汝鸞壹釐貳毫。

西南隅壹啚唐轍柒分。

貳拾捌都陸啚唐元炳貳分叁釐叁毫叁絲。

貳拾捌都陸啚唐桓壹分柒釐伍毫。

貳拾貳都陸啚唐承祉伍分貳釐伍毫。

舊例,山皆興養樹木,二十年後,三族公抃,佃者無與。向例,山上樹木,永不准伐。今時藤坑唐姓往往盜伐,三族雖與其理論,此亦不過掩耳盜鈴耳。

積字叁千伍百柒拾叁號山叁釐,土名王氏太婆墳,稅在貳拾貳都陸啚唐承祉户,上葬十世庶祖妣王氏,扦作辛山乙向,丁酉、丁卯分金,左水流右,外祖景仁徐公、外祖母孺人胡氏。余曾到藤坑謁墓,見十世庶祖妣王氏墓暨外祖墓皆無碑。又見外祖墓離十世庶祖妣墓頗遠,必非同一字號、同一山明矣,甚爲可疑。爰書數語,俾三族宗人參考焉。

以上田、地、山共陸畝捌分柒釐叁毫陸絲,田共肆畝壹分壹釐叁毫伍絲,地共壹分壹釐柒毫柒絲,山共貳畝陸分肆釐貳毫肆絲。右田、地、山,舊例皆下族遞年於允吉公祀產租銀內扣納錢糧，並付册費，今照舊。

唐氏三族祖塋祭祀譜卷四

附錄

去年四月間，余兄弟等分家，遵先考漾荷府君諱宏浩預囑，提半股爲應酬親族，呈家慈收。此親者，乃家祖母巴夫人暨家母潘恭人母家，以及余等同胞姊妹婿家也；族者，上旋各支丁家也。分書理應諸親畫押，不料必桂外父汪次球_{長琳}見財起意，使其子爾昌_{國熾}誘借規元七百五十兩正、英洋二百圓。銀洋到手，抗不寫據，妄言先考在日欠伊之錢，幾致成訟。隨經汪志岩_{長築}、江薦和_{學普}、汪覲輝_{國頲}、汪錫茲_{允社}等諸親調處，先還一半，餘則五年歸還，並不計利。家慈俯念親情，遂依衆親之調處。復恐又有不肖親族效尤，與其遺悔於後，不若慎之於前，乃命余等將此半股除用去者，及將來應用者之外，置田九十三畝，以十畝助葛塘及蓮花冲祖塋祀事；以六十畝爲先祖考小梅府君諱義之墳祀產；以二十三畝爲先外祖父母墳祀產。五年後，汪爾昌之款歸完，再將百兩助入先考墳，添置田地爲祀產，餘銀儘數助入上族宗祠，親族概停酬應，以免刁奸之輩覬覦。余等謹遵慈命，遂於去年十二月二十一日置田拾畝零肆分玖釐捌毫，又塘壹分陸釐壹毫，以助葛塘及蓮花冲祖塋祀事。此項田、塘亦永不得出典出賣，三族謹記。其錢糧、册費於所收租內納付，仿三族户田、地、塘式，歸先考墓管年經理。今將所助田、塘字號、土名、租額列後。茲因此書業已刊成，無從補入，故附於後，俾三族宗人皆知，共世守之。

光緒九年正月上旬，丹黻、必桂、光照、必彬謹識。

盡字貳千壹百拾叁號田壹畝肆分肆釐貳毫，土名善竭干，稅在東北隅叁冨壹甲唐廣祀户，額租穀貳拾捌斗。

盡字壹千柒百肆拾貳、肆號田玖分貳釐陸毫，土名灘塘下，稅在東北隅叁冨壹甲唐廣祀户，額租穀拾捌斗。

崗字捌拾貳號田柒分柒釐柒毫，土名廟後，稅在東北隅叁冨壹甲唐廣祀户，額租拾捌斗。

崗字貳千肆百肆拾柒號田貳分捌釐肆毫，土名張家山，稅在東北隅叁冨壹甲唐廣祀户，額租穀陸斗陸升。

崗字壹千肆百伍拾伍號田玖分肆釐伍毫，土名血田，稅在東北隅叁冨壹甲唐廣祀户，額租穀叁拾貳斗肆升。

豈字陸百貳拾伍、陸號田壹畝陸分玖釐叁毫陸絲、柒分陸釐玖毫，土名大塚前,税在東北隅叁啚壹甲唐廣祀户,額租穀陸拾斗。

豈字肆百伍拾玖號田肆分,土名湖田,税在東北隅叁啚壹甲唐廣祀户,額租穀拾貳斗。

豈字肆百叁拾肆號田捌分零伍毫,土名湖田塝上,税在東北隅叁啚壹甲唐廣祀户,額租穀拾柒斗。

崗字貳千伍百捌拾伍號田壹畝壹分,土名黃屯山,税在東北隅叁啚壹甲唐廣祀户,額租穀貳拾柒斗伍升。

豈字叁百陸拾玖號田柒分貳釐柒毫肆絲,土名山下店,税在東北隅叁啚壹甲唐廣祀户,額租穀拾柒斗伍升。

豈字貳百貳拾肆號田叁分貳釐玖毫,土名七川上門前,税在東北隅叁啚壹甲唐廣祀户,額租穀柒斗肆升。

豈字貳百貳拾肆號田叁分,土名七川上門前,此田與王姓合業,税在東北隅叁啚壹甲唐廣祀户,額租穀玖斗。

右二號田字號雖同,田實兩坵,向例,葛塘、蓮花冲祖塋祀田,佃人交租均不給租酒,以田均在近處也。今此所助之田,有不在葛塘者,八月二十日,三族收租。佃人肩穀至,管年須斟酌路之遠近,給與租酒,開支公帳。

盡字貳千柒百拾貳號塘壹釐,土名鄭家塘,税在東北隅叁啚壹甲唐廣祀户。

盡字壹千柒百肆拾壹號塘陸釐柒毫,土名灘塘,税在東北隅叁啚壹甲唐廣祀户。

崗字壹千肆百肆拾貳號塘貳釐,土名仇大塘,税在東北隅叁啚壹甲唐廣祀户。

豈字貳百伍拾叁號塘壹釐貳毫,土名新塘,税在東北隅叁啚壹甲唐廣祀户。

豈字叁百陸拾捌號塘肆釐,土名水兒塘,税在東北隅叁啚壹甲唐廣祀户。

崗字貳千伍百柒拾叁號塘壹釐貳毫,土名黃屯山,税在東北隅叁啚壹甲唐廣祀户。

右塘均係灌所助祀田,不收租。

——光緒《唐氏三族祖塋祭祀譜》

第三節　祠堂管理與祭祀規約條例

明正德休寧縣閔川午峰畢氏宗族祠規

休寧閔川午峰祠規　　畢蘭休寧閔川人

午峰蘭吾，名廷馨，吾字也，今年七十歲矣。平生無他才能，惟行己有恥，不敢爲惡而已。嘗觀史大禹聖人有言曰："生寄也，死歸也。"是知人生世間，有生必有死。生爲斯氣之所聚，死爲斯氣之所散，一生一死，固常理耳。吾何諱而不預圖身後之室哉？謹卜吉，得佳兆於所居之西，曰"豐隆坦"；爽澄沃演，爲吾夫婦塋墓之所，扁曰"終歸宮"。環歸宮左右，計田玖畝，地柒畝有奇，每年二共計租穀壹百三十餘秤，悉存贍塋。列爲四目：一曰清明節，二曰生忌節，三曰修塋墓，四曰恤宗族。各具規畫，立籍于官，著爲令甲，俾吾子孫世貲以爲祭掃等需，毋致廢墜，有餘則給修茸吾身宅宇。《易》曰："君子以作事謀始。"孔子曰："人無遠慮，必有近憂。"此吾所以懼也。先正嘗言，"成立之難如升天，覆墜之易如燎毛。"於乎，吾言痛心！吾子吾孫，盡相勉勵，用光吾宗，庶不爲州里笑，孝莫大焉。其所存田地畝步併合行《條件》《事例》，悉勒碑陰。

一、清明節。議立《祭品條件》，詳《家規》。

一、生忌日。同上。

一、修茸塋墓。議立《修茸條件》，詳《家規》。

一、賑恤宗族。議立《賑恤條件》，詳《家規》。

生塋地田，約計七畝，土名豐隆坦，係正字貳伯陸拾壹、貳等號，東至本家贍塋田，西至畢浩等地，南至畢良等地，北至官路。

贍塋田約計玖畝，土名干雞堀，係正字貳伯陸拾三等號，東至本家等田，西至生塋地，南至葉實得等地，北至廷英、廷陽及汪家地。

——正德《新安畢氏族譜》卷十七《詩文志》

明正德九年八月休寧縣西門汪氏宗族祠規序

西門汪氏祠規序

休寧汊川宗人節夫以其所定《西門汪氏祠規》一帙相示,曰:"此尚和奉族長之命,而總《伊川宗會》《吕氏鄉約》、范氏義田、朱子《家禮》諸説,參考遺意而成編者也,將使後之人有所持循據守焉。子盍爲我序之。"按,西門之汪,出于婺源大畈,一再遷乃至休邑西門,宋初曰大四公諱接者,始遷祖也。至迪功府君諱漢,子七而貴六。及柳塘諱莘、定齋諱一龍二先生,又以儒顯爲朱子徒,西門之汪之盛如此。其後,從而轉徙者不一,皆冒西門汪氏,節夫之汊川其一也。弘治中,顯祖越公廟在休邑治東山者壞,有司下令新之,節夫伯父分軒翁受命敦匠事,以廟隘不稱,倡西門族人購地廣之。既又創祠厥北,用奉大四公及迪功父子及二先生。蓋顯祖雖大宗所同,而兹廟實西門一派所獨立,故得而私之也。

予惟大家世族不可無祠,祠祭儀節不可無規。族無祠,則無以敦水木本源之念,不足以言仁;祠無規,則無以立光前範後之謀,不足以言禮。新安故家,無慮數十百,其能有祠、祠而能有規者,予見亦罕矣。西門之汪,二美并焉,予寧不爲吾宗喜哉?抑予聞之,庶人祭其禰,古也。後世乃漸及高祖,又多及始祖,何也?《傳》曰:"三王不同禮。"言時不同也。夫禮因人情而立教三千三百之條,求其意,不過禁人欲、導之善而已。先王經世大法,後世蓋有欲行而勢不能,善治者亦惟合人情、宜土俗而不失先王之意云耳。今之言禮者,但得其禁欲導善之意斯可矣。先王之儀文度數固不必泥也,斯祠、斯規庸非得禮意者乎?夫以族之漸蕃且遠,而貧富殊,而强弱殊,而智愚、賢不肖殊,用法律之,使無相乖戾,必有梗弗率者。立一祠,約之以規,則疎可親,遠可聯。富强者不敢私而貧富有倚,賢智不獨善而愚不肖有興,兹庸非禮之意乎?

蘇老泉譜其族曰:"觀吾之譜,孝弟之心油然興矣。"予以爲譜不能人人觀,而祠則人人至,規則人人守也,其益顧不大歟?嗚呼,予寧不爲吾宗一大喜哉!節夫,西門派至最賢者也,讀書柳溪書院,嘗著《聖賢出處》《朱子道學傳授録》《新安師友淵源録》。就正學士熊峰石公大卿、陽明王公,志誠不凡,其於睦族之事,殆不止此。嘗編《越公大紀》《汪氏足徵録》,又每與予編《汪氏統宗譜》而未成也,則皆吾大宗所賴云。

正德九年歲次甲戌秋八月朔旦,鄉貢進士、大夫大畈宗人汪思得之書。

——嘉靖《西門汪氏族譜》卷一《汪翰林西門汪氏祠規序》

明嘉靖四年七月休寧縣茗洲吳氏宗族告立宗祠書暨宗祠規約

告族立祠書

竊謂祖本之崇,莫要於墓祀之謹;族誼之篤,莫先於譜(諜)[牒]之明。吾始祖妣小婆程氏太夫人挈子徙龍江,特一匹婦孽子耳!而巢寇一蹂,都鄙風靡,夫人乃能喻順逆之義,抗百萬之衆,白血洒昏乎日月,正氣磅礴乎天地,卒之賊膽解落,祭拜於刀刃之下。州里藉安,鄉人以保,其功固宜符武烈、忠壯而廟食千秋矣。奈何里鄙庸人猶能懷德,祠葬當時,有司顧失其祀典,文獻復闕其行蹟,抑遺漏于兵燹之餘耶?抑亦后嗣者怠其事而未之聞耶?此其可慨者一也。幸而太夫人一脉之傳,其族不下百計,其庇以麇億計,冠蓋相承,科第不乏。故雖不得食饗於一郡,猶得蒸嘗於百族,天所以眷報吾祖者,亦既厚矣。然而替興更代,休廢相尋,有遠徙近遷之不一,有顯揚流落之不同,有失於文獻之不足徵,是以可叙者百無二、三,而睽違者十常八九。宗里處同秦越,親族視若塗人,遂使始祖之祠墓委於蓁莽而不顧,列祖之宅兆淪於荒墟而不恤,此其可慨者二也。要其所以由夫祀掃之無資,則蒸嘗之禮不得其常,祖本之崇於是乎墜矣;由夫譜(諜)[牒]之不脩,則昭穆之序不得其正,族誼之敦於是乎廢矣。然不作則於前,麇傳於後,冀懲於後,當監乎前。飯香茹潔,宜興一本之思;疏流達支,當篤同(原)[源]之念。若能脩舉始祖、列宗之祠墓,侵我者正之,吞我者復之,則神靈有歸,祠掃有需,而祖本由此可崇矣。脩明一宗百族之通譜,是者進之,非者黜之,則源流可稽,昭穆可叙,而族誼由此可敦矣。豈不爲吾族之盛舉哉!夫天理民彝,人所固有,今夫陌路之人遡以膚受,尚爲不平,況一氣之相通者乎?正如輔公之墓,一人舉義,百族同情,果何以臻此哉?亦以天理民彝之在人心者不可泯也。況今日之事,猶有重於此者乎?伏惟我列宗長,不以愚言爲迂,而以祖本爲重,族誼是篤,仗明義舉,光大宗休。始祖太夫人啟始之功昭宇宙而不泯,列祖繼承之德播今古而無窮,則豈特侈一代之駭瞻而已哉!實所以立萬世之大本也。勒之琅珉,書之譜(諜)[牒],將指其名而誇之曰:"厥功自某某始。"

豈不快哉！爲是乎書。

嘉靖乙酉三月清明後五日，茗洲世孫吳槐拜手謹告。

宗祠規約

一、遞年正月初七日爲期，各族二人，到祠會拜，愆期有辟。

一、遞年三月清明日爲期，各族三、五人，到祠會拜，祀掃始祖并六世祖以上墓。每年二處爲首，共備祭儀等物，先期至祠具俟，違則有罰。

一、祭掃，先將祭儀等物奠祭於祠，爲《祭章》一道，拜告始祖以下各族在祠奕世宗祖，行三獻禮畢，將楮錢標掛各祖墓訖，然後散胙各退。

一、團拜會禮，各族子孫以昭穆序列，先拜宗祠神主畢，次拜族長，餘照昭穆世次序立，團拜而退。毋許搶越違矩，有失故家規模。

一、脩立宗祠，各族舉能事者一人同督，始終其事，使用進出，註記明白。不足衆斂，有餘入貯，以備祠內之用。

一、祠立之後，倘遞年有脩舉、增立、營作之事，並係清明二首主領，率邀各族，會議而行。

一、六世以上奕世祖墓，有荒廢侵損者，遞年清明二首，邀率各族賢能者爲首，逐一脩舉，興復改正。有同族墳墓，支下無祀，衆爲理脩，以篤同（原）〔源〕之義。如各族有爲宗祖墳墓大事，衆族須篤義扶持。

一、同宗子孫，各族必須約戒敦睦誼。在姻鄰，在江湖，或坐席，或遇敘，必以本宗昭穆爲序，毋以貴賤、親疎、貧富爲輕重。如不遵約束者，會祠稟族，衆議其非。

一、同祠宗族，必須時明譜（諜）〔牒〕，頻申《宗約》，則源流不紊，昭穆可叙，宗祠可永其傳，庶不孤前脩之功，復可迪來賢之緒，各宜勖之。

一、祠下子孫，有仗義克己者，或鐫銀兩入祠，以備舒用；或立創祠內功蹟，則銘之祠碑，表之譜（諜）〔牒〕，以旌異之。

一、祠下子孫，有賢德孝行可尊推者，有能卓志立身、顯宗揚名者，祀之於祠，以作來賢。

一、祠下子孫，有不幸無傳者，願鐫財入祠，以爲功蹟，即如始祖例，主之專龕，以永其祀。

一、同祠坐落字號、四至，計若干步，并祠前拜壇地若干步。

一、荊山輔公墳上竹木苗利，清明二首遞年收賣銀兩，付祠入貯資用。

一、凡上祖遺漏產土及被侵占者，衆族并力而復之。其有所入，則歸於祠,庶不泯前脩之功,抑可卓後賢之志。

右具《規約》,同祠族子孫,永遠遵守,嗣而行之萬世。各族給一本,永藏爲照,楮尾合書"符契"二字,各分其一。有本祠"符契"二字可合者爲真,不合"符契"字者爲僞,各宜謹之。

嘉靖乙酉中元日,世孫龍江等族吳某某等同立。

龍江族　何鎮族　渭橋族　茗洲族　桃源族　石川族　歙邑石嶺族

——萬曆《茗洲吳氏家記》卷七《祠述記》,清抄本

明嘉靖二十三年三月婺源縣濟溪游氏宗族祠規序

祠規序

夫忠臣、孝子、悌弟、烈女、貞婦,雖世之相後,地之相遠,人無弗愛且敬者。否之,匪人干紀斁化,雖富貴權力赫乎當世,苟非其私昵,則莫不心斥而形穢之。《詩》曰:"天生蒸民,有物有則。民之秉彝,好是懿德。"其弗信矣乎?我始祖之祠既成,族父兄因爲《祠規》馳書震得官邸,命序之。謹按,《規》凡五十有九,首之以《聖諭》,遵王章也;申之以孝悌,重教本也;次之爲家長之事一,子弟之事九,閨門之事十,男女正而人極立也;次爲鄉族之事九,以修睦也。犯義之事三,以防淫也;冠、婚、喪、祭之事十,以敕禮也;逮賤之事二,以廣教也;終之以行法之事、祠堂之事,共十有二,期膺功也。廣矣,大矣,其悉備矣!始祖侍御府君脱屣史館,高蹈時晦,其流澤世不盡見,而其青天白日之心蓋炳然於今未亡也。念言聿修,不在子孫乎?是故規于子弟之事獨詳以周,獨厚以切,誠使爲子弟者俛焉。孜孜克邁乃訓,使其身日進于誠,其風自出于家人,其爲心一心乎吾祖之心。砥以翼德,漸以善俗,室于無惡,而市于無斁也,則閨門無弗諧者矣,鄉族無弗睦者矣,犯義者遠,而爲下者勸矣。冠、婚、喪、祭之禮舉,而祠之規無弗立矣,豈不有要而易行哉!惟子弟修之,惟祠掌翼之,惟父兄成之。余縻于官,不獲與于講藝旌淑之列,而願與父兄子弟期觀厥成焉。乞身有日,杖屨長者之後,以觀于里之途,而長幼讓行也;某水某邱,而耰耒者讓耕也;某間與巷,男女别而頒白嬉也;姑慈婦順、兄友而弟悌也。以觀于學者之相與言則曰:"性善而堯、舜也。"而又曰:"某也廉而盗者化焉,某也讓而争者恥焉,某也善、某也能,而不善、不能者奮焉。"遊女喬木,兔置干城。秉彝之良,小大各正,惟《祠規》之成功哉!則震得也,敢拜父兄、子弟之嘉賜,謹書而期之,亦時以自鑒焉。

嘉靖甲辰春三月望日，賜進士南京禮科給事中族子震得謹序。

——乾隆《濟溪游氏宗譜》卷二十五《藝文·祠規序》

明嘉靖三十五年三月歙縣溪南江氏祠堂規

溪南江氏祠堂規　　霞石公諱瓘

一、祀始祖蕭公，重始遷也。

一、祀蕭公而下計十三世，至澤公止，因人情而立之也。

一、立同知奉政公配，以功德推之也。

一、立獻之神主，以其年老無胤，財產盡歸於衆。祠宇之建，賴其肇端。此其賢哲出群，有功於祖，所當立也。

一、庶母不得入祠，其子祀於私室可也。

一、元旦，首家先期嚴灑掃，至期，焚香鳴金，齊贊唱，拜祖宗。畢，乃序拜。禮畢，議祠中事，及查樂助丁銀未完者，乃各領餅歸。

一、元宵節，衆備花燈於中堂及外廊懸點。

一、春祭，用仲月望日。是日侵晨，合族自勝冠以上，咸挈服造祠，服色用青，不許白衣，其儀式並遵《文公家禮》。祭畢，序拜，以祭餘胙會燕，酒以三行爲節，位以尊卑長幼爲序，毋許褻慢誼諠，違禮失次。燕畢，旅揖，乃議祠中未完事。

一、祭品，用羊、豕各一。中龕神位前，用羞：三品麵食、二品菓、五豆。東西龕，亦如之，要在前，不必另備。祭品只預設一爵，惟始祖行三獻禮，餘俱於初獻時各斟酒一次。祭胙、羞果、麵食即爲燕具，羊、豕仍估賣存用。蓋抬事錢穀尚艱，惟儉約乃可久耳。

一、冬祭，用冬至日，儀式與春祭同。

一、凡進主，須查丁銀完足，仍一主出銀三錢。

一、祠祭器不許他用，如椅、棹、家（活）[伙]之類，俱立簿登記。

一、新主入祠者，只用《文公家禮》，不許用僧道門術。忌日，素服，祭如常儀，不許妄作佛事。

一、田若干，專充祭祀之費。其田券印"宗義江氏祭田"六字、字號、畝步，勒石祠堂之左，俾子孫永遠保守。有私鬻者，以不孝論。

一、悖亂倫紀者，攘竊、奸盜以賊身者，好勇鬥狠以危父母者，使酒而酗者,爲奴隸以辱先者。有一於此,生不恥於族,死不入於祠。

一、時祭之外,不得入祠妄祀徼福。

一、祠工未完,每會祭日,清筭錢穀出入之數。

一、祠內扃鑰,議勤慎之人專掌。

一、祠前不許扮演戲文。

一、立祠所以崇本睦族,凡我族人,見必揖。雖貴賤、貧富不敵,皆以其屬稱,喜必慶,戚必吊,死各以其屬服之。

一、元旦序拜之時及眾議事之際,子弟無得放爆竹,以驚恐神靈,眩亂眾聽。

一、江瑄朝暮督工,不離祠所,視眾事如己事,此於祖宗有勞者也,合書之以勸。

一、宗子之法,既難復行,每祭但以族長主之。然雖稍能修飭,無前項悖亂之行,雖貧賤亦所不計。

以上《規約》,皆順人情,因土俗,簡而易行。凡我同宗,務宜協力遵守。至於未完之禮、未盡之事,則俟祠工完,參酌再議可也。

嘉靖三十五年三月望日。

——隆慶《溪南江氏族譜·溪南江氏祠堂規》

明嘉靖祁門縣善和程氏宗族仁山門支族《竇山公家議》之祠祀議

祠祀議

追遠報本,莫重于祠。予宗有合族之祠,予家有合戶之祠,有書院之祠,有墓下之祠。前人報本之義,至矣!盡矣!思報本之義而祀事謹焉,神妥人輯,吉之趣也。述《祠祀議》第三。

議曰:合族祠堂原附立于報慈庵後,祀始遷祖以下神主,各割田以供香火,前輩重祠之意可見。今人衍祠隘,且祠宇傾圮,而祀事又多潦草瀆慢,有乖繼述大義,創制宏規,則在乎後人焉。

正居祠堂,東、西二房不時致奠,每歲除夕、正旦,少長畢集,照次叙拜,各房爲首者各備菓酒,奠後相慶,四禮舉行,率集于此。愛護保守,實宜爲先。

正居據一村之中,負山面離,左踞右蟠,且棟宇宏壯,甓墁周密,前人功業,非尋常可倫。然報禮未盡合義,穢礙日以相循,此乃美中不足。正祠典,盡仁孝，良非細故，試共思之。

正居門路，古從右行，磬折而南，對印山以達瀨溪之路。今之東旁行路，乃寶山公已取，補塘西岸而通。

寶山公功德兼隆，祠而祀之宜矣。先時于中村建書院，即堂後立祠像奉祀，予嘗題聯對云："進士登科之錄四次書名，狀元及第之基萬年享祀。"其祀事歲凡六舉：正旦、生、忌二辰、清明、中元、冬至。惟中元、冬至，管理者動支衆物備設，其三舉則各房輪備。俱有祭穀，有定額。惟清明祠祭，每人出穀拾叁勼半，付爲首者照例管辦。

祭以奉先，非爲胙也。近有計胙多寡，不出祭穀者，殊可鄙笑。人人若爾，不幾於廢祀乎？今後但非遠行大故，應出祭穀而不出者，中元、冬至二祭，俱不許領胙。

中元、冬至祭品，俱照式設，但務加鮮潔整齊。其酒醴係衆穀見造，亦當較其美惡多寡，庶無後弊。

生、忌祭日，每房止長者貳人預祭，仕宦家居者亦預。輪值備辦者，止一人陳設。

書院、祠堂本妥神之所，務宜潔净，秩下子孫，在此讀書，于祖有光。今除讀書外，如有秩下子孫將物料堆塞，污穢祠宇者，管理訪出，即時責令移徙，仍罰。其守祠佃僕，尤宜嚴加禁令，不許安頓農具、灰糞、柴薪，并不許曬物、養畜等項。一切污穢，悉在所禁。有不聽令者，管理即告家長、家衆，重加責罰。倘祠宇損壞，管理不時修整。若非祭祀、讀書之時，管理即將門鎖閉。其東邊耳門，宜移舊處，以便關鎖。如此則祠宇靜潔，神自安妥，且無人畜作污，亦杜水火之患。此急務也，宜即行之。

百花園墓祠，深得建立之善，但未盡建立之規，須寬敞拱顧，以叙百餘長幼，不致參差溷亂爲美。

祭祀乃是大事，必精潔，必誠敬，否則祖宗不歆。如苟且以應故事，當事者從公聲罰，毋得狥情緘默。且祖宗之靈無所不鑒，可不致慎？

中元、冬至之祭，五房十八歲以上者畢集，因以受訓受事，其義深矣。預祭者不思其義，惟圖散胙，是自絶于寶山公也。今後祭畢之時，管理將預祭者書名于本年《手册》後，以憑照序散胙，亦使各知所議以遵守也。

祠祀《規條》，詳具于後：

合族祠，在居南宋嘉塢報慈庵後，每歲正旦，合族爲首者具酒餅致奠。

奠畢，分長少叙拜散餅。本家人衆，凡輪派爲首者，不許推延，以致衆議。每年清明，各門致祭。

合户祠，各房不時奠祭。

七分《墓祀儀》，各開于後：

八都汝霖公墓：鮮明五色粿拾五觔，精潔細和菜五觔，鴨彈柒枚，以上俱爲首者管辦。熟豬肉貳觔肆兩。計生肉叁觔。好酒五瓶，白紙拾張，火紙肆兩，紙錢貳竿，象生肆串，官香三炷，祝文一紙。以上俱衆備。

二都汝霖孺人墓：鮮明五色粿拾五觔，精潔細和菜五觔，鴨彈柒枚。以上俱爲首者管辦。祝文一紙，熟豬肉貳斤肆兩，生同前，好酒五瓶，白紙拾張，火紙肆兩，紙錢貳竿，象生肆串，官香三炷。以上俱衆備。

項源如柏、仕榮二公墓：鮮明五色粿貳拾觔，精潔細和菜五觔，鴨彈柒枚。以上俱爲首者管辦。祝文一紙，熟豬肉貳斤肆兩，生同前，好酒五瓶，鷄壹隻，係汪住保等佃出備，紙錢壹竿，白紙貳拾張，火紙肆兩，象生陸串，石燭壹對，官香三炷。以上俱衆備。

溪頭仁山公墓及許五塢、江家塚背等處墓：鮮明五色粿叁拾觔，精潔細和菜拾貳觔，鴨彈拾伍枚。以上俱爲首者管辦。祝文伍紙，生豬肉拾觔，好酒拾貳瓶，鷄壹隻，係林天生地租鷄，石燭壹對，白紙陸拾張，火紙壹觔，象生拾串，紙錢伍竿，官香壹束。以上俱衆備。

黄坑塢如柏孺人墓及村裏等處墓：鮮明五色粿肆拾觔，精潔細和菜拾柒觔，鴨彈貳拾肆枚。以上俱爲首者管辦。生豬肉拾伍觔，好酒拾伍瓶，白紙伍拾張，火紙壹觔，象生捌串，石燭壹對，紙錢伍竿，官香壹束，祝文肆紙。以上俱衆備。

墓下祠在本里楊坑百花園墓左山下，每年正旦、清明會祀。正旦祭儀：好舊臘肉壹觔，去肥皮、黑膜，豬肚壹觔，新鮮油煎塘魚壹觔，去頭尾，醃魚不用，豬心、腰、舌壹觔，以上俱切細片各稱，好冰梅糖串拾貳兩，租秤稱，堪用水菜隨備，大申文紙貳拾張，計長貳尺貳寸，火紙半觔，價秤稱，中印絲象生貳百錠，石燭壹對，官香壹束，祝文壹紙。以上俱爲首者管辦。好酒拾貳瓶。衆備。

清明祭儀。寶山公墓及汪氏孺人墓：鮮明五色粿壹百觔，精潔細和菜貳拾觔，鴨彈伍拾叁枚，大申文紙貳拾張，式同前，火紙半斤，價秤稱，中樣印絲象生貳百錠，石燭貳對，紙錢肆竿，官香貳束，枝員、菓子伍套，不散，祝文并後土文各貳紙。以上俱爲首者管辦。生豬肉伍拾觔，係汪金富等管辦，油煎塘魚，臘肉柒觔,係冬至祭肉内存醃拾觔。肥鷄柒隻,係楊坑中村租鷄,好酒貳拾瓶。以上俱衆備,付爲首者。

章溪江村劉氏孺人墓:鮮明五色粿貳拾觔,精潔細和菜肆觔,鴨彈柒枚;紙錢叁竿,以上每竿俱七節三十層,大申文紙貳拾張,式同前,火紙肆兩,價秤稱,中樣印絲象生壹百錠,石燭壹對,祝文後土文各壹紙,官香壹束。以上俱爲首者管辦。無骨熟猪肉貳觔半,炒骨肝雜,各貳楪,油煎塘魚、臘肉各壹楪,鷄壹隻,係林法春坦租,好酒伍瓶。以上俱衆備。

書院祠在本里中村宅裏塢口,每年生、忌二辰致奠,清明、中元、冬至會祀。生辰祭儀:忌辰同,生辰正月十六日,忌辰九月廿一日。去骨熟猪肉壹觔半,炒骨壹觔半,頭、脚、骨俱不用,新鮮油煎塘魚壹觔,去頭尾,醃魚不用,好舊臘肉壹觔,以上俱切碎各稱,肥母鷄壹隻,俱係中村張壽、乞保租鷄,上好大樣枝員各拾貳兩,大堆糖貳個,大拖禄五楪,堪用水菜拾楪,俱要豐潔,石燭壹對,大申文紙貳拾張,式同前,火紙半觔,價秤稱,中樣印絲象生壹百錠,官香壹束,祝文壹紙,以上俱爲首者管辦。好臘酒捌瓶。係衆備。清明祭儀:祭猪壹口,祭羊壹羫,席面壹張,油煎塘魚,熟鷄壹隻,租秤拾貳兩,猪肉、炒骨、臘肉俱要豐潔,高五寸,塘魚陸尾,大枝員、堆糖共伍楪,拖禄伍楪,笋、蕨、水菜伍楪,要豐潔,大申文紙壹百張,紙錢貳竿,七節叁拾層,大、小告示榜紙共拾壹張,石燭叁對,好臘酒叁拾瓢,祝文壹張,餘物俱照簿式。以上俱爲首者管辦。中元祭儀,冬至同;祭猪貳口,共計壹百貳拾觔,永爲定則,祭羊查羫,定銀柒錢,塘魚,定銀伍錢,枝員、時菓,定銀肆錢伍分,拖禄壹桌、麵食,共定銀貳錢伍分,水酒拾瓶,糖尖,定銀貳錢伍分,好臘酒貳拾伍瓶,大申文紙壹百張,建白紙貳百張打錢,石燭叁觔,中樣印絲象生壹仟錠,檀香叁錢,速香貳兩,長紅綠紙、表白黃紙、大椒、花椒各肆兩,大料并紅麯、閩笋、木耳各捌兩,鹽伍觔,醬貳觔,醋壹瓶,香油貳觔,羹飯米,時菜葱,柴叁担,係青真塢管辦,炭拾觔。係中村管辦。

前開中元、冬至祭儀,衆議定式,日後照式無過。蓋人生日繁而衆物有限,憑此散胙,難以復加矣。

其祭儀位席、殽品,俱照後開定式,不在多冗,但要精潔馨香。菜,猪脯,麵食,菓,羊肘,羹菜,煎魚,麵食,糖牲飣。神位各一席,酒三獻菜,鷄脯,麵食,菓共設,魚,飯菜,炙肝,麵食,糖于前,菜,猪醢,麵食,果,猪肘。

寶山公席饌,外加猪肚壹品,用油醬塗炙,加撲大料。脯用無骨猪肉各壹塊,約重陸兩,煮半熟,以油醬塗透煎燒,加撲大料;鷄用肆隻,煮半熟,切

217

大塊，用香油烤熟，加撲大料；魚用鮮活者五觔，去腮、鱗，油煎，加撲大料；猪肝一付，略煮切片，以鹽、醬、酒醃一霎，炙熟，加撲大料；醢用精猪肉貳觔，切骰子大塊，以紅麴、鹽、酒醃一霎，取出蒸熟，加撲大料；大料用净花椒三兩、大茴香一兩揀净，白芷五錢，共研爲細末，聽用。每次用厨役一名，給工銀叁分，胙肉一觔。

青真塢及中村，三家役使一日，青真塢與熟肉四兩，中村共與熟肉六兩。

前項祭儀，管理者如式備辦陳設。各位俱用紙牌書主，主稱各照後祭文。神像左、右設二孺人位，堂中南向設五位，餘俱東、西叙。至期，先祭二墓畢，闔門，然後祠祭，禮庶兩盡，其熟祭俱照舊規。

書院墓祭儀節：序立，奠酒，鞠躬，四拜，讀祝，侑食，焚帛，禮畢。

書院祠祭儀節：序立，鞠躬，四拜，興，平身，詣香案前，跪。初獻酒，酌酒，祭酒，奠酒，讀祝；亞獻酒；終獻酒，俱如初獻。俯伏，興，平身，復位，鞠躬，四拜，興，平身，侑食，焚帛，禮畢。

墓祭祝文式：維大明　年歲次　月　朔祭日，嗣孫程鏌、程　、程　、程　、程　五大房人等，敢昭告于六世祖考佐一府君之墓，曰：歲序流易，時維孟秋、長至。追感歲時，不勝永慕。謹以粢盛庶饈，祗薦歲事。尚饗。

高伯祖考春三府君祭文式同前。

祠祭祝文式：維大明萬曆三年歲次乙亥秋七月　朔祭日，嗣孫程鏌、程鈴、程鉼、程鉈、程銷五大房人等，敢昭告于顯高祖考寶山春四府君、顯高祖妣汪氏孺人、顯高祖妣劉氏孺人、曾祖考守拙載二府君、曾叔祖考朝列大夫左長史慎庵載四府君、曾叔祖考存善載五府君、曾叔祖考淳庵載六府君、曾叔祖考澹庵載七府君、先伯祖考正治卿河南左布政使竹岩用一府君、先伯祖考松岩用二府君諱貫、先伯祖考壽官梅岩用三府君諱通、先伯祖考静庵用五府君諱容、先祖考弘庵用八府君諱密、先叔祖考逸儒栢岩用九府君諱復、先叔祖考養性軒用十府君諱憲、先叔祖考誠齋用十一府君諱宿、先叔祖考掌教簡庵用十三府君諱文、先叔祖考壽官敦素用十四府君諱雲、先叔祖考劣翁用十六府君諱騰、先叔祖考古愚用十七府君諱循、先叔祖考儉齋用十九府君諱度以暨堂中男女該祀之神，曰：歲序流易，時維孟秋、長至。追感歲時，不勝永慕。謹以潔牲粢盛庶品，祗薦歲事。尚饗。

各處墓祭祝文式：

正旦祝文：維大明　年歲次　月朔祭日，嗣孫程　、程　、程　、程　、

程　五大房人等，敢昭告于高祖考寶山春四府君之墓前，曰：歲序流易，時維履端。追感歲時，不勝永慕。敬陳菲奠，用表孝忱。尚饗。

生、忌二辰祝文：生辰正月十六日，忌辰九月廿一日。維大明　年歲次　月朔祭日，嗣孫程　、程　、程　、程　五大房人等，敢昭告于高祖考寶山春四府君暨高祖妣汪氏孺人、高祖妣劉氏孺人之神，曰：歲序流易，時維孟春、季秋。恭遇高祖考生、忌辰復臨，存既有慶，殁寧敢忘。追感音容，不勝永慕。謹以清酌庶饈，敬伸奠獻。尚饗。

清明祝文：式同前。曰：歲序流易，時維清明。瞻掃封塋，不勝永慕。謹以酒粿殽饈，敬伸奠獻。尚饗。

後土祝文式：大明　年　月　日，信士程　、程　、程　、程　五大房人等，敢昭於後土之神，曰：歲序流易，時維清明。某等恭修祀事於我祖寶山府君之墓，維時保佑，實賴神庥。謹以酒粿殽饈，敬伸奠獻。尚饗。

（潘寧録，卞利校）

——萬曆《寶山公家議》卷三《祠祀議》

明隆慶元年七月歙縣棠樾鮑氏三族西疇祠條約

西疇祠條約

祠堂所以尊祖，尊祖所以敦睦。一本之義既明，親愛之心自起。此周建立本意。若分門立户、恃强凌弱，雖建何益？至於附祀，賢者附之，則人皆勉於善；貴者附之，則人皆力於學；出財而惡者亦附之，則爲子孫者皆知立業，以伸祖考之敬，此固附祀本意。若計利違義，各圖己私，雖祀何補？凡我宗人，宜悉此意。租穀之入，二祭之外，餘銀存匣，以候修舉衆事，不可各收己身。如有違執，亦勿争論，以傷大體。但祭版不列先名，分胙不頒其分，使自省。

明隆慶元年七月二十六日，思菴諭言。

——乾隆《重編棠樾鮑氏三族宗譜》卷一百八十三《西疇祠條約》

明萬曆二十一年七月歙縣潛川汪氏惇本祠重立標掛祀典

重立標掛祀典

一、衆立龍驤戶所有山田、墳地每歲糧差，即于田內所收租銀充當，此在本縣。居近鐵泉、大畈，及或寓彼中貨居者經管，每歲登簿，收支填註明白。祭畢時，面結批証，除糧差外，則充辦祭儀。每年額取租銀乙兩三錢，爲遠者往返之費，取羊肉二劰，酬近者任事假器之勞。若除糧差、辦祭、盤纏外，仍有羨餘，即面書簿，付本年會首領去。次年祭畢，本利交次會首生息，以俟他日取用。

一、每歲擬于三月初六日，邵石標祀龍驤祖墓，業有定例，置《大簿》二扇：歙族收一扇，淳安族收一扇；外《小簿》十六扇，各族分收。祭品則屬淳安、鐵泉、大畈二支，及會同在彼貨居族人，以祀田所收租銀，先期照式預辦，蓋居之相近故也。大都物有常品，即價或貴賤不齊，亦須權宜備之，毋致臨期有誤。違者，議罰。至用爐瓶、盤橐、杯器之類，亦于在近之族充用。

一、每歲往祀，以一族或二族首事，初六日，俱至城中會齊，令一人至河濱買舟。當携之物，俱先發至舟中，令一、二人看守，泊于深渡，餘皆轎至登源。祭畢，初七日午後，舟中會齊，首事者須令一僕夫持帖待于河西之梁，遲不至者有罰。

一、至墓所，首事者隨令僕夫及守山人設桌椁祭，班次執事須整齊嚴者，毋得怠緩從事。

一、祭畢，會首取簿，録某年月日與祭人名于上。既而照序分坐，以五熟獻爲五大盤，以羊、腸肚之類先成熟爲二大盤，加以蔬菜二盤、蒸餅二盆、菓四楪、酒十壺合餕。如人多，益酒三、五壺。至趨侍僕從，則以前所餘熟獻腸肚諸物，并酒四壺賞之。其羊取二劰，送鐵泉；取四劰，送大畈及在彼處貨居者酬勞散用，豕還市屠者。即有當議興革之事，相與面談，定奪而別。

一、《儀注》、祭品、祝文，皆司馬立有定式，開列有餘，不必加豐。不足，毋得減損，庶爲畫一之規，萬世行之無斁。

一、《儀注》：通贊二人，執事二人，主祭一人會首，餘皆陪祭。墓前設楪二張列祭器，左列一楪盛羊，右列一楪盛猪，左梢下一楪盛樽饌，爵祝帛，前設一楪。置爐瓶、燭臺。祭文同前。

序立,参神鞠躬,四拜,平身,詣香案前,跪,上香,酹酒,俯伏,興,平身,復位,奠帛;初獻爵,亞獻爵,三獻爵,讀祝文,辭神四拜,禮畢,禮生六人。四拜。

一、祭品:羊一,約四錢,猪一,稅銀一錢,五菓二分,五菜二分。五熟獻:鷄五分,魚四分,亥一錢,丑四分,羊肝有,封帛二,祝一,香三束,紙二劤四分,大箔二百二分,酒一樽五分,柴二分,勞守山人三分,送金山道人三分,外加合餕及賞僕從酒五分。

已上共計銀乙兩零四分。

附登源、靈山等墓標祀于後

一、登源司馬墓,定于初六日自城發跡,祭畢,宿一宵。初七日,至深渡登舟,以至邵石。然此未有祀田,殊非久計,時則各族姑自備盤纏,及辦三牲祭儀,各族約五錢,而後可行,將亦照邵石舉行。

萬曆二十一年七月既望,宗人子道暉、尚賡、栻、思仁、師堯、銘、潢、居静、思廉、叔範、一元、一楷等會議立。

——康熙《潛川汪氏惇本祠溯源家譜》卷六《享祀紀》

明萬曆三十二年十月績溪縣旺川曹氏宗族增定祠規

明萬曆朝增定祠規

人言國法嚴矣,而不知家法尤嚴。國法尚疎而易漏,至族人之淑慝,最邇最習,莫毫髮遁也。奈何不謹?今將宗祠議立《條例》載在譜中,緊要者明白開後,俾觀者互相勸勉告戒云爾。

一、凡有大功力於祠及顯揚宗祖者,又有仁德、孝行、忠義、節烈實跡顯著,殁後,秉公崇報,進主配享,不在常例之列。節烈、孝婦亦如之。

一、凡捐貨入祠,至百金者,夫婦中龕配享;五十金者,男像中龕配享。

一、凡在生樂助銀入祠,至十兩五兩者,生、殁照則頒胙;助田者,依時秉公品價,頒胙亦如之。

一、凡子孫陰損祠宇神主、毀祭器等物者,不許入祠,仍鳴官治罪。

一、凡變賣、盜葬祖墳及毀賣家傳譜券者,不許入祠,仍呈治。

一、凡附近子孫,於造祠設祭毫無財力相助者,不許入祠。

一、凡毆罵父母、伯叔、親兄者,已經告鳴祠首,怙惡不悛者,不許入祠。

一、凡毆罵公姑者，已經投祠，悍惡不改，不許入祠。

一、凡婚娶僕隸下人者，不許入祠。

一、凡姦生之子，不許入祠。或完娶年餘後生者，不在此例。

一、凡犯十惡、姦盜敗倫，紊亂宗支，事跡顯著者，不許入祠。

一、凡庶母，除遠代《家譜》未明載者不敢擅去外，其近代耳目所逮并以後者，俱遵《文公家禮》，庶母不許入祠，但當祀之於私室。若嫡母無子而庶母之子主宗祀者，亦當附嫡母之側，今當因之。其庶母非室女及聘娶未明者，不在此例。

一、凡再醮之婦與姦娶之婦，俱不得入祠。再議：再醮之婦，如無後者，不許入祠；或有後而為子者，不忍父之無配享，又不忍母之無祭祀，願出銀五兩入祠者，通情准入。姦娶者，斷不許入。

一、凡出嫁母及妾僭妻位者，不許入祠。

一、凡無後有繼，歿後進像，照常例外，家貲厚者，每像外加銀五兩，中者三兩，最下者一兩，方許進主，無胙。

一、凡無嗣有繼，在生願出田入祠者，歿後享祭。頒胙，照田多寡定則，田至十畝以上者，猪、羊另祭。

一、凡無嗣，歿後承繼者，繼子既獨享家貲，則當隆繼父之報厚者，出田或十畝、七畝，中者或五畝、三畝，下者或二畝、一畝。如遠房擇繼者，則必倍之。頒胙，照田多寡定則，田至十畝以上者，猪、羊另祭。

一、凡絕祀無繼者，不許入祠。如在生願出田入祠享祭者，聽。例定家貲百畝以上者，出腴田十五畝為率，中者半之，最薄者亦至田五畝而止。不依此例，斷不準入。如至二十畝以上者，則猪、羊另祭。

一、凡絕祀無繼，而父兄不忍其絕祀而為之出田【入】祠享祭者，聽。例定家貲厚者，出腴田七畝為率，中者半之，最薄者亦至三畝而止，少則不許。至十五畝以上者，猪、羊另祭，兄弟、子孫頒胙，胙照田多寡定則。

一、凡主祭、分獻，若德行有虧者，不許與祭位。

一、凡議事，許能幹請族長及達禮者公定。如少年負氣阻撓者，罰銀五錢。

一、凡能幹遇事託故退避者，罰銀三錢；侵漁祠中錢穀者，查出，罰銀壹兩，仍追償。託公假義，因而蕩廢祠中貲產者，永遠不許入祠。

一、凡輪首買辦祭儀，開價不實，查出，罰銀一錢；祭儀不潔，先嘗竊取，查出,罰銀一錢。香燈缺乏,及見屋漏不葺者,罰銀一錢;不打掃者,罰銀五分。

一、凡對閱神主,有私自插入者,撿出,外罰銀一兩。

一、凡祭祀及散胙之際,但有報復私怨,或挾私怙勢,或倚酒撒潑、罵詈鬥毆者,初犯,罰銀五錢;再犯,罰銀一兩,記過;至三犯,叱出,不許入祠。

一、凡進像,嗣後例定出銀一兩,方許進主。前已進像,出銀五錢,補足一兩者,准散胙。未補者,每像每祭科銀三分,滿八年,免科,亦同散胙。

一、凡祠中桌、櫈、器皿等物,私自竊用者,罰銀三錢;盜取者,罰銀一兩,仍追贓呈治。

一、凡祠中,毋許設席延賓,私自堆積、曬晾,以致褻瀆祖宗。違者,罰銀二錢。

一、統宗之權,雖擅於族長,而是非之口實出於士人。今後有不公、不法事體,許士人協同族長、能幹直言駁正之,無得避嫌。

一、已定《條規》,載在譜中者,俱秉公斟酌,參合《家禮》、律例,確然可守,日後,毋得妄生變亂。違者,罰銀拾兩,仍呈治,永遠不許入祠。

萬曆三十二年甲辰歲孟冬月吉旦立。

——民國《曹氏宗譜》卷一《祠規》

明萬曆婺源縣濟溪重刻游氏宗族祠規

重刻游氏祠規

祠之有規,猶治國之有律令,制器之有規矩準繩。故規矩準繩具而後方(員)[圓]平直可按而成,律令具而後紀綱法度可援而治,《祠規》具而後道德風俗一始成。其爲故家巨室,三者其理同也。

余游土著于濟水之上,以長厚稱于枌榆者,豈獨以金紫光榮乎哉?良亦以維持防範者有其具也。粵稽掌故,昔在嘉靖初祀,族老存薇先生倡爲《祠規》五十九款,印正于官,頒而行之。于時,主之者則有讓溪中丞,佐之者則有立軒、蓮山、犀崖、雲岡、益所、思堂、一川、三泉諸君子,一時風俗翕然歸厚,獄訟少而爭鬥息,議論正而人心純。嘉、隆以來,殆稱仁里。夫何老成凋謝,宗主靡依,舞鱔號狐,雌黃變亂?十餘年來,俗非其俗矣。不佞將命過家,會諸父兄,按三八之約,尋盟于宗祠,日讀《祠規》數款,相與講磨而更新之,誠復始善俗之一機也。余欲以《祠規》分給族人,使之家曉戶諭。顧舊板散漫無存,不佞乃與諸文學復即舊規,參以新約,刪繁撮要,重訂爲三十八款,捐貲梓之。工既竣事,胥命不佞序諸首簡。嗟乎!《祠規》之義,中丞、立軒、蓮山三公之言,不啻三命五申之矣,不佞復何言哉?昔仲尼之告哀公曰:"文武之政,布在方策。其人存,則其政舉。"仲尼豈無試而漫言哉?故舊章率而殷業弘,祖烈纘而夏猷振,國之係于人也如此。有家者,何獨不然哉?

今濟上之山川不異于往時也,游氏之衿紳不替于舊籍也,祖宗之《規條》不殊于律令也。然而風殊俗渙,美惡異稱,此曷故哉?則以其人不存故也。諸父兄藉令以先達爲必可法,以《祖訓》爲必可行,以淳風爲必可挽,毅然以身先之。不奪于勢力之沮撓,不貳於遊談之是非,不委于時勢之艱虞,振法蕭紀,剔蠹擧墜,按期守約,循循勿廢,不佞將見風移俗易,蒸蒸焉,其再臻嘉、隆之舊矣!雖然齊民不事詩書,猶可委也,其責成則自士人始。今時士風稍稍漓矣,達而仕者,能如中丞、司徒二公之端範;處而隱者,能如立軒、蓮山諸公之憂勤,雖以之治國可也,矧一族云乎哉?語曰:"大廈將顛,非一木所能支。"今規矩準繩具矣,匠人慎無斲小而道傍是謀也。

不佞復命有期,不得常侍宗祐之下,謹書以質父兄,并以自勖云。

——乾隆《濟溪游氏宗譜》卷二十五《藝文志·重刻游氏祠規》

明萬曆婺源縣江灣蕭江氏宗族祠規

祠規 欽差總督漕運都察院右都御史兼戶部右侍郎第二十五世一麟撰

麟不穀,謬膺皇眷,徼有爵秩,歷通顯,昕夕兢兢,思由祖先寵靈,光昭奕世,以有今兹。曷敢厚自封殖,蔑圖報饗?今盡捐歲餘俸入,崇建宗祠,奉先靈,歲申孝祀。兹既落成,私衷稍用浣慰。苟不立之《宗規》,何所約束群情,萃渙修睦,作求世德,引諸有永?故特立規若干條,勒之貞砥,昭示族衆。首以太祖高皇帝《聖諭》,遵王制也;繼以宗祠、保墓、祀田,報宗功也。餘勵俗淑行,言言誠勉,永世德也。凡我父老子弟,各宜滌心體悉,實踐力行,勉修善德,以毋過前人休息相融而風相厚也,則麟與榮施多矣。嗟嗟!我族以一篁墩府君之身,傳世滋大,指繁數萬。在吾上,皆祖父列也,未有見祖父而不敬者,推而上之,尊於吾者何限?在吾下,皆子孫列也,未有見子孫而不慈者,推而下之,卑於吾者何限?吾前後皆兄弟列也,未有見兄弟而不愛者,推而廣之,大同於吾者又何限?吾惟推吾敬愛慈之心,則何人不可事,何不可使、不可與哉!此謂盡己盡人,人將自化。吾以君子長者道望我父老子弟,我父老子弟尚無藩籬,爾我以貽神羞,麟幸益大矣。高皇帝《教民榜文》,第一件"孝順父母",第二件"尊敬長上",第三件"和睦鄉里",第四件"教訓子孫",第五件"各安生理",第六件"毋作非爲"。

何爲孝順父母?爲人子者,當思父母生我劬勞,得罪父母,是逆天地。必要小心承順,竭力奉養,有疾親視湯藥,有事身代勞苦,有過委曲勸諫。凡事不可惑聽妻言,妄生忤逆,重傷親心。縱父母或有偏愛,亦當甘心承受。或遇後母,豈盡不慈?尤當加意盡禮,處得偏愛父母及後母的,方名孝順。你們爲子,不論父母待你如何,但自盡着孝心。天理昭昭,必生孝順子孫,家門昌大。是謂孝順父母。聽。

何謂尊敬長上?有本宗長上,有外親長上,及有爵位官長、鄉達先生,皆當加意尊敬,謙卑遜順,奉命聽教,隅坐隨行,讓席讓路。毋侮老成,毋恣強性,毋傷體面。蓋人孰不做長上?我卑幼時,解尊敬長上。我做長上,人亦解尊敬我。是謂尊敬長上。聽。

何謂和睦鄉里?無分異姓同姓,與我同處,田土相連,守望相依,各宜謙和敬讓,喜慶相賀,患難相救,疾病相扶持,彼此協和,略無顧忌。不可因着小忿閒氣,宿怨挾謀,交相啟釁,亡身破家。雖佃僕、傭賃之人,亦必一體待之。是謂和睦鄉里。聽。

何謂教訓子孫?子孫幼冲時,必教之以孝、弟、忠、信,慎擇嚴師賢友,教之正學,造就其才,光顯門戶。或資識少敏,不能讀書,亦必教之謹守禮法,農、工、商賈,勤治生業。不可恣其驕惰放肆,飲酒賭博,扛醵浪蕩,淫佚廢產,破壞家門。是謂教訓子孫。聽。

何謂各安生理?執藝不同,皆有常生之理,爲士者必安於勤勵明經,爲農者必安於耕種田地,爲工者必安於造作器用,爲商者必安於出入經營,爲賈者必安於家居買賣。至若無產無貲,不知匠藝,則爲人傭作,皆是生理。能安生理,衣食亦自安足,俯仰無累,門户可支。是謂各安生理。聽。

何謂毋作非爲?如奸盜詐僞與幹名犯義、放僻邪侈、拐騙扛擡、賭博、淫蕩、游戲及侮文弄法、武斷健訟、乾没官錢、修煉爐火,一切逆天理、拂人心、犯國憲,不應得爲之事,皆屬非爲,皆當謹守,不可一毫妄作,重取罪殃。是謂毋作非爲。聽。

《聖訓六條》無非化民成俗，爲善致祥。凡我族人，務要洗心向善，有過即改，共成仁里，永振宗祊。聽，聽，聽。

一、尊祠宇。祠宇爲先靈所依，祠正、副等宜嚴加鎖固，時勤省視，不得縱人游宴、演戲污壞，稍有罅漏，即行動支祠銀修葺，仍嚴行捕訪，毋容不肖子弟毀石損瓦。有犯，責令修理，重罰父兄，以昭懲戒。

一、守墳墓。墳墓爲本根之地，子孫枝葉榮瘁所係，我族人於各祖墓，宜歲時親身展省，來龍、水口、向山有庇木處，嚴禁樵採，密訪侵犯。有附祖者，須預啟祠正、副，果於墳禁無妨，方許安葬。不得妄聽邪術，侵犯祖靈。祭掃儀制，自告虔如禮，不宜苟且塞責取罰。其本村來龍、水口等山，亦不許樵採、挖土破壞，致傷基圖命脉。如犯，祠正、副重加責罰，毋少狥情。

一、守祀田。祀田爲祭品之資，各處祀田，支下子孫，務宜勤加照管。其田租自置祭品外，有餘贏，增置附近膏腴，以廣孝思。毋許子孫侵尅私鬻，重取罪罰。

一、厚風俗。我族居臨周道，宗族、親戚、賓朋，往來絡繹不絕，相見之間，務從謙厚，毋恣輕薄。逢人吒說，毋分寒暄輕重，肆爲譏議；毋縱惡少、強梁欺侮族衆及商販過客。凡此澆漓，父兄悉當規勉，務令改過，挽回厚德，以保身家。如有怙惡拐騙、偷盜等情，已獲真贓正犯，輕則祠正、副議加責罰，重則請其門尊，自令引決，仍削本枝，不許入祠。如有孝子順孫、義夫節婦，祠正、副會同斯文上請旌表，奉主入祠附祭，以昭勸獎。

一、正閨門。壺閫之間，必嚴分內外，慎其出入，限其進止，務使家庭嚴肅，毋致瀆倫。倘有奸穢不道，貽玷宗風，祠正、副即會同門尊，令自引決，仍削本枝，不許入詞。

一、崇禮教。我族自敵公以來，頗稱殷盛，諸凡孫子更宜禮義相先，謙恭和厚，冠、婚、喪、祭，一遵《文公家禮》。出入進退，往來交際，與凡家常起居，事上接下，不可輕率放曠，愆儀敗度，有失世家體面，得罪親朋。

一、育人才。族中子弟，天資穎異，富者自行擇師造就。貧者，祠正、副於祭內量貼燈油，四季會考，敦請科第者主其事，以次給賞紙筆，以示勸勉，其費皆動支祠銀。

一、慎嫁娶。凡嫁娶，須擇門弟相等併父母性行醇篤者，方許結婚。毋貪厚奩重費，毋爲鬻骨重索，惟求婿婦得人，自可相安，克昌家道。其有賣女爲妾，貽辱家門，竟削本枝，不許入祠。

一、時供賦。有田有租,有丁有役,豈得貽累里排,致重煩官府?宗祠江光裕户一應糧差,祠正、副要行依期解納。其各户毋論貧富,各宜體悉。

一、謹財用。吾族各處歲入田租及前溪渡銀,併一應公著、公堂等項,祠正副公同出納,訂註簿籍,聽從族衆查考。祠正一司鑰,一司匣,不得兼攝疎失。其幹便分理,祠副所司,毋恣忽。

一、止詞訟。健訟破家,且開怨府。或有橫逆之來,當虛懷忍讓。或產業相干,口角相仇,祠正、副會同門尊,公道處分,或畢情勸釋,不許竟煩官府,力逞刁奸。如强項不服,祠正、副奉《宗規》呈治,毋玷清門。

一、禦群下。祖宗所遺佃僕,服勞執役,須大家憐恤,毋恣凌虐。或有觸犯,告之祠正、副,論以名分所在,(朴)[扑]責示懲。所買奴婢及來投工役,亦宜愛惜。

凡此《宗規》,修身、齊家,敦倫善族,句句切要。諸我族人,各宜身省遵守。如不修身,怙惡不悛,人非鬼責,王法天殃,追悔無及。如能修省,改過遷善,做好人,共成美俗,則上天默相,宗祖蔭益,身家榮盛,邦族用光。諸我族人,聽,聽,聽。

——萬曆《蕭江全譜》之《附録》卷五《貞教第七》

明萬曆休寧縣望仙譚氏宗族祠堂議約

譚氏祠堂議約

祠堂之建,歲時之祀,所以報本反始,教子孫以孝悌者也。故時不廢祀則民不失德,民不失德則祖考來格,祖考來格則子孫之慶愈篤矣。蓋幽明一理也,人神一致也,祖宗之於子孫一氣也、不容以二之也。如彼水木然,源深而流自長,根固而兼自茂焉爾。故獺祭魚,豺祭獸、羊之跪乳、鴉之反哺、虎狼之有父子、蜂蟻之有君臣,皆其一體之愛,報本反始之義,有不能已焉。豈有人爲萬物之靈而顧不若是者哉?必有以蔽之者矣。蓋其或溺於宴安,習於驕傲,一於放縱,以行禮爲恥,以實踐爲迂,以鬼神爲無據,以祭祀爲無益,數者之念,一或起焉,則本心膠固而慎終追遠之禮於是乎遂廢矣。禮可廢乎?弗思焉爾矣。誠思之則良心所觸,天理自現,水木本源之義,必有勃然而不可遏,毅然而必行者矣。余家祠堂之立雖久,然神主牌龕未甚明備,室寢門堂未甚周潔,器用多缺,時祀多忒,有不能以一日安者,凡以人心如面而財用未周爾。貧者曰乏財不能爲，富者曰多事不肯爲，不貧不富、知事不知事之間者，則曰我有待而爲。是前之數者，何時而可完也？兹特集衆，思倡公義，將各分買衆産逐一清出，歸於祠堂，以備祭費。復條立《家約》，薄示罰責，因而積累置義田，以濟貧乏，庶幾公私兼盡、齒明感格，祠久不廢而族賴以睦矣。又每年四祭，所以明孝也；祭畢，共饗祭餘，所以明恩也；饗畢，酌量以周貧乏，所以明義也。如此則孝悌興而習俗美，人和感而天和應，子子孫孫，永蒙太平之福矣。尚其勖哉！所議《條約》具後，各執壹簿玖分，各執以相稽考云。

文林郎裔孫潛撰。

（潘寧録，卞利校）
——萬曆《望仙譚氏宗譜》卷一《譚氏祠堂議約》

明萬曆休寧縣林塘范氏統宗祠規

宗規

夫宗之爲言從也，從其步趨，有所統也。統宗必有規，豈獨別源流、分疏戚、序世次云乎哉！天叙有典，天秩有禮，自脩身、齊家以至治國、平天下，皆不能外此。得此則倫叙，失此則倫斁。凡故家文獻，亢宗睦族，舍《宗規》其奚稱焉？治平言矩，而此言規者何？規者，矩之別名也。圓之則規，方之則矩，一也。規則運之，以情立法；矩則挈之，以義推心，亦一也。觀譜者，諦觀於《宗規》，斯知作者之意乎？

統宗祠規

《聖諭》當遵。"孝順父母，尊敬長上，和睦鄉里，教訓子孫，各安生理，毋作非爲。"這六句包盡作人的道理。凡爲忠臣，爲孝子，爲順孫，爲聖世良民，皆由此出。無論賢愚，皆曉得此文義，只是不肯著實去遵行，故自陷於過惡。祖宗在上，豈忍使子孫輩如此？今於七族會祭統宗祠時，特加此宣《聖諭》儀節，各宜遵聽理會，共成美俗。

祠墓當展。祠，祖宗神靈所依；墓，祖宗體魄所藏。子孫思祖宗不可見，見所依、所藏之處，即如見祖宗一般。時而祠祭，時而墓祭，皆展親大禮，必加敬謹。自統宗祠及林塘祠與各族家寢，皆祠之類。自慈懿太夫人杜氏墓、觀察公下莊墓、姚村府君以下各祖墓與各支祖墓，皆世守之墓。凡棟宇有壞，則葺之；罅漏則補之；垣砌、碑石有損，則重整之；蓬棘則剪之；樹木、什器則愛惜之；或被人侵害、盜賣、盜葬，則同心合力復之。患無忽小，視無逾時。若使緩延，所費愈大。此事死如事生、事亡如事存之道，亦《聖諭》"孝順"內一件急務，族人所宜首講者。

族類當辨。類族辨物，聖賢不廢。世以門第相高，間有非族認為族者，或同姓而雜居一里，或自外邑移居本村，或繼同姓子為嗣，其類匪一。然姓雖同而祠不同入，墓不同祭，是非難淆，疑似當別。儻稱謂亦從叔侄、兄弟，後世若之何？此譜中所以嚴為之防，非得已也。神不歆非類，處己處人之道，當如是也。

名分當正。非族者辨之，眾人所易知易能也。同族者實有兄弟、叔侄名分，彼此稱呼，自有定序。輓近世風澆漓，或狎於褻昵，或狃於阿承，乃有稱朝、稱官、稱某老者，意雖親而反疏之，非禮也。至於拜揖必恭、言語必遜、坐次必依先後，不論近族、遠族，俱照叔侄序列，情實親洽，心更相安。名門故家之禮，原是如此。又有尊庶母為嫡、躋妾為妻者，大乖綱常，反蒙垢笑。又女子已嫁而歸，輒居客位，是何禮數？吉水羅念庵先生宅于歸寧之女，仍依世次，別設一席，可法也。若同族義男，亦必有約束，不得凌犯疏房長上，有失族誼，且寓防微杜漸之意。

宗族當睦。《書》曰"以親九族"，《詩》曰"本支百世"。睦族，聖王且爾，況凡眾人乎。觀於萬石君家，子孫醇謹，過里必下車，此風猶有存者。末俗或以富貴驕，或以智力抗，或以玩潑欺凌，雖能爭勝一時，已皆自作罪孽。況相角相仇，循環不輟，人厭之，天惡之，未有不敗者，何若如此？嘗謂睦族之要有三：曰尊尊，曰老老，曰賢賢。名分屬尊，行者尊也，則恭順退遜，不敢觸犯；分屬雖卑，而齒邁眾，老也，則扶持保護，事以高年之禮；有德行族彥，賢也，賢者乃本宗楨幹，則親炙之，景仰之。每事效法，忘分忘年以敬之，此之謂"三要"。又有"四務"：曰矜幼弱，曰恤孤寡，曰周窘急，曰解忿競。幼者稚年，弱者鮮勢，人所易欺，則矜之。一有矜憫之心，自隨處為之效力矣。鰥寡孤獨，王政所先，況吾同族得於耳聞目擊者乎？則恤之。貧者恤之善言，富者恤之財穀，皆陰德也。衣食窘急，生計無聊，雖或自取，命運亦乖，則周之。量己量彼，可為則為，不必望其報，不必使人知，吾盡吾心焉。人有忿則爭競，得一人勸之，氣遂平；遇一人助之，氣愈激。然當局而迷者多矣，居間解之，族人之責也，亦積善之一事也。此之謂"四務"。引伸觸類，爲義田、義倉，爲義學、爲義塚，教養同族，使生死無失所，皆豪傑所當爲者。善乎！陶淵明之言曰："同源分流，人易世疎。慨焉寤嘆，念兹厥初。"文正公之言曰："宗族於吾固有親疎，自祖宗視之，則均是子孫，固無親疎。"此先賢格言也。人能以祖宗之念爲念，自知宗族之當睦矣。

　　譜牒當重。譜牒所載，皆宗族祖父名諱，孝子順孫，目可得睹，口不可得言。收藏貴密，保守貴久。每歲春正三日祭祖時，各帶所編發字號原本，到統宗祠會看一遍。祭畢，各帶回收藏。如有鼠侵、油污、磨壞字跡者，罰銀壹兩入祠外，另擇本房賢能子孫收管，登名于簿，以便稽查。或有不肖輩鬻譜賣宗，或謄寫原本，瞞衆覓利，致使以贗混真，紊亂支派者，不惟得罪族人，抑上得罪祖宗，衆共黜之，不許入祠，仍會衆呈官，追譜治罪。

　　閨門當肅。男正位乎外，女正位乎內，聖訓也。君子正家，取法乎此，其閨門未有不嚴肅者。縱使家道貧富不齊，如饁耕、採桑、操井臼之類，勢所不免，而清白家風自在，儀度自別。或有不幸寡居，則丹心鐵石，白首冰霜，如譜內所載貞烈雙節、一門三節、一門四節及側室守節諸婦女，炳耀後先、相傳不朽者甚多，皆風化之助，亦以"三從四德"、姆訓夙閑養之者素也。若狗財妄娶，門閥不稱，家教無聞。又或賦性不良，凶傲妒忌，惰僻長舌，私溺子女，皆爲家之索，罪坐其夫。若本婦果冥頑，化誨不改，夫亦無如之何者，輕則公堂不齒，重則告祠除名，或屏之外氏之家。祠中據本夫告詞，詢訪的確，當祖宗前，合衆給以《除名帖》付証，亦少有所警矣。要之，教婦在初來，擇婦必世德。《語》曰："逆家子不娶，亂家子不娶。"《顏氏家訓》曰："娶婦必欲不若吾家者。"蓋言娶貧女有益，非謂遷就族類，娶卑鄙之女以胎禍也。倘能慎此，庶無前患。

　　蒙養當豫。閨門之內，古人有胎教，又有能言之教，父兄又有小學之教、大學之教，是以子弟易于成材。今俗教子弟者何如？上者教之作文，取科第功名止矣，功名之上，道德未教也；次者教之雜字、束牘，以便商賈書計；下者教之狀詞活套，以爲他日刁猾之地。是雖教之，實害之矣。吾族中各父兄，須知子弟之當教，又須知教法之當正，又須知養正之當豫。七歲便入鄉塾，學字、學書，隨其資質。漸長，有知覺，便擇端愨師友，將養蒙詩、孝順故事，日加訓迪，使其德性和順，他日不必定要做秀才、做官，就是爲農、爲工、爲商，亦不失爲醇謹君子。

姻里當厚。姻者，族之親；里者，族之鄰。遠則情義相關，近則出門相見。宇宙茫茫，幸而聚集，亦是良緣。況童蒙時或多同館，或共嬉遊，比之路人迥別。凡事皆當從厚，通有無，恤患難。不論曾否相與，一切以誠心和氣遇之。即使彼曾待我薄，我不可以薄待，久之且感而化矣。若恃強凌弱，倚眾暴寡，靠富欺貧，捏故占人田地、風水，侵山林疆界；放債行利，違例過三分息，滾騙斂怨，皆薄惡凶習。天道好還，尤急戒之。

職業當勤。士、農、工、商，所業雖不同，皆是本職。惰則職業隳，勤則職業脩，內可慰父母、妻子倚賴之心，外可免姍笑于姻里。然所謂勤者，非徒盡力，實要盡道。如士者，則須先德行，次文藝，切勿因讀書識字舞弄文法，顛倒是非，造歌謠，匿名帖；生員、舉監，不得出入公門，有玷行止；仕宦不得以賄敗官，貽辱祖宗，真有富貴不能淫、貧賤不能移、威武不能屈的造詣，方是丈夫。農者不得竊田水、縱牲口、作賤欺賴佃租。工者不得作淫巧、售敝偽器什。商者不得紈綺冶遊、酒色蕩費，亦不得越四民之外為僧道，為胥隸，為優戲，為椎埋、屠宰等件。犯者，即係故違《祖訓》，罪坐房長。

賦役當供。以下事上，古今通誼。賦稅、力役之徵，國家法度所係。若拖欠錢糧，躲避差徭，便是不良的百姓。連累里長，惱煩官府，追呼問罪，甚至枷號，身家被虧，玷辱父母。又准不得事，仍要賦役完官，是何籌計？故勤業之人將一年本等差糧，先要辦納明白，討經守印押，收票存證，上不欠官錢，何等自在？亦良民職分所當盡者。

爭訟當止。太平百姓完賦役、無爭訟，便是天堂世界。蓋訟事有害無利，要盤纏，要奔走。若造機關，又壞心術。且毋論官府廉明何如，到城市便被歇家撮弄，到衙門便受胥皂呵叱。伺候幾朝夕，方得見官，理直猶可，理曲到底吃虧。受笞杖，受罪罰，甚至破家，忘身辱親，冤冤相報，害及子孫。幾曾見會打官司人家有長進子孫麼？此其要何在？在一念客氣始，不可不慎。《經》曰："君子以作事謀始，始能忍，終無禍。"始之時，義大矣哉！即有萬不得已，或關係祖宗、父母、兄弟、妻子事情，私下處不得，無奈何，聞官，亦只從直告訴，官府善察情，更易明白。切莫架橋捏怪，致問招回。又要早知回頭，不可終訟。聖人于"訟"卦曰："惕，中吉，終凶。"此是錦囊妙策，臨時須急看。縱遇族人有好言勸止，亦只勸得一、二分，須是本人自家自作張主，不可聽訟師棍黨教唆，財被人得，禍自己當。省之，省之。

節儉當崇。老氏三寶，儉居一焉。人生福分，各有限制。若飲食、衣服、日用起居，一一朴嗇，留有餘不盡之享，以還造化，優游天年，是可以養福；奢靡敗度，儉約鮮過，不遜寧固，聖人有辨，是可以養德；多費多取，至於多取，不免奴顏婢膝，委曲徇人，自喪己志。費少取少，隨分隨足，浩然自得，是可以養氣。且以儉示後，子孫可法，有益于家；以儉率人，敝俗可挽，有益于國。世顧莫之能行，何哉？其弊在于好門面一念始，如爭訟好贏的門面，則鬻產借債，討人情、鑽刺，不顧利害吉凶禮節；好富厚的門面，則賣田嫁女，厚賂聘媳，鋪張發引，開厨設供，倡優雜還，擊鮮散帛，浪用綾紗。又如招請貴賓、宴新婿與搬戲許願，預脩祈福，力實不支，設法應用。不知挖肉做瘡，所損日甚。此皆惡俗，可憫可悲。噫！士者，民之倡；賢智者，庸衆之倡。責有所屬，吾日望之。

守望當嚴。上司設立保甲，只為地方，而百姓却乃欺瞞官府，虛應故事，以致防盜無術，束手待寇。小則竊，大則強，及至告官，得不償失。即能獲盜，牽累無時，拋廢本業，是百姓之自爲計疎也。吾族雖散居，然多者千烟，少者百室，又少者數十户，兼有鄉鄰同井，相友相助，須依奉上司《條約》，嚴謹施行。平居互譏出入，有事遞爲應援，或合或分，隨便邀截。若約中有義男不遵防範、踪跡可疑者，即時察之。若果有實跡可據，即鳴諸宗祠，會呈送官。若其人自知所犯難掩、畏罪自盡者，本主備具實情，一紙投祠約，各房長證明，即爲畫知存照。儻有内外棍徒詐索，即以此照，經官究治。蓋思患預防，不可不慮。奢靡之鄉，尤所當慮也。

邪巫當禁。禁止師巫邪術，律有明條。蓋鬼道盛，人道衰，理之一定者。故曰："國將興，聽於人；將亡，聽於神。"況百姓之家乎！今後族中凡遇僧道諸輩，勿令至門。凡超薦誦經、拜北斗、披剃等俗，并皆禁絶。違者，祠中行罰。惟禳火祈年一件，關係大衆，姑狥人情行之。至于婦女，識見庸下，更喜媚神徼福，其惑于邪巫也，尤甚于男子。且風俗日偷，僧道之外，又有齋婆、賣婆、尼姑、跳神、卜婦、女相、女戲等項，穿門入户，人不知禁，以致哄誘費財，甚有犯姦盜者，爲害不小。各夫男須皆預防，如嚴守望家數，察其動靜，杜其往來，庶免後患。此亦是齊家要緊一事。

四禮當行。先王制冠、婚、喪、祭四禮，以範後人，載在《性理大全》及《家禮儀節》者，皆奉國朝頒降者也。民生日用常行，此爲最切。惟禮則成父道、成子道、成夫婦之道，無禮則禽彘耳！且禮不傷財、不廢時、不失事，至易至簡，不知何故不肯遵行。吾族禁邪巫，守正禮，自祖宗相傳以來，見於藤溪陳氏所稱述者，可按譜而知，惟在子孫之所效法焉。試言效法之大要，冠則賓不用幣歸，俎止殽品、果酒，不用牲，惟從儉。族有將冠者，眾則同日行禮。長子、眾子各從其類，贊與席，如冠者之數，祝詞不重出。加冠醮酒，祝後次第舉之。拜則同庶人三加之禮，初用小帽、小深衣、履鞋，再用折巾絹深衣、皂鞋，三用方巾或儒巾，服或直身，或襴衫員領，皆從便。婚則禁同姓，禁服婦改嫁，恐犯離異之律。女未及笄，無過門，夫亡無招贅，無招夫養夫，受聘擇門第、辨良賤，無貪下戶貨財，將女許配，作賤骨肉，玷辱宗祊，不顧廉恥，自犯祠、譜"兩出"之條。喪則惟竭力于衣衾、棺槨，不作佛事，棺內不得用金銀玉物。弔者止款茶，途遠待以素飯，不設酒筵。服未除，不嫁娶，不聽樂，不與宴賀，衰絰不入公門。葬必擇地，避"五患"，不得泥風水徼福，至有終身不葬、累世不葬。不得盜葬、侵祖葬、水葬，尤不得火化，犯律斬罪。祭則聚精神，致孝享，內外一心，長幼整肅，具物惟稱家有無，不得為非禮之禮。此皆孝子慈孫所能盡力者。至於四禮節目，亦當備知。今詳列在左，以便從事。

右《宗規》十六款，總之皆遵《聖諭》之註腳。我族中賢父兄必不肯以不善望其子弟，各須叮嚀遍戒。每聽《聖諭》後，洗心向善，盡作好人。有過即改，不可護短。日積月累，自有無窮福澤。祖考鑒臨在上，共默相之。

——萬曆《休寧范氏族譜》卷六《譜祠‧宗規》

明天啟三年十月歙縣十九都二啚鄉約里族徐啟明等立梁太守徐摛公延祀文卷

梁太守【徐】摛公延祀文卷

十九都二啚具呈鄉約里族徐啟明、徐德、徐用賓等，呈為懇案保產、永延祖祀，更祈銜題祠道、澤及萬年事。切見名宦始祖徐摛，梁中大通三年，出為新安太守，為政清靜，教民禮義，勸課農桑。期月之間，風俗便改。秩滿，家歙路口，歷載府誌，歷祀府、縣兩祠。每年春、秋，正丁蒙府泮頒聖胙壹勛；次丁蒙尚賢祠頒豬胙叁勛、羊胙貳勛、食棹壹張、蠟燭壹對，給路口子孫領受。是日，復備豬羊，致祭於誌載路口鋪東鄉祠，對揚王休，以報祖德。但國典悠長，祭無廢弛，合族議捐祠田六畝零二厘七毫，歷年取租，以應鄉祠春、秋祀事。竊慮歷久族內或有子孫不肖盜賣、侵匿祠田等因，未免艱祀，有負自梁迄國朝聖典，伏乞俯賜印案，永貯禮房，患杜將來，嚴禁犯者以不孝論罪。更祈銜題路口鋪東名宦徐摛公祠道，澤流後世。思先太守德政，既列先賢，代荷國恩於無斁，族等叨承先賢，後裔敢不報本於無疆？蓋優賢雖闕鉅典，惠政實賴推恩，照册粘連田畝祠道留題，懇賜垂恩。棠蔭永樹，存没戴德。為此，具呈。須至呈者。

金批准案。

天啟三年十月二十五日，具呈鄉約里族徐啟明　徐德　徐用賓　徐尚寵　徐尚晟　徐尚明　徐德輝　徐道杰　徐萬祚　徐德箴　徐道棋　徐德符　徐德牧　徐用賢　徐用倫　徐一元　徐德俊　徐萬齡　徐啟科　徐啟光　徐啟賢　徐士俊　徐啟順。

——乾隆《傅溪徐氏族譜》卷十一《文翰上·文卷》

明崇禎十三年二月歙縣潭渡黃氏宗族各派更定祠規

附：明崇（正）[禎]庚辰各派更定祠規條款

一、標掛之期，定於二月二十日，各派先期取齊，詰朝到祠行禮，風雨不移。如有一名不到，罰銀一兩，入祠公用。

一、合祀原屬尊祖敬宗之舉，須衣冠齊整、禮儀嫻熟者恪恭乃事。不得蹈習故常，聊備人數，有壞本派體面，且無以壯觀瞻。各派宜痛懲已前陋習，共圖維新。

一、各派管年，照舊休、歙近派挨管，週而復始，某年輪某派。

一、祠內前存祀銀若干，新出常貯若干，共利若干，各派領銀之家，定限二月十九日，務將本利齊備，帶至黃墩交兌。除照例支銷外，仍剩實在本利若干，公舉殷實輪領，本利一年一交。違者，各派齊至其家坐取。

一、墳地、祠基、廚屋、祠前左右二店樓房及山田，係短字號，稅畝在石嶺黃有宗户內，遞年店租若干，田租若干，管年輪收公用，毋得尅減。

一、祠宇鎖鑰，共九個，管年派祭完，封鎖匣中，交守祠人收。派內子孫，或有公務拆開，事完仍行封鎖。如或大意有失，檢點察出，罰銀若干。

一、祠屋日久，不無頽圮，管年派祭日，同衆議價修理，無得袖手推諉。其簿內現在家伙，上、下首眼同查交。如有損壞，責令管年經手賠償。

一、守祠人，每歲給工食若干，須早晚看守門户，防禦小人，謹慎火燭，不得擅自拆封,堆曬五穀,狼籍階砌,并挪借桌、橙及容人賭博等情。如違,管年之派邀衆理治不貸。

崇(正)[禎]庚辰,衆查祠左右店樓房二所,其地屬祠,其屋係五城己業,衆批。

附:黃墩墓祠新規序

宗祠之建,所以報本展親,而衍先澤,垂世守,於是焉在。蓋人必有功德及乎生民,而後數十世子孫保之,故時移代更而源流可尋,以至美輪奂集,冠裳禋祀,俎豆永言不朽,固仁孝之思哉,亦功德之報也。然雲仍繁衍,嘗有始乎鳌肅,卒乎隳頹者,故必先定其規模,使爲之後者遵承勿替。吾黃忠孝苗裔,自東晋元集公爲新安太守,因家郡之黃墩,卒而葬其地。墩舊名姚家墩,以吾黃生齒繁盛,遂名黃墩。至萬曆十九年間,爲程姓私造樓屋,遮塞墓塚,太守遺坵,幾爲湮没。幸五城枝孫諱問者,按誌推求諸蓁莽之墟,合衆甃石,重建墓道,堪垂不朽。萬曆庚申,五城諱時寧者,率衆創其堂斧,而榱桷未成,墓奠草率。居安枝孫諱正冠者,倡率各派,鼎新祠宇,自創始以迄告成,各派輸貲參差不一,皆與有力焉。歲己卯,居安尚寶諱正賓者,與吾兒澍左右其間,募各派共輸新貯,更訂其《規條》,嚴加戇飭,以垂可久。工竣,適爲吾龍灣派值首,諸父老謂:首事屬吾派,其落成又係吾兒,輒以新規弁首之文責予。予方抱疴,未敢應命,已念尊祖聯宗,無容委託,乃身疾勉書數語。竊惟墓祠鼎新之年,適吾兒成進士之年,今落成之年,又適吾兒謁選之年,仰瞻故壟,歷二千餘年,而有觸必應尚如此。可見石扣則鳴,水波則紋,大塊凝積之久,一經鼓動則萬竅怒號,必將噫而爲風,升而爲雲、爲雷鳴、爲電掣,備盡陰陽之氣。吾黃衣冠,既著前代,迨入國朝,若科目,若賓薦,承明天子之廬者,代不乏人。兹更新之後,願吾同宗共相砥礪,仫見人文聿起,甲第雲聯,將以吾兒爲前之人之附驥,後之人之嚆矢。余衰老之年,尚冀拭目見之矣。吾宗之賢,咸具東南竹箭者,得無摩礪以需乎然?尤冀其吉凶相慶唁,休戚相關通,毋秦越人之視肥瘠,而尋根溯源居然一體,則仁人孝子之用心殊無隔絶之患。《祠規》立而永爲世守,先澤彌新,報本展親,祖宗之靈實式憑之矣。用述顛末,爰置《流簿》一册,上、下交收,永遠稽覽遵行。

崇(正)[禎]十三年歲次庚辰仲春月上浣之吉,龍灣五十四世裔孫明德題。

——雍正《潭渡孝里黃氏族譜》卷五《祖墓》

明崇禎休寧縣古林黃氏宗族祠規

祠規

《聖諭》當遵。"孝順父母，尊敬長上，和睦鄉里，教訓子孫，各安生理，毋作非爲。"噫！作人的道理盡之矣。這六句話雖深山窮谷，愚蒙之人都曉得。其實，誦詩讀書，賢智之士不曾體會躬行得。我祖詩禮傳家，豈樂後人日習于非而不自覺哉！故《家規》內，宜時將《聖諭》多方指示，不特習俗返樸還醇，抑且忠、孝、貞、廉皆從此出。

祠墓當展。賢子慈孫，入祖祠則知祖宗神靈之所依，過祖墓則識祖宗體魄之所藏，則祠祭、墓祭如見宗祖一般，可慢視歟？故凡有壞則補葺之，有弊則整滌之。或被外人侵害，及支下不肖子孫敗群玩法者，則同心同力以禦之，勿惜情面，勿吝小費。必如是，庶乎可以世守。

族類當辨。史曰："非我族類，其心必異。"且神不歆非類，末世有認非族爲一族者，或有同姓雜居里閈者，或有繼別姓爲後者，有繼同姓爲後者。種種不一，世遠易淆，譜內正當嚴爲剖析註明，使源流清白，指掌可辨。非敢以門第相矜也，愛己適以愛人，于此兩盡。

名分當正。一族之中，叔侄、兄弟，名不正則言不順。輓近謟傲風沿，此或阿諛以爲固然，彼或狎昵以爲常態，豈禮也哉？故族不問遠近、席次先後，俱炤班行序列。禮既畫一，情亦相安，故家名族，禮宜如此。又有尊庶爲嫡、躋妾爲妻者，綱常大壞，祇貽譏耳。且有同族義男凌犯疎房貧弱，本主恬不知怪，反爲護短。族誼敗亂，莫此爲甚。且其漸尤不可長，急宜正之。

宗族當睦。睦族之要有三：一曰尊尊，分屬尊行者，尊也，則當恭順退遜，不敢觸犯；二曰老老，分屬雖卑而齒邁衆者，老也，則扶持保護，事以高年之禮；三曰賢賢，有文有行，爲族之彥，賢也，此乃本宗之楨幹，宜親炙之，忘年忘分以愛敬之。又有"四務"：一曰矜幼弱，二曰恤孤寡，三曰周窘急，四曰解忿競。常人之情，最易怕強欺弱，又好幸災樂禍，切宜痛戒。范文正之言曰："宗族于吾固有親疎，自祖宗視之，固無親疎。"人能以祖宗之心爲心，知睦族矣。末世以富貴驕稚，以智力敵譽，以凶頑放潑，皆自種罪孽，後嗣鮮有能昌大者。

譜牒當重。譜之所載，皆宗族父祖名號，爲子孫者，目可得而見，口不可得而言。收藏貴密,各宜珍重,以便永遠稽查。如有侵污,則係慢祖,衆議酌罰,另擇本房收管。或有不肖子孫賣譜盜寫覓利,致使真贗溷淆,支派紊亂,得罪祖宗極矣,衆共絀之,不許入祠拜墓,仍會族衆追譜懲治。

閨門當肅。人家貧富不齊,如古人饁耕、採桑、親操井臼之類,勢所不免,而清白家風,人心共仰。郡邑志載貞烈孝節,後先炳耀,甚爲風化之助,亦以"三從四德"、早聞姆教有以養之也。若貪財慕色,娶門閥不稱者,適爲家之索耳,故教婦在初來,擇婦在世德。昔賢有"五不娶",論之甚詳,豈可遷就,貪圖目前,娶卑鄙之女以貽禍于異日哉？宜慎毋忽。

蒙養當豫。古人有胎教,有能言之教,又有小學之教、大學之教,是以子弟易于裁就,彬彬蔚起,有繇然也。爲父兄者,須知子弟之當教,又須知教法之當正,又須知養正之當豫。七歲便宜入鄉塾,隨其資稟,學藝學書。漸長,有知覺時,便擇端慤師儒,日加訓迪,使其德性和順,自不失爲醇謹。今人教子弟者,生狼猶恐如羊,甚或百方教之,欲爲他日刁猾做家之具,寔害之矣,戒之哉。

姻里當厚。人生塵世,萍踪偶聚,亦是良緣。况姻者族之親,里者族之鄰,情義相關,出門相見,比之行道迥別,凡事皆當從厚道,通有無,恤患難,一以誠心和氣爲主。即人負我,我終不可負人。慎勿凌弱暴寡,倚富欺貧,侵人田地、風水,佔人基業界址,違禁放債,此皆凶惡薄習。須知天道好還,無往不復。

職業當勤。四民所業不同,皆是本職。惰則廢,勤則修。內而父母、妻子之倚賴,外而族里、親知之談柄,可不勉哉？故士先德行,切勿因讀書識字,遂玩法舞文,顛倒是非；青衿不可出入衙門,仕宦不得貪賄貽玷。即農、工、商賈,俱不得恬事偷安,冶游蕩費。末世,四民之外,又有逸爲僧道、爲胥隸,甚且爲椎埋、優娼下賤等輩。一有犯者,即以顯背《祖訓》之罪罪之,并責坐房長。

賦役當供。踐其土,食其毛,故布縷、粟米、力役之徵,萬古不易之通誼也。本分職業之人,必要將分內差糧辦納明白,何等守法自在？若或拖欠錢糧,躲避差徭,便是頑梗不良之徒。且朝廷法度,豈容官府姑縱？畢竟追呼、杖責,問罪受辱,仍要照數完納,何益哉？

爭訟當止。諺云："在官無罪人,便是福人。"家有訟事,費盤纏,費奔走,無論曲直得伸何如,即歇家之籠絡、胥皂之譏呵,已自百樣難堪,甚至破家辱親,禍及身後。幾見會打官司人家長進否？皆緣一點客氣所致。《語》曰："恕無憂,忍無辱。"至言哉！設或萬不得已,事關祖宗、父母、兄弟、妻子,亦要自作主見,早知回頭,切勿聽訟師棍黨挑唆撮弄。究竟錢財他人賺去,禍患自己承當,有何趣味？

節儉當崇。夫人日用起居、飲食、衣服,當留有餘不盡之意以還造化,故老氏三寶,儉居一焉。今人病痛,在好裝門面,一應吉凶禮節,開厨設供,演戲會客,浪費賣弄,飾人耳目,不知受損實多。且人生福分有限,于此可以養福,故與其不遜也,寧固。賢智者,士民之倡也,願共我族挽之。

守望當嚴。上官嚴立保甲,專爲我地方百姓也。近皆虛應故事,欺瞞官府,以致疎虞失事,風鶴時驚,破家喪命,皆自家忽略故也。故凡聚族而居者,鄉鄰同井,須遵明禁,一一施行,互(譏)[稽]出入,遞相救援。有不遵《條約》者,即時察出公罰。鄰族内若果有爲非實跡,隨即會衆覈明,送官治罪,亦預防之急務也,所係匪細。

邪巫當禁。律禁師巫邪術,今人殊不爲意。《傳》曰："國將興,聽于人；將亡,聽于神。"況士庶之家乎！習俗日趨日下,超薦、誦經、禱祠等事,比比皆然。僧道之外,又有齋婆、尼姑、跳神、卜婦等項,穿門撞户,不知禁忌。誘哄欺誕,甚有姦盜種種非僻之事,鬚眉丈夫,當痛戒預防。凡遇此等邪説,嚴加叱逐,庶免意外之侮。

四禮當行。冠、昏、喪、祭,禮之大者。文中子曰："冠禮廢,天下無成人矣；婚禮廢,天下無家道矣；喪禮廢,天下忘其親矣；祭禮廢,天下遺其祖矣。"故日用常行,此爲切要。《祖訓》相傳以來,禁邪巫,守正禮,不傷財,不失事,不廢時,明白簡約,人人得以隨分自盡。儀節具在,一按禮制而可知也,胡不勉而行焉？

右《祠規》一十六款,非明臆説,皆推《聖諭》之遺意也。正身、範俗之條目備於此,事君、事長之儀則準於此,極之至德要道,爲聖、爲賢之精神,亦無不具會於此。故反復示之,以爲《祠規》,使知此譜之修,有不止於别源流、分疎戚、序世次已也。父以教子,兄以詔弟,見善則遷,知過則改,我祖不没之靈,有作福而無作災,名教中不已有餘樂哉！

祠宇祀產

一、祠宇,崇禎癸酉年重建,負甲面庚,正堂五間,兩廡五間,迴廊五間,儀門五間，前儀門五間，後寢樓五間，兩廊迴廊天井前門樓三間，內、外天井南邊墻外公厨壹所。其基地係難字叄千伍佰貳拾伍號、叄千伍佰叄拾捌號、叄千伍佰叄拾貳號，計地壹千貳百餘步，計稅肆畝捌分有零。

一、祀田地、山塘畝步、四至，各有《保簿》開載，稅入三甲黃宗祠户，十甲黃承祀户上納糧編。

一、元旦、清明、冬至三節禮儀、祭器、家生，另有簿書開載收支。

一、堂（扁）[匾]："崇本敦倫。"堂聯："祖曰功宗曰德詒以翼肇今四十六傳奕葉之昌，前爲創後爲承作室作官啟兹七百餘祀人文之瑞。""明禋弗匱凜乎在上在旁貢萬年俎豆，雍睦惟敦族若群昭群穆集百代冠裳。""得姓本無雙看鑫斯鳳毛璵珮冠裳濟濟瞻廡間鼻祖，構堂成堵百見竹苞松茂鳥翬輪奐峩峩集庭際子孫。""西山爽氣羅棠笏，北闕紅雲賁玉綸。"

一、寢樓聯："家乘遠紹新安守，世業崇對英濟王。"

一、儀門（扁）[匾]："黄氏宗祠"。儀門聯："孝子慈孫敦本地，仁人義士叙倫門。"

——崇禎《古林黃氏重修族譜》卷一《譜宗祠·祠規》

清康熙十五年三月歙縣新館鮑氏宗族祠規附同治八年四月續議祠規

祠規序

吾族自歙之棠樾遷居以來，凡十有二世矣。先世之忠孝承家、簪纓繼美，具載譜牒。惟其派衍而奠厥居者，自德彰公諱受始公自永樂間贅曹氏，因定居焉，是爲新館始遷祖。族之先人，一傳數傳，人雖繁衍，祀尚家嘗。傳七世集公、概公、檀公、樂公、宋公、橐公，又繼世而有善燁、善耀二公之八公者，一時挺生，慷慨尚義，捐金建祠，費數千金，初不形難色，謂非光前裕後之爲乎？立不扳之基，以幽妥先靈，厥功偉矣！祠成，又虞無田曷祭，爰置祠産，俾修祀事，敦序睦族。於時，人文蔚興，繼登賢書，謂非積厚流輝使然乎？蓋未有祖德未裕，廟祀不崇，反能育才而裕後者。知此益見乃祖之大有造於奕葉者不淺矣！所以祠制曰"春、秋之祀"。凡駿奔執事者，必須衣巾爲之，彼異途弗與也。迨至世異鼎移，一時作人之化未新，掄秀之典未備，子衿不足，姑以習儒者充。噫，非制也！然猶有先人遺意。若八家公承之例，豈祖宗享先啟後、貽謀垂遠意哉！亦一時俊秀凋謝爲然，得毋大喪厥祖心乎？今日者，惟有振興後人，使士與士相摩，農與農相勸，弗使雜處廛閈廬肆，勉其潛心於聖賢之業，游藝於制科之文。即弓旌未必遽膺，而大義既昭，則親親、長長、夫夫、婦婦一家之政已盡，尚何慮登庸之無日乎？故子輿氏曰："中也養不中，才也養不才。"所貴於賢父兄者以此。如徒逐末忘本，將隆師重友之誼缺焉勿講，吾恐其流於齊詐秦暴而不自知也，遑問其入廟思敬乎哉！余自愧末務難回，然念切羹墻，故言之不無激切焉。若夫光大前人，纂修《宗譜》，使祖宗世德藉以益彰，迄乎屢葉義夫節婦、孝子順孫，揭表異代，獎勸來茲，端有賴於後之賢且達者。余且拭目視之。

康熙丙辰春三月，裔孫雯拜手謹撰。

重整祠規序

吾宗世居歙西棠樾，而東遷新館者，自德彰公諱受公始。至六世而支派漸蕃，神無所依，族無所聚，時則有若集公、槩公、樂公、宋公、橐公、檀公、善燁公、善耀公八公，各以鹽筴致富，皆倜儻有志，相謀捐資巨萬，建立宗祠，並置祭田。嗟乎，人世爭財，不遺餘力，甚則箕帚欙鋤、簞食豆羹見於辭色，孰若八公同心戮力，共襄盛舉？祖由此尊，宗由此敬，族由此睦哉！祠成而後，公立《祠規》，至今恪守無異。其經畫蒸嘗之禮、俎豆之器，亦莫不煥然可觀也。余小子，請得而述之，歷代遠祖，不可勝祭，唐、宋、元以來，每朝只祭一代，而且另為一祭，親盡也。德彰公擇地遷居，設席特祭，尊始祖也；以八公配享始祖，並八公子孫輪流主祭，且司祠事者，表立祠之功，報捐輸之義也。自是而後，凡有捐銀十兩，亦得配享者，廣祭產也；有科甲而得配享者，辨貴賤也；不辨疏戚而神俱得以進主，人俱得以與燕者，篤親親之誼也；庶母不得進者，重嫡也；庶母子貴而得進者，重爵也；有不才受誅而不得進者，別賢愚，戒不肖也；祭服必以元繡，婦女毋許艷服者，黜紛華，敦樸素也。然有條目而無綱領，創業之顛末不載，纘緒之原委不明，覽之不足以興仁讓之思，傳之不足以垂勸戒之義，何也？前序猶未詳也。且子孫愚惑莫辨，不悉創業之艱難，祖宗之辱也；前人深澤罔極而德不布聞者，後人之過也。用是敢告諸宗，聊具不腆之詞，載於篇首。至若鎸石標名，當俟後之能事者。

康熙丙辰三月望日，裔孫元儀謹撰。

祠規

一、進主規則：異姓繼者不得入；出繼異姓者不得入；歸宗者，先期告祖得入；未娶而殤者不得入；不才犯罪、死於刑獄者不得入；出嫁之母不得入。庶母不得入，以子貴受封者入。此嚴禁也，務世守也。

一、進主入祠，出銀三錢，收銀訖，方許入祠。

一、配饗席，出銀十兩，收銀訖，方許設席。

一、祠祭日，凡派下子孫在家者，俱要齊集。如無故不到者，罰銀三分。六十以上者不論，管祭者稽查。

一、祭日，與祭者俱用元纁服色。如戴灰色巾帽及雜色衣者，罰銀一分，管祭者稽查。

一、祭時以黎明為率，五鼓時，管祭者令吹手掌號聚齊。黎明仍未祭，管祭者罰銀三分。

一、祭時俱要肅靜整齊，如喧嘩談雜事及出班易位者，罰銀五分，執事協同管祭者糾核記名，不得容隱。

一、祭品、桌面散胙，俱立有成規，毋得減少。下首執秤稱量，少者必令補出。腐敗不精潔者，每件罰銀三分。

一、祠內派定頭首及議事、散胙等項，俱要和睦，即有議論異同，須平心靜氣相商，以全親親雅誼。如有爭執鬥狠者，各罰銀二錢，再議曲直，仍眾叱之。

一、元旦慶賀儀節：黎明，管年者令人滿街鳴鑼一次，凡老少冠者，俱著吉服詣祠。到齊，祠內鳴鐘三次，禮生二人，一東一西，唱："序立，行謁廟禮，四拜畢，行團拜禮。"循世次名，分列東西，排班序立，行二拜畢，坐定。管年者置茶菓，每位酒三鐘，以次而奉茶、酒畢。齊起身，向祖拱揖，循序而出。候曹宅賀節完，每各敬酒六鐘。至巳時，各家婦人止許髻簪尾冠、青布衫齊赴祠，行謁廟禮，四拜。畢，行團拜禮。二拜畢，各循次坐定，管年者遣家人、媳婦，如前承值茶菓以次畢。即富饒亦毋得盛妝，致貧富相形。違者，罰銀三分。

一、辰時，諸僕冠者聚齊，至祠堂拜神主，畢，各賞壽桃一雙、酒銀一分；未冠者，不得與賞。每頭首各遣一僕承值，已冠，在家不到者，鳴主責治。家人、媳婦俱要齊集拜神，畢，各賞壽桃一雙。

一、元旦應辦器具：長櫈、茶盞、茶壺、杯、火盆、壁燈、掛燈、盤、茶匙、菓盒、椅、箸。

一、元旦應辦物件：天地紙馬二座；祖先紙馬二座；紅燭四對，內大二對往曹祠；福紙一皮；降速芸香；團香二對；門神二副；末香；栗；棗；蜜糖；煎麵；煎腐；好酒；炭；壽桃。銀一錢六分賞承值，賞資照人開算，橙丁，香油，香火馬，銀四分給舞獅，茶。以上用物，下首執秤秤足，毋得減少。

一、祠中八頭首，原已闔定，再不另闔，合宜循序輪管，春、冬二祭，元旦燒年，每節俱定用物數目，時價公算，祠中支付，當年應用。或有上配饗席者，祠中如數加銀，從實開銷。其穀支付當年，元旦照十二月廿五日時價，春祭照正月初五日時價，冬祭照十一月初五日時價，燒年照十二月初五日時價。二祭用羊，先期，祠中支銀買備，照買日舠兩復秤，多增少補，秤胙用本祠釘定十六兩足秤。

一、春、冬廟祭儀：冬至祭始祖禮也，今定每年冬至日；立春祭先祖禮也，今定每年元宵日。

一、祭法：明故始祖考德彰府君暨明故始祖妣曹太孺人，居中一席，配饗昭穆列席，原頭首八席，外送胙二舠，增進十席外一席。餘列世考主東共一席，餘列世妣主西共一席。

一、主祭：冬祭，宗子主之；春祭，值年頭首輪主之。禮生共十一人，通贊二人、引贊二人、執事七人。

禮生，擇有衣巾者為之，不足，以習儒子弟照敘輪為之。雜途衣巾有禮入祠者，不妨與列，值年者先期預定。祭畢，各頒羊胙一舠。

行禮：序立，執事者各司其事。啟戶，陪祭者各就位，主祭者就位。參神，鞠躬，拜、興、拜、興、拜、興、拜、興，平身。行降神禮：詣盥洗所，盥手，受帨，復位，詣香案前，跪，三上香，進酒，瀝酒，進茶，進菓，獻菓，俯伏，興，平身；鞠躬拜、興、拜、興，平身，奠帛。行初獻禮：詣酒尊所，司尊者舉袂酌酒，進帛者捧帛，進爵者捧爵，進饌者捧饌，讀祝者捧祝，詣神位前，跪，進帛，獻帛，奠帛；進爵，獻爵，奠爵每獻，執事二人東西配席、附席俱酌酒。進饌，獻饌，奠饌，讀祝陪祭者皆跪，俯伏，興，平身，復位；鞠躬，拜、興、拜、興，平身。行亞獻禮：詣酒尊所，司尊者舉袂酌酒，進爵者捧爵，進饌者捧饌，詣神位前，跪，進爵，獻爵，奠爵，進饌，獻饌，奠饌，俯伏，興，平身，復位；鞠躬，拜、興、拜、興，平身。行終獻禮：詣酒尊所，司尊者舉袂酌酒，進爵者捧爵，進饌者捧饌，詣神位前，跪，進爵，獻爵，奠爵，進饌，獻饌，奠饌，俯伏，興，平身，復位；鞠躬，拜、興，拜、興，平身。侑食：詣酒尊所，執事者提壺，詣神位前，跪，執事者提壺侑食執事如前各斟酒。俯伏，興，平身，復位；鞠躬，拜、興，拜、興，平身。撤饌，辭神，鞠躬，拜、興，拜、興，拜、興，拜、興，平身。進帛者捧帛，讀祝者捧祝，各詣燎所望燎，復位。闔戶，禮畢。

一、祝文式：維幾年歲次干支春王正月、冬十一月，干支朔越幾日，干支之辰，孝裔孫某率派下子孫某等，敢昭告于明故始祖考德彰府君、明故始祖妣曹太孺人：歲序易流，時惟孟春、仲冬。節屆元宵、臨長至，不勝追慕。謹以剛鬣柔毛、粢盛庶品，祗薦歲事。伏維尚饗。謹請某府君、某孺人某氏配饗。謹請東一席某府君、西一席某孺人某氏附饗。

一、祭儀：猪一，羊一，獸五，餅五，糖五，簇盤，猪首，鷄、魚、肉一方，丑一方，鷄、魚、猪肚，三爵，降速芸香一盒，臺盞，菓盒，祝文，帛，飯一甑，米羹三升，錫箔五百，紅燭 觔，春祭加點燭，大赤水福紙四百，鼓吹。

一、桌面肉丑俱除骨，魚净頭尾。始祖一副，五菓，五菜，五案，煎麵，煎腐，饅首，煎魚，熟肉、熟丑各八兩，鴨子四個，時菜東、西席一副，品物如各席，盛用大盤，觔兩加倍。配饗一副，品物如始祖席。以上配饗祭儀，祭畢，各支下子孫領去。先代遠祖一副，品物如始祖席。另書《祭文》，用管祭者名，先祭，畢，撤去，後行合祭禮。

一、散胙品式。

一、頒胙：七十以上，肉一斤；八十以上，肉二斤，無論與祭不與祭。熟肉除骨，熟丑，羊雜，煎魚，鴨子，菜，煎麵，煎腐，酒每人一壺，椒，醬，醋。以上所定斤兩，下首執秤秤足。已時，管祭者鳴鑼一遍，衆齊赴祠，共領神惠。未與祭者，不得與列；七十以上者接散胙。其餘鳴鑼不到者，不必候。

一、祭日應辦器具：面盆，帨架，侑食壺，爵，饌碗，臺盞，菓盒，香盒，大酒尊，祝版，酒壺，茅沙盆，椅，桌，桌幃，案碟，杯，箸。

一、祭日應辦物件：猪一口貫銀一錢，羊一隻頒主祭禮生各一觔，八頭首各二斤，羊不足，用猪補。肉，魚，丑，香油，饅首，鴨子，麵，豆，菜，鹽，蘿蔔，酒每人一壺，奠酒，錫箔五百大張，紅燭，猪肚一個，柴火，吹手賞資二錢四分，荷燈，點翠燈。以上二項，春祭用。簇盤花，冬祭留春祭用，刀手四分，降速芸香檀條，大赤水福紙四百，楮帛三十張，毛邊全書三封，算賬酒二錢五分，春、冬二祭，俱祠給。以上所用物件，祠內照時價給付，當年開賬明算。嗣後，加配饗一席，每祭，熟物照數增加，量補生物若干，不致刻少。

一、管祭者，祠內朔、望鳴鐘，司香，打掃。如曠事，罰銀一錢。

一、祠租穀：自戊寅年衆管以後，己卯年起，四柱共管一年，同催、同曬、同收，入倉封貯。用銀之日，四柱眼同面糶。收支帳目，逐年上家交盤。用過倘存餘，願領者將田產當去，每月一分陸釐起息，仍要的當保中。一年無利，即將所當田產入祠管業，其利責令保中賠償，其銀憑管年家會衆生放。差池者，管年同保中賠償。

一、祠中有餘貲置產，會衆看田，高下定價，當即割稅入户。佃户當立租批，方行會衆兌價。

一、祠大門鎖匙，管年者經管，各家有事廟謁，俱於管年家領出。事畢，即時交還。

一、享堂寢門鎖匙，每祭後即封存當年處。如有進主者，當年會同各頭首收禮面進。

一、祠內祭器、桌、凳，毋許輕易借出他用。或有婚娶、喪祭，欲需條桌，當向管年者告貸，事畢即交送管年收貯明白。如有失所，即令管年賠償。

一、衆議八頭首支下立配饗席，如前例出銀十兩。餘外支下有立配饗席者，出銀三十兩，永以爲例。

一、鬮定八家頭首，自戊寅年定後管完，週而復始，再不另鬮，毋許更議。

（一）橐公分下。

（二）檀公分下。

（三）善耀公分下。

（四）樂公分下。

（五）善燁公分下。

（六）集公分下。

（七）概公分下。

（八）樂公分下。

配饗不載。

續議祠規

吾族自咸豐間遭粵匪蹂躪，繼以水災，居廬大半爲墟，人亦僅存什一。零落之況，古所罕有。時著存堂、春和堂兩祠宇，榱桷半圮，器物蕩然，春、秋祀事，無以爲禮。同治丁卯秋，適族人志桐率其幼屬回里，目擊心傷，遂與其近服兄志梧、志楷暨近服侄存景董函商，急事修輯，共輸四百金許。今春，存曉、存賢回籍謁祠，並懸旗額。志桐復偕重事，略飾並裝設樓上龕座三間，以崇祠典，計費百金，皆由前四人公捐。志桐與存曉又合捐本地土田二十畝，立清節户名，以贍八公派下之貧苦守節者。吾族爰將列祖栗主敬謹整理，後所有權時變通及永遠遵守各規，逐一公議開列於後。

計開：

一、升龕所以尊始祖也，敦員公、罿三公爲始祖，愛子棠、集、宋、橐公輩八公，爲始祖功臣，皆尊莫與，並祔諸中龕平臺。歷代忠孝節義各主，神人共欽，亦並祔於下，以昭隆重。凡有功於宗祠及有賢名，爲鄉邑稱服者，皆謂之義。凡文武現任人員，不論品秩，科甲人員，文以恩、拔、副、歲、優五貢起，武以舉人起，封贈及捐納人員，文以七品起，武以六品起，九十壽考人員，與捐資配饗者，皆列旁龕，男左女右。

一、節婦升龕，必須年例合符、實係貞潔可嘉者，無論已旌、未旌，皆得公舉。不論三、四繼妻及側室，惟本夫早逝，本不應升，今曲體守節者苦心，列於旁龕，以示加意。倘繼妻守節，應升，其元配不得隨列。

一、無後者及庶母指有子者論之主，未便同列正寢，今另設二座於樓西。又舊主中有名諱不清、輩序不明者，亦設一座，西樓南向。

一、捐資配饗，固所以遂子孫之孝思，亦所以充裕祠内經費，除應得者不論外，每主仍照續議《章程》，捐錢十千文。凡三、四繼配，例不及封贈，今配饗亦應照此示限。如捐配饗一代者，元配外，只准及第二繼配。倘其子孫欲遂孝思，准照原捐數，按主另捐，不得連及，且必先捐。其在己前者，然後自捐，不得越次。至庶母，捐錢十四千，得列正寢樓西指有子者論。此咸豐間續議減條也，原以五年爲限。今祠産不敷，仍議展限十年。如其子孫有願爲捐配饗者，准照此數倍捐。

一、凡配饗，其子孫本得分胙，今議暫停五年，俟祠産稍充再議。至議胙之日，忠、孝、節、義各裔，禮宜較厚。其受胙者必須親支的派，旁裔不得冒領。忠、孝、節、義者，世受罔替，餘則以五世爲限。

一、吾祠爲兵燹所擾，田産多懸，歲入租息，尚不及半，未敷照舊辦祭。今議暫從省減，每年約開支錢十二千，備春、冬兩祭等用。每祭，樓上、下各一席，席以八碗爲率，酒共八斤，香燭二分，紙箔約錢二千。族長一，司鑰一，八公下各一。清明祭掃經費，舊有文燦公墓田租息作爲開銷，今仍其例。八公派下極少，必各往一人，俟祠產充裕再議復舊。如五年內情形稍勝，至五年議時，當酌優。

一、此次志桐、存曉所合捐清節戶田二十畝，本專給節婦，照八公派下人數勻攤。必須年例合符、貞潔可嘉者，方給。有子者，以成丁爲度；無子者，給其終身。今因目前產不敷祭，議暫撥一半租息，貼歸祠用，五年後再議。所有給節婦租息，亦歸祠中值年者代收代付，每年以祀竈日給發。

一、值年向由八公派下輪當，今在族者僅五，議以五房爲輪，每輪正、副二人，以資協辦。現各房支丁甚少，事亦清簡，或一人亦可。所有賬籍公件，至每年祀竈期後，上、下手核算交盤。凡有大宗動支，必須各房公商，不得擅行。

一、本都四甲冊書，向由吾族經管，所以杜外姓擾累也。但年來田地荒曠居多，買賣希少，出息不敷辦公，而又未便辭退。今議按族內成熟己產，每畝攤輸錢五十文。又於祠內每年提支錢八千文，約共二十千文，歸其出息，五年後再議。倘提支八千尚不敷用，公議再酌挪二千，俟下年有餘歸還，然必於辦祭之外，尚有盈餘，方得議此。至族內推收費，田地仍照舊式。若房產、風水契價重大者，須隨時公議酌減，免致受售者礙手外姓，出入聽其自議。

一、入祠主費，舊規本只銀三錢，不知何時遞增，致無力之家率多家祭。今仍以三錢，銀數核時價，作錢四百五十文，外加做主錢七十文，其主由祠內預備，俾合一式。其八家酒，仍照舊邀請。

一、凡進主之日，寢門啟閉，公同驗封，公同登簿。須註明八公派下。

一、進主應升龕者，祭菜須樓上、下預備二席。

一、兵燹後，吾族零落無考者居多，其產懸而無主。今議清丈之日，凡山塘、田地、房屋等項，無主承認，統歸祠內收管。倘日後有本主回來，聽其認領。除聽還丈量各費外，估計酌成捐祠，其已收租息，不得領回。若訪無服內子孫者，除山塘、田地永遠歸祠外，其房屋恐年久圮壞，是宜公議估價，隨時典售，召賃其家各代神主，俱爲入祠。如本主存亡尚在疑似，總以再等三年爲限。

同治八年己巳孟夏吉日立。

——光緒《歙新館鮑氏著存堂宗譜》卷三《祠規序　祠規　續議祠規》

清康熙四十四年正月徽州某縣謝三略等立議祠祭合同文約

立議合同文約人三大房人等，謝三祥、略、諫等，緣爲堂拜與大、清明兩祠缺少祭儀。今族衆公同商議，將元宵燈會十户扒出穀銀與兩祀，以備祭儀。遞年清明堂拜，二十日前，該頭首催討利銀，買辦祭儀。如有推捱執拗。不付出者，許首人邀同族老、三門人等，公同族議，定行以爲不孝，鳴官理論。其十户人等，扒出穀銀，日後，子孫無得異説。自立合同文約之後，欠穀銀人各宜遵守，不得反悔。如先悔者，甘罰白銀伍錢公用。今恐無憑，立此合同文約一樣叁紙，各房執壹紙存照。

  康熙四十四年正月十六立議合同文約人 謝正啓 押

                謝三弼 押

                謝三略 押 侄代押

                謝三祥 子押

        ——散件文書，原件藏黄山市安徽中國徽州文化博物館

清康熙四十八年十一月休寧縣西門汪氏宗族宗祠祭祀規制述言

西門宗祠祭祀規制述言

  宗祠之設立團拜及壽誕、清明、冬至三大祭也，所以敬宗而收族也。祖例，七房配分七序，以八十丁爲一序。後因大公支人丁蕃衍，分爲二序，凡八序，輪值團拜祀首。創垂之法，由來舊矣。祖遺祀産，每歲生息約八十餘金，年來租賃虧減掛欠，銀色低潮，所收約四十金，而歲内尚未及其半，賠費不下四十餘金，以故輪值者率多攢眉束手。然以祀祖大事，成法具存，不能諉也。康熙乙酉歲，輪值一序，以人丁寥寥，莫克任事。正以譾劣謬肩祠務，不敢坐視，曾創《團拜末議》，刊刻佈送，告諸闔族，任祀一輪，約費匣銀八十餘金，殊覺規模略備。而壬午歲與八十五世兄澐酌議，族紳輸貲給分，皆照數舉行，區畫宏遠，益見盡善。復念各序人丁多寡不一，貧序弱，力難勝，集議均序，詢謀僉同。于是，中序大公支分爲二序：西門承奉支分爲一序，益以燭鋪盛門莊承奉支焉；南門承奉支分爲一序，益以學士支焉。原修撰支承奉支爲一序，僉判支承奉支爲一序，今合二序爲一序，而又益以承奉支焉。其大公支一序，將仕支二序，照舊不分，庶幾多寡適均，貧富相等。爰率各序於祖龕前拈閹，重定序次輪祀，且以租賃因各序輪取人涣而力分，遞年掛欠不清，不如一歸于公，專人取討，按節付銀祀首，以備烝嘗，可以省賠墊之苦，各序復樂聽從。而八十二世叔祖灝赴都過浙時，與族彦晤對綢繆，公貯之不給于焉，

247

八十四世伯以澄、八十五世兄文楨等各慨然輸貲壹佰伍拾金,以廓祀費,次淮寄有《序文》記其事,俟寢室告成日授梓。丙戌歲,仍以一序爲始,其年復頒三多壽桃及冬至飲福,設鼓樂,換席按帳,共用九呈銀壹百零九兩,而人神尚未歆悦,則甚矣,任事之難其人也。丁亥歲,輪值二序,衆議三大祭行禮,紳衿用麵,墓祭改於清明後第三日,黄河充、鄭家塢,定於四月初十日以後、二十日以前標掛,每序舉一位到山,共加費銀陸兩,總共祀費九呈銀壹百壹拾伍兩,而本序司事八十三世叔祖觀、八十四世叔端盡物盡志,式禮莫愆。戊子歲,八十五世兄文楨等以前所輸金花餅歸入宗祠頒給,將務東街鋪面二間取賃,以作支費。己丑年,公匣辦給一輪,俾知多寡重輕之則。緣麵值騰貴,約計用銀貳拾叁兩,又公議黄河充、鄭家塢標掛改行墓祭禮二項,共加費貳拾伍兩,總共祀費九呈銀壹佰肆拾兩整,著爲定例。是年,司年八十四世叔熙珙、八十五世兄郁亦復竭力抒誠,而辦事之敏捷足與乙酉相頡頏。于是而知任法不如任人。然有輪值祀首而反退讓而不敢肩者,何也?其無乃畏口衆我寡而規制茫如歟?抑又有耽耽朵顔而思攘臂其間者?其無乃以祀費綽有餘裕,幾幸節省錙銖而肥囊歟?若是者,人與法將兩無所恃。夫祖宗既有定制,公匣又付現貲,七年享其逸,而一年任其勞,亦孝子慈孫之事也。若乃嗜利苟簡,祭品不豐,負慢典之愆,叢閤族之責,亦非所以尊祖敬宗之意也。是故人與法宜相輔而行,法立而人遵,人存而政舉。竊不自揆,謀諸叔端,取乙酉身任之成法,參以丁亥之新規,一切事宜,條分縷晰,彙成一書。近而本邑,遠而京省,凡在支裔,人人持贈,俾輪值者開卷了然,如慕點金者獲仙指,入幽室者邁明燈。人與報本之思,家鼓有爲之氣,其于敬宗收族之道未必無小補云。書成,敬述其梗概于簡首。

康熙四十八年己丑歲仲冬月,大公支八十五世孫立正百拜敬述。

——乾隆《西門大公房揮僉公支譜》卷一《西門宗族宗祠祭祀規制述言》

清康熙五十八年二月歙縣潭渡黄氏宗族德菴府君祠規

附:康熙己亥公立德菴府君祠規

一、議重閤司年。向來司年,或終身不能輪管,或一人經管數年,以致積弊叢生。今俱打散,將所進各主五門均匀配搭,憑衆閤定,照大宗祠例,于司年中擇一人司錢穀,一人管帳目,凡完糧、收租、辦祭及一應公事,俱同協理。

其輪到者不許推諉,輪過者不許霸管。再,舊例司年自秋祭管起,至次年春祭止,故一年之事分屬上、下頭首,事事易于推諉。亦應照大宗祠之例,司年者自元旦管起,至除夕止,庶逐年之事易於稽核。

一、議收租。向來租粒俱收歸司年之家,以致強有力者並非司年,擅自收去。據支下大年開來之單,歷歷可據。已往之事,雖難深究,將來之例,急宜變通。應照大宗祠例,本年與下輪司年眼同公收公貯,司年者不許私收顆粒。違者,斥罰。

一、議收貯租粒。祠中向無倉廠,今本祠所收穀、豆、粟、麥,擬暫借大宗祠倉中存貯,俟本祠擇地建倉之後,仍歸本祠倉中收貯。

一、議租粒留至次年糶賣。向來租粒因祀產不敷,俱隨收隨糶,以致賤售。今既有清產之銀應用,本年所收租粒,擬照大宗祠例,俱歸下輪司年經手糶賣歸匣。一應佃田,俱寫定租穀,概不折銀。即使萬不得已收銀,亦應憑衆封貯匣中,俟筭帳之時,憑衆交與下輪司年納糧。

一、議賣穀、麥、豆、粟,應照大宗祠例,集門長、文會於孝子祠公議,其平色價目,悉照宗祠概要現銀歸匣,不得賒欠。違者,公罰。

一、議租簿照宗祠例。本祠照宗祠例,設立《租簿》,五年一本。每逢甲、逢巳之年倒換,給領新簿,將舊簿歸匣。其上、下輪交簿不清,或逢甲、逢巳之年,不預請填給倒換,及收租時不照簿先清上年租尾,而只收本年之租者,俱公罰。

一、議銀兩歸匣。本祠糶賣租粒及一應銀兩,俱應憑衆公同入匣封鎖,寄貯殷實之家。如有應用之項,憑衆酌量多寡,同門長、文會開匣,稱給司年之手支用。匣內《貯簿》一本,即填明係某人、某人同稱發。如有私開私發者,公罰。其司年出入,自康熙七年起,至康熙五十七年止,俱不登載《總簿》內,以致難于稽核。今於康熙五十八年設立新簿,頭首出入帳目,定于每歲二月初一日,將上年帳目、經手出入數目謄清,交遞下首。違者,公罰。

一、議房租不必歸匣。本祠屋租,向例俱係春、秋二仲交納。此項應聽司年照舊收討,備辦春、秋二祭之用,俱登載《收支簿》內,不必歸匣。

一、議完納錢糧。本祠錢糧户頭,半係祖宗的名,豈可拖欠,使祖宗受追呼之辱?應于開徵日先完一半,至開忙日完清,俱要司年之人親身赴櫃投納,即領收附歸匣。如有拖欠及希冀邀赦者,憑衆從重議罰。

一、議修祠屋。本祠屋宇召租,不比田地,若聽租户隨時苫蓋,不過補偏救敝，豈能易柱換梁？日久必致朽腐，萬一傾圮，不特產業頓歸烏有，且恐有意外之虞。應蓄積租利，酌估大修。嗣後，定爲《規例》，必五年一小修，十年一大修。每逢應修之年，會同文會、門長、司年，公同酌估，權其緩急，于匭中支銀，交司年之人修理。

一、議查點屋宇《裝摺》。租戶退屋之時，司年者決非原經手之人，《裝摺》遺失，豈能稽查？轉輾交代，竟有全無窗槅、門扇之屋者矣。今會集門長、文會、司年，將各處屋宇《裝摺》一一點明，登載于《祀產簿》内。交屋時，司年之人務必照簿點收，如少，則勒令賠補。至于祠宇，固宜隨時修補，然亦當定爲十年一小修，三十年一大修，庶免傾圮之患。

一、議新收祀產。一應新收產業，凡買絶者，遇大造之年，務必收入本祠戶内。有入無出，永以爲例。

一、議司年辛力及收租日費。司年終歲勤勞，有罰無賞，恐起人規避之念。應照大宗祠之例，司錢穀者，酌給辛力四兩。但既得祖宗辛力，一應租利，自應盡心竭力，不避嫌怨，按期催討。如有頑梗不還者，亦應會同五門尊長坐索。倘徇情懈惰，以致租户、佃户拖欠不還，即將司年辛力扣除，以別勤惰。再者，既照宗祠例，上、下輪司年至下祠公同收租，則亦應照宗祠開支收租日費。

一、議查刷帳目。本祠舊例，每歲于花朝日算帳，臘月初二日刷帳。每次開支日費二錢，俱盡日之力，秉公查刷。自此例一廢，遂生種種侵蝕之弊。嗣後，應併爲一次，每歲于二月初一日議穀價之日，齊集文會、門長、上、下輪司年，將上年出入錢穀帳目秉公查算，准開支日費四錢，俱要盡日之力查刷。如有虛應故事者，公罰。

一、議朔、望、忌辰。凡遇朔、望，備參拜燭一對、香三枝，司年者詣祠展謁。其元旦及七月十三日誕辰、四月廿三日忌辰，開支金銀、香燭、奠酒、告文等項銀一錢，司年自備福事，詣祠祭奠。

一、議守祠。守祠人承值春、秋二祭，幫助收租。有事則邀請文會、門長，并打掃、看守祠宇，每歲酌給工食銀二兩，每年給笤帚四把，于朔、望、令節、誕辰、忌辰前一日，灑掃祠宇，務令潔净。至于大寒後擇日掃塵，另給掃塵工食銀四分。每逢大雨，必請司年取鑰開祠，入内相視。如有漏處，當即記明，以便修葺。倘守祠之人偷安怠惰，以致誤事者，司年即鳴衆，擇人更换。

一、議祠中不許堆積租賃。祠中乃祖靈式憑之地，理宜清潔，不許租賃與人，以致褻瀆，並不許借坐及堆貯物件。其向年所貯戲臺，亦應商酌穩妥之處移貯。

一、議祭祀。祭時祭品，務宜豐潔，祭器務宜洗滌乾淨，杯箸務必照祠中神主之數，金銀紙錢務須足數。祖先所享，惟此灌地一滴之酒，乃往時率用時酒。是種種儀文，但取飾觀，絕無如在之誠。嗣後，三爵內及奠酒，概用醇醪，不可仍前慢祖。其祭日，文會務須先到，檢點禮儀，并立糾儀二人糾察，以免祭時僭越失儀。散祭時，不得違例多飲，誼譁嚷鬧。其祭器俱應查點明白，有未備者，應酌議買補，俱開入《祭器簿》內。

一、議鼓勵教育子弟。俟本祠錢糧充足之時，生童赴試，應酌給卷貲；孝廉會試，應酌給路費；登科、登甲、入庠、入監及援例授職者，應給發花紅，照例輸貲。倘再有餘，應于中開支修脯，敦請明師，開設蒙學，教育各堂無力讀書子弟。

一、議懲惡。子姓有不孝不悌、敗倫傷化，確有證據者，公議責逐。其無確據而挾私誣罔者，即以其罰罰之。

一、議復祠前壁燈。祠前向有壁燈一對，每遇興燈之時，照各祠一例懸點。蓋恐柵欄內藏匿小人，且慮祠前池塘或陰雨地滑，有失足之患也，已經修整，於每歲興燈之夕，司年者照例懸點。

一、議四門標掛，禁未冠及不拜祖者。

一、四門產業，係德菴府君祠分撥。其租粒既歸四門，則錢糧亦應四門領去。至于冠者漸多，胙漸不敷，應否一併議禁？凡未冠者，不許到墓接票，更有子姓不肯遍詣各墓展拜，惟于給票之處支領，是其胸中只重斤許猪肉，全無尊祖敬宗之心，不孝孰甚？應照依墓所幾處將胙分為幾籌，每到一墓，給與一籌，方無濫給之弊。但此事須文會、門長并德菴府君之孝子順孫同為經理，非司年廖廖數人所能整頓也。

一、議新產稅契載入歸戶。凡新收產業，俱即那銀稅契，推收明白，吊入上祠戶內。

以上《德菴府君祠規》計二十三則，係五門門長、文會於康熙五十八年二月十三日，在祠中列祖之前公同議定，支下子姓，務須永遠遵守。如有紊亂《祠規》、變壞成例及玩忽怠惰不遵者，俱以不孝論。慎之，勉之。

夫建祠堂所以伸報本也，置祀產所以永蒸嘗也，登簿書、嚴出入所以杜侵漁也。前人以創造之艱難,念守成之不易,故丁寧告誡,以示後人。然積久弊生,勢所必至,如不肖子孫何？今以上祠所進之主,所置之產計之,不下千餘金,其貲可謂贍矣。染指者世不乏人,康熙某年間,首事者遂並簿書而匿之。然契約之屬尚猶存匣,厥後五門之衆大興清筭而未結束。戊戌己亥年間,文會長者集衆清釐,凡係祠產,俱履畝畫圖,刊于簿籍。祠事庶幾克復矣。然數年來又成散漫,豈禾有粟即有秕耶？抑數之有隆還有替耶？亦惟祖宗之靈有以殛之,庶可以警戒人心也。克昌補註。

——雍正《歙縣潭渡黃氏族譜》卷六《祠祀》

清康熙十一年二月歙縣潭渡黃氏大宗祠祀產簿序附公議規條

黃氏大宗祠初刻祀產簿序

夫祀之有產,所以經久遠而綿禋祀也。吾族大宗祠之建,美奂美倫,亦既巍然而焕然矣；祭祀之隆,禮行樂奏,亦既井然而秩然矣。使非有東阡西陌之入以供其粢盛,又何能使子孫繩繩世守而弗替乎？雖然祠祀備矣,產土豐矣,使非爲之彙萃而臚列之,則司年者歲易其人,一朝輪任,履畝茫然,保無有佃户緣之爲奸,于以指豐爲歉而易腴作瘠者乎？設任其事者復非其人,從而侵漁之,日朘月削,其弊將有不可勝言者矣。于是爲之鰓鰓杞慮,倡集同志,將宗祠所有祀產,攷其税畝之廣狹、租額之多寡,以及田地字號、佃户姓名,一一登之于册,而附《公議規條》于其末,俾司年者一覽瞭然。至收租之日,親履其地,按籍以稽,則年之豐歉不可欺,而產之腴瘠不可混矣。況租額畫一,燦若列眉,即有不肖者,又孰得而侵漁之耶？竊謂是役也,于祀產不無小補。獨是《祠規》未立,恐難經久,惟冀族之賢者,念前人締造之艱與輸貲之不易,惕號同志,亟立《祠規》,以垂久遠,庶幾綿禋祀于無涯,而不愧孝行之門矣。謹拭目望之。是爲序。

附《公議規條》

一、宗祠公匣,封存殷實之家,匙交司年收貯。開匣時,集衆驗明鎖封,公同收發畢,仍舊封交原處。

一、進主銀兩,定例司年者會同斯文及各堂堂長公封入匣。

一、祀產租穀,定例本年頭首二人,下年頭首四人,公收貯倉,至次年糶銀歸匣。

一、存倉租穀，至次年二月爲始，得價時公同出糶。除付司年外，餘銀存匣。如祠內錢糧充足，則酌量存穀貯倉，以防歲歉。

一、付司年支用銀，定例於上年十一月內付二十兩，至本年二月內付二十兩，爲春祭及納糧用；五月內付二十兩，七月內付二十兩，爲秋祭及納糧收租用；十月內付二十兩，爲完清錢糧及找租雜項等用，支存之銀歸匣。設有不敷，司年充墊，於次年二月糶穀兌還。

一、收租時，先清上年租尾，然後算作本年租粒。

一、禁各佃以鬚穀還租。

一、借端動支祠中錢糧者，倍罰。

一、祀產有入無出，永爲定例。

一、飛灑錢糧入祠者，呈公究治。

一、收租火食，定額四兩，不准多開。

一、《收租簿》，定例五年一換。

一、收支賬目，有失記者，賠補；浮冒者，查出倍罰。

一、司年於頭首中公舉二人，以一人管錢穀，一人登賬目，至收完粟租日，邀齊各頭首公算公籌，不得任意私開。至春祭日謄簿後，始頒各堂胙籌。如賬目未清，不許頒發。

一、置戥交付司年，每歲糶穀，照舊例，仍開出平。

一、祭器、樂器及家伙等物，每逢秋祭畢，照簿查覈，應修者修，應補者補。遺失損壞者，責令賠補。

一、祠中家伙，不許支下借用，祠內不許支下曬物，祠前不許一切人等打曬。違者，議罰。

一、遇大雨，司年者開祠，細看寢室堂廡，有漏濕處，以石灰畫地爲記，俟天晴召匠收拾。至春、秋二祭日，族衆細加察視，有應修而不修者，公罰司年。設有工鉅費繁，宜公同酌議者，不在此例。

一、每逢朔、望日，司年督率守祠人灑掃堂寢，備辦香燭，請本族塾師率諸生入祠謁祖。

一、禁守祠人作踐及畜養豬、牛。

一、嗣後，松林凡砟樹雕丫，須集衆公議，不得私自戕賊。

一、元旦，不必互相拜賀，定例合族長幼於卯刻齊入宗祠，謁祖團拜。冠者各給和合餅四枚，計重半斤。有好事司年自願换紅鷄子三枚者，聽。

一、輸貲入祠，定例新娶者五分，初誕者五分，再誕者三分，冠巾者三分，預先交銀入匣，各給紅鷄子四枚。發兆，其入學、納監、登科、發甲、入仕者，酌量輸貲多寡，給以花紅。

一、元旦及春、秋二祭行禮，照依世數牌序立，不得紊亂僭越，入邨時必讓族長前行。

一、春、秋二祭日，文會諸公務於辰刻入祠，查閱賬目，酌議公事。如遲，議罰。

一、立糾儀二人，查察子姓於行禮時攙越不敬，并未冠子弟及閑雜人等升堂混擾。違者，記名議罰。

一、祭時，惟斯文、頭首、堂長及各派遠來族人，於會心處照例用飯，其餘族衆，不能一概供給。

一、文會、堂長、頭首散胙，定例六席，每人次臘酒一壺，派籌領酒，例不給燭。

一、保正、保長或因討租効力，聽頭首於次日邀飲，不在本日散胙之例。

一、祭羊，照舢兩抵胙。

一、宗祠錢糧豐裕之日，酌助本族貧生赴試卷貲。

一、春祭日，支下各携所給《祀産簿》，到祠填寫新增産土。

以上公議《宗祠規條》，計三十二則，乃八堂尊長暨文會諸公，於康熙甲午仲春下浣七日議定。自當永遠遵守。倘司年違議不行，必集衆公罰，不得徇情。

——雍正《歙縣潭渡黄氏族譜》卷六《祠祀》

清康熙歙縣金山宋氏宗族祠規

祠規

祠有成例，方可遵行。兹集族衆，公議裁定《規約》十條，斟酌盡善，誠有禆於族，有禆於祠，有禆於弈葉子孫者。凡我族人，務宜恪守，慎毋静言而庸違，始勤而終怠，致干公罰云。

一、敦孝友。祠堂之設，所以奉祖而聯族也。世未有不孝父母而能尊其祖者，未有不友兄弟而能睦其族者，故《祠規》首以孝友爲重。凡我族人，嗣後如有忤逆，如有乖爭，既虧倫理，自慚名教，定然開祠議罰。

一、睦宗族。仁者之心，六合爲一。矧我同宗共祖，誼屬一家，而可秦越視乎？故有急相恤，有患相扶，有過相規，有善相勸，此其職也。嗣後，如有昭穆混淆、長幼無序，以及升斗啟爭，睚眦修怨者，既恫祖心，自干祠罰。

一、重歲首。元旦爲一歲之首，謁祖乃百務之先，誠重典也。除夜灑掃祠堂，掛容設案。元旦黎明，大開中門，舉族出行謁祖，俱循舊例。今議菓酒、牲帛致祭後，序昭穆，行團拜禮。自冠以上，給大餅一雙利市，有功名者二雙，幼者小餅，餅費祠辦。

一、溯本源。水必有源，木必有本，人之於祖，安可不重所自來乎？吾祖一公遷自上豐，始祖尚書公廟貌斯在，遞年春分，吾珠川、梅嶺兩支，各以年頭一人，往彼裏祭領胙。本支去者，例撥祠銀三錢，以給往來路費。其所領胙，薦祠祖後，亦資去者，所以重其行也。如有輪值年頭托故不到，致開吾族慢祖之嫌者，罰銀壹兩。尚書公墓，遞年上巳，諸宗標掛，吾族例以八人爲率，各給祠銀壹錢，有功名者倍之。如有該到而托辭者，罰銀三錢。本祠家祭，追遠報本，義莫重焉。遞年三月初五，一公墓標掛，先以牲醴祇薦於祠，然後臨墓；在家不到者，罰銀一錢，不頒胙。冬至，一陽始復，歲有祠祭，司事者預備庶饈，至期集眾，整肅衣冠，虔修祀事。如有怠玩不恭，罰銀五錢。凡頒胙，有功鄉族祠堂，爲眾所推服者，本分外另送一胙，以勵好義。

一、謹嫁娶。男婚女嫁，貴及其時。稍增浮費，多有貧不能給而致愆期者。嗣後，嫁者自二兩至五錢，送廳堂禮，族眾惟領送親之酌；娶者，新婦謁廟，輸銀壹錢，族眾惟領接親賀房之酌，其餘革之。

一、愼喪祭。喪祭大節，禮有明條，凡在世家大族，罔不遵而行之。俗遇喪葬，僧道是崇，曾何關於冥福？徒貽笑於通方。吾族素重禮教，不尚時趨。嗣後，喪事，貧者遇七，獻羹飯，間以牲帛自奠。稍有力者，遇七，牲醴自薦，祭則間行。饌不必豐，惟致其潔；禮不必繁，惟竭其誠。族中襄祭禮生，既同族眾領祭酌外，各領帶帛一圍、祭餅一雙，其送殯者，惟領布帛一圍。舊例，送殮有酌，送殯有酌。夫孝子正在荒迷匆遽之時，不暇迎賓，族眾亦在哭死送柩之際，何心戀飲？既不合禮，又不近情，革之。

一、早厝葬。葬必及時，律有嚴戒。吾族凡尊長死，殯於祠堂，每以卜吉因循，逾年不出殯者，不惟於律有妨，而且元旦謁祖，多不成禮，甚非尊祖敬宗之義也。嗣後，應以滿七爲期，或厝或葬，必須出殯。或遇歲抄，不能待滿七者,亦必權其輕重,隨殮隨出。否則,殮於私家,亦可成禮。彼族大人繁,殮吊於室,斷未有以此而非之者。倘違,眾議罰銀二兩。

一、杜堆塞。祖靈所棲,務在精潔,而賓朋來往,亦屬觀瞻。向日,族中間以私家物件填塞祠堂,不惟獲罪祖靈,而且貽譏大雅。嗣後,公事外,嚴加關鎖。如有仍前堆以私家等物,罰銀三錢,掌鑰匙者同之。

一、廣積貯。祠用既繁,祠蓄須厚。苟無積貯,其何以應遞年公費、及時修理祠宇之用者?向值誕期,通族請酒。今議自五旬起,無論男婦誕日,祠備菓酒,集眾往賀,而本家自四兩起至一兩止,量力折席入祠,兩族分殖。生長子者,自一兩至二錢,次子以下一錢,送祠登名及生年月日於譜。族俊秀入泮,輸銀一兩;入監,三兩;考職,二兩;中舉,四兩;發甲,五兩;封誥,四兩。族眾灑掃祠堂,設像陳案,各出分金,以旗帳鼓樂導引謁祖。其外籍回家謁祖者,如之。庶幾祠蓄有餘,費可支矣。

一、嚴收支。經管祠務,典守特嚴,司事者不得不重之也。族眾同推公直謹慎、肯耐心任勞者二人,一管祠匣,一管鎖匙。凡有出入,眼同開匣登帳,務必逐項清楚。遞年祠租,管祠收貯,每以臘月出糶,價即入匣。公事出支外,陸續置田,稅歸祠戶,將使日新月盛,祠歌大有,是有望於族之賢勞者。

——康熙《歙西金山宋村宋氏族譜》卷末《附紀·祠規》

清康熙歙縣潛川汪氏惇本祠祭祀條規

眾議條規于後:

一、祀祖,俟本祠立倉,即在祠收租,曬乾上倉,會眾賣銀。
一、輪班,如祭儀苟且,人力不齊,食用不循規制者,罰。
一、例定各班與祭,不衣冠整肅、一同拜下者,罰。
一、各班經管開帳,收支不公者,罰。
一、標祀事畢,該班即開帳交祠。遲延者,罰。
一、逐年每班輪管,即註清某班某某經手,以見賢勞。
祠中閫定逐年司事斯文二十位,分忠、孝、節、義四班:
忠班:贊以章,志遠靜夫,維壽令愷,天麟聖游,其掞藻如。
孝班:純臣西美,維屏憲臣,元京令貽,維祺邵生,尚璟輯光。
節班:熙庶咸,士鈜扶晨,禹甸輿殿,春滋樹人,尚瑜衡采。

義班：弼夢臣，師本子發，光祥旋士，維寧靖侯，繼成又韋。

——康熙《潛川汪氏惇本祠溯源家譜》卷六《享祀紀》

清康熙婺源縣中雲王氏宗族祠規

祠規

一、崇孝弟。屬毛離裏，親恩罔極；連枝共幹，手足最親。故非滿腔和順而依依孩慕，則於親必不能事；非因心廣愛而戀戀一胍，則於長必不知敬。大行有虧，餘才不足觀矣。此之不可不崇。

一、課詩書。義理盡在經史，氣質鎔於學問。出則致澤爲期，均調海寓；處則廉隅自飭，端化家庭，皆此物此志也。苟父兄之教不先，子弟之率不謹，其愚者俗不可醫，而智者恃才而窒，僨事良多矣。此之不可不課。

一、戒尚氣。人孰無氣？但抑之愈下，似何事不可讓人？惟退步守分，自渾勝心。勝心既渾，雖有犯不校，揚之愈上，似何事可以讓人？不度情酌理，必求爭勝；爭勝不已，必鬬訟傾家。故孔聖謂"一朝之忿，忘身及親"。學士辯惑，必辯及此；凡人守身，必慮及此。此之不可不戒。

一、敦勤儉。禹聖惜陰，夏鼎開基；陶公運甓，中原坐復。大者如此，況吾儕一手一足間乎？力作必有其時，先時而勤，方能及時而獲。生財止有此數，欲補不足，必先留其有餘。人人務此，則布帛、菽粟勝於膏粱、紈綺，銖積寸累，家道皆饒矣。此之不可不敦。

一、明倫理。外内有別，男女有閑。果能遠嫌別疑，上不亂德，下不喪身。若使蔑倫瀆紀，明犯陽刑，幽罹冥譴。族有此等，即投畀迸逐不爲苛也。此之不可不明。

一、擇嫁娶。婚禮最嚴門閥，近世惟賄是務，有賤而富者，或娶或嫁，概所甘心，是自賤也。雖然婦從夫貴猶可言，女從婿賤，遂賤及父母、祖宗，不可言矣。族有此等，以不孝論罰。其肖子賢孫，不鳴公改正者，厥罰維均。此之不可不擇。

——康熙《婺南雲川王氏世譜》卷五《祠規》

清雍正十年正月休寧縣西岸汪氏宗族祠規

祠規列後

一、祠銀，三大房經管，大有房住居橫坑，不便照管，起泗、承宗二房甲乙輪執契墨銀兩，其契墨匣鎖匙交執銀兩匣者，其銀兩鎖匙交執契墨匣者，眼同出借，經收對鎖。倘經執二匣之人或客外，將二匣鎖匙、契墨、銀兩交與在家老成持重、有身家者。

一、經管祠銀，須擇有才能持重兼有身家者付任。

一、祠銀俱以肥田寶貨加倍當押，其田契應勾冊書發飛簽與否，均在經理人參酌。

一、祠銀俱係祠戥出入，九七足色。

一、祠銀於本年正月出借，十二月廿六日俱要收清本利。如過期，即將田過割收租。如貨物，即變賣作本，不得狥情。如銀或有不待一年清還者，即長短扣收，隨登《草簿》出入。

一、祠銀至五佰金，以後遞年將利置田，不得貪放有誤。

一、祠內銀糧，每年正月，經理人照畝扣付排年交納，不得坐收田租。遇大差之年，亦照畝貼費，不得坐租。

一、祠租糶與本族，俱先付銀，不得賒押。其租照時價，經理人發票，自行收去。若租多，糶與外姓，亦照時價，現銀交易。

一、造祠，凡支下子孫照丁輸工，外將祠銀雇工，照常工給工食。

一、造祠，凡督理之人皆量材付任。倘才能有餘，或身無開工者，公議工食可也。

一、祠成後，凡支下子孫，照丁各頒餅壹對。

一、造祠，須酌量存租若干，以備修祠之費。

一、祠成後，祠租有餘，凡遇大荒之年，撥租賑族內貧窮者，皆量口而給。

一、祠內子孫有讀書者，凡應督學試者，賻儀五錢；應鄉試者，賻儀弍兩，用以振興文運。

一、祠成後，會銀有餘，撥買奴婢供役。以後再有《條規》，因時制宜可也。

一、雍正十年正月，三大房公議。

閱帳自康熙六十一年叁拾柒兩伍錢之資生殖，距今僅十一載，不數年，即撥捌兩與大田寺立主之費。續置碓一所，約百金；置田六畝，約六十金。現在大備，仍有弍佰捌十餘金，生殖日多，則經管者心神日勞，非貼工食以酬其勞，恐不能久而弗倦也。是以僉議自今年爲始，至十二月及正月，銀兩出入之際，鳳紀、魯南二人，各貼壹兩伍錢壹月，使其尚力於出入生殖之間，俟祠會銀兩豐裕，遞年加增，不特經管者事有尚責，而祠會之銀兩亦可由此而漸大也。

雍正十年正月　日，三大房會漢約面批　洵美　殿颺　文瓚　高餘　廷顯　樂生。

——同治《休寧西岸汪氏族譜》

清雍正十年十一月績溪縣泉塘葛士禹妻無嗣產業批入祠堂議約及乾隆十年十一月復議約

士禹公議據錄後

立議據族內人等，宗祠首事友文、惟典、義先等，今因士禹公之妻程氏無嗣，原有田地、產業批入宗祠。今程氏百年，其田地、產業盡聽宗祠收租完納，兩季應祭，原有議字配享。今衆議每年春分給於本房子孫清明內，春分給胙肉六觔，冬至給胙肉六觔，議定逐年兩季領給。今恐無憑，立此議據存照。再批：兩季胙肉，折付穀一百觔，兩季另外給包四對，入于士禹公子孫清明標掛，又照。

雍正壬子年十一月初六日，立議約　葛宗祠等。
　　　　　　　　　　　　德武　茂禮　汝夔　繼禎　士湯
　　　　　　　　　　　　象鐸　登明
　　　　　　執筆　繼興

乾隆己未十一月二十二冬至日，族衆復議，原有士禹公配享穀一百觔正，今加配享穀八十斤，日後，再不爭論。又加配享包兩對無異。宗祠原議每年給付本家配享穀一百八十斤，如果年歲荒歉，恐防宗祠出息不敷，辦祭費浩大，照公大概租數，減分酌給，毋得苛少爭多。倘若豐熟多盛，以照原數租穀給發無異。今立添加配享穀包字據爲用。

——宣統《泉塘葛氏宗譜》卷末《契據》

清雍正歙縣潭渡黃氏宗族旌孝祠祠約

附祠約

一、旌孝府君爲我潭渡合族發祥之祖,每歲三月初七日,恭逢降誕之期,凡屬子孫,應赴孝子公祠,或燃香點燭,或焚帛奠茶,各致如在之忱。

一、各祠有祖禰神主在龕者,遠行及歸必告,冠昏必告,入泮中式必告,莅官受爵必告,朔、望必參,俗節必薦時物。至於各祠春、秋二祭及元旦團拜、歲暮臘祭,悉照舊定期規遵行。

一、子孫入祠,列祖在上,豈容褻玩?務須恭敬慎重,整肅衣冠,不得嬉笑嫚語。其司年者於朔、望前一日,必督率守祠人灑掃堂室,揩抹几案、供器,務俾潔淨。違者,議罰。

一、祭之爲義,内以盡志,外以盡物。凡祠中所定儀品,務須遵式置備。若物品不充數,烹炮不如法,洗滌不潔,陳列無序,許糾儀舉罰。其行祭子姓,各照本等衣冠,貧者布韋,粗舊無妨。惟居喪者則易服從吉,以祭祖乃吉禮之大者,尊無二上故也。若禮度有愆及一切失容之事,均應議罰。

一、春、秋二祭,祠門洞開,諸祖有赫在上,司年須預將儀門上柵,其子孫到祠,皆於東西角門兩廊出進,毋得由儀門甬道直上。至於僕從,則止許於廊下門外祗候,不許登堂澖擾。違者,罰及其主。

一、祠中興利除害、修墜起廢之事,許諸族人於祭期陳議。若言不及公,借私忿以啟爭端者,衆斥之。

一、各祠當念前人創建艱難,每逢春、秋晴日,司年者須將寢室窗楣洞開,焚燒蒼朮、楓樹毬諸物,以祛潮濕。或遇大雨過後,即開祠入内細驗,如有漏處,即以石灰畫地爲記,以俟天晴翻蓋。若溝道淤塞,即行修砌流通;堂宇高敞,易招鳥雀爲巢,宜編網簾遮蔽;大雪積於松梢,易致摧折,宜命守祠人按時掃擊。諸須未雨綢繆,如有敝漏,尤當及時倡修,不可因循以致積漸傾圮。其祠前不許支下人等舂打穀、麥、豆、粟,致將石版捶擊傷損,日後修理甚難。如司年力不能禁,立即通知尊長,公同懲治。如狥情畏縮,察出,責有攸歸。

一、各祠司年交代時,先須書祝告祖,然後任事。《收支總簿》,年歲有豐歉,物品有貴賤,須於秋祭前陳衆查閱。祠中各項鎖鑰,俱要勤謹收掌,不可貪逸，輕易交與守祠人。其一應祭器、供器及椅棹等物，當上、下輪司年交點明白。如有缺損，即勒令賠補。祠中祀產雖俱刊簿，如有餘貲，仍須勒石祠中。如佃戶恃頑抗租，即鳴諸族衆，公同理論。倘朦朧含忍，以致失業者，查出倍罰。其餘條款與墓約同。務須謹遵。以上《祠約》，係康熙丁亥年裔孫又、爾類、正圖、曰瑚、堂、純佑、瀾、大成等于京師同議。臣槐補註。

——雍正《潭渡孝里黃氏族譜》卷六《祠祀·附祠約》

清雍正休寧縣江村洪氏宗族祠規

祠規

一、宗祠，當時常灑掃潔净，几席無塵，祖靈始安。平常皆封鎖門户，無事不得擅開。各家亦不許于祠内私用匠作、堆積物件，并居住優人，以取褻慢之罪。違者，公議重罰。

一、管辦祠事，每歲以二人督理，自長而下，依序順行挨值，不得推諉。祭祀諸物，務必豐潔，以盡誠敬。祭日，支裔畢集，每人給胙肉壹劢。如不到者，罰銀叁錢。

一、狂風暴雨，管祠人便須入祠看漏。如有損罅，即議修葺，其費悉于祠匣内出支。任事者須以敬祖為心，務重其事，毋忽。

一、祀田，每歲管祠人收租，以供蒸嘗之用。每年所該官糧，亦繫本年收租人完納。其田乃百世祀產，須世守勿失，不許不肖者輕棄。違者，呈處。

一、元旦，入祠謁祖畢，衆序尊卑團拜，每人給大巧餅壹雙，族長、斯文加倍。

一、新歲拜墳，年定期初十日。如不到山者，罰銀壹錢。

一、每月朔、望，祀首清晨開門，灑掃陳設，以便支裔入祠拜謁。

一、冠禮，分上、中、下三等，上等五錢，中等三錢，下等一錢。其銀交本年管祠人收。

一、新娶婦者，古有廟見之禮，當擇吉日，新郎同新婦入祠拜謁。其拜墳俗例，勿行可也。

一、嫁女，例接九五色銀壹兩，其銀以存黃石標祀之需，不得生放。今衆公議歸入祠匣，交管年人收貯。交下之日，查盤交清。如有所失，坐及經手賠償。

一、生子者，分上、中、下三等，上等壹錢，中等五分，下等三分。其銀交管年人收。

一、入主，分上、中、下三等，上等壹兩，中等六錢，下等叁錢。其銀入匣，預存爲修葺之資。該祠首查明交下，毋得侵漁。違例者，逐出。

一、各祖墓山地，不許不肖者盜賣絲毫，其上蓄養蔭木，不許擅伐。雖有枯樹，亦聽其自倒，其既倒之樹，收取入衆公用。違者，逐出宗祠，仍行呈處。

一、支裔有不忠不孝、烝淫敗類及婚姻慶吊與奴隸輩相爲儔伍者，一概逐出。

一、異姓螟蛉養子，不許混入祠堂祀先。如有強挨進者，族長同房長押令扶出。

一、凡支裔取名，不得與前輩同行列諱，則世數不致混淆，亦即所以尊祖也。

闔族公定。

——雍正《江村洪氏家譜》卷十四《祠規》

清乾隆五年冬至日績溪縣旺川曹氏宗族續增祠規

清康熙朝續增祠規

祖宗之制，尚矣。顧時異勢殊，容有宜於古而不宜於今者，又不可無變通之道焉。《祠規》之設，悉準《家禮》。禀時憲，酌土宜，不可謂不善也。而其文渾略，致有任意出入而妄議瑕瑜者。又如辦祭支用，先時尚微，服親情厚，可從簡約。今世遠人繁，風會亦別，實有先制所未備者，必膠古法而行，亦非所謂善繼述也。因復加裁酌，務矯時弊，以保前規。不儉不奢，入情入理，《祠規》著以節目，無使模糊；支用略有增加，務歸中正。主事則專責斯文，庶幾各體先志，以垂後昆，俾司事者有所持循焉。若日久弊生，行之齟齬，則潤澤之功又以俟夫後之君子云。

乾隆五年歲次庚申冬至日，公定《祠規》條載於左：

一、定祠首。統理祠務，要在得人。《祠規》所載，最慎選擇。今特責委斯文，欲其謹守禮法，通達時務，亦即《祠規》意也。且齊家、治國均屬一理，胥於斯文有厚望焉。爰定八人同管，上首四人，下首四人，共管二年，然後退班。其每年進退交盤，率以春分後十日爲則，初進即註明某人管某項事，值事不得推諉。立定兩簿，上首一本，下首一本，其稿本則倡議者存留，凡賬不得遺漏蒙混。

一、定賞罰。管祠能首和衷任事，至公無私，以及有功祖宗，利及後嗣者，準其歿後進能幹祠享祭。如有狥私肥己，尅減支用者，一兩以下，查出倍罰；一兩以上，則倍罰外，仍照規示，革其輪流值管。有推挨怠事者，以忘祖罪論，從重議罰。如實有故，不能親到，必本人父兄有識者代爲幹辦。如有關係大事，必須親到。不到，罰銀貳錢，賬簿俱要輪算遞交。不算不交，照《祖規》敗壞祭器論。

一、定祠租。國課出之租苗，凡佃田者，皆須照則論償。況屬祭產，更難聽其侵蝕。其在他族佃者欠租，必開欠取足。如抗據實，定行呈官究追。在本族佃者，照原租分數清收；掛欠者，會衆踵取。尚有仍蹈故轍，霸種強吞，至一分以上，堅不交清者，即呈官立案，照規示革，仍必追償所欠。

一、定像銀。像銀照新減例，每名九成足色銀五錢。再醮之婦，倍之。其庶母進庶母祠，亦倍之。高申低補，戥定九六平平，眼同註封投櫃，另貯置產，爲永遠祭貲。

一、定進像。凡進像，查於《祠規》無碍者，方許納銀。比載名《草簿》，并註其生忌、年庚、子嗣，其銀俱須先期交清。如無，定要倍値，押頭面訂，於祭前取贖；不贖，即變賣辦祭。其名的於習儀日集衆聲議，果於《祠規》無碍者，方對衆謄登《像簿》，以杜私弊。

一、定祭儀。舊祭從儉，今於從前祭品肉、鷄、魚取新鮮，羹飯必豐潔，角財棉料光潔，箔取古式，青金數照祖例，食正常品。其祭器物件，祖遺新辦，俱要一一登簿遞交，毋得遺失。如不載明及遺失，即照《祖規》示罰，仍必載明。

一、定收支。收支須隨時登簿，以杜私弊。祠租、像銀，務公平收足。其支用、辦祭等項，照時開價，不得任意低昂。辦公仍剩，交付下首。其糧須如時上納，以爲急公之倡。或拖遲者，照數倍罰。

一、定敬老。七十以上，已經束獻主祭者，嗣後，每祭每人頒胙一斤、包一對。

一、定養士。養士爲國家重典，在宗族亦籍顯榮祖先，必平日造就鼓舞，方可期以大成。今定每朔、望，合已進、未進，聚集會文，請托名師評定。其未進中，有能考取府縣弁首者，與祭頒胙，與已進同鄉、會中式者，於與祭頒胙,外致胙貳觔。其鄉、會赴闈,或祖餞,或程儀,依祠稍有餘蓄,再折衷確行。

一、定頒胙。祭肉皆須土豢肥腊,照例架懸十七兩秤,秤定一衡,祠首一人掌之,頭首一人背地抽籤,照籤報數,勿報名,憑刀手公頒平搭。籤已貼定,祠首一人隨持《胙簿》,照名對數,何人領去、送去,逐一清記,庶無私誤。違者,罰銀五分,仍必改正。如仍有争肥論瘦、貪多却少者,明係拂公褻祖,除罰去該胙外,仍會衆公論。

一、定捘包。祭後頒包,亦承祖例,未能遽廢也。但擁擠雜踏,恐有不測之虞,且携帶童男幼女,并奴僕、雜姓人等混厠其中,辱祖亂宗極矣。為此,特加裁酌,於祭日三爆後,大門内外,設火二炬,值年四人、祠首一人、僕二名,俟拜祖者隨到,即於門下每給一籤。已進門者,不許復出。凡有出,即必繳籤,以防貪冒重復。約早飯後,携籤詣祠領包。其來拜者,須照祖例整衣冠,隨班行禮,不許提携赤子并奴僕、異姓人等濫入。其族姓子弟,有强項不遵者,除罰去該包外,仍記名,公斥其父兄。若異姓、奴僕人等混入,有能識認的真攻出者,另賞一對。

一、議廟見。新婦廟見,即將男婦生辰開明,交送祠首,以便後日修族抑正婦德之始也。

一、定理詞。凡有不公、不法,事關倫理者,先投明房長。如不服處,再投祠首,即着投者會集族長、斯文,參酌《祠規》、憲律,理論諭息。

一、每祭,猪、羊定照《祖規》供辦,毋得意為輕重增損。

一、每祭,桌盒内定五葷、五素、五菓,須照則供辦。祭前,祠首稱交頭首,毋得減尅。祭畢,頭首復交祠首,毋得減數。如違,彼此俱照多寡倍罰。如頭首祭前私自竊取者,查出,罰紙乙塊,仍行對祖朴責。

一、每祭,定羹飯五副。舊制,共定羹飯米五升,今增作八升;羹米三升,今增作五升。又定祭酒拾一壺,永以為例,毋得意為損益。

一、每祭,角紙須先貼去破碎,每角定老樣青金拾個,長連建紙五張,破碎不用,不得短少。其頭首有意為增損者,查明,罰紙五皮,對祖火化。倘有不孝不義之徒,甚至藏竊者,見一罰十,仍行對祖朴責。

一、每祭,定頭首十一人,於祭前十日,祠帖揭明知會。七日前,各詣祠辦事。此為祖服勞,期各展孝思,小心勤慎,辰集酉散,毋得借端規避。違者,罰除該胙。

一、每祭，輪擇頭首，每人頒胙肉一觔十二兩；習儀、正祭，散胙各包一對、飯米七升。其上、下祠首八人頒胙并包，亦照頭首例。辦事不到者，亦照頭首例罰去。

一、每祭，習儀日，祠首同頭首消夜，每人定時酒一壺、大小腸并亥四斤，豬血同散。半夜餐，每人定川麪四兩、豬油合半觔。上晝，亥三觔，川麪每人四兩，并祭餘酒，毋得意爲損益。違者，罰銀三分。

一、每祭，散胙定於未時，號爆集齊，每人定雙酒一壺、熟肉四兩、豆腐四兩、羊合一隻，其桌盒内葷素、菓物，除送胙外，盡行同散，均祖惠也。定酉時散，不許給燭。

一、每祭，衆散外，仍羊一隻，祠首八人同散。有過導則並稅調書<small>當云冊</small>書同散，以酬勞也。

一、每祭，犒賞僕人，每名給米四升。習儀消夜，每名酒一壺、腐半觔、包一對。正祭日，承值每給腐半觔、料半、酒一壺、豬肉五兩、包一對，又補早晨包一對，共給紙貳皮、箔貳花、桌盒一個，俾薦其先而後散。

一、每祭，吹手六名，習儀日，每名給包一對、腐半觔、時酒一壺。正祭之日，共給豬肉叁觔、腐叁觔、料半、酒陸壺，每給包一對。又，每早晨包一對。

一、每夏收麥，祠首八人分班值日，曬麥二人、監收二人，輪流值管。貯收之日，八人消夜一次，定乾麥貳拾肆升。

一、每秋收穀，祠首八人齊集辦事，監分、收曬、守夜，毋許躲避。值忙日消夜，定銀五分，閑日不准。曬干入倉，消夜四次，定銀二錢四分。此已酌其豐儉，毋得任意增加，致耗祠貲。違者，罰銀壹兩。

一、每挑租詣祠，或應豉酒，或應腐酒，或應素麪，酒須計其遠近，照例燖<small>當作烹</small>熱供給，毋得乾折尅減。其費多寡相牽，每穀一勺，需銀貳釐，須照《收租流水簿》折算開清。

一、置議止此數條，餘不更定者，則《祖規》爲宜，相持確守，無容妄贅一詞也。乾隆辛巳年，增入條規。

一、元旦拜節，元宵懸燈，祠首先期付冬至頭首銀六錢，元旦前一日，用紅紙楷書"元旦拜祖，某時大吉"，粘總處知悉。又用梅紅全書楷書祝文一篇，香燭、紙箔、三牲、酒儀，俱頭首承辦；果盒、茶，則頭首每人各具一副。元宵，頭首於十三日寢室前懸燈起，至十八日，具三牲酒禮以告，徹燈。

一、清明掛掃，祠首付春分頭首銀八錢八分，其輝、智二公田茶鷄二隻，頭首取討辦祭,紙角八隻。毓輝公汝清孺人汪氏、信嬌孺人劉氏、細女孺人馮氏,育智公旺芝孺人馮氏,國樹公樹榮孺人汪氏,每角內紙二十四張、箔二十個、金八個、長箋三張,外散紙箔,隨用供儀。官香三籃、燭一對、三牲腐酒、包,山神、土地供儀。刀頭、包、腐、紙、箔辦齊,本家同上墳。祭畢,散胙,輝、智二公每二人,樹公一人,與頭首同散。遐芝孺人,不掛掃,折銀一錢,本家領去,不散胙。

一、公議捐貲配享,近時田價高昂,肉價倍貴,不得依前例貲數。今定每名配享批銀以十八兩爲則,批田以實穀七勺爲則。嗣後,祠首不得濫收,永爲定例。

一、公議生胙,原無此例,因乾隆二年與張姓結訟,一時權宜批捐,不得垂久續進。今於庚辰年已經停止,不得再收,永遵爲例。

一、公議進主像銀,必先聲明祠首,交清像銀,面同登簿。如無現銀,務必交付倍值硬實當頭,方准進主。祠首不得狥情,永爲定例。

一、公議無嗣進主,《祠規》定像銀五兩,今議減半。如未婚娶者,仍照祖例,不許入祠。

——民國《曹氏宗譜》卷一《祠規》

清乾隆六年冬月歙縣東門許氏宗祠條規祭禮

書宗祠條規後　裔孫日化

建廟以妥先靈,故修祠必先龕座,重本始也。在規模,《條例》雖志有日,必從先祖。然因革損益,繼述之善,又賴後人。不得不酌古準今,使考于禮制,合乎人情,而後見大家體統,非同苟簡從俗已也。

一、祠中神主,向論龕座,不序昭穆,殊爲失次。考宗廟之禮,原所以序昭穆,是子孫入祠坐次,且悉照祖宗昭穆爲序,而祖宗坐位昭穆先亂,何以示子孫乎?今議龕座,中列爲始祖,並所奉不祧之主坐次,餘悉以世次,分左昭右穆,相循而坐。此正名根本,千古不易之論也。

一、祠中向以暹公爲始祖,會公另祭。今考會公由池初遷,居東門,且合族群往墓標祀,則會公亦當立爲始祖中列,不得與遠公比例。

一、祠中神主,自三進士公以下,至榮甫公等,始以祖宗積德二十字定行列,其自至順公以下及壽甫公等四世支祖,不立主位,竟無承接,亦屬闕典,今補奉入。

一、祠中舊主參差，大小不齊，原非舊規享祭定式。今議重造新牌，端整壯觀，式有一定。嗣有進主者，于祠中請去，照式莊書，不得異同。

一、祠中出主饗祭，前人固意在尊祖，而以今日考核，祭禮當以位列中龕、專席特獻爲敬，不必出主爲敬也。且考古太廟祫祭之禮，遷群廟之主于太廟合祭，是移卑以就尊，未聞出尊以就卑。前人一時制禮，謂始祖有像在樓，未便移動，故出主于堂，以獻饗耳。後人因之，遂相沿至今。今值修整之時，不可不原前人之意而變通之，總期不失乎尊祖敬宗之意而止。況前人遺漏闕典，亦樂有後人增損改正于其間，又不必盡以不變例爲善也。嘗考《四書大全註》"宗廟之禮，所以序昭穆也"，而爲參訂之，凡廟主在本廟之中堂，皆東向。及其祫于太廟之堂中，則惟太祖東向，自如而爲最尊之位，此以不出爲尊也。群昭之入于此者，皆列于北牖下而南向；群穆之入于此者，皆列于南牖下而北向，此出卑以就尊也。蓋群廟之列，則左爲昭而右爲穆，祫祭之位，則北向南爲昭，而南向北爲穆也。

一、神主既居寢室，不與社共堂，則祭祖之日，不必祭社。且春、秋社祭，自有常期，即祭遠公，亦當先期。如一日共祭，孰先孰後，于禮有不相安處，今改訂之。

一、祠中祭祀，分法九十七股，原爲各家好義，出貲拜祖而設。非不在此分法內者，即于祖宗無與也。但拜祖以人多爲榮，如一人而兼數分，則至祠者少，殊爲失觀。今議其家凡有祭祀一股者，即註一人名目承當，其多分之家，聽其自酌，攤于其家之兄弟、叔侄。如有分法而不自來拜祖者，罰胙。

祭禮

事久無有不變之道，故因革損益爲古今制禮之原。況族巨人稠，相沿既久，其廟中儀文度數安能止取乎不變？但變而不失其正，即變古猶之遵先，又何必諱言更制哉！謹定《儀注》于後：

一、中位不祧之主，以正獻爲尊，儀當從隆，約合平日三桌之儀，聯爲一席，設在座前，又增設祭盒二桌，列于讀祝位以下，粘禽八仙香案諸儀以上。及其行禮也，奠帛則以十段以中位有十主，每獻，爵俱十，饌俱三。主祭者正獻後，隨詣左昭位前行禮，即詣右穆位前行禮，凡三處。初獻禮畢，復位。再行亞獻，終獻禮，亦如之。

一、左昭位前分獻之儀，不可太儉，亦約合平日三椑，聯爲一席。其杯箸先設于席上者，如左昭主數外，更增設猪、羊粢，盛于兩傍。及其行禮也，凡一獻，主祭者止獻一爵三饌，羹共一樽，飯共一甑，帛則存其十，爲正獻，餘量分作左右可也。

一、右穆位前，如左昭行禮。

近年，上下、左右共辦十椑，以祠首十家，一家各辦一椑以爲便也。今仍以十椑，分合列之，以九椑聯爲三席于中堂，以一椑設于前樓遠公座前。但向來宗某會共一龕分獻，折銀四錢七分。今以一椑之物，總易以胙，使每祭一主，俱得受胙，不復六年一主始得受一分獻也。

一、十四日，整列祭儀，先行視牲，告獻毛血。習儀畢，即上樓祭遠公。祭畢，候中堂祭後，隨祭樓上舊神主。

一、春、秋祭期，定于二、八月十五日，此本祠例也。十四日習儀，須先將原額禮生四十二名，令其必到。或有往外未歸者，以其子弟性端雅者代爲之。選定衣冠整肅者，列名于單，以次日行禮，預習嫻熟，庶幾臨祭自無失儀。

一、祭日，禮生某人執某事集齊，站立堂下，候副長于左階，照單唱名，升于堂上，齊于祖前，先行四拜禮，旁立，聽通贊唱班，各執其事。其非執事者，不許一人立于堂上左右。

通贊二人；引贊二人；中席獻帛一人；獻爵十人；執饌一人，立右手；候進爵進饌二人。左席獻帛一人；執爵一人；執饌一人，立右手；候進爵進饌二人。右席獻帛一人；執爵一人；執饌一人，立右手；候進爵進饌二人；讀祝文一人。

侑食執壺，共六人；每席用二人執壺，左右斟酒。司降神壺盞，二人；徹饌，共九人，即用各席獻帛進爵饌之人；司樽，三人，禮生中年高者主之；糾儀，二人；照看焚帛，四人。

此康熙辛亥歲，予先君修整宗祠時《條規》也。衆議僉同，遵行已久。惟祭禮一節，原額禮生多不與祭，漸失舊規。今予叔蓬翁毅然特起而振興之，建祠修譜，一人獨肩其任。斯祠也，規模宏敞，輪奐重新；斯譜也，統緒詳明，訂正精確。所議《條例》，摭前規而厚宗黨，遵古制而協時宜，更於宗族有光焉。願族氏相與遵守，無怠無荒，永綿盛典於勿替云。

乾隆辛酉冬月　日，其璨謹識。

——乾隆《重修古歙東門許氏宗譜》卷八《規約》

清乾隆十八年正月績溪縣仁里程氏宗族重建宗祠條約

重建宗祠條約

廿五公派爲重建宗祠，公立《條規》，以裕辦理、以嚴約束事。蓋聞財用者，作事之根本；規則者，率衆之經權。裔孫等覩祠宇之將傾，咸思重建，恐人心之不一，爰立《條規》，當盡愛敬之心，勿惜財以廢事；宜存報本之念，毋怠忽以誤公。各竭心思，共襄盛舉。惟期敬謹，聿觀厥成。謹將《規條》列左：

一、門丁口。每丁口酌定遞年交乾麥十斤、扁穀十斤，五年爲滿，務要依時赴祠，親交領票。違者，以敗祠滅祖罪論，註明《祠譜》，生死不許入祠。若添丁進口者，當赴祠報明。如有隱匿，查出，罰銀壹兩。

一、捐配享。議定捐足紋銀五兩爲一正配，五十兩爲一大配，一以盡追遠之情，一以備不給之用。若定祭頒胙，俟工竣日酌議定奪。

一、交配享捐銀。分作五年勻交，而每年應交之數，又分兩季，先期具帖通知，各依期赴祠，親交領票。如臨期不交，照典起息。

一、議各家進主，務將五年應交丁口麥穀，并配享一切交清，方許進主，登譜會戳。其神主錢，建祠公用。如違，不許進主。

一、任事。訂定日期，時刻到祠辦理。如過時到者，罰紋銀三分；終日不到者，罰紋銀一錢。

一、總理。每逢開局收交各項，務要日日在局。如早晨不到，罰紋銀三分；上午、中午、下午，一有不到，罰同；終日不到，罰紋銀一錢。

一、登記。務要隨時註脚清楚，如註脚不清並丟錯，致滋衆議，查出，每件罰紋銀三分。

一、收貯銀錢，不得私用借貸。如有此弊，查出，以一罰十。倘有失脫，照數賠償。

一、領貯糧食，一經公舉，不得推委。臨期收貯，務須三面交清，隨即入祠，遵式具領。如或借端推委，罰紋銀五錢。倘有霉爛、虫蠹、鼠傷，不行檢點，照數賠償。

一、銀錢出入，照市價公兌，隨時報明，挨日登記，以便盤結。如不隨時報明，並染指懷私，查出，以一罰十。倘有訛錯，經手照數賠償。

一、催收丁口捐銀,訂定日時到祠,領簽往催。如屆時不到者,罰紋銀三分。至往催畢,即將所領之簽回繳。如無簽回繳,罰紋銀三分。終日不到,罰紋銀一錢。至任總理並常職祠事者,不在往催例内。

一、監工分班值日,在祠照應。需用物件,催督匠工。倘虛應故事,怠慢不實者,罰紋銀三分。終日不到者,罰紋銀一錢。

一、採買務要貨真價實,公估時值,毋得鑲通賣主,以少報多。查出,以一罰十。

以上《條規》,對祖同立,各宜凜遵。倘有故違,即以敗祠滅祖,照例革出,不許入祠。慎之,勉之。

乾隆十八年歲次癸酉春正月,公立。

——道光《仁里程敬愛堂世守譜》卷首《條約》

清乾隆二十四年四月歙縣稠墅汪氏宗族祠規

序

古者,自天子至於官師,廟各有等。明洪武,始制士庶人通祭高、曾、祖、考,而嘉靖後,許上祭始祖。于是,孝子慈孫皆得盡其報本追遠之禮。吾鄉聚族而居,建立宗祠,以奠繫世,以辨昭穆,以肅明禋,法至備,風至醇也。延及苗裔,源遠而末益分,後立支祠,各親其親。所爲尊祖敬宗收族者,務期善作善承,傳之勿替,與宗祠竝。蓋族之興也,必有爲之前者,深仁厚澤,足以篤慶而綿本支;亦必有爲之後者,繩武重光,足以克家而保滋大。殷然其相待,抑炳乎其相輝矣。吾稠墅之立族也,宋乾德中,六十一世祖仁忻公由唐模肇遷於此。八傳至大昕公、大作公、大猷公,始丕基而式廓之。作公之後,分六門,析居大里者,贏其半;昕公後,分慕本、敦睦二門;猷公後,分繼述、愛敬、中和三門。既已溯厥本(原)[源],比時具物,合祀于宗祠矣。明神廟時,昕、猷二公支下爰卜支祠之舉,尊越國忠烈公爲始祖,而以遷祖配之,昕公、猷公之後列祖,均得與祀。子孫之賢者,置田以供祀事,奉先思孝,其始基之美乎!百有餘歲以來,相與祀春、秋,秩籩豆,迄於今不廢。閱世既久,棟宇之(漂)[飄]搖,丹艧之剥蝕,有不得而免焉。丁丑冬,允俶歸營馬鬣,適屆祭期,入廟惻然有動于懷,願一新之,而還仁舉北闈旋里,謂因陋就簡,非所以告孔安也。慨捐稅一畝有奇,用廣室堂之度。於是,允信、允俶、允佑、允位、廷璋、元斑、廷斑、廷瑄等鳩工庀材，甫匝歲而得潰於成。己卯三月上巳之辰，奉主新宮，奔走對越，濟濟有衆，於時仰視榱桷、俯察几筵者，莫不油然而生孝弟之心焉。五門支丁又捐田三十一畝，捐資百有餘金，增善後之規，凡十數條，備書於册，所以詒世世萬子孫毋變也。夫《閟宫》之頌録於《詩》，孔悝之鼎銘載於《禮》，自古在昔，明著先祖之美，有其舉之，莫敢廢也。況我汪固魯之所自出，季漢渡江，族望新安。是祠所立，上貽功德於有赫，下啟仁孝于無窮，於以繼長增高，可久可大，後之人，其尚克監于兹焉。

時乾隆二十四年歲在屠維單閼清和月，裔孫宏敬書。

祝文式

維大清乾隆　年歲次　春王正、季冬月，朔越旬有八祭日，長至之辰，裔孫等謹以剛鬣柔毛清酤庶饈之儀，百拜昭告於顯祖唐越國忠烈汪公、歷封昭忠廣仁武神英聖王廟階之前，配祀宋封協德輔順昭惠妃錢妃、宋封柔則淑惠夫人嵇夫人、宋封柔肅順濟夫人龐夫人、宋封柔淑順德夫人張夫人暨宋遷六十一世始祖仁昕府君、德配始祖妣葉太安人，左昭右穆，嗣代世祖、世祖妣列主之前，曰：猗歟我祖，懋建霄功。捍患禦菑，祀典攸崇。蔭蕃雲葉，大昌厥宗。由唐迄宋，肇遷我里。世德作求，簪纓薦啟。并水分漸，源均本始。爰作寢廟，以妥我王。我王岳降，兆於青陽。祠祀合薦，賫彼馨香。列祖列妣，并衍於堂。既辜既副，有觬有兕。封越在天，陟降庭止。陽升陰達，肅雍蹌濟。茀禄爾康，施于孫子。尚饗。

冬祭

一陽初生，肇昌品彙。人本乎祖，寔同斯義。展我時思，以康歲祀。歲祀如何？肅將烝畀。忠烈我祖，勳著皇唐。功德枌榆，廟食不忘。矧予孫子，敢忒馨香。列祖列妣，式序攸行。樂具入奏，祇薦於堂。緬想黄鍾，萬事根本。非根不遂，非本不遠。世德垂模，聿修思纘。牲醴告虔，洋乎合簋。尚饗。

漸音斯　副音壁　兕音祀　施音易　畀音比　聿音遹　簋音算

《條規》列左：

一、正月元旦，備盤香三掛、香燭三事，黎明謁賀。

一、正月初三日，大聚，司年備香燭五事，清晨詣祠享堂内焚香（然）[燃]燭，鳴鑼三巡。五門支庶到齊，于祖先前行慶賀新年禮。然後，照序團拜。其不到者，罰。支下新娶，即于是日向司匦處報名。舊例，有棗、栗、酒，今議蠲免，只折資九呈二星存匣。匣中代備麒麟燈，燈以九分一盞爲率，不得過麗。

一、正月初七日，春事，所以祈吉祥、誠禱祀也。振古於兹，今仍舊制。

一、正月十三日，司年往祠掛燈五盞，着人小心看守。

一、正月十五日，甩麒麟燈，以鳴鑼一次照會，新娶者俱要齊集祠内上下肩，拈閹行禮。禮畢，依次領燈。舊制，十六日游燭，公議自辛巳年起，可以不必再游。

一、朔、望，司年戒役，灑掃拈香。餘日，關鏁祠門，不得混入。

一、崇祀典。春祭正月十八日，冬祭在冬至，令節，司年清晨陳設祭品，上、下肩胙盤稱齊，鳴鑼三次，支下集祠拜祖，主祭禮用宗子。近浸不行，謹推司年、門長一位。若客外者，則又以次主之。禮生、大贊二人，小贊二人，獻茶、爵、饌六人，司樽、司分獻四人。如人數不足，不妨兼攝。今公議：祀領胙，概不散胙，恐酒後失儀，甚至多事，永以爲禁。其《祭儀》詳載于後。

一、晋神主。從前神主有闕典之處，自仁忻公起，至延皓公、承滿公、聰公、源公、秸公、友成公、言忠公、洋公、海公、應南公、應龍公、應和公、應得公、應榮公、延先公、繼先公、德七公、幾先公、焕先公、紹先公、祖洙公、銓公、璿公、祖曦公、崐壽公、巘壽公、元師公、崇壽公、玲公、綱公、祖老公、仁老公、世良公、原壽公、聚寶公、宏壽公、椿壽公、敬壽公、智公、泰來公暨配安人，共八十九主，祠宇落成之後，業已補進，但不頒胙。嗣後，正主議以九五銀貳兩肆錢，外備主乙錢、貼祭乙錢，祔主、母主九五銀壹兩壹錢，備主乙錢、貼祭乙錢。如賢裔有格外捐輸者，尤彰孝思。進主之期，定在二祭。二祭半月前，司年出帖會衆，以便支下報名交銀。備主、神主，一遵祠内定式，毋得參差。胙肉，正主四兩，壽桃半斤一雙，祔主、母主胙肉二兩，仍遵舊制。其有節孝可風，名宦鄉賢，公請入祠，以示表揚，免其出銀。若素行不端及盗、淫而死，永不得入，以昭勸懲之道。

一、嚴與祭。一歲二祭，藉展孝思。在家不到，伊誰之過？凡祭時排列班次，俱要恭肅，不得以卑踰尊，毋跛倚，毋偶語，毋戲笑。違者，屬大不敬，至未祭之先，僮僕概止大門之外。若提筐携盒，溷亂兩廡者，議罰。

一、定管年。公議自乾隆庚辰年爲始，輪司年事，從公閹定：辰年，中和堂；巳年，繼述堂；午年，敦睦堂；未年，慈竹堂；申年，慕本堂；酉年，愛敬堂；戌年、亥年、子年，中和堂；丑年，繼述堂；寅年，敦睦堂；卯年，慈竹堂。辰年，慕本堂;巳年,愛敬堂;午、未、申三年,中和堂;酉年,繼述堂;戌年,敦睦堂;亥年,慈竹堂;子年,慕本堂;丑年,愛敬堂;寅、卯、辰三年,中和堂。上、下肩按年交代,祠中收租,司年之家一位、下肩一位到祠,協同辦理,毋得推諉。倘二祭潦草從事,祭品缺少,罪在司年,罰不從輕。辰、午、申、戌,輪下挨敬社之年,正月十四日與六月六日,社神出游,舊制,司年之家備點茶一架、果盒二個、酒八壺,迓大户入中和堂坐飲。此四年,匣中外貼管年費每季八五銀二錢。逢午、戌年社燭,裱龍頭尾并燭、吹手、人工等費,亦於祠匣支領,不在祭穀内算。

　　一、發祭穀。大祠正主,每發濕穀九升一名。近來,食物騰貴,故正、衬主胙與貼祭,多致賠累。本祠輪奐一新,支下踴躍捐田,以供祀事,似應酌量變通,庶可以垂久遠。今公議正主每名發濕穀五升五合,衬主、母主每發濕穀二升,貼祭發濕穀八十斗。春事,發濕穀三十斗。收租時,照主查明上、下季,即付司年之家。其穀以九斤乙斗,用奉思堂秤算。主有續進,依數增補,永以爲例。

　　一、慎司掌。從來公事經久而不廢墜者,在司事得人與不得人。今祠宇鼎新,禮儀略備,已公舉司匣柱臣、禹成、漢槎、偕愷四位專管,每人輪值匣務,協和辦理。出入經收,結算詳明,登在簿籍,年終交遞接管。若以延遲伏隱匿之弊,通融開虧欠之端,授受均罰無辭。至春、冬二祭,每位各發生肉一勵。若果有功於祠務,日後公請進主一名,以示勸勵。

　　一、徵租穀。祠内舊遺田畝,爲數無幾,兹五門新輪田畝,永奉蒸嘗,立有福户,公議支下子孫永禁佃種。每年秋穫時,祠匣出帖徵收,分數照大宗祠例,風車下清,詳細入帳。事竣,即結清捴租,穀即發司年之家辦祭,餘穀存倉,候時售銀存匣。但田畝肥瘠不一,佃户好歹不等,惟在司匣者認真妥辦。其有貪得無厭頑梗之徒,呈公追完,毋得狥私怠忽,貽誤祠事。

　　一、經祠息。每年祠内進主、收租、喜慶等項,各立有收支等簿,司匣者務要逐項登記明白,毋得朦朧隱漏。年終彙開清賬,二祭之時,呈衆公看。上、下肩接手,必須一一交清,使接管者便于從事。司匣若果秉公,不難由是豐亨豫大。一有贏餘,即贖祀田,以杜侵漁之弊,以廣祀事垂遠之策。每年錢糧,如數早納,毋致因循拖欠,以滋差役溷擾,有傷五門體面。

　　一、勵交際。支祠之設,原以木本水源之思,爲聲應氣求之感。繩禮義,敦詩書,矜名節,恤菑患,庶不失親親之誼。前人用意至深且厚,五門支蕃而盛,志同道合,易俗移風,亟亟于將來是賴。至于慶吊諸事,各門屆期雖備有私禮，然亦當齊集共往，更見彬彬雅盛。若支下有不肖不弟、逆理亂倫之事，此王法所不容，天人所厭棄。玷辱祖宗，莫此爲甚！果係情真事實，必須連名公呈究處，逐出支祠。倘有仍蹈故轍，容隱各分畛域者，察出，一并議罰。

一、勤修理。祠宇爲妥侑先靈之所，宜潔净爲恭敬。非關五門正經大典及保安之事，朔、望灑掃，平時不得擅開，親朋不得在内宴會，工匠不得在内興作。祠内屋宇、牆壁、户牖，一有滲漏及當修葺之處，隨在匣内支銷修理，不可少延疎忽。門前坦上，毋得堆貯糧食、農器，曬打什物，縱放牛羊、牲畜。種種踐穢，司年、司匣諸人不時照察。倘敢故違，支裔則集議重罰，里僕則將什物、牲畜一並歸公，仍以家法責逐。頑梗不服，仍行呈公究處。怠惰從事，此又責在典守之人。

一、查器用。祠中所有新置祭器、供器，一切桌椅、辦用家伙，備書于簿，仍各書有"奉思堂"字樣，原以杜借用、盜賣等弊，司匣務者務要勤勤收藏，按冊交代，不得私自假人。若有損壞，即當修整。一經借出缺少，即坐祠匣司年之人賠新。

一、登源五墓標祀輪值。子、午、卯、酉年，昕公支下；寅、巳、申、亥年，猷公支下。到墓向有帶繳額利九五銀乙兩乙錢，貼往盤費九五銀四錢。當年置有祀田乙畝五分，存愛敬堂廣户内，以供祀事。今士俊將稅立契約推出歸公。嗣後，此項額利向匣中支領，卲石額利又在大祠支領，以爲定例。

一、吹手，伺候春、冬二祭，不比從前飲胙有竟日之役，所給胙盤酒，竟行革去。每祭用八人，給時銀四錢八分，外每人給索麵酒銀式分；甩麒麟燈六人，又在新娶之家給賞時紋銀乙錢二分，以歸畫一。若有臨期不到供役及額外多索，察出，一定查究。

一、立簿籍。祠中矩度《規條》、田地稅畝，備書于簿，外編定"禮""樂""射""御""書""數"字樣，每堂各給一本，俾支庶知所典守。又，《晋主立簿》乙冊、《經收出入立簿》乙冊、《歸户》乙冊、《租穀立簿》乙冊、《昭穆簿》二扇，均存匣内，遞年交代，司匣者不得污穢遺失，庶見慎重。

以上各條，務宜悉心遵守，毋面是而背非，毋始勤而終怠。丕顯丕承，行之無斁，則《祠規》永以不墜矣。

祭品陳設

大香案享堂乙張、中堂乙張；立臺；爐瓶享堂二副、香案二副、中堂乙副；昭穆牌；小香案香爐盒、匙箸、瓶包、茅盤；祭菜王祖前九簋、十二碟一席，鑲杯、盤、箸五付,席面、席紙、湯碗五隻,列主前九簋、九盤式席,鑲杯、盤、箸二十付;**剛鬣花香**;**柔毛花香**;**牌樓**;**蠹盤**;**五牲**;五臘、五花罩:食把;花食八仙、五禽獸;糖人馬;五瑚晒;五餅;十花碟;五果罩;五鹽蒜碟;錫杯乙百乙隻;胙盤;竹箸;茶坊點茶一架盤、茶壺;酒肆、禮壺、果盒、臺盞、三爵、三饌、毛血盤、分獻盤、酒樽袱、冪帛、盤二、祝文、昭穆簿;桌圍;盥洗所盆架、錦巾;**紅燭**六兩二對、四兩三對;香;大箔六千張,足數;川紙六百張;黃桶錢六千;鞭炮二掛;紅號衣帽八件;拜墊;棕薦五條。

公輸稅畝列後

祠基:方字三千乙百二十三號,田五分,土名碓圹。庚辰春,中和堂支下良黻敬輸,計契乙紙、稅票乙張。

方字三千乙百二十二號,田乙畝乙厘五毫,土名碓圹。

方字三千乙百二十三號,田三分,土名同。

方字三千乙百二十三號,田四分,土名同。

以上三號,共乙畝七分乙厘五毫,中和堂支下立人敬輸,計契乙紙,原紅契二紙、稅票乙張,內三千乙百二十二號稅,己卯年三月,出九分四厘乙毫與愛敬堂支下交。如載南等調換三千乙百十二號稅,以爲頭門出面。二號內在冊,淨稅存七厘四毫。

方字三千乙百十二號,田九分四厘乙毫,土名五畝圹。交如載:南天孚素,安令聞度。昭換契乙紙、稅票乙張。

方字二千五百三十五號,地乙厘五毫,土名上邊園。敦睦堂支下以德、以徽、以健、兆栢、兆梅等敬輸,契乙紙、稅票乙張。

慕本堂輸祀田陸畝八厘乙絲五忽,塘稅乙分乙厘二毫。九萬、九經、九榮、九牧、九宏,之淳、之瀠、之浩、之淮、之清、之漢、之汶,廷檉、廷棟敬輸,契乙紙,原底契四紙、吊稅票四張、上稅票乙張。

敦睦堂輸祀田陸畝,世佐、以倫、以德、以徽、玉彪、玉昇、玉龍、聖錫敬輸,契乙紙、稅票乙張、原底契乙紙。

繼述堂輸祀田陸畝柒厘捌毫,塘稅柒厘。其鈁敬輸田五分,契乙紙、稅票乙張;其鉦、其鈺、士賓敬輸田二畝,塘五厘,契乙紙、原紅契乙紙、吊稅票乙張、上稅票乙張;其銓敬輸田五分七毫,契乙紙、稅票乙張;學戀敬輸田三畝七厘乙毫,塘稅二厘,契乙紙、稅票二張。

愛敬堂輸祀田六畝二厘九毫。右文、偕愷、亦袞敬輸田二畝三厘二毫,同上號,合輸契乙紙、稅票二張;松侶等敬輸田二分六厘二毫,契乙紙,原買繼述堂祀田内餘多税便契乙紙,附繼述堂税票内;懷茂德、獲祥瑞、百壽、有經、其禄應六等敬輸田八分八厘乙毫,契乙紙,税附敦睦堂税票内。

中和堂輸祀田六畝二分五厘四毫,塘税五厘。子開、瑞齡、藝蘭、兆三、樹周、焕文、增五、季文等敬輸田乙畝四分七厘八毫,契乙紙、税票乙張;奕聲等敬輸田乙畝八分二毫,契乙紙、税票乙張;東陸、振履等敬輸田乙畝五分,契乙紙、税票乙張;禹成、在豐、蕚芳等敬輸田乙畝四分四厘七毫,塘税五厘,契乙紙、税票乙張。

五門共輸祀田三十畝四分四厘乙毫乙絲五忽,公辦登源五墓標祀田乙畝四分五厘,愛敬堂支下士俊推出歸公,計契乙紙、税票乙張。

本祠舊存田畝

支祠户:田三畝五分五厘二毫,地乙畝乙分二厘九毫,塘乙分六厘。

追遠户:田五畝三分乙厘七毫,地九厘二絲,山四厘四毫,塘四分乙厘。

兩户内查存田税八畝八分六厘九毫,地税乙……

塘五分七厘,山四厘四毫,與前五門所輸……

統造新立《歸户册》内,不細注祠宇。

有歸公舊主,本利銀九十四兩□□□張。

踴躍捐輸銀乙百七十四兩四錢,隆助晋主鉅典。□泐經收,《出入簿》内,均不復備載。

本祠置辦祭器、什物列後:

踴躍捐輸銀乙百七十四兩四錢,□助晋主,鉅典與□□,泐經收出入簿内,均不復備載。

本祠置辦祭器、什物列後:

光漆大香案一張,木匣;擦漆雜木香案一張;光漆立臺一對,貼金木臺盤;墁磚香桌三張;方桌十四張;官桌十二張;板椅十二把;板凳十二條;世數牌七扇;胙盤,新辦乙百、舊存六十二;面木匣二;錫杯乙百乙隻,木桶乙;錫禮壺乙把;爵三隻;饌碗三隻,同貯一匣,中和堂支下振履輸,永供祀用;分獻壺四把,匣一;漆字大插屏四扇;胙盤秤乙把,藍油木架;墊溝橋板二帖;棕薦五條;租穀大秤乙把;風車乙乘;竹兜八隻;竹籮二擔;木架風爐一個;胙籌方籨;穀掀乙個;穀扒二個;灰印乙個;搬箕二個;算盤乙個;猪羊架乙對。

□□木匣一、木榍二、藍緞箔線鑲雲轎頂圍袱,元青線繡神椅一、漆榍全、黄絹鑲雲油頂圍袱、錫方轎頂。

——［清］汪宏敬：《汪氏祠規》，清乾隆抄本

清乾隆三十二年三月祁門縣文堂陳禹範等立合祀文約

　　立合文約人拱仁公秩下陳禹範等、拱英公秩下陳萬仁、同趂等，緣貴池鮓村拱英公與祁西拱仁公、貴池拱皇公，俱係化玟公所出，而鮓村向未合祀高祖英烈侯妣郭氏夫人暨廣公、政公之墓。今查譜確實，鮓村萬仁、同趂等欣然有尊祖睦宗實意。但地距墳遠，難以備祭，萬仁等自願備錢二十八千，付拱仁公秩下禹範等面領，置租代爲輪椿管祀。遞年摽掃，期定三月十四日，鮓村着二人來祁，文堂款待，一同赴墓。其胙肉議於仁、皇二公分内共抽祭亥壹斤付領，文堂、剡谿人等不得有詞，而鮓村人等亦不得以胙少生議。自定文後，各守毋異。如違，以不孝論。今欲有憑，立此合文二紙，各收一紙，永遠存照。

乾隆三十二年三月十五日立文約人祁西文堂拱仁公秩下　　禹範
　　　　　　　　　　　　　　　　　　　　　　　　　　錫琳
　　　　　　　　　　　　　　　　　　　　　　　　　　英文
　　　　　　　　　　　　　　　　　　　　　　　　　　兆鳳
　　　　　　　　　　　　　　　　　　　　　　　　　　其璧
　　　　　　　　　　貴池鮓村拱英公秩下　　萬仁
　　　　　　　　　　　　　　　　　　　　　　同趂
　　中見　貴池剡溪拱皇公秩下　　巨卿
　　　　　　　　　　　　　　　　西有
　　　　　　　　　　　　　　　　卓人
　　　　　　　　　　　　　　　　智也
　　　　　　　　　　　　　　　　素文
　　　　　　　　　　　　　　　　品侯
　　　　　　　　　　　　　　　　群友
　　　　　　　　　　　　　　　　克英
　　　　　　　　　　　　　　文堂　紀書

——道光《文堂陳氏宗譜》卷首《合文》

清乾隆三十五年正月祁門縣謝村謝善則秩下謝宗魯等立設置祀匣修整祠宇議合文約

　　立議合文謝善則秩下宗魯、宗文、宗權、錫祺、錫璣、錫賞等，今因祠內蓋屬荒蕪，不但各項衆務無條，且祠宇亦已朽爛。蓋因秩下各顧其家，並未體念先人創業艱難，以致如此。猶恐後來更甚難支，是以公同商議將祠內照作六分人等，各執一人公朋經管，當在神前立押，設置祀匣，註簿謄清。將各項應臨祠內收費，以承祖遺有田租，概行公存。除償國課之外，將餘資入匣，陸續修整祠宇，并置器用。每年正月，公同秩下筭支明白，稍有剩費，長歸匣內，庶可賤積成滄，復續一番祀業，上不負祖先創業（心）[辛]勤，下不愧予等空續其後。自立合文之後，務宜同心辦事，共相鼓舞，不得臨事退縮，以及侵私肥己。在秩下未經局者，亦不得任意紊亂。如有等情，不但公同處罰，仍以不孝罪論。今欲有憑，立此合文一樣六紙，各收一紙，永遠存照。

　　乾隆三十五年正月二十二日，立議合文　謝善則
　　　　　　秩下　宗魯　押　弟宗泗代　押
　　　　　　　　　宗文　押　子錫淮代　押
　　　　　　　　　宗權　押
　　　　　　　　　錫祺　押
　　　　　　　　　錫璣　押　子文根代　押
　　　　　　　　　錫賞　押
　　　　公舉經事人　宗泗　押
　　　　　　　　　　宗權　押
　　　　　　　　　　文彬　押
　　　　　　　　　　文郁　押
　　　　　　　　　　振宮　押

　　　　　　　　——散件文書，原件藏南開大學歷史學院卞利處

清乾隆三十五年正月祁門縣謝村謝善則秩下謝宗泗等立復議設置祀匣修整祠宇議合文約

　　立復議合文人謝宗泗同族錫祺、錫賞、錫淮、文藻、文郁、文根、振宮等，

近因善則祠內不但各務無條,且祠宇更屬朽爛,故秩下大衆齊集商議,將秩下人等以作六分,各執一人經管。將祠內遺下田租併該善則應收集費,概行公存,以辦祠內各務。所有代年應交忠毅公清明租穀,併貼(牌)[排]年差費,俱在經管人遞年照例發交,仍存完糧之外,稍有餘資,陸續修整祠宇。衆心同呼則一,是以立有合文六紙,俱載花押。誰料璉分宗權希圖祠租久占,獨收肥己,不思祖宗基業將屬荒蕪,概行中途執拗不押。本欲衆心終止,猶恐基址更甚荒廢,豈不將祖先一番創業之苦付于流水?故五分人等復同商議,此舉蓋係秉公,並非私行。且上繼祖先之志,下遺子孫奕世綿綿,故前議必不可毀。于是復立合文,假宗權異日倘有執拗阻擾,五分人等不得畏縮不前。或要訟費,悉照秩下人丁公派,毋得推委。如有等情,不但以不孝罪論,且永不許入祠。自立合文之後,務宜同心扶公。今欲有憑,立此合文一樣八紙,各收一紙,永遠存照。

乾隆三十五年正月二十三日,立復議合文　謝宗泗　押

　　　　　　　　　　　　　　　　　　　錫祺　押

　　　　　　　　　　　　　　　　　　　錫賞　押

　　　　　　　　　　　　　　　　　　　錫淮　押

　　　　　　　　　　　　　　　　　　　文藻　押

　　　　　　　　　　　　　　　　　　　文郁　押

　　　　　　　　　　　　　　　　　　　文棖　押

　　　　　　　　　　　　　　　　　　　振宮　押

——散件文書,原件藏南開大學歷史學院卞利處

清乾隆績溪縣大谷程氏宗族世榮堂祠規

祠規

蓋家之有範圍也,猶國之有條律也。無條律則國不可以治,無範圍則家不可以齊。若我竹泉公之堂額"世榮",何爲耶?孟子曰:"仁則榮,不仁則辱。"夫仁天之尊爵,爲忠、爲孝、爲廉、爲節,砥柱乾坤,綱維世教,生有盛德,歿垂令名。古人天爵修而人爵從,匪啻榮其身,兼榮其宗矣,此意世世守之可也。今當重建支祠落成,因體額"世榮"遺意,著爲《家規》。《詩》云:"無念爾祖,聿修厥德。"凡我公派,慎毋爲躍冶之金,甘自蹈於不祥也。

一、時祭之修除宜豫也。凡春、冬祭之先期，定開支祠，看視朽漏，即宜修葺；塵垢，務必掃除，并溝渠、道路，均該值年督理。事畢，然後屆期舉祀。否則，神棲不寧，習禮無地，豈所以教孝思耶？公咎值年無逭。

一、祭器之檢察宜嚴也。凡祭器以及祠辦物件，先期檢點。或有當修者，則必修之以備陳設，毋許擅移家用。查出，罰銀伍錢。值年徇情通移，公議倍罰。其祠內已辦物件、祭器等項，載在斯簿。或有欠缺，該值年補辦，取給於公，另列簿書，上下輪流承管，必要逐一檢明。如有失遺，責在典守，務出己貲賠補交代，毋諉咎焉。

一、祭儀之豐潔宜備也。凡祭儀，前一日，該值年辦理，須豐而潔，其犧牲、豆籩，備刊《祠祀》，每祭，照此遵行。

一、祀事之祝帛宜虔也。凡祝文、紙角一切冥資，先期備辦。書寫俱要端楷，毋得舛訛；手製俱要精工，毋得苟簡，并定每紙角裝錫箔三十張、建紙二十張。違者，公罰經手并及值年。

一、對越之禮容宜肅也。凡典禮者，衣冠須要整齊，奔走皆宜中節，以將敬謹之忱。毋得諠譁怠傲、跛踦失儀，致貽怨恫，而主祭之敬恭為尤甚。即一切值事者，亦不得科頭跣足，及有惰慢情形。違者，以不敬論。

一、頒胙之品節宜詳也。凡春、冬祭三獻，主祭者與斯文與祭者，各給豚肉壹觔、米粿貳觔、酒錢肆文，登科甲者加倍。不與祭者，不給。遇考與出仕，不與祭者，准給。其斯文中，六十歲以上，不與祭者，准給。童生與祭者，照斯文減半。非遇考，不與祭者，不給。支丁與祭者，給饅頭半觔，不與祭者，不給。其男丁六十歲者，給豚肉半觔、米粿壹觔、酒錢肆文，雖不與祭，亦給；七十歲加倍；八九十歲，照此遞加。其百歲則不拘男婦，概給豚肉捌觔、羊肉捌觔、米粿捌觔、魯酒捌觔。已上二祭之胙，每祭一樣頒發，無異宜也。其重建新捐銀胙，則頒於冬祭，每銀壹兩給豚肉半兩，粿酒俱不頒。配享胙，則頒於春祭，另制配享條，并定所有頒胙，皆依祠辦天平子秤為則，毋得移易。又派中有斯文，係捐納者，每名於初捐年輸錢壹兩，交祠裕祭。其支丁係建祠後產未經科配建費者，每丁於初產年出錢壹錢，交祠修葺。如錢不交，則均不准給胙。

一、配享之條陳宜析也。凡配享，每名定批腴田硬租肆鈞，值年者秉公臨田，核照租簿實收，以紀其數。否則掉換，無異制焉。比年配定，則春、冬配祖享祭，春祭給豚肉肆觔、米粿肆觔、酒錢拾貳文，冬祭不給。其願有祭無胙者,每名租數減半。至所配之人,或宗祖未經享配,須從未配之祖,配至本身。否則,不准。又或有現在無人承祀者,亦不准配。若已配之人係逐年交租享祭而未批田者,自後務要批齊,不得或入或出。違者,以不孝論。其已配而已批田者,則永不許伊子孫出退,亦不許賣胙賣祭與他人。違者,聽本祠責懲,其所賣之項,仍該祠執管,買者不得踞業退價。如忠孝、節烈受旌表,及出仕七品以上者,一體配享而不頒胙。

一、董事之胙祭宜節也。凡重建支祠董事者,悉照刊斯譜人名,定春、冬二祭,生前散胙,宜食餕餘;生後享祭,宜受西獻。至子孫,只不散胙,不給胙,及踞執管、祠總、子頭,俗例概行不許。或遇公舉值年,仍當遵管依《值年條例》。其後,祠派有蠹食祠產、污壞祠宇、私用祠器,一切敗祠《規條》者,該原董事之子孫理論。若該修造,亦當倡率值年扶同經理。

一、時薦之便俗宜遵也。凡清明及臘祭,定期前三日,該值年承辦庶饈、束帛之儀,以薦歲事,毋得褻慢不恭。至一切生忌薦新,悉聽派下於祠西室不時供獻。

一、祭產之綜理宜周也。凡祠內產業,現立世榮户收稅。日後,公輸、公置,其土名、稅額須歸本户,其佃名、租數隨登租簿,庶無遺佚。及逐年收租,或豐或歉,俱要嚴察公取,不可遷就。若遇田塘崩潰,務要隨時修整,所費取給于公,此皆值年之任,不得辭責。又祠田無許派下佃種,以啟吞(筮)[噬]弊竇。否則,本祠責懲。其非在派下而強吞者,呈官究追,准公開支。

一、囂塵之褻瀆宜禁也。凡祠正寢并東垣、西室一切屬祠產業,毋許停居借住、堆積用匠以及凶喪事務,致瀆寢室之靈。此則所以肅觀瞻、綏妥侑,關係尤重,不可稍寬。違者,任眾搬毀。若派下有吉慶之事,方許在祠暫用,則不得用祠器具,亦不得損壞堂室,垢污墻壁,致議修除。

一、匾額之布置宜定也。凡懸匾,須豫為後人之地。如登甲第者,定懸正步梁;登科,定懸前步梁;選拔歲貢,定懸兩廊前步梁;百歲,定懸二照月梁;忠、孝、節、烈,受旌表,男人定懸東西擔梁,婦女定懸兩廊照壁。及出仕七品以上而非科甲出身者,定懸下堂梁壁,庶先後無錯置之嫌矣。已上登科甲者,祠內給匾銀肆兩;選拔及旌表與出仕者,給匾銀貳兩。其世榮堂匾之下,無許重懸遮塞。其餘不在科甲及旌表與出仕之列者,聽懸己室,不得在祠張掛。

一、進主之名分宜正也。凡祔祠,照定昭穆升位,不得紊亂。每名交祠錢貳錢、神牌錢伍分,該值年發牌登簿,然後祔祠。其幼殤,每名交錢伍分,值年登簿,書入邊龕粉牌,毋得混躋。如建祠所欠配丁銀并建後上丁錢,及現今進主與神牌錢未交者,務要交楚,方准祔祠。至革祠之人,則永不准祔焉。

一、本支之非種宜鋤也。凡有顯摘異姓人承祧及孀婦已適人者,生死不准入祠亂宗。但或跡介疑似之間,不得生端滋擾。若有實無所歸祔,准向值年者請,其於祠外西室之粉牌附名,不得擅自書寫。此亦特行權法,俾爲伊子孫自薦之地耳,毋得登簿享祭。如值年者受囑登簿,公議革祠。

一、派下之薰蕕宜辨也。凡祠內有忠孝、節烈、發甲、登科及顯揚門第者,自當褒嘉匾額配享,俱條既載之悉矣。并定入泮、入監祭祖者,則給糕、元各一品;赴童子試、鄉、會試者,則于本祠文會資給盤纏,銀兩之數,另載文會譜書,亦在值年經管,均當蚤發。如或忤逆有悖人倫、非爲有乖風化者,各宜分別懲治,重則革祠,輕則責罰。但非確有實據,不得借公行私。

一、值年之公勤宜凜也。凡管祠以得人爲要,公舉斯文中賢能者,拈鬮分值。每年定輪四人承之,一切出入錢穀,須當嚴其去取,無許派下借貸往來。至置田業,須要值年四人會同公看公買,毋得一人私售,致滋弊端。所該辦祭頒胙、修治宅田、雜項開支,逐年清明後五日核算。其所有剩餘并所有簿籍,備交次輪,不得托人代管及固不管,亦不得苟貪便利,踞執強管。至所算之帳,須(帖)[貼]祠前街口以示,共見共知。如此,維公維勤,無猜無忌,無私羨息以飽己囊,無耗公財而靡閒費,使迭相授受,會計瞭然,庶年餘紅朽,歲置膏腴,則財恒足而祠常新矣。

已上共計十六條,皆屬近情切務,爲望人人恪守,庶不愧爲克肖子孫也。《詩》云:"不愆不忘,率由舊章。"其是之謂乎?

——乾隆《大谷程氏世榮堂家乘》卷一《祠規》

清乾隆績溪縣大谷程氏宗族世榮堂祠祀規儀

祠祀

《家禮》云:"凡祭,主於盡愛敬之誠而已。貧則稱家之有無,疾則量筋力而行之。財力可及者,自當如儀。"今者支祠落成,祀產始有壹,是潔牲束帛之儀,皆因時而略定。異日,廣置祀田,光大門第,增其制,隆其儀,在所厚望焉。然簡（簿）[薄]固不可也，而僭奢亦不可。孔子曰："禮不可不省也。"禮不同、不豐、不殺，亦此之謂也。

時祭：卜春分、冬至前吉日，為正祀之辰。先期具修合用之器：椅十六，棹十二，酒壺三，茶壺三，尊一，爵三，酒盂三十六，茶盂九，豆二十四，登三十六，饌盤九，飯碗三十六，箸三十六，簠三，簋三，筐六，盥盤一，帨巾一，棹衣十，攢盒四，菓盒三，五事六副，立臺一對，牲盤二，牲俎二座。合備之物：牲羊、豕、雞、魚、鴨，蛋，酒，菜，菓，茶，米，麵，醬，醯，鹽，柴，香，燭，紙，箔。合辦之儀：正獻：鮮雞一，鮮鴨一，鮮魚一，豕胾一，羊胾一，蛋膠一，鯽餅一，豬肚一，豬肺一，時笋一，糗食一，酏食一，饌雞、魚、豚肉，飯一，粥一，碗飯十二，盂酒十二，羹三，帛一，祝一。東獻：鮮雞一，鮮鴨一，鮮魚一，豕胾一，羊胾一，蛋膠一，鯽餅一，豬肚一，豬肺一，時笋一，糗食一，酏食一，饌雞、魚、豚肉，飯一，粥一，碗飯十二，盂酒十二，羹三，帛一，祝一，紙角各一；西獻：同東。總案，嘉肴六盒，羊、豕之屬，潔粢六盒，糗、酏之屬，山珍六盒，棗、栗之屬，海錯六盒，鱗介之屬，攢盒三，或全碗，旨酒一丹墀，豕一，羊一；西室：攢盒一，酒三。合用之人：庖人二名給銀二錢，宰夫屠豬八分，屠羊五分，役隸二名，給銀二錢，樂夫六名，習儀給銀二錢四分，正祀給銀三錢六分，臨祭不到，責處。

前期三日（齊）[齋]，主祭典禮者，各致（齊）[齋]於內；前期一日，設位：正寢正獻案一，東楹分獻案一，西楹分獻案一，中堂總案一，行堂讀祝所一，阼階盥洗所一，下堂主祭所一，東廊壺爵所一，西廊祝帛所一。陳器，省牲，滌器，具饌。習儀，是日，主祭者詣祠，親筆填名；祝文典禮者親筆填名。司事臨祭不到者，作不與祭例。儀注：盥洗，啟櫝，焚香，參神，降神，省牲，主人親殺，瘞毛血主人監理，進饌，奠帛。初獻，讀祝；亞獻；終獻。侑食，獻茶，辭神，焚祝帛，望燎，掩櫝，徹饌，禮畢。厥明夙興，值年者春丑起，冬寅起，各案香燭點齊，祭器、祭儀備設，命人村衢遍敲鑼一通諭衆。及次時初刻，再命遞放三炮。至末刻，薦畢，主祭、典禮者俱詣祠肅儀。平明不到者，作不與祭例，斯文、丁憂并支丁，俱屬陪拜。如至祭後不到者，亦作不與祭例。質明，行祭。

儀節：通唱："序立，執事者各司其事，陪祭者就位，主祭者正位。"引唱："正位。"通唱："啟櫝。"引唱："詣盥洗所，行盥洗禮，三獻皆引主人升降神，奠帛、進饌同。再行則不用此二句。升階，盥洗，進浴，進巾，詣香案前，行啟櫝禮，跪，啟櫝執事啟櫝，上香三炷，俯伏，興，平身，復位，降階。"通唱："參神，鞠躬，拜，興；拜，興；拜，興，平身，降神。"引唱："詣神位前，行降神禮，升階，跪，進爵。執事一人跪主人之左,進盤盞,主人受之。斟酒,執事一人跪主人之右,斟酒於盞,酹酒,主人左手執盤、右手執盞,傾酒於地,俯伏,興;拜,興;拜,興;平身,復位,降階。"通唱:"奠帛。"引唱:"詣神位前,行奠帛禮,升階,跪,進帛,奠帛,獻上神位前,俯伏,興,平身,復位,降階。"通唱:"進饌。"引唱:"詣神位前,行進饌禮。升階,跪,進饌,執事一人奉三牲、一人奉糗糧、一人奉羹湯,主人受之,奠饌,獻上神位前,執事受之,各置神主位前,俯伏,興,平身,復位,降階。"通唱:"初獻禮。"正獻引主人升。引唱:"詣神位前,行初獻禮,升階,跪,進爵,斟酒,奠酒,獻上神位前,執事受之,置神主位前,各盞斟酒,分獻、亞獻、終獻同,俯伏,興,平身,詣讀祝所,跪。"通唱:"主人以下皆跪,讀祝,俯伏,興;拜,興;拜,興,平身。"引唱:"復位,降階。"通唱:"分獻禮,東西獻引主人升。"引唱:"詣神位前,行分獻禮,升階,跪,進爵,斟酒,奠酒,獻上神位前,俯伏,興,平身。"通唱:"分獻讀祝。"引唱:"跪,俯伏,興;拜,興;拜,興,平身,復位,降階。"通唱:"亞獻禮,三獻皆引主人升,已後同。"引唱:"詣神位前,行亞獻禮,升階,跪,進爵,斟酒,奠酒,獻上神位前,俯伏,興,平身,復位,降階。"通唱:"終獻禮。"引唱:"詣神位前,行終獻禮,升階,跪,進爵,斟酒,奠酒,獻上神位前,俯伏,興,平身,復位,降階。"通唱:"侑食。"引唱:"詣神位前,行侑食禮,升階,跪,進壺,興,侑食,主人執注,遍斟諸位前;執事遍插匙飯中,復詣案前,俱退分香案前,鞠躬,拜,興,拜,興,平身,復位,降階。"通唱:"主人以下皆出,闔門,祝揖而升,闔諸寢門,退而分立兩傍,祝噫歆。祝當北向作欬聲者三。啟門。祝啟諸寢門退揖而復位,獻茶。"引唱:"詣神位前,行獻茶禮,升階,跪,進茶,斟茶,獻上神位前,俯伏,興,平身,復位,降階。"通唱:"飲福受胙。"引唱:"詣飲福位,行受胙禮,升階,跪,執事一人取酒盞於神位前、詣主人之右一人取匙,抄諸神位前之飯各少許,以盤子請主人之左,受酒以蓋立授主人,啐酒略嘗少許以盞,授執事者,通唱,嘏辭,祝曰:祖考命工祝承,致多福無疆。於汝孝孫,來汝孝孫,使汝受祿於天,宜稼於田。眉壽永年,勿替引之。"引唱:"受胙,以胙立授主人,主人受胙,嘗之,俯伏,興;拜,興;拜,興,平身,復位,降階。"通唱:"辭神,鞠躬,拜,興;拜,興;拜,興;拜,興,平身,焚祝帛,望燎。"引唱:"詣燎所,行望燎禮。"通唱:"復位,掩櫝引唱,詣神位前,行掩櫝禮,升階,跪,掩櫝,執事掩櫝,俯伏,興,平身,復位,降階。"通唱:"徹饌,禮畢。"引唱:"揖。"

春分、冬至祭文

習儀:事有由慮,匪豫奚施?物有攸宜,惟備乃可。此祭義之具載,亦孝子所當循。時屆仲春、冬,禮行烝、祠祭。修其碩寢,供厥特牲。虛中以洽,庶志意之。能諭先期而習,冀禮儀之莫愆。衣冠雅集堂階,樂奏備舉簫管。尚宗尚齒,登降拜獻,咸覩肅肅雍雍;司祝司尊,進退周旋,群飲濟濟秩秩。吉蠲爲饎,質明而行。謹告。

正獻:堂構相承,大宗、小宗并著;俎籩不替,入戶、出戶如聞。欲追報而難窮,思薦歆於有永緬。惟譜系溯本廣平,來守新安,聿開篁墩之族;遞遷暨北,爰奠錦谷之居。在昔鳩宗建祠,於今合離萃渙。越我支祖,筮仕漢川。分鳴單父之琴,韵流別阜;擬植河陽之樹,花映晴江。迨返棹以遂初,乃懸車而偕隱。敬恭桑梓,作時髦之儀型;式擴堂基,貽世榮之休美。華庭光燕翼,孟仲叔季皆賢;奕代濟冠裳,曾元來昻克紹。且同心黽勉,咸仰婦則女宗;縱口澤空存,猶沐陰扶默佑。茲當春、冬仲,祠烝祭禮殷,百物漸蓄、萬寶告成,想當年之所嗜;樂三牲奉養,展此日之惟馨。靈爽式憑於几筵,執事之祼將有恪;精英儼在乎肸蠁,工祝之承命非虛。鑒茲微忱,惠以景福。伏惟尚饗。

東獻:束身名教,砥礪廉隅。若徽柔,若懿恭,作一鄉之楷範;爲忠孝,爲節烈,昭千古之綱常。允高月旦之評,無忝人倫之目。又況情更殷於述事,尊親永奉膏香、膻;志彌切於惇宗,奕祀無忘俎豆。言坊行表,閭里咸推家乘之光;實至名歸,寢楹寧缺鄉賢之報?時當春、冬仲,祠、烝祭禮殷。奠幣陳辭,我祖臨之在上;奉牲饋食,群公質之在旁。歆我酒漿,錫茲祉福。尚饗。

西獻:幹才天賦,英略性生。率乃祖之攸行,桑梓企豐功偉烈;徵所生之無忝,枌榆推孝子賢孫。思百廢而具興,賴群材以分治。重擴先人之締造,肯構肯堂;永綿奕葉之馨香,以妥以侑。當鳩工伊始,曾廢寢食以經營;豈築室既成,莫酬風雨之櫛沐。茲逢春、冬仲,祠、烝祭禮殷。敬布芳筵,東座咸徵其秩秩;虔陳時物,西楹亦樂夫雍雍。降鑒匪遙,來歆是荷。尚饗。

——乾隆《大谷程氏世榮堂家乘》卷一《祠祀》

清乾隆歙縣東關濟陽江氏宗祠燈節事宜

宗祠燈節事宜　開列於左

一、燈節股法,閹定甲乙,按年輪管,週而復始。

一、輪管司年,每年二十股內,議四人總領其事,文號二人,行號二人,收貯燈絲,交付下手,公同驗好封鎖,不得徇情私借。查出,罰銀貳兩。

一、燈事租息，公匣立收《收支簿》，司祠年者先時取討，統貯匣内。及期，司燈事人領出支用，事竣結算，贏餘歸匣。如丁胙用度不敷，量撥此項租息通融辦理。

一、本祠置辦燈絲，皆刊"江氏宗祠"四字，以杜外人假貸，願輸入祠者同。

一、現備燈絲等件，皆編注入簿，以便稽查。

一、現用之燈，祠内備者不敷，皆支丁踴躍借湊。現在勸勉孝慈子孫量力樂輸，並飭司年積貲置辦。如未辦齊，原用之燈，各須借出，不容推委。

一、張燈，於十一日放索，十二日掛燈，十三日午前，鋪設廳堂大燈，以貳兩燭兩班爲率，餘燈並視堂燈。

一、張燈三夜，每日中堂鋪設用爐瓶、棹幃、席毡、獻茶陸樽、杯盤陸副、供碟貳拾肆具、獻菜玖品，皆司年均備。事畢，各自徹回，不支匣費。

一、每夜，辦蠟燭約貳拾觔。

一、每夜，支錢貳百文，辦紙箔、花爆。

一、每夜，吹手陸名，給工食錢伍百文。

一、設茶供客及辦翠燈等件，共支錢約壹仟文。

一、倩人夫貳名，收掛燈絲、借送什器及打掃、守夜，共給工食錢玖百文。如不小心打破損壞，即扣工食修補。

一、燈絲用後，倘有損壞，當支公匣修整，上、下手眼同封識，交付下手。

一、新製燈彩、香案暨祭器各物，原供祠用，不得藉口衆物移用及假借外人。違者，罰銀壹兩入匣。

——乾隆《新安東關濟陽江氏宗譜》卷二十四《事宜》

清乾隆歙縣東關濟陽江氏宗祠新訂事宜

宗祠新訂事宜

一、繕修祠宇所以安祖靈。既經修整，益宜潔净，一切木石、材料及什器、壽器等件，毋得仍前堆放。其廳堂、廊廡並兩壁、厢房，亦不得假館及租僦射利。兹議不置守人，慎其管鑰，責承司年掌之。其有風雨燥濕，即時修葺，毋庸怠緩，以致損壞，費則開支公匣。

一、序世系所以辨尊卑也。靈爽同栖一龕。倘有攙越，其安坐乎？凡上牌者，須依世次安排，無得任意位置。

一、祠內公製神主牌，非徒以昭畫一，更以便異日稽查。嗣後，請主牌者開載世次名目、某公支下，**男主並開生年月日時**，**納值百文入匣**、填明年月日、字號於簿，然後公同啟鑰。如實貧無力者，免其值。其有系絕無繼者，支親爲之申明，祭日，祠內公家爲之上牌。倘簿無字號，日後檢見，概行黜之。如未及冠及或再醮者，俱不准上。

一、已併各主，久藏夾室，必致混雜。茲啟二坑於座後圍牆內，分男婦埋藏。但未立有簿，載明各主生歿，子孫日後恐無稽查。續後若併主，須將各主世次、名諱、生歿及奉祀子孫悉謄一譜，以存公匣，庶可稽考。

一、春、秋祭，百廿股；冬至祭，五十一股。舊存一切田畝租息，向有股法，輪流收取辦祭，頒發像胙、股法胙，及輸東北隅二啚三甲江宗祠戶、江宗岷戶、東關三啚五甲江祀祠戶、東關五啚三甲江湘戶，共納糧官則肆兩捌錢柒分叁釐，前已刊載《族譜》，今悉仍其舊。

一、施村刺史公墓標祀，向屬司春祭者辦，茲仍其舊。

一、二世祖太醫令之南公暨安人汪氏、三世祖漢陽學博士繼祖公暨安人俞氏、四世祖航公暨孺人張氏、十二世祖妣太醫院使秉哲安人趙氏、十三世祖妣太醫院使汝弼安人程氏、十四世祖歙州教授藻公暨安人程氏，悉葬前後，上、下施村，理宜標祀，但世遠年深，難於識別。司祭者統具祝文，並增錫箔壹把、建紙貳拾刀入化。

一、團拜，春、秋祭，刺史公標祀，冬至祭，五次丁胙，俱後增設。茲議二十五人承辦，每年五人，甲乙輪轉。

一、施村墓後地，麥租玖斗、菽租伍斗，及天利同妻王氏捐地菽租壹石，并歸新聞二十五股辦標祀丁胙，其租不敷所用，議以團拜之餘通融辦理。

一、解元坊店屋壹間，係祠內舊業，原租錢肆千貳佰文，新加租錢叁千捌百文，因此次修祠移用，燈事紋銀壹百兩，公議以此項一半抵作子金。自後，百廿股法收取一半辦祭，司燈事者收取一半，爲張燈使用。

一、閹定司年者，按年接辦，自秋祭至次年春祭，事畢交卸，所有穀、麥等租，公同收曬。租力曬工，匣給。公封倉門，出糶及租利銀錢，公同投匣，一切收支，填明匣簿，事卒結算。收取、開支、現存賬目，交付下手，並開一單，貼於二堂壁上。所有羨餘，悉貯匣內，爲公事取用，不得絲毫染指，亦不准予人領借。租息豐歉不等，開載《租簿》，務須楚晰。其徵租取息川費，開支公匣。

一、各契文、歸户税票、租批及並神主原簿,並廿四族江村會修《總譜》兩本,統貯一匣,封鎖藏宗祠内,司年五人公同封識。每年一行展閱,交代下手,另換條封。

一、《契文簿》《上牌簿》,遞年《收支賬簿》《燈事收支賬簿》《交代簿》,另具公匣,隨司年流轉。每年上、下手於八月朔日,齊詣宗祠交割,須各查點明白。如有遺漏及賬目含糊,即公同檢舉,不得徇情。

一、税業租佃,粗載各條下,另立有《契文簿》,係抄本,存公匣内。

一、元旦團拜,用爐瓶肆副、棹盒肆座、點茶肆架,皆司年者備。紅燭肆對計貳觔、小燭肆對計半觔、錫箔壹把、建紙貳拾刀、料棒香半把、全紅百子壹串計足百個、吹手肆名給工錢壹百貳拾文、和合餅捌個,皆支匣銀公辦。

一、春、秋、冬至三祭,每祭另辦錫箔壹把、建紙貳拾刀,入衆焚化,費支公匣,臘祭亦同。

一、完納各胙産及燈事錢糧、營米,亦支公匣。

一、每逢朔、望,司年清晨啟鑰焚香,除司匣外,每人各司一季,即以查看祠宇滲漏,便爲修理。

一、修理祠宇,須通知五人,以便啟匣取費。如遇門前污穢,則隨墊微貲,着人打掃,司匣補還。

一、祠内鎖鑰,惟大門、二門每季焚香者輪流交管,其契文匣、燈房、祭器房、享堂諸鎖鑰,惟存司匣一人,以專責承。上、下交卸,須看明白。如有損壞,惟司匣、司年是問。

一、頒胙:團拜,每人大和合餅半觔;春祭,小和合餅半觔;秋祭,月餅半觔;冬至祭,饅頭半觔,皆二十兩足秤,無論已、未冠。其發胙定在大門耳門,門外不得容情給胙。

一、刺史公墓標祀,每人頒胙小和合餅半觔。能拜跪者,予胙,亦二十兩足秤。

一、每祭,發胙後,發票若干,比即公同點明,不得私自夾張。與人票有餘多,看明某號,止即行毀去。次日,照票開一清單,發胙餅若干觔兩,計錢若干,貼於二堂,以便公閱。

一、主祭者,增胙一股;年登七十者,增胙一股,以上遞增。

一、出仕及士子赴大小試,未及與祭者,頒胙壹股。

一、司年五人,每祭各增胙叁股。春、秋、冬至三祭,另各給胙肉壹觔。

一、捐貲修祠宇及捐置胙產名目,並載後幅。

一、新闡司年二十五人,名目並載後幅。

一、原額禮生胙名目,附載後幅。

一、各項捐輸及材料、工程一切收支細賬,有簿存匣。

——乾隆《新安東關濟陽江氏宗譜》卷二十四《事宜》

清乾隆歙縣東關濟陽江氏宗族祠規

祠規

整飭宗祠。祠之建也,妥先靈而嚴享祀,非惟肅觀瞻已也,理宜潔净,不容私家工作、堆放木料及什物等項。或遇風雨燥濕,司年以時修葺,毋得怠緩。其牌位依世系安放,公家製定,以昭劃一。婦人再醮,不得入祠。如有故違,除議罰外,仍黜其牌位,以懲不敬。

元旦團拜。履端伊始,拜謁宗祠,展一歲之誠敬,本祠設鼓樂,備香燭、菓酒。各支下小大,入廟行禮,先拜祖,次團拜,昭穆爲序,不得紊亂。禮畢,受胙,以次相及,尊卑之分於是乎觀,禮蓋亦文教之一端云。

慶賞元宵。宗祠元夜設燈,亦爲時和年豐、燕樂宗祖,例以正月十三日起,張結燈綵,備設筵席,鼓樂、茶酒,至元宵後十七日止。其費立有燈會,輪流司值,各項照式。遇有損壞,即宜修整,後嗣能因其緒而光大之,又在好義樂輸者。

春、秋祭祀。春、秋、長至三祭,悉遵前制舉行,各宜誠敬,以昭報本、伸孝思,無故不容不到。其致祭之儀,期于豐潔,庶神明感格,福邀闔族。有力者,或增置祀田,備祭器,誠敬之意,存乎其人。

清明祭掃。祖宗塋墓,血脉攸關。吾族墓不一處,標祀非一日能遍,難限以期。惟始祖刺史公墓,於宗祠春祭之日,隨詣施村行禮,禮畢,照例頒胙。其餘諸塋,各支邀集標祀。凡有蔭木,毋得砍伐。遇有缺壞,量力修砌,毋得漠視。

尊崇族長。一族之中,分尊而年高者爲長,凡有關於族者,諮而理焉,此宗法之遺意也。蓋有司雖父母斯民相臨者分,族長表率闔族,相洽以情。凡我族人,宜知敬信,如有故違,公議黜革。

居家孝友。善事父母之謂孝,善事兄長之謂弟。夫人而知之宜,夫人而能行之,安有不孝不悌者哉？然或拘於氣禀,染於習俗,漸流而無以自新也。凡吾族衆賢者,固知自盡。其不肖者,必加勸懲,願後嗣勉之。

敦義睦族。舉族之人,其初一也,故喜相慶、戚相吊,恩洽而情通。祖有明訓,可以世守。其或强欺弱,衆暴寡,恃尊凌卑,以少犯長,此爲涼德,吾族之人,毋蹈覆車焉。

——乾隆《新安東關濟陽江氏宗譜》卷首《祠規》

清乾隆婺源縣星源銀川鄭氏敦本堂祠規

敦本堂祠規

一、祠堂之設,原爲祖宗神靈栖止之地,理宜潔净嚴肅。日後,子孫非正務,不得在此驚擾,各房物件不得借此存貯絲毫。如違,公罰。

一、祠堂門首爲外人往來觀瞻之所,亦宜整肅開敞,固不可堆積物件,尤不可泥塞污穢。如違,公罰。

一、祠内椅、棹以及家伙器皿,原備祭祀拜掃之用,經理祠務者,不得狥情私借出門。如違,與受均罰。

一、祠内租穀、銀錢,除供國課外,以備祭掃修墳墓費用。經理祠務者,須要公心,代祖宗辦理生殖,不可絲毫侵欺。有功則後日註譜示獎,有私當前,查出,立罰。

一、祖墳蔭木,各房子孫須宜時加保護,不得魆地盜砍、盜捊。如犯,以不孝罪論,除聞官究治外,仍削名出族。其或朽壞風折之木,務須通知各房族長看驗,公估出售,爲安奠費用,不得私行竊取。如違,公罰。

一、祖墳所立禁碑、合同之處,日後,子孫毋得侵葬。如犯,照盜蔭懲治。

一、祠内祭儀,依《文公家禮》,以宗子主祭,其餘序齒序爵,不得以小加大,以賤凌貴,紊亂先賢遺範。

一、本族一切大小争端,兩家須先投明各房族長,開祠公論是非曲直,不得遽行聞官訐訟,而各房族長亦宜秉公勸諭,不得偏袒曲徇,致生事端。倘理不實而故意執拗者,公同斥罰。

一、孝弟爲百行之原,前人于《家範》内已諄諄言之。第其詞理,恐人一時難曉,今復明白申示,如族内有不順父母及欺侮兄長者,即時呈官,照律治罪,決不輕縱。其或有賭博、飲酒,不顧父母之養,好事逞凶以危及父母者,亦以不孝罪論。

一、本族有强横不法者,各房族長須先再三理諭。如敢不聽,公同呈官究治,不得徇情輕縱。

一、本族有孤寡貧弱不振者,族中須多方保護、扶持,不可置之膜外,致有無告之苦。

一、新修《宗譜》,除存《敦本祠草譜》一副外,共《正譜》三十三副、《草譜》二副,已經編列字號,分散各派各房。所是領譜之家的在　年清明　日爲期,親携全譜,至祠呈驗,毋得托故不前。如違,公罰。

一、本祠自修譜之後,設立《紅格》本,存貯祠内,的在每年清明日爲期,凡族内添丁之家,至祠報明升上,并要照依世次行第註清,不可違混。其名字已經入譜,而婚嫁、没葬未上者,亦照此例載明,後日修譜可免遺忘之失。各宜體遵,幸勿因循。

一、本祠左右兩邊所存路地,毋許私塞,已經載明《祠堂圖》内,兹不復贅。

——乾隆《星源銀川鄭氏宗譜》卷末《敦本堂祠規》

清乾隆婺源縣雲川王氏宗族新增祠規

新增規條

一、元旦,合族拜祖,六十以上,照排行第拜于堂中,祠首酬餅壹對,入後寢,以次列坐,值年子弟進茶、果、酒、餚,以伸敬老之誼。其未六十及十五以上者,照排行第拜于堂下,祠首亦各酬餅壹對。其有應試出仕及八十以上者,雖未行團拜禮,亦許親人領餅。

一、祠首設立《丁簿》,載上年所生之丁,上註房分、父名,中註新丁名及月日時,以便後來修譜易編行第。元夕,各新丁張燈于祠,十六日,祠首點明,各酬丁餅壹對。

一、嫁女,先送公堂禮帖入祠及投帖各紳衿,驗明門第,方許鼓吹接轎婚娶。迎送花轎,定以五服内或三服親。若有私親往來,聽從其便。所有會大賓客筵席,禮從豐備。族内歲時伏臘、常燕,定以六簋爲率,無俟多品。殯葬吊奠,原以稱家,爲禮送帛,悉照律例服數,不得狗憑陋俗。

一、祭祀、賽神各項會事,概無許用犯諱犯禁器皿、服物。違者,約保呈治。

一、賀禮,文武入泮,肆兩正;國學,壹兩陸錢正;鄉飲賓,捌錢正;雜職,壹兩正。恩、拔、副、歲、貢，祠辦石木，不竪旗，准作賀禮；例貢，賀儀叁兩，聽其自行竪旗；登科，代竪旗，外仍給賀儀拾兩；會試，給盤費銀拾兩，登第，代竪旗，外給賀儀貳拾兩；應鄉試，每名給卷貲伍錢，中途託故不到者，勒還。

一、赴任程儀，本省捌兩，鄰省拾陸兩，遠省貳拾兩。八品以下拾兩，七品以上貳拾兩，雜職捌兩。任滿榮歸拜祖，定輸俸，置田入祠，以襄大典，照例給世胙。

跋曰：祠之氣象閎矣，祠之規嚴而有則矣。獨祭義久缺不講，告諸當事，反以好事排擠之。噫！危矣！風俗之壞，不壞於千萬人，而壞於不學無術之人；禮樂之興，不興於隨聲附和之人，而興於識力主持之人。筆硯之暇，思亟挽回，幸叔楫、侄霖概有同志，相與修明祀事，參酌古制，使其人彬彬爾，其物洋洋爾，其位秩秩爾，其儀肅肅爾。敦仁致孝，永守勿渝，誠吾祠一鉅典也。豈若酬神賽會徒供戲玩云乎哉？二十七世孫元孝謹識。

——乾隆《婺南雲川王氏世譜》卷一《祠規》

清嘉慶十年正月祁門縣文堂陳正光與貴池陳應謙等立合祭始祖妣郭氏等合同文約

立合同文約陳化珉公支下祁門文堂正光等、貴池剡谿應謙等，爲覆議合祭，以恢祀典、以培族誼事。竊惟始祖唐英烈侯彥文公卜葬浮北三里灘、妣郭氏夫人葬浮城西門外，二世祖朝散大夫廣公葬背埠坑，六世祖政公葬大惟都馮家住前、妣鄭氏孺人葬長安都泥灣，各處墳墓，先世已經合祭。因剡谿境隔較遠，具有托約，文堂具有領約，置產立規，歷祀無異。邇因祭儀價重，費用浩繁，而況三世祖迪公、四世祖京公、五世祖淵公、七世祖簡公、八世祖化珉公各處墳墓，俱宜合祭。自今覆議：以後面訂彥文公及化珉公、八世考妣摽祀祭典，剡谿共加出銀陸拾兩，仍托文堂宗長領去置產，以爲前後八世考妣墳墓永遠摽祀之資。每值輪祭之期，祭儀一切，盡係文堂代辦，所有《規條》，開載於後。今恐無憑，立此合同文約一樣貳紙，各執一紙，永遠存照。

計開《規條》：

一、始祖彥文公暨二世廣公，每年祭期三月十八日。

一、始祖妣郭氏夫人，每年祭期三月十九日。原于康熙四十六年拱皇公分出銀七兩，付拱仁公秩下領收置產，每年給皇公胙肉拾觔。近祭儀繁費，皇公分加增祭銀三十兩,仍付仁公分收領置租,以垂永遠。倘日後祁、浮宗大合祭,再議均出。

一、六世祖政公,每年祭期三月十三日,原有祭產,文堂辦事,同皇公分共祭。

一、六世祖妣鄭孺人、八世祖化珉公妣黃孺人,每年祭期三月十四日。新立祀典,拱皇公分出銀三十兩,付仁公分收領,置買田產,計額租貳拾秤,每年皇公分與祭,分給胙肉四斤。

一、三世祖迪公、四世祖京公、五世祖淵公、七世祖簡公,俱係祁邑附近支裔摽祀,不另祭典。

一、每年摽祀,皇公分來與祭人六名,竝挑夫一名,俱係文堂支管。三月十一日起,至十五日早止,隨時款待。

　　大清嘉慶十年正月　　日　　立合同文堂　　正光
　　　　　　　　　　　　　　　　　　　　　　登俊　其鏞
　　　　　　　　　　　　　　　　　　　　　　兆仁　茂寬
　　　　剡谿　元順　應斗　應謙　所恢
　　　　　　嘉謨　關賜　迎偉
　　　　　　應茂　振海　玹
　　　　　　登鰲　璠筆

　　　　　　　　　　——道光《文堂陳氏宗譜》卷首《合文》

清嘉慶十七年三月績溪縣胡村龍川胡氏支祠條規

高祖萬通公自龍川遷居胡村,歷今多代,未建支祠。乾隆十五年,明訓公、明文公捐稅二分,明大公捐田十步,明義公捐椽一堂,計價四兩,公舉能幹良閱、明訓、明文、明榜、明貴、明大、明啟、自永八人,督造支祠,朝夕經營,良費苦心。三十八年,已經進主,以妥先靈。從前衆會所存各項,未曾歸結,今憑族衆面算,併公議《規條》,後人須承先志,同心協力,恪遵勿替。如恃強違拗,即以不孝罪論。

《條規》列後:

一、裝修支祠,照男丁均派,女丁供飯。

一、進主,無論男婦,每主交錢七十文。

一、衆祖標掛,定於清明前三日,自十五歲起,至六十歲止,俱要上墳。不到者,不給胙。出外者,不在此例。

一、派下有忤逆者,開祠公責。如違,革出,不許入祠。

一、墳山,派下有敗蔭者,獲刀,罰銀五錢;獲斧,罰銀一兩。如違,革出,不許入祠。

一、生男子,出瓦一百。

一、祠內毋許堆積物件,違者,罰銀兩錢。其有竪造屋宇,用匠堆料者,出銀五錢,入衆公用。除竪造以外,毋許用匠。

一、清明、冬至祭祖,起胙之日,明訓公給胙肉二斤半,明文公給胙二斤半,明大公給胙一斤,明義公給胙半斤,老能幹給胙半觔。

嘉慶十七年三月　日,立家訓人東喜。

——民國《龍川胡氏支譜》卷四《條規》

清嘉慶二十年十一月婺源縣遷浙江金華縣竹馬館李氏宗族冬祭胙規

冬祭胙規

一、助租壹担,每年給胙肉貳觔。

一、八十壽翁,給胙肉貳觔。

一、七十壽翁,給胙肉壹觔。

一、生員,給胙肉壹觔捌兩。

一、童生,給胙肉捌兩。

一、飲賓,給胙肉壹觔。

一、孝子,給胙肉壹觔。

一、義夫,給胙肉壹觔。

一、節婦,給胙肉壹觔。

一、入廟執事,每人給胙肉壹觔。

嘉慶二十年十一月二十日,奉縣主楊公堂諭:審得監生李克俊等控李有通等不給胙肉一案,緣李姓祠內生員、童生、飲賓,均行給胙。因從前祠內並無捐監之人,是以未議給胙。頒胙之人均助有田業在祠,李有通等因李克俊新行捐監,又無助產,不行議給,以致李克俊等出控。提集庭訓,得悉前情。查祠內童生有給胙之規,監生豈無領胙之理?據稱,領胙者均助有祠產,則监生亦当捐助领胙,以昭公允。断令监生捐钱五千文,饮宾捐钱二千文,助入祠内,均行给胙,以昭永远。着取各遵依立案。此判。道光四年,监生纲景、岱遵谕捐钱五千文。新祠祠首公议,遵照《祖规》,冬至永远给胙壹舫。其本人监生,照依生员,一体颁给。

——民国《竹马馆东李氏宗谱》卷一《冬祭胙规》

清嘉庆歙县棠樾鲍氏宗族宣忠堂值年规例

值年规例

一、司年事繁,独力难支。今公议三大房合管,逐年订以各房承管,齐英、孟英、同英公之家轮流挨办,外另佥贤能者一人,总理祠务,俾有专责。

一、除夕,轮管次年者将祠宇及大厅洒扫洁净,张挂《云南图》及祖先遗容;下午,容前设三牲、香烛、纸马,传知支下,诣祠请容;晚鼓,设香案,谢天地。

一、元旦,管年之家陈设香烛、纸箔、火爆,黎明,命本祠仆人诣各家,敦请支下衣冠,齐集大厅,接天地,启门出行,即诣孝子祠及本祠拜容。毕,复诣大厅庆节,凡平辈者,同行四拜礼,卑幼者向尊长行四拜礼,尊长拱揖不答。拜礼毕,依昭穆叙次而坐,饮利市酒三杯,不准多饮,各领和合饼一双出,未冠者不给饼。管年之家仍备果酒,伺候各门来厅贺节。

一、新年三朝,支下早晚诣本祠祖先容前三揖,再向本支三房拜揖。

一、初二日,管年之家备果酒,伺候南极观道士诣祠拜容。本日,里田庄仆诣祠叩首,赏酒饭一次,菜四碗,肉一、杂脍一、鱼一、米粿一。每人仍赏寿桃一双、年糖一盘,利市钱每十八文,过渡钱三十二文。

一、立春,管年之家陈设香案及香烛、纸箔、火爆等物,届时,传知支下诣祠接春。倘遇年内立春,亦系次年轮管者承办。

一、初九日,里中游神,管年之家备三牲、香烛、纸箔、火爆于大厅门首祀神。

一、元宵,管年之家陈设三牲、元宵粿、香烛、纸箔,传知支下诣祠拜容。

一、十八日,管年之家备香烛、纸箔、三牲一副肉五舫、鸡一只、鱼一尾,传知支下诣祠拜容。毕,管年、司祠会同房长暨斯文,相帮照应,将容及《云南图》曝晾,敬谨藏匣。如遇阴雨,将容暂行收藏,一俟天色晴爽,即行曝晾归匣,將鑰匙交於次年應管者接收。此乃祖先遺像，關係匪輕，管年之家不得因循諉卸。違者，重罰。所有供獻三牲，即與照應收容者在廳集散，并各給酒一壺。未到者，不準予散。

一、燈節，管年之家詣祠點燈，照應火燭。

一、二十日，里中年例春齋，管年之家備香燭、紙箔、腐飯，陳設大門首伺候。

一、二月二日，里中年例社事，照前陳設伺候。

一、春社、中元、秋社、燒年凡四次，管年之家謹備祭品，照祭位圖坐次，陳設大廳。黎明，傳知支下衣冠，齊集大廳，詣祠先祭五祀。畢，次詣祖先神座前，迎神，俯伏四拜。祝曰：敢告神主，降就正寢，恭申奠獻。祝畢，興，平身，迎香於廳上，支眾序立，鞠躬跪，奠酒，酹酒。興，鞠躬，伏，興，二拜，平身。進酒，鞠躬，伏讀祝，興，二拜，平身，進酒，進茶，鞠躬。伏，興，二拜，平身。進酒，進果，鞠躬，伏，興，二拜，平身。焚楮，望燎。酹酒。畢，辭神，俯伏四拜，祝曰：敢告神主，返歸家祠，永申奉祀。祝畢，興，平身。復送香於祠，俯伏，四拜，興，平身。禮畢，再陳設祭品公祭伯叔祖考。祭畢，支眾圓揖之後，即在祠之耳門靜領胙籌。如有先散，不祭伯叔祖考者，不給胙籌。

一、祭品：香燭，紙箔，奠杯，祝文，爐瓶一副，香案前用，桌圍一條，粽薦，果盒，茶壺，酒壺，燭臺九隻，每桌一隻，杯盤箸廿八副，飯同，羹同，茶樽同，菜九桌，肉兩楪，中元換油餈，雞一楪，中元換煎麵，魚一楪，中元換豆腐，乾羊角一楪，中元換鮮，果子五楪，中元換鮮果，時菜五楪。

一、祭五祀祭品：香燭、紙馬，祝文，酒杯五，羹五，飯五，雞、魚、肉三牲一副，豆腐、素麵、糕。

一、標祀：清明日，管年之家早晨傳知支下衣冠，齊集大廳，先詣畫山園即盤兒上暨西沙溪兩處標祀。後一日，往古城關。後二日，往里田，到者領胙；未冠者，給米粿兩雙，不給胙。惟古城關、里田路遠，準以年逾六十不到山者，亦給胙。里田中伙飯，到者無論已、未冠，一體派給。其往里田有支丁乘輿，輿夫并隨從人，每名給中伙米半升、熟肉二兩。管年者另外買給，不得在胙內扣給。

一、標祀祭品：香，棉紙，畫山園二刀，西沙溪一刀，古城關二刀，里田二刀；燭，箔，畫山園六百，西沙溪二百，古城關四百，里田八百；杯、盤、箸，畫山園三副，西沙溪一副，古城關二副，里田四副；奠杯，爐瓶一副，祝文，粽薦，酒壺，果子五楪，時菜五楪,鵝一隻,魚一尾,肉一方,筍,米粿。

一、古關胙物:鵝一隻,留俟里田標祀,本日換雞六勉回散;魚六勉;肉十五勉,內送照應墳山程姓半勉;豆腐八勉;韭菜三勉;筍八勉;米粿三十勉,內送程姓兩雙;甲酒,每人一壺,外送程姓一壺,折錢六文。

一、里田胙物:鵝一隻;魚六勉;肉二十四勉,里田用十二勉,內賞莊僕每房半勉,餘者回散;筍十六勉,里田用一半,仍一半回散;豆腐十六勉,里田用一半,仍一半回散;韭菜十勉,里田用一半,仍一半回散;芹菜六勉,中伙用;腐乾十塊,炒芹菜用,米中伙每人半升;米粿三十勉,內賞莊僕每房兩雙;甲酒每人一壺回散,外給莊僕每房一壺折錢十二文。

一、畫山園、西沙溪胙物:照古城關一樣。惟熟鵝改用雞。

一、標祀回散胙酒,除例給一壺外,不得自行沽酒,在廳濫飲,恐酒後亂性,有乖體制。

以上胙物,俱要上年已管者執秤,下年接管者見數。

一、敦本祠分獻及管事一名,俱該管年者承值。其應受胙肉,亦係管年者領受,惟輪尚書公正獻及封君公應輪本支正獻,應得胙肉二勉,照舊例於里田標祀日回散。

一、里田蔭木,標祀日,每房着年壯支丁一人,將通山樹株逐一點明,該數若干,管年者登記祀簿。設有殘缺,當時務向莊僕根查明白,呈公理論。此乃遺蔭攸關,爲子孫者,不得草率了事。點樹支丁,各給獎賞四十文。

一、孝子祠及封君公祀事,輪及本支管辦,亦係管年者承值,不得推諉。

一、里中各門婚娶、壽誕,有願領賀者,管年之家備果酒,邀同支眾往賀,不得推諉。

一、祖先忌日,備三牲、祭餅、香燭、紙箔,傳知支下衣冠,齊集詣祠恭祭。與祭者給餅兩雙,年逾七十不到者,送餅二雙。

忌日列後:祭餅俱用灰麵糖餡,惟九月廿二日綠野公忌日,用粟米粉豬油葱餡。

思菴公,正月三十日。淑人汪氏,六月十八日。孺人張氏、方氏祔。

綠野公,九月廿二日。孺人黃氏,六月廿六日。

郁林公,正月十二日。太恭人吳氏,八月初七日。孺人朱氏,八月初五日。孺人邱氏,八月初八日,祔初五日祀。

一、伯叔祖考無嗣者,誼關一本,未可缺祀。每逢春社、中元、秋社、燒年四節,俟堂祭畢,隨撤祭品一分,詣祠擺杯、盤、箸五副,香燭一分、紙三十刀、箔一把，行伏興四拜禮。二拜上讀祝。清明日，俟畫山園、西沙溪兩處標祀後，亦撤祭品，詣祠敬謹行禮，香、燭、紙、箔照四節一樣。祀後，再準公同散胙。

一、春、秋兩社、中元、燒年祭品，自十四世祖至十九世祖，計八桌。又二十世爾丞公，向係爾餘公、爾元公兩支辦祀。今公議公辦一桌，共計九桌，均歸管年者備辦。凡祀畢次日，將祭品照胙籌，分頒與祭支丁，外各給酒錢六文，司祠、管年倍之。讀祝者，另給酒錢六文。八歲以上幼丁，各給酒錢六文，不頒胙。

一、冬祭，訂以冬至日舉行。司祠先期付銀交管年者，定買豬、羊，置辦祭品，免臨期貽誤。

一、祭神主，自十四世祖至二十世祖，計七代，訂辦祭品七桌。

一、主祭，長、二、三房挨次輪值。

一、禮生九人，通贊一人，引禮二人，毛血一人，帛一人，爵一人，祝一人，飲福一人，尊一人，長、二、三房各以三人承值。先推文會，次輪應管，俱要衣冠齊整，禮儀嫺肅。不得以應管爭越，其胙肉仍歸應管者領受。

一、祭前三日，先將各執事閫定，書列粉牌，懸掛大廳，俾各知所司。

一、祭之日，訂以辰刻，於大門外掌號三次，齊集支眾。巳刻，先祭五祀，畢，再行起祭助祭，後至者，不准給胙；執事人等後至者，除革胙外，另議罰。

一、年至七十老人，不能行禮者，准祭後補拜。

一、未冠，八歲以上即命與祭，俾自幼習知禮節。

一、頒胙，設立《大簿》一本，將逐年各執事並文會老人、助祭支丁名數登載簿上，以便查核。

一、祭品：香；燭；祀酒；帛；祝文；綿紙七刀；毛血盤；奠杯；奠池；香案；盥洗盤；手巾架并手巾；禮壺；爵杯；桌圍；酒尊；五事一副；羹七盂；飯七盂；杯盤箸四十三副；豬一口祭後頒胙用；羊一口同上，定約三十觔；豬、羊架；桌盒七個；炙弗一楪共四十五個，雞一楪共四隻，約七觔，中桌一隻，餘六桌配用；魚一楪共四尾約八觔，中桌一尾，餘六桌配用；壽桃共十四觔，每觔三隻；炒骨一楪；果子五楪；時菜五楪；飲福肉一方，約一觔。

一、祭五祀，祭品照四次堂祭例辦。

一、頒胙。支長：豬胙二觔，炙弗三個，壽桃一雙；主祭、司祠、管年：胙與支長同；禮生：豬胙一觔，炙弗三個，壽桃一雙；年至七十老人：豬胙一觔；與祭文會：豬胙一觔；與祭冠丁：豬胙一觔，去骨；與祭幼丁：豬胙半觔，去骨；祠役:猪肉一朐;刀手:猪肉一朐,照時價給錢;厨工:給錢八十文;樂人六名:壽桃各一雙,每名工錢八十文,折麵二十文。以上支長、主祭、禮生、文會、司祠、管年、老人,其本身胙肉一朐,仍照例給發。

一、祭品,内祭羊一口及祭品所餘,均歸支長、主祭、禮生、司祠、管年分散。

一、羊血酒,羊肚、羊肝、羊肺、飲福肉、羊血羹、甲酒九壺。祭畢,支長、主祭、司祠、管年、禮生、文會公散。不到者不候,亦不准代。

一、祭儀。先時,主祭者詣尚書祠樓祖先神座前,俯,伏,四拜。祝曰:敢告神主,降就正寢。恭申典獻。祝畢,興,平身。恭捧祝版,鼓樂導引,安奉宣忠堂。起鼓三通,俟鼓聲畢。

通贊唱:"序立,執事者各司其事,引禮對立香案前,執事排立酒尊所,陪祭者各就位,陪祭支丁,各依世次爲班,不許紊亂。主祭就位。"引禮生至主祭前唱:"就位。"

通贊唱:"瘞毛血。"執事一人捧毛血盤自東階詣神案前跪獻。畢,降自西階,由中道出大門外,瘞毛血于坎。

通贊唱:"參神,鞠躬,拜,興,四拜,平身,行降神禮。"引唱:"詣盥洗所,盥手,帨手,詣香案前,跪,三上香,奠酒,酹酒,俯伏,興,平身。"

通贊唱:"奠帛,行初獻禮。"引唱:"詣酒尊所。司尊者舉冪酌酒,司帛者捧帛,司爵者捧爵,讀祝者捧祝,各送神位前。詣神位前,跪,奠帛。執事者以帛跪進於右。興。跪受於左,奠於案上。"爵、祝同。引唱:"詣讀祝位,跪。"

通贊唱:"陪祭者皆跪。"引唱:"讀祝文。"讀畢。

通贊唱:"陪祭者興。"引唱:"俯伏,興,平身,復位。"引主祭自西階就位,執事後從,各復其所。

通贊唱:"鞠躬,拜,興,二拜,平身,行亞獻禮。"與初獻禮同,止進一爵。

通贊唱:"鞠躬,拜,興,二拜,平身,行終獻禮。"與亞獻同。

通贊唱:"鞠躬,拜,興,二拜,平身,飲福受胙。"引唱:"詣飲福位。"執事二人、執爵一以盤盛肉一方,隨其後。引唱:"跪,飲福酒。"執事以酒跪進於右,主祭飲之,以酒授執事於左。引唱:"受福胙。"執事以胙盤跪進於右,主祭受之,以胙盤授執事於左,捧自中道而出。引唱:"俯伏,興,平身,復位。"

通贊唱:"鞠躬,拜,興,二拜,平身,撤饌。"執事三人升東階,撤各殽於兩旁,降西階,各復其所。

通贊唱："辭神，鞠躬，拜，興，平身。奠帛者捧帛，讀祝者捧祝，執爵者捧爵，各詣燎所。"帛、祝、爵捧由中道出大門外。

通贊唱："望燎。"引唱："望燎。"引主祭出大門外南向。引唱："焚帛，焚祝，奠酒，酹酒，復位。"

通贊唱："禮畢。"衆圓揖之後，通贊引執事排立香案前，行俯伏、興、四拜。禮畢，主祭復詣神案前，俯伏，四拜。祝曰：敢告神主，返歸家祠，永申奉祀。祝畢，興，平身，恭捧祝版，鼓樂導引，安奉樓上，俯伏，四拜，興，平身，管年者至大廳門側，給發胙籌，按籌頒胙。

一、徵租辦祀，設立《大簿》三本：一本徵租，一本糶穀，一本辦祀。其《徵租簿》登載田畝字號、土名、租額及佃人姓名，逐年再將徵收實數分載各佃人名下，尾後再結總數，本年共收毛穀若干，計曬乾穀若干。倘遇佃人轉手頂種，徵租時務須查詢明白，即於該佃名下填註"某年某人頂種"字樣，以備稽查。其《糶穀簿》內逐年載明收上存乾穀若干，收本年租息乾穀若干，某祭支穀若干，糶銀若干，入祀簿開支，通年結總，除糶出仍存乾穀若干。其《辦祀簿》內載某祭收糶穀銀若干，支銀若干，辦某物，通年結總，有無餘存，亦須註明。俟次年三月初二日節儉戶發穀後，司祠及上年管年邀同本年應管者，將《大簿》三本通盤核對，相符盤倉，交代接收。如有舛錯，惟司祠、管年賠認。此外，另立《總簿》一本，將逐年徵租、糶穀、辦祀總數註明於上，公交支長收藏，以備《大簿》遺失弊竇。

一、租穀，照依敦本祠議定分數徵收，不得短少。倘遇間有蝗侵白色、受傷田畝，亦須查勘明確，議讓，仍將如何讓租緣由註明租簿，以便稽查，不得蒙混狥庇。

一、租穀，定議扯八折，曬乾貯倉，此外不得浮開折耗。倘曝曬不干，以致霉爛，惟經收者是問。其羨餘穀，歸管年三人公分。

一、曬穀工食銀，每擔三分，永爲定規，不得增減。

一、辦祀，每祭俱於期前五日，約計需用若干，司祠、管年公同開倉糶穀，不得藉口存銀，預先糶售，以杜挪移扯空之弊。惟忌日祀項所需無幾，統共核算，約用若干，俱於正月一總支糶，存司祠處備用。

一、尚書祠、宣忠堂兩户錢糧、營米，每年訂以二月上旬糶穀，掃數完納。其糧米、照票俱於清明日憑衆驗明，收存祠匣，其比照即交册書收執，以杜拖欠之弊。

一、廳祠,每月朔、望前一日,各打掃一次,新年天天打掃,以收容日爲度。門口街道,上自黑漆樓,下至慈孝門,三天掃街一次。每年給乾穀二十四斗,身工、掃帚俱在其内,聽本堂支丁願充者充之。如收拾不潔净,按月扣穀。

一、祭品及桌椅、收租等物,附載《祀簿》。凡管年畢,逐件點交次年應管者接收。倘有遺失,立責管年賠補。

一、大廳及祠宇,先人創造維艱,今復重新,光昭遺澤。遇有滲漏及竹梘損壞,務須隨時修理,不得膜置。所需工費,司祠、管年會同支長,動支租穀,仍將用過細數開載《祀簿》,以便稽查。但亦不得輕易借名收拾,濫動公項。

一、收租什物,間有損壞,應須添補。司祠、管年知照支長,再行修理,仍將用過銀兩數目附載《祀簿》,以便稽查。

一、《宗譜》半部、本祠《支簿》一部、封君公《祀簿》一本,俱於古關標祀日,憑衆點交次年應管者敬謹收藏。

一、廳内停棺,總以百日爲率。特支丁繁衍,恐遇卑幼喪柩甫殯而尊長復有故者,其卑幼之柩即移後堂避讓,以昭尊長之義。倘敢恃強踞占,即屬目無禮法,公同處令扛移。

一、倉廒鑰匙,交司祠收掌。凡遇糶穀,司祠、管年眼同開倉見數。如有擅開,即同私竊,公同議罰。

一、徵租、辦祀、糶穀《大簿》三本,冬祭《頒胙簿》一本,均歸司祠掌管。每年訂給辛資銀十二兩、飯食銀四兩。

一、廳内新舊應收租數,并通年應用祭品,若不約略開列於譜,恐經管者無所遵循。原知年歲有豐歉,食貨有消長,不能即爲預定。但此不過約略其間,後之經營,務循核實。

——嘉慶《棠樾鮑氏宣忠堂支譜》卷十七《祀事》

清道光十年秋月婺源縣雙杉王氏宗族妣祠規條

建妣祠序

蓋自祥開麟趾,誌美者慕雅化于元妃;慶衍螽斯,溯源者緬遺徽于太姒。此瓜瓞之綿、椒聊之衍,嘉耦亦與有賴焉。我始祖妣係出太嶽,歸于太原。

母儀足式，垂百代之芳型；閫範流芳，衍四房而繁盛。奈自唐及今，未營寢室，以展孝思。愚等爰集僉議，創建妣祠，於道光己丑春季興工鳩造，明年夏季告成。另酌《祭款規條》，繕書一則，庶梡桷之巍峨，妣靈不朽；奉春、秋之享祀，懿範如存。謹弁數言，以抒誠悃云。

道光十年秋月穀旦，經理精一、大勳、丙閎族同序。

《妣祠規條》列左：

一、議每歲冬至次日，設三席，中祀始祖妣、四宗妣，左右分祀二世、三世祖妣暨各房配享支妣。祭後，每主給白糖餅一勉。

一、議進主者，敷銀十兩，以供永遠。祭席、香燈、歲修等費，三日前須如數送祠登簿，通知理祠，以便迎主。

一、議建坊，節烈婦女，已膺旌表者，公議進主免費。如封贈命婦以及呈請入志，未膺旌表之節烈，均照原議，一體斂費。

一、議妣主，凡嫡繼庶，俱可並進，不得以繼庶進而遺其嫡配。理祠者須先查核，以肅倫序。違者，概不准入。

一、議各妣神主，須自註明某行某公妣姓名，以免妣姓相同，難于分辨。

一、議祠內立一《號簿》，凡進妣主，須註明世系，以列昭穆次序。

一、議每歲一祭，定在長至節後一日，先期具招通知。

一、議與祭紳衿暨文會人等，均給胙一斤。讀祝者，另給白糖餅一斤。

一、議妣主序次、祝文，照世系載，各設一帛。

一、議妣主神位，不得雙行並載兩名孺人。

——光緒《雙杉王氏宗譜》卷一《妣祠序議》

清道光二十二年二月祁門縣十西都謝文庭等立共管善則堂規例合同文約

立議閤文謝善則堂五分秩丁人等合同公議事。竊思先人創立祠宇，原爲以篤宗族而序昭穆，使後裔親親之誼奕世綿綿。今因祠宇朽壞漏爛，且我秩丁見之不忍，思之修理，尚亦爲難。是以閤族人等復議《章程》，同歸劃一。自兹以後，祠內必須灑掃清潔，毋許堆放各物與及秩丁居住，庶幾可稱古風，則子孫亦有厚望，而秩丁必要踴躍修理，以免傾覆。上可以安祖先之英靈，下亦不至爲子孫之不孝也云爾，□爲啟。

立《議條規例》後：

一、議祠內秩丁人等堆放各物，概不行準。

一、議祠內兩廊客房，不得擅持居住。如有恃强，聽憑閣族驅逐，毋得異言。

一、議祠內倘有秩丁供給匠人之工，畢之後，務要打掃潔净，物件不得久放。

一、議祠內秩丁毋許酗酒滋事。如有犯者，不孝罪論。

一、議祠內大門務要關鎖，無事不准擅開。

一、議祠內後進香火樓上下，理宜收拾清潔，不準放一切物件。如違，公處。

一、議祠內所辦各樣，動用物件，均不準自私擅用。

一、議祠宇門前衆地，秩丁鋪筐曬物，每筐交納租錢十五文壹個入匣。

以上各條，自立之後，衆等務要永遵。如有違者，聽憑閣族處治，不得恃强。特此衆議合文一樣陸紙，五分爲首人各執壹紙，善則堂匣內衆收一紙，永遠爲據。

道光二十二年二月初六日，立議閣文謝善則堂五分秩丁經首人等

謝文庭　押

文德　押

家諭　押

家棣　押

聲芝　押

憑族中見　日起　押

代筆　家煜　押

——散件文書，原件藏南開大學歷史學院卞利處

清道光二十三年績溪縣眉山吳氏重訂宗祠事儀附民國十五年議决

重訂宗祠事儀道光二十三年

一、收租辦祭，仍照舊例，長分一年，二之長、二之二、二之三、二之四各一年，三分一年，四分一年，五分一年。八年輪流，週而復始。

一、定四月初一日接班，上首、下首邀同新文，用紙箔各五百足、香燭、酌

酒供儀，敬請祖先，下首寫領狀，領《租譜》。是夜散席，每人定猪肉四兩、魚四兩、包二兩、煎付半塊、笋二兩、切面三兩、酒八文，柴、火、鹽、醬、時菜聽用。其供儀散席，上首承辦，下首祇許二人入席。其食物觔兩，定足漕法，下首過秤。

一、挨分收租辦祭，不問年歲豐歉，俱要照譜遵辦。如有收租不辦祭者，其祠租着落該分賠償，其收租不辦祭者，以不孝罪論。如該分亦不賠償，是該分故舉不妥，實者漁肉租祠，以致欠糧缺祭，該分嗣后不准挨分收租。

一、修祠户，着落斯文内公舉殷實公直者。管理亦要領狀，其租收存公處。一切支用，俱要會同司值，不得私自開支。每年賬目，亦定四月初一日核算。如有剩錢，刻即置產。如有虧欠，即令賠償，另行公舉。

一、貢、監生員及有部照雜職，每年閹定四人爲司值，詣各處標卜，經理祠務。其無部照雜職，准作禮生，不挨司值。

一、休邑標卜，定轎兩乘，轎金每定錢三兩，盤費每人定錢乙兩，其錢在修祠户内領，不准干折步行。

一、祭器並各物件，另註譜二本，存公匣一本，仍一本，亦定四月初一日上首遺下首，以便照譜點收物件。倘有失落，即令賠償。

一、契據公匣，着落斯文内公舉一人管理。管亡譜者，亦歸公舉。其進主之家，定春分、冬至前一日詣祠登譜。

一、中龕，每主定錢三百五十文；學生、姑娘，每主定錢七百文，其亡錢亦歸修祠户，添辦祭器。每年有無收存，亦定四月初一日核算。如有不出亡錢者，其主牌不准升龕。

一、特祭，每主定錢八千四百文，其錢着落司值刻即置產，不許借貸。

一、五分捐批配享，春分、冬至，每祭另化紙角，其胙暫停，惟鎬公減給胙二斤、羊首二斤。其紙角每隻貯紙箔各二十四張。配享列後：鎬公、文輝公、文爵公、汝楫公、廷積公、士奇公、大新公、廷仕公、社高公、應壽公、應期公、應桂公、應秋公、士鵬公、士偉公、應虹公、應梅公、士彦公、茂濱公、應芳公、炎公、壽松公、應澤公、應曉公、大冕公、萬韜公、啟堯公、世彰公、大振公、應軾公、應熹公、應廣公、有爵公。

一、大修中堂及復修中堂、造店欄杆、重修中堂、砌墙圍、化牌各色能幹胙，五分銀胙，並近年重建寢室邊廳、文昌閣照墻、越主理亡、休邑進主各能幹胙，五分銀胙，公議暫停。

一、乾隆四十九年，五分批出巷路基地，及嘉慶年間二之四宗海公批出照牆基地，向例給胙，今亦暫停。

一、冬至前一日，辦祭者打掃祠宇，下堂設香案，二門外設照道，丹墀設庭燎，兩廊設饌桌，中堂供獻碗十六隻，五隻上貯雞、魚、肚、肺、肝、猪、羊，五事高照；寢室中龕供棹、盒、酌酒，高照五事。左龕、右龕與中龕同。特祭祠、學姑祠酌酒，棹、盒、燭架各捕設畢，用香酒、紙箔、雙響、吹手，宰牲取瘞毛血，邀同禮生習儀祭儀，瘞毛血兩盤、帛九道、告文一道、祝版若干道、爵樽九隻、三牲、三付、羹九點、禮壺三把、果盒三個、雙響、吹手，是夜，到祭禮生散席，與四月初一日同，食物觔兩，司值過秤。

一、冬至祭祖，祭儀與習儀同。特祭另祭，並虔請文昌閣、土地祠、學姑祠、中堂西邊前步柱老郎。

一、冬至共用紙箔各二萬四千足，不得短少。

一、各色胙肉，遵照休邑統宗祠例，不問肉價貴賤，每斤折定典錢乙百文，惟鎬公配享胙不得折錢。

一、宗子主祭，飲福受胙，給熟肉四兩、熱酒乙壺。如宗子不到，挨分酌代。

一、祝版胙，給胙四斤。

一、稅書、圖差，各給胙乙斤。

一、舉人，給胙三斤，進士倍之，鼎甲又倍之。

一、禮生到祭，如貢、監生員及有部照雜職，每人給胙乙斤、半麵一碗、包六隻。其與祭特祭者，每人給包半斤。其無部照雜職，到祭祇給包、麵，與祭特祭者，亦同給包。

一、主祭者，與禮生一同給胙散席。

一、到祭禮生散席，與習儀同，每人外加剔骨熟羊肉三兩、雞一兩。其無部照雜職到祭，亦准散席。習儀，燒年亦（昉）[倣]此例，食物斤兩，司值過秤。

一、應考童生來祠拜祭，恭讀祝版，每人給胙乙斤。是夜，散席，其無故不應考者，不給。

一、老人六十，到者給胙半斤，不到者不給；七十，到者乙斤，不到半斤；八十，到者二斤，不到乙斤；九十，到者四斤，不到二斤；百歲者十斤。其散胙公議暫停。

一、派丁來祠拜祖，每人給丁包半斤，司值過秤。

一、臘八、燒年，是為創造宗祠有功能幹而設，仍遵舊例，於臘八專祭，惟各支派所給年飯，公議暫停；燒年祀祖祭儀，紙箔各乙千足、帛、祭文、獻碗、三牲、爵羹、香燭、果盒、禮壺、蒸飯、雙響、吹手，能幹祭儀同前。是夜，到祭禮生散年飯，除年飯外，仍與四月初一日同，惟不用切麵。食物斤兩，司值過秤。能幹列後：錧公、鎡公、廷弼公、廷用公、廷賓公、廷舉公、廷偉公、錫公、端公、廷光公、廷珪公、廷威公、廷瑞公、廷表公、廷朝公、廷桂公、希顏公、希尹公、應鵾公。

一、春分，辦祭、發胙各色事儀，俱與冬至同，惟丁包祇發冬至一季，春分丁包，公議暫停。

一、春分日，詣祠后牛形、八王廟、潘生、廷干、龍塘各處祖墳標卜，祭儀用陌紙帛、祭文、果盒、禮壺、香燭、酌酒、三牲、豬、羊、瘞毛血、黃邊、雙響、吹手，司值定轎兩乘，不准干折步行。每人給中伙七十文，仍司值外派丁到墳拜胙及禮生胙並中伙，公議概行暫停。其紙箔，每亡議定對裁，連各二百足。其牛形、潘生、龍塘三處，管山人各給大包乙斤。每亡對金，務須穿串，每處務令管山人添墳腦泥一箕。

以上各條，均係照原譜抄錄，以重《祖訓》。茲附民國十五年闔祠議決條件。

一、議寢室中龕，特別單牌配享，每配捐洋一百元，其春分每配應焚紙箔洋六角，並給胙乙元二角，冬至照春（風）[分]式，不得短少。所有為祖捐特別配享者，祠中將洋收足，每配必存殷實之店户洋三十元，其洋作為基金，以應焚箔發胙萬分，不得移作他用。此照。

——民國《眉山吳氏宗譜》卷一《古訓》

清道光徽州府徽州汪氏宗祠祭祀規條

祭祀規條

一、議統宗祠公匣一個，四鄉經管，城中裏管，拈鬮輪值。司年匣內《規簿》一本，並字據各物件，交司年經收。

一、議九月十三日秋祭，司年經辦。是日，經管各族俱衣冠至祠，公同經理祭事，飲福頒胙。定以十日內，本年司年將一週年支賬清算，除支用外，仍餘之銀及公匣等物，交下首司年收領。如交代不清，公責本年司年賠償。如狥情收領，即責下首司年賠償。

一、議經管祠匣接上首交清後，公議匣內止存銀數兩，以應小費支用。其餘之銀，當錢壹百文，當本存匣，當票分截四紙，司年分收。如有需用，公同合票取贖，庶免侵虧。此杜患于未然也。

一、議兩龕進主，每主主費銀二十兩、烝嘗銀四兩，公議收入匣內。經手之人往來盤費，並支應進主之家匣內承認。另支其所進之主，司年須查明其祖族，傳知經管眾族。如有支派不清者，不得混入。

一、議祠內祠使看守，毋得收留外間及附近之人居住，並各匠開設工作、堆積柴薪。及祠中什物，均不得狥情私借，免致損壞。如有前項情弊，一經察出，定責祠使，仍照賠償。

一、議承管司年祠使，隨其應用，每月月終，給發飯食錢壹千文，着其時常侍奉香燈。祠中勤謹打掃，以及免徵界內巡查盜砍、盜葬等事。如有前情，即向司年通報，司年隨即與單傳知經管各族，公議酌辦。

一、議修葺祠墓，無論大小，均于春、秋祭期會議，公同估值費用酌修，司年者不得擅修。如有不經公議價估值，其費用即為經手者獨捐，不得于公匣內開支。

一、議現在經管，各族隨時拈鬮輪管，仍有未到之族，如妥協之人欲踴躍承管者，隨即增補匣簿。倘經管之族有他故，不能經理者，聽其族中另舉一人以代，易名登簿。或其族無人承辦，知會司年及經管眾族另舉，以免公事乏人照應。

一、議現在經管之人，如有懷私誤公者，察出議革，另舉承管。

一、議秋祭供應，並飲福頒胙，皆照新立《章程》，不許任意爭執，致滋鬧事。如違，公處。

——道光《新安汪氏宗祠通譜》卷四《祭祀規條》

清道光績溪縣仁里程氏宗族敬愛堂祠規

祠規

一、建祠安主，所以妥奉先靈，理宜肅靜。除辦祭、收租、會議祠事外，不得擅開祠門，并不許堆曬物件、住歇戲班、鋪衍神會，以及各色匠工。違者，斥逐，仍罰周箔一千，告祖示懲。

一、宗祠理屋添瓦，每逢寅、申、巳、亥年，寢室、能幹祠、厨竈；子、午、卯、酉年，中堂；辰、戌、丑、未年，下堂、門樓。其費與千八公派均配。又查察須于霉天、雪後詣祠省視，倘有滲漏，隨時修理。

一、祭期，棹席定于正月十三、九月十五日；配享定于春分、冬至日。祭前一日，首事詣祠開門，灑掃潔静，懸掛聯對，擺設龕前棹几。棹席五龕、配享三龕。每龕前棹二張、几一張，中堂香案棹一張，司樽所棹一張，徹饌所棹一張，并陳祭器，宰牲具饌。春分、冬至，中堂設金猊香案。

一、習儀，定於祭前一日，與祭紳士詣祠講習。來日祭時，各人職事儀文，庶行禮時不致隕越。習儀畢，飲羊血酒。

一、祭定寅時，紳士各整衣冠，齊集祠内，質明行事。過時到者，罰周箔百張，對祖焚化。失儀不穿公服者，罰同。惟守制者免穿公服。祭畢，每人鷄蛋二個。

一、陪祭務要各整衣冠，左右序列，隨班跪拜，以盡尊祖敬宗之心。如違，罰周箔百張，以警怠玩。

一、祭時，祠内人等毋許坐卧喧嘩，并甬道佻達行走。如違，罰周箔百張，以警儀節。

一、主祭讀祝。春祭，千八公派宗子主祭，我派新生讀祝；秋祭，我派宗子主祭，千八公派新生讀祝；春分、冬至，則以首事中輩分長者主祭，新生讀祝。

一、進主。議定正月十三、九月十五，祭前三日為期。若期外有擇日進主者，必須衍戲祭告祖先。

一、神主錢，每名議定青錢五十六文，先將神主錢交值年查察，眼同登記《神主收錢譜》。每季共收神主錢若干，存貯公匦，以備公用。若建祠丁錢未出與未楚者，必須補足，方准進主。至無嗣者，准其親房代進，免出主錢與建祠丁錢。

一、《神主譜》，每頁倣神主牌樣，填寫幾世某公名目、字某、號某、生子幾人、名某、某年月日生、某年月日殁，名上一小方格，橫寫某公第幾子。其孺人進主，即查其名格下，照式填寫。如孺人先殁進主，於未填寫格内刊有"孺人"字樣，依式填寫，旁注某世某人之室。若是繼室，即照某之前室格内平列，照式填寫。後某殁進主，即於某孺人格上，填寫如前式，注載詳明，便後稽查。

一、同姓不宗及義子、外姻入繼，男年未滿十五而亡，夫死妻另適人，男婦忤逆亂倫及犯姦、為匪經官，并賣妻女與人為妾者，概不許進主。如有受賄隱瞞冒進，查出，一并條革不貸。

一、派丁年上十五歲，定正月十三日詣祠拜祖，焚化紙箔，並將生辰年月日時、行名及某派、某人幾子知會查察，開載《丁譜》，以便稽查。年登四十，挨做棹席首事。如丁譜無名，不許挨做棹席首事。

一、進主滿百名，棹席內，每祭加大周箔一千張、大建紙二十刀；配享上捐五名，每祭加大周箔一百張、大建紙二刀，永以為例。

一、棹席首事，以每歲派下年逢四十者收租辦祭；配享首事，照後挨定班次，每年首事十六人收租辦祭。倘有官、病、遠行，准其兄弟子侄幫代，外戚與婦人及年未十五歲者，概不准代。若規避不到，罰周箔一千，并不得分餘利。至居外村，准其收租不到，祭前三日，來祠辦祭，一同分領羨餘。若并辦祭不到，不許分領。

一、首事收租，俱要在祠，不得私收入家，曬乾藏貯公所，不得分領。毋論年歲豐歉，價目低昂，俱要承當，不得推諉。除辦祭發胙，並坐公匣，共剩若干，照來祠收租出曬日數給工食。棹席：每工麥二平升、穀三斤；配享：每工麥三平升、穀五斤，其曬麥穀籰稅，每條麥一平升、穀一斤。外照辦事名數分，其祭菜亦照來祠辦事者分。

一、查察，以派下紳士照入泮上捐年分，每年挨值四人。至住居村外者，不挨。倘官、病、遠行與年登古稀者，准其兄弟子侄代辦。若規避不到，永不許與祭給胙。立有《查察譜》一本，挨定值年名目，挨畢，復行照現在紳士入泮上捐年分，挨班註譜。

一、查察管理公匣銀錢、修祠、省墓及一切田產、祠務，倘有染指懷私、徇情怠玩等弊，查出罰胙。至移用侵蝕存項，則照數倍罰。遇有盜損并吞租事，一同首事呈治，不得推諉。

一、先年查察，于次年三月二十日詣祠開報"本年四十歲棹席首事某某"，並檢閱"本年配享首事某某及查察某某"，粘條祠門，以便承值。

一、四月小滿日，棹席配享，新首事與新查察一同詣祠燒福拜祖，舊首事即將祭器一切什物照譜點齊，交新首事。至舊查察，亦是日將例譜、帳譜、鎖鑰、存項、契約、稅譜，照交新查察。

一、得元户、惇睦户條糧,定于下年開徵時,俱要全完。敬愛堂户條糧,定于上年開徵時,俱要全完,不得拖欠。

一、捐配享,原以曹平紋銀五十兩爲一大配,每祭給胙十二斤;捐曹平紋銀五兩爲一正配,每祭給胙一斤;捐曹平紋銀二兩五錢享祭,不受胙。今刊譜公議,捐數照舊,須以五年一開捐,以便置産給胙,不得陸續上捐。其捐銀戥色要足,先年交查察貯存公匣,以便置産登記捐譜,然後次年春、冬二祭,照捐數給胙。

一、捐配享銀五十兩者,排首事十名;捐五兩者,排首事一名;捐二兩五錢者,不排。首事挨定班次,注譜輪值,週而復始。嗣後,續捐者,須俟前班挨畢,始行挨班,不得攙越。

一、祠内田地、山場,不得借端變易典賣。如違,除將原産追還外,仍將其人條革,生死不許入祠。

一、填寫《紳士譜》,生員則寫庠名并字、若干歲、某人第幾子、某宗師、入泮第幾名;補廩、出貢、中式,于前履歷内加寫;貢生、監生及捐職銜,則照部照填寫,監生加捐職銜,亦于前履歷内加寫。凡捐功名者,初來祠與祭,須于祭前一日先將部照詣祠驗明,然後與祭給胙。若無部照,不准給胙。

一、每年棹席,坐錢四兩;配享,坐錢十六兩,交查察存公匣,以備公用。倘或不敷,或停胙,或鬥丁,或捐輸,邀集閤派紳耆裁酌。

一、逢祠事停胙,惟停紳士祭胙、配享胙、能幹胙,其主祭、讀祝胙、老人胙、查察胙四項不停。至除停胙外,所剩餘利,仍准首事照辦事名數分派。

一、生監南直鄉試,每人給盤費錢三兩,順天鄉試,同。會試,每人給盤費錢六兩。鄉、會中式豎旗者,公匣給錢十二兩。

一、派下有忠孝、節烈、請旌建坊者,公匣給錢四兩。

一、行名,于乾隆四十八年,與千八公派公議,自二十世起,選"秉、宗、幹、敷、嘉、祥、建、洪、圖、嗣、永、康"十二字,挨世定行,遵行命名,不得移易。若遷外開族者,不在此例。

一、各處祖墳山地,倘有派丁盜葬,公同族衆即押起扦,仍將盜葬之人條革不貸。

一、墳山樹木、柴薪,如有子孫盜取,照贓倍償,仍令安山醮墓。倘恃強抗拗,即以敗祖不孝呈治,條革不貸。

一、新生,于春、秋二祭前三日,詣祠俟候,填寫祝版、粉牌、《神主譜》、

《上丁譜》。寫畢，將譜交查察手收，并謄寫祭文及配享祭文、紙角，其書法務楷正，毋得潦草。倘有丟錯等誤，罰胙。

一、正月十三、九月十五祠祭畢，即祭能幹，其主祭讀祝，照祠祭例。

一、首事燒福，小滿一次、處暑一次、曬麥一次、曬穀一次，配享首事燒福，同，外加端午一次、中秋一次，每次定七十錢八分一名，并香燭、紙在内。

一、祭器什物，逐一開載譜上，不得私自借出。上下手交盤，照譜查點，如有損壞失落，即令上手修整賠償，下手交盤亦如之。

一、祠祭發胙已畢，首事將祭器及一切家伙、聯對、棹几、燭臺、寢室櫥子門、中堂鼓門打掃洗净，安置原處，以免遺失損壞。

一、丁包，向來祭畢，各家詣祠領給。嗣議停給，貼值年衍戲費用，以免門丁核筭。丁包共折乾麥七百二十升，每年停貯，交派下世忠會首事經管。

一、配享，載明各家捐資名目給胙，其胙毋許私相售受。違者，查出，永不給胙。其各家捐輸配享，自乾隆年間重建宗祠始，以迄今年上捐，俱已照數刻譜，并挨首事。嗣後，各家上捐，再行續刻。

一、譜載棹席、配享祠產，俱係我派廿五公業，是以收租辦祭，六三公派不與焉，而配享捐項附焉者。我派念其所自生，篤親親之誼，其挨值首事頒胙，均一體施行。至春、冬祠祭，伊派祖先一同享祭，惟墓祭只六三公南觀一處，其餘伊派自行標掛。俟後伊派倘另建祠，其捐項照數歸還。

——道光《仁里程敬愛堂世守譜》卷二《祠規》

清咸豐黟縣灣里裴氏宗族祠規

祠規共十五則

一、宗祠之建，原爲妥先靈、奉祭祀，理宜整肅，只許子弟讀書其中，豈容租寓、喧譁、堆積、穢褻？如有敢犯此者，闔族斥責；不從者，禀究。

一、春、秋祭祀，酒醴、肴饌，必盡誠潔，紳士之輩行尊者主祭祀事。即與祭者，亦宜衣冠整肅，隨分序立，毋得錯亂不虔，有乖禮儀。至祭畢而飲，無論族長、首事，一應與祭之人，俱得與席。但宜端坐静飲，毋得喧譁。及歸，人各給餅一雙，五十者二雙，以次漸加。

一、未娶之人，不能承紹祖考，年雖老，不得主祭。

一、干紀瀆倫及優娼、隸卒，辱祖已甚，不得與祭。其子孫雖經三世，與螟支一例,不得爲族長。

一、族内乏嗣之人,理應憑族由親及疎輪推承繼,毋得遽行螟蛉,致啟争端,貽後患。

一、族内繼子,毋論得産多寡,俱宜承其世系,毋許始貪家産而繼,後則曰我不忘所生也。倘故犯者,即將所繼之産推入祀烟,以爲本人祭享之資。若本支兄弟俱亡,繼父自有親出,亦聽回籍。

一、歷代祖塋,均叨庇蔭。如有不肖子孫敢於山内近塋盜葬者,闔族即時押令起遷外,再行重罰。不從者,鳴官究治。如有順情畏勢,不願鳴官者,亦以黨惡論罰。

一、族内墳山,雖甚窘迫,萬無可賣之理。如有私將典賣者,合族以故違祖禁,鳴官究復外,重行家法於祠内。若螟子犯此,定行屏逐,決不容貸。

一、父母爲一本之親,生事葬祭,宜隨分自盡。兄弟有同氣之雅,宜敦友愛,以慰高堂,毋聽婦言而乖骨肉。雖分爨後,亦宜友愛如初。或有不孝不悌、敗倫瀆紀者,族長率族鳴鼓而笞之,毋許入祠。

一、族長分尊年高,或更加德邵,合族宜敬而禮之。凡遇族中公事,必先稟命,亦古者宗法遺意也。爲族長,遇公事及《家規》所當行者,亦須秉公而行。子弟故犯,合族斥責。

一、螟子誼雖父子,血脉實未嘗貫通,分析之日,止可撥與田地,一應祖墓山場,毋許私撥擅葬。不惟關防其盜賣,且杜絕其鑿傷也。如或私撥擅葬,押令推還,并勒起遷。

一、禮嚴内外之分,刑重淫亂之條。污人妻女,孅人孀嫠,公論俱不容宥。吾族内或有人面獸心、瀆亂倫紀者,合族鳴官究治外,不許入祠。婦女有慝行者,出之,與外事及内言出閫者,斥之。

一、子弟業習,在父兄所擇。德成藝成,原非一途,但業精於勤,不至或作或輟,庶幾往則有功。若不務生業,博局歌舞,游蕩無度,以至衣食莫措,流爲匪僻,族長查出,以家法重懲於祠内。并有不耕不藝、甘充賤役者,貽累子孫,不得捐考,尤當戒止。

一、祠宇新建門壁、窗櫺、椽瓦、墻垣,靡弗精緻,然未有久而常新之理,繼自今經理祠事者,宜以時修葺,庶祖宗靈爽有所憑依。

一、祠内祀産,原爲祖宗祭祀,非爲子孫衣食。且祀産無幾,僅足供春、秋之費。凡我子孫，不得私心覬覦，藉口借貸。

——咸豐《灣里裴氏宗譜》卷一《祠規》

清同治十二年歙縣堨田汪氏宗祠理主條規

同治十二年歲次癸酉理主條規

一、查我祠自乾隆四十一年理主後，迄將百載，兩龕主位，幾無安奉。兼以前值亂時，主牌間有遺失，亂後失祀而未進主者，亦復居多。若不及時溯系追源，歷年既長，益難稽考。爲此，闔祠公議《理主條規》，俾司事者有所遵循辦理。

一、查我祠向無百世不祧之例，今公議仍從舊制。

一、查前次理主，係祧至八十四世止。今公議自八十五世祧起，至八十七世止，計祧三世。

一、查前次理主，八十五世以後失祀之主，權概奉安樓上。今應併入樓下龕内總牌，以全世系。

一、議此次自八十八世起，其有奉祀不祧各主，仍遵前次《章程》，每主繳安主資錢壹百文。如有改題及重補立牌者，各支下自備更易。

一、議八十八世之後，失祀之主，仍遵前規，彙繕總牌，權安樓上，俟下次理主，再爲併入樓下龕内總牌，庶輩分不致紊亂。如有期功之親欲爲立後者，聽其留主不祧，每主亦繳安主資錢壹百文。

一、議上主之期，定爲三日。第一日午前，支下在庠者，敬題各主；第二日寅刻，恭奉總牌及各主牌登座，午後行祭；第三日辰刻，安葬老主牌於新墳頭宗祠義地内，竪立本里汪氏先塋石碑。晚間，宗祠蓮臺誦經，紙箔公備外，支下各再敬備。

一、查祠内春、秋二祭《降神譜》，亂後所上主牌，均未繕入。議俟此次清理之後，重立新譜，俾有稽考。

一、查祠例主資，每主捐錢三百文。其稍可之家，多捐者，聽。自經亂後，無力者居多，前上主資，概行免繳。自今理主後，應遵前定《章程》，凡有上主，須先一日將主資送交司祠處，謄入《迎神譜》，次日方得上主。

一、議亂後失祀之家，多有未上之主，司事者務宜查問，補上總牌，免致遺漏。

一、查我族《統宗譜稿》，自七十世景新公遷堨田後，所有各支各派世系掛線，前於道光年間，支裔家椿公已修至八十九世。今公議自九十世起，再修至九十五世。各支裔務將本支五代名諱、姓氏開清送祠，俾謄《統譜》。其失祀各支派，司事者尤須細爲查問，校對清晰，毋使遺漏。一俟理主告竣，後即當籌議刊刻。

一、議經費一款，撙節細核，須百千以外。除安主資約收三十千文，其餘絀項，支下量力捐輸。

一、議題主登座，領賀行祭，自應鼓吹，其餘鋪設燈彩，議當從省，以節糜費。

一、議上主日，如有外族到賀者，應備茶麵、酒席以及開發菓、酒等項，均歸公帳開支。此外，支下各己親友到賀者，公留茶麵并開發菓、酒一項，其席飯、輿金、隨使，俱各家自行支應。

一、議上主日，公備早湯、中飯，祭後，無論已冠、未冠支丁，皆得飲福。

一、議司事在祠辦事，公備中飯。理清後，各帶回家謄寫。

一、議支下既經派定，所司自當在祠敬謹從事，不得託故推諉。

議定司事：

總理：邦忠字中也。

襄理：家修字以仁、坤字健中、邦惠字筱巖、闔族支裔。

謄寫：家沅字象和、家煥字其章、邦圻字載之、達銓字吏衡、達敏字少芝、佩蔼字小泉。

——光緒《歙西堨田汪氏家譜》卷首《理主條規》

清同治績溪縣華陽舒氏宗族春分暨冬至祠祭發胙定例

春分冬至每次發胙定例

一、派丁到祠拜祖，每名給大包乙對。

一、九十歲，給豬胙肆斤。

一、八十歲，給豬胙二斤。親自詣祠拜祖，與禮生一同散福包面。倘年老不到，只准給胙，不得散福。如親房，不得冒領。

一、七十歲，給豬胙乙斤。與祭者，給。

一、六十歲，給豬胙半斤。與祭者，給。

一、科甲，給豬胙五斤、包二斤。

一、貢生，給豬胙三斤、包一斤。

一、生員，給豬胙二斤、包一對。與祭者，給。

一、監生，給豬胙一斤半、包一對。與祭者，給。

一、雜職，給豬胙一斤。與祭者，給。

一、後進，給豬胙半斤。遇試期，不與祭者，准給。今衆公議，童生應試者，加豬胙半斤；不應試者，概不准給。

一、宗子，給豬胙一斤半、包一對。

一、宰牲，定春分、冬至頭日下午宰牲，斯文演祭，給包一對。

一、斯文，給包一對，與祭者給，不到者不准給。讀祝板譜，每本包乙對。

春、冬二祭，禮生、宗子及八十歲老人與祭者，概入席散福。

宗祠每席定例開左：

剔骨熟肉二斤；熟肚雜一斤；净魚二斤，去鱗、腸、腮；小包二斤；猪血一大碗；豆付二塊；酒十四壺，面買；切麵一斤；香頭、鹽、炭、醬，聽用。

以上《定例》，俱要斯文過秤，其秤定臘八會秤稱，此照。

一、市四㘵八甲稅書，每年冬至給發猪胙一斤，係宗祠新頭內發。其圖差之猪胙，係支祠助祭會內發，即四甲之圖差，上、下祠均不得推諉。

道光十年三月，衆議舒村祖基標掛，定於清明後日爲期，新能幹、值年首事交出七數大錢一兩，以辦祭儀并中伙、散胙之用，首事邀同斯文詣墓拜祭。如有派丁踴躍同往者，均照名數給中伙。

今將例胙列後：

一、樂天公批出黃字等號祠基，原議坐作樂天公、應登公二公夫婦配享，每祭各帛一道、爵一獻，每名給猪胙二斤、包二斤，共計猪胙四斤、包胙四斤，俟祠成功之日，另議加胙。

一、尚文公批出黃字號土名外屋坦內，合尚文公基地稅八厘，後換與汪姓，得租三秤，歸祠收取，衆付有議墨，以作配享。每祭帛一道、爵一獻、猪胙一斤、包胙一斤。

一、巖景公，每祭帛一道、爵一獻，給猪胙一斤、包胙一斤。

一、千老公批出黃字號土名外屋基地內，合千老公一半，後換與汪姓，其租歸祠收取，議給配享，每祭帛一道、爵一獻。

一、巖禄公即永富公批出田租五十四斤，每祭給包乙對、猪胙半斤。

一、舒阿唐批田租五平秤，土名桐子嶺，每祭給豬胙乙斤、包胙乙對。

一、紹載公秉公體祖，自乾隆十一年本祠進主所存銀九十二兩，領貯恢擴生息，至二十三年，置產交衆，收租發胙，公衆算清賬目。共置產五百十兩交祠，總理勤勞，衆議每祭給豬胙四斤、包胙四斤。

又紹載公前經總理勤勞，生息置產有功，給胙之外，又有透支載下己銀二十二兩，買到茂德名下人字號田一畝一分一厘，硬租六秤；又官字號田四分六釐、硬租二秤、小頂麥一大斗，紹載願扒入宗祠，不取（墊）〔贖〕價，交入祠內，收租辦祭。衆議給配享一名，春、冬二祭，每祭給豬胙二斤、包二斤、帛一道、爵一獻。

一、申公、秉公體祖祠存貯契約，封拆銀錢，生息置產，登記謄錄，總理勤勞，衆議每祭給豬胙二斤、包胙二對。

一、元公倡率置造寢室有功，衆議每祭給豬胙一斤半、包半二對。

一、嘉誌公原出銀伍兩入衆，每祭給配享豬胙一斤、包胙一對。

一、凱公任事，總理勤勞，每祭給豬胙一斤、包胙二對。

一、紹埔公督造寢室，登記進主，銀兩生息，任事勤勞，衆議每祭給豬胙乙斤半、包胙二對。

一、杏公督造寢室，登記進主，銀兩生息，任事勤勞，衆議每祭給豬胙一斤半、包胙二對。啟恭頂。

一、鍾鳴公督造寢室，登記進主，銀兩生息，任事勤勞，每祭給豬胙斤半、包二對。

一、觀聖公督造寢室，謄錄祖先名目，每祭給包胙乙對。

一、紹迪公往鄉看田數次，未付工錢，每祭給包胙乙對。

一、紹載公買拜匣以貯新置田契并底譜，每祭給包胙一對。

一、振遠公謄錄祖先名目，每祭給包胙一對。

一、明位公謄錄祖先名目，每祭給包胙一對。

一、聯桂公建造下堂勤勞，每祭給豬胙二斤、包胙二斤。

乾隆四十二年，有外砂溪裔孫長順鳴祠，有張、汪、鍾三姓於批衆田內盜葬，有基挺身首唱，奪有三姓家伙，然後至伏禮并價包租。衆議有功宜賞，每祭給豬胙一斤半，以作有基勤勞。

以上定例，俱屬公議。自議之後，毋得恃強爭入。

——同治《華陽舒氏統宗譜》卷十七《胙例》

清同治績溪縣華陽舒氏宗族祠規

祠規

一、建祠安主，所以妥奉先靈，理宜肅靜。除辦祭、收租、議祠事及進主外，不得擅開祠門，並不許堆曬物件，以及各色匠工造作。違者，斥逐，鳴衆公罰。

一、宗祠理屋添瓦，尤（理）[宜]緊要。祖主憑依之所，切恐朽漏失檢，必須每年霉天、雪後詣祠省視，責歸值年首事。倘有滲漏，隨時修理。語云："小闕易補，大闕難彌。"毋致小隙而成大漏。慎之，慎之。

一、元旦日黎明，首事備紅燭、雙輝鉤香一串，雙響陸聲，并菓盒、净茶，詣祠開門，拜賀祖先。至中午後，仍將祠門鎖閉，不得疏忽。

一、春（風）[分]、冬至祭前一日，首事詣祠，灑掃祠室，潔净棹櫈，齊備祭儀，宰牲具饌。

一、習儀，定於祭前一日，與祭斯文詣祠講習。來日祭時，各人職事儀文，庶行禮時不致隕越，貽笑大方。

一、祭定寅時，斯文各整衣冠，各穿公服，齊集祠內，質明行事。失儀不穿公服者，不准與祭給胙，守制者免公服。祭畢，詣特祭祠虔祭，儀文同前。中午，首事備辦香燭、紙箔供儀，與斯文一同詣北門外老宗祠拜祭，不得遺忘。

一、祭時，祠內人等毋許坐卧喧嘩，并甬道禁止幼孩佻達行走，以警儀節。

一、進主，議定春（風）[分]、冬至日詣祠報名，每亡先交出制錢壹伯四十文，付與首事收訖，當即眼同登《祝譜》上牌。若期外有擇日進主者，亦以春分、冬至上牌登《祝譜》，不得私行自上。其亡錢存公匣，開支公用，司值不得肥囊。查出，倍罰。

一、捐配享，以制錢三十兩爲一配，每祭獻帛一道、爵一樽外，給猪胙一斤、包半斤，永其爲例，毋許私相售受。違者，查出，永不給胙。致于修譜，所捐之配享並特祭，此錢支銷。併未置產，無所出息，不得給胙，帛、爵照式。嗣後，仍照舊例。

一、特祭，以五十兩爲一座，每特祭，給猪胙觔半、包一斤。春（風）[分]、冬至日正祭畢，首事另備祭儀、香燭、紙箔，同斯文詣特祭祠虔祭，永爲例則。

一、逢大比之年，首事的於七月初一日交出制錢四兩正，給與生監赴科之人均分。如有能中式者，給貼會試盤費錢三十兩，以嘉士志。豎旗之日，又貼錢三十兩，以光門第。

一、祠國課須要三月完半，七月全完，毋得拖欠，致滋差擾貽累。若逢恩赦，除納徵數耗外，仍該糧銀公存衆用，司值不得肥囊。

一、各處祖墳山地，倘有派丁盜葬，公同族衆即押令起扦，仍將盜葬之人條革不貸。若有外姓盜葬者，會衆齊出清理，斯文老者，尤宜仔肩，不得坐視，即令起扦。如有恃強侵占不扦，必須呈官究治，斷不寬貸。

一、墳山樹木、柴薪，如有外姓及派丁盜砍者，照贓倍償，仍令安山醮墓。倘有恃強不遵者，會同族衆、斯文呈官究治，斷不姑寬。

一、派丁有不孝不悌、侮慢尊長、忤逆爲匪者，司值會衆革祠，生死不許復入。

一、犯姦，國有例禁，家亦宜然。夫一族本同一氣，若亂倫，喪盡仁義之心，與禽獸何以異哉！如有犯姦亂倫，並賣妻女與人爲妾者，生死黜祠，永不許進主。若有受賄隱瞞冒進，查出，一并條革不貸。

一、值年首事管理公匣銀錢，修祠、省墓、辦祭及一切田產、祠務，倘有染指懷私、狥情怠玩等弊，查出，公罰。至移用侵蝕存項，則照數倍罰。遇有盜損并吞租事，首事邀集斯文，呈官究治，不得推諉。

一、祠內供件、棹橙以及動用家伙，毋得私借出祠。違者，公罰。

一、有非祠司值，假捏公用、魆收祠租者，查出，輕則倍罰追出，不許入祠；重則鳴官究治。

一、祠後倘有盜賣、魆當祠產、捏僞之丁，犯者最爲不孝，必須會同族衆、斯文，呈官嚴究。倘有狥情不到者，一並申飭，永罰祭胙。何則？恐有效尤，履霜陰始，馴至堅冰，可不深長思也？

一、凡有添丁者，必須隨即來祠報名，登入《喜丁譜》，上書"某處某人子某某生于　年　月　日　時"。生子之家，面送值事上譜者喜鷄子四個，祠即與伊喜錢百文，以爲百歲之兆。如在他鄉居住，限以三年爲滿。若不上譜，不准入祠。

——同治《華陽舒氏統宗譜》卷一《祠規》

清光緒九年二月績溪縣東關馮氏宗族祧主所議條規

光緒癸未祧主所議條規啟

逕啟者。我族祧主，已經擇定吉期，以然祧主，必先理牌，理牌尤重修系。惟兵燹後文獻無徵，稽查不易。所幸派丁踴躍，祠宇漸次告成，爰集族議，舉行理系，各家祖亡丁口，即於《系圖》內分別標誌，然後按户、按世另譜登記，庶免掛漏矇隱之弊。茲以分派司事，按户重修，在任其責者，固宜實心辦理，而在本家及親近之分，應代辦者，其用心又當何如也？第經費時形拮据，凡各派下丁捐、配特等款，務望趕緊措繳，以資公用，限以十月內，一概交清，毋再宕延，是爲至要。所有《條規》，開列於後，以便遵行。

一、祧主原爲聯世系、序昭穆，嚴防僞亂。設有抱異姓爲嗣，以及含混亂宗各情，責成修系司事并各派房親留心查察，毋得混亂入祠。如有徇私矇隱，一經查出，或被人指摘，即以不孝罪論。

一、派丁捐輸，能捐足錢二十千者，准爲其祖進一特祭；能捐足錢十千，准爲其祖進一配享；能捐足錢五千，准爲其祖進一副配。如捐數不符特祭、配享、副配，自願照數補足者，聽。其捐至百千或數十千者，尤覺踴躍，從公鼓勵，後人俟祧主後，公議從優獎賞。所有零星捐項，亦俟祧主事竣再行議獎。

一、牌銀，按生丁之高祖以上，概不出錢。曾、祖、父三代，每亡出錢二百文，限以十月內，一概交清，隨給收條，免致舛錯。設有逾限不交者，不得上牌。

一、祔主，照自曾祖以下，每亡出錢四百文，仍按世次牌入祔龕。

一、丁口捐輸，每男丁捐足錢二千文，每女口捐足錢一千文。

一、各派下有服內親房住傳者，祖、父、身三代均出牌銀，責在親房錄報交繳，不得背義遺落。如有挾嫌故陷，一經查明，除令補報外，仍復公同議罰。其服外住傳者，如有產業，暫歸親房經管，牌銀由伊措繳；若無產業，該房親出具無產切結，上牌概不取錢。倘有矇亡矇產等弊，一經查出，分別輕重議罰。

一、丁口配、特等款，抗不繳清，不得上牌。至有矇蔽祖亡，隱匿丁口，意圖狡賴牌銀、丁銀，不知愛惜小費，貽誤大事。此次《族譜》既無祖亡丁口名目,日後重修,欲再補入,勢必令人疑惑,則與來歷不明何異?孰得孰失,是在各派丁切己思之。再,親近住傳之家,應歸開報者,設有前項情弊,一經發覺,即以不義罪論。其新故丁口,已經出過丁口錢文者,免出牌銀。倘欠找在五成以内,牌銀仍照例繳出。若丁口之錢分文未付,按數須繳一半,牌銀照例。

一、各派下非極窮極苦,仍有未捐之家,理宜早日來祠,量力捐輸,以昭公允。設有故意躲避,抗不寫捐者,上主之日,以藐公欺祖罪論。

一、各派下有貿易外方,寄居客地者,由親房具信通知,趕緊錄單呈報,以便補入各譜,慎勿玩延自誤。該親房亦當深明大義,早日詳悉具信。須知祧主期逼,牌已寫定,那時即費周章矣。

一、各家亡譜,務須早日錄報,定以七、八兩月,一概交祠,以便彙入正譜,再上大牌。倘逾期不交,臨時繕寫不及,則咎由自取矣,幸勿延誤爲要。

一、上主吉期,已擇於十一月初七日,各派支丁奉主入祠,務在期前十日概行進齊,免致臨期,公私交迫,諸多掣肘。凡屬禮生,各宜預備公服,集祠候祭。期前十日,除禮生應派事宜外,每派另舉老成數人、壯丁數人,到祠任事。

一、上主乃闔族重大之事,諸務煩劇之時。各派支丁,如有爭產爭繼、強買強賣及串謀串佔,有關倫常各事,投鳴宗族,理剖者務在期前一月,或在期後十日,祠中儘可秉公理處。設有違背《條規》,臨期在祠混鬧者,無論是否,先以阻撓衆事罪論,勿謂言之不早也。各宜自愛。

光緒九年二月　日,績城東關馮厚倫堂公具。

——光緒《績溪東關馮氏家譜》卷末中《雜志·光緒癸未祧主所議條規啟》

清光緒二十年四月績溪縣龍井胡氏宗族裕倩堂祭祀議約附民國三十二年重議規條

蓋聞祖宗雖遠,祭祀不可不誠,文公《格言》即宗聖所謂追遠也。特遠人所易忘,能追者鮮。矧夫非特追一己祖先之遠,并能追親房無續之遠者,尤戞戞難之。洒不圖得之於我五房光斕公派大俊公下曾孫志喜公淑配謝氏、(元)[玄]孫士開公淑配曹氏之兩節孝者也,茲者該親房大倩公,其一脉傳及士字行,至士全客殁於衢,而該派無續。乃謝氏等耿耿於中,欲謀承祧而乏人，因將親房所遺田產清查，經理立膳，以備祀事，非所謂能追親房之遠歟？且該親房遺有停棺未葬者十餘具，而謝氏等力為經營，一一安葬，并令乃子特往衢，帶士全暨配骸骨歸里，亦葬之。美哉！謝氏倡行，曹氏襄之，斯豈尋常所能有此舉哉？至該親房遺有田業，大半石田間稱沃者，該房舊曾契質，外尚負債，而謝氏以按年出息微，特諭伊子墊出洋數十番贖該質田，庶廣出息。除祀用外，遞還債款款清，以所餘歸伊墊洋。其子金雖累年不計，俟清墊洋，議以存餘為添置祀產。卓哉，慷慨謝氏，其真有大夫氣也！所制該親房祀事各例，均該二氏相裁的當。是夏，謝氏子客歸，該氏令製一簿，口授祀例，囑筆之以垂久遠行。簿成，復令乃子持以就正於予等。予等思謝氏青年鏡破，矢心冰霜，撫孤成立。曹氏亦中年喪耦，撫夫弱弟成人。今謝氏子士奎、曹氏夫弟士沛，咸磊落英俊，奎常客於蘭江，沛恒賈於江右，亦異地有聲。此固該二氏自少養誨有方所致，予等嘗深儀之。今觀該二氏，明於大義，能為該親房籌畫祀事，條議周密，洵乎巾幗完人，鬚眉有愧矣。夫有勞必錄，直道宜然。予等故着增一條，為立該二氏以總首，清明另行頒胙勿替。雖區區不足以酬，庸特藉此以志其事之自昉，昭茲來許云。爰為次言，弁於簿首。

光緒二十年甲午歲次孟夏月，親房席珍、桂基、志宇、就賢、潤舟、士清、拜手合題。

我太高祖光爛公派下三房，大俠公居長，我高祖大俊公次之，大倩公又次之。大俠公客歿京都而早無續；大倩公派下，亂後僅存士彩、士流、士全兄弟三人，彩、流於同治年間相繼謝世。今於光緒十六年，士全又不幸客歿衢州航埠鎮。惟我二房大俊公一脉相傳，目下亦僅堪自顧，欲為承祧而不可得。爰憑親房諸長，將大倩公派下所有產業核點明白，存作祀產，歸大俊公派下各房輪流管理。除國課并祀用以及酬勞等項，仍有餘資，即為伊派置業，以圖可大可久。其祀產與祀節，各議開列於後，而尤願後人遵行勿替也。用是揭其原委以錄。

光緒二十年歲次甲午清和月，胡士奎拜立。

各議列後：

一、議值年，以"士"字行三房輪流管理，首士璋，次士奎，三士沛。璋現居宜邑，權以奎與沛各一年遞管，俟璋挈眷家居，以三房輪流，永著為則。

一、議標掛，定於清明前五日上墳。其有名可據者，每位紙角壹隻，裝封金銀四十個、紙壹原刀。

一、議該祖先，有名可據者，均做紙角，詣墳標掛。其有失名者，只以金銀四百個、紙十原刀，於上墳回來時，即詣廳屋內焚化。

一、議該房有幼殤男女，其有牌入廳中恩祀者，亦有未牌入恩祀者，須以金銀三百個、紙六原刀，即於廳內祀畢後，隨詣廳屋門口焚化。

一、議查該房遺有《紙角簿》一本，內曾另載有蜜叔公者，其一派祖先，尚未開載，亦不及查。今統做以金銀四百個、紙十原刀，亦於清明前五日詣廳屋內焚化。

一、議標掛，值年家辦祭儀盒一副暨香、酒等，共折厘錢四錢正。其祭儀於祀事畢，歸值年家餕其神惠。

一、議標掛，祭儀盒等件，顧值事僕一名，肩至墳上，并令打掃一節，計給工食厘錢兩錢外，又給鴨子兩個。

一、議給胙，自詣各墳轉行至廳屋內外祀畢後，每丁給鴨子壹對。其或有女人願行上墳，畢各祀事，亦每給鴨子壹對。緣我房目下丁少，權宜行之。後或因革，義之與比毋執。

一、議承親房房長，着立奎母氏、沛嫂氏總首兩名，按年清明，另行頒胙亥八兩，永遠遵行勿替。

一、議遞年清明日，值年家支買亥壹斤半連包心、鴨子四個打鴨子甲、鮮筍弍斤、庖鍋壹隻、水酒弍壺、火酒壹斤，米食貼出不計，每房各一人同行散胙。食畢，即將本年收支賬算清，將契據撿點一概，并所存錢洋，（遺）[移]交下首，不得違異。如上首故行延宕不交，下首即憑親房房長理處，不得姑寬。

一、議遞年收穀，照收租以秤折釣計算，每洋價目，照來年春分祠中糶穀價作算，麥曬乾，公平照市作價。

一、議七月望日，值年家計做錫箔壹千五百張，用大官紙三十刀包封，另折厘錢兩錢，辦供獻、香、酒，詣廳屋內奉祀，其供獻歸值年家餕焉。

一、議十月望日奉祀，其紙、箔等照七月所祀之例。

一、議臘祭奉祀，紙、箔等，亦照中下元之例。

一、議遞年各時節祀，請先期一日，各房無論男女，着一人至值年家幫做金銀，值年家貼出中飯素飯一餐。

一、議卯、酉年，本門三元會，前該房亦與會中。今逢會期，值年者爲捐錢三錢，名書"裕倩堂"，并爲備紙、箔四付，詣佛堂請神。另，又備紙、箔六付，祀先代亡人。所辦供獻，折厘錢一錢五分，其供獻亦歸值年家餕焉。

一、議上井懺孤會,該房前在會中,今逢懺期,值年者照行出錢投會,名書"裕倩堂"。如會中要派人值事,值年人即行趨赴毋諉。

一、議祀內出息,遞年除國課、祀用外,仍有剩餘若干,分作兩股,一股歸祀內累積置業,一股給值年人,以爲管祀之薪水云。

一、議收支逐一登帳,不得私染分文。如有此情,神所共鑒。

民國三十二年清明重議

一、議挨班值年,首士沛,二成義,三成渡,四成鎮。四房輪流,週而復始,永爲定例。

一、議近因物價昂貴,所有清明暨三節燒請之紙、箔,照原定額減半,大官紙改爲剔破紙,須以實事求是,不得短少。縱遇歉收年歲,各安天命,亦不得再減紙、箔。以後物價低落,仍照舊例。

一、議清明標掛時期,永定清明前七日,由值年人邀同各房各派一人到墳,以昭虔敬。標掛畢,每房給胙亥壹觔外,不問男女,每人給鴨子壹對;五十男丁、老人,加亥半觔;六十,壹觔;七十,式觔;八十,四觔;九十,六觔;百齡,十觔,並於是夜散胙。每房規定上墳者一人外,不論男婦,年在五十歲以上者,皆得享受散胙。

一、議散胙吃鍋,每人約亥半觔,鴨子甲蓋鍋,春筍墊鍋,秤酒壹觔。

以上四房同意議決。品瑜紀錄。

——《以承祭祀》,藏安徽省績溪縣上庄鎮宅坦村博物館

清光緒二十九年十二月績溪縣余川汪氏宗族祠規

祠規

聖經云:"古之欲明明德於天下者,先治其國;欲治其國者,先齊其家。"孟子云:"天下之本在國,國之本在家。"不出家而成教於國,聖人復起,不易斯言而起,其所以爲教,只在法、戒兩端。朝廷律例,里黨箴規,胥取道於是焉。我祠自粵匪一炬,焦土可憐,先正典型,莫徵文獻。亂後數十年,間有無知冒犯之事,姑置弗究,以無規矩以範之,物不能自成爲方(員)〔圓〕也。今幸祠宇告成,陳綱飾紀,是其時矣。博考旁稽,其《祖訓大綱》固猶有西漢伏生得以日傳一、二,而子目則無復記憶。均因仰參朝例,近證鄰村,間亦因地制宜,斟酌損益,就法、戒兩義中,敬擬《祠規》二十四條,著爲《家法》,庶令後

來者知所遵循，而於人心風俗或不無小補云。是爲序。

光緒二十九年歲次癸卯仲冬之月上浣，九十世孫邑庠生志均敬撰。

《祠規》二十四條列後：

序昭穆

一、凡高、曾、祖、考四室神主，謹遵朱子《家禮》，高、曾、祖、考迭爲昭穆，五世而遷。

一、凡高、曾、祖、考妣，無論嫡配、繼配、有子、無子，自應入祠。即納妾有子及無子而有賢德者，其妾亦准其附入祠。若其妾無子並無賢德者，不在入祠之列。

一、凡本主開恩之款，不作置議。升主後，謹遵《祠規》，所欠人丁各項，務要繳清，領牌登簿入祠。若論派下支丁，以成婚生子爲成房。其或有子夭亡，或已娶無子，以致失嗣，年在十五歲以上者，此乃天所限，無可如何，均准懸名入祠。至十五歲以下，尚在未成人之列，例不准入。倘有兄弟及親房願爲立後，亦准從寬入祠。

嚴宗法

一、凡派下子孫，有抱異姓子爲後暨以女婿、外甥爲後者，本身革出，不許入祠，子孫永遠毋許入祠。

一、凡派下子孫，有不孝無後者，先儘同父周親；無可繼，須憑族長親房，擇親房中昭穆相當之人序繼爲後；親房無昭穆相當者，然後求諸遠房。其或親房應繼之人，平日先有嫌隙，任其於遠房中擇賢擇愛者，不得以次序告爭。如遠房希圖財產，勒令承繼；或慫恿擇繼，仍將本身所擇賢愛之人斷令立繼。若親房應繼之人貪圖遠房家產，棄此而繼彼者，毋許入祠。

一、凡序繼，長房無後，必以次房之長子繼；次房無後，必以長房之次子繼；長房無次子，然後求之三房、四房。有不以序者，毋許入祠。

一、凡派下子孫，有嫡長房不幸無後者，雖無家產，其親房務必爲之立後；若嫡長房無後，而次房只一子者，准其一子雙承；若次房無後，而嫡長房只一子者，當求之三、四房；若三、四房無有，准其於遠房擇繼，不准雙承。

敦倫常

一、凡派下子孫，有不孝其父母、祖父母者，革出，毋許入祠。

一、凡派下子孫，有恃强逞暴、無禮於其親長者，革出，毋許入祠。

一、凡派下子孫，有同姓爲婚暨娶奴僕之女爲妻者，革出，毋許入祠。

一、凡派下子孫,有無故嫁妻者,革出,毋許入祠。

維風教

一、凡派下子孫,有忠、孝、節、義得旌表者,准於祠内建置匾額,其神主入彰善室,永遠不遷。

一、凡派下子孫,有善行堪爲族人師表者,其神主入彰善室,永遠不遷。

一、凡派下子孫,有盜賣宗祠田産者,及侵占祖墳、盜砍祖墳蔭木、盜竊祖宗祭器財物、侵隱祖宗祭器、財物者;有爲盜賊及窩藏盜賊者,革出,毋許入祠。

一、凡派下子孫,有姦佔族人妻女者,革出,毋許入祠。

一、凡派下子孫,有賣其女或賣其兄弟、叔伯、子侄之女與人爲婢妾暨爲娼婦者,革出,毋許入祠。

一、凡派下子孫,有爲親長而强逼孀婦改嫁,有非親長而主遣孀婦改嫁者,革出,毋許入祠。

一、凡派下子孫,有作奸犯科、死於官刑暨自戕其生、死於非命者,均革出,毋許入祠。無辜受災者,不在此例。

一、凡派下子孫,有爲他姓證訟、誣害族人者,革出,毋許入祠。

崇祭祀

一、凡祭祀,春以春分日舉行,冬以冬至日舉行。所有牲牢并庶饈一切儀節,謹遵朱子《家禮》,族内士衿,均應整肅來祠助祭。有無故不到及怠慢失儀者,罰。

一、凡派下子孫,有不祀其祖、考者,革出,毋許入祠。

重職守

一、凡宗祠司事之人,必須闔族耆老紳衿公舉。其司事有功者,其神主准附入酬勞室,永遠不遷。

一、凡宗祠司事之人,辦理事務,必須恪守《祠規》。如有狥情舞弊,證據確鑿,經衆查出,即記過一次;三次記過,毋再辦事。

一、凡宗祠司事之人,秉公辦理,而衆丁有恃强逞暴、故意作難毆辱者,輕則罰,重則責,公議不貸。

——民國《余川越國汪氏族譜》卷十八《祠規》

清光緒續溪縣北門張氏宗族祠規

祠規

一、祠堂之設，所以奉先靈、修祀事，報本返始，尊祖敬宗，實有家名分之大，開基、世守之本也。斯先靈既安，而子孫亦昌。以後，各派神主入祠，其神牌體制，悉照本式昭穆次序，無得僭越。

一、遞年春分、冬至二節，致祭始祖以及列祖，次祭留（侯）[候]，再及特祭。總其事者，先期齋戒、汎掃、滌器、省牲。厥明，告率主祭執事者，遵照儀節，以修祀事。合族子孫，各當肅儀祇敬，無得喧嘩跛倚。

一、各執事子姓，務先齋沐演習，至期供事，庶陳設合式，升降有度，不致愆儀。

一、赴祠行祭服色，各聽本色，惟整肅冠裳、衣巾，雖葦布粗黑亦可。有居制者，並換吉服。

一、祭畢散胙，所以成禮也。各宜依序而坐，不可紊亂。殽有常品，酒有定巡，以禮讓始，以禮讓終，不致歡呼罵坐，自蹈非禮。

一、祭畢給胙，所以飲福也。其胙肉之多寡，視祠息之豐歉，所該給者，有等差。自經粵匪亂後，祠租大半荒蕪，此例暫停。一俟祠息充裕，即行議給。

一、特祭配享，原例每配捐紋銀二十兩，入祠生息，以為正用。因遭寇亂，祠宇被殘，急於修理，致減本洋二十元，以期易於濟急。嗣後，須遵原例，捐一配者，準其父母立牌；捐二配者，準其父母、祖父母立牌。能捐三配，則牌立曾祖父母，或本身立牌者，聽。

一、遠近祖墓、墳山蔭木，以及各處山場興養樹木、柴薪，凡有侵害、私圖等事，管山人及本祠派丁察出，即時鳴衆，酌議經理。如朦朧不舉，或私行受賄隱瞞者，查出，從重議罰。

一、各家神主入祠，須遵《祠規》。照原例，每亡出制錢二百文，先將主銀交管祠者收注入簿，然後開門，請主入祠。如有狥情記掛，公議管祠者賠償，仍行議罰。

一、神主上牌，必待致祭之日，臨時方許開神龕檻門，照昭穆世次，眼同題寫，以杜私上之弊。

一、管祠，每年議定幾人，經理租務。所收銀兩，隨存公匣封鎖，除納糧、祭祀、修祠、置產各正務用外，不得濫支。所餘，通衆商議，存妥實處生息，不許各房私領，然出入必須眼同登賬明白。

一、祠內祭器、棹椅、物件，所有往來借用，必須公衆相商方可，不得私行擅專。違者，公同議罰。

——光緒《績邑北門張氏宗譜》卷末《祠規》

清光緒績溪縣城西周氏宗族祠規

祠規

一、祭祖重典，理宜虔肅。與祭子孫，俱走旁門，毋許向中門中階直趨而進，亦毋許喧譁。違者，罰跪。

一、衣冠不備，不敢以祭。宗子主祭及分獻老人，各宜衣冠齊整，閤族斯文穿公服，整冠帶。與祭子孫，亦宜各整衣冠，毋得脫帽跣足。違者，罰跪。

一、與祭子孫，臨祭時，俱在堂下，隨宗子後，分昭穆跪拜，毋得攙前及擁擠上堂。祭畢，散票，亦依尊卑，魚貫而出，不許攙越。違者，令頭首隨時記名，概不給胙。

一、祭畢，散福，定午後齊集祠內，四人一席，照序坐散。不到者，毋許折分生肉，越宿亦不另補。

一、祠刊有進主收錢《號簿》，每年司值於春分、冬至前一日，查各進主之家，照前例收錢訖，先將錢數盤清，交入公匣收貯，即挨次登號。如某號收到某分第幾十世，或某公、或某孺人進主錢若干，某年月日司年某某手，即照號查明，各分昭穆，書寫大牌並底、正二簿，各印對同，戳記不得遺漏。如有此誤，罰胙一季。

一、祠於《號簿》外，又刊有《源流底簿》，每一頁分四格，一格填一公名目，上注"某分第幾世"，下注"某年某季進"，隨用"新登"二字小戳記於上，以便對號查核。如未登《號簿》而登此簿者，即是私添。其舊進從老簿抄入者，悉用"舊登"二字戳記別之，旁注"字某某、號某某、某人之第幾子，生子幾人、名某某"等字。其孺人進主，即查某公格下，照式填寫；如孺人先公歿，必先查其房分、世數，於未填空格內刊有"孺人"字樣，依式填寫，旁注"某分某世某人之室"。若是繼室，即查某之前室格內平列，照式填寫，後某某歿；進主，即於某孺人格上填寫，如前式，注載詳明，便後修族。切不可混亂，亦不可將公與孺人歧分兩處，致後難於稽查。此須於各家進主時收錢登號，查問明白，庶免訛誤。如有粗心訛寫，并未收錢、狥情私填者，查出，春、冬兩季，并不給胙。

一、進主，舊例輸銀，分上、中、下三則，上出銀一兩，次五錢，又次三錢，極貧二錢，交入公匣，存積修祠。如有進主，未經出銀者，概不書上大牌，登入《祖先簿》，春分、冬至，不得享祭。

一、寢室龕座，祖宗憑依之所，理宜肅靜。寢室門須常封鎖，春、冬二季外，毋得擅開。凡各家進主，宜擇春分、冬至前詣祠，交錢登簿，查各分昭穆，以便書上大牌。若閒日進主，祗許小牌，安放兩旁配享牌廚內，候兩季開寢室門時，司值收錢查對，登簿入牌，再將小牌燒化。如有擇期請人題主者，必須邀集該年司值、查察公同收錢，登注《號簿》，書上大牌，即將小牌燒化。倘有不遵定例，私開寢室門進主，將小牌夾入龕座內，致滋紊亂者，與該年司值、查察各罰大青金一把，對祖燒化。

一、進主滿百名，值年頭首加大周箔壹千，永以爲例。

一、同姓不宗及義子外姻入繼者，均不許入祠。如斯文、族長受賄引進，查出，一并革出不貸。

一、殤亡及室女，均不許進主。如有隱瞞冒進者，即將木主當衆塗毀，仍罰大周箔壹把，對祖燒化。

一、派丁男婦，有忤逆亂倫及犯姦、爲匪經官者，并賣妻女與人爲妾者，即行革出，生死不許入祠。倘有族長、斯文狥情黨庇，不即鳴衆驅逐者，罰胙五年。

一、老配享，仍照舊例，挨班收(祖)[租]，辦祭發胙。每祭定足數大周箔壹把、大建紙壹塊，當衆面折，不得減少。

一、助建宗祠，新立配享，有捐銀五十兩者，有一二百兩者，多者至四百兩，本應照捐貲多寡酌量頒胙，以示惠均。因祠內租息無多，人丁繁衍，兩祭發胙，尚多不敷，新配享胙，更難取給。即後停胙，所存(祖)[租]息，除輸糧辦祭、發老人胙外，置買宗祠前後屋業及大門、耳門外，蒙蓋地坦圍城，祠後餘地墻垣，建造祠旁屋宇，置辦祭器一切物件，并通堂聯對等項，積算不下千金。仍買田租四十餘擔，內坐貳十餘擔，立修祠戶，另貯公匣，修理祠宇，并備公用。是以衆議新配概不給胙，特殺猪、羊二副，列於東西新配位前，另書祝文，頌述功德，以寓特祭之意。其新配牌位，以捐銀四百兩立壹牌，每壹牌備設壹席，或一人專席，或數人合席，總以四百兩之數爲定。祭日，照昭穆安設。其有捐銀十兩以上、未滿貳十兩之數者，附名祝版配食。

一、重造祠，能幹勤勞十餘載，闔族當思報功，建祠奉主，春、冬特祭。於乾隆五十七年，公具邀單，謂我族重建宗祠，能幹任才任力，各奏爾能。而總理祠務，力任仔肩，矢公矢慎，無間寒暑，惟廷憲、廣輝及之、冕、瑞、坦、廣、飛五人爲最。擬於新配享後，另書一牌，春、冬二祭，附列一席，以見我族叙功之意。至諸能幹，理宜特建一祠，設主合祭，庶不負諸公十有餘年之辛苦，并奉有明始建宗祠能幹，接理能幹神主於其中，皆所以待有功而勸將來也。嗣後，有接理祠務十餘年者，亦許附名享祭。

一、祭能幹，子孫與祭，理宜頒胙散福，以崇餕典。祠内租息無多，亦難取給，祇於祭祖畢，奉牲牷、酒饌，特祭於能幹祠，以示報功之微意。能幹子孫，各應捐資，置產立會，以敦祭禮，以廣祖惠，此亦孝子慈孫之行也。當共成之。

一、祠宇，宜時查看修整，每年黴天、雪後，司值、查察邀同首事，各處小心查看。倘遇屋漏損傷之處，即知會管修祠户者整理，慎勿苟且因循，自蹈失察之咎。

一、寢室後、能幹祠後及兩旁溝洫，每年春分後，司值首事務須查看，内有泥石壅塞，即知會管修祠户者，倩人開挑，疏通水路，免致積水漲涌，祠内潮濕，積久損壞。甚勿輕視，漠不留心。

一、祠内前後明堂、大門外、文昌閣下出入巷路，及能幹祠桂花廳内，每年二熟收租時，司值首事知會管修祠户者，倩人拔除各處草木，務須盡净，毋使滋蔓。

一、非祠内公事，一切衆姓神會，毋得擅開散福，免致失脱物件，損傷棹櫈，大者火燭之虞。司值首事不得狥情，致干公罰。

一、祠内二祭外，及公事各畢後，所有對聯、棹櫈、燭臺、爐瓶、磁器及一切祭器，司值查看，即令首事打掃潔净，點明數目，歸於原處。

一、宗祠通堂對聯，辦有板格藏貯，每年首事於冬至前三日取出懸掛，春分後一日取下收藏。須辦珍惜，毋致損壞。如有損壞，罰令修理。

一、祠内寸木寸石，派下子孫不得私自盜取，亦毋許出借。如有此情，較所取之物議罰，輕則罰大青金壹把，重則罰戲壹臺，斷不狥情。

一、祠門鎖鑰,值年頭首同查察執管,除會文並公事外,毋得擅開私借、堆放物件及二熟私曬穀麥、衙門搭班唱戲。如違,罰戲壹臺,并罰大青金壹把,對祖燒化。

一、各處祖墳、山地,毋許子孫盜葬,舊曾立有禁碑。派下子孫,如有盜葬等情,公同族衆即押起扦,仍將盜葬之人革出,并其子孫生死均不入祠。

一、祠、墳地山場内,派下子孫,均不得盜取一草一木。違者,先治以家法,仍令照估賠償。如有恃強抗拗,即以敗祖不孝革出。倘遇外匪盜砍,呈官究治,不得寬貸。

一、祖墳蔭木,倘有倒壞,出挵樹價并墓裏塘墳山脚草,三年一挵,草價俱入修祠戶公匣,不交祠首。

一、派丁年滿十五歲,照例出銀壹錢上丁,先期將銀交祠,存入公匣,買產並開生年月日、行名、係某分某人第幾子,逐一載入《人丁簿》,便後修族稽查,並派四十歲頭首。如未交錢上丁者,永不給胙。

一、造祠未出丁銀者,入祠拜祖,不准給胙,候丁銀補清之日再給。

一、每年祠首議定,年逢四十歲者,無論斯文派丁,一同協力承辦。倘有實往在外,不能來祠辦事,並無親丁幫代者,照舊例貼九七色銀八錢與本班首事,爲收租中伙之資,不得拗衆。違者,罰胙十年,以作貼例。至鄉居隔城二三十里外者,兩熟收租,來往不便,或酌派與鄉間租一、二處收齊,發擔交祠。兩祭來祠辦事,每人日給飯食錢伍分,開支衆賬。如有故實不得離身者,亦貼九七色銀捌錢,均着親房舉報,毋許規避。如有規避,照貼例倍罰。

一、司值、查察,每年輪派斯文八人及能幹内公舉兩人,經管祠務,稽查盤算。倘遇有不公、不法事件及刁佃負租,俱係十人經公理論,毋得推諉。

一、祠首收租,議定在祠公處,不得私收入家,穀、麥貯存祠内。其租穀每百斤折乾穀捌拾斤,麥每斗折瓮麥拾升半,豆每拾升折乾豆捌升,俱於辦祭時照時價出支,不得多收報少,少支報多,着令司值隨時查核。如祠首有此情弊,即時鳴衆,將侵蝕之項照數追出公罰,永不給胙。司值或狗情庇護,查出,罰胙三年。每於四月初一日,司值頭首邀同族長、斯文詣祠,開報新年四十歲頭首,並派新班司值公同核算。除辦祭上糧,仍剩若干,司值即時登記,將項銀封貯公匣置產,毋許派丁挪借。違者,議罰經手之人紋銀伍兩,即令將借項追出,一同交匣,斷不狗情。

一、每年上糧,例係上年還半、下年還清,祠内四月初一日交盤。穀、麥未收，新班首事無以完納，例定頭年收租坐完，次年錢糧，已預備一年，更不得拖欠。如有拖欠錢糧者，革出不許入祠。

一、新立修祠戶糧產，不經祠首執管，權舉造祠總理、能幹二人管理，并逐年例收公項銀兩，收存公匣。時整祠宇，每積三年，祠內一切餘屋，祠外蘇公祠，通行修理一次，並一切公用，其《條例》載後修祠戶內。造祠能幹，係原經歷之人，費盡半生辛苦，成此功業，自必勤於修理，不肯稍有輕怠。日後，即舉能幹之子孫誠實廉能者，分班接管，諒彼亦必凜承先志，勿墜厥緒也。

一、每年司值首事上、下班交盤，定四月初一日，各出分資錢陸分，詣祠拜祖邀福，上班首事即將祭器及一應家伙、物件、帳簿、鎖鑰、公匣等項，照原簿逐一點齊，交與下手執管。如有損壞及失落者，即令修整賠償，不得遺漏一件。下首交盤，亦如之。其祭器、家伙等項，另立《清譜》，逐一開載明白，以便稽查。

一、功名捐資置產：入泮捐銀肆錢，國學捐銀貳兩，捐貢捐銀叁兩。吏員捐職：從九品捐銀肆兩。捐職佐貳：八品捐銀陸兩，七品捐銀捌兩，六品捐銀拾貳兩，五品捐銀貳拾兩，四品捐銀叁拾陸兩。俱要先期交銀，再行給胙。不捐者，概不給胙。至貢舉以上，俟出仕之日，酌捐廉俸，另興公事，恢擴前規。

一、祠內掛匾，非科甲不得濫掛，科名掛下堂兩廊，甲第掛中堂邊間中間正樑。非鼎甲及出仕開府以上者不得掛。其舊祠所掛仕宦各匾，彙書一匾於中堂東照壁；恩、拔、副、歲、貢生以及雜職未出仕者，彙書一匾於中堂西照壁；孝行，彙書匾於寢室東廊；節烈，彙書匾於寢室西廊，以後各照例書名。至出仕州縣以上者，無論出身，照科名例掛匾；至府道以上者，照甲第例掛匾；若職銜，止許於彙匾上書名。

一、送鄉、會試赴闈盤費：鄉試，現有老配新立上京戶所置田產，并文會租息，彙積三年，照人多寡分送。會試，定於祠內每人送元銀貳拾肆兩，上京戶內每人送拾陸兩，文會內每人送捌兩。中進士者，祠內送銀肆拾捌兩；鼎甲及翰林，照例倍給；拔貢上京朝考者，祠內送銀貳拾肆兩，上京戶、文會俱照會試例分送，永爲定例。

一、賀新生，宗祠定例，照新生人數，每名於公匣內貼錢三錢，仍到者各出分資。如遇便班演戲，宗祠外貼油火雜費錢壹兩。

一、中舉祭祖宗，宗祠定於公匣內送戲壹臺，闔族具賀，各出分資。

一、濂溪書院虔供道國元公神位，每年春分、冬至前，酌定祭期，特行祭禮，以昭祀事。捐資置產，立一文會，每月齊傳闔族應試生童，詣院會課兩次。課日，供給飯食。課文，延訪名師，酌送束脩。寄呈評閱，定名出榜，列前五名者，給賞紙筆，以示獎勵。如有在家不到課者，着會首訪查記名，春、冬兩季，并不給胙。

一、忠、孝、節、義，題請旌表者，皆於祝版後附名配享，以勵家風。前有孝子伏滿公配祭，外給豬胙一斤。今後，有此善行，祇循例配祭。

一、每年闔族禳火，在祠演戲二檯，叢集多人，可辟癘氣，舉行有年。宗祠於公匣內貼錢貳兩，其餘照戶批出，以為久遠定例。

——光緒《梁安城西周氏宗譜》卷首《祭禮》

清光緒績溪縣大谷程氏宗族紀事諸規之祭祀條規

祀典規

聞之禮莫大於禘，王者於始祖廟，推其所自出，而以始祖配之，推之宋祖帝乙，鄭祖厲王，其諸侯下及士庶，皆得援別子為祖、繼別為宗之義，而報以烝嘗。近世宗法不講，而立廟以聯合族之心，尤有先王之遺意焉。程氏開宗大谷，始於仁福府君，祭始於此宜也。始祖以上，如遷小谷祖師和府君，程里_{一名仁里}祖藥府君，休寧古城祖仲節府君、汊口澐府君，篁墩祖元譚公、忠壯公。又上溯開廣平始祖伯符公，自廣平始祖下，迨牧府君，凡四十有四世。自篁墩始祖下，迨文衍府君，凡三十有五世。大谷宗祠備升粟主，謹遵文廟祭丁先一日祭崇聖祠之例，每春分、冬至前一日習儀，合祭之。春分、冬至日，祭開宗及派下祖考妣，不推遠祖。或曰："習儀祭品不豐備。"按，享祀貴誠不貴豐。《書》云："黍稷非馨，明德惟馨。"但擇年高德邵者一人主祭，春分、冬至兩祭，設中、左、右三獻。中獻祭開宗，宗子主祭，百世不易；左獻祭能幹，主之以齒；右獻祭配享，主之以爵，率舊章也。

祔食規

朝廷有配享之典，家廟有祔食之規，所以勸忠孝而生觀感，意至深也。《洛誥》云："記功，宗以功，作元祀。"雖朝野功德懸殊，而所以勸之之道則一。故祔食家廟之例，必推功德，而出貲以供祠事，亦得比于有功之條，如忠壯公、文季公祔食於元譚公廟,三者備矣。其餘祔食于各遷始祖廟,三者必有其一。我宗祠以功貲祔食者多矣,獨德之祔未有其人,何忠、孝、節、義之難?與亦勸之之道有未盡也。今日重建宗祠,於前之有功及出貲者,補入配享神主,於後有忠、孝、節、義,克踐躬行,宜升主祔食者,并免出配享銀。如有年逾九旬而不犯"十二戒"者,亦准其配享,并不收銀。配享舊例,每名交配享銀計足錢六千文,捐租照時值價折租捐之。

進栗主規

凡進栗主,定於春分、冬至前一日,俗云小分、小至。將應進主者,遵《譜規》,一一開明生平行誼,交祠首登入《綫草譜》暨《昭穆主譜》,俟祭日大贊唱"出主"時,將應上昭穆栗主請出,對《主譜》書入之。每主人交登譜銀計足錢二百文。凡未娶、無傳者,概不許主入正室,諱入正綫。娶而無傳者,許入。或未娶無嗣,得繼生丁有嗣,仍許其繼父諱入正綫,主入正室,勸娶繼也。至婦人以小故輕生殞命,致禍夫家,"三從四德"何在?義不準其主入祠。或母家知悔,失訓願罰,照配享例,求伊女主入祠。查此罰金,實出母家,權如所請。倘非母家,一經查出,仍黜其主。若因夫死身殉,節烈可嘉,及子死無依,情殊可憫者,均不在此例。

祭儀規

一、春分、冬至前一日,習儀,祭遠祖,用正獻一席,不用猪、羊、毛血及獻碗,惟祭儀與春分、冬至祭同,香一炷,祝、帛各一道,剝破大官一束、云青四束、四兩燭一對、雙響六尊、邊炮二百。

一、春分、冬至,祭開宗始祖暨派下列祖考妣,用正、左、右獻三席。正席:獻碗十六品,用三鮮、海菜,宜豐潔;左、右席:獻碗六品,用三鮮,鴨、鷄子糕,春分饅首,冬至粿,香各一炷,祝、帛各一道,雄猪、羯羊各一口,毛血各二碟,一灌爵,三獻爵,三羹碗,三點碟,三饌碗,鬱鬯一壺,食一碗,茶一碗,菓一盒,三席各全副剝破大官十束,云青四十束,雙響二包,邊炮一千。正席一斤燭一對,左、右席四兩燭各一對。能幹配享,每位冥財一角,樂夫四名。

春分、冬至前一日,習儀,祭遠祖祝文:跪而言曰:祭有定分,本不能忘。溯我遠祖廣平伯,德徵三瑞,郡肇廣平;強濟公才冠晉臣,義存趙氏;忠佑公累朝崇祀,六邑歸仁;忠烈王射蝨安邦,蕩寇定國;忠護侯身通豹略,靈炳象賢；澐府君奮乃祖風，同仇敵愾；忠節府君佐障東密，佑啟古城；藥府君化洽金鄉，澤綿仁里；師和府君孝稱錦谷，祿謝南唐；文衍府君作述無憂，俯仰自樂。生既立功於家國，沒宜隆禮乎春秋。茲值禴、烝祀，前期以溯，生民世澤。疇肇開宗而啟宇，用修禋祀以告虔。感以至誠，馨乃明德。祇歆對越，純佑永垂。尚饗。

春分、冬至，祭開宗始祖祝文：跪而言曰：祀因時起，禮以義隆。惟我始祖，纘緒篁墩，衍支雲谷。德符三讓，付友弟以守成；行篤五倫，型寡妻而垂創。用昌名季，龜筮協從。覆土安先，牛眠有兆。看此日，人文蔚起，澤延祖德宗功；卜他時，華胄雲礽，志紹孫賢子孝。序事序齒，濟濟有倫；群穆群昭，洋洋如在。茲屆仲春、冬之節，爰修禴、烝祀之文。粢酒馨香，升聞時泰。牲牷肥腯，復告年豐。來格來歆，以妥以侑。誠可通乎一本，福同召於三多。鑒別賢奸，蝦分勸戒。尚饗。

左獻祭能幹祝文：跪而言曰：義莫大乎安祖，祀莫尚於功宗。惟我府君，木本思誠，萃群靈而創廟；水源念切，匯眾派以朝宗。昔則爲一族功臣，今則勸庶支孝子。釀金伏義，潔己奉公。經始在人，謀落成憑。祖德茲復，宗祠新奐。仍陳左獻舊章，靈爽常昭，儀型足式。守成匪易，創造尤艱。凡我後人，鑒茲成憲。尚饗。

右獻祭配享祝文：跪而言曰：爲善無不報，升享必有功。惟府君、孺人訓子義方，事親養志。生前懿恭可法，化洽家庭；沒後赫濯如臨，佑啟孫子。廣大宗之慈惠，勸後裔之仁親。茲設右獻之儀，特配中堂之奠。憑依祐室，陟降几筵。濟美延長，孝思勿替。尚饗。

祭事規

一、與祭凡文、武貢、監、附生、雜職納粟者，驗照入祭，一炮備衣冠，二炮齊集，三炮開祭。春分、冬至并前一日，里中禁炮，恐亂祠祭號炮。違者，罰足錢二千文。

彰癉規

從來善不因賞而勸，惡未有不因懲而改。《書》云："彰善癉惡，樹之風聲。"上之化民以此，況先人眷懷孫子，隱昭法戒，俾善者益善，不善者改而爲善，勸懲宜亟亟矣。茲於祠中立書二册：一曰"彰善"，一曰"癉惡"。擇善《十訓》，書《彰善簿》端；擇惡《十二戒》，書《癉惡簿》端，春、秋兩祭，少長咸集。祝嘏時，以典禮一人立東階，朗誦《彰善簿》；一人立西階，朗誦《癉惡簿》。畢，則舉族中有實行循《十訓》者，載《行狀》於《彰善簿》，請此人升堂，頒神惠飲之。樂善不倦，沒則免出配銀而配享之，爲善者勸。族中有實跡犯《十二戒》者，載《行狀》於《癉惡簿》，傳此人詣階下申飭之。怙惡不悛，沒則聲罪革之，爲惡者懲。勸懲之法行，子姓庶幾知所觀感與。

彰善十訓

一訓曰：父母爲人之本，木無本必枯，人無本不立，故人以孝順父母爲培本。

二訓曰：良心爲人之田，田不耕不穫，心不養不存，故人以能存良心爲穫田。

三訓曰：兄弟如手足，傷一手，則不能趨事；傷一足，則不便行路。故身必完手足而後能遂志，人必和兄弟而後能順親。《詩》云："兄弟既翕，和樂且耽。"父母之順，可知矣。

四訓曰：天地和而後雨澤降，夫婦和而後家道成。娶妻爲養父母、續先祖祀、順舅姑，而不和與不順舅姑而和，皆私也，私則不孝。故爲人子必和妻子，以善事父母爲成人。

五訓曰：友爲人鏡，對鏡知醜妍。友分損益，不忠告者，不得謂之友。毋友不如己者，不得其規勸也。故人子必擇善而交，鑑不善者而改之。

六訓曰：天佑下民，作之君，作之師，君、師之於民也，大矣哉！蓋君臣之義配天地，師弟之恩同父子。天庚之奉，小民所以效忠也；束脩以上，弟子所以將敬也。事君不忠則廢義，事師不敬則辜恩。惟資以事親而事之，忠敬作而孝乃全。

七訓曰：伯叔、姨姑及諸父執，皆父母所尊者也。故必推其所尊，皆敬以事之，則父母之心安矣。

八訓曰：爾子、兄弟子、戚鄰子，皆父母所親者也。使幼爾幼而不以及人之幼，則愛不盡其所親，父母之心必有時有事而不順，不順焉得孝？

九訓曰：孝公婆，和妯娌，謹"三從"，慎"四德"，勿虐奴婢，勿溺生女。六者絕一，非賢婦也。婦之不賢，夫亦同罪。

十訓曰：人不學，不知道，道在五倫。五倫之道，人所固有，分所當爲。使各勉力求之，雖夫婦之愚與不肖，可與能知能行，況士、農、工、商非盡愚與不肖。即此能知者，學焉而精其知；能行者，學焉而果其行。以視夫順親養志，而孝獨稱其大者，未嘗外是而有所學也。吾故訓吾子姓，凡《十訓》不過曰五倫之道，學而時習之。

癉惡十二戒

一戒曰：毋忤逆不孝。

二戒曰：毋作優、作皂、作僧尼、作奸賊犯科。

三戒曰：毋博弈、好飲酒，不顧父母之養。

四戒曰：毋鬻子女爲奴婢、僧尼。

五戒曰：毋拐騙人子女鬻爲奴婢、僧尼。

六戒曰：毋逆父母喪，娶妻買妾，應試赴任。

七戒曰：毋賣祖墳墳山蔭木、饍産、祠産、祭産、養節産以食鴉片烟。

八戒曰：毋霸管祠事、蠱食祠貨，祠宇壞漏不時修，春、秋祭品不豐潔，清明祭墓不親掃，褻神惠宿，祭肉、功胙、壽胙不頒賜。

九戒曰：毋製好衣、豐飲食，不顧父母之養；好勇鬥狠，以危父母。

十戒曰：毋亂倫敗俗、作訟師間人骨肉、壞人名節、唆人終訟。

十一戒曰：毋阿意曲從、陷親不義，家貧親老，不爲祿仕，不娶無嗣、絶先祖嗣。

十二戒曰：爲官毋欺君虐民，好黷貨畜、妻妾，不顧父母之養；爲農毋惰四支、害三時，田業荒蕪，累田主賠國課，俯不足畜，仰無以事；爲工毋食人食，不忠人事，作奇巧、耗人財、棄天物、好嫖賭，不顧父母之養；爲商毋以身發財，不知以義爲利，説真賣假，出入不公平，好貨財、私妻子，不顧父母之養。吾故戒吾子姓，凡《十二戒》，必自反，有則改之，無則加勉。

頒胙規

一、春分：饅首，定白麵，表裏如一，每升作四個；冬至：粿，定糯米、糯米，每升作兩個。

一、能幹：每位頒胙肉一斤、粿四個，其前建祠能幹，亦照此頒賜，不與祭亦頒。

一、壽胙：六十，頒肉八兩、粿兩個，饅首同；七十，胙肉、粿倍之；八十，倍七十；九十，倍八十；百歲，倍九十。共計胙肉八斤、粿三十二個。壽胙，八十以上，不與祭亦頒。

一、爵胙：五貢生員，頒肉八兩、粿二個；舉人，倍之；進士，倍舉人；三鼎甲，倍進士。其餘授職，仍照進士例頒。武者，照文胙半頒之。雜職，不論品級，照武生胙頒。其人出仕者，不論品級、納粟否，照武生胙三倍頒之，計肉十二兩、粿三個。爵胙，不與祭者不頒。外派詣祠，每丁給食粿四個。逢散胙，雖白丁亦得與焉。坐次序尊卑，不論齒爵。

一、功胙：捐足錢五十千文，頒肉八兩、粿二個；百千文，倍之。其餘按五十千計倍加頒，不滿五十千至二十千，加頒粿二個；不滿二十千，不頒。捐木料，作時價，按數計頒；捐刊《宗譜》項，一併按數計頒。或撥配享，除配外，按數計頒。功胙，不與祭亦頒。

一、主祭胙：中獻，頒肉一斤、粿二個；左、右獻，頒肉八兩、粿一個。

一、禮生散胙，除分得供饌外，每席加肉二斤、豆腐一板五文、甲酒每名一筒。不准飲燒酒，亦不准多飲。違者，未終席，罰出席；既終席，罰下次出席一次。

一、割肉、分胙人，頒肉一斤；宰猪、羊，給足錢百四十文；樂夫，每名給足錢二百文。

一、祠首：收租開場，找租收場，給散伙三次，每次肉三斤、豆腐一板、甲酒每名一筒、鹽四兩，菜錢每名四文、麵每名八兩、收鍋麵一斤、燭一兩。凡遇祭，每次按名頒胙肉一斤、粿二個。與祭胙散胙，仍照例與頒。

一、生子取名，報祠登譜，奉登譜銀計足錢百文。每春分、冬至頒丁錢，每名各五文。丁錢，不報祠登譜不頒，不詣祠亦頒。

獎賞規

一、入泮，獎旗銀四錢，食廩者，獎同之；舉人，獎旗杆銀八兩；赴科，獎贐銀，按科四兩，得甲者，獎旗杆銀、直匾銀各八兩。不得直匾，不獎；匾銀不建，亦不獎。

杜訟規

公（廷）[庭]是非易混，族黨曲直難欺。鼠牙雀角之爭，聚族間所不免，小則集族鄰理之，大則集親戚、宗族理之，紛難無不解矣。倘理直不伸，不得已涉訟可也。若以強凌弱、富欺貧，不鳴戚鄰、宗族，而遽行訟者，祠首可遵《祖訓》，上公呈明曲直，止刁風，熄凶焰，以安零丁孤弱。公道自在人心，此固杜訟端之至訓也。倘祠首偏袒呈呈，亦當以悖訓論。

管祠規

一、祠事，擇齒德爵中、公正勤儉者八人協理，齒者二人、德者三人、爵者三人，三年換四人，六年全換。其所擇之人，衆論僉同，毋庸拈鬮。若在可否之間，除可者外，多擇二、三人，將書名入筒，對祖焚香拈之。拈得者求免，另拈。如換年，衆情悦服請留，亦准其接管。倘本人有故求退，雖非臨換年，即擇能管之人接之，毋容固執。至於祠産，容後檢核明白，另刊《大谷程氏宗祠産業簿》可也。

——光緒《大谷程氏宗譜》卷一《紀事諸規》

清光緒績溪縣錦谷程氏宗族祠規

惇庸祠規序

今夫制不須承守，不詳勿病；事不關仁孝，不永無傷。然善厥始者，必能善厥終。經曰："慎終如始。"又曰："有其舉之，莫敢廢也。"夫固有所受之矣，此程氏《惇庸祠規》之所由設也。蓋其先世遷居錦谷，垣墉初奠，創造未遑。迨及中葉，禮教漸興，至斯乃盛。禮義生而收族爲先，宗廟嚴而《規條》具列。夫祭之以禮者，固範于《家禮》之所定，而措以咸宜者，間通于損益以相因。我戚翁安漢者，惟懷永圖，將付之梓，具道所以，徵序于余。若以制不難捐益于一時，實難承守于奕世，如締造而不備列其細，能保後之知其艱乎？如置産而不悉寫其由，能保後之守其業乎？他如主祭、配享以及進主、樹主、賞罰、徵租等例，皆因時制宜，而謹終端始，所望能承者，必之一人，能必之人人乎？所望恪守者，必之一世，能必之世世乎？予聆其創造之艱，并詳其《規條》之設，而知孝子仁人之用心，上體先人之志而繼述有光，下裕後人之規而周悉無罅。此承守之百世無逾而仁孝之寸衷不匱，有不善厥終而忘夫有所受者，必非人子也。則是鐫也，俾各首什襲以深藏，啟爾後恪遵于勿替，不其與石室丹書同珍也乎？敬序。

崇本始。《禮》曰："王者，禘其祖之所自出，而以其祖配之，故不王不禘。"然達孝之心典隆上祀。斯禮也，自天子達于庶人者也。由是，士庶之家咸得祭其始祖焉。程氏之遷居錦谷者，自師和公始，則祭始于和公，其誰曰不然？然和公來自邑南仁里，而來仁里者藥公也。及稽藥公所配，則忠壯公也。今祭僅始于和公，敬其所尊之謂何？和公能無恫乎？爰自和公上而推之藥公，抵忠壯公止焉。若外此而强袝，是爲誣祖。若下此而旁溯，是爲淫祀。誣與淫俱孝子慈孫之疏節也，則祭始于忠壯公，又誰曰不宜哉？

升袝食。廟中之有袝食者，所以致尊敬也，其可以濫及而戚我先人哉！故必有德行著鄉間者，有功能在宗祖者，次焉以財充祀事者，始可袝焉。其貴官大爵，事業炳天壤，勳名垂竹帛，若藥公來于仁里，又尹于金鄉，得袝忠壯公者，無論矣。即舊祠首之議建祠，偉哉！其志也。新祠首告竣，祠功瘁矣。其謀也，則舊之得袝于師和公，而新之應袝于文衍者，宜也。至若德行著鄉間而功能在宗祖者，文正公、文元公其冠也，則袝于富德公。若以明公、以昌公，一則以清隱標耿介，一則以詩書啓後昆，並列以尊而袝焉。下此捐貲以倡修祠宇，其有功于宗祖，不在新舊祠首下。大緒公首倡哉，特祭其何可少？安和公苦夭折，又復不嗣，而能如例輸財，況生多善行，應得與于特祭之列。應階公孝友，秉天性，耿介昭里間，不幸云亡，猶口碑載道，矧父爲捐腴田以供祀事，特祭焉奚疑？凡此族也，度爲祖宗之所嘉與，即爲雲仍之所樂祀也。蓋崇本反始者，人子之孝思；尊德象賢者，先王之明典。故不憚爲說，以免後滋議耳。

擇主祭。宗子主祭，禮也。禮有大宗，有小宗，師和公之孫二：長曰仁福公，次曰仁新公。福公遷大谷，則錦谷無大宗矣。或曰有小宗在，然推新公長子之系宗而主焉。是祭始于新公，而和公若袝之矣，新公不且悒然于祖不袝孫，神而吐之乎？《書》曰："黍稷非馨，明德惟馨。"亦惟代舉老成而德優者爲對越可也。蓋德則可以交神明而差饋食，神其享之，所必然者。

定進主。《書》曰："肇稱殷禮，咸秩無文。"矧上而高、曾，下而雲仍，非其所尊，即其所親，概聽進主，於人心獨無恔乎？然不分而別之，將何以激而勤之也？於是設爲三等進主之例，三之不足，又三以析之，如當年締造捐貲財、輸木石、任勞苦，並供各色祠用，有費數金，有費數十金者，應核其多寡，考其功績，等以次之，主以祀之。次則當年納丁麥穀，如例無欠者，生則照丁給胙，殁止令其出牌銀伍分，進而無阻，且賞延于世，而子孫亦如之，待之厚也，厚斯勸矣。至女人，或以小故輕生殞命，致破夫家者，不准入主。其有願輸納以蓋前愆者，亦聽其入，所謂罰弗及嗣也。蓋用激用勸，無非上以成追遠之心，下以作輸將之氣也。後之子孫，能體此意，以光盛典于億萬斯年，則又爲程氏之功臣矣。

　　置祀産。夫祠宇鼎建，宜祀事時修，必牲牷肥腯，粢盛豐潔，然後可以惇烝嘗而薦馨香也。昔漢翁將先年該祠服婦酒醴，併各項餘積所歸，買置田産，以供祠祀。爲祠首者，又各捐己租一鈞，以共襄盛典，然猶不足以供也。例開男丁每納麥、米穀，爲生息，歿則准其進主，其所入亦有限也。又女亡必別高下納賫，然後聽進主享祭，每二秋納穀拾觔、麥五升，三年納滿，生則照男丁給胙，歿則減等竟進，皆爲擴祀産計也。歸其所當歸之由不爲苛，取其所願取之賫不爲刻，所謂法良而意美者矣。然百年百人成之而不足，一日一人敗之而有餘，保無後不肖之侵漁。初假公濟私，究以私廢公，不但今之銖積爲徒勞，而百年之祀事亦終替也。今計以所置祀産鐫之于板，以未結銀利錄之于簿，擇族之才德而公正者總攝之。如徇私利己，憑衆議公罰；如恃强則生除其胙，而歿阻其主，庶可杜侵漁之弊，而祀産愈擴、祀事愈光矣。後我者，念之毋忽。

　　頒祭胙。夫祭畢而頒胙，爲宗廟之鉅典，所以示神惠也，非以樹私恩也；所以報功能也，非以容冒濫也；所以明激勸也，非以傷廉惠也。故所及有定例，所頒有定數。如有功于祠事者，輸財于祀事者，有入産于祠而配享者，世胙之酌輕重而頒之。如當日之主祭、陪祭及典禮司事者，亦頒之，酌輕重而與之，庶神惠不濫而得胙者知所榮，無胙者知所激也。其當日建締功多，今日管攝任重，則加胙之。蓋當日締造艱難，或一丁而派數十工，或派其饌飯，或派其木石，或派其窰柴。一時俱徵，三項幷取，不知費幾番籌畫、幾番周旋也。即今日之任總攝，凡族之事誼、祠之出入，又不知費幾番經營撿點也。倘稍怠則事不敏矣，稍私則衆不服矣，是即倍而胙之，當亦爲衆所首肯，以勵後之能任事者。

　　報功能。祠宇輝煌，祀産豐腴，設《規條》以啟後人，嚴賞罰以惇善行，此皆有功于宗祖者也，可無以報之乎？臨之在上，質之在旁，應曰報之，報之何以？亦惟歿則尊其主于正寢而百世不祧，且每於祭畢而受神之福，更厚賫以胙而歆神之惠焉。然又不可不體在上、在旁之意而爲之説，以免後滋議也。蓋神之憑依在主，則主之列于寢，如人之叙于堂，若尊若卑，爲昭爲穆，誰敢奸之？雖然世系固不得小紊，而功能有不可無報。于是，于世系之外，曲通以報功之意，如前人之捐貲而成正堂，捐貲而成寢室，捐貲而成側室，及市獅獻石鼓志，皆切于爲祖。與慳吝鄙嗇者較，奚啻霄壤？尊其主于寢之正堂，所以報之也。夫先世之有其志事者,既如此以報之,而今日之善爲繼述者,可不如此以酬之乎?歿亦許如例而尊其主于正寢,以同于高、曾之百世不祧焉。蓋以昭穆而論,若儼然其相陵;然以世系而推,則截然其不紊。正室以示其尊,降級以明其系也。且經云:"以死勤事則祀之,以勞定國則祀之。"是報功之舉宜也。第處之,自有其等耳。彼締造時竭力殫心,最優者等以上報之可也;及造文昌閣側屋爲祠護者,等以次報之可也;迨後造旁樓小室,雖不比于祖寢神棲,然亦切于凈褻去囂以全誠敬之至者,以又次報之可也。凡後有如其功者,亦如其報焉。

嚴賞罰。賞罰者,整齊夫俗,化不善以歸于善也。然中豈無頑讒輩?初爲良善,究爲奸宄;飾爲良善,隱爲奸宄,甚且逞其奸宄以誣乎良善,則賞罰不嚴之故耳。當于每祭,先祠首下,實有良善足錄者,書其優行,粘之堂柱,祭畢,將所舉優行登之于簿,仍引升堂受胙,示賞以勸;實有作奸犯科者,亦書其劣跡于堂柱,祭畢,將所舉惡跡誌之于冊,仍推下階薄責,示辱以懲。如此,則賞罰嚴矣。然賞以當賞,而罰者猶有不服;假賞以濫賞,而罰者愈爲不服。蓋罰之施乃怨之藪也,倘賞罰不公,而奸宄當之,懷報無已,是未能化奸以進于善,且陷善而遭其毒。如族安周者,諸惡淵萃,既爲族所共擯而不錄,又爲族所側目而莫何者。漢翁以直受忌,遂結匪類,巧肆含沙,訟之貪污,傾其身家,豈此僅其生之見擯足以蔽其辜哉?歿亦當不容其列主于寢,即及孥以罰之,匪刻也,宜也。若漢翁之總攝祠事,不以一蹶而倦,不以受毒而怨,可謂公正無私矣,以是而賞之,亦宜也。蓋賞善原以勵夫惡,罰欲惡其進于善,故特舉以垂示後人云。

立彰癉。嘗觀朝有政,刑罰是也,以濟教化之不行;家有政,賞罰是也,以振風俗之多敝。今每慨于移易之難也,然何以古之民好義而易使從化而畏法,寧死於飢寒,不甘干奸宄?良由鄉黨之間、宗族之內道義相規、過失相戒,故從善也輕,而趨化也速。是知善俗醇風半成于朝廷之法令,半成于家政之激勸矣。茲地當向隅,化難遍及,雖非皆大奸魁詐,要未盡講讓型仁。《書》曰:"不協于極,不罹于咎。"其是之謂歟?今祠宇既足以萃渙離,則激勸宜嚴于賞罰。抑激勸何如者?倣古懸書讀法之意,遵今宣講《鄉約》之規,立二書:一曰彰善,一曰癉惡。每春秋祭畢,少長咸集,即以是日之典禮者、司事者侍立堂上,而訓諸族人曰:"凡吾門子弟,無不孝也,無不悌也,無胥鬩也,無胥訟也,無犯國憲也,無虐窮民也,無縱子侄于傲慢也,無容奴婢之驕悍也，無習淫巧以蕩俗也，無相攘竊以戕身也，無鬻子也，無大故勿出妻也，無爲奴隸以辱先也。有一於此，僉舉之，書誌之，置階下而樸責之，亟令自新。其有孝親悌長、和宗睦族、婚姻相賙、患難相恤，善則勸，惡則誡；臨財不苟，非分不爲，凡行之足錄者，僉舉之，書誌之，而胙以優資之，以賞罰爲激（勤）[勸]之方，寓激（勤）[勸]于彰癉之内。而於回心革面、返而自新者，生則不遺其胙，死則爲之傳于譜，俾知善善如此，其長也；其作奸犯科、責而不悛者，生不齒于族，殁不祀於祠，俾知惡惡如此，其嚴也。夫然後不協于極者協焉，不罹於咎者返焉。羞惡之心生，良善之風成，而猶曰頑梗，終不率訓，風俗之終難淳，斷斷其未有也，是在職事者力行之無忽。"

杜訟端。昔者虞芮質成于西伯，見讓路畔而閑其田。是知忿悍爲偶激之端，而愧悔乃本良之發，特無以感而惕之，斯逞情一往耳。我族集錦谷而居，非父兄，即子弟，並無他族以逼處，此賢智無可先，狙詐胡可使。自耰鋤相矜，甚詬誶相厲，效爲唇舌之戰，寖爲雀角之争，所謂一本九族者，安在哉？登兹惇庸廟，惡辱孰甚焉！是殆無以感而惕之耳！今議族凡有小而口角，大而抵觸，極而田宅、墳土等情，胥先禀祠總首，兩造聽其處分。若祖爲石示而心終未降，再禀衆，祠首通集，公爲調息。善言以諭之，俾感而動；讜言以誡之，俾愧而惕。其有不爲虞芮之相退者鮮矣。如祠衆處斷，而情不盡協、念不兩平者，再聽訟之公庭可也。若有少忿，或因宿怨，不行禀祠，遂訟公庭者，坐以不孝，永革祠外，仍以曲衆首公呈，終不使有弱爲强陵而寡爲衆暴之弊也。倘祠首徇私黨護，並借端欺壓者，亦如例革。特紀。

立永禁。嘗聞斧斤以時入山林，材木不可勝用。先世不以不肖目後人，概不設禁，致令鼠竊風成，而山場日濯，匪但材用不充，而國課累賠。嗣是分派頭首，設爲《規條》，會禁一切來龍、水口、朝山、祠壩及各家田坦、園地，大而竹木柴薪，小而蔬菜瓜菓，非其有而取爲鼠竊，非其會而取爲破禁。至"放柴"一條，每季派定日期，先期給票會知，隨刻搬運完成，毋零挑，毋寄放，弊端難生，盗竊無由。其有頑梗而故犯，則頭首集衆議罰，徇私者，罪惟鈞；强梗者，呈以治。庶盗竊衰息，材用稍充。除弊興利，法莫逾此。敢有廢者，以竊罪坐。

——光緒《錦谷程氏宗譜》卷四《凡例》

清光緒績溪縣錦谷程氏宗族祠祭規條

規條

一、冬祭前一日，管年者鋪設畢，同總首公舉年高德邵者主祭。及禮生，列名開單，住祠人報知，各備衣冠，于申刻集祠。該首具儀仗、樂人，齊領詣菴，恭迎忠壯公神像至祠登座，行省牲禮及習儀等事。禮畢，赴席，不到者無飲。

一、進主日期，准于小至日，習儀畢，上主。先日領牌，比納銀叁分、瓦壹百片交清，總首檢察，列名登簿，然後許進。若不時特進，須先通知總首者，取匙設祭，請衆公飲，牌資、瓦數照例。至夭殤者，不得入，倘其父母不忍使之餒，而願以其本分應得之家資納祠，以作永遠祭需，亦例所不拒也。因議定納祀租十鈞，准其進主。若下貧者納，例以壹兩爲率，毋容過濫。

一、祭日，上、下正席，每席十二全碗，用三鮮、海菜，俱要豐盛。其配享祔食神牌，照次列于各席，每席祭儀，用猪扎、鷄、魚、甲子、饅首、五餅、五糖塔、五葷、五素、三爵、三饌、祝文一帖、金銀錁紙一角。

一、祭牲須雄猪、羯羊，該首預買待用，毋臨期致誤。

一、冬至日早晨，着住祠人迎請主祭、禮生集祠飲粥，該首鋪設供儀，開祭送神。禮畢，牲牷供儀、雜菜，每席均登，請主祭、禮生、總首赴席同散。

一、高年，新上六旬者，出銀壹錢，先納登簿，然後拜祖散胙。如不能赴席者，不得代飲，准頒生胙。

一、斯文與祭，有科甲居家、宦老致仕、庠生、貢監、職員、儒童及刀筆文吏，該通請。其捐納者，先驗憑照，然後與祭。如行檢不端，蠹衆害族，與奸盜、詐偽等，不在請例。

一、春分日早晨，請禮生、主祭集祠飲粥，正席及配享供儀，俱要三鮮、海菜，該首鋪設齊備，與祭各整衣冠，迎神開祭。禮畢，登請赴席，同散供儀。其祭羊准禮生、主祭者均分，所以頒神惠也，衆不得爭論。

一、冬至配享者，額出腴租貳拾鈞入祠，麥分壹斗、鷄壹雙。如無麥、鷄者，加租一鈞半，祭者額出腴租拾貳鈞。祭畢，頒好猪肉拾陸觔、米粿三對，鼓手送至其家，該首不得短少及濫惡抵塞；違，罰該首半、祭者減半。春分配享，每名輸租二鈞，折錢八兩，有祭無胙；輸十六兩者，給猪肉，折錢二錢并粿。如多倍輸者，倍給之。

一、游泮者，獎給旗價銀三兩；補廩者，給銀壹兩；行優，每年給燈油銀五錢。凡科舉，贐銀五錢；發甲，祠給旗竿銀二兩；生監入太學時，贐銀五錢。

一、凡生子，于祭日交銀二分，取名登册，不致雷同，每年冬至日，給粿一對。若本身無出，准親房承繼。異姓不得亂宗，如外甥，亦准承繼。貧者不得鬻子，如出繼外家，聽。

一、服婦改嫁者，納羊酒銀二兩四錢。

一、建祠時，村居者財力多費。外村居者，未出工，未輸匠、飯、窑、柴等項，給粿一對，不與村居同。又，捐貲鑄鐘者，照鑄鐘有名，每給粿一對，無名者，不給。

一、修理祠宇，每年祠首同總首、住祠者不時時檢點，逐年分修，本村社屋即于修祠後修理。遇起密場，即會衆議，備柴燒磚瓦，爲修理之用，毋許徇私外貸。

一、祭器，毋許濫用，亦毋許私借出門。若族人祠内請客，聽用，隨即洗滌，拭乾收拾。如有損壞，該首賠償。凡祠内物件，管年于交盤時面交，下手失落者賠。

一、秋成收租，該首臨田看稻，酌議分數，出帖祠前。如包不出，眼同監收，不得徇私。交租有仍欠者，總首催該年首往各佃户找足，不得怠緩拖欠。佃人荒蕪田地者，公同另召，毋許私召取利。

一、祠業錢糧，該首及時早完，不得遺累下手。

一、交盤定于七月望日，該年首設席，請總首衆首集祠，面算交盤。有徇私故延者，罰。接管年首者，衆議公舉公正賢能者數【人】，毋得强管。

一、本祠田産，毋許租作密場，祠内尤宜清净，（每）[毋]許借人動用匠作。

一、祠曬坦，毋許堆積糞土，及文昌閣上至南坑橋溪路，併各處巷道、村中曬坦，俱毋許堆積糞土及開糞闌朝外。

一、祠前及祠外塘塍壩上、錦雲山上下左右一帶花柳竹木，毋許侵損。

一、本族來龍、水口、朝山及衆墳山樹木，俱依古合約，照税分受。其蔭樹竹雖各註税，亦不得私斫。違者，照合約罰。

一、住祠人每月朔、望，侍奉香燈，鳴鐘擊鼓及不時掃除祠宇，通達溝道，照管坦坦、元壇祠、文昌閣并撿點屋漏、（抬）[檯]棹、椅櫈、器用各件。倘有損壞,報明修理,將土名荻塢原租十八鈞五升、頂首租三鈞、麥分一大斗、雞一隻、櫃木二十株,與伊佃種,以作工食。每年冬至後,出亥二劼、腐一榨、酒一罈,交管年散,不得故延。如違,另召無阻。

一、祖祠前,未立配享祠者,有之則自今茲始。夫配享而不立其祠,則禮亦未備。今於祠左餘屋改作配享祠,將前後所批配享皆升主於祠座,每年春分,給角特祭,俾批配享者共見所批之不虛。倘祖祠後有正用,將捐輸無不踴躍而事公有濟耳。

一、追遠堂批入配享十一名,係當日被賊匪所殺,其尸肉被人剮食,族衆哀之,罰食肉者,使出錢置產而追祭之。今田批入祠,從配例每名給角一雙,仍有司事牌,在追遠堂內合給祭之。

一、族衆於兵燹時欠少公用,借到路會錢二十四兩,立有石橋頭田作質。今田歸祠,其路上至小谷嶺,下至磨盤石,每年祠合出錢,倩人修挖一次,以便往來,亦善舉也。

一、葉山派,以前建祠,公項不出,未收入譜。今重建祠,派出公項,該派裔將吾祠失落之譜買去爲據,仍不肯出。光緒二年升主,向取公項,勉出洋三十元,逼立收條,內有"收後,後再不生端"等語。二十五年,建中堂,向取公項,該派裔竟將收條來抵。因曉之云:"吾祠,父也;爾派,子也,父使子養,非生端也。"因乃悟焉,願出洋二十元,批田三畝,土名上冲丫。茲特筆之,以見收條云云之爲欺祖耳。

一、理屋,分作四班:班頭理寢室及社屋、五猖廟,二班理中堂,三班理下堂及門樓裡、文昌閣,烖廟,四班理配享祠。及厨竈屋,其追遠堂租管者理。

一、祖祠未上能幹牌者,有之則自今茲始。夫能幹而不上其牌,則能幹亦鄰於晦而不顯。今特上其牌,非破格也,殆以鼓舞後人。倘祖祠後有創造,將無不黽勉從事耳。

一、祖管祠年,分作几班,每班凡人一人管賬、一人管錢,每年七月十五日交盤,將收進幾何、支出幾何、除支存欠幾何,結總交出,公同面算。如有不敷,着即比出,外罰青全,對祖焚化,以警將來。

——光緒《錦谷程氏宗譜》卷四《規條》

清光緒績溪縣梁安高氏宗族祠堂進主毀主暨祭掃、頒胙例

進主毀主例

一、寢室中間正座最上第一層，奉得姓始祖齊大夫高公內子；二層，奉統宗始祖考妣南平王夫人；三層，奉一世宗祖考妣補闕公安人；四層，奉二世祖考妣；五層，奉三世祖考妣；六層，奉四世梁安始遷祖考妣；七層，奉五世祖考妣。至六世以下，左昭右穆，循序而進，其中間第八層，奉歷代毀主總神位；第九層，奉歷代失名總神位。

一、五世以下，六世居左為昭，七世居右為穆。世世相承，遵舊式，概用木牌排書，進主時，止書名氏於牌。有加無減，積久勢不能容，因考《家禮》，神主止祀四世，旁親之無後者，以其班祔，是旁親先毀一代矣。今宗祠自始祖以下，世世書牌而不毀，不得不省遠代旁親，以為新主之地。凡旁親無後者，列牌以族長以上三世為率，四世以上無後旁主，概從毀主例，不復書牌。春、秋祭，則奉《宗譜》，蓋牌雖無名而名皆在譜也。

一、世俗於新喪時，即以吉服進主於祠，其家遽撤靈幃而免哭奠，且使亡者忽與先祖同享合族吉祭，非禮實甚。然若限以制期，又將因循玩忽，遂不復進，俗殊可嘆。今後進主，亦且從權，而士大夫所當自盡以挽頹風。

一、進主，每配照例出錢於祠，以為祠祀之費。例載《祠簿》。

一、新進配享神主，每配捐錢十兩。名載《祠簿》，嗣後仍遵舊例，每配捐錢五十兩。

一、報本、能幹、特祭三祠，本應另建，奈何無餘地。茲於寢室樓上設三龕，中為報本龕，祀念五公；左奉建祠能幹神主；右奉新進特祭神主。每進特祭，一配捐錢三十兩。名載《祠簿》，嗣後仍遵舊例，每配捐錢一百二十兩。

祭掃例

一、每年元旦，值年祠首在祠堂開門，具香、燭、茶、果行禮。

一、每年春分、冬至，祠堂設祭。

祭儀，值年祠首預備。例載《祠簿》。宗子主祭，並陪祭族長及執事禮生，照例飲胙。

頒胙

主祭、陪祭之宗子、族長,照例給胙。例載《祠簿》。

年六十歲者,照例給胙;年七十歲者,照六十加倍;年八十歲者,照七十加倍,準其子孫代領;年九十歲者,照八十加倍;年百歲者,照九十加倍。

與考童生,照例給胙,不與祭,不給;生、監,照例給胙;貢生,照生、監例加倍;舉人,照貢生例加倍;進士,照舉人例加倍;翰林,照進士例加倍。以上不與祭不給,當應試時則給。

捐職議叙人員,照七十老人例;鄉飲、考職縣左以下之員,照監生例;七品以上之員,照例倍給。以上不與祭,不給,現任則給。若是捐職,必先捐錢入祠,方許頒胙。

與祭子孫,每人給包一對。

檢查文生員,照例給胙。

一、每年十二月初八日,祠首在祠設謝年祭。例載《祠簿》。

一、每年除夕,祠首在祠具儀,行禮封歲。

一、每年春分後,派下文士率同祠首,往各處祖墓祭掃。

一、祭儀,祠首預備。載《祠簿》。

第一日,往四都高村漢饒公及鳳巢祚公並五官墳墓前祭掃,到者,照例給胙,不到不給。

第二日,往西門嶺五、八公及二宜人,並往高坑二府君墓前祭掃,到者,照例給胙,不到不給。

第三日,往十二都外坑三十、三三公墓前祭掃,到者,照例給胙,不到不給。

第四日,往青石塘三十公孺人及三三公孺人,並往罩嶺下胡八塘三六公墓前祭掃,到者,照例給胙,不到不給。

第五日,往歙東項村六一公墓前祭掃,到者,照例給胙,不到者不給。

一、八月間,往伏嶺下村頭邵孺人墓前祭掃。以上均例載《祠簿》。

——光緒《梁安高氏宗譜》卷十一《祠堂圖記》

清光緒績溪縣南關許余氏宗族報功祠記附報享例

報功祠記　周贇蓉裳

昔舜命伯夷曰："汝作秩宗典，朕三禮，是禮莫重於祭祀也。"而祭禮關乎倫常，則宗廟之禮於人爲尤切。近世人心日趨於利，乃至父子、兄弟序昭穆、別尊卑之地，亦惟以利相尚，遂以利紊昭穆、舛尊卑，於是乎知有利而不復知有父子、兄弟，滅倫悖禮。如徽、寧大族祠堂有所謂配享捐例者，大可怪矣。其例，凡進主，必捐錢，錢多中座，錢少旁座，謂之"配享"，永遠不祧。無錢捐，即不得進主。嗟乎！一族之貧富，至不齊也，方其建祠時，固合一族之貧富而共建者，及進主，則富者中座、旁座有差，而貧者不與，是役同姓之貧者爲富人建祠也。一家之貧富，至無定也，方其父没時，以錢少旁座，及其子没時，以錢多中座。弟以錢極多而享祭，兄以無錢不得進主。是使人子中座而父侍於旁，弟長享而兄餒於外也。滅倫悖禮，莫斯爲甚！然或者謂捐貲得官，古來朝廷常有此例，民間何獨不可？嗟乎！貴賤人屬，可以移易，而父子、兄弟天屬之親，不可移易者，豈謂小官捐錢可陞爲大官、子弟捐錢遂可陞爲父兄乎？或又謂不如此則人莫肯捐，而祠不能保。余謂祠以明倫，今反以滅倫，則誠不如無祠矣。我先人自徽遷甯之旌邑，旌族既大，遂行此例。我祖再遷甯邑，以貧不能進主，因自爲一祠，訓戒子孫，進主永按昭穆長幼定序。有倡議捐錢進主者，非子孫過者，輒笑祠無厚資，非大族焉。夫甯國或有此俗，新安乃朱子之鄉，奈何亦有此俗乎？乃吾於績城許、余氏之祠有異焉，許、余氏人烟繁衍，冠蓋相望，亦徽之大族也。其祠堂寢室正座進主，獨按昭穆長幼定序，而不捐錢開配享之例，使昭穆長幼顛倒紊亂。所有公需，皆子孫自願助捐，論功另祭，謂之"特祭祠"，尚屬近理。兵燹後，修葺祠宇，族人於特祭祠之前更創仕宦祠。族有余勉齋太守仕於外，聞之，蹙然曰："仕宦而無功於民，不當祀；仕宦有功於民者，爲名宦，名宦祀諸其民，不聞祀諸其鄉。如以爲鄉先生，没而祀於社，則績邑鄉賢祠著在祀典久矣，宗族安得而祀之。"族人咸謂毁之重勢，有議改報功祠者。余以爲既有此祠，則人將勸捐以保祠宇，而永杜進主捐例於弗開。且凡有功於宗族者皆祀焉，則所勸又不特捐錢一事。許之有余，許而余者也，皆伯夷後也。伯夷去今四千餘年矣，居重利之俗，而獨能守禮若是，余深嘆許氏數典不忘其祖而伯夷有後也。

故欣然樂爲之記,且爲之定《報享例》焉。

《報享例》列後:

一、斗保公創建宗祠,其功雖大,然係合族宗祖,不敢以報功相例。

一、凡有功於祠堂、宗族,與捐錢修祠墓、譜牒及義倉、文會者,皆謂之功。酌其功之大小爲二等:頭等功進特主於報功,一人一主也,祭則列名於祝版;二等功進主於特祭,列其名於粉面紅格之排主,祭則渾稱之,不列祝版。

一、報功祠進男主,不進女主,以非宗祠比也。如節婦助捐,則祀其夫之主,名曰"推功"。係頭等,則註於旁,曰"妻某氏推功";二等,排主不註。

一、凡助捐修祠墓、譜牒及興本祠義倉、文會者,二百千以下、五十千以上,爲頭等功,進一特主;二十千以上,爲二等功。

一、獨興義倉、文會,雖無錢助捐,若能以所勸捐入之資本一力維持,或五年、十年,使子母相牟,則所餘之數同於自捐之數,餘一百千以上,即爲上等功。倡興文會,亦如之。如有能獨興義倉、文會者,其特主更書"獨興義倉"或"獨興文會"以旌之。

一、兩等功人,皆於没後進主。有生時願推功於其父,則准進其父之主,頭等功,則注主旁曰"男某推功"。

一、新進主,惟進頭等特主,則於其子三年滿服、進主於宗祠之日,由公家照其官階爲特主進之,公家爲特設一祭。祭主係新主,平輩及服外小輩孝子,皆以吉服答禮。若係服內晚輩,則孝子陪拜,禮畢,皆向衆禮謝。祭畢,祭主、禮生董事,請孝子同飲胙於宗祠前庭。如係二等,不設特祭,以春、冬常祭之日,預書名號於排主而通祭之,其孝子照常祭例陪拜。

一、每年宗祠春、秋常祭之後,另祭報功祠,特祭功人之後皆具衣冠陪拜,不復答禮。禮畢,向衆禮謝。到者按名同飲胙外,其頭等功,每主另給雙胙;二等功,每主另給單胙。子孫多,則挨領,董事爲記其領胙之名。若遇荒歉,祭胙從減,如《祭禮條例》。

一、報功祠特祭祭胙、修葺經費,皆在宗祠祀產公用之內,不得另設祀產,以致兩歧。且恐厚薄相形,各立門户,上得罪於太祖,下開宗族不和之嫌也。

——光緒《續溪縣南關許余氏惇叙堂宗譜》卷九
《祠墓圖·報功祠記附報享例》

清光緒婺源縣雙杉王氏宗族祠規

祠規

一、正月初一黎明，在城官員至萬壽寺朝賀，本族子孫至祠慶拜。祠首先期着人開門張燈，供辦庭燎三座，高插於祠、寺、廟三處之前。

一、元宵，祠首着工人打掃（嗣）[祠]堂。十三，張燈起，十五、十八，共三夜。

一、書院會文、應試各費用，掌院之人至祠首處領出支給。

一、各廟燈油，祠出支。

一、祠內各房祭祀，俱各擇定日期挨祭，不得兩房同日，致有爭競。

一、本族祀租，除各房清明外，始祖項下，盡歸祠內倉廒，祠首經管，各房子孫不得私向佃户盜收顆粒。違者，呈官究治。

一、各廟司鐘鼓、值香燈之人，祠內每日給米一升。如或怠惰疎忽，隨時更調。

一、寺內稅糧，素歸始祖交納。其田租自嘉慶庚辰寺宇遭毀，均歸祠內收理。

一、祠內糶穀銀錢，封存公櫃公匣，除祠內置産以及公用外，俱不得托名生殖，私行借貸。至祠銀，只許本祠、書院、寺廟及公事出支。如外姓、鄰里醮戲菴堂、寺院、橋路各項事件，并衙門慶吊，俱不得徇情捐用。

一、本族有事，開祠論事者，候族長坐定，兩造從容各訴原委，候族長平其曲直，代爲處分。如不允服，悉聽聞公，不得至祠汹涌爭鬧。

一、祠內租穀，定期五月出糶，豐年并糶外姓小歉零糶本家，不許舖店總糶。大歉之年，祠穀做米，各房合城鄉開報男丁，將丁數、穀數攤算，每丁該糶多少，照市價減半平糶，丁口不得冒開。有田十畝及有貲本生理者，不得貪鄙冒糶。乾隆四十六年，公議《祠規》，斗米三錢，祀穀減半平糶支裔。乾隆三十五年閏五月十三日，經族復議，斗米二錢七分以上，議價一錢五分，平糶支裔。今議論紛紛，從違不一，開祠公酌，仍照三十五年復議之例，遞年五月初九日定價，如斗米至二錢七分以上，照例平糶；若係二錢七分以下，任聽祠總於五月初十日開倉，照市出糶。倘逢閏五月之年，則以後五月初九日爲期。此係公行妥議，閤族不得執拗。其有恃强生端者，集議理治，久爲定例。

一、祠首八年辛苦,并無身俸酬勞。若不崇以禮貌,人誰肯任?本族支裔,歷來悉聽區處,從無違拗。但權重事繁,難盡人意。或挾嫌謗帖,借端滋事者,族長公罰,重則聞官懲治。

一、祠產日增,八年祠首事煩任重,非擇廉正而兼有力之人,不能保其毫無乾没。舉報之日,必須各出公心,不得以情面推崇,亦不得以怨嫌阻撓,庶幾能得其人。而在受此任者,亦應知一生名節攸關,祖宗靈鑒不爽,各宜矢慎矢公,無負付託。

——光緒《雙杉王氏宗譜》卷十七《祠規》

清宣統三年績溪縣泉塘葛氏宗族祠規

祠規

一、祠堂之設,所以奉先靈、修祀事,報本追遠、尊祖敬宗也。斯先靈既安,而子孫亦昌。以後各派神主入祠,其神牌體制悉照本式昭穆次序,毋得僭越。

一、遞年春分、冬至及臘八、元宵,致祭始祖以及列祖,再及特祭、配享,總其事者,先期齋戒,泛掃、滌器、省牲。厥明,告率主祭、執事者,遵照禮節,以修祀事。合族子姓,各當肅然致敬,毋得喧嘩跛倚。每次紙箔,悉遵定例,不得任意增減。每春、冬二至,銀千十把、正古半塊。臘八、元宵,銀千一把、正古十刀。

一、各執事子姓,務先齋沐演習,至期供事,庶陳設合式,升降有度,不致失禮。

一、赴祠行祭,必須各備衣冠,整肅致敬,不得便服,有妨體制。

一、祭畢散胙,所以成禮也。各宜依序而坐,不可紊亂。殽有常品,酒有定巡,以禮讓始,以禮讓終,不得歡呼罵坐,自蹈非禮。

一、祭畢給胙,所以飲福也。其胙肉之多寡,視祠息之豐歉,所該給者,亦有等差。自經粵亂後,祠租大半荒蕪,此例暫停,一俟祠息充裕,再行議給。

一、特祭配享原例:每配捐本洋二十五元,入祠生息,以爲正用。因譜牒年久失修,急於賡續,致減英洋二十五元,以期易於濟急。嗣後,須遵原例,以本洋二十五元扣算,每配英洋三十元。捐一配者,準其父母立牌;捐二配者，准其父母、祖父母立牌；捐三配者，則牌立曾祖父母或本身者聽。

一、捐特祭、配享者，春、冬二至，各給胙一斤、包兩對，以為紀念。

一、清明省墓，議定清明前十日詣墓標掛，每人給中伙錢二錢。省畢，回祠散福，清明節銀千十五把、正古一塊。

一、遠近祖墓墳山蔭木，以及各處山場興養樹木柴薪，凡有侵害、私圖等事，管山人及本祠派丁察出，即時鳴眾酌議。經如朦朧不舉，或私行受賄隱瞞者，查出，從重議罰。如有子姓盜砍樹木，或侵蝕祠產者，以不孝罪論。

一、各家神主入祠，須遵《祠規》，照原例每配出制錢八百四十文。先將配錢交管祠者收注入簿，然後開門請主入祠。如有徇情掛欠，公議管祠者賠償，仍行議罰。

一、神主上牌，必待致祭之日臨時，方許開神龕檻門，照昭穆世次，眼同題寫，以杜私上之弊。

一、管祠，每年議定幾人，經理租務，所收銀兩，隨存公匣封鎖。除納糧、祭祀、修祠、置產各正務用外，不得濫支。所餘，通眾商議，存妥實處生息，不許各房私領，然出入必須眼同登帳明白。

一、例捐公堂：吏員捐銀二兩，監生捐銀三兩，貢生捐銀五兩，八品以上實官捐銀三十兩，五品以上實官捐銀一百兩，以備生息給胙。

一、捐公堂：廩、增、附捐銀二兩，拔、優、歲貢捐銀四兩，舉人、中書捐銀十兩，進士捐銀二十兩。

一、公堂給胙：廩、增、附給胙肉二斤、包四對，拔、優、歲、貢加倍，舉人、中書加倍，進士加倍；吏員給胙肉一斤、包兩對，監生加倍，八品以上實官加倍，五品以上實官加倍。

一、老人胙：年至六旬者，給胙肉一斤、包一對；七旬加倍，不到，送胙；八旬加倍；九旬加倍，準到中堂左右獻間架匾，祠首備辦菓、酒申賀，均不捐銀。

一、孝子、節烈旌表者，其神主准祔配享，祭祀給胙，以勵後人。

一、架匾各例：孝子准於左右獻廡架匾，節烈准於下堂左右獻廡架匾，科甲以上，得奉欽賜出身，准於正獻正間架匾扯旗，祠首備辦菓、酒敬賀。

一、承祧繼嗣：承繼有關係大宗及義不容辭者，無論有無產業，必須依序而繼。倘不能獨繼，即兼承亦可。至於親房內可以兼承，而本人必欲擇繼，必須年紀相配，昭穆相當，方可承繼。如有應承繼而不承繼，有肯繼而親房故意留難，及不應繼而恃強爭繼，均以不孝罪論。

一、忤逆不孝：派丁敗類，忤逆不孝，法所不容抑。或愚夫愚婦偶因口角，不侍不養，發覺，即用草索縛牽入祠內，律以家法，懲予重責。如怙惡不悛，或忤逆大甚，送官懲治，生死毋許入祠。

一、不肖姦盜派丁：如有不肖敗倫瀆禮，男婦污犯，有玷聲名，一並斥革，生死毋許入祠。若甘爲盜賊，亦必革出，不許入祠，以示儆戒。

一、祠內祭器、棹櫈物件，所有往來借用，必須公衆相商方可，不得私行擅專。違者，公同議罰。

一、祠堂爲妥安先靈之所，不得堆積物件，並做作場。違者，重罰不貸。

——宣統《泉塘葛氏宗譜》卷末《祠規》

清宣統三年績溪縣魚川耿氏宗族祠規

辛亥祠規

謹將本年議決《祠規》開列於後：

一、宗祠爲奉祀祖宗之地，理宜潔淨整肅，不得紊亂污穢。

一、每年春分、冬至至伏、臘四次，爲本祠祭祀之期。屆期，由值年司事灑掃淨盡，以潔祠宇而將祀事。

一、牌銀，照章一律繳清，不得蒂欠。

一、公推幹事兩人：一司銀錢，一司賬目。每逢冬至日結賬，宣佈一次，俾衆週知。

一、值年收租司事，限冬至前收清，冬至日結賬，彙交幹事經理。如輪派司事有特別事故，不能協同經收，須託一妥實人替代，不得推諉延宕。

一、幹事及值年收租司事，冬至結賬後，一體散胙。

一、我祖尚書公真像一座及御賜《龍虎圖》兩幅，皮有木櫝，照章仍由初值年司事敬謹尊藏。每逢臘祭日，懸掛供奉，正月十八日，收皮點交接管值事司事，不得污損。

一、祠內置有五事、大鼓各一付，以供祭祀之用，應隨圖像一體由值年司事收藏。如有遺失，惟該司事是問。

一、祠內棹、椅等項，一概不借出門。五事除祠裔婚憂事外，亦不得擅借外姓。

一、除已議定租金，特別暫時借放屋料外，所有祠裔物件，無論何時，一概毋許堆放。

一、祠裔製備棺木，准暫時疊放柵門內中門外兩旁，不得移置中門以內。

一、祠內除借作校舍外，一概毋許借用。惟墻壁及棹、椅等項，亦須留意潔凈保存，不得任令學生污損。

一、不遵議規者，罰瓦五百片。

一、所有未盡事宜，應仍遵照《祖訓》，並隨時會議公決施行。

祔廟規則

一、每屆冬至日，爲各神主祔廟之期。

一、屆日，由各家迎主入祠，推一善書者，先將新主按照昭穆世次題於主牌，并登録《牌簿》，方得升祔。

一、平時迎主入祠，暫奉祀於龕外，以俟冬至日升祔。

一、平時擇吉升主，須由該孝子、孝孫延請禮生，祭告先祖，方得升祔。

一、寢室龕座，非升主不得啟龕。

一、新主，每牌銅圓二十枚。

一、配享，每牌銀圓十元。

一、牌銀須先清繳，毋得蒂欠。

一、另立《行實簿》，凡新主名號、生卒年月、娶某氏、葬某山，與夫一節一行之美，如忠臣義士、孝子順孫、義夫節婦及凡熟心公益之事，皆書之，以爲異日修譜立傳表章之張本。

辦祭規則

一、春分、冬至二次舉行祭禮，應備祭饌，必豐必潔，銀千四把、正古二十刀，鞭炮、香、燭齊全。

一、屆祭之前一日，由值年司事敬謹預辦，以供祀事。

一、屆日，斯文、族長及耆老均各具常禮服，齊集宗祠與祭。

一、祭畢，例應頒胙，耆老七十歲，頒給胙肉胙包各半斤；八十歲，頒給胙肉、胙包各一斤，以上遞加。但七十耆老無故不到祠與祭者，停給。

一、族長頒給胙肉、胙包各半斤，有前清生員之資格者，頒給胙肉、胙包各一斤。但不到祠與祭者，均停給。

一、配享，每牌頒給胙包一斤，由其子孫承襲領給。

一、每年承辦祭禮，並製麵包、散胙等項，均由祠首督同值年司事主管。

一、祠首暨值年司事，每人另給胙包一斤。

一、謄寫祝文並讀祝生，給胙包各一斤。

一、散胙，每人生肉半斤、酒四兩。

一、所有到祠與祭者，均許散胙。

一、伏、臘二祭，均由補充第一年司事主管。

一、清明祭掃，另立清明，流傳已久，應共遵守。

一、如遇為祖公用銀錢不敷，其胙概行停給，惟祭禮應照常奉行。

一、所有未盡事宜，應隨時集議增易，期臻妥洽。

附註：本祠清明，原由祠裔十七人捐租組織成立，并頭戶一股，名曰"十八股清明"。議定每屆清明，祭費由祠內發出乾穀壹百貳拾斤，除肆值年到仁里祭掃發給米十陸升外，仍歸本清明支配使用。每屆清明前三日舉行，計每股到派丁一人，共十八人，上墓祭掃。既畢事，亦由十八人散胙。其餘備製果品并紙箔等項，訂有《細則》，具載於《清明簿》。

保管祠產規則

一、承田、種地、山場，均應寫立租字，逐年照議定租數交租清楚，毋得延欠。

一、祠內田地、山場，如有風水吉地，或租或典，先須議定價值，寫立約券，始許厝葬。若不租典，暗地私埋，查出，隨即集眾，責令遷讓，以保主權。

一、宗祠前後左右餘地暨本姓各家承種菜園地坦，永遠不得租與異姓。

一、各派裔如有開墾本祠荒山、荒地者，三年後，須按照畝數起租，以免失業賠糧。

一、本祠各處墳山，應隨時協力保護，以資興養。至所有蔭木，係屬蔭護祖塋，尤應加意培養，嚴杜竊害。如有盜砍墳山尋常樹木，查出立即議罰。若係墳蔭，尤當從嚴議處，以警將來。

祠首規則

一、本祠設祠首二人，公選公正殷實、辦理勤能者充之。

一、祠首二人，除公匣契約、簿據等項推一人保管外，一司銀錢，一司賬目。

一、值年司事，每年收租總賬暨租款，交其管理。
一、遇有存款至五元以上，須存放生息。
一、每屆冬至結賬後，宣布清單一次，以昭徵信。
一、每屆春分、冬至，須督同值年司事承辦祭事。
一、遇有重要事項，須召集祠衆公決，毋得專擅。

值年司事規則
一、祠裔以四十歲爲承充本祠值年司事之年。
一、遇四十歲同年數人，儘月日在前者先充，以後按月日先後，以次遞補。
一、值年司事，額定四人。
一、值年司事，以四年爲期，期滿退去。故每年例定補充一人，退去一人。
一、值年司事職務如左。
甲、尊藏祖容：每年臘祭日敬掛，正月十八日收攴，交由補充第一年司事接收尊藏。
乙、清明祭掃：每屆清明後一日，爲仁里祖塋祭掃之期，須四人同到古宅、白陽山等處掃墓標祀，並收古宅護墳地租。如確有事故不到，亦須倩託一祠裔替代，毋得推諉。
丙、承辦祭事：每年春分、冬至暨伏、臘二祭，均由補充第一年司事主管，惟承辦春、冬二祭須商同祠首敬謹辦理。
丁、收租：每年催收祠租，由值年四人完全負責，須於冬至前收清，冬至日結賬，彙交祠首保管。
一、如有未盡事宜，應隨時斟酌增訂。

懲戒規則
一、犯左列事項之一者，應予斥革，不許入祠：
（一）不孝不弟者。
（二）流爲竊盜者。
（三）姦淫敗倫者。
（四）私賣祭產者。

（五）吞稟滅祭者。

一、犯上列事項，不許入祠。須確有事實，經祠衆多數議决者，始宣告成立。

一、輕生惡死者，不許入祠。但有故身殉而爲孝義、節烈者，不在此限。

一、凡犯不許入祠事項者，但論本身，不及其子孫。

一、凡犯第一條一、二、三各款者，須確已改悔，經多數保證，始消滅之。

一、凡犯第一條四、五兩款者，除回復原有款產外，并認罰金，始消滅之。

一、凡犯第三條事項者，非下屆升主時不予消滅。

——民國《魚川耿氏宗譜》卷五《祠規》

清宣統歙縣義城朱氏宗族祠規

祠規

一、忠、孝、節、義與有功於族及科甲顯著之人，毋論輩數尊卑，當時視爲榜樣，後世奉作儀型，闔族欽敬，此在百世不祧之列，不僅焜耀一時已也。

一、不孝父母、不敬伯叔、不和兄弟，及敗壞祖產、玷辱家聲與姦淫、犯義等事，即邀同族衆，早爲戒約。如實不悛，即禀官究治，或逐出不許入祠，毋令效尤，致他人沾染。

一、平等無功無過、守公奉法之人，或偶有失檢，貽笑鄉閭；或漸即怠荒，難供家計；又或丁單力弱，時受欺凌。族衆即公同勸戒，公同保護，務令一道同風，毋致此優彼絀。

一、矜孤恤寡，宜思養育之方；籲俊求賢，當助馳驅之費。現今祠產微薄，兼之失業種種，力實不支。然數里荒山，族衆聯成團體，多種茶、竹、果木，十年以後，計必成林，亦可漸爲興辦。江慎修先生有言："凡過一村，見其樹木濃蔭者，其村必富庶悠久，蓋水泉回衍，蓄氣多而宣泄少也。如斬伐一盡，其水過而不留，地方衰敗矣。"此亦可爲證之一端，不但果、木之生息也。

一、寢室爲先靈棲息之所，理宜嚴密，不得擅行開視，致滋異議。凡新主入祠，男左女右，照舊安置享亭中，俟二、八月移入正寢。倘有違例私開，從重議處，並懲司鑰之人。

一、本身無子，應立昭穆相當之人，不得收養異姓，以致紊亂宗支。

一、祠中產業，原爲祭祀之需，無論支下耕種或他姓佃種，必須一律徵收，方爲正理。即遇年成歉薄，亦當公定分數，不得任意交租。倘有抗行霸種，國課攸關，祖祀亦復無出，或公同稟究，或起業另招，臨時公同酌議。

一、祠宇務宜潔净，每逢朔、望，責令祠役灑掃一周，不許堆積灰炭、竹木及零星雜件。霉月大雨，内外巡視，有無濕漏，關會司年，以便隨時修理。

以上八條，均係族衆妥議，余難臚列細載。一切準情度理而行，無違。切切。

——宣統《古歙縣義城朱氏宗譜》卷首《祠規》

民國二十四年七月婺源縣遷浙江金華縣竹馬館李氏宗族祠規

乙亥續修祠宇宗譜及新訂祠規紀略

族中之有祠首，原爲整理祠事而設，决無肥利可言。乃吾族祠首多至三十一人，每年雖有分班輪管之例，而結果與分管神會無異。于是祠首就有賣買發生，如綱青、枝月、高紓、雙發及王氏出賣王義埠派綱、桂森等是，幾至祠産變爲三十一人之己業。更有不可解者，或一人數首，或一首數人，長此以往，將來祠産之整理永無希望。兹查民國九年輪班管理，迄今十有餘載，祠事任其廢弛，而租息之收入與費用之支出，從未有存虧盈缺之交替。陋習相沿，目不忍睹。曾于民國十九年間，邀同全體祠首並請村鄰、士紳公開討論，革除陋習，新立《祠規》，《祠規》條文詳訂《唐簿》，以杜流弊。至二十二年，祠事整理，始得井然。爰將祠宇大加修葺，門首式仿牌坊，藉崇瞻仰。次年秋間，本擬續修《宗譜》，適值荒旱，租息减收。延至本年五月，始行修輯，匝月而工告竣。雖新約不無微效，實祖宗默佑之靈也。是爲記。

中華民國二十四年夏月，二十三世孫緻瑞梓謹記。

監修《祠譜》：綺：承宗、紹林；紓：鳳接、兆豐，綱：道接、慶濤。

——民國《竹馬館東李氏宗譜》卷一《乙亥續修祠宇宗譜及新訂祠規紀略》

初立唐簿弁言

吾族《宗規》、祭儀各節，向訂在譜牒首卷。兹因祀産詳加號畝，《規約》叠經增修，款項既多。若不另行編訂，取閱反形不便。今特公同商酌，仿靈湖郭氏先例，立《唐簿》，附入譜末，庶管理諸人檢查較爲簡便云。

芝文、道源、兆京、慶濤、慶銘、慶璠、根榮，緻：志成、瑞梓、兆喜、李正、潤昂。

新訂祠規

一、祠内租息，原供祭祀之需，所有祠首，不准按肬輪當，從中取利。已自民國十九年庚午起，改爲委員制，依照投票方法，選舉總理、協理、監察等職，其選舉方法與總、協理，監察之資格另訂之，與祠任公同管理，以免流弊。

一、前有祠首新、舊三十一人，向來挨班輪當，以致祠事無人負責，諸多廢弛。兹議定總理一人、協理一人、監察四人、祠任三人，祠任暫由前有祠首内選任，任期各三年，連選得連任，但以連任一次爲限。每逢子、卯、午、酉年之十月二十日爲選舉期。

一、凡本祠派下子孫，年滿二十歲以上，無不正當行爲者，均有選舉總、協理，監察之權；年滿二十五歲以上，略識文義，并納有正税二元以上者，有被選舉爲監察之權；年滿三十歲以上，品學兼優，并納有正税四元以上者，有被選舉爲總理、協理之權。但現在泰三公派下子孫助產獨多，總理被選舉權暫由該派享有。倘日後泰七公派下助田相並或較多，兩派均得被選。

一、祠内出入賬目，由總、協理面同祠任公開記載，至每年十二月二十日，交祠首逐項清算，並將本年細賬抄貼，以（照）［昭］信用。倘有侵蝕、移挪情弊，不服公算者，除由監察責令返還外，並行撤任另選，接充其任期，以補足前任未滿之期爲限。

一、祠内如有盈餘，總、協理須與祠任公同置產，或放殷實商號生息，不得私自移用。至任滿之日，即行正式交代。否則，嚴追。

一、祠内簿據及一切器具，概由總理保管。如有遺失，應負賠償之責任。

一、前有祠首三十一人，内由祠收回一人，所有新立《規則》，以十人爲一班，編成三班。每班互選主任一人，俾得按班挨次任務。其權利方面，每年除享領祭品及承領胙肉外，並有清算賬目之權。

一、前有祠首即新、舊祠父故子繼，如有數子者，聽其自行指定。否則，以長子接充，不得輪值。倘有不願充當者，祇准辭職，不許變賣或私讓。違者，斥革。其缺額另由總理召集全體祠首，公舉補充之。

一、前項，祠首每逢冬祭，除享領祭品外，《祭規》另訂之，每一祠首領胙肉一斤，總理領胙肉四斤，協理領胙肉三斤，監察每人領胙肉二斤。

一、宗祠大廳、小廳等處，均由總理、協理管理，不許堆積豆、麥、粟秆，柴草及灰堀、污穢之物。違者，充公入祠。

入祠與議名次列後：

綱：順清、易禱。

綺：汝成、汝根、承宗、汝新、希三、紹廣、紹林、汝發。

紓：鳳接、崇垣、雙寶、時順、裕桂、兆豐、兆基、紹祿。

綢：悔生、慶銘、道接、慶濤、芝文、兆京、慶桓、慶璠。

緻：順森、瑞梓、子成、兆喜。

中間：郭地卿、黄虞臣、吴顯卿、李鹿門。

上列《祠規》，于民國二十四年七月二日，在李如在堂因續修《宗譜》開宗祠會議主席緻瑞梓記錄，吴顯卿議決，逐條通過。

——民國《竹馬館東李宗譜》卷一下《祠規》

民國二十四年婺源縣竹馬館李氏宗族新增冬祭胙規

新增冬祭胙規

一、百歲壽翁，給胙肉十二斤。

一、九十壽翁，給胙肉六斤。

一、國外留學生得有學位者，給胙肉六斤。

一、大學畢業者，給胙肉四斤。

一、專門學校畢業者，給胙肉二斤。

一、高級中學畢業者，給胙肉一斤八兩。

一、初級中學畢業者，給胙肉一斤。

一、高級小學畢業者，給胙肉八兩。

一、總理，給胙肉四斤。

一、協理，給胙肉三斤。

一、監察，給胙肉二斤八兩。

一、祠任，給胙肉一斤八兩。

一、祠首，給胙肉一斤。

以上各校畢業生，均須曾經立案之學校，畢業得有證書，由祠驗明，方可領胙。

——民國《竹馬館東李宗譜》卷一下《新增冬祭胙規》

民國績溪縣城南方氏宗族祠規

國典之設，首重科條；《家法》之修，當垂成例。爰遵祖制，重整良規，屬在子孫，各宜循守。

值年司值、查察二條

每年斯文二人，分作兩班，一新一舊，互相挈帶，每人輪管二年。其文武庠生，照入泮科分挨值；貢監、雜職、照上捐年分挨值。一輪挨畢，周而復始，非鼎甲，詞林及現任在官者，概行不准推諉。如生、監或有故他出，不拘內外親房，須倩有功名者幫代。倘不得其人，致有疎失、侵蝕等弊，均向本家是問。如有故違，嚴行條革。

每年斯文二人，須互相糾察，不得私徇。如一人侵蝕，定即兩人均賠。逐年收租辦祭、丁亡配享、枯樹拼價各項銀錢，俱應經收，挨號登譜入匭，二人同封，不准私存己下。每年春分後五日，會同族長、斯文開匭清算，妥議置産，毋得私挪(掉)[調]換。如違，即照所收銀兩，加倍嚴罰。

祠首二條，輪值班次附，保狀式附。

除有功名及丁支單弱、貧不自給者不任，仍議長、二、三、四各分支派定以祖諱，寫作一名，首事分爲十二班，新班四人，舊班一人，各分從長挨來，不准推諉，亦不准顛倒錯亂。如有故違，將本身責革。其輪值班次列左：

第一班		冬至	春分
	三元公派方家源		道甯公派外莊
	榮生公派靈山下		廷獻公派甌村
第二班		冬至	春分
	閏元公派方家源		道甯公派外莊
	天錫公派本城		應鴻公派本城
第三班		冬至	春分
	秋元公派方家源		道甯公派外莊
	天縱公派荆洲		應通公派本城
第四班		冬至	春分
	汝橋公派立德堂		道甯公派外莊
	天福公派荆洲		應通公派本城

第五班　　　　　　　　冬至　　　　春分
　　　　　文孚公派守德堂　　　道甯公派外莊
　　　　　天禄公派荊洲　　　　應通公派本城
第六班　　　　　　　　冬至　　　　春分
　　　　　應池公派青嶺　　　　佑甯公派壇石
　　　　　柏甯公派石紋橋　　　應通公派本城
第七班　　　　　　　　冬至　　　　春分
　　　　　三元公派方家源　　　道甯公派外莊
　　　　　榮生公派靈山下　　　廷獻公派甌莊
第八班　　　　　　　　冬至　　　　春分
　　　　　閏元公派方家源　　　道甯公派外莊
　　　　　天柱公派本城　　　　應鴻公派本城
第九班　　　　　　　　冬至　　　　春分
　　　　　良賢公派石門里　　　道甯公派外莊
　　　　　天縱公派荊洲　　　　應通公派本城
第十班　　　　　　　　冬至　　　　春分
　　　　　汝楫公派守德堂　　　道甯公派外莊
　　　　　天福公派荊洲　　　　應通公派本城
第十一班　　　　　　　冬至　　　　春分
　　　　　文孚公派守德堂　　　道甯公派外莊
　　　　　天禄公派荊洲　　　　應通公派本城
第十二班　　　　　　　冬至　　　　春分
　　　　　承志公派石紋橋　　　佑甯公派壇石
　　　　　柏甯公派石紋橋　　　應通公派本城

以上各公支派，分作十二班，每班四人，同管一年，每年春分後五日，結帳交班。俟十二班挨畢，周而復始，不准違拗。至暐宗公派，人丁甚衆，議以此派舊班值首帶領新班，新、舊班共計五人協同辦理。倘班內有恃強欺壓者，准其聲鳴，司值、查察照事議罰。其伙食每年共給錢拾捌兩。

新定班次列左：

第一班　　　　　　　　冬至　　　　春分
　　　　　暐宗公派方家源　　　暐宗公派外莊

　　　　　　　晟宗公派荊洲　　　晞宗公派本城
第二班　　　　　　冬至　　春分
　　　　　　　暐宗公派本城　　　嘻宗公派外莊
　　　　　　　晟宗公派荊洲　　　晞宗公派坦頭
第三班　　　　　　冬至　　春分
　　　　　　　暐宗公派義塢口　　嘻宗公派塔石
　　　　　　　晟宗公派本城　　　晞宗公派牛降嶺
第四班　　　　　　冬至　　春分
　　　　　　　暐宗公派虹橋　　　嘻宗公派外莊
　　　　　　　晟宗公派荊洲　　　晞宗公派坦頭
第五班　　　　　　冬至　　春分
　　　　　　　暐宗公派青嶺　　　嘻宗公派外莊
　　　　　　　晟宗公派靈山下　　晞宗公派本城
第六班　　　　　　冬至　　春分
　　　　　　　暐宗公派石門裏　　嘻宗公派塔石
　　　　　　　晟宗公派荊洲　　　晞宗公派坦頭
第七班　　　　　　冬至　　春分
　　　　　　　暐宗公派河口舍　　嘻宗公派外莊
　　　　　　　晟宗公派荊洲　　　晞宗公派本城
第八班　　　　　　冬至　　春分
　　　　　　　暐宗公派石紋橋　　嘻宗公派外莊
　　　　　　　晟宗公派石紋橋　　晞宗公派坦頭
第九班　　　　　　冬至　　春分
　　　　　　　暐宗公派方家源　　嘻宗公派塔石
　　　　　　　晟宗公派荊洲　　　晞宗公派坦頭
第十班　　　　　　冬至　　春分
　　　　　　　暐宗公派虹橋　　　嘻宗公派外莊
　　　　　　　晟宗公派荊洲　　　晞宗公派本城
第十一班　　　　　冬至　　春分
　　　　　　　暐宗公派青嶺　　　嘻宗公派外莊
　　　　　　　晟宗公派荊洲　　　晞宗公派坦頭

第十二班　　　　　　冬至　　春分
　　　暐宗公派 五龍嶺　　　曊宗公派 外莊
　　　晟宗公派 荆洲　　　　晞宗公派 坦頭

按前次所定班次，係照各派系圖人數多寡挨值。現今時勢變遷，丁數復有增減，不得不權爲變通。照現在情形，另行改定十二班，其《規則》仍照前次所定施行。倘日後丁有增減，亦宜隨時核數通融。

祠首雖係挨值，然各分必須內外親房連環作保。其所收租息并各項銀錢，逐時會同司值、查察封置公所，不得私自擅支。其一切事儀，務須恪遵定例。如有侵蝕等情，本人責革，保人賠償。若有短欠，一經查出，照數追償，加倍重罰。

保狀式

具保狀裔孫某，今於與保結事實。保得本房值年祠首裔孫某，本年收租、納糧、辦祭不致失誤。倘有侵蝕等情，本身自願賠償。所具保狀是實。

某年某月　日，具保狀裔孫某押。

收掌租息

田產租息，每年祠首五人，眼同收取，封貯祠倉公所，毋得分領，亦不得私自舂糶及有肥囊入己等情。春、冬二祭，先將店租照數催取，不得動支糧食。違者，重罰。

納糧

每年納糧，例係上年還半，下年還清，不得拖欠。如有拖欠錢糧者，革出，不許入祠。

公匣公據

公匣設大櫃一所，貯錢以備公用，應司值、查察一同封鎖，餘人不得擅開。公據尤爲緊要，亦應司值、查察封鎖，存入公據所內，無故不得私開。倘有事稽查，須會同斯文、族長，面開封鎖，以防失誤。至前後班（遺）〔移〕交時，下班須另加封，庶免弊竇。

管鑰

宗祠無事，不准開門。如遇有公事，集衆面開，不得以私事擅自開門。其龕門與帳房門，尤爲緊要，帳房非祠首齊到，一人不得私開龕門，非春、冬二祭之時，更不准開。其有閒時進主者，須請司值、查察、首事一同公開，定出錢三兩六錢，存入公匣。祭畢，即行肩鎖。違者，重罰。

祠產

祠內田地、山場、店屋，皆祖宗血食所資，關係甚重，不得借端私自變易、典賣。如違，除將原產照律追還外，仍將其人條革，生死不許入祠。

墳山樹木

墳山蔭木，非本祠興作及置田產，不准妄行砍拼。所有枯倒出拼樹價，祠首即交司值、查察登譜存匣，不得入私。違者，照數倍罰。

修理祠宇

祠內寢堂庭廡及祠東文昌閣并餘屋，宜時查看修整。每年霉天、雪後，司值、查察邀同首事，各處小心查看。倘有屋漏損傷之處，即行整理，慎勿苟且因循，自蹈失察之咎。

收藏對聯

祠內通堂對聯，舊於空倉內安架藏貯，每年首事於分、至前一日，取出懸掛，後一日取下收藏。須各珍惜，毋致損壞。如有損壞，罰令修理。按：此條立意雖善，惟收藏失手，致易損壞，可照掛匾，毋庸收藏。

上丁

派丁年滿十五歲，照舊規，定於春、冬二祭時，出錢三錢二分，交祠存入公匣，并開生年月日、行名，係某分某人第幾子。司值、查察逐一載明《丁譜》，便後修譜稽查，并後給老人胙。如未交錢上丁者，概不給胙。

進主

進主日期，定於分、至前一日。離城遠者，前二、三日亦可。其閒時進主禮數，備者出錢三兩六錢，存入公匣，司值、查察、首事公開龕門，登時上牌。此外，但將所進之主用紅帖貼龕門上，俟分、至前一日，本家親詣祠，先鳴查察，核明《丁譜》。如該主已出丁錢，其亡錢即免；如丁錢未出，須先交出亡錢，始行上牌。《牌譜》內不論男女，俱要注明某公第幾子奉祀某人、住某處、生某年、歿某年，以防紊亂，以備修譜稽查。如幼殤、未婚與婚而無嗣及未經立繼者，須注某人第幾子；夫存婦亡，未有子者，須注某人元、繼配。如率略不注，秉筆與本家同罰。

男亡錢叁錢貳分，女亡錢壹錢陸分，幼亡錢叁錢貳分，姑娘亡錢壹兩正。

其有乏嗣並無可摘繼而家貧復如洗者，准其親房代進，免出亡錢。

婦人從一而終，倘不幸有夫故再醮者，其主不許入祠。即子孫有愛孝之忱，而於例不合，自當體母出與廟，絕不可以私反之禮。如有故違，一經查出,除將該主公毀外,即將子孫責革,并罰親房。

書牌定式

所進之主,本家先自清書。有職銜者,祖諱上先書職銜,如知府,書"某府守";知縣,書"某縣令";受恩錫者,書"耆英"。餘可類推,下書"某府君"。無職銜者,書"朝奉";已婚而故,其婦未能孀守者,亦書"朝奉";未婚,書"官人";幼殤,書"學生"。其節婦之已旌者,妣諱上書"旌表節孝",下書"某孺人某氏";未旌者,書"待旌",查察照此書牌并書《牌譜》,《牌譜》內有職名者,書職名,下注行名,主牌上不注。毋得訛誤。

考妣前後進主書牌式

其有考存而妣先故者,進妣主,當於主牌之上格預書考名,而空"府君"或"朝奉"二字不填;其有妣存而考先故者,進考主,當於主牌之下格預書"孺人某氏",而空妣名不填。其有考妣俱進,而繼配或側室未故者,當於後行之下格書,繼配則預書"孺人某氏",側室則預書"姬人某氏",亦空其名不填,書譜亦照此式。考妣連屬,匹偶相從,即或前後進主,年遠失記,亦自無進考主而重進妣主、進妣主而重進考主者矣。

主牌位置

未婚殤亡室女,查各族《祠規》,均不准進主。我祠舊例從寬,今不忍改,但主牌位置亦宜有別。爰定未婚之主位於龕之左邊旁,殤亡之主位於龕之右邊旁,其室女則仍舊位於寢樓之上。

配享

新舊配享,定於東西兩龕祔食,春、冬大祭,於龕前設席,列祭品,行三獻禮,亦古人禘祖所自出以祖配之之義。每祭定於足數大周箔壹千、大建紙壹塊,另設燎所焚化,子孫不給胙。

能幹

新舊能幹,建造宗祠,修明譜牒,任才任力,春、冬祭祖已畢,設一特祭,以酬勳勞。其能幹之住鄉者,尤為宗祠給供應,建祠修譜,心思才力,所費非淺,議以子孫二祭來祠,每祭給一名飯食,三日為止。如祠首輕慢,准其聲鳴司值,然非出力能幹及為宗祠應酬者,不准。

石門裏斯定公,青嶺牧公、甸公、玉簡公,荊洲斯宇公,外莊自家公,虹橋茂林公,壇石承電公,楊溪自育公,虹橋從矩公,青嶺大琮公,青嶺建寶公,虹橋建寅公。

尊禮斯文

斯文，二祭來祠，供給（火）［伙］食。其司值、查察二人，凡因事祠事詣祠，均宜供給（火）［伙］食，不在祠首（火）［伙］食之内。

配甲

本祠市二圖二甲，闔邑保安輪值管齋宮房、大總房年分，例應配錢，但從前議，管之人藉端科鬪，難免索詐肥囊情弊。今定以值年祠首認管，餘人不得混插。其配甲之錢，即於祠内支取。倘以少報多，查出照數倍罰，并罰司值、查察。其認管祠首，外給（火）［伙］食錢貳兩，不在拾捌兩之内。

考費

大比之年，有赴文闈應試者，自應佽助盤費，武闈不給。今定赴南闈者，給大錢貳兩；赴北闈者，給大錢捌兩。舉人赴京會試，給元銀拾貳兩。

報捷

拔貢，報錢貳兩肆錢；優、副、貢，肆兩；舉人，拾兩；進士，拾貳兩；中書主事，拾陸兩；翰林，貳拾兩；鼎甲、解元、會元，叁拾兩。其陞官報捷，臨時酌發。

官階喜慶

自知縣以及一、二品，照本官所得養廉之數，捐三月入祠，以答祖宗之福蔭。其有佐貳之官，亦宜酌量捐助。

禁演戲

祠中演戲，無知女流便溺污穢，實屬褻慢神明，而庭階、石磉、地面層層剝爛，臭氣時聞，更堪痛恨。且我祠中庭狹小，觀者衆多，向因演戲，石欄傾損，可爲明鑒。爰仿他姓《祠規》，永行禁止。如有故違，該斯文、族長將倡首人革祠不貸。倘祠中祧主及子姓之有力者，因事必欲演戲，即於祠後社屋坦可也。

禁堆曬散福

家廟，神所憑依，理宜清肅。祠首、查察毋得私借附近派丁在祠堆放器物，興用匠工，以及曝曬糧食、衣服等項，與非祠中神會，公然在此散福，以致失脱物件，損傷棹櫈，大者火燭之虞。違者，重罰，并將司鑰人革祠不貸。

禁賭博

祠門非公事不開，然不孝子孫往往借公事爲名，私行賭博，而賊匪乘間潛入，輕則行竊，重則逃捕，使宗祠受局賭之名，并詒藏匿之誚，爲害匪輕，永行嚴禁。如違,革祠,該斯文、族長毋得隱徇。

禁盜借

祠內棹椅、器皿及寸木寸石,派下子孫不得私自盜取,亦毋許私借出門。如有此情,較所取所借之物議罰,斷不徇情。查察、司值不行檢舉,一并干罰。

禁盜葬

祖墳山地,毋許子孫盜厝盜葬。如派下有魆盜等情,公同族衆,即押起扦,仍將魆盜之人條革,并其子孫生死均不許入祠。如支派有犯此禁者,亦准其投鳴宗祠,許該派照《祠規》處置。

禁盜蔭

墳山墳地內,派下子孫均不得資取一草一木。違者,先治以家法,仍令照估賠償。如有恃强抗拗,即以敗祖不孝革出。倘遇外匪盜砍,呈官究治,不得寬貸。

掛匾

祠內掛匾,舊有定規,中間正梁,非鼎甲及出仕、開府以上不得掛。其科甲彙書一匾,於中堂東照壁;仕宦彙書一匾,於中堂西照壁;恩、拔、副、歲貢生彙書一匾,於寢室東邊梁;雜職、未出仕者彙書一匾,於寢室西邊梁;孝行彙書一匾,於寢室東廊;節烈彙書一匾,於寢室西廊;尚善彙書一匾,於寢室東房前;耆英彙書一匾,於寢室西房前,以後各照例書名,毋得濫掛。至出仕府道以上者,准其於中堂邊梁掛匾。若職銜,止許於彙匾上書名。

(遺)[移]交二條

每年帳目,立一《總簿》,收支逐日挨記,定於春分後五日,祠首會同司值、查察彙算明白,將一年現存尾(久)[欠](遺)[移]交下手。倘有短欠、侵蝕等情,下手不得承接。如妄承接,即向賠償。如本班帳目不算,其祠首嚴行責革,司值、查察一并嚴治。

祠內器皿、棹櫈及一切祭器,立有《總簿》,注明某項若干件,某項若干件亦於春分後五日,照簿面點,(遺)[移]交下手,歸於原處。倘有失脫,該祠首及司值、查察賠償。

與祭丁包每斤陸隻,每丁壹對

祭畢,即將耳門并東柵門封鎖,祠首同司值、查察在西柵門內記名給票。如有婦女及非本族違例擅入者,即行逐出,概不給票。若與祭派丁不候給票、先行出祠者,亦不補給。給票定於黎明時,首事毋得或早或晏。

猪羊血酒

春、冬二祭,主祭裔孫與禮生臨祭時,各飲猪、羊血酒。

老人胙 春祭給包,冬祭給肉

六十歲與祭者,給包、肉各半觔,外散福,不與祭者,不給;七十歲,給包、肉各一觔,外散福,不與祭,亦給胙,散福須親詣祠,不准代領;八十歲,給包、肉各二觔,外散福,如離祠遠者,准其子孫代領包、肉,無散福,如有冒代,查出公罰;九十歲,送包、肉各四觔,外散福,子孫代領亦可;一百歲,鼓樂送包、肉各八觔,散福棹盒一席,酒四壺,無論春祭、冬祭,包、肉并送。

科甲胙 無論功名大小,與祭胙定一觔,公胙在外

應試童生,給與祭胙半觔,外散福,不與祭者,不給;生員,給與祭胙一觔,外散福,不與祭者,不給;廩生,給與祭胙一觔,外散福,不與祭者,不給,公胙半觔,不與祭,亦給;恩拔副歲貢,給公胙一觔,外散福;舉人,給公胙二觔,外散福;進士,給公胙三觔,外散福;中書主事,給公胙四觔,外散福;鼎甲及翰林,給公胙八觔,外散福。附、貢、監、在京應試生員,遇學憲按臨;在郡應試廩生,遇府、院兩試在郡認保,俱准給與祭胙。

職官胙 已捐喜慶者,給胙;未捐者,不給

一品,給猪、羊胙各二十觔;二品,給猪、羊胙各十八觔;三品,給猪、羊胙各十六觔;四品,給猪胙十六觔;五品,給猪胙十四觔;六品,給猪胙十二觔;七品,給猪胙十觔;八品,給猪胙四觔;九品及未入流,給猪胙二觔。以上俱主出仕者而言,無論出身,照祖制先捐貲後給胙。不捐者,雖與祭,亦不給胙。按,科甲胙與職官胙,並前列考費、報捷、官階喜慶三條,均是前清時代訂定《祠規》,民國諸事變更,《祠規》亦宜另訂。查城內各姓,均未有一定制度,《祠規》亦難仿行,應照前清舊規比例而行,俟有一定制度,再行增訂可也。

捐例胙

無論大小職銜,見部照,准上供堂;無部照,概行不准。宗祠春、冬二祭,所需浩大,一切事儀,有增無減,是以不敷公用,捐供堂宜量錢數給胙。監生,捐錢二兩 附監免,給與祭胙一觔,外散福,不與祭者,不給;貢生,捐錢五兩 附貢免,給與祭胙觔半,外散福,不與祭者,不給;舉報鄉大賓者,捐錢六兩,給與祭胙觔半,外散福,不與祭者,不給;舉報鄉飲賓者,捐錢三兩,給與祭胙一

胙,外散福,不與祭者,不給;雜職九品銜,捐錢三兩,給與祭胙一觔,外散福,不與祭者,不給;雜職八品銜,捐錢六兩,給與祭胙觔半,外散福,不與祭者,不給;雜職七品銜,捐錢十二兩,給與祭胙二觔,外散福,不與祭者,不給;雜職六品銜,捐錢十六兩,給與祭胙三觔,外散福,不與祭者,不給;捐職五品銜,捐錢二十兩,給與祭胙三觔,外散福,不與祭者,不給;捐職四品銜,捐錢二十四兩,給與祭胙四觔,外散福,不與祭者,不給。凡子姓榮得功名,均於祖族有光,理應頒胙也。但祠息微薄,難以支給。今仿各族《祠規》,垂為成例。嗣後,所有捐職、納監者,務宜一體遵照。按,捐例自前清末造至民國肇興,銷聲滅影久矣,與祭除舊斯文及高小學畢業生以上外,實無與祭之人。本祠議決,改捐例胙為查察胙,凡支丁年滿十六歲以上,捐洋三元,本祠即予以查察權,給予祭胙一觔,外散福,不與祭者,不給。

主祭胙

祖制,宗子主祭,近因住居遙遠,常不與祭。遣人招之,固執不來。今集衆議,權將祠首中輩分最尊、年齒長者暫行攝代,春、冬二祭,各給猪胙一觔。若宗子肯與祭,仍歸宗子。

司事胙

司值、查察、祠首,每人於春、冬二祭各給猪胙一觔,外散福。如司值、查察不詣祠辦事者,不給,仍罰大周對一千。

祝文包

春、冬二祭,定於前三日,舉生童之善書者,恭錄各祭祝文,每(章)[張]給包一對,毋得錯誤草率。

墓祭胙

春分祭祖畢,禮生詣各墓標祀,司事登名給胙。到學宮後者,給胙四兩;到烏鴉撲地者,給胙半觔;到雙蛇宿草者,給胙一斤,童生照上減半。其詣高塝、合子塢、潲里標祀者,每日每人各給中伙錢七十文。

能幹胙

能幹為祖任勞,畢生勤瘁,理應頒胙散福,以崇餕典。奈祠內租息無多,亦難取給,祇於祭祖畢,奉酒饌特祭於能幹祠,以示報功之微意。相期能幹子孫各捐貲置產立會,核息頒胙,以廣祖惠,此亦孝子慈孫之行也,當共成之。

書差例胙

市二圖二甲册書圖差,每年冬祭,各給猪胙二斤,外無雜費。

刀手例胙

發胙刀手,春、冬二祭各給猪胙一斤。

方村捐胙

方村祖塋,康熙間,如騫等三十四人釀錢,置買塋後山田護祖,每年春祭,每名折胙錢三十文。如騫公,堅圻公,祥老公,仲老公,韜鉉公,章備公,復學公,增時公,哲老公,伏老公,社老公,俊餘公,蛟公,琰公,有仁公,福生公,世焕公,世植公,世朴公,叔凝公,廷詔公,有培公,有庚公,有柏公,有志公,有學公,有本公,有慎公,有宗公,有定公,有寀公,有宸公,自華公,允泰公。

汪公會胙

汪公會亦如騫等五十六人釀錢置産,挨班輪辦。嗣祖歸祠收糧,歸祠納胙,亦祠給,其期定於正月初六日、八月十五日。春季,每名給大麻餅一對約四兩;秋季,每名給大包兩對約半觔,不准冒領。如騫公,文敬公,有華公,有宗公,有寀公,有餘公,有禄公,有慎公,有運公,有大公,有勝公,有諧公,有誠公,有章公,有惇公,有紳公,有明公,有均公,有圻公,有培公,有增公,有韜公,有墀公,有五公,有堅公,有譽公,有學公,有柏公,有文公,有訓公,有佐公,有時公,自彭公,自韜公,允黄公,允鉉公,允銛公,允鎮公,允泰公,世守公,世宏公,世讓公,世璿公,世焕公,世準公,世厚公,自華公,世柱公,自清公,自珍公,茂洞公,廷詔公,元昇公,祖德公,承瓚公。

散福

祭畢散福,即古燕毛之禮,無許分折,亦無許頂代。八人一席,每席熟肉一觔、肚雜一觔、大包八隻、油腐八片、酒六壺,首事面稱,代庖不得短扣。如違,重罰。

祭干公散全碗

祭畢,即將祭菜九碗,祠首着人代庖,與祭禮生散福。無論禮生人數多寡,定以足錢一千四百文,毋得懷私扣减,毋得徇情加增。

散餘福

司值、查察、首事於祭干公之明日,請祠盤算各帳。所餘祭菜,一同散福,禮生、老人毋許赴席。

梓潼會胙

梓潼會係建彪公股分,該公不幸住傳,公之房親將伊股分批入宗祠。嗣後,該會收租辦祭,輪值年歲,本祠特着司值人承辦,不得推諉。

——民國《績溪城南方氏宗譜·祠譜》卷二《祠規》

民國績溪縣盤川王氏宗族祠規

管祠規則

一、經理四人,由族中公舉之,管錢一人,由經理四人中選一身家殷實者充之,司賬一人,由經理四人中擇一公直勤慎者充之,頭首四人,每年排年長者充之。

二、銀錢賬目,不准一人獨攬,以杜弊端。每年與經理頭首結賬時,務須將公項存數、兩季租數以及各項出納,逐細開列,以示共知。如有故意舛錯、希圖侵蝕虧空者,一經查出,照三倍議罰,另舉公直者接理。如或經理頭首知情容隱,一體示罰。倘恃頑不服,照侵蝕公項例革儆。

三、值年頭首,每逢祭期,前一日打掃祠堂,鋪設祭器。清明上墳標掛以及收租復曬一切雜務,均須勤慎將事。至結賬之日,亦須到祠,眼同結算,稽查弊竇,慎無狥情容隱,致干例罰。賬目清結後,方許交換新頭接管。如有違拗不到者,永不給胙示罰。

四、宗祠公款,無論置產放息、權租計利,經理與頭首俱要悉心籌畫,不許個人私自擅專,攬權作弊,總期有益於公,事垂永久。

五、元旦日,各派裔詣祠賀祖,值年頭首須先期打掃祠宇。黎明,拈香點燭,燭以一斤爲對,吊香兩掛,點至十八。元宵,寢室掛燈,點至十七夜。頭首各守燈一夜。其拜詣收燈時,頭首四人,各備供儀、香燭、紙箔,照收租例焚化,在事人等各宜恪恭將事,以祈神貺。

六、本祠欠款,自光緒七年清明日起利,每月一分照加,每屆清明、冬至,預先按名,登門索取。司事與頭首各須視公如己,不得容情掛欠。

七、宗祠收租,上季安苗後三日,下季社後三日,每季曬燥上倉。須備云青壹千張、正剴十刀、香燭,供儀照常式整備,拜祝祖先,再領酒食錢六百七十文,不得溢支。

八、祠租出糶,均要現錢。如有狥情賒欠者,結賬之日,經手人擔負賠償之責。

九、宗祠內毋許借用作場，以及堆積物件。如違，議罰，司事頭首不得狥情寬縱。

春、秋辦祭規則

一、本祠虔祭祖先，分春、秋二祭。春祭，清明前三日；秋祭，冬至前三日。

二、凡具有功名以及應試童生，均得與祭。祭畢，再入獎勸祠祭奠。如有在家無故不到，以及不入獎勸祠與祭者，永不給胙示罰。

三、宗祠祭奠，長房主祭，給胙一斤。如長房過午不到，二房代新生員讀祝，加給胙壹斤。

四、每祭，俟宗祠祭畢，再入獎勸祠祭奠。祭畢，頒胙。

五、宗祠祭奠，供獻三席：猪一、祝文一、帛、酌饌、羹點，照常整備，不得簡略。望燎焚云青，足數三萬，正剔四塊。始畢，雙響各三個，琢邊一千。

六、獎勸祠祭奠，供獻一席，祝文一、帛、酌饌、羹點，照常整備。望燎焚云青，足數二千襲，正剔二十刀。始畢，雙響各三個，琢邊五百。與祭生各給胙包四只。

七、與祭生胙，生員，肉一斤、包兩只，新生讀祝，加給肉一斤。赴闈監生，照生員例，廩生與恩撥副歲優肉兩斤、包四只，舉人肉四斤、包六只，進士肉六斤、包八只，翰林肉八斤、包十只，及第。肉十斤、包十二只。各色實職、虛銜，量捐頒胙，貢、監、從九諸色雜職，給包二只；應試童生，給包兩只。不與祭者，不給胙，不散胙。

八、捐納功名，無論貢、監、從九諸色實職、虛銜，輸納祠捐七十錢五兩者與祭，給胙肉一斤。官階無論大小，依此量捐給胙。

九、本祠派丁，每逢春、秋二祭，到祠拜祖者，給包一對。六十歲者，加給一對；七十歲者，加給包二對；八十歲者，給肉一斤、包二對，散胙；九十歲者，給肉二斤、包三對，散胙；百歲者，給肉四斤、包五對，散胙。

十、捐錢胙，凡捐七十錢三兩者，給包一只；五兩者，給包一對；十兩者，給包三對；二十兩者，給肉一斤；三十兩者，給肉一斤、包八只；四十兩者，給肉一斤半、包十只。嗣後，捐者須照此例。

十一、經理胙，每祭給包四只，并得與散胙。頭首胙，每祭給包四只，并得與散胙。

十二、每祭散胙，以八人合一席，酒十六壺，與祭禮生、經理、頭首、老人八十歲以上者，一體散胙。

十三、胙肉，每一曹平足秤十六兩；胙包，每斤曹平足秤十五兩。

十四、宗祠標掛祖塋，以清明前後二日，頭首四人，以兩人到嶺里掛紙嶺標掛俵公墓，兩人到胡里成堂寺標掛江陵公墓、下周坑十里源霸公與鐵雄公墓、葦顯百蘭公與五昇公墓、株林塢七八公墓，每人給途費錢一百文。

十五、宗祠標掛本里祖塋，以清明日辰刻，先詣出水塘，標掛儀鳳公墓、時仁、佐公墓；再往王墓墳，標掛鼎公墓、上坑社公墓、下邊田塝後大會寅馬公墓，土坑八三、八二公墓。派下到墳，每人給胙錢六文，上坑發牌，大會兌錢，不到不給。

十六、宗祠標掛，清明，云青用足數，剔破用正號，嶺里掛紙嶺俵公，云青一百五十張、剔破三刀、雙響三個，胡里成堂寺江陵公墓，云青一百張、剔破二刀、雙響三個，下周坑十里源霸公、鐵雄公，云青二百張、剔破四刀、雙響三個，葦顯百蘭公、五昇公，云青一百張、剔破四刀、雙響三個，株林塢七八公，云青一百張、剔破二刀、雙響三個。

十七、本里標掛祖塋，每祖云青五十張、剔破一刀，每處雙響三個。

十八、清明後三日，經理與頭首公同結賬，共給酒六百七十二文，不得溢支。

祔廟規則

一、凡祔廟者，須於宗祠春、冬二祭時行之。如過此時間，必須席請禮生設祭，方許祔廟，經理、頭首，均得散胙。

二、祔廟時，每亡先納大錢二百文，錢數繳足，寫牌題主。

配享規則

一、配享捐，每牌七十錢五十兩。

二、配享胙，每配給肉一斤。

特祭規則

凡具有左例資格之一者，得進牌一座。

甲　捐七十錢壹百拾兩者。

乙　有功於祠者。

一、特祭胙，即捐輸胙，每牌給肉兩斤、包六只。

二、能幹胙。正總肉一斤，副總包六只、能幹包四只，附能幹包兩只。

滯納丁銀徵收規則

一、本祠建造，無論男婦，一律徵收丁口錢七十錢八兩，錢數繳足，方准進牌。所有丁銀未清，神主未祔廟者，如該派丁來祠進主，除將正欠令其完足外，仍應酌量貧富，自光緒五年起，量力加利，但不得格外勒索。

節孝匾額輸捐規則

一、族中有青年守節、皓首完貞者，准其題名匾額，但須繳錢七百文。

右例各條，悉皆根據《辛巳祠規》，有字句上之刪易，無事實上之更張。至於今昔異制，應行改革者，亦俱說明理由，爲《辛酉修正規則》。

辛酉修正規則

甲　春、冬二祭與祭資格

一、舊例之應與祭者，一律與祭。

二、高等小學畢業生以上者。

三、法定自治團體現任職員。

四、委任職任事二年以上者。如縣署文牘員、典獄員、收發員之類。

說明。國體變更，科舉廢而捐職停，與祭資格不得不量予變通，用重祀事，修正如今文。

乙　頒胙

舊例之應給胙者，仍一律有效。

高等小學畢業生，視廩附。自治職員、委任職員，得與高小畢業生受同等之胙。

中學畢業生，視貢元。

高等畢業生，視舉人。

大學畢業生，視進士。

出洋留學畢業，視翰林。

右列各胙，照舊例比較給發。

丙　津貼

留學省垣高等學校，或與高等學校同等之學校，每年得給津貼錢二兩。

留學京師大學及與大學同等之學校，每年得給津貼錢四兩。

說明：原例，鄉試給盤費二兩，會試給盤費四兩。今科舉廢而學校興，因將兩試川資移作學堂津貼。

丁　懲戒規則

凡犯左列情事之一者，經公衆多數取决，應予斥革，不許入祠。

一、忤逆不孝，經父母報告、親屬證明者。

二、倫常乖舛，確有實據者。

三、來歷不清者。

四、不娶無配者。但國殤者不在此限。

五、輕生惡死者。但有故身殉而爲孝弟、節烈，或犯神經病者，不在此限。

六、不事正業，流爲盜賊，曾處徒刑者。

七、賣良爲賤者。

八、恃强凌弱，插訟扛唆，傾人家産者。

九、侵吞絶産，不爲立祀者。

十、侵蝕公款，或私賣祀産，經衆覺察，强不受罰者。

一、凡犯第一、第二、第六、第八各條，如確已改悔，經族中多數保證，得消滅之。

一、凡犯第七條，如情有可原，事能補救，得於下届祧主時消滅之。

一、凡犯第五條，每逢未年，准予入祠。根據丁未年例。

一、凡犯第九條，如自覺悟，復産立祀，得消滅之。

一、凡犯第十條，除回復原有款産外，并認罰金，得消滅之。

說明：原例十二條，立法過嚴，而執行動多掣肘，故每遇一事發生，聚訟紛紜，莫衷一是，因修正如令文。

——民國《盤川王氏宗譜》卷五《祠規》

民國績溪縣旺川曹氏宗族祠規

本祠條規

曹氏追祀先人昭穆圖式

祀始祖,僭也。然世遠人繁,報本其所自出,垂示後裔,故追祀必自始祖,始於大九公,諱垚,字　　,號　　,孺人田氏,爲中龕第一位。以下不能遍及,依朱子《家禮》祧法,姑闕不祀。

然有卜居旺川始祖伯四公,諱　　,字　　,號　　,孺人吳氏,乃吾村發跡之所自也,爲中龕第二位。

又顯祖社公,諱希農,字　　,號　　,孺人馬氏,與弟辰公分派,禮合並祀。但建祠孫子,而辰公不與焉,故祀社公世系,爲中龕第三位。

社公後單傳數代,不能遍祀。至顯祖齊壽公,諱　　,字偉文,號　　,蚤卒,孺人汪氏,節孝篤至,行彰閭里,而家業以興隆,禮宜崇報,爲中龕第四位。

齊壽公子有二:一派善祐公,一派祖祐公。其善祐公派下子孫適當貧弱,獨祖祐公派孫子繁衍,家資饒足。文公等慨然有合族之思,而慮彼派力不能及,遺之又非萃渙之道也。於是倡率孫輩捐貲構造,俾善祐公派得附焉。

顯祖善祐公,諱　　,字景昌,孺人汪氏,爲左龕第一位。

顯祖祖祐公,諱　　,字景新,孺人王氏,爲左龕第二位,此昭穆也。衆念造祠之功,實祖祐公派下之力,且公之德仁厚樸茂,撫侄如子而產業助,至今令人慕義,禮宜崇報,得與祖配享,遷進中龕第五位。

顯祖富積公,諱　　,字輗軏,孺人劉氏。德行渾全,有功於宗祖甚多,亦宜崇報,遷進中龕第六位。其後俱昭穆,不得擅易。但既念造祠之功,則凡捐貲過百金者,夫婦當同中龕配享。至五十金者,男身另像中龕配享,此禮緣義起,協人心之同然者也。以後,照例進遷,庶爲捐貲者之勸云耳!

配享定規

配享之禮,自國昉也,典最鉅。非有大功德者,不得與焉,故崇德尚矣。捐貲造祠而令與位者,以功論也,然必德行無虧者方許。其後配享,務要明書實跡及捐貲若干,庶無冒濫之弊云。

顯祖顯應公，諱文，字武，號錦里，孺人胡氏。捐貲百金，例合配享。且公之德誕敷丕著，至今頌德；公之行光前裕後，至今被澤。宗祠之建，實其主倡焉，首宜崇報，遷進中龕第七位。

顯祖永祚公，諱晴，字明乾，號昆山，孺人胡氏。捐貲百金，例合配享。且公持己嚴毅，與人寬和，孝友稱於宗族，詩書啟我子孫。此禮之尤宜崇報者，遷進中龕第八位。

顯考永輔公，諱畀，字明坤，號艮山，孺人凌氏。造祠捐貲百金，禮合配享。且公仁慈蓄衆，儉勤持家，千金輸國，鄉邑慕義。此尤功德之當崇者，進中龕第九位。

左龕爲昭。

中龕立始祖及配享位。

右龕爲穆。

神主進祠定規

夫宗祠所以妥神也，事最重，不可不詳進主。每遇春、冬祭前，擇日先進，俾得與祭，毋得臨期混擾。每進一主，定銀一兩，先期交納，能幹登簿，方許進主。其主龕付能幹銀四分，代辦一式。如私自插入，撿出外，罰銀一兩。前進主銀五錢，僅足造神位、辦祭儀耳。至若散胙並修葺祠宇、元宵燈、燭、香、紙等項，俱措不敷。今念他項尚可緩圖，散胙一事如廢，則虛神惠，逐次科派，又不勝煩擾。每像加銀五錢，永爲散胙之需。如不加者，權宜每祭每像科銀三分，先期交納，方許散胙。科滿之年，與出銀壹兩者一同散胙，不復科派。

宗子分獻定規

夫宗之法，自古有之，所以一統宗也，以長、以嫡而貴賤、貧富勿論焉。今計造祠所由，則當以祖祐公派爲主，而善祐公實居其長。既得祔祠，安得別生異議？故定善祐公爲宗子，以主其祀。其左右分獻，定於祖祐公派擇立主之，一以爵，一以齒，一以德。爵光前也，齒尚長也，德尚賢也。齒、爵尊而德虧大節者，定不與位。如宗子分卑於分獻，則退一位以後之。如分獻爵尊，則進一位以先之。宗子不肖，擇近小宗主之，是爲規。

議立典守定規

宗祠事繁,其統一之權在能幹。狥私固不可,僻執亦不可,推托、依違更不可。狥私則有乾没之弊,僻執則有阻撓之弊,推托、依違則有廢弛、黨同之弊。前造祠能幹,有功於先,足爲後人法程矣。而嗣後者當體宗祖之心,下踵父兄之塵,慰服衆心,維持倫紀,俾基業恢拓,不致弊竇浸生者,責任非渺小也。果爾秉公守法,趨事勤勞,則報稱自有定典。如或狥私、僻執、推托、依違,致令人心不服,衆議更立,必有令冒空名以壞宗祠之事。其逐年輪首,雖無常主,而實有專責。二祭禮儀,惟爾辦之,元宵、朔、望香、燭,修葺、打掃,惟爾司之,俱要竭盡心力,無愧爾責。設使儀物不備不潔,香燭闕乏,屋宇塵漏而地穢充積者,何以妥神?則有褻慢之罰,定例詳載不貸。再議,輪首,以衆清明首爲之,從便也。能幹,則擇族中之賢能有力者爲之,不以分拘。然輪首逐年更換,可否易辨也。至能幹,非有顯忒及年老倦勤者,不得更代,則其操權甚專且久,其中隱微之弊,一時難考,隨至數年(極)[積]重難返者有之。定例,能幹每年每事,於凡簿書、券約,明書經手某人。至三年,同族長、禮生揭算,明白登簿,以便清查,俾後亦有所考據云。

嚴禁侵漁大弊。凡祠中蓄積田産,將以備祭物、飾祠宇,皆於是乎在。漏卮不塞,恐成江河,故立嚴禁以慎之於始。夫田産則有租穀出入,蓄積則有子母生息。鶻突者稽考無據,巧滑者乾没無窮。凡經手之人,必要明白實書,以便查考。非萬不得已也,毋得托公假義,因而染指。違者,例有重罰。又嘗見他族宗祠祭田甚多,蓄積甚富,而一旦若掃者,豈盡稽考之無據哉?皆由巧滑之輩托公假義使然也。議定非祠中正用,即使爭膀氣、告祖塋,不得妄用祠中毫忽。違者,呈治,永遠不許入祠。

嚴別支派以杜紊宗之弊。我祠追祀,自大九公始,而造祠孫子實系出社公支派,故凡社公傳系,准令入祠祭祀。與社公分派,如辰公,亦毋許妄附。誠恐緣此開端,致令不肖之輩賣譜漁利,非宗强認,玷辱宗祖,頽壞家聲,往往而是。議定非社公支派,妄自援引入祠者,呈官重治,以不肖罪論,永遠不許入祠。

議嚴守法定規。祠當草創,百凡事體,悉從簡省,爲祠中寡蓄故耳。其祭儀、頒胙等項,俟後有餘,再議加豐可也。然或假潤色之名,變亂《條規》,則爲害更甚,又何賴焉?故凡已定《條規》,雖未詳備,載譜中者,實秉公斟酌泰合律例,確然可守。日後,毋許妄生變亂。違者,罰銀拾兩,永遠不許入祠。

能幹列名實紀。宗祠之權,責在能幹,前已詳言之矣。然不列名則更代無所查考,不實紀則事跡無所憑據。今臚列於後,并及夫造祠頭首,俾後世不沒其名焉。

能幹:玄孫、仕孫、蘭生、志清。

——民國《曹氏宗譜》卷一《祠規》

民國績溪縣宅坦龍井胡氏宗族祠規

明經胡氏龍井派祠規

彰善四條

一、訓忠。揚名顯親,孝之大也。然能仕而父教之忠,在位而恪共乃職,始不負於朝廷,乃有光於宗祖。節儉正直,靖共之大節宜追;肅慎柔嘉,烝民之遺規尚在。而且夙夜匪懈,進退有思。有此賢能子孫,生則倍常頒胙,歿則給其配享,以訓忠也。

一、訓孝。眾之本教曰孝,其行曰能養。其養必兼之能敬,敬而將之以禮,始無愧爲完人,乃得稱爲孝子。啜菽飲水,但求能盡其歡;夏清冬溫,又在不違其節。而且喪祭有禮,廬墓不忘。有此仁孝子孫,生則頒胙,歿給配享,仍爲公呈請旌,以教孝也。

一、表節。婦人之道,從一而終,一與之齊,終身不改。汎柏舟而作誓矢,志何貞!歌黃鵠以明情操,心何烈!倘有節孝賢婦,不幸良人早夭,苦志貞守,孝養舅姑,滿三十年而歿者,祠內酌辦祭儀,請闔族斯文迎祭以榮之。其慷慨捐軀殉烈者,亦同仍爲公呈請旌,以表節也。

一、重義。仁人正誼不謀利,儒者重禮而輕財。然仁愛先以親親,孝友終於任恤。闢家塾而教秀,劉先哲具有成規;置義田以賑貧,范夫子行茲盛舉。倘有好義子孫,捐義產以濟孤寡,置書田以助寒儒,生則頒胙,歿給配享,仍於進主之日,祠內酌辦祭儀,請闔族斯文迎祭以榮之,以重義也。

癉惡四條

一、忤逆。父母之恩,欲報罔極。乃有博弈、縱飲、好貨、私妻,夙夜既忝所生,朝夕不顧親養,甚且婦姑不悦,反脣相稽。此等逆子、悍婦,一經投紙入祠,即行黜革。至若子固當孝,親亦宜慈。產多鬻女,貧困鬻男,豈非左計？爲父母者，如有此事，衆共辱之。

一、姦淫。人之有偶，不可亂也。乃有縱欲者流，名教不恤，壞族名風，破人節行，甚且中冓難言，新臺有刺。此等人面獸行，或經投紙入祠，或經告訐有據，即行黜革。至若士耽固不可言，女耽尤不可説，見金夫而不有，乘危垣而囑遷。如此女流，亦不許進主。其娶宗婦及同姓者，並加黜革。

一、賊匪。天地之間，物各有主。乃有不軌之徒，臨財起意，納履瓜田，見利生心，整冠李下，鼠竊狗偷。此等匪人，宜加懲戒。如盜瓜菜、稻草、麥杆之屬，罰銀五錢；盜五穀、薪木、塘魚之屬，罰銀三兩，入公堂演戲示禁。其穿窬夜竊者，捉獲有據，即行黜革。

一、凶暴。身體髮膚，受之父母，不敢毀傷。乃暴戾之徒，逞英雄之概，凶斃無詞；恃氣矜之隆，惡終弗顧。自召其殃，甘投法網。此等并皆黜革。投繯自溺，皆與同條。惟捐軀殉烈，別有旌嘉。無辜受災，不在此例。

職守四條

一、修祭事。凡春分、冬至二祭，前期三日，祠首共入祠，肅辦祭事。值事僕二人，灑掃祠宇，拭几席，滌祭器。次日，具帖，請斯文習儀。前期一日，斯文入祠視滌濯，於几席、壺酌、籩豆之屬不潔，囑僕重滌濯，仍必薄責示懲，乃習儀。習儀畢，共旁坐，小飲乃退。祭之日，質明行事。如儀不備，或污穢不整，罰值年各銀壹錢；儀備而禮生不舉，罰禮生，停其散胙。習儀不到者，無散胙；祭祖不與者，不歸胙。有於此時挾忿爭罵者，罰紙一塊，仍令跪拜祖前謝過。祭畢，發籤頒胙。頒胙畢，請各禮生及頭首入祠散胙，值事僕二人行酒，不猜拳，不給燭；犯者，罰出祭胙。祭之明日，管事人入祠，同算費用，面折登賬，此祭祀之事不可不修也。他如祭器、祭品，值年例穀、進木主禮，以及膳禮生散胙、歸胙諸成式，詳載《規例譜》，燈、酒例亦同。

一、訓祠首。祠之廢興，係於祠首，非人則害大，日久亦弊生。爰酌《管祠定例》，斯文分班輪流，交代時，各項器用，俱照清單點付。如有失落、敝壞，責令賠補修整。其逐年收租、糶穀一切費用賬目，接管人面同算明登賬，然後投匣封貯，管匣、管鑰、管封、管印各任其事，無得通情湊便。事不稱職，犯者罰銀壹兩。有懷私者，查明攻出，仍揭書祠壁，黜革不許入祠。至族內間有口角，或請調和，必須直道而行，照依《祠規》賞罰。如有強梗，呈官究治。大要修祠宇、省墳墓、核產業、勤算租、整祭器、明用度，遵前人所已行，發前人所未發。毋貪利徇情，毋畏勢凌弱，則勤足辦事，公足服人，而祠賴以興矣。有能如此,給配享榮之,管祠人勉旃毋忽。

一、保祠產。祠之有產業,皆先人批置,以爲祭祀二事,匪頒之用也。產業不明,則侵佔之患生,而吞租之弊起。故總理祠務者,必將祠產查明字號、稅額、步數,以便校數收租。其田地、山塘、屋磡以及祖墓餘地,有侵佔者,在異姓,託人理論,如有強梗,呈官究治;在派下,責令歸還,仍量占業所值之數,罰其銀兩,如不遵條,即行黜革,生死不許入祠。有吞租者,在異姓,照前辦事;在派下,揭書祠壁,生停其胙,殁停其牌,俟交還時,方許進主。以上諸項,管祠人如有狥情容隱,照前罰例。又桂枝書院上有義祖牌位,不得停宿優人,以至污穢,祠首通情,責罰不恕。此祠內產業,不可不知保守也。

一、護龍脈。陰、陽二基之關盛衰大矣,然吉地本自天成,輔相正需人力。倘龍穴、沙水一處受傷,則體破氣散,焉能發福?堪輿家示人堆砌種樹之法,皆所以保全生氣也。吾族陰陽二基,宜共遵此法,尤必嚴禁損害。倘有貪利忮刻之徒,或掘挖泥土,或砍斫薪木,部分己地、人地,罰銀壹兩入祠,仍令其禁山安宅。首報者,賞銀貳錢;知情故隱者,罰銀叁錢,以護龍脈也。

名教四條

一、振士類。凡攻舉子業者,歲四仲月,請齊集會館會課,祠內支持供給。赴會無文者,罰銀貳錢;當日不交卷者,罰壹錢,祠內託人批閱。其學成名立者,賞入泮賀銀壹兩,補廩賀銀壹兩,出貢賀銀伍兩,登科賀銀伍拾兩,仍爲建豎旗匾,甲第以上加倍。至若省試,盤費頗繁,貧士或艱於資斧,每當賓興之年,各名給元銀貳兩,仍設酌爲餞榮行。有科舉者,全給;錄遺者,先給一半,俟入棘闈,然後補足。會試者,每人給盤費拾兩。爲父兄者,幸有可造子弟,毋令輕易廢棄。蓋四民之中,士居其首,讀書立身,勝於他務也。

一、厚風俗。里名勝母而曾子不入,邑號朝歌而墨翟回車,無他,俗不善也。昔陳述古先生戒仙居民有云:"爲吾民者,父義、母慈,兄友、弟恭,子孝,夫婦有恩,男女有別,鄉閭有禮,子弟有學。貧窮患難,親戚相救;婚姻死喪,鄰保相助。無惰農業,無作盜賊,無學賭博,無好爭訟。無以惡凌善,無以富吞貧。行者讓路,耕者讓畔。頒白者不負戴於道路,則爲禮義之俗矣。"此先正之《格言》,風俗之厚盡此。爾後人其奉爲圭臬也。

一、敬耆老。年之貴乎天下久矣。朝廷尚有敬老之禮,鄉里可無尚齒之風?今酌立定制,年登七十者,春、冬二季,頒其壽胙;八十以上,漸次加倍。其式詳載規例譜。且筋力就衰,舉動艱苦,入祠拜祖,初祭時四拜跪畢,退坐西塾,值事僕奉茶水以安之,敬耆老也。

一、正名分:下不干上,賤不替貴,古之例也。然間有主弱僕強、主懦僕悍者,逞其忿戾,不顧統尊,或至罵詈相加,甚且拳脚毆辱。雖非犯其本主,然以祖宗一體之例揆之,是則凌其本主也。族下如有此婢僕,投明祠首,祠首即喚入祠内,重責示懲,仍令其叩首謝罪。倘本主不達大義,護短姑息,閣族鳴鼓攻之,正名分也。

——民國《明經胡氏龍井派宗譜》卷首《明經胡氏龍井派祠規》

民國歙縣府前方氏宗祠祠規

祠規

國典之設,首重科條;《家法》之修,當垂成例。爰遵祖制,重整《祠規》,因時制宜,暫行適用。屬在子孫,各須循守。

一、《祖訓》。《祖訓》十六條,閣族一律遵守,毋許違背。

二、祠產。祠内田地、山場、住屋,皆祖宗血食所資,關係甚重,不得借端私自變易典賣。如違,除將原產照律追還外,仍將其人條革,生死不許入祠。

三、墳山。始祖墳山,遵照禁示,永遠不許抒葬一墳,不許變賣寸土。如違,條革,永遠不許入祠。凡屬子孫,皆有保護之責。

四、蔭木。墳山蔭木,非本祠興作及置辦祠產,不准妄行斫掛。或有枯倒出拼,樹價歸公,不得入私。違者,照數倍罰。

五、公匣。公匣特設大櫃一所,以貯《紅譜》及本祠一切契據文件,慎重封鎖,由族長妥爲保管,無故不許私開。

六、管鑰。宗祠現有租客,暫不鎖門。所有龕門管鑰,由司值掌管。非遇祭祀,不准私開。其有閒時進主者,須繳出上主費,請司值開啟。

七、祠宇修葺。祠内饗堂大廳,現在應行修理之處尚多。凡屬正當捐助,各支丁不得推諉。

八、喜慶。每年元旦日,凡前一年中生子者,繳添丁大洋四角;娶婦者,繳廟見大洋四角;生女者,繳大洋二角。即於此日開註生年月日、行名、某分、某人子女暨所娶姓氏,一一載明《喜慶簿》内。如未繳洋上簿者,概不給胙。生女,於出嫁時,須繳宗堂禮大洋貳元。如有將所生子女賣良爲賤者,永遠條革,生死不許入祠。

九、給胙。每年元旦，入祠拜祖領胙，男婦一律每丁給胙餅四枚，幼丁男四枚、女二枚。凡男丁滿六十歲者，加倍給二枚；七十歲，又加給二枚，以至八十、九十、期頤，以次遞加。凡畢業於高等小學校者，加給二枚；畢業初中者，又加給二枚，以至高中、大學、專門，以次遞加。凡在本縣境内，元旦不入祠拜祖者，概不給胙。

十、進主。本祠主龕，分爲五格，正中供奉始祖、支祖暨歷代功勞紅主，永遠不併。自後，非有大功於族，不得濫進。正中之兩旁，備進捐助紅主，男左女右，每進一主，捐助大洋拾元，此項紅主，亦永遠不併。凡有忠於國家、孝於親長、節烈可風者，免費。其餘兩旁，備進普通主，每主繳進主費大洋五角，神主牌須向祠領取，以從一律，不另取費。牌上不論男女，皆須書寫明白，由祠另立《進主簿》一本，歸司值者填寫，註載某公第幾子奉祀某人，或某配某氏、生殁年月日，以備將來修譜查考。婦人之改適者，例不准入祠。即其子孫有愛孝之忱，當體母出廟絕之義，不可以私反之禮。如有故違，一經查出，除將該主公毀外，即將其子孫責革。

十一、租息收掌。祠産租息，暫歸族長經理收掌，因每年現尚不敷，開支動須（陪）[賠]墊，不便輪流。

十二、本《祠規》修正。本《祠規》係因現在本族情形所定，書之粉板，懸掛祠内。以後時過境遷，其有未盡事宜，得隨時增入之。

——民國《府前方氏宗譜》卷二十《祠規》

民國歙縣漁梁姚氏宗族祠年例

本祠年例

一、元旦謁祖。爲子孫者，倚賴祖宗之福，應有尊敬祖宗之心。於元旦頒發祠餅之時，先序立一堂，團拜祖先，再降階恭賀諸長新年，各向一揖，然後照丁發餅。宜存敬謹，毋得争先。計每丁給餅四枚，男婦一樣。年六十者，給八枚，七十者十二枚，八十者二十四枚，九十者四十八枚，百歲者則予百枚，以存族中尊老之典。

一、清明標祀。照章，清明節日，由司年邀集各支丁，同詣黄栗山、金家灘、紫陽山墳塋標掛，復到祠拜畢，而後發給祭餅，每丁一勔。未到墳者，不給。其祭儀用猪肉半勔、水酒一壺、毛筍一根、腐乾一塊、古紙十刀，金銀掛二十串，每墳兩串，每串二十四錠，紙錢十竿，均歸司年代辦。祭畢時，猪肉、筍、腐概予司年者。

一、冬節祀禮。議定自今年戊辰歲起，每年陰曆十一月初一日舉行。蒙山一堂，計和尚口金及經擔火食一應在內，給銀幣一圓五角。所用錫箔，約銀幣五圓，古紙一塊；五色紙六刀；紅燭一勷，內半勷頭一對；檀香四兩；素菜六樣；京香、棒香、束香不計數，各配用。如支丁好善者，樂助紙、箔等，則多多益善。

一、進主事宜。祠中神主，尺寸大小，應歸一律，排列齊整，愈見尊嚴。若由各家自辦，萬難合度。茲議由祠置就，統用柏木配神座地位之尺寸，每領一主牌，納銀幣四角，並備有《百代流芳集》一冊。領牌之時，即將亡人歿年月日時並某處、某山、某向，或暫殯某處，逐一登記，以備修譜查考。其主式高八寸，闊二寸三分，底托高一寸半、闊四寸、厚一寸二分。

一、喜慶納費。今議定添丁，每納銀幣一圓，給"長命富貴"銀鎖一把，計重一錢。娶婦者，納一圓；嫁女者，納宗堂禮貳圓，給穀一斗。備《喜慶集》兩冊：一曰《麟振集》，一曰《鳳占集》，嫁女不另立册，即附《鳳占集》內，皆爲修譜計也。

一、助會獎勵。我族近來造祠宇，建衆屋，都得力於族丁助會。公議每年每股給獎祠餅一勷，永垂爲例，報功也。計太子會廿四股、胡公會十六股、族會二十股、承會廿二股、澤會廿二股、新會廿八股，積會、餘會、慶會各有廿二股。又圓會、全會各廿股。其名備載各該《會啟》之後，總計二百三十八股，再加兩勷，爲上、下手承接司事之勞資，通共給餅二百四十勷，亦與元旦丁餅同時頒發。

一、錢糧使用。錢糧爲國家正賦，上、下兩忙徵收，不能蒂欠。我祠產統入賢美户內，應先及時完納，爲族丁表率，並令族丁知欠糧受辱，且有胥吏催索之剝削。但糧券中有兩賢美户，一是少數人（忘）［妄］想潭利，借用賢美户名義，以納潭稅，祠內誓不承認，以後萬萬不可混入而爲祠累。至他項使用，則有貼糧房小銀幣八角，貼糧差鈔錢一千文。又每兩次諭話，加貼糧差鈔錢六百文。有新官到任，加一諭話，另貼鈔錢三百文。

一、祠產租額。祠產乃祠中常年財賦之源，惟整理得宜，始克有濟。某田租收若干，某地租收若干，某山租、某屋租收若干，都有表清載於後。司年者照數實收，無折無扣。如有賣情弄弊，必補數比償，毫不寬貸。或承租人有變動之處，司年人當約族衆酌議，切莫獨斷獨行。

一、審愼人選。輪流司年，本九房房長之責任。但現在斯事繁重，既議上、下手接替合同經辦，爲杜從前竊賣暗抵等弊。如該長實係不堪任事，當於該房內選穩當而有資望者代之，或其人願爲該長作保證亦可。不然，宜停其職務，而以他房長接替，是蓋關一族出納之命脉，不得不審愼而變通也。

——民國《歙南武擔姚氏漁梁上門支譜》外卷《公膳雜記》

民國婺源縣遷浙江金華縣竹馬館李氏宗族祠堂與祠產管理規條

上列祠産，訂由十四朏挨班輪流管業，永不准變賣及幷朏等情。違者，除削譜外，仍許從嚴究辦，惟更名接替不在此限。

總理緻瑞梓書

一、本祠週圍，俱空常地六尺餘，不許(裁)[栽]種樹木。恐妨土庫。
一、本祠西首常地圍墻，係乾隆庚寅年祠內常磚砌築，管圍人不得稱爲己物。
一、祠廟原屬安妥先靈，當以潔凈爲主，永禁不許堆積貨物幷安放農具，狼藉穢污。違者，將所放之物挈出外，仍從重罰。

——民國《竹馬館東李宗譜》卷一下《東李如在堂祭産號畝》

民國婺源縣遷浙江金華縣竹馬館李氏宗族祭儀暨祭規

祭儀

一、主祭者，當以嫡子、嫡孫。因嫡派少傳，姑於管祭中擇以賢者主之。如受過官杖者，永不許。
一、導儀生員一人。
一、唱贊生員一人。
一、讀祝生員一人。
一、執爵生員一人。
一、分薦昭、穆二室，擇以賢能者二人任之。
一、糾儀二人，擇房長有年方正者任之。
一、仲春，於分前三日，主祭者齋戒，不視凶殺，不涉污穢，不辱罵厮役，居必變常。至前一日，灑掃寢室及中廳大門兩廡，分書執事名次，懸牌於大門外。晚即沐浴，次早，黎明盥漱，至寢，設香案五事，張彩焚香設拜，畢；以淨盆盛溫湯及巾帨，置東南隅。少頃，獻茶設拜，畢；擊柳一通，再獻湯羔、茶食等，設拜，畢；命鼓吹，後又擊柳一通，凡舉貢生員集門外，整冠束帶入，照牌分班執事位立。俟衆至齊，分昭穆立定，長者居前，少者居後，毋許僭越，毋許喧譁。又擊柳一通，畢；命鼓吹，導儀引主祭者請主出櫝，贊，拜，興，拜，興，行二拜禮，導儀引主祭者行三上香禮，畢；贊，俯伏，平身，復位，拜，興，拜，興。後二獻，如之。畢，命讀祝文，讚跪祝云："拜，焚帛。"導儀引主祭者灌地降神，鼓吹合衆同設二拜。出老者，執事者留飲福酒。仲冬祭，亦如之。

——民國《竹馬館東李宗譜》卷一下《祭儀》

新增暫行祭規附祭品樣數，附各席排牌次序

一、春分前三日與冬至前十日之上午十時，舉行祭禮，安奉始祖考成一府君、始祖妣成一安人趙氏坐上位，獻六十三府君、緒三十一府君、緒四十二府君排左，獻六十三安人郭氏、柴氏、陳氏，緒三十一安人俞氏，緒四十二安人吳、黃氏排右，等神主在中廳，即中廳中央間，設一席，祭品用豬一、羊一，春祭不用、葷品四碗，內須用雞魚二色，素品四碗，時菓四色，如缺，京菓可代，糖食糕餅四色、席點四樣、醬油四碟、陳酒一斤、湯一碗、飯一碗。

一、東廳，即中廳中央間左邊第一間，設一席，安奉二世祖考震二府君、二世祖妣震二安人周氏坐上位；宗二十八府君、繼三十九府君、繼四十五府君、繼四十七府君、繼五十一府君排左；繼三十九孺人周氏、繼四十七孺人龔氏、毛氏排右；等神主。祭品同上，豬、羊供前。

一、西廳，即中央間右邊第一間，設一席，安奉三世祖考泰三府君、三世祖妣泰三安人趙氏坐上位；三世叔祖考泰七府君、吉房祖考府君、維七十四府君、維三百四三府君排左；三世叔祖妣泰七安人詹氏、吉房祖妣孺人、維七十四孺人俞氏、維三百四三孺人王氏排右；等神主。祭品同上，豬、羊供前。

一、東序，即中廳中央間左邊第二間，設一席，安奉良七府君、良七安人華氏坐上位，良十府君、良十一府君、純十二府君、綺百三十七府君排左，良十安人陳氏、良十一安人張氏、純十二孺人俞氏、吳氏排右，等神主。祭品同上，豬、羊供前。

一、西序，即中廳中央間右邊第二間，設一席，安奉尚五府君、尚五安人龔氏坐上位；虔一百十五府君、緒二十六府君、綱百四十六府君、綱三百七府君排

左；虔一百十五孺人吳氏、緒二十六孺人章氏、綱百十六孺人鄭氏、綱三百七孺人鄭氏排右，等神主。祭品同上，豬、羊供前。

一、祭期用具，計豬架一具、羊架一具、面盆架一個、面盆、桌幃、椅披、燈綵、禮壺、爵杯、五事托盤及每席燭台、香爐、杯筷、紅燭、香火、炮紙、帛等項，須預備整齊，不得缺少。

一、葷素祭品，務須鮮潔豐滿，不得生陳。

一、致祭之日，紳衿與畢業生各穿禮服，祠任、祠首各整衣冠，即庶民亦宜衣冠從事，鳴贊行禮，務須整肅誠敬，慎毋諠譁。

一、祭祀，執事人等已經出榜開列曉諭。如臨祭推諉不前者，拔其應得之胙。

一、凡斯文人等，除重喪不與祭外，非因冠、婚、老、病、求學、考試及現充公職重大不得已之事，如臨祭不到者，胙不給。

一、每人入祠致祭，須各帶冥錠四串。

一、族內倘有不孝不悌、爲非作歹及一切有干家法者，概不准入祠與祭。

——民國《竹馬館東李宗譜》卷一下《新增暫行祭規》

民國休寧縣衡川左臺吳氏大宗祠祠規

左臺吳氏大宗祠祠規

建祠廟，祀祖禰，雖非古制，而妥侑先靈，序次昭穆，春、秋祭享，薦舉蒸嘗，實子孫報本追遠之用心。且仲尼有言："事死如事生，事亡如事存，孝之至也。"又曰："祭如在。"是亦承先啟後之所攸賴，不得謂非禮也。有清乾隆十七年壬申，既建左臺公墓祠，繼纂《宗譜》，而宗祠規制未遑議訂，於節文少闕。越民國五年，重修祠宇，始有《條議》，固猶簡（漏）［陋］，要足遵循。茲就議定諸端，詮列如左，附之譜後，用期共守，並備他時議訂《祠規》之參考焉。衡川支裔絜華謹識。

一、各支始祖神位，咸得配享中座，其餘祖先，各依崇德報功，分祀傍龕，悉應按照派系、世次昭穆爲位，毋得有紊。

一、各支晉主祔祀，每一栗主應捐國幣三百元、雜費十二元八角，以供祭享蒸嘗之需。

一、每年標祀日期，定爲夏曆清明節後之第十日，風雨無改。輪值司年、支丁,應先期蒞祠,概不通啟。

一、每年標祀,與祭支丁應先由吳山寺義方公、葉夫人墓起,循鳳山、蓮塘祖墓,依次祭掃。

一、宗祠禮器、冊籍、文據、鎖鑰,於每年標祀日,由上首司年點交下首司年接管。凡輪值司年各支,應先蒞祠,簽名報到。

一、宗祠事務之興革、進止、預算,咸取決於各支。會議定每年標祀前一日午後二時為會期,由各支蒞祠支丁推舉本支代表一人,集議舉行。上首司年應將經理祠務向會報告,俾眾周知。如有商榷未決事項,得延會至祭墓後,賡續集議決定之。不僅祠務所繫,亦所以通感情、聯族誼也。

一、輪年承司祀典,各支編配如左,依支祖世次為序。

子年:臨溪、高橋、高塢、衡川、祊塘、東里。

丑年:澄塘、鑑潭、石橋、莘墟、唐模、吳家林、望圩、金山。

寅年:敉寧,忠孝城南,梅結,忠孝,北岸岸里附、吳里附,化生,前山。

卯年:沈村,玉堂長豐附、環田附,茚田,南圩,石壁。

辰年:澤富、大斐、眉山、璜源、石嶺寧清附。

巳年:翀山,渚口,柏墩,鎮北清流附、上充附。

午年:雙溪、冬青、吳邨、後邨、留浯長齡附、藥溪、潘邨、公川。

未年:篁南、長林、石人前。

申年:豐溪太湖附、朗源、嶺後、漢洞。

酉年:磻溪,商山霞溪附,向杲,堨田,莘田浦璜附、華邨附。

戌年:石潭、信山、瑞芝、龍池、墩上、梅莊。

亥年:橫岡、泰溪、梢雲、雲集、琊川。

——民國《左臺吳氏大宗譜》卷首《建祠篇》

第四節　墓祠規約

明弘治十五年三月歙縣呂氏存仁府修理墳祠警約

修理墳祠警約

古歙富山更衣亭左呂氏存仁府修理墳祠警示子孫議約

蓋聞天開地闢，山峙川流，皆有根源本末；人生在世，自由祖宗積德。父母生身，致於今日事業。先正有曰："人本乎祖，故孝者天道之常經，人世之大倫。"《孝經》云："生事之以禮，死葬之以禮、祭之以禮。"此三者可以備矣。是故我等追思先世祖，顯達邦家，名垂萬古。自唐大曆年間，由吾始祖司馬呂渭公承父浙東節度使延之公，於至德三年所建興唐寺隙，爲堂讀書，後遷禮部侍郎。至宋，侍御檢討使文仲公復修成之，令子侄讀書于斯，仍奏請改爲太平興國寺。按，本家相傳，有曰："造宅富山下，置田歙北庄。"捨建寺於水西。後引選侍郎兼樞密直給事中呂溱公同從兄從順公，復修太平十二寺院，每寺與田陸畝，基地、山地共三十畝，俱以入寺經業解納，遵依祖命，毋許子孫侵奪，更奏請太平興國等寺亦有免科。書、浴二院，戒壇之基，流傳相繼。慶曆間，歙州官蔡永禎申奏朝廷，封爲太平興國寺都土地呂公侍郎之神。經年久遠，子孫廣衆，分派另居。每遇值年拜掃之際，見墳祠崩塌，欲要修砌。奈子孫居住各庄，遠近不齊，今弘治十三年十二月初四日，縣主朱公重建公廳，差遣義民汪讓、程琦，價買本家後世祖寧康寺前御史中丞墓上槲木作楹棟，各來彼分其樗枝。是故我等言曰："汝等子孫，何存大道，因貪小利而來？有何面目覷祖宗墳祠乎？"衆皆曰："可以補之。"今特告給下帖，議立此《警諭戒約》，示仰宗下子孫，後來世代，務要遵依補益，僧寺興旺併修墳祠光耀。倘或本家子孫人衆，或同外人遊春，往來閑要，無拘城鄉等輩，不許索取小菜、醋、醬，止與閑人一同。或標掛之時，油、柴、鹽、醬俱係呂氏子孫辦，亦不經由寺僧。如有枝下子孫索飲酒食，及損害僧寺、左右土地墳祠前後木植併各樣等情，許令和尚稟知，本家宗長重責，照物估價，加倍追賠外，罰銀一兩，入奉祖祠公用，仍依此議約爲準。亦各分遠近子孫，但有修設大小善事，俱要請太平寺僧永暘、志寬等項下徒弟孫侄貢獻，不許僧人巧立刁蹬，亦不許別尋另寺僧人。今特議立此約一樣三紙，各書花字，各收一紙，遵依帖文，不許因而生事，不許無干之徒故來損害，指名呈告，即不虛謬，仰于後代子子孫孫，但依我等警言，庶不失夫祖宗之心。恐無記錄，立此議約，永遠爲照。

弘治十五年三月吉旦，二十三世孫上下都提督呂仲斌敬立

歙城族長　　呂以暹

歙北族長　　呂仲彪

同立議約侄吕廣福　吕本俊　吕本興　吕本祥　吕敏賢　吕存　吕蔭　吕彦齊　吕彦員　吕相　吕旺　吕榮　吕瑛　吕積護

——萬曆《新安吕氏宗譜》卷五《遺事表》

明萬曆歙縣巖寺汪氏十六族建墓祠約

建墓祠約　【汪】道昆

吾先世得吉兆三：始祖龍驤公兆邵石，司馬祖兆登源，王祖兆雲嵐。概以堪輿家言，邵石則神皋也。漢、唐而下，累朝繫之官地而不徵，迄今登源祔廟有祠，雲嵐敕建有祠。獨邵石荒蕪，近始經丈標祀，其右故有庵堂一所，其地則吾宗及淳安宗主之。道昆既從諸宗辯塋域，勒豐碑，請之有司給帖典守。今議祠事，始祖以王祖配之，就庵爲祠，計工費五百緡足矣。蓋踞磐石、控下流，歙邑本之，始新非宜吾宗之鼻祖也。本支無慮萬億，倅難合併成功。今就吾近屬之稍優者，戮力成之，各輸錢五萬。淳安支出大畈，雖曰異地，亦願一體受工，其餘則一時諸縉紳足之。其出入經營，則倚辦各宗舉首，此殆萬姓希有事也。謹書之首簡而布告之。

——萬曆《汪氏十六族近屬家譜》卷十《典籍》

清乾隆四十八年八月婺源縣雙杉王氏宗族始祖墓祠條例

癸卯新置始祖墓祠條例開左

一、議墓祠正堂供奉始祖神位，閑時封鎖。每逢朔、望及大節日，住守者先期一日至城祠內領鑰，裝點香、燈，務俟焰熄，以防火燭。仍行復鎖，即將原鑰繳城，不得延誤。

一、議住歇墓祠，若召本族子孫，恐啟爭端。公選外姓異村誠實之人居住，標掛日，掃墓供茶。祠置田皮五畝，付其耕種食用，以酬支值香燈、看掃墓所辛力。

一、議本族子孫，不得恃強借住需擾，併不許堆積物件。

一、議紳衿各整衣冠，詣墓祠及墓所致祭者，每人給胙一斤、麵籌一枝，無衣冠者，不給。

乾隆四十八年仲秋月，族長暨理祠同立。

——光緒《雙杉王氏宗譜》卷一《墓祠條例》

清乾隆歙縣徐潭徐氏墓祠規約

墓祠條約

一、立公匣。匣內置大、小簿二本，大者爲《正簿》，紀大綱；小者爲《副簿》，紀細目。另置一《草簿》，以暫記零星事件。

一、議祀首。祀首之族，經管祠事。凡路遠之族，不便管祠者，不必派其爲祀首。今公議六載一輪，歙皇呈族一年、傅溪族一年、朱方族一年、韶鏗族一年，休資口族、徐山族合二年，派定年例，週而復始。祀首、司年每族以四人爲規。以乙丑二月祭期後，起作丙寅，祀首公推，徐山族特舉二人襄理，緣資口族丁稀，襄之所以重祖事。

丙寅，皇呈族。丁卯，傅溪族。戊辰，資口族。

己巳，朱方族。庚午，韶鏗族。辛未，徐山族。

一、舉司匣。此任干係甚重，須於祀首四人之中，不論長幼，擇一品行端方、鄉黨望重者掌之，方不負此重任。

一、每族公進一主，公立一户。其非老派而人丁又稀之族，若概進一主，則不能遍及，應俟其繁衍之日再進。今只立户，至從未到祠與祭之族，則無代爲進主立户之理。

一、各族公進一主、公立一户之外，有願進主者，照例輸九五色銀六兩；願立户者，輸九五色銀三兩。凡進主之家，須先將銀交公匣生息，次年頒胙，其立户者同。

一、各族有慷慨支丁，願輸祀產銀五十兩以上者，公爲其先人進主一名，以示獎勵。

一、發達出仕及家業驟隆者，皆沐先人之蔭，不可忘本，當多寡輸資入祠，以增祀產。祠中應公爲之立一户，以獎勵之。

一、功勞胙，所以鼓勵後人之盡力於祖事者，新安大族多有之，宜倣之而行。

一、祠前豎旗，實於先人有光。凡文武科甲及恩、拔、副、歲、貢士，內有力不足者，應俟祀產豐裕之日，公給石座銀四兩，令其自備杆旗，庶無遲難。

一、新文武科甲、恩、拔、副、歲、貢士及他途出仕者，初到祠與祭，禮畢之後，即以祀祖之菓、酒公敬之，以彰顯榮，且省舉賀。

一、神主，製有一定式樣，存於祠櫥。凡進主之家，須先到祠，比定尺寸。其題主資格，亦須照先進之主抄寫無訛，然後製主，勿參差不齊，有失大體。倘不如式，必令其另製，然後許進其主，樣不得携歸，使他族之同日進主者無從摹仿。如違，罰祀首。

一、進主登座，必叙世數。其長輩進在後者，幼輩當移讓，庶不失大族之體，且免各家先人坐位不安。

一、墓祠乃禮法之所在，凡到祠與祭者，皆當恪恭嚴肅，毋得放誕喧囂，以干不敬之咎。違者，公叱。

一、"獎善""懲惡"之條，自在各族家祠，此地鞭長不及。惟大逆、不孝、極惡、下流者，毋許來墓祠與祭，其責在伊族之同來者。

一、非其後者，祖宗不享。凡異姓承祀之子孫，概不得入祠亂宗。如敢混進，察出嚴逐，並罰其同來之人。

一、墓祠，須勤照料，而皇呈、傅溪、朱方三族扼於路遥，往返惟艱。惟徐山諸族多附舟往郡者，一登岸不難，煩於五月半省墓一次。又韶鏗族每數日有往烟村、王村者，其到祠甚便，煩於十一月半省墓一次。至八月，則去前後二祭皆半年，應設一祀事，議支公資一兩為辦祀盤纏之費，公推資口、徐山兩族四人，韶鏗族二人，皇呈之夏川族二人，以十六日為期，集祠修祀飲福而後別。蓋四時無不往，庶可無虞，諸族咸賴。

一、公資一兩，以六錢辦祀，其四錢分作盤纏，資口、徐山兩族二錢，韶鏗族一錢二分，夏川族八分。其銀，二月祭日，祀首封交四族公領。八月十六日，四族同到祠，面拆公用，風雨無阻。

一、祀田稅畝，係皇呈、傅溪、朱方三族經手分置。倘有攔板及稅業不清等情，俱三族經手者清理，與本祠諸族無涉。

一、皇呈、傅溪、朱方三族所買祀田，必逐宗三分其稅，以互相箝制。日後，或有不肖者，亦不能盗賣。如皇呈買某字號田地，稅一畝，此一畝之稅，須撥出三分三厘與傅溪，並撥出三分三厘與朱方。在皇呈，自存稅三分四厘，以免零星絲毫，不便細分。其傅溪、朱方二族所買稅畝，撥分與皇呈族亦同。

一、皇呈、傅溪、朱方三族每秋所收祀租，俱於二月初頭各照時價，將租穀發糶，除去納糧雜用及收曬人工使費之外，其實存銀兩，的於初八日，皇呈、朱方二族經手者親送至傅溪，將三族銀兩聚齊。現成初十日，祀首之族親至傅溪，須審其人的實，然後交領。如有一族延遲，以致耽阻誤公，計日議罰。

一、三族每年收租穀若干、納糧及雜用若干、糶穀時價若干，其帳目於墓祭之日各交祠，憑大衆較明登簿。

一、進主、立戶之銀，先照會諸族交清，祀首收入公匣，其主然後登座，其戶然後登簿。其銀封交皇呈、傅溪、朱方三族，寫立收領，置買祀田。倘本年因循未買，而次年交祠非原銀者，責令加二起息無辭。

一、每年收皇呈、傅溪、朱方三族祀田租穀之銀兩，除辦祭支用外，有餘存之銀，亦封交三族收領，零置祀田。

一、墓祠基地原契及皇呈、傅溪、朱方所買祀田各契，暫存於三族，俟丙寅下年編審後，即歸公匣。每年逐紙查點，然後上、下祀首交割。

一、墓祠山環水繞，前有三臺，右有文筆，峰巒叠秀。居此讀書，最易發達。且左有小齋下堂，有中座，有兩廂房，從右旁門出入，人跡罕到。若結伴三、四人靜養相資，學問必不難日進，兼可每日供香，祠宇亦賴保固，惟舟行而路近之族更便。凡我諸族，跂予望之。

——乾隆《新安徐氏墓祠規‧墓祠條約》

清乾隆歙縣徐潭徐氏墓祠祀首事宜

祀首事宜

一、祭期以二月十五日爲規，祀首之族司匣者，先期議出幹辦者三人，於十三日到祠，預備祀事。十五日，舉祭。十六日，蚤起，將公用帳目併祠中器具，交清與次年祀首，方可離祠，毋得於十五日早來夜歸，以致祠事草率。其次年祀首之族，須先議定司匣者一人、幹辦者一人，祭後宿祠，以便次日寫立收領，交割清楚。倘是日查出祠中有所失，即責令上年祀首之族賠償，方可收匣。如下年祀首狥情，則代爲賠償無辭。

一、祀首四人，十三日到祠，必須先省墓域，稍有傾頹，即行堆補；次察祠宇，稍有滲漏，即行修理；次點器具，一有缺少，即行稽查。此三事實屬切要，不可忽忘。倘祠中有損壞，應大修者，祭日照會諸族，共議鳩工。

一、祀首四人，十五日以一人記名，一人發胙籌、麵籌，二人安排祭事。

禮畢之後，如頒實胙，則以一人監屠戶割猪，一人管換先散之麵籌，二人徹祭布席，以便早於飲福。及散席之後，以一人收胙籌，一人發祭肉，一人發祭餅，一人照料雜事。

一、祭事必須早備，以便諸族到齊即行舉祭。以上午爲期，遲到者概不候。倘舉祭太遲，以致路遠之族不能待飲福而去者，責在祀首。

一、輸資自進之主，每名頒胙一股。其子孫不到祠舉祭者，是年不頒。如非的子孫而頂名來冒支，除罰胙外，仍半罰其同來而不舉者。

一、未進主、未立户，而願來拜祖者，來去各發麵籌二根，到祠即用麵，先繳一籌，祭後將一籌換去。本地酒籌四根，聽於麵店用麵。凡乘輿而來者，其轎夫每名亦發麵籌二根。

一、頒胙發胙籌，給麵發麵籌。凡到祠者，須先向祀首登名於《草簿》。祀首必須斟酌詢實，然後或專發麵籌，或胙籌、麵籌並發。其人應飲福，或因他事而祭畢即去者，亦給以酒籌四根，代一麵籌。另留未進主、未立户而遲去者飲福。又議麵先一籌，後折錢十一文。

一、頒胙，每股平秤猪肉二觔、準秤祭餅一觔，概留祠飲福。其祀首之族，外頒胙一股，以微獎其勞。

一、或頒實胙，則未祭之先，須預約屠户守候。及祭禮一畢，即速分割胙肉，以便路遠之族散席早行。

一、飲福人衆，不能合諸族之長幼通行序齒，應聽各族分席而坐，以便看畢之後，不論遲早散席，路遠者可以先行。但各席之中，亦有錯雜，同坐而不相識者，坐定之時，即須詢明世數，彼此換坐，方爲得體。恐有忽忘，在祀首之族各席一提醒。飲福，每人料半酒一壺，其酒價六釐。

一、墓祠基址，原澤富洪震寰翁昆玉之業，蒙常價便讓，從前經始草創，造墓建祠，咸賴照拂。諸族往來留宿，款洽叨情甚厚，公議每年送羊胙四分之一、祭餅十雙，以表不忘，應垂爲例。

一、樂人，給銀三錢六分、麵十二碗、祭餅六雙，凡六人。屠户宰羊，工銀四分八釐，宰猪銀　分，割猪胙工銀　分。

一、守祠之家，每逢祭期，給準秤猪肉一觔、祭餅二雙，酒資酬勞。今增爲伍錢，後門外地種菜，不徵其租。酬勞銀，春祭給三錢，秋祀給二錢。

一、祀首之族，每年須備柴二擔，存於厨房，以便次年祀首到祠之日不倉猝無措，永以爲例。此雖細事，却不可忽忘。

一、祀首四人，十六日臨行，必先將大小鐵鍋洗淨去水，以免銹爛。凡各項器具，須與次年祀首一同安頓妥當，歸於原處。其堂中粉板及墓前聯板，必仍歸房內。至燭臺六對，須各刮去臘油，以免鼠嚙。更鎖龕、鎖房，各門盡栓，然後可去。

一、匣內公簿，第一輪六年祀首，須各立一抄本。至下輪爲祀首，又將前五年公簿內所登之事接續抄入，永以爲規，庶各族展閲者皆知祠中每年之事，且互有稽考，不生私改之弊。

一、祀首到祠之食用，雖不必太省，亦不可過費，約二兩爲則。其帶來僕從，每日微給工資，亦在此數內。至上年祀首收支，須聽下年祀首查駁。倘有弊竇，又不輸服，則於次年祭期陳衆公議。及六年輪滿，須通加一番較對，便知歷年祀首之優絀。

一、祀首及司匣收領，刊有印板，刷釘現成，每年挨次填寫，以昭畫一，且無偶遺之患。

——乾隆《新安徐氏墓祠規·祀首事宜》

清道光六年歙縣吳清山汪氏忠烈墓祠修祠公啓

清道光六年重修祖祠公啓 開工竣工日期附

吳清山墓祠，乃我汪姓三十三世祖子明公、三十六世祖君奉公之墓廟也，在歙一都二畾吳山鋪地方，以王祖崇勳蒙累朝特典免徵，建廟祀三祖神像。我子孫崇奉墓祭廟祀者，每歲無異於雲嵐山。廟建先朝，歷年已久，蟲蝕霉爛，漸就傾頽。今歲淫雨爲災，大門、門亭俱已塌倒。通衢大道，見者傷心。矧屬支丁，情何能已？夫人本乎祖，無異水之有源，承累朝以尊崇王祖之心，追崇三祖，子姓亦宜仰體王祖崇祀之意，崇祀吳清山祖廟。凡我三祖所衍各支裔，務期踴躍從事，合力輸資。萃衆志以成城，奉千秋之祀典，行見後裔之烝嘗克守，先人之靈爽永安，俱賢同宗之力也。發起鳩工，亟不容緩。所有各族認捐數目，請送府城小北街機巷口對面公局收存。竣工之日，勒刻芳名，永垂不朽。謹啓。

吳清山祖祠發起興修人公具。

詳選吉期

一、選道光六年二月十四日寅時，興工；二月十九日卯時，下石墻脚；三月十九日辰時,上石門巖;三月十九日申時,拆毀舊料;四月十三日未時,平水定磉;四月念五日寅時,豎柱;四月念五日申時,上梁。

一、選道光七年九月初七日迎龍和土;九月初八日,工竣致祭;九月初九日,各主登位配享;九月初十日夜,設蓮臺誦經。

——[民國]汪慰辑:《重建吳清山汪氏墓祠徵信録》卷一《清道光六年重修祖祠公啟開工竣工日期附》

清道光七年八月歙縣重修吳清山汪氏忠烈祖祠禁示碑

道光七年重修祖祠禁碑

特授江南徽州府歙縣正堂、加十級、紀録十次勞,爲籲叩示禁,以杜殘害、永保墳祠事。據原任山東金鄉縣知縣汪廷楷、池州府教授汪熙、原任廬州府教授汪忠均、原任江蘇上元縣教諭汪燡,舉人汪潭、汪豫,貢生汪天鳳、廩生汪澍、汪光瀫,生員汪銑、汪鴻祚倡捐,監生汪之遴,職員汪文壽,支丁汪章秀、汪世垣等抱呈,汪陞詞稱:緣職等三十三世、遷新安始祖漢新都侯澈公暨三十六世祖、晋黟縣令道獻公安,葬歙東吳清山,墳前建立祠宇,世奉免徵。奈年久失修,將次傾圮,職等不忍坐視,邀集族衆,從事修造,現已工竣。誠恐附近居民罔思人各有祖,或恣意縱放猪、牛殘害,以及堆積穢污,蔭木之上懸掛稻草、柴薪,祠前靠河欄杆石柱,簿户人等任意吊簾。種種作踐,均未可料。非沐示禁,後患何堪?職等不得不瀝情禀懇。爲此,籲叩恩准示禁,以杜殘害,墳祠永保,閤族存歿均感於無既矣,戴德上禀等情。據此,除批示外,合行給示嚴禁。爲此,示仰該區捕保及附近居民、簿户人等知悉,自示之後,如有棍徒在該處免徵界内縱放猪、羊、牛隻,蔭木之上懸掛稻草、柴薪,祠前欄杆等處並墳墓左右堆積穢污各物,故意殘害,許捕保、支丁人等指名赴縣呈禀,以憑拏究。倘該捕保狥情縱容,一經發覺,定提倍處,斷不姑寬,各宜凛遵毋違。特示。

道光七年八月　日示
仰勒石祠首。

附考

汪廷楷,歙城東追遠族;汪熙,歙南烟村族;汪忠均,休城西門族;汪燡,歙城東追遠族;汪潭,黟北宏村族;汪豫,祁門鶴山下族;汪天鳳,績溪尚田族;汪澍,黟北宏村族;汪光懲,黟北宏村族;汪銑,婺源大畈族;汪鴻胙,祁門赤山族;汪之遴,歙東師潭雙溪族;汪文鬵,歙東蓮川族;汪章秀,歙東黃村族;汪世垣,歙西北隅族。

——[民國]汪慰輯:《重建吳清山汪氏墓祠徵信錄》
卷一《道光七年重修祠禁碑》

清道光十九年十一月歙縣重修吳清山汪氏忠烈墓祠墓道請列銜名公呈縣署立碑示禁啟暨道光十九年十一月歙縣正堂禁示碑附禁碑文

清道光十九年重修墓道請列銜名公呈縣署立碑示禁啟

敬啟者。邑東吳清山,迺我汪姓三十三世祖漢吳新都侯子明公暨夫人方氏、三十六世祖晋黟縣令君奉公暨夫人胡氏之墓也。以王祖崇勳蒙累朝特典免徵建祠,中祀三祖神像,我子姓崇奉墓祭祠祀者,無異雲嵐山。顧墓自晋迄今,千有餘年,頹塌傾圮,亟待修理。今烟村族盛如宗台經歷墓所,動水源木本之思,獨力捐輸,構石砌造三層拜臺,週圍石城保墓,俾日後無塌瀉之虞。擇於本年十一月初三日興工,誠恐該處無知之徒,或於修造時從中攪擾運料,或落成後縱畜侵損墳塋,擬請禁碑勒石,防患未然。特此恭請貴族開列芳名、職銜,以便請求官廳給示永禁。謹啟。

——[民國]汪慰輯:《重建吳清山汪氏墓祠徵信錄》卷一
《清道光十九年重修墓道請列銜名公呈縣署立碑示禁啟》

道光十九年重修祖墓禁碑

特授江南徽州府歙縣正堂、加十級、紀錄十次劉爲環請示禁,以弭釁端、永保塋祠事。據翰林院修撰汪鳴相、翰林院編修汪元方、興化縣教諭汪燡、即用知縣汪湛恩,職舉汪立權、汪桂,舉人汪光謙、汪春,廩貢生汪林、副貢生汪維城,生員汪芸、汪元、汪開湉、汪紹祖、汪忠淳、汪榮、汪維藩,職員汪文鬵、汪徽和,支丁汪日金倡捐,監生汪之遴抱呈,汪發詞稱:職等三十三世祖漢新都侯潵公暨三十六世祖晋黟縣令道獻公墓,在一都二啚吳清山,地字十五號,計稅九分七厘九毫。後以世祖唐封越國公崇勳,蒙累朝特典免徵,建祠墓，前中祀三祖神像，萬裔恪奉烝嘗勿替。顧墓自晉迄今，千有餘歲，霉雨淋漬，傾圮塌瀉，僅存尺餘之地，行路罔不心傷，子姓更深目怵。今職等鳩工興修，構石運料，誠恐該處附近之徒，或攪擾中途，或竊發清夜，或日後樵蘇縱其斧斤、畜牧任夫踐踏，或奸強貪吉，或盜占陰謀，或遊客逗留、潛踪止宿，種種釁端，不一而足。與其匡救於已災，孰若綢繆於未雨。爲此，請示嚴禁，庶頑民斂踪、宵小潛踪，並懇嚴飭捕保時加巡察，俾樵蘇毋刈祀蔭、畜牧不致戕塋，豪强無覬覦之心，祠宇得肅清之奉等情。據此，合行示禁。爲此，示仰該區捕保及附近村民人等知悉：自示之後，爾等毋得在於該處滋擾竊害，覬覦盜佔。倘敢故違，許即指名，禀縣提究。該捕保等如敢徇隱，併處不貸，各宜凛遵毋違。特示。

道光十九年十一月　日示

仰勒石墓前。

附考

汪鳴相，彭澤縣黃花畈族；汪元方，餘杭縣洪琴族；汪燡，歙城東追遠族；汪湛恩，歙西大里族；汪立權，歙東潭川族；汪桂，歙西堨田族；汪光謙，歙西鄣岐族；汪春，歙西稠墅族；汪林，歙東豐族；汪維城，歙南漁梁族；汪芸，歙北富溪族；汪元，郡城西門族；汪開湺，歙北湧塘族；汪紹祖，歙南烟村族；汪忠淳，歙南烟村族；汪榮，歙東考坑族；汪維藩，郡城鍾樓族；汪文壽，歙東蓮川族；汪徽和，歙縣學前族；汪日金，歙東雙溪師潭族；汪之遴，歙東雙溪師潭族。

——[民國]汪慰輯：《重建吳清山汪氏墓祠徵信錄》卷一《道光十九年重修祖墓禁碑》

清道光二十一年十一月歙縣吳清山汪氏忠烈祠墓禁碑

特調江南徽州府歙縣正堂、加五級、紀錄三次、記大功一次馬爲再行嚴禁事。案據興化縣教諭汪燡、候選教諭汪湛恩，職舉汪立權、汪桂，舉人汪光謙、汪春、汪仁溥，生員汪林、汪元、汪芸、汪樹森、汪榮、汪熾、汪維藩、汪溶、汪上達、汪標、汪樹侯，職員汪開源、汪徽和、汪長琳，監生汪本善，童生汪杏生、汪恒鑑、汪徽秀、汪維桐，耆民汪德森、汪天溥、汪日金、汪有鏵、汪朝棟抱呈，汪陛稟稱：職等遷新安始祖漢新都侯溢公、晉黟縣令道獻公墳墓，在吳山鋪村後，以世祖越國公崇勳，墓前立祠，蒙累朝免徵，墓養松楸，自晉迄今，烝嘗勿替。本月二十二日，職等致祭，駭見墓頂古木遭匪戕剡三株，並牛隻踏踐不堪，職等心傷，當鳴捕保驗實。竊思職等祠墓，前歲重修，公籲劉憲，示禁在案。今歲二月，被匪肆竊屏門等物，叩沐鈞批比緝。詎捕玩視，茲又戕剡古木，皆由捕縱所致。非沐究辦，將來祖墓蔭樹勢必盜砍無已。爲此，抄示迫叩恩賞，提比勒緝，並加示嚴禁等情。據此，除飭差查緝外，合再給示嚴禁。爲此，示仰該區捕保及附近居民人等知悉：自示之後，如有不法之徒在於免徵業內戕伐蔭木，竊砍柴薪，縱放牛隻踐踏墳塋，以及肆竊祠內物件，許即指名稟縣，以憑嚴拿究懲。如該捕保等徇庇，一併究處不貸，各宜凛遵毋違。特示。

道光二十一年十一月　日示

仰勒石祠前。

——［民國］汪慰輯：《重建吳清山汪氏墓祠徵信錄》卷一《道光二十一年重立禁碑》

清道光二十二年七月婺源縣湖山汪氏宗族議建墓祠啓附條議

議建墓祠啓

蓋聞斯干築室，嗣續追妣祖之尊；假廟薦馨，精神得憑依之宅。況尋源溯本，已興盛舉於前人；而收族敬宗，尤賴同心於後嗣。惟我始遷婺祖唐兵馬使、平陽王、累封威忠顯德仁聖英烈王諱道安公配吳夫人之墓在湖山也，業歷千年，福延萬派。樹碑護蔭，叠詳保祖之編；奉宝建祠，宜勵承先之志。且昔年武溪邱隴，久瞻燕寢巍巍；而近日湖坦松楸，竟致牛山濯濯。理難任其偏廢，事有待夫彌縫。迓慈靈而陟降，冀欽來饗於堂基；合子姓以趨蹌，用戒不虞於風雨。茲者協謀卜吉，恰欣爽塏之可因，將來改作維新，竚見奐倫之增美。蓋祠與墓依，倓愸倍徵其如在；而墓賴祠守，覬覦永杜於未萌。則是百堵皆興，非詡鳥翬式廓，且使一抔無恙，長留馬鬣封高。於戲！神魄胥安，聲靈倍著。山川叶應，清淑彌鍾。經營只竭於一時，庇蔭實垂於百世。此誠我輩當爲必爲之責，亦慰前賢欲盡未盡之心者也。故雖費用浩繁，恃衆擎而易舉。但必贊襄踴躍，早集腋以成裘。孝思不匱，固素仰於諸公；始事方殷，更有資乎群策。謹啓。

道光壬寅秋七月具。

附啟條議

一、現買湖山下村江姓屋業，改建墓祠，正、雜共須三百五十金；修理及辦祭器，置田招住，諸費稱是，又加公局支度等等，共須七、八百金。散捐一時難就，玆議擇於在婺諸閥閱大派帶啟，親詣勸輸，集有成數，便將正務次第妥辦。其散派陸續來者，歸祠添補未備，再有贏餘，撥入武溪道安公墓祠，以爲廣拓舊址之需。

一、墓祠經費浩繁，凡屬支下，各宜踴躍捐輸，共襄盛舉。將來擬叙工程捐數，刻釘一本，散給各派，俾與《公案續編》並示來玆，以昭不朽。倘有近居本邑者袖手閒觀，毫無捐繳，祠落成時，公議其過。

一、各派捐項，務須查悉來歷，的係道安公支裔，方可收貲。如有冒混，立將原項擲還，帶領之人，仍從重罰。

一、我族自遷婺至今，千有餘歲，子孫繁衍，分派散居。祖墓僻在山陬，猶得巍然無恙者，固由大德英靈自堪不朽。然而發祥吉地易啟覬覦，康熙、乾隆年間，叠次公案，先輩實費心力，保祖之功，宜有以報。今既建立墓祠，當考《公案續編》所載出力芳名，立宔附饗，庶使後嗣得以觀感，而益興孝思焉。

一、《續編》內原有"日後興建墓祠，能輸重貲者，從優祔宔"之議，今擬凡輸二十四金以上者，准以近祖一宔入祠，與前賢一例祔饗，倍者類推其宔。俟祠成時，公擬尺寸，各自依式辦送入祠。

一、現在所輸，有未滿二十四金，而將來願祔宔者，准其隨時補足補送。若近派觀望不前，遠派通知不應，祠成日久，始欲祔宔而輸貲者，當照二十四金之數，令倍之。

一、各派鄉賢及科第先達，其子孫有欲以其宔祔享者，須另入銀肆兩，不在捐輸之例。

一、續編內議載：乾隆年間，置清明祀田時，已捐而未滿銀五兩者，日後准其補足，以成祭戶一股。其時未捐者，日後補銀拾兩，亦准入爲祭戶一股。今悉遵行。

一、司理之人，仍照《保祖續編》原領袖中附近之派，各舉誠實者，在公局辦事。

一、各派繳捐，務須親至公局面兌，領票執據，並不遣人帶票挨收，以杜招搖等弊。

一、公局，壬寅年，設在大阪，以免多費；癸卯年，設在湖山，以便照管興工。

一、各派繳捐，各帶盤費，公局只一宿兩餐。

一、帳籍出入各項，司理專總其成。倘有錯誤，責在經手賠認。至於故意虛開乾沒，公罰示懲。

一、清明，祭户原各有《保祖續編》，當頭之年，來者帶爲符信，以杜假冒。近或因此編失落，致不能來。今值振興推廣敬宗收族之義，有能踴躍捐貲者，准其報明，補給一編，仍須鄰近有祭户之派，向與司事識認，衿耆具保，以昭慎重。如有原本並未失落，而託此重領者，察出，除追繳外，將本派祭户扣除。其實係失落，而領補編後尋獲原本，准即將原本繳衆聲明，免其議罰。至防非族冒濫，其事責成具保衿耆。如有忍徇蒙混，察出，聞公，責在不貸。諒衿耆中必無不自愛若此者。

一、補給《續編》，當刻一戳，聲明標異，於所給之本尾頁注字號處一押。又於坐本分年當頭本户名下一押，以便日後核對。其輪值當頭之年，到祠一體支應，與給餅胙。

——道光《汪氏湖山墓祠紀·議建墓祠啟》

清道光婺源縣湖山汪氏宗族墓祠各條規後序

後序

辛丑之五月，湖坦祖妣吳夫人墓松蔭被盜，敝派往論，盜砍人理虧受罰。七月，會各派奠墓，假館於湖山之佛寺。時官坑宗人恩政來與祭，言伊家昔存衆項柒拾叁兩叁錢，欲繳還衆，而衆無任受者，遂僉議有創建墓祠之舉。時恩政父松泰分刺階州，咸勸首輸焉。恩政諾歸，次年，松泰書來首輸清俸百兩，仍將前項議留貳拾兩，永存官坑納都虞户，則餘伍拾叁兩零分，繳城、阪兩處，即以建祠之事屬敝派焉。敝派乃聚而謀曰："祖宗之事，分所當爲。"況湖坦祖墓，我先人世肯保守，其傳之故老者無論矣。如舊編所載，有明如元錫公、星公，本朝如雲驤公、鋼公等，皆盡心竭力，首任勤勞。今日之舉，安敢不肩其事？雖然任事吾分也，貲將安出？稽之《清明會籍》，所收租顆，僅敷祭費，且經武口兩次起舉，支費浩繁，至今難彌其缺，復安問其餘？於是，敝派之有心保祖者勉焉,思盡其分,或輸貲焉,或輸田焉,而又限於力不從心爲歉耳!乃集各派宗人合議,幸皆欣然同志。輸貲者四邑,落成者三年,其間制度之得宜、禮義之美備、規模之宏遠,皆藉諸宗人之碩畫,而敝派僅僅司出入、效奔走及宗人之往來,以爲東道主而已。

噫!分之未盡,而諸宗人屢推美之,益滋敝派之愧云。

大阪裔孫作民謹誌。

——道光《汪氏湖山墓祠紀·後序》

清道光婺源縣湖山汪氏宗族墓祠善後條規

公議善後條規

一、經理仍照續編成例,歸阪、城兩派分司,所置租田,各就近擇辦,以便管業經收,使有專責。

一、歲修田租業稅,阪、城各立德基户交糧,以便管業。其歸户各存本處公匣,另立二副,互相存底。

一、阪、城德基户內所收租息,專備武溪、湖山兩處墓祠歲修,另簿登記,不得併入祭會。

一、《保祖續編》內載:武口、湖山祭户,營運有餘,當即各立墓祠,奉安神主。今湖山墓祠係經衆派輸建,祭會租內並未(拔)[撥]出銀兩,所有戴塢碧潭公、大溪逵公、汊口敦睦堂、德興上洛源遠祠新入祭會四户,其銀悉歸建祠正用,亦屬以公濟公。日後三户輪值當頭之年,到祠會內一體支應,給與餅胙無異。

一、每年,各派祭户詣墓標掛時,當共查點四至界碑及一切禁碑,毋得忽略。

一、每年三月初十致祭,本有祭會照舊輪辦。本年祭户司事,邀同次年祭户司事,同往墓祠,以便確守《條規》遞年劃一。

一、祭會向無器具,今從建祠正項內代辦若干,另簿開列存祠,以便供祭。日後,或補或增,俱聽祭會自理,不得於歲修租項動支。

一、供祭事畢,本年祭户照簿親點器具,同下手面飭住守人經手歸房封鎖,鑰交下手收執。有所短缺,即於簿內本項下注明,限上手於本年內自行辦補，交下手歸入，並於簿內注"已補"字樣。如過限未補者，照所缺之物加倍罰補。

一、阪族歸祠管理，城族歸存著、世澤、澤雅管理。每年收支帳目，除阪族自會祠衆，照阪祠例結算；城族自會三派，照城祠例結算外，仍於三月初七日各帶原簿，至武溪墓祠，互相核對，阪抄城總，城抄阪總，各紀於本簿尾卷帶歸，俾得互知存餘，以弭弊端，以便增業。

一、墓祠有需修理處，經守住人通知司事，勘酌雇修。湖山由阪經理，武溪由城經理，其費於各歲修租項內動支。

一、日後，祠宇及湖坦祖墓設或修葺，有須鉅費，當集各派公議，不得照神主之數科派。

——道光《汪氏湖山墓祠紀·善後條規》

清道光婺源縣湖山汪氏宗族墓祠續議落成致祭條規

續議落成致祭條規

一、祔饗之主，初議各自辦送入祠，今悉公局代辦，不另取費。

一、恩、拔、副、歲、優、貢，在古爲明經科，與鄉、會科並重，先達中有由是科出身，亦准從輸銀四兩，例祔饗，捐貢不得與焉。

一、城中世澤、澤雅、存著三派，經理祭戶，營建得宜，建立武溪墓祠，不煩衆派輸貲，允與公案出力者，同爲保祖有功。公議三派准各入壹主祔饗，不在貳拾肆金之例，以示酬庸，以勉後進。

一、謹諏甲辰拾壹月初九日子時，奉中堂神主登座，黎明致祭。預於初八日恭備鼓樂、儀從，自妣墓迎主入祠。初九日，正祭後，再迎祔主入祠致祭登座。

一、落成致祭，凡輸貲及有主祔饗之派，皆先期專信關會，或由各附近大派轉相通知，令各推衿耆一、二位，來祠恭襄祀事。其夫馬及隨從人役，自給工食，或各己祠津貼，墓祠概不支銷。

一、祔饗之主，惟此次祭畢，每主發祠餅貳對，給其子孫來助祭者。以後，清明祔祭，不給餅胙。俟善後經費營運寬綽，再議舉行。

一、此次各派裔孫來者，不論有無執事，祭畢，各給祠餅壹對，以廣祖惠。嗣後，清明致祭，仍照舊例，按執事名數頒給，不得援引此例麋費。

——道光《汪氏湖山墓祠紀·續議條規》

清道光婺源縣湖山汪氏宗族墓祠住守條規

住守條規另用粉版開列懸掛祠廂

一、祠爲墓設,墓與祠近。能勤守墓,乃可住祠。今議每逢元旦、清明、端陽、中秋、冬至、歲除諸正節,着住守人虔備香、楮、燭、爆,詣墓展掃。四至界碑及示禁等碑,俱須點閱,風雨無阻。每年標掛前期,拔刈墳草,并剪除一路荊榛。

一、守祠之責尤重,謹慎火燭,凡供奉香燈及爐罋、烟龕、燈檠、灰炭等件,務宜隨事小心,毋得疏忽。

一、每日早晨,各神座前張香一枝,逢正節候及朔、望之晨,全樓掃拭埃塵,更換净水,毋得遺忘。

一、祠房除庀祭器者對鎖外,餘將四間交住守人歸管。每屆清明祭期前三日,住守人除留家眷睡房一間,餘悉掃拭潔净,舖板、棹、櫈一概安設整齊,并裱糊通屋檻窗,以待來者。

一、前、後堂,逐日俱宜掃拭潔净,安設整齊,毋積稻薪,毋牧牲畜,毋容游手聚談,毋容外客借寓。至賭博、酗飲及一切非分之事,胥干官法,尤當戒之。

一、墻宇稍經風雨損壞,隨時報明阪族司年,以便修葺,毋得因循,致使多費。

一、祠内器用,除封鎖房内者,餘件務須寶惜,毋得損傷,毋得徇情借外。

一、封鎖房内器具及碗盞等件,立簿開載《目録》,一樣兩本:一存大阪司事,一交住守人手收執。每年辦祭人來祠,點交出入,悉令住守人經手。如入房有缺,須令辦祭人於兩簿本件下註明,以便本年當頭自行辦補;如出房有缺,則惟看守人是問。

一、祠墻及照壁,不准塗畫污穢,不准粘貼字墨、對聯等件,毋得撞損斑剥。

一、本祠支派繁衍,入泮、登科、發甲、銓職,歲有其人,若自寫報單,於清明祭期來祠者,亦爲粘貼門斗;報房,祠内概不支待,概不給費。住守人毋得私收報單,毋得帶見司理。

一、支下裔孫，祭期來祠者，毋縱飲，毋博戲，毋歌彈，毋詼謔，毋託住守人寄物。卧室毋任隨從人梭織，厨房毋與内眷交談混坐，毋與兒童戲舞諧笑，以避瓜李，以效肅雝。

一、支下裔孫，平時過此者，住守人毋得留餐，毋得假宿。

一、近祠骨租四段，計額叁拾壹秤半，交住守人經收給簿，逐年分段登記，以便司理清查。每年清明，辦祭人來祠，亦須呈核。有短欠者，住守人須按時勤取，不准徇情讓額，不准先期搪租。

一、住守人所收之租，即以此爲津貼。展掃墳墓及本祠香燈之費，惟令住守人每年認供課錢壹千文足，於清明司理來祠繳交，毋得延欠。

以上《條規》，務須確守。倘有違犯，輕者逐出，重者呈究。

——道光《汪氏湖山墓祠紀·住守條規》

清同治九年二月歙縣吳清山汪氏忠烈祠墓禁碑

欽加同知銜署江南徽州府歙縣正堂、加十級、紀録十次曹，爲遵札再行加禁，以杜侵擾事。案奉府憲梅札開，奉臬憲王札開：據該府申報（揚）[楊]良玉榨坊，押令遷移取結，繪圖請銷，緣由到司。查此案既據該府飭委會同該縣勘明，押令楊良玉將榨坊物件遷盡，房屋交還原主，並其請遷之梨樹塘地方，亦不准開設取具。嗣後，斷不敢在汪姓免徵地界附近五里以内開設榨坊，切結等情。所辦尚屬妥協，自應准如銷案。除申報外，合行札飭。札到，立飭該縣遵札，再行出示加禁，以杜侵擾。應將奉到撫憲批示録報、查考毋違等因到府，轉行下縣。奉此，查此案前據六邑汪姓支丁、翰林院編修汪紳等控，奉督憲批：飭徽寧道，出示嚴禁，勒令遷徙，申道給示，永遠不准再赴雲嵐山等五處汪姓免徵祠墓五里以内一切侵擾，並奉撫憲批飭臬司，轉飭府委勘押遷移，一面由司出示，勒石永禁。又先後奉府憲梅札，奉分巡道憲李札，安徽臬憲王札、安徽撫部院英札開兩江督部堂馬札開，准户部咨江南司案呈。據翰林院編修汪明鑾等呈控府胥楊良玉在吳清山墓側創設油榨，震傷地脉，公籲俯准查照成案，行文江督安撫，轉飭地方官，再行加禁。旋經前縣遵札示禁，又奉府憲梅札奉撫憲英批示：楊良玉呈詞，種種支離，實屬有意刁混。仰徽州府限文到半月内，委勘押遷具報。抱告王元押發收審等因，即經前縣會同委員詣勘明確，押令遷移，並其請遷之梨樹塘地方，亦不准開設取具。嗣後，斷不敢在汪姓免徵地界五里以內開設榨坊，切結繪圖貼說，詳請府憲轉詳。奉批如詳，准銷在案。奉札前因，合再出示，勒石永禁。爲此，示仰該處附近軍民人等知悉，自示之後，毋許再在雲嵐山、靈山院、吳清山、烏聊山、崇福寺五處地方汪姓免徵祠墓基地附近五里以內一切侵占擾害，以妥神靈。倘有不法之徒敢恃強豪，不遵禁示，肆意抗違，許汪姓支丁及捕保人等隨時禀縣，以憑提案，照例究治，決不姑寬。各宜凜遵毋違。特示。

同治九年二月二十二日示

仰勒石吳清山忠烈祖祠。

——[民國]汪慰輯：《重建吳清山汪氏墓祠徵信錄》卷一
《清同治九年押令楊良玉遷移榨坊重立禁碑》

民國五年歙縣重建吳清山汪氏三祖墓祠募捐公啟

募捐公啟

謹啟者：我三十三世祖吳新都侯澈公暨夫人方氏、三十六世祖晉黟縣令道獻公暨夫人胡氏，合葬於歙治城東十里吳清山之原，詳載《族譜》，爲我汪氏發祥之祖墓也。厥後，我四十四世祖越國公建勳於唐，澤被生民，功施社稷，上顯祖父，下廕子孫。至天祐三年，始建廟於墓前，中奉三祖神像，各派支祖，亦以序而配享焉。廟貌巍峨，規模宏遠，累朝崇祀，世奉免徵，備載志乘。清季道光三年，霉雨浸漬，殿宇傾頹，師潭族提議修葺，各族懽躍捐輸，卜吉鳩工。越明年成，廟貌一新，規模仍舊。今則歷年既久，風霜剝蝕，殿宇無存。殘碑斷碣，仆置頹垣；馬溲牛溲，時遭污穢。神靈所在，褻瀆殊深。若不重新樹建，實無以昭祖德而展孝思。前經發起集議，各族一體贊成。茲各族代表到會，公同推舉總、副協襄經理及批捐辦事諸人，以一事權而專責任。惟是工程浩大，需款殷繁，非一腋可成裘，仗衆擎而易舉。伏望各族宗台踴躍捐輸，共成斯舉，則廟貌重新，追睎祖德，勒諸貞珉，永垂不朽。幸甚。

　　　　　　　　　　　　　　　富堨族允禮_{用和}
　　　　　　　　　　　　　　　綿潭族志清_{潤生}
丙辰年二月　日，發起人　　　　片川族宣晟_{耕漁}
　　　　　　　　　　　　　　　堨田租家炳_{煉之}
　　　　　　　　　　　　　　　雙溪族國頴_{覲輝}

定於三月念一日開會，局設郡城德源館。

——[民國]汪慰輯:《重建吳清山汪氏墓祠徵信錄》卷二《募捐公啟》

民國六年歙縣重建吳清山汪氏三祖墓祠籌款辦法

籌款辦法

一、各族普通捐,每丁繳洋一角。

一、各族特別捐,自一元起,或數元、數十元、數百元,多寡聽便。

一、進主牌一座,定洋四十元,外加烝嘗費四元。在丁巳年十二月以前繳款者,減收半費,烝嘗費免納,以示優先利益。自戊午年一月起,至辛酉秋節止,加納烝嘗費四元。逾期,仍照全數繳收。

一、原有舊主一百二十九座,悉依《通譜》,製牌配享。惟須照會入主後裔,每主繳烝嘗費四元,備秋祭頒胙之用。

一、大宗捐款收入,陸續提用,月終結算。如有贏餘,下月並無急需,應由會計員負責,交存殷實商店,按月徵收拆息,以資挹注。

一、募捐人員夫馬費,議由本人所募捐款內提扣一成應用。外縣路遠之處,則提扣二成,俾免賠累。

一、兩龕附祀主牌,現已列滿,實無空位加入。本年仍有殷實各族願報效鉅資,要求繼續進主者,在事同人,爲籌款起見,議將龕位添進主牌十座,查照雲嵐山《附祀辦法》,每座定洋百元,以此項收入之千元,爲置辦祀產之費。

一、議《徵信錄》印成後,由各族備價領書,定價若干,臨時再公同酌議。除刊費外,如有餘資,亦可添辦祀產。

——[民國]汪慰輯:《重建吳清山汪氏墓祠徵信錄》卷二《籌款辦法》

民國歙縣吳清山汪氏三祖墓祠善後條規

善後條規

一、祠內司年,仍循舊章,遴舉四鄉公正族人輪管。城廂各族處於監察地位,幫同襄理。設立《總簿》一冊,凡《章程》、契據以及每年收支款目,均詳細登載,存公匣內,交司年妥慎保存。

一、查雲嵐山墓祠,向有祠使,公家不給工貨。所有祠內田地,歸其租種，歲徵租息極微，故該祠使每年收獲甚豐，生計問題，綽有餘裕。本祠現無祀產，雇用祠使一名，僅賴清明節各族標祀酬給小洋一、二角，殊不足以維持生活。應請標祀各族酌量加增，俾該祠使稍有收入，得以兼營耕種度日，常川駐祠，供奉香火。一俟置有田產，即查照雲嵐山辦法，以垂久遠。

一、夏曆九月十三日秋祭，由司年督同祠使承辦，城廂各族，既有襄管責任，亦不得諉卸放棄。屆時，務須至祠，公同經理祭事，飲福受胙。至清明各族分期標祀，則專由祠使照料。

一、議司年交替，以秋祭日為期，承管司年，務須將收支賬目、剩餘銀兩暨本祠置辦什物，連同公匣，交接手司年點收。如交代不清，惟承管司年是問。倘徇情隱飾，即責成接手司年賠償。

一、現時司年，係在事集議諸同人權時推定輪管。其有未到之族，願以有事為榮，而人品端正者，亦得陸續加入。倘司年輪值承管因他故外出，不能兼顧者，准其在該族另舉一人代理，登簿易名，惟另舉之人不孚衆望者否認。

一、清明標祀，查照雲嵐山編定各族日期辦理。緣雲嵐山與吳清山相距僅五里許，同日祭掃，順道便利故也。

一、祠廟宜整齊嚴肅，不得容留外人居住，更不准堆積柴草，蓄養雞、豚，致令污穢狼藉。祠內什物，亦不許徇情私借。倘發現各種弊竇，一經察出，即將祠使量予懲處，或從嚴革退。

一、祠內遇有修葺，費用無論多寡，均於秋祭日會族議決估值，方許動工。司年者不得擅自興修，以杜弊混。

一、老主登座，其後裔已繳烝嘗費者，秋祭時，照《章程》頒胙。仍有未繳納者，則暫行停發，以示限制。

一、司年如懷私誤公，經族衆指摘，確有實據者，應斥令退出，一面公舉替人承管。

——［民國］汪慰輯：《重建吳清山汪氏墓祠徵信錄》卷二《善後條規》

第五節　祠堂、墓塋暨風水保護禁約

明景泰六年九月休寧縣乾灘吳氏宗族株木墩頭墳木合同

株木墩頭合同今廷璋收執

人本乎祖，物本乎天。祖墓蔭本，所當長養。凡在子孫，豈宜侵損？《大明律》內，明有條款，切睹本族苦株墩墳木約計數百，餘年向被竊害，致令枯朽顛仆，生歿不安。今來會衆商議，自後各門枝下子孫及家屬、工雇人等，毋得仍前取株爲由，用竿鉤打及拋石等項，許諸人拿獲，即於所犯之人名下追罰豬、羊，醮安墳墓。如違，執此經公懲治。在地拾取者，勿論。今衆面立文約三張，各門收執，永遠遵守爲照。

景泰六年九月重陽日，會衆議立文約人吳宗哲　族尊長文誠
　　　德輝　宗大　叔芳　叔宗　叔學　仲友　宗濟
　　　叔信　叔良　富清　世堅　叔道　叔莊　叔昌
　　　宗橄　宗正　宗威　積端　積宗　積賢　叔清
　　　叔美　周富　周寧　周相　安祥　吳萬　吳永
　　　吳初　吳昇　吳希道　貴龍　信龍

尚文約爲照
——嘉靖《新安休寧乾灘吳氏會通譜》卷十二《株木墩頭合同》

明成化二十三年正月祁門縣謝村謝永先等立保護祖墳合同文約

謝村謝永先、永寧、永和、永倫、永端等五大房共祖福慶公，葬在土名月子塋，即水口橋頭；婆福慶孺人，葬土名張岑下塋上。今有弟永寧兄弟及永倫兄弟二房，各將伊故父應祥、永祥公葬在福慶公墳前外邊。又永端兄弟存留空穴，在應祥墳環內外邊。又永寧兄弟存留一穴，在永端穴外，在來年聽自安葬無詞。今爲子孫繁衆，人心不一，侵葬不已。今憑族叔謝彥榮議立合同文約一樣五紙，各收一紙爲照。自議之後，公、婆二處墳及土名樓下曾祖添祿公墳共三處，墳前後左右，子子孫孫再不許侵葬。如有不遵此約，故違者，聽自遵約人賫此告理，追罰白銀貳拾兩公用，仍令改移。今恐無憑，立此合同文約爲照。

抄白，真合同在永和、永達文書匣內。
　　成化二十三年正月上七日　謝永先　謝永寧　永和　永倫　永端
　　　　　書約人　謝芸芳
　　　　　平議人　謝彥榮

福慶孺人墳，于嘉靖丙午年被永和子侄知道、知一等盜舉，後勸衆免詞，葬在水口橋頭，與德祥公共穴。

——散件文書，原件藏南開大學歷史學院卞利處

明正德十五年正月休寧縣乾灘吳氏宗族重立墩頭戒約

重立墩頭戒約今廷璋收執正德元年因風折毀大松株數根,氣運一厄,人財兩失,正德十四年,裔孫希玄令家人進才栽種松秧,率衆立約。

吾族衆思念墩頭祖墓,上有大株木九根,蒼古喬盛,自宋迄今五百餘年,蔭庇子孫六百餘丁森森然,感戴難忘。去冬,各出貲財,修整祖墓,培種松秧,此皆追遠敬宗之事。稟知各家子孫,今後切勿以打苦株爲由,折拆枝椏,殘毀松秧,致害祖墳存亡不安。凡爲父母、尊長,務要嚴訓子孫,毋得仍蹈前非。如有違者,即非吾祖宗之孫也,天地不容,神人共怒,斷無後程。若能改過自新,保養蔭木,則山川回春,木植更茂,秀氣禽集,中興可卜,不特子孫。凡異姓及伴僕人等,敢有仍前抛石打傷祖墳株木枝葉、放牛踐害蔭墓松木者,許族衆及看守人指實拿來,憑衆從重整治。其房東、家長宜加謹束,毋得縱容,坐視不便。爲此,具稟。

正德十五年孟春月吉旦,族長吳思深、復陽、希太、希溫、希玄、思禮、以信、玄應、以華等,會衆議立戒約。

(潘寧録,卞利校)

——嘉靖《新安休寧乾灘吳氏會通譜》卷十二《重立墩頭戒約》

清嘉靖三十九年六月祁門縣十西都謝村謝堂等立風水穴界合同文約

拾西都謝堂、謝天安共有承祖山壹備,坐落土名黄神塢,東田,西降,南大坑,北塢心,隨壟至大降。謝知化有承祖買受山壹備,坐落土名水竹塢口,東嶺,西坑,南大坑,北降,隨嶺直下至中坐觜田,東與叔謝堂兄天安山相連。今因謝堂、知化各買風水壹穴,俱連山界。謝堂與天安共壹穴在東邊,係黄神塢山界;謝知化壹穴在西邊,係水竹塢口山界,式家買穴相連,日後安葬,不無先後,恐致侵橫。今憑中埋石爲界,謝堂、天安穴法宜略近山□,知化穴法宜略過前□。其内穴或各立山向,聽從取便;其穴外大圈圍及大拜堂,須要共造相稱。若有喪柩之家,悉憑先葬,不得侵界。在後葬者,務要年月大利,不得私自犯害;其先葬者,亦不得懷私,故以年月不利爲辭,阻擋後葬之家。如違,甘罰白銀拾兩,入官公用,仍依此文爲始。今恐無憑,立此合同文約壹樣叁紙,各收壹紙,子孫永遠爲照。

　　　嘉靖卅九年六月十九日,立合同文約人　謝天安　押
　　　　　　　　　　　　　　　同立人　謝知化　押
　　　　　　　　　　　　　　　　　　　謝堂　押
　　　　　　　　　　　　中見代書人　謝尚德　押
　　　　　　——散件文書,原件藏南開大學歷史學院卞利處

明嘉靖休寧縣臧溪汪氏宗族富昨保墓規

富昨保墓規　　汪楚

人賴父母以有生,身也者,父母之遺體也。推而極之,父也者,又祖之遺體也。吾思吾身之所從以出,而欲孝吾之父母,則吾之父母獨不思其所從以出以孝其父母乎? 忘乎祖則忘乎父母矣。是以君子之於祖也,爲之墳墓以安葬之,爲之祭祀以時思之,皆不忘乎祖也。譬之植焉,祖其根也,爲之子孫者,當思培壅之,灌溉之,扶植而删鋤之,此其職也。奈何世降風漓,有昧焉而不能以自知,有知焉而不以告人。是以人但知父母之爲重,而不知祖宗之爲重,或將父母而葬於祖墳禁步之内,甚至亂尊卑之分,紊昭穆之倫,斬關絕脉,貼堘侵葬而不顧。凡此皆天理所不容,王法所不宥,於心所不安。其不知而妄爲,與知之而不以告人者,均有過也。然與其檢舉於已然之後,懲一戒百,孰若明言於未然之先,使人人皆知祖宗之當重、祖墳之不可侵之爲愈歟! 且人之葬其父母,將以求安耶? 危耶? 福耶? 禍耶? 如欲求安且福,則當求一吉地,不以天下儉其親可也。若夫侵祖之爲,則求福未得而禍已隨之,禍患相循,不可救矣。矧吾今日爲子孫而侵乎祖,則他日子孫之侵乎吾,吾啟之也,可不慎歟? 可不懼歟? 又有一種議論,不如是,貧不克葬,譬之男女居室,人之大倫,不娶無後,罪莫大焉。苟貧不能娶,亂倫則得妻,不亂倫則不得妻,然則必亂倫乎? 殊不知有生必有死,有死必有葬。自古迄今,無不死之人,亦無不葬之人。不必遠引,如今之名家鉅族,俱不侵祖,人死亦必葬。自今日觀之,是侵祖而省其費者獲安且福乎? 抑亦不侵祖而大有所費者獲安且福乎? 請試思之。又如以地理之説爲不足信,則不必泥於祖墳山地;如以爲可信,則一山頭無多地段,今年葬一穴,明年葬一穴,相繼於其後者,又不可勝言。縱有吉地,亦將并廢之矣。獨不觀諸地理之書乎? 書云:

"葬近祖墳,殃及兒孫。"使此言爲無見則可,使此言少有義理焉,則豈可不爲之寒心乎?楚目覩其非,心惟其義。前人不立規戒而後人侵之,後人侵之而不戒之,則後人之侵後人不言可知矣。用是以告諸衆,毋許仍前侵葬,庶使祖宗墳墓得以保全而禍患得以少減矣。僉以爲然,命楚書之於《團拜簿》首,永爲規戒。自後,敢有犯者,責令起舉,仍罰白銀三十兩與檢舉之人,寫立合同十張,各執一張爲證。此非楚之私意也,亦非楚之偏見也,皆義理之當然,法度之所在,出於諸衆之公議,楚特申明其義焉耳。戒之,勉之,毋貽後悔可也。

——嘉靖《新安汪氏重修八公譜》卷四《富昨保墓規》

清康熙八年歙縣篁墩程氏保墓公啟

篁墩程氏保墓公啟

東晉使持節新安太守、追封忠佑公程諱元譚後裔程正揆、程芳朝、程文彝、程衡、程惟祥、程汝璞、程可則、程先達、程式庠、程瀚、程瑒、程一璧、程光禋、程夢、程泰、程益、程封、程延誥、程明梓、程牲、程邦傳、程暹、程鵬翀、程霖、程起周、程度淵、程牧、程潜、程式琦、程光先、程安祥、程士玉、程桔、程今遇、程士良、程仲典、程徵、程兆永、程符台、程式、程翀、程士名、程一舉、程秀、程芳蕤、程用楫、程海若、程拱極、程章等公啟。竊聞崇韜拜汾陽之墓,見笑當時;墨客認和靖之孫,貽羞識者。然未有借冒祖以爲侵祖之階,假修墳以掩佔墳之跡。封豕薦食,井蛙自尊,如狡蠹程立賢、人麟者也。家始祖元譚公,晉大興中,爲新安太守,有惠政,受代請留,賜第篁墩。永昌初卒,賜葬歙西十里牌,墓前表雙石人,故土名"雙石前"。孕靈鍾秀,代有名賢。十三傳而出忠壯公,武功特著,歿而爲神,廟食祀典。又二十傳而出河南兩夫子,道統相承,著於傳序,從祀孔庭。即如新安世族、名宦、鄉賢,指不勝屈,皆源本於循良之遺澤。是茲一抔土,關係至重矣。明成化十八年,陪郭學士敏政公修《統宗譜》,會者四十四派,非我族類者,不得混入,蓋防微杜漸、至謹至嚴也。生等謹按,太守公墓傳四十一世,有宋端明殿少師祕公,按古跡,得雙石,護視四世。迄元大德丁酉,因兵燹而墓地侵於耕牧。得漢口裔孫太醫自得公,又訪雙石遺跡,得之芃芃麥苗之下,白諸府,以地稅一畝歸世宗廟户,見趙子昂所書《方虛谷碑記》。追明洪武庚申,地復他屬。又得婺源高安裔孫敬之公秩備鈔五百貫，贖復墓地一畝，稅仍歸世宗廟户納糧，新、舊僉業并歷年官附炳證。突今三月，狡蠹程立賢、人麟等，擅將先朝華表折毀，私立盞名"新坊"。派下長房長翰山、裔孫士奎等駭見奔告，各派會集，臨勘則見舊塚盡甃新石，雙石古跡、子昂書碑盡已滅毀，將原丙午向改爲乾巽向矣。又細踏祖墓禁步之內，則見新塚纍纍，幾無隙壤，皆爲荷池立賢、人麟家盗扦矣。夫墓地稅一畝，兩番贖復，俱爲禁地二百四十步耳。今禁步之內，盡扦新塚，試問立賢，家有何稅契爲憑，而横肆霸佔？罪之一也。太守一千三百餘年遺愛在民，立賢、人麟輒敢盗侵名宦之墓，罪之二也。太守爲生等之祖，四十四派，譜乘昭然，並無荷池一派，乃敢冒祖以行其侵葬之奸，罪之三也。雙石人爲諭葬故物，太守墓得以千年無恙者，全賴此封識古跡。今立賢、人麟私毀先朝器，罪之四也。千年古墓，何故改向？舊石宛然，何故新甃？此正陽爲修墓、陰行盗葬，罪之五也。舊有墓前牌坊，爲明監察御史程公所建，立賢、人麟敢行擅毀，罪之六也。立賢强折旌表節婦坊而改立於墓前，罪之七也。各派縉紳，曾無列名何物，立賢不過一訪蠹，人麟不過一鹽梟耳！乃敢污其名於墓坊之上，辱我共祖，罪之八也。墓前趙子昂書碑，名賢手筆，寶過天球，立賢、人麟擅行毀棄，罪之九也。即使立賢、人麟果爲太守裔孫，而侵葬祖墓，大逆不孝，更不容赦。况其非我族類而侵我宦墓，罪之十也。總之，無論族非族、冒非冒，而生等之祖墓斷斷不容奸人侵葬；禁地二百四十步，斷斷盡要弓丈清還。其所侵葬之墳，無分新堆舊堆，斷斷盡要起畢；追復古跡，毀廢私坊，正其罪而誅其奸，斷斷毋使不共戴天之賊得以網漏而徼免者。諒我始祖在天之靈尚克相之，何况憲臺之清鏡高懸，而神君之操刀必割者哉。是知信陵故墓，當頌守塚之家；柳下壟前，應有採樵之禁。我祖我墳，是清是復，固仁人君子之所共鑒，天地神明之所式臨也。謹啟。

大清康熙八年　月　日具。

——光緒《續黟仁里程繼序堂專續世系譜》卷末下《雜錄》

清康熙四十五年七月徽州府頒行休寧縣五都查氏祖墓禁示碑

録休邑五都墓碑奉督憲禁文

江南徽州府正堂，爲恩批示禁以保祖塋，以杜侵害、永載洪仁事。奉本府正堂、加一級羅信牌，內開：奉總督部院批，據原呈翰林院侍讀學士查昇，編修查慎行、查嗣琮、查嗣珣、查嗣廷，武進士查洪，知縣查曾榮、查克建，舉人查克宗、查建新。訓導查蒽、查溥，貢、監生員查嗣鑑、查嗣鏞、查崧、查鎔等具呈前事稱：昇等原籍治屬徽州府休寧縣，分遷浙地，始祖迺南唐工部尚書查文徽公，墓仍在休寧縣北鄉黃土嶺地方，原係崑字二千八百三十七、八兩號，歷朝輸課世守。前蒙總憲王公纂修《江南通誌》文，查宦墳塋，有無封土。昇族查一魴具覆：係民業，在查之陞戶內辦納糧差，併非封土。隨蒙入誌，祖塋得賴洪休，松楸茂盛。於康熙四十五年，忽被地棍吳公勉勾結不肖，覬覦侵害，設立假堆，致族控縣。公勉自知情虧，退地除堆，祭墳安土。但昇等向隨朝辦事，叔侄輩在浙攻書，路遙，不暇時常省墓。切思祖塋重地，存歿攸關，豈容宵誕窺奸害？伏乞憲臺恩勅徽州府批行休寧縣給示，交族長查康國領文，勒石墓左永禁。守墳僕查龍、查貴、查德、查天生、查福等不時看守，毋致仍前棍徒不肖流輩侵害等情。若有，即行通報族主查康國，赴官告理，庶屢朝遺魄以及闔族後嗣，均沐洪庥於無既矣等情。奉批：仰徽州府飭示嚴禁。批行到府。奉此，合飭示禁。爲此，縣官吏查照來文憲批事理，即將查宦所呈土名黃土嶺地方祖塋處所，立即嚴禁，敢有無知棍徒侵害查宦墳墓者，立即嚴拿，詳解本府，以憑轉請，按律重究，仍給示交族長查康國，勒石墓左，先將遵行緣由並碑摹具報核轉，均無違延等因。奉此，合給示禁。爲此，仰該處地方保甲及看守墳僕查龍等知悉，後敢有無知棍徒侵害查宦墳墓，不遵憲禁者，許即報知查康國報縣嚴拿，審詳轉解，按律重究，決不寬貸。各宜凜遵。須至示者。

右仰知悉。

康熙四十五年七月　日給。

——民國《黟北查氏族譜》卷上

清乾隆十七年四月初十日婺源縣保護江村澐公墓永禁告示

澐公墓傍因胡姓竊木闢地請示永禁

婺源縣正堂、加三級陳，爲勒石保祖事。據十二都二圖江應義，十八都七圖江佑啟、江光裕敦睦支孫抱稟，江起琪等稟稱：始祖澐公以宋武舉，與兄潛領兵破賊，授總管都軍虞侯，卒贈兵部銀青光祿大夫，同妣葬於女字九百五十一、二號，土名東園住後宋村，共稅一畝五分九釐，餘地蔭木，歷禁數百載。近被地鄰竊蔭闕地，祖墓有驚，現經約保公禁。無奈身族均住窵遠，日久禁湮，侵害不免。爲此，公籲給示，勒石永禁，以垂久遠等情到縣。據此，合給示禁。爲此，示仰該地居民人等知悉，女字九百五十一、二號，土名東園住後宋村兩號地，乃江姓全稅清業，上葬祖塚，餘地蓄蔭。如有不法棍徒竊取蔭木，或開地耕種，許該約保業主人等指名呈稟，以憑嚴拿重懲，決不寬恕。該約保業主人等，亦不得藉端滋事，毋違。特示。

乾隆十七年四月初十日。

——民國《濟陽江氏統宗譜》卷六《藝文八·雜文》

清乾隆二十二年十一月祁門縣謝村謝明福、謝明桃二家立墓界合同議約

立議合文謝明福、謝明桃，二家合同有祖棺安葬本保，土名楊樹塢，今二家自願托中商議，合同明福兄處同中面釘界步，其界內聽大利之年弟扦葬墳塋一穴，日後並無異言。今欲有憑，立此合文式紙，各執一紙，永遠存照。

乾隆廿二年十一月廿四日，立議合文人　謝明福　押

　　　　　　　　　　　　　　　　　　謝明桃　押

　　　　　　　　　　　　　　中見　謝宗修　押

　　　　　　　　　　　　　　代筆　謝兆瓆　押

——散件文書，原件藏南開大學歷史學院卞利處

清嘉慶十二年十月黟縣十都三圖余興福等立風水墳地議墨合同

立合墨興福、興隆同侄定俊，緣先祖文景公等靈柩三棺於乾隆四十一年厝于兄興祥己地之上，地名菴前，歷今卅二載，奈未獲善地，未曾扦葬，福等心實不安。今據堪輿家言，皆云此地頗堪埋葬，是以福等公同與侄俊相商，而俊慨然許議，爲祖仗義，自願將己地安葬祖墳三棺。但日後墳前直出餘地，不得上墳塞礙，只可耕種，東西兩向。聽俊家自行用事，福等不得異説。其久後各家子孫衆多，支庶繁衍，恐後無知之子孫争競攔阻者，以不孝論執，是今日之美舉反爲他日之是非焉。恐後無憑，故公同議立合墨一樣三張，各執一張，久遠存照。

嘉慶十二年十月　日，立合墨　興福　押

　　　　　興　隆　押
　　　　侄　定　俊　押
　　依口代筆　叔　國享　押

(陳雪明錄，卞利校)

——散件文書，原件藏安徽大學徽學研究中心特藏室

清嘉慶十五年十月祁門縣十三都一圖凌氏宗族務本堂立嚴禁侵葬祖墳束心合同文約

　　立束心合同文約凌務本堂秩下六大房人等，我族自唐遷居祁邑，安葬祖冢，代代皆然。但先祖因清明拜掃互相口角，以致鳴公理論，勸息立有合墨，前後左右，毋得侵害等語。至今數代，日遠年湮，未知前文合墨。于是族下有良不董前故，復蹈前轍之弊，埋葬龜形祖墳右側，是以投族長鳴公理論，憑族調息，勸令鼓樂祭墳。嗣後，有良并秩下人等，在我族各處祖墳，均毋許在前后扦葬。如違，聽憑鳴官處治。倘梗頑不遵者，私自侵葬，悉聽合衆起扦，無得異言。所有起扦費用，合族照丁均出，毋得退縮，亦不得累及出身之人。秩下人等，自後亦不得以此藉口生端。自立合文之後，各宜遵守。今欲有憑，立此束心合同一紙存匣，永遠爲照。

　　嘉慶十五年十月十二日，立束心合同六大房人等俱押。

　　其真歸務本堂匣内。

　　此事因有興在家，有良以經投族看過，時六月十九日歸葬。何□不言，而後因有興死了一子，以致復動干戈，需索有良去艮五兩，日後視之，莫以艮錢爲主，必須要待其族義。

——散件文書，原件藏安徽大學徽學研究中心特藏室

清嘉慶二十二年十月歙縣藍田葉氏宗族告三十六支族知單

　　具《知單》。楊家坦、店頭、大井、邱田、趨村、東回葉村、溪東、洪村口、柴坑、塘頭、河湄干、汪岔、葉岔、江村口、潔湖川、呈村降、岑山、謝溪、長慶、汪村、西波、柏村、練塘、葉洪、亭干、楊坦涇邑、洪塘、大呈村梅関、新州績邑、雲霧川太平、三坦、領脚、葉村、舒村，湘潭派支丁兆仁、廷薦、啟瑚、兆祥、維翰、兆

417

倩、承恩、日新、承泰、桂高、逢源、光苑，緣我葉氏三世祖孟公上、南梁郡主蕭氏夫人祥開三十六族，丁蕃一百餘派，墓在藍田，土名孟婆墳。自南梁以來，世所傾仰。前明萬曆三十七年，有葉守成等姓本無籍，奸謀冒族，我祖有靈，不歆其祀。縣訊究擬，得免亂宗。今伊後裔熙玉等信侍健訟，逢恩表字含清，自稱紳宦，往來衙門慣熟，藐視吾族，奸勝前人，架控捏詞，欺瞞官長。切思葉氏流芳千古，咸推盛族者，誠以一百餘派，盡屬嫡支。若遭熙玉等倚毫雜入，斯伊姓有混嫡之榮，而吾族有棄祖之辱，不得不具《知單》，趕會各派，事勿促，恐有漏遺。市鎮、鄉村，單亦布貼。凡我葉氏賢裔，見此《知單》者，孝思自奮，同心捍禦，毋貽祖羞。須至《知單》者。

嘉慶二十二年十月　日具。

——散件文書，原件藏南開大學歷史學院卞利處

清嘉慶二十四年五月績溪縣東關馮氏宗族重建宗祠啟

嘉慶己卯重建宗祠啟

我族宗祠，自明萬曆間建造，歷年久遠，今已倒壞，衆議捐丁重建，每分各立《丁簿》一本。凡屬派下支丁，男婦俱各列名於後，議定男丁出錢一兩，女口五錢。自開之後，各宜踴躍，值時交衆應用，毋得拖欠。即係窮丁，亦當努力。倘得祠宇更新，棲神有地，其爲我族之光何如也？尚其體之。

嘉慶二十四年歲次己卯五月，馮厚倫堂公具。

——光緒《績溪東關馮氏家譜》卷末中《雜志》

清道光十四年六月徽州某縣族長得昆等九門立長議修祠議單

議單

茲以祠宇正廳朽壞，公議興修，會貯無資，實難動手。今九門公議，將冬至祭祖之胙暫停拾年，每年計餘錢肆拾千文，共計錢肆百千文，其項每年冬至日交出。又公議派各門正、幼支丁，不論貧富，每正丁派銀五錢、幼丁派銀弍錢。其派丁之舉，責令各門各辦，齊集歸公，不得徇情隱漏。其餘酌量勸捐、奉祖入祠等項，另立條款，第興修事件，必須董事經手，庶於事有濟。所有公議條款開列于左。

一、議停胙拾年。

一、議派正、幼丁，正丁伍錢，幼丁貳錢。

一、議公舉董事、經理。

一、議勸捐。

一、議入祠。應入八十四世、八十五世，以前未入者，均應補入。

道光十四年六月　日，立議族長　得昆　押

門長　瀛洲　押

錦雲　押

養正　押

立堂　押

志川　押

龍光　押

公議勸捐董事_{督工}湘南董事一

_{磚工}履平董事二

_{磚工}上林【董事】三　押

_{經理銀錢}拱宸董事

_{佐理總綱}步雲董事

_{辦料}楚良董事

_{督工}輔臣董事

_{辦料}裛芳董事

_{總綱}秉哲

_{經理銀錢}
_{衆管辦料錢}文元董事

_{督工}錦章【董事】三

_{督工}履豐董事　押

_{辦料}蔚林董事

_{督工}仰徽董事二

_{督工}耀光　押

——散件文書，藏黃山市安徽中國徽州文化博物館

清光緒五年三月績溪縣東關馮氏宗族重修宗祠啟

光緒己卯重修宗祠啟

蓋聞木之榮者，必固其根本；流之遠者，必浚其川源。人之有祖，何異木之有本、水之有源？此君子將營宮室所以先寢廟也。我祠創自明季，至國朝道光二十三年，始拓其規模，廟貌於焉巍煥，亦足以見先人敦本睦族之心矣。迨庚申粵匪竄境，烽火頻年，家乘既失，而祠宇則梁棟空存，事關根本，實同目擊而心傷。時久清平，安忍旁觀而袖手？第思費用浩大，務須集腋成裘，所望凡屬派丁，踴躍輸將，共襄斯舉，俾寢成得以妥先靈，譜牒成而宗盟永篤也。豈不懿歟？謹啟。

光緒五年歲次己卯季春月，馮厚倫堂公具。

——光緒《續溪東關馮氏家譜》卷末中《雜志》

民國四年四月績溪縣十一都胡里村胡惇敘堂修繕知單

知單

萬物本乎天，人本乎祖宗。祖宗者，人之根本也。根本固，然後枝葉盛，人安可不敬祖宗乎？我祠自前清光緒初年重造寢室，大加修理，迄今三十餘載。歷年既久，屋之滲漏者甚多，而傾壞者亦復不少。不修則祖魂難安，修之則工程浩大。於是，邀集祠眾，公同酌議，每丁捐洋壹、半元，限於本年秋季一概繳清，俾可大興工木，剋日修成。斯亦敦本固原之舉，想在一脉者，當共表同情，毋俟催將也已。

民國四年四月　日，績溪十一都胡里胡惇敘堂經理人大杰、文忠、大富、文閎、文英、明芳、文柱、明諧、文明、明訓、文翹、明珍、文春、明吉，同具。

注：該《知單》加蓋有紅色印簽文字，內容爲"修理要緊，需款孔亟。逾期不繳，加倍徵收"。

——散件文書，排印版，原件藏南開大學歷史學院卞利處

民國十年七月績溪縣洪川程氏宗族修祠司事籌墊銀洋啟

辛酉七月初四日召集本祠司事籌墊銀洋啟後列墊款人芳名

逕啟者。我宗祠失修已久,以致東漏西損。若不趕緊修理,恐冬日雨雪交下,必致傾折。爰召集本祠司事,公同協議決實,先從修理祠宇入手。但丁口捐一時不及收齊,難濟祠用,擬商之殷實派裔,預籌墊大洋二百元,以應祠用,俟丁口、特別等捐齊集,即行歸還,決無遲誤。此啟。

墊款名目開列於左:

宗眭,墊洋六十五元。

禮廷,墊洋六十五元。

宗俊,墊洋五十元。

昭安,墊洋二十元。

附註:該墊款已于癸亥年如數還去。

——民國《洪川修譜議事雜錄·籌墊銀洋啟》

第三章　宗教信仰與民間信仰活動規約

第一節　宗教信仰及其活動規約

宋淳祐九年四月婺源縣甲道寶福院叙事誓言碑記

敕賜寶福院叙事誓言碑記　友端

天地之大德曰生,生意流通,何嘗有止息哉?顧人生天地間,報本反始,以天地爲準,嗣續不窮,蓋由生意之源以衍生意之流也。五代祖妣江氏太孺人,迺曾祖參政洪公母也,墓在金竹埕下寺壇山。友端于此祀焉,時熟見山水明秀,形穴特奇,乃叩之父老曰:"此何形?"答曰:"傳説琵琶形拍板案。"友端渭然嘆曰:"富哉,是形!祖上常相告,語亦然。"厥後群然以山田來售,嗣置有王家、何家、單家祖龍前面山,又置得後面胡家墓塢原祖塋一墳,艮龍亥脉,仍艮入勢震,受穴酉向,坤未迴抱,丙丁長流。陰陽家與友端曰:"當于前何家地上,又可安一穴。"于是,定謀祖穴在琵琶彈處,生穴在手把琵琶音調處,乃開一塚,分三穴,山水與祖地同,却作庚酉向。友端生于淳熙己亥,今方七十,有一穴中,亡婦程氏葬于墓左,已倣楊王孫裸葬,異時我子孫當繼述爲防患也;偏室蔡氏,今方六十有四,生穴立于墓右。友端家世,本星邑之汀溪也,曾祖諱洪,始因遊學遷于縣治内後策勳天府。時京師試,禮部特奏,名登賈安宅榜進士,初授汀州文學,歷官參政,後拂衣歸隱。友端生于邑内之東,如縣倉及普濟,皆所居後。今遷南門溪渡忠顯行祠之右二里間,原名湯塢,自號曰龍山。通《六經》,習《易》書,履魁學校。凡科舉三場之文及《龍山筆稿》,皆見稱儒林,咸謂予禀奇才、抱正學、履儒行。乃未獲以功名報祖,尚限于守道秀士。吁,無乃分局前定然乎?三子:長壆之,不幸早世;仲子道之,季子性之。一女,適饒之樂平將仕郎洪正學。友端觸理而自思曰:"祖恩不可忘,身謀不可苟。"高祖妣江氏,傳記像。考君宣議,諱圭,隱德恬守,妣勅賜冠帔;安人胡氏墓,在樂平吴口淘金灘綱紀源,面南雙穴,其地艮龍亥山,出面巽巳向。彼處已命僧授田,義當更傳像記,以宏其根。友端亡婦及偏室，亦傳記像。有此記像者，使後人見而思，思而報，亦用是訓比邱輩，繼繼續續，不可忘本。又嘆曰："徒以《贍塋田常規》傳之世代，恐生意間斷。"遂於來蘇鄉祈禱壇之旁，捐屋舍田及周圍山地，請額爲國焚修，便民祈禱。遇友人官于天台，時有僧良佑入狀請額移文，請到敕賜"寶福院"額，乃天台、臨海縣三峰山廢額，已申州及部，永爲常住，併請部符爲不朽之準。又得魁王公會龍書寺門牌，何以謂之寶福？寶福者三，寶，主宰此福也；福者，備也，備者，百順之名也。乃選田五十三畝，并墳穴、山地、案山、來山，應所有四圍山地，詳別叚畝刻碑，皆所以爲永久之基也。並捨入寶福院，請僧甲乙傳燈住持，使生意周流不息。上件田業山地并夫婦及葵氏三穴，地皆淞房斷賣永業之產。今既充爲常住，子孫永不可得而取，謂贍塋公舍之物也；僧家永不可得而賣，謂常住之物，燈燈相傳不泯也。雖官府永不可得而移，謂寶福常住爲國焚修之產也。寶福檀樾，恩家居父責也；寶福傳燈，僧家居子責也。分義截然，寺屋損而修，增而大，墳塚、墳環石塝等處及與供傳、記像等事，或有損壞，僧居子責，皆當傳燈全任增修、廣大之責，俾之悠久勿壞。凡墳山四圍山地，比邱輩永不許作踐侵葬，強梁輩亦不許借居侵葬。或有僧家敢無忌憚，貪人重出多產，擅以山地并田與對換及偷葬，子孫陳治究之，僧即屏出山門，另請能事僧居之。然子孫最不許挾誣挾私，改壞常規，又不可惑于剽竊陰陽家倡遷墳之謬見，肆無稽之言，恐人以禍福要，陷人于不孝不義。不過苟小利以重貽人害，恐噬臍無及此，乃絕後凶人，切戒勿聽。顧我積善之家，子孫決不惑于此。其或不恤棺內之靈，忍爲此舉，何異爲臣獲罪國家？而發掘露以辱之，忍爲不孝，可乎？況葬也者藏也，藏也者，欲人之弗得見也。故預爲保全計，時作記以敘事，立誓言以刻石，不尚文而尚朴，取《坦然通曉記》，親作矣，又親書之，理法于焉可憑。碑已立矣，能事畢矣。或曰："凡此記過慮者，莫非喪欲速朽之義乎？"孰不知夫子當時蓋有爲而發也，又不可以是拘。或又曰："記宜請當朝顯者著筆。"友端笑之曰："貴人有天爵，有人爵。友端抱天爵，無人爵者，命也。自有本真，何假外求？"客遂無言。然記之立也，體天地之大德，曰生生意，未嘗一日止息乎？其爲寶福也。呀，寶福有生意爾，有源也，有流也。是記也，必曰《敘事誓言》者何？作事故敘此，立言故誓此。凡我家傳嗣，我寺傳燈，務在必爲。

時淳祐九年歲次己酉四月佛生日，張友端記。

——乾隆《甲道張氏宗譜》卷四十《敕賜寶福院敘事誓言碑記》

明萬曆元年五月婺源縣上溪源程時讚等立造閬山香嚴院合同

造閬山香嚴院合同

　　立合同人程時讚、程璉、程莊、程鳳、程世澤、程湧、程元英等,緣閬山敕建香嚴院寶像,本里鄉火,歷代迎請祈禱。近因古寺頹壞,且舊基欠利,住持難安,致香火缺奉。今衆議擇吉新買拾貳都汪可大田壹畝,抃作寺基,起屋殿宇,與下村兩半出價買託。又原香嚴院户額在拾一都官坑汪敏甲下,多被攪擾,衆議收割原户過本都程時讚户下,供解糧差。其津貼汪敏上年賠敗及書手、紙筆、立案等用,與下村并照原買寺基兩半均出,立有合同炤證。本村原買寺基及今收户貳項所費,並作陸股半筭派出備,每股共出銀壹兩壹錢伍分公用。其造殿料木、聖相、器皿、田產等項,在各善信喜捨,多寡不在此例。今恐無憑,立此合同七本,各收永遠存照。

　　　　大明萬曆元年五月初九日,立合同人　　程時讚
　　　　存政公支下一股　　　　　　　　　　程璉　程時瑞
　　　　祖生公二小股　　　　　　　　　　　程鳳　程汝章
　　　　德生公半股　　　　　　　　　　　　程莊　程世彬
　　　　四支下共一股　　　　　　　　　　　程世澤　程珀
　　　　存慶公一小股　　　　　　　　　　　程湧　程慎
　　　　存忠公半股　　　　　　　　　　　　程元英　程元尚
　　　　存善公支下一股　　　　　　　　　　程漢佑　程東
　　　　宜一公支下一股　　　　　　　　　　程倫　程宧
　　　　志誠公支下一股　　　　　　　　　　程世榮　程烰
　　　　可大、進思公二支下共半股　　　　　程象　程燧
　　　　　　　　　　書人　程璉
　　　　　　　　　　主議人　程時獻

——[清]程曷:《新安婺源程氏鄉局記·造閬山香嚴院合同》,清抄本

明萬曆三十八年六月祁門縣六都程天倫等立報慈庵嚴禁本家閑人駐庵攪擾等合同文書

　　立合同文書人六都善和程天倫同僧人清溪等,今□報慈庵後□,原葬有

余氏夫人在上。其子伯源公兄弟孝思廬墓,墓前有祠,祠前因當道題請,敕建報慈庵,延僧供奉香燈,飯僧田租數百,逐畝刻石,蓋自宋紹興以來然矣。當時本家《條約》甚嚴,住持得人,閒雜人等不得入庵騷擾引誘,不惟《清規》無犯,香燈不缺,而田產頓增數百。續遭狂僧與本家無籍交通,以致租產蕩廢,庵宇頹敗,神像、器皿一空,本家族里斯文,已經呈縣嚴治矣。乃於萬曆三十五年間,覲祠思庵,集議敦請珠溪寺僧悟林,悟林推舉其徒清溪應募住庵。其僧素稱戒葷斷酒,恬静寡慾,衆爲庵中得人慶,且僧房重建,庵重修,禮神器物,漸行置辦,大約將完且美矣。近緣族中間有假名爲僧支持,實利僧物,以致清溪不安,意欲辭去。是族爲香火阻留,寫立合同文書,嚴禁本家,不許閒人駐庵擾攘。如再仍前攪擾,假名、誘引等項,鳴衆公治,并禁本僧,不許招惹閒人往來私室,致生物議,仍要照舊恪守釋家《清規》《法(界)[戒]》,毋得假故用性私回。如違,亦聽本家公治。今恐無憑,立此合同一樣三紙,各收一紙爲照。

萬曆三十八年六月初八日,立合同文書程天倫　押　程德成　押　程鉾　押　程季安　押　程禮　押　程寄社　押　程本生　押　程天照　押　斯文　程大藩　押　程登瀛　程敬之　押　程萬里　程文郁　程良極　押　程良彝　押　程人龍　程以諮　程良猷　程良謀　程雲鵬　程大壯　押
　　　　程道章　程璜　程大有
　　本管　程有蘊　押
　　同立合同住持僧　清溪　押

——封越健主編:《中國社會科學院經濟研究所藏徽州文書類編·散件文書》第四冊,社會科學文獻出版社,2017年,第39頁

清順治十二年七月婺源縣胡參等石鎮源接佛祈雨議約

石鎮源接佛祈雨議約

立議人胡參、洪尚等,原閬山古佛,四社相共。今因上溪源程姓祈禱,和尚借言推阻不發,致上溪源程姓衆忿。自今洪、胡二姓合議,凡遇祈禱,先至先請,不得生情阻撓,立此存照。

順治十二年七月二十六日,立議約人　胡參
　　　　　　　　　　　　　　　　　胡慶

胡互

洪尚

甲震文會記。

——[清]程曧:《新安婺源程氏鄉局記·石鎮源接佛祈雨議約》,清抄本

清康熙二十六年六月婺源縣環溪吳氏宗族雲瑞庵禁約

雲瑞庵禁碑

立禁約環溪五大房房長吳有德、熙皞、嘉綬、肇采、洪基暨闔族衆等,竊以嚴池雲瑞庵乃本村長生香火,前朝頗稱饒裕。自鼎革以來,住持非人,廢壞常住,弗顧山門,或圖還俗,或私家親,竟致稱貸以益。而營其利者恣其磊謀,庵僧盡歲之耕,不足填其利餠,于是僧益窮而寺益頽,無振日矣。邇因裝金羅漢諸像,籍有餘資,用置常住田畝。而吾鄉樂輸者又相繼聯登,當事復慮庵内宿逋未清,新業難立,議共輸銀,責僧清理,以光、惟唐共輸三兩,廷松、文煃、文焜、文煜、文然各輸三兩,付庵僧正源,將宿欠并典租一切券約概贖清楚。其所置田畝,另立碑開載,計其所入,歲有餘饒。但慮後有不肖之僧仍踵前轍,營揭私債,盜賣常住,致豪强生涎謀之心,有負此舉。是用集議盟神,立碑勒石,以垂永久。凡屬檀樾與在庵僧人,世相恪守,毋得違禁,以干神譴而自取咎云。

《禁條》列左:

一、禁僧人盜賣庵田。庵中常住田畝,皆係檀樾衆信所輸,爲香火永計,與庵僧無涉。如有不肖住持私謀盜賣者,在庵僧衆知情首投,即將盜賣僧人送官究治,責押贖回,驅逐出境,將庵事付與首投僧掌管。如師徒通同作弊,後經發覺,一併送官究治,贖取清白,齊逐不容停留。

一、禁僧人營私揭債。庵田每歲所入,除納税外,盡可了用。倘有意外之費,亦當通知檀樾,裁酌辦應。如借端私自立券揭債者,查出,以違禁理究斥逐。

一、禁鄉人放債庵僧。庵非營利之所,庵田非還債之貲,遠近人等,不得將銀放借庵僧。如有瞰機貸借,磊結厚利,致僧無償,謀田抵還者,許僧人鳴知約衆,據禁理論。其券只作廢紙,不(在)[再]行用。如庵僧合謀、弊相授受者,同前盜賣田例,究治公逐。

一、禁僧人遊惰非爲。凡住庵僧人,既入佛門,當遵佛戒。誦經之暇,常思自食其力,山田、園圃,老少合力耕作,苦志修行,毋得妄想妄爲。如有懶惰好遊,不務本行者,住持當行嚴戒。不從,便當斥逐。

一、禁庵内留宿遊僧。凡有異境游僧及異鄉遊客,此非接衆之所,隨便款待,即當送行,勿得稽留,恐招匪類,且滋多耗。

所是《約條》,原爲戒禁不肖。如有善果,庵僧苦修,勵行篤志,山門增充常住,以光前烈。及善信檀樾發願輸助者,自當增勒于石,同標不朽。惟冀各相勉勵,共證善果云。

時大清康熙二十六年林鍾　穀旦

環溪房長　　吳有德

熙皡

嘉綏

肇采

洪基暨閤衆族立

環溪吳宏泰書

——光緒《環溪吳氏家譜》卷四《雲瑞庵禁碑》

第二節　民間信仰及其活動規約

元泰定四年六月歙縣程靈洗世宗廟田土之事禁約榜文

世忠廟禁約榜

皇帝聖旨裏。徽州路歙縣承奉總管府指揮,該來申程世忠廟田土子粒事。參詳程思敬等所告,查對得前項田土經理,係本廟程世忠户。今范提領要行撥入醫學,伏慮差池惹詞未便,申乞照詳。得此。照得先據醫學狀申備官醫范提領,關將世忠廟原經理田土二十餘畝存留在廟,議請報德觀道士程處信掌管外,餘田土四十四畝二角,撥入本路醫學養膳。申乞照詳,得此施行間。今據見申總府,相度醫學所申,官醫提領范天錫將田土撥入醫學養膳。續據本縣申,上項田土係程忠壯公廟產業經理,籍定年深,程氏子孫見行掌管。既有争差違碍,難准改撥。除外,合下仰照驗施行,毋得惹詞違錯。

奉此。照得泰定四年四月二十九日，據二十五都九保住民程思敬等連名狀告，切照本保土名黃墩程忠壯公廟，係是國家祀典神祇，係梁朝建立香火，經今七百餘年。亡宋甲申間，有休寧縣二十都等處裔孫程内翰少師，同程將仕并諸人節次捨到田土，通計六十五畝四十八步。延祐二年經理，於本縣二十五都、休寧縣十六都各立程世忠廟爲户，元係族人程崇侍奉香火。在後有休寧縣二十都范提領入廟掌管，本縣出給文榜，立石鐫碑，該載前項田土數目、坐落去處，每歲田租除輸納外，餘子粒准備修造廟宇。泰定三年秋，有范提領爲見廟宇頽弊，給到官司文榜疏簿，委請思敬監督，重造廟宇，當付中統鈔八十五兩、田租穀九十三秤、糯米四斗。緣思敬等係是程世忠直下玄孫，又係耆宿，以此依承，隨問范提領取索累年，准備修理，田租撥付支用。續據范提領就廟止行支撥粟穀一十五秤、杉木爪簽九十四個外，餘田租不行支付，稱説因爲在外勾當，責委本廟神祝掌管，多般推調執留。思敬等只得將施主捨到木物，借債成造本廟正殿五間，了當兩廊門屋。後堂屋宇，計一十五間，耽閣未曾起蓋。告乞行移各處，將今歲子粒令佃人依每年租數，搬運赴本廟，從思敬等眼同推舉信實人員掌管，置簿明白，收支用工。仍乞給榜禁約，免負朝廷崇敬祀典之美意。得此。照得各人所告，係是國家祀典致祭去處，廟宇損壞，必合修造。爲此，出給榜文，行下二十五都里正收管，於本廟張掛《禁約》，着落排年所收子粒，責付起蓋用工，并令各該佃户賫搬稻穀。自今歲泰定四年爲始，賫付本廟，從耆宿程思敬等眼同收受修造，毋致縱令循習舊弊，通同欺隱。仍照勘來歷實跡，依準收管回申，并下各都，關休寧縣依上施行外，又據程思敬等狀，告程忠壯公世忠廟諸人，捨田入廟，專爲修造。延祐二年，經理報官程世忠户，有休寧范提領插身入廟，掌管收苗二十餘年，計租七千餘秤，俱不修廟，因而損爛。思敬等將前因具狀，經官告榜，行下各都，關休寧縣收租起造。范提領忿怒，移關本路醫學，程忠壯公廟田被賣，用價取回，償還不迭元贖之資，擬撥上祖范登仕元捨田畝入醫學，充養膳生員。就立程忠壯祠奉祀，餘田二十餘畝，令報德觀程道士入廟掌管，免被一等程派安生乖誕占據。如此詞語，備申總管府，意在脱漏，行移思敬等爲見，本廟神祠，諸人元捨田畝，即係經理，籍定廟神程世忠爲户。其范提領外姓，並無伊祖范登仕寸土條段，坐落地名去處，兼亡宋經界，并至元十三年歸附後，括勘經理節次底籍，《流水歸類文册》，明白可照。今次實因思敬等告官，將今歲子粒眼同收支，范提領似覺難管，走失厚利，將前詞關申，埋意昏占，且醫學內祀三皇殿宇,非安程世忠神祠去處,廟田係程氏族衆喜捨納税民產,亦非官產。若信范提領虛申,縱作范登仕出捨,亦係本廟爲主,別無直下兒孫取回上祖原捨之物。若不狀告,備申上司照詳,伏慮日後紊煩官府,臨期旋難伸訴改正,告乞施行。得此。切照本廟程忠壯公乃梁朝香火,係國家祀典祈禱去處。舊有神孫休寧縣程内翰、程將仕并諸人捨到民田入廟。延祐二年經理,將本都并外都及休寧縣十六都田土籍定報官,作程世忠户,元係程族子孫侍奉。其范提領與伊上祖范登仕並無捨到田土,除將發下《榜文》付廟張掛,禁約諸人,毋致搖擾,及督令佃户人等,將今歲子粒赴廟交收,令直下子孫耆宿程思敬等眼同收租,衆人知數。除納二税外,餘明置文簿,公支造廟,不致似前外人收歸己用,實爲公當。香火綿遠,廟庭一新,誠爲美事。今奉前因,保結申乞施行。爲此,備坐申覆總府,照詳施行去後。今奉前因,據此除外,合行出榜,曉諭諸人,依奉總府指揮内事理,無得搖擾,沮壞修造。如有違犯之人,指名告官,以憑究治。施行所有《榜文》,合行出給者。

右榜,曉諭諸人通知。

泰定四年六月　日。

——[明]程敏政:《程氏貽範集》卷三乙集《世忠廟禁約榜》

明成化十二年十二月歙縣頒行世忠廟禁約榜文

世忠廟禁約榜

直隸徽州府歙縣奉本府帖文,爲占廟地等事。據本縣十九都七圖民程廷章、程音遠,二十五都六圖民方名得各狀,告訴前事。行據該縣申解各犯人卷到府,推問明白,取訖供招在官,别無餘問事理,擬合依律議擬,照例發落。爲此,除外,今將問過各犯人卷,隨帖前去,仰本縣當該官吏遇到卷收,備照人發寧家。其世忠廟户產土,仍從方名得、方壽慶等照舊供奉,佃管納糧。侵截本廟廊房箸廠并於廟前做造厠所,省令方名得等自行修理,改正填漲,後再不許侵損褻瀆,給帖付照,毋得違錯不便。奉此,行間,又據程廷章狀告:始祖忠壯公仕梁,有功於國,生封公,死廟食,載在郡誌。洪武四年,是曾祖程思敬、男添有承廟户,關給民由粉壁。爲因住持道士故絶,是祖召方名得祖方子高守廟立約,領去民由粉壁,管產六十餘畝,收受苗利,以致家富人強,自合愈加敬畏。豈期方名得、方細毛、方壽慶等忘其所自,伐廟蔭木,截除簷廒，拆毀官房壁飾，不備風火。占廟地，起蓋已住廳樓，堆積污穢於廟，縱容妻女，裸裎褻瀆，鑿去鍾碑，伊祖方姓，冒頂程户，淆混宗枝。廷章不甘，具情告府。蒙提問理明白，行縣給帖付照。如蒙准告，乞給告示，在廟曉諭《禁約》，庶無仍前褻瀆。據此，參照前事，擬合併行。爲此，今給告示前去，仰常川張掛，曉諭《禁約》，一體遵守，毋得仍前侵損褻瀆。如有此等，許令諸人指名呈來，以憑拏問不恕。須至告示者。

成化十二年十二月初六日。

——［明］程敏政：《程氏貽範集》卷三乙集《世忠廟禁約榜》

清道光六年十月徽州某縣金輪大法司劄付添進、新義二社劄文

金輪大法司，本司遵奉昊天至尊金闕玉皇大帝聖旨、祖師真武仁威玄天上帝法旨，降下洪恩劄付一道，給付敕封主壇崇福衍正（候）［侯］汪九相公尊神，收執文憑劄文，敕令掌管添進、新義二大社内。

一劄：風調雨順，國泰民安。興隆樂業，五穀豐登。

二劄：家家禎祥，户户駢臻。（大）［夫］妻偕老，子媳聯芳。

三劄：孕婦有慶，生産無虞。孩童易育，關煞消除。

四劄：行商坐賈，招鄉萬里。務農者萬倍全收，倉廒盈滿。

五劄：看養牲牲，血財旺相，六畜豐盈。官無橫斂，四季清平。

六劄：小人遠遣，口舌不招。氲氛殄息，病寇冰清。

七劄：飛禽走獸，五虛六耗，一概遠遁他方。

八劄：求壽【者】壽（此）［比］山高，求福者福如東海，求子者日得麒麟兒。

九劄：求名者名標榮歸，求姻者早配，求財者腰懸萬貫。

十劄：求筶者筶詩有驗，立誓盟咒。虛實分明，疾速報應。

十一劄：士、農、工、商皆順遂，祈求禱雨，大降甘霖。求之則應，禱之則靈。

十二劄：三教九流，惡貫貶匪，娼優利辛，斷□律法，禁押清除，一方之安靖。

十三劄：創添進、新義二大社内之清平。

以上十三劄，惟願恰，秉忠心，威靈感應。劄到，火速照劄文奉行，毋違天命。須至劄者，給付。

右剳仰敕封至德崇福衍正侯汪九相公尊神，文隨武重，一切感應，顯赫威靈。

右剳，仰汪九相公執受。准此。照驗施行。

大清道光六年十月初三日吉時宣行。

剳。命士方龍海□行。

——散件文書，原件現懸掛于北京市朝內大街徽商故里大酒店三樓包廂墻壁上

清咸豐十一年九月十五日婺源縣虹關鏡心壇條規

【咸豐十一年】九月望夜關請

晚步虹溪水，秋風送爽來。鏡心當月上，門對碧峰開。吾土地來也，二刻，司壇到。

天風吹動五銖琚，疑有群鸞下璧虛。藥石贈君須着急，何殊金玉滿階除。遲一刻，群鸞下降。

紫虛宮殿傍雲根，苔蘚青青古洞門。清磬一聲天外落，晚烟秋月又黃昏。吾乃紫虛上人是也。

種菊栖霞笠頂間，逍遥心似古松閒。從師採藥歸來晚，湖上雙扉夜不關。吾乃栖霞仙子是也。

不識寒溫暑熱凉，仙關奔走爲誰忙？唇焦舌敝非閒散，難洗頑夫鐵口腸。吾乃閒散山人是也。

吾等撥冗駕雲而來，特與子等一叙，以解爾等渴懷。但是壇設立已久，人數日衆。第恐爾等久而生倦，不可不爲一振《壇規》，竊望爾等慎終如始，毋負二帝殷望之意，是予之企企也且息。今將爾等《壇規》一集：

一、壇期以朔、望爲限，非大正要事，不得妄瀆。

一、開請日，先時入壇灑掃（結）[潔]净。臨期，仍先於玉鑑一叙，以便齊整入壇。

一、無論壇內外、人間事者，均以禀帖魚貫挨呈，不得參差參越。

一、凡不正之件、不正之徒，毋得攬入問事。

一、凡開請時，壇友挨次排班侍立，毋得踰越貽羞。

一、凡開請時，壇內香、燈、茶、酒，派定執事，不得推委由人。

一、凡在壇内，無論開請與否，一概不得任意言笑。違者，罰跪一香次；再犯，着逐壇外。

一、凡收納弟子，或入壇問事，不得擅行直入，務先稟白可否，然後定奪。

一、凡壇内每日上香時，務必恭敬打掃潔净。違者，罰跪香次。

一、凡壇設，務祈久遠，所是一切費用，均以節儉爲佳，不得奢靡妄費。

前者曾跕班一款，囑爾等插入《壇規》，爾等十餘人均竟置之膜外，予知爾等於此無一般置在心者。嗚呼！是誠何心哉？吾等曾數千萬言，不卜有一字在爾等心坎中否？今將《壇規》十款着質忠恭楷書貼，爾等其鄭重以行之。人心惟危，道心惟微，惟精惟一，允執厥中。自宣聖傳至於今，曾有一合乎？此道即是聖賢地位，爾等讀書談道，道行既端，道心自浹；道理既明，道學自堅。然後由己化人，由人成就。洊風既厚，塵孽漸消。神而明之，貫通如一。蓋我儕既貴道行，尤貴道心；既重善事，尤重善言。道心自能成全善言，兼可化人成己成物，遵道行善，則庶乎其不差矣，爾等其慎思之，爾等其篤行之，言盡於此而已矣。

——[清]方外卧雲等撰：《清咸豐、同治婺源虹關鏡心壇扶鸞乩語日録》，載王振忠主編《徽州民間珍稀文獻集成》第三册，復旦大學出版社，2018年，第22—26頁

清同治元年正月二十三日婺源縣虹關鏡心壇規條

吾值壇在，少定一刻，有諭頒垂。值壇使者諭：爾大衆知悉，今逢大典，駕臨慈尊，亦爾等誠恪所致也。自今以後，迥非泛泛壇庭，各宜努力善途，仰體洪慈萬一，《壇規》一切，久已標明，該爾等觸目警心，時加遵照。兹復摘加數款，俾得遵循。嗚呼！欲立善途，當就此中尋嚮往。果爲善士，莫從此外失趨承。摘補款條，須至牌者。

一、穿鎧甲者，不得入壇。

一、帶眼鏡者，不得過壇。

一、執烟桿者，不得上壇。

一、多咳唾者，不得面壇。

一、不逢開請，不得信步壇下。

一、鸞停後,不得言笑壇旁。

一、壇上增供净水一杯,三、六、九日重换,該司茶者兼充。

一、壇上添養鮮花一瓶,逐時採奉。無花時,以竹代之。

以上之條,其各遵守毋替。

——[清]方外卧雲等撰:《清咸豐、同治婺源虹關鏡心壇扶鸞乩語日録》,
載王振忠主編《徽州民間珍稀文獻集成》第三册,
復旦大學出版社,2018年,第88—89頁

第四章　會社生活規約

第一節　文會與文社規約

明嘉靖十六年三月休寧縣率濱吟社條約

率濱程氏吟社條約序

　　率濱吟社,倡于族孫尚賢,社得若干人,月朔必會,會必有詩,行之已三載矣。後之能吟者,許入社,亦與人爲善者也。乃立《條約》,每事相觀而善。或有過,則相規勉,以無隳前人志,不獨止于吟詠而已。習舉子業者,恐妨其用功而止之。遇便間一預焉,不爲例。嗟夫! 詩之爲教,不外乎性情。性存于中,無不善;情則因物有遷,不能無邪正。邪正之分,而君子、小人所由名,可不慎哉? 邪者,欲之萌也;正者,理之原也。遏人欲而存天理,則於倫理焉必重,德業焉必崇。置富貴、貧賤、窮達於不道,出則爲良臣,處則爲良士。反此則淪於惡,而莫之援矣。於人之名且有愧,餘何足取哉? 故詩三百篇有美刺焉,可以觀矣。族弟玘實、族子澤鍵,族孫廷橈、梧、柟,從孫佩,間以春宴積周宅聯句,相視黜浮向雅,居然得三百篇之旨。予甚善之,因題其首以致勖云。

嘉靖丁酉季春朔,獨善居士程曾書于終老樓

條約

　　一、社中諸人,同出一祖,而列名不以行者,以年有長少、學有先後、入社有早暮爾。今得若干人,後來有志者尚未艾,議許續入,蓋與人爲善,無已之心也。

　　一、會期以四仲月朔日卯刻,畢集吟社,同試一題,以較進修之功,以盡切磋之益。或命題,或限韻,或聯句,弗之拘。

　　一、作詩,每月一首,務宜會日完課。如怠懶者及失旨者,罰呈紙五十張、堅筆四管、京墨二笏入社,以助膳錄。

一、至期，或有遠游不及赴會者，即抄題附去。若次會未歸，須先期完課寄納。違者，罰如前數。

一、同社諸人，須德業相勸，過失相規，匪徒虛聲文字矣耳。設有操行不謹，爲名教玷者，黜之。

一、社中之爲前輩者，固當恒存引進之心，而繼來者尤當誠敬聽受。凡遇疑難，各宜虛心鈎索，不可自作聰明，偏執己見，致生猜忌。此求益之道，亦敦睦之意也。

一、每人斂紋銀若干，輪流領放生息，以供膳錄之費。務須各存至公，以圖久遠。

一、會日，取次一人爲首家，預備小酌，貴在豐約適中，陶寫性情，不可過奢，沉酣誼闊，以致不臧之誚。

——[明]程應徵：《率濱社錄》卷首，明嘉靖二十七年刻本

明嘉靖四十二年歙縣岩寺汪氏十六族文會約

文會約　嘉靖癸亥【汪】道昆書于閬臬堂

余觀于鄉校，豈不烝乎多士哉？其稱述本之乎性情，不失先民之故業，顧獨持其高論，往往不能下人。余東游，習于吳越之士，大都樂群敬業，猶有足多，即華實不同而廣狹辨矣。余二、三兄弟等家食，相率爲會，視吳越所爲，余在行間，則抵余而受功令。嗟乎，余釋業已久，顧方有疆場之事，詎能執旗鼓爲二、三子雁行耶？雖然余嘗聞道于君子矣，使道而在己也，則聖人未嘗絕人；使道而在人也，則聖人未嘗失己。然則道惡乎在，亦在乎人與己之間耳。有善則人與己共成之，有不善則人與己共改之，舍己從人，用人惟己，皆是物也，豈宜討論之末務已哉？吾聞吾鄉之爲會者，未同而語，率多面從，挾策而誦之，不啻膾炙而負墻立業已。目攝而腹誹之，以若所爲，肝膽楚越耳。使二、三子而得聞聖人之道，四海兄弟何論門內之親？不然，即得免爲鄉人幸矣。二、三子謂余言何？

——萬曆《汪氏十六族近屬譜》卷十《典籍》

明嘉靖休寧縣泰塘程氏宗族佘山文會序

茂才珪佘山文會序

佘山踞邑東南，吾族家厥麓，所由來遠矣。文學輩出，羽儀吾世，詎非山靈發祥哉！不佞蚤承庭訓，願卒大業，以紹前脩，而力有未逮，嚮往者久之。嘉靖丁未，從孫仲木來受業，時髫而未冠也。授以經義，輒通大旨，爲文有奇氣，率能自運機軸而成，不襲陳語。予深期望之，謂吾家世不乏子華，華而國光，厥族可跂也。庚申冬，文宗移檄郡邑，試多士，仲木偕族子本敬、本明、希禹繹業舍傍。不佞往試《書義》四篇，援筆立就，而文勢沛然若江河之不可禦。以之命選，蓋時藝中之青錢也。退而大喜，以佘山之復合而吾程之文運中興，士當大振，寧不思作成之邪。自是，間日一試，文理粹然矣，議論確然矣，予莫能評品。春試，果咸優列。歸詣予謝曰："先生功也。"予曰："能不息，爲文會切磋，行將發解南畿，大魁天下，豈兹郡邑小捷已哉！"僉曰："此後學幸也，惟先生主之。"議協，俟臺捷舉行。族子國用，丁外艱，質美篤學，尤吾所畏者，聞則銳然贊之，遂決筴以孟夏十一日舉會，名曰"佘山文會"云。立例若干條，大都先之以德行，次之以文學。月有課以紀功，季有考以稽成。有罰以警惰，有儲以給費，具錄於籍，俾輪掌之。於乎。是會也，非欲類聚以炫觀美而已，蓋必本之以實意，加之以實功，然後可獲實益。斐然可裁，應運而興，文以天下，文以後世，斯無負佘山之靈矣。否則，或作或輟，或從或違，特戲耳，如文會何哉？是將貽嘲山靈，爲先士羞也。願相與勉之。

——萬曆《程典》卷三十三《附錄第三》

明萬曆十二年十一月歙縣江村聚星文社序

聚星文社序

夫會文於友，求同也。同類相求，同明相照，同業相勵，同美相成，胥會焉是賴。故會者，萃也，非萃則離，離則孤甚矣，學不可以孤。德星聚魯，言氏北轅，苟藉觀摩，詎遠千里，矧其在邇，寧甘孤學？吾鄉居郡東北，其人任質，農什九，儒什一。客言兹土也，不宜儒種而鮮獲。既道東釋褐，江伯子亦以進士起家，濟濟逢掖，咸志上農，蔫袞待穫。客言何爲者？曩伯子語諸同儔，益莫如會，取友四方，鯀吾鄉爲嚆矢。諸同儔謂："然。"申約著誠，若執若契，期共守之，以視道東請序。道東謝不敏，諸同儔固以請，且告成事於伯子，并徵勗辭。道東受而卒業，而深嘆此會之嘉也。會何以嘉？必虛必誠，必敦必文，以禮樂而成仁也。語曰："虛其心，實其腹。"海惟虛故翕，聖惟虛故受。兩賢相拒則善不入，去矜去吝，虛往實歸，是立會之本也。豚魚可孚，細要可化。物以誠格，人亦宜然。意肫念篤，已輸其忠。精融神應，人委其悃，故未言而信，言斯莫逆。語云："益友在諒，不在便辟。"大塊滋生，山藪藏疾，以人所能忌人，忮矣；以人所不能愧人，隘矣。不忮不愧，以善養人，是敦德也。《語》云："我出其敦，則人不偷。"敦以維義，義以聯情，故親不昵比，不傷歡有，慶虞，有恤。人休我休，人戚我戚，蕩乎孿如，嘉之會也。嘉會則禮合，禮合則樂與合。禮教讓興，樂教和和。和讓之極，渾然同德，仁道成矣。《語》云："以文會友，以友輔仁。里仁爲美，可風四方。"如有用我，執此以往。伯子以名柱史，陟在朝省，乃猶不忘鄉，會真錫類之仁哉？會肇於癸未孟陬，越歲適奎聚五星，卜兆文明，遂名"聚星文社"。異日者，諸同儔協卜顯仁，則有伯子前茅在。

萬曆甲申仲冬，程道東序。

——乾隆《橙陽散志》卷十一《藝文志下·序文》

明萬曆三十二年七月祁門縣桃源洪氏興賢會引

興賢會引

吾族自國朝肇運初年，即已崇尚文學，敦説詩禮，景寬公以博學膺歲薦，汝濱公以異材遊邑膠，均擅美於時宗，並垂光於家乘。嗣是文運聿興，人材輩出。其蜚聲黌序、著名成均者，今不具論，姑舉其入官服政，表表在人耳目者，少崖章公弱冠，選其出守惠陽，而強劇就撫；檗山彥公儒士應舉，分佐東濱，而清白獨著；泰崖祿公宏材應貢，再謁天曹，寧甘恬退，辭榮樂道。邇年以來，德選以《詩》貢，德靜以《易》貢，汝敷以《書》貢，汝修先年以《易》貢，今且分教秋浦，郡守推轂，士類依歸。愧余譾劣，己丑以《易》領歲薦，甲午領鄉薦，今乃膺簡命，令武陵，歸謁先廟，適合族創立義田，以膳諸英俊，每月會文。余喜而言曰："干將莫邪，天下之至利也，必待良冶之鍛鍊，然後水斷蛟龍，陸剚犀革；琳瑯璠璵，天下之至寶也，必待良工之琢磨，乃始登諸清廟，薦諸明堂。彼奇偉卓犖之英,處爲家珍,出爲國華。雖其天性茂哉,揆厥所由,則培植造就之功亦不誣也。"余觀祖宗時,會田未立,其惓惓作養,盛心已過於厚;其在今日,會田既立,而孜孜勸勉,至意當繼夫昔。夫曹好曹惡,人情不必盡同;善作善成,衆心惟在協一。自今以後,爲諸父兄者,毋徇私,毋執拗;毋輕譽以所長,毋妄訾以所短;毋謂科第之難而阻人之進,毋謂科第之易而驕人之志。有一於此,則咎在諸父兄。爲諸英俊者,毋植黨,毋炫名;毋矜己之所長聞,毋傲人之所不知;毋杜撰奇衺以塗人耳目,毋撫襲舊文,虛應故事。有一於斯,則咎在諸英俊。務期彼此相成,始終如一,道義相勸,爾我不分。兹我多士,回視祖宗時,或踵武以繼其後,或超乘而光於前,豈不爲邦家之光、士林之望哉?舊有會,曰"聚英",從英才聚會言也。今合族置義田以膳,會乃更名曰"興賢",蓋取興起英賢,一則以副國家夢卜求賢之意,一則以繼祖宗作養人材之志云爾。是爲序。

萬曆甲辰年秋七月,知武陵縣事裔孫尚同謹撰。

——光緒《桃源洪氏宗譜》卷一《興賢會引》

明萬曆三十二年歙縣稠墅汪氏宗族貞一會約啟與跋

貞一會約啟　萬曆甲辰汪之京

庠序、學校之設,三代所以明倫;宗族、鄉黨之稱,一士亦能化俗。自禮教之不張,斯世風之日壞。輕儇相習,每目擊而心傷;浮宕可虞,更情深而義切。揆厥所自,緣蒙養之弗端;漸有由來,本觀摩之無術。爰稽前典,誦大賢懿訓,絲絲縷縷無慮千言;載證本朝,仰列帝宏謨,規規矩矩可垂萬世。自公侯至庶士,無不可行於家,起聖賢於凡庸,安在無裨而國?事屬曠舉,滋駭聽聞,心有同然,遑恤譏議?遂訂貞一之約,用愜樂群之心,聯世誼,固交情,相勸相規,總祈與人爲善;尊高年,訓幼學,有德有造,可謂受益無方。繽紛禮樂之觀,肅穆文章之象。英才濟濟,宛先哲之儀型;律度斤斤,昭明庭之法戒。父兄以是率其子弟,子弟以是事其父兄。少而長,長而老,習慣若天成。身而子,子而孫,欽承爲帝則。而正而固之謂貞,勿二勿三之謂一。凡預斯盟,共遵成約,如陶之在埴,勿裂於閑;如金之受鑄,勿躍於冶。或放達之才任恣而不任檢,或忻慕之雅可暫而不可常。寧慎之始,弗咎於終。是舉也,某等一片熱腸,幾番苦力,仰期合乎古道,俯欲通於人情。是以博考群書,謬參獨見,務使質文允協,豐儉得宜,行之可久,吾儕與有光焉。轉而相資,此法終不隤矣。謹啟。

貞一會約跋　萬曆甲辰汪之永

吾兄之京貞一之舉,不敢言講學也,但學問進步終不出此。曰鄉約近淺,曰理學近深,姑處於不淺不深間,定其會曰"貞一",期以永萃士心;名其會所曰"立禮堂",欲以整肅士心。"禮"之一字,可該一切學問,從來傳授心法,細思來要只是禮。我等且從此習之,就此一日暫聚,洋洋乎神聖在上也,濟濟乎英傑在旁也,颯颯乎歌韵盈耳也,悠悠乎旨趣入心也,將平日浮情塵想不知消於何處。即此便是唐虞三代氣象,又何問進步也者?然此舉示頗覺妙有機緣。約成,甫兩易朔,而本縣徐老師頒行教令,事事吻合,非吾邑風化一大轉關乎?何不先不後感通若斯之捷也?今蒙賜序授梓,合境士民凜凜奉行恐後,誰復妄肆譏議者?吾黨益自洗濯,佩服至教,各守成約,持之以恒,希賢作聖之業,或自此會基之,則吾兄之心亦滋慰矣。

——民國《歙西汪氏重輯支譜》卷四下《典籍志》

明天啟元年十月歙縣江村重興聚星文社序

重興聚星文社序

余里聚星社,肇自雲南、貴撫二公,爲族黨諸子偕攻制義,爰立《規條》,兼儲會餼。每歲按季六舉行之,一時人心鼓舞,爭自淬磨。乙酉之役,社中薦賢書者兩人,廩學宮者若而人,入膠庠者若而人,文社之益彰彰矣。頻年來,士之獲雋者稍不及昔,則以文社觝愒,徒修故事也。有夙抱者輒幡然思奮,相與尋盟舊坫,倡獮英銳,每歲更益六會,浸浸乎意氣,馮如勃如,將見拔茅連茹。乙酉之盛,可復覯也。其不負二老屬望初心,在此舉也矣。

夫《易》隆麗澤,《學》記觀摩。逢年之幸,基於之田;國寶之章,始於追琢。君子未有不如此,而蚤有譽於鄉國者,諸君其朂之。是役也,問誰執耳?揮麈則有別駕、廣文二公。問誰主席?劊雞則有司丞。從事問誰?執鐸鎮喧,則區區鄙咨願奉周旋,所不辭焉。

天啟元年辛酉十月之望,江學海書於橙陽玄覽樓。

——乾隆《橙陽散志》卷十一《藝文志下·序文》

明天啟三年歙縣江村建聚星文社館序

建聚星文社館序

吾鄉人文鼎盛，簪纓代出，先世若昌文公、若賢公，功業彪炳，聞譽煇煌，歷歷可溯。余所及見者，滇南守程公、撫黔大中丞公，雄文積學，首重士林，勁節豐功，流傳朝野，實吾儕文學宗。萬曆癸未冬，爰立聚星文社，一時英才輩出，僉宗二老爲斯文主。二老慨然以造就來學爲己任，命題秉筆，寒燠靡倦，吾儕欣欣樂就正焉。乙酉賓興，及辛丑應南宮選，先群英而崛起者，故雲南道侍御伯達、今守粵西桂林清臣二君，是已爲文，皆卓犖不群，實二老造就之力居多。而嘉惠後學，其心未已，各捐田資二十緡爲倡，伯達、清臣亦各捐十緡爲助，會膳攸賴，自此始矣。第社無定所，雖樂群不廢業，而萃渙無常居。嗟乎！國家立成均，則才可育；郡邑設學校，則士可造；閭里創家塾，則蒙可養。其地均重也，奈何以聚星名文社，可無定所，以壯今日之觀美乎？

余僭叨馬齒之長，雁行玄水先生，其他若師尹、若允言、若茂承、若大生者，皆畏友也。議及此，咸咨嗟而扼腕焉，謂卜筑無吉壤也。乃師尹程仲子起而言曰："予有前山一區，坦然平夷，曠然閒雅，祖山後峙，群峰前列。美哉！山谷之壯麗也。願公諸衆，以基文社，不亦可乎？"余因顧茂承曰："有基固無壞，惟是鼎建不易，庶幾蠲貲以爲倡者。"茂承曰："唯唯，是誠足爲樂輸者前茅矣。"余不佞耄矣，無能爲也，與玄水老人樂觀厥成耳。卜吉經營，得智能之士，任之大工，奚難告竣哉？將見梗楠杞梓，得豐林而植之，千章葱鬱矣；騏驎騄駬，得牧野而豢之，空群而騰矣。至於充拓膳器，以供肄業；尸祝其先達，以隆祀事，又在後賢踵事增華矣。同志者，其勖諸。

天啓癸亥長至，東臯江世濟序。

建聚星文社館序

萬曆癸未，吾鄉程宇和、江念所兩先生立社捐租，嘉惠後學，歷年於茲矣。而會館未建，姑有待焉。天啓癸亥，程仲子師尹、江伯子茂承，皆翩翩佳公子也，慨然思成先德，擇地於前山之陽，闢址助貲，以爲倡首。二君奇才，必當同籍，凡木石、勩堊之費，實同任之。里之俊彥，有並響聯鑣，與二君平分石頭紫氣者，亦共肩之。雖工作未興，而規模已宏遠矣。

余惟館以會設，會以文名，士之績文者，寧獨工鏗鋭已耶？士善一鄉，又進而一國，進而天下。士不負學，必不負天子，不負生民，立德上矣，立功次焉。二先生人倫冠冕，士品璠璵，一則握蘭粉署，潤澤河淮；一則執簡烏臺，芒寒星斗。滇南攜兩袖清風，黔中舒一天化日，德與功實兩兼之，真吾徒師表也。取法於中，不若取法於上，士之會茲館也，其有所穆然而深思乎？今日做真秀才，他年作賢宰相，寧恬無競，寧拙無華，寧戇無阿，寧堅無脆；庖丁之解也，輪扁之斲也，痀瘻之承也，紀渻之養也。其硎新，其數存，其神凝，其德全，是所望於會之制藝者，調羹之梅也，東征之斧也，高岡之鳴也，袞衣之惠也。其猷裕，其功茂，其誠格，其澤厚，是所望於會之從政者。

嗟夫！夫高山可仰，良法宜思，文章、德行，二先生型範，如存堂構，箕裘兩賢胤，紹述不朽。練川漾秀，既環萃橙里之文明；虛谷效靈，將盡收扶輿之清淑。會館所係，不亦鉅乎？若其弄筆以徼利，達踞尊甗，而忘寒酸，豈徒減山靈之色，抑亦增二老之憂也夫。天啓癸亥長至，玄水江東望序。

——乾隆《橙陽散志》卷十一《藝文志下·序文》

明天啓五年歙縣江村議建瑞金文會保龍序

議建瑞金文會保龍序

郡東北有山曰飛布，一名瑞金，巍然獨峙，前後岡阜伏其下，揚之水、布射水出其左右，紫陽、問政諸山列如門户，誠新安一大奇觀也。居其麓者幾萬家，族姓聚焉；葬其地者幾萬塚，封樹植焉。前朝敕封越國汪公、歙州倅江公，昭代諭葬相國許文穆公及潘侍郎、黄都憲墓胥在是，而郡邑治營署復倚爲屏障，載之郡邑志可考也，所係亦大矣哉。顧山脉多産礦，破其塊而付之鍜，膩如粉，能備一切用。左右復産煤，以鍜石甚便也。奸民虎踞，以爲利藪，日剥月削，陷若阱坑，地脉不斷者一綫耳。山麓居民，陰受其禍，生齒凋殘，鄉先輩抱切膚之痛，廑未雨之思，舉於當事，得賢邑宰如張公濤、戴公東旻先後示禁，鋤其奸頑，平其缺陷，價購其餘山隙地，嚴巡緝以保衛之。近年以來，生齒蕃盛，群頌賢父母之德，其事載《保龍集》中。第山民奸頑，罔知法度，巡緝偶疏，不無見獵之喜，誠未善也。

余以鍾毓人才者，山之靈；保護山脉者，人之力。舉兩事而一之，亦一良法也。其説擇山後幽曠處，建立會館，選八鄉之俊彦，肄業其中，置田以爲膏火。春、秋佳日,鄉先達群集於此,評其文藝之工拙,爲之督課而講學焉,則此中有人,庶幾奸頑者聞而裹足,有不較巡緝之役,無疏虞而多裨益哉!且也窮則蓬蓽攻其業,達則廊廟壯其猷,於名山愈有光矣。爰創議以質八鄉之賢者。

天啟乙丑冬,東皋佚老江世濟序。

——乾隆《橙陽散志》卷十一《藝文志下·序文》

明崇禎八年歙縣江村聚星文會會館告成序

聚星會館告成序

明興,沿趙宋貢舉法,以文取士。士生斯世,匪藉制義爲羔雁,即欲頡頏青雲,道無繇也。吾鄉先哲應運而起者,代不乏人,文章經濟,彪炳宇內,至今猶可考見。然學多獨證。嘉、隆以上,萃一鄉之彥而課制舉藝者,未之前聞。聚星文社,肇自萬曆癸未,則程中憲、江大中丞二公共創之,以興起斯文者也。越三年乙酉,石鐘、乾菴兩先生同舉於鄉,石鐘先生繼成進士,此立會之初,稱最盛也。嗣此以歲薦登仕籍者爲三莪公,同輩一、二人,雖簪纓不乏,而甲第無聞。求其所以,緣會館未逮而會事萃渙無常也。先是,別駕三莪公嘗倡議建館,程師尹公許捐前山,以爲基地,三莪、玄水二公曾序之。於今一紀,而二公倏已捐館矣。歲甲戌,師尹公出地,以踐前盟。其山負乙面辛,六秀環拱,人謂得地之勝。且當一鄉之中,彼此往來,道路適均,誠佳址也。獨片瓦寸椽,必資泉布,爰不憚煩,糾諸同社,得若干緡,鳩工庀材,會計盈縮,出入經紀,曉作夜息,年餘而館舍以成。直計之得九丈有奇,橫計之得二十丈,中恢梁楹,爲綠猗堂。南建奎樓,下爲書舍,前張綽楔爲門額,題曰"聚星會館"。

嗟夫!昔范文正公偶獲吉壤,形家謂築室居之,出青紫無筭。公乃讓爲學宮,分澤同郡,真百代人物也,師尹公其殆有見於此乎?同社諸公,從此共相琢磨,聯翩皇路,庶幾不負二老立社初心,與三莪、玄水二公屬望,則捐地者亦甚愉快也。爲序數言,以爲諸君勸。

崇禎乙亥春,太沖山人江道振書。

——乾隆《橙陽散志》卷十一《藝文志下·序文》

明崇禎歙縣呈坎羅氏宗族潨川文會會規

會規

一、入學，每人折彩旗銀壹兩，禮服、鼓樂、菓酒行賀。舊簿云：當即復銀貳兩。後來答禮一事，浸歸廢閣，惟優裕好事之家設席復禮。嗣後，貧士固當相（亮）［諒］。若力可以設席者，不必糜費，遵舊例，折席儀貳兩，入匣置田；優裕好事者，倍之。

一、中鄉試，歸日，折表裏銀貳兩，鼓樂、禮服、菓酒行賀，仍動匣內銀壹兩貳錢，置酒衆叙。旬日內，復銀拾貳兩，入匣置田。

一、中會試，歸日，折表裏銀叁兩，鼓樂、禮服、菓酒行賀，仍動匣內銀壹兩陸錢，置酒衆叙。旬日內，復銀貳拾兩，入匣置田。

一、補廪，折酒席銀伍錢，吉服、菓酒行賀。一月內，復銀壹兩入匣。

一、出貢，歸日，折表裏壹兩貳錢，禮服、鼓樂、菓酒行賀，仍動匣內銀捌錢，置酒衆叙。一月內，復銀貳兩肆錢入匣。

一、選貢，歸日，折表裏銀壹兩陸錢，仍動匣內銀壹兩，置酒衆叙行賀。如出貢禮，一月內，復銀捌兩入匣。

一、納監，歸日，折絹帕銀壹兩，禮服、鼓樂、菓酒行賀。舊簿云：依文徵侄例，復田壹畝。今定復銀伍兩，其生員援例，不必舉賀。

一、舉人選官，歸日，折表裏銀壹兩貳錢，禮服、鼓樂、菓酒行賀，仍動匣內銀壹兩，置酒衆叙。旬日內，復銀叁兩入匣。

一、進士，有再入京選官而歸者，不必復賀，止動匣銀壹兩貳錢，置酒洗塵。

一、貢士選官，歸日，折表裏銀壹兩，禮服、鼓樂、菓酒行賀，仍動匣內銀壹兩，置酒衆叙。旬日內，復銀貳兩入匣。

一、監生選官，歸日，折禮五錢，禮服、鼓樂、菓酒行賀，仍動匣內銀八錢，置酒，聽設酌復禮。

一、甲科貢、監陞官，不必舉賀，如至家日，動匣內銀，置酒衆叙，人以捌分爲率。臨行，動匣內銀，置攢盒酒，水口錢行，人以五分爲率。

一、誥封、建坊，用入學納監例，折禮行賀，復銀叁兩入匣。如重封重建者，禮服、菓酒賀之，不望報也。竪旗亦同。

一、考選暨歸後起官,舉賀、復禮,依中鄉試例。

一、壽禮。凡在會父母六十以上者,折禮銀叁錢,如其家作賀,禮服、鼓樂、菓酒行賀;其家不作賀,吉服、菓酒行賀。自壽,折禮銀伍錢,餘同前;妻壽,亦如父母例行賀,俱聽其置酌復禮。其在先達,齒爵俱尊者,動匣內銀,撰文製軸,聽其酌量復禮,銀入匣置田。

一、喪禮。在會父母之喪,折香帛銀叁錢,易服行吊。如已有變折祭禮陸錢,易服吊哭;妻喪,亦如父母喪,備禮作吊。其在先達,齒爵俱尊者,動匣銀,撰文做祭,聽其復禮,銀入匣置田。

一、周給。舊簿云:在會婚喪不給者,會衆諒處周之。後來濫觴,遂開假貸之門,少則數金,甚且傾篋,此何可訓也?今後,此竇斷不可復開,如家果壁立,事係婚喪,集衆議助,大都自壹兩至貳兩而止。若他事假貸,司會鳴衆共拒之。

一、凡科甲及入學,歸日,司會邀集,候迎于水口文昌閣下,本家須以酒禮管待。

一、每年正月,集衆文昌閣拜節,動匣內銀壹兩貳錢,置攢盒酒及糕粽之類。二月初三日,動匣內銀捌錢,付大聖堂,辦香燭、素齋設醮。

一、入會,必須科甲、生監,此外惟封君、武科得與,中丞公有手書,存于舊簿。如以他途通籍,不得援草昧之日一、二寬政,以爲口實。

一、客籍入泮,必到家入會後方書名。如未歸者,姑俟之。

一、府縣公祖、父母官來往,迎送酒席,俱臨時集議,難以預定。

一、營建置造,須集會衆公議。

一、兌租,依宗祠例,炤時值納價銀入匣。其收租視時年豐歉,隨手入帳,須記月日。

一、斯文,禮義相先,得毋自相爭競。犯者,罰銀壹兩公用。倘被他人侵侮,論理之曲直,當協力禦之,以存體面。退縮徇私者,罰銀貳兩公用。如不遵行,衆鳴鼓攻之。

一、司會,每年派定四人,其間家事不齊,勢必歸優裕有力者管理。如交會日有虧欠,即坐在管理之人補足,庶嗣後不致曲徇面情。

一、司會,每年派定四人,于中一人司匣,一人司鑰。凡遇公用,開匣上帳,必管會四位眼同。如營私及徇情假借,私自借當者,查出,罰銀五兩,入匣公用,會衆仍共督其賠償,毋使稽遲歲月。

一、遞年交會,舊日七月朔日,今因二月初三日設文昌醮,改期二月朔日。本日,動匣內銀壹兩貳錢,置酒衆叙。除公用外,匣內所存銀兩,有未置田者,本日,上、下年眼同交割。如當交不交及當收不收者,俱罰銀叁兩。

一、年過六十及仕宦遊學,無子弟在家者,不在管會之列。

——萬曆《溧川文會簿·會規》,傳抄本

清康熙三十一年歙縣稠墅汪氏宗族文會序及康熙三十二年象賢文會序及緣起

重整象賢文會序　康熙壬申汪必遠 符五

兩族之有象賢文會,由來尚矣。成、隆以上,無稽焉。考萬曆丙午《會簿》,《序》則廣文、顯謨公之文也,《書》則余曾祖文學君實公之筆也。其言曰:"吾黨之有會,非惟振一鄉之文運,抑且通兩族之精神。"旨哉,言乎!故其時,人文蔚興,凡兩族之事,無巨無細,莫不於文會折衷焉。而文會諸君子亦皆潔清自好,品行端方,足爲鄉評所推重。迨後陵谷變遷,斯文星散,會長子久公憂之深,慮之遠。爰舉會中田產,暫寄宗祠,一以佐祀典之不逮,一以措纍卵之產如磐石之安,可謂良工心苦矣。獨是興一事而廢一事,或者不能無議焉。辛未冬,兩族集宗祠,酌定《條例》。至文會歸田一項,僉曰:"文會係一鄉眉目,不可以久曠。而祀典尚未充足,會田又不能遽歸,可奈何?"坐中有惟宣侄起而言曰:"邇來兩族文風漸起,文會不可不急興。祭祀未敷,歸田且俟諸異日。"於是,二、三同志慨爲倡始,請兩族之有名器者若而人,今昔之能文赴試者若而人,俱入會中,各照貧富以輸貲,得十三人白金四十餘兩,經之營之,以供會費,而草創之規模立矣。自今伊始,約束一凛乎舊章,於是承前烈,啟後昆,德行、文章、事業皆於會中是望,詎不偉歟?諸君子其共勉旃。

會約緣起　康熙癸酉汪鏞 維宣

文會之設,非徒以會文也,亦以砥行也。砥行則曷言乎文會也?《傳》曰:"君子以文會友,以友輔仁。"蓋講學者於此,取善者亦於此也。況古之人忠孝本於性生,道德由於實踐,有時出其緒論,以爲文章多可法而可傳者。今則不然,談忠者未必忠,談孝者未必孝,談道德者未必真道德。噫!世風所以不古也。吾鄉文會之名曰"象賢"也,其旨深矣。邇者老成凋謝,幾幾乎有絕續之虞。吾輩力起而維之，非以爲飾觀之計，蓋欲爭事仰法先型，以實心行實事，善相勸，過相規，切磋琢磨，交相砥礪，庶幾德行與文章并進，質諸前賢立會之意，亦可以弗畔矣夫。

——民國《歙西汪氏重輯支譜》卷四下《典籍志》

清康熙六十一年歙縣江村重修聚星文會會館序

重修聚星會館序

歙城市、鄉鎮，各立文會，其間華麗者居多，惟吾鄉規制從樸，蓋先年資斧未充、草創成之也。歷年既久，傾圮因之。幸鄉賢勤於修葺，賴以不廢者亦幾矣。今則奐然一新，伊誰之力歟？家待占見樓閣欹邪，堂廡破碎，垣頹蹬敞，惻然心傷。思集衆輸資，終難舉事，因慨然自任，捐貨三百餘緡，以供修費。斯年也，復值英玉司社事，經營贊襄，共成盛舉。於是，同社諸君新文帝像，而加塑儀從，以光文教，祀諸先達於堂，以隆典禮。一切措置，井然有條。自程中憲、先中丞立社以來，未有如此之備也。且也昔惟造就人才，今則並崇祀典，而禮文於以植其基；昔僅課舉業於藝林，今則萃一鄉之俊彥，講信修睦教讓敦仁，而風化於以端其本。先人有知，能無快慰也哉！則凡吾鄉之切觀摩而勤攻錯者，其所就又詎可量哉？待占之功，真不在立社諸君子下也。余喜而爲之序。

時康熙壬寅夏日，江永治書。

——乾隆《橙陽散志》卷十一《藝文志下·序文》

清乾隆四年五月祁門縣版溪康氏宗族敦仁會序

敦仁會序

昔聖昔賢愛其所親，以及其疎；敬其所尊，以及其卑。推恩錫類，愛無不周。是以俗尚淳雅，人相親睦。今之世，古道日渝，重貨利，輕仁義，鮮克盡親親之誼，甚有待手足如陌路，視親族若仇讐者。里中淳謹之士，目覩心傷，因思關聖以異姓兄弟克敦友於之誼，盡忠貞之節，後之人仰其風，思其德，咸致敬盡禮，尊奉之而不敢懈。於是，邀約同志之人，訂爲嘉會，藉聖誕以聚慶，因宴會以展親。交相規誨，勸善懲惡，庶有以觀感而興起敦仁讓、崇信義,不至陷爲輕薄子。夫豈以談笑爲歡、宴飲爲樂哉?會既成,屬予作序以記之。予嘉其意之誠,誼之篤,因漫名之曰"敦仁會"。

時皇清乾隆四年歲次己未仲夏月望日,雙溪宗人康常礪菴敬撰。

同會人名列後:淑鳳、良孫、肇伸、尚英、發貴、之璉、肇仕、之瑚、樵、全皓。

——散件文書,原件藏安徽大學徽學研究中心特藏室

清乾隆九年四月歙縣江村蟾扶文會序

蟾扶文會序

大凡山水秀絶之區,即爲人文淵藪,以其靈之所毓有獨厚也。而天下山水之奇,莫過新安。予莅兹土,甫下車,曠覽名勝,即願與其文人學士遊,以資他山之助。及邑試,得程生翰登文,清腴遂暢,予固謂攻錯之有自也。越明年,生兄廷霖以蟾扶會事索序於予。會爲江村盛舉,每課文不下數十人。十日一舉行之,無間寒暑,其淬勵者深矣。予喜前言非妄,而益嘆磨礱之不可缺也。雖於斯會未能通識其人,而其互相砥礪,競爽争鳴,將見連茹拔茅,扶搖直上,自可於此卜之。惜予將諗烏情,不克久藉他山於兹會也。爰述數言爲之序。

乾隆九年孟夏朔,知歙縣事王見川譔。

——乾隆《橙陽散志》卷十一《藝文志下·序文》

清乾隆五十五年四月歙縣東關濟陽江氏文會胙產等事宜

濟陽江氏文會記

文會之設,所以崇獎冠裳,合一姓之俊髦而澤以詩書者也。蓋即古者黨庠、術序之意,推之而加隆,而彼統於同此,則嚴於獨登斯堂者,咸有雍容禮樂之思,一倡一和,觀感而興起,匹夫爲善化其鄉人,而況於族乎?故此制一定,所以愛親敬長、敦本睦族者胥受治焉。吾家前此已卜其地,近在宗祠之東偏,相去二十步,兹乃恢而廣之,上下四旁,悉歸整頓。又爲小閣,上奉文帝,每歲仲春月之三日,恭設一祭,立之員程,以垂永久。異時文物聲名,用光宗祊,由此其選也。故記之以示後之君子。

乾隆五十五年歲次庚戌夏四月吉旦。

文會胙產

一、志學於乾隆五十四年三月，捐元絲銀玖伍平壹伯兩，買上路店屋壹間，每年租錢陸千文；龍舌頭店屋一間，每年租錢肆千文，計契壹紙、稅票壹紙、原租批貳紙。計開實稅：與字六十二號，地稅貳厘，土名龍舌頭；六十六號，地稅叁厘，土名上路，其稅收到東關一嵒二甲江鯨、榮二戶，裝入東關三嵒伍甲江文會戶輸糧。

其租錢係文會司事收取，每年二月初三日，備辦祭儀，恭祭文帝，頒發祭胙。其禮生會股法錢，仍于冬祭日文會司事在宗祠內頒發。其贏餘租錢，仍存文會公匣，以備置產。其祭儀及各項事宜，另載《文會簿》。其五十四年三月至五十五年五月租錢，計十二千五百文，為作門額工料事用。

文會所始末

吾族當日議置禮生會屋，原備以作文會也。向來雖有屋宇而未行祭事，故其屋租錢，冬祭日，照禮生會股法分租。今既輸銀置產，則祭不可無，因敬立文帝主，于仲春三日齊集，諸人衣冠行祭。其禮生會屋，原租人裝修，公估計銀貳拾貳兩，故現在文會六十位，各出銀三錢六分六厘，湊成貳拾貳兩與之，令其搬出，以便整理。茲將名目開列於後：

景岳、振霞、廣成、喬甫、維斗、崑一、文也、碩庭、仰亭、繡川、京山、秋山、岷山、數青、書山、子學、培根、剡山、炯持、造舟、樹庭、又芬、蒼厚、性原、鶴鳴、厚存、以書、宜也、鑑川、渭川、嵩佐、立堂、立雲、我存、笠圃、思禮、公執、若山、秉純、仰青、景南、樹堂、信傳、星耀、麗中、畊民、輝宇、惟履、潤吾、象輝、謹涵、畏初、含益、耀庭、易宣、佩書、顒標、越琴、仲升、仲幾。

——乾隆《新安東關濟陽江氏宗譜》卷二十四《文會記、文會捐輸》

清乾隆歙縣江村江氏宗族榮養堂文明新社序

榮養堂文明新社序

張七相公，逸其名，楚黃麻城人。能禦火災，麻城人祀之，奉詔封順天王。予高祖文明公任麻城，摹像歸奉家廟，百餘年於茲矣。天啟丙寅，諸父輩感神靈異集，支眾捐貨立社，曰"文明"。蓋神依祖歸，故號以祖字志所自也。立社之初，《規條》嚴而不煩，儀品周而有數。歷歲設祀，毋敢或斁，駸駸乎比隆於朝獻之殷矣。迨至甲申，雖國事告變，人力稍微，而此社仍前未改，詎非王神之靈爽有以翼之歟？第前規祀於正月念一日，而元宵燈燭獨不一設。一、二後輩以爲缺典，爰集八人輸資獲息，歲之上元及遊燭夜，薄奠將忱，張掛燈燭，以補前人未逮。予嘉乃意，從舊名而增之曰"文明新社"。雖然予有囑焉，凡社之立，不難於創始，難於繼述；不難於繼述，難於協和。能和則雖百千年可繼，將見新社與舊社並傳，豈惟於神有光，於文明公愈有光也。

江必超序。

——乾隆《橙陽散志》卷十一《藝文志下·序文》

清乾隆歙縣雄村竹山書院文會條約碑

文會條約

一、振興文教。給公項以供會文者，歲二次，期以春、秋。有解私橐以作興者，不拘時日，咸集院中。

一、整齊風俗。文會爲風教轉移地，凡鄉鄰有事集議，務期和衷察理，一秉於公。

一、司賬綜理出入，所任其重，歲舉殷實至誠者主之，毋推諉規避。

一、司年，歲二人，以齒爲序，輪次而下，慎勿憚勞。

一、公匣銀兩，不得冒領，不准典當房屋，其交業聽行召租者，不在此例。

一、諸凡器皿什物，概不得借用。徇情擅取者，有重罰。守僕知而不言，從重議處。

一、書院爲會文集議公所，永不租借爲館地。

一、燕會嘉賓，興慶吊事，咸可暫借此間。客柩帶歸，亦可租停啟吊，租銀以日壹兩爲率，不得久延。如遇會內有公事日期，則租借均不准。

一、文社行宮、書院園亭石欄路坦，概不許堆垛曬打物件。違者，即行撤毀，斷不姑狥。

一、基地上下一帶，概不許縱放（生）[牲]畜、曬眼栽藤，戕害花木。違者，即以所獲生畜賞拿獲人。曬眼栽藤，即行毀去，仍議重罰。逞強不服者，呈官處治，不稍寬假。

一、各處屋宇，稍有滲漏損壞，即動公項修葺，不可忽略，責在司年。

一、看守僕人，月給公食銀壹兩，須勤謹照應、伺候，洒掃澆灌，惰則責逐。

以上各條，另有刊本，詳載明晰，務期永遠遵守，勿替初心。

輸助文社基地列後：

會內本存陸分壹厘肆毫伍絲柒忽，宗禮公捐輸陸厘柒毫玖絲柒忽，南峰公捐輸壹分捌厘壹毫貳絲伍忽，應周公捐輸貳毫伍絲伍微，文注公捐輸貳厘玖毫，仰齊公捐輸壹分壹厘叁毫貳絲捌忽貳微，惟夏公捐輸陸厘貳毫，韶石公捐輸柒厘叁毫陸絲陸忽柒微，東陽公捐輸柒厘叁毫陸絲陸忽柒微，樂野公捐輸貳分柒厘捌毫，新陽公捐輸柒厘叁毫陸絲陸忽柒微，汝梁公捐輸伍厘，連玉公捐輸叁厘，麗鼎公捐輸叁分，武卿公捐輸貳厘貳毫伍絲，在野公捐輸貳厘貳毫伍絲，爾立公捐輸柒厘柒毫伍絲，進之公捐輸貳厘貳毫伍絲，仲扶公捐輸壹厘壹毫貳絲陸忽，彝友公捐輸壹分壹厘玖毫，如山公捐輸肆厘玖毫陸絲陸忽陸微，葷飴公捐輸捌畝捌分捌厘陸毫捌忽肆微，伯章公捐輸陸厘叁毫伍絲，斗瞻捐輸陸厘叁毫伍絲，澹菴公捐輸壹分伍厘玖毫，艾圃捐輸叁分捌厘，震亭捐輸叁厘叁毫，以上共稅拾壹畝捌分伍厘玖毫伍絲捌忽捌微。

字號、土名另載。

——碑銘，原碑嵌於安徽省歙縣雄村竹山書院牆壁中

清乾隆至嘉慶年間歙縣棠樾同老會序

同老會序　張瑞廷 穎南

辛卯冬，與鮑子誠一客章江，旅次寒宵，篝燈共話，往往漏下三鼓，於故鄉風俗之美尤數及之。因言太公近居里門，與族中同歲者六人相聚會，其世凡四，名曰"同老"，歲各一舉，以次迭爲主賓。佳時勝地，言笑從容，其禮略仿古人真率會意，所以明澹泊、計長久也。先是，明正德間，其先世有曰時瑩者，嘗爲宗老會於棠樾之清逸亭，其人凡十有四，各爲詩以紀之。至今誦其遺製，慨然想見一時杖履盤匜之樂，爲神仙中人。越二百五十餘年，而復有是會，引年盛事，出於一家，可謂難已，抑予更有感焉。凡與於斯會者，其子弟力田服賈，以敬事其耆老，俾得優游鄉井，飲食宴樂，以養其天年。幼子童孫奉几撰杖，日侍於其側，孝弟之心日以生，愛敬之道日以篤。然則吾鄉風

俗之美,鮑氏其尤著者,世以"慈孝"稱,不虛也。誠一聞余言而善之,比將歸,屬予爲之序。於其行也,書以歸之,質之同老諸君,當爲引滿一釂也。

同老會序　光純景熙

明武宗朝,吾家棠樾時瑩公嘗聚族之耆老十有四人,爲宗老會,宗人能文者,各爲之贊。慶陽李空同副使、同鄉唐新菴修撰諸先輩,咸爲文以志其盛。距今二百六十餘年,吾叔竹溪先生慕先世之流風,集同年六人,命爲同老會,繪而爲圖,屬光純序之。光純惟古之宗法,六世親屬既竭,宗家有事,族人皆侍終日。大宗已待於賓奠,然後燕私,不醉而出,謂之不親,是故尊祖、敬宗、收族而百度舉。後世宗法既亡,賢者亡以著其恩,而不肖者亡以固其氣,等而下之,有夷爲路人者矣。吾歙土厚水深,有樵蘇、衣食之業,窮人生而悖,固一姓聚族而居,經千百年,罕分徙者,故宗族之睦,譜系之明,常甲於他郡。而吾叔則釃酒籩豆,兄弟無遠,族食之禮,不降以世。蓋所謂序以昭穆,別亦禮義者,皆在於此,非僅如香山、洛社爲會集以樂餘年也。吾鮑氏自宋始遷棠樾,子壽、時明兩公先後以孝著,思菴公勳業爛然,與三峰公同時名德相望,并爲重臣。今吾叔之風流標暎,繼時瑩公後,世濟其美,又如此。後之覽斯圖者,可以知國家太平、民物豐樂,而吾宗諸父兄弟多躋上壽,又以見一時人物之盛。爲孫子者,世世追仰,當永志之勿忘也。

同老會圖自序　宜瑗

明武宗正德五年,先清逸公嘗集宗人高年耆德者,爲宗老會。凡四世,得十有四人,於時空同、篁墩諸先生咸有詩文紀之,至今里中傳爲盛事。瑗不肖,於先人名德,百不逮一,閒亦與宗人之同甲子者良時勝地,迭爲主客,久益成趣。因聯爲同老會,亦四世,得六人,六人之外,歲時腰臘,吾宗之聚族而歡燕者,不知凡幾,以非同庚,故不數之也。兒子輩謂其近前人宗老遺意,侈爲圖畫,且博求詩歌以張大之。三家村田舍老翁,斗酒歌鳥,鳥亦何足多述?後人或用其意,以佚老而敬宗,庶乎其可也。六人爲余叔,次公、弟澤公,從子趙瑛、秀紳,從孫爲陵。

同老會詩　汪焯心來

吾邑萬山中,風俗最近古;村墟藹相望,往往聚族處。族中幾耆舊,宴笑每相親；孰是同甲子，而來迭主賓。唯彼竹谿翁，爰集齊年叟；令節與佳晨，厥會名同老。鬱葱棠樹下，清逸舊時亭；流風逝未遠，於以奉儀型。有子潔壺觴，有孫進甘旨；鄉人式觀之，油然以興起。薄俗崇勢利，孝弟日以偷；毋令入吾鄉，遺茲長老羞。

題同老會圖詩　閔華蓮峰

同甲復同宗，蒼然静者容；繪圖如六老，漢胡廣有《六老圖》，壽世比喬松。人物衣冠盛，溪山少長從；由來從祖德，端可躡仙踪。流水添新漲，白雲生遠峰；何當歸故里，與子共扶筇。

同老會詩　劉大觀松嵐

對兹同老圖，靤然動歡娛；恍如唐虞際，鼓腹游康衢。閒情作逸致，古貌垂銀鬚；手持過眉杖，未要兒孫扶。同鄉不同族，情分猶或疎；同族不同歲，年齒猶相殊。天既予以壽，又恐衰年孤；特生六逸老，使之聯遊裾。新安好山水，靈秀天下無；水涘放一艇，山椒傾一壺。行則共追逐，止則鄰屋廬；不知人世上，更有榮與枯。

詠同老會詩　童鈺二樹

新安多美里，棠樾古之仁；羨子一堂壽，同庚六逸人。逍遥遊化日，歌嘯得長春；莫問香山社，天涯結比鄰。桃園真絕境，菊水豈同聞？何似竹溪老，相將葛藟居。香雲凝研席，晴翠落衣裾；不僅傳家範，流風接太初。

爲竹溪宗叔補同老會圖并題以詩　楷端人

聞説吾宗老，耆英有六人；枌榆仍結社，桑梓得常親。花月資吟賞，杯柈互主賓；却憐未歸客，圖罷獨傷神。

——嘉慶《棠樾鮑氏宣忠堂支譜》卷二十二《文翰》

清嘉慶十年十月績溪縣城西周氏宗族文會規條

我族之有文會，我高祖士暹公暨二十三公捐貲置産而起也。每歲二月三日、八月朔日，具冠裳粢醴，詣祠祭文昌帝君。祭畢，祭立會諸公。子孫之與祭者,頒胙散福,蓋二百年於今矣。祭必有惠,頒胙散福,示神惠也;祭立會諸公,誌不忘也。自重建宗祠,會內租息,歸祠收取。告成之後,文運日隆,人才奮起,衆議欲建濂溪公書院,希其新捐置產,俾文會之設踵而增之。爰着此會田產,公舉廉能者辦理。除每年辦祭頒胙外,仍以所剩之資爲科舉之費,南征北上者,按數給送,蓋二十餘年于茲。新捐之議,有待于將來,而此會之頒已行寔惠于邇日矣。自是大比之歲,賢能有書,後起者駸駸日上,將來彙征之吉,正未有艾也。想二十三公在廟之靈,毋亦少慰矣乎?其與上京戶之立,所以培植人文者,自并行不悖。會始有明,成於國初,查驗契據,載明順治、康熙年號。迄於今,有莫知其由來者,榮檢獲高祖士暹公初定《規條》《遺稿》九則,附錄於後,俾後人咸知此會,各捐己貲而立也。新捐之議,仍有望於後來云。時嘉慶乙丑十月二十二日也,二十七世孫榮謹記。

《遺稿》錄後:

我祖豐山公由壁徑起巍科,策名筮仕,歷括及蜀,勳著兩藩,賦歸來,倡捐置產,創建祠宇,敬宗睦族,美舉甚多。所少者,文會耳!暹承先志,偕伯、仲、叔、季及諸同人,各捐己資,生利置產,上奉帝君,下爲會文之費。爰立《規條》於後:

一、"入會出銀"三則:有餘者,出銀三兩,次二兩,又次一兩。違者,不許入會。

一、在會內,入泮,有餘者,出銀一兩,次出八錢,又次六錢;補廩者,出銀一兩五錢;出貢者,出銀二兩;中舉者,出銀三兩。由此而上者,有加無減。如未入會,入泮後入會,必須加倍。

一、每年司值四人收租,存貯公所,辦祭輸糧,公同支用,事竣算賬。如有私自支用,公同議罰,入衆公用。

一、存貯銀兩,借去收入,必須四人同見,不得私自專行,更不得侵漁吞噬。如違,革出會外,永不許入,仍要追出侵漁吞噬之數。

一、祭神福,物必潔,衣冠必整。如拜跪踴分及不到者,罰銀五分,入衆公用。

一、會文,原爲鼓吹休明,作興後輩。在會內者,固不必言,即未入會者,亦准來會作文,只不得與祭頒胙。

一、會文,定四仲月十五日爲期,如遇祭祖,後二日可也。作文二首,俱要完篇。遵有賞,違有罰。

一、創建文會人名、出銀數目錄後：彭夫二兩，萬中二兩，簡任二兩，鏡玉二兩，皋符二兩，聖環一兩，公輔二兩，昨非一兩，君和一兩，公贊二兩，梅臣二兩，和臣二兩。彭夫，士述公字；萬中，士選公字；簡任，士遴公字；鏡玉，士暹公字；皋符，士邁公字，此五公榮高祖士暹公兄弟，所謂偕伯、仲、叔、季也，餘字未詳。此初立會十二公，後增十一公，共二十三公。其名目并祭儀、頒胙、散福《定例》列後：

一、祭文昌帝君，每年二月初三日一次，八月初一日一次。

一、祭儀列後：衣帽一副，紅燭一對，官香一束，奠酒一壺，大杭箔二百，大光古二刀，大包一盤，豆腐一盤，三牲一副二月初三，司事者自備；八月初一，開支公賬。司事者同散并支酒、麵、鹽、炭等項。祭畢，外備香一束、杭箔三百、光古三刀，詣寢室，祭立會諸公。

一、立會諸公名目并頒胙、散福條款列後：紹韓公、士述公、士選公、士遴公、士暹公、士邁公、棟公、必轉公、鳴鶴公、宗昌公、謨公、調元公、調鼎公、調鼐公、靖公、邦公、祥公、宏都公、鼎佐公、弼公、瑞公、燧公、賜玠公，以上共二十三股。每祭祀，各給包兩對，計足秤一觔，散福一個，折錢三十五文，士選公外給豬胙一觔。

一、每年租息，公舉會內誠實廉能者收貯，除辦祭、輸糧、頒胙、散福，餘存公匣，以備鄉、會試盤費之用，毋許侵蝕挪借。

一、三年所餘，酌存數金，備送中舉盤費，仍照入闈者多寡分送。中舉，每人送銀八兩；中進士者及鼎甲、翰林、拔貢、上京朝考者，俱照中舉例分送。

一、逢恩科，若公匣無餘積，動支三年所餘，兩科分給。

一、赴闈盤費，臨期賚贈，毋許預支。不赴闈者，不給。倘已領盤費，捏故不往者，將盤費追出，仍罰詣祖前跪香一炷。

一、收支帳，三年一結，各項清彙一單，實貼祠內，俾闔族皆知。所收穀麥，照祠例交帳，毋得收多報少，虛開款項。如有此情，查出，見一罰十，入會公用。

一、田產列後：

貞字一百四十五號，田稅四分七釐，土名河間洪，原佃吳細觀住高村，今佃吳惟振，原額穀三大秤，今折硬租穀八十斤。

傷字一千二百七十七號，田稅七分七釐五毫，土名下豐干垚竈邊，原佃劉五吉住黃毛坦下手，原麥三大斗，原租六大秤，折硬租穀三大秤。

女字一百九十一號，田税八分二釐，土名余間，原佃方細位住方家園、方細信住下三里，今佃孫玉恒住下三里，原租穀十大秤，今折硬租穀七大秤。

女字　號，田税二分九釐六毫，土名余間，原佃方云住方家園，原租穀二大秤，今折硬租穀一大秤二升。

生字五百五十七號，田税九分三釐八毫，合文化三之二、合祠三之一，土名三都蜀馬瓦瑶間，原佃周教化住二斗凹頭，硬租米六大斗四升。

慕字一千三百六十號，田税三分三釐，土名水塘，原佃周上良住西門嶺，今佃周有海住黄毛坦，硬麥分一大斗三平升半，硬租穀一大秤二升半，計四十七斤半。

慕字一百十一號，田税七分八釐五毫，土名岱頭，原佃吳觀起住高遷，今佃吳惟如住高遷，硬麥分二大斗，硬租穀二百三十斤。

慕字四百八十六號，田一百五十步，計税五分九釐四毫；四百九十五號，田一百七十步，計税六分五釐四毫；四百九十九號，田七十步，計税二分六釐九毫。硬麥分五大斗，硬租穀五大秤。

以上市八圖六甲周照户，共糧五錢一分七釐。

——光緒《梁安城西周氏宗譜》卷二十《文會》

清嘉慶、光緒婺源縣鳳山查氏宗族正誼文會序及規條

正誼文會序

會以文名，重會文也。厥名正誼，不謀利也。我族自始祖遷婺，二世即卜居鳳山，迄今三十餘世，詩書之盛，允爲星源望族。顧氣運中迤，文風不振，正有心人所當鼓舞作爲之時也。朱子云："陽氣發處，金石亦透。精神一到，何事不成？"氣運屯亨，視乎人心怠奮，扶衰救弊，古今重賴有爲之人。矧里中文會甚多，大抵狃於習見，以之賽神、演戲、分餅胙、張筵席而已。其於文章一事，無聞焉。又有會文於始，賽會於終者，非末流之褊陋，實立會之初，以"敬神"二字誤之也。夫一會之中，不能人人皆讀書，不必人人皆能文，而會文之規必不可廢，則正道昌明，人文鼎盛，斯不蹈領餅、散胙之陋習，此《會規》之貴籌畫於始基也。至於人文之盛衰，氣運雖剥復，而斯文之不喪，何憂碩果孤懸？蓋朋友講習，同心之言如蘭，二、三人不爲少矣。況成人有德，小子有造，我里支丁數千，小大從公，以引以翼。祖父即不能文，而可期

諸孫子；本身即不與會，而可冀及弟昆。但願力守陳規，不可過分畛域，豈慮會文之無其人乎？今幸同志諸友動饋羊復古之思，別爲斂貲生殖，鑒前人聽命於神之失，專重春、秋會文，每年定於正月初六日、八月十六日，於孝義祠開課。凡族中能文者，咸集祠内，一體會課。制藝而外，無論詩歌、詞賦，聽其所長。若伯叔，若弟昆，祖宗神前肄習乎詩書之訓，發揮乎文章之選，我列祖之靈，其忻慰可知。既聯族誼於睦嫺任恤之中，即明正道於切磋琢磨之際。一堂之間，亹亹翼翼；一鄉之内，濟濟彬彬。文運從此日開，風俗於兹日厚。猗歟休哉！將見翱翔藝苑，繭綵皇猷，上酬聖天子壽考作人之知，下顯我祖宗積厚流光之德。爭光於前，啟佑於後。冥然淡然，默相之靈，端於是乎在，則不賽神而沐神庥於無窮。如此，斯不負前人立法之美與今日集成之心。子曰："務民之義，敬鬼神而遠之。"子産有言："天道遠，人道邇。"惟願後之君子力勉人事，毋爲流俗所惑，則斯文之道累葉永昌，得非我族中之大幸事也夫？

嘉慶二十三年歲次戊寅春正月初六日，廷昭氏撰。

原始規條

原本玖條，兹歸併作六條，第删去浮辭，以便觀覽耳。其意見未及之處，悉由新章補綴，仍有待後之君子隨時斟酌而損益之，則文會日以興，文風亦日以振，其庶幾乎？

一、會文之規，每年定於正月初六日、八月十六日會文，先期出帖通知，届期齊集孝義祠，辰時出題，酉時收卷。已冠壹文壹詩，未冠自起講起，或半篇、中股皆可。文成篇、詩滿韵者，交卷時給丁餅壹對；有文無詩，或文未完篇暨詩詞歌賦者，但留點心，不給餅。各友務出真才，不准倩代，并不准携卷回家，各宜自重。

一、立會之初，以現習舉業者輪流備束一次，俟會産充裕，春、秋二課，由會内撥費，備飯兩卓，一飯一菜，無酒。

一、本會創始，每人每年敷出錢貳百文，入會生殖，叁年圓滿，編閩捱定。值年總理五人，領錢收租，辦理會事。其錢長年貳分加殖，照文德堂搪穀價銀色九五足兑，高申低補。遞年正月初七日，在孝義祠公同算帳，交付下首，不得過期，并不許押包轉領，以免積累。

一、每年會課卷紙、茶、飯、點心及交糧一切公用，俱由值年總理承辦，動支該年穀利。不足者，始動支生殖之款。概於次年付下首，時公同出支，餘存照規付下首生殖。

一、里中文會甚多，大抵有文之名，無文之實。茲會重在人事，不求媚於鬼神。蓋敬神之端一開，勢必領餅、散胙，是即神會，非文會矣。神會興，文會廢，前車可鑒。後之主持風教者，幸共體此心焉。

一、文章乃天下公器，無分畛域。會文之日，無論會內、會外以及親友，凡有志者，幸賜賁臨，是亦同人雅集之樂事也。

光緒二年丙子，勸改股分作新捐，復集閤族紳衿，樂輸有成，重議《文會新章》九則，附述於後：

一、因舊章以慎終始也。先輩創始文會，首重會文，嚴革賽會分胙陋習，法良意美。現行因議定議，不無損益其間，要皆仰承先輩用心，慎終於始，不敢稍涉私見，惟冀同志者贊成之。

一、除股數以秉大公也。經始之初，成城於眾，非有股數，斷不能集。若久分別門戶，必成私舉。取鑒前車，振興斯會。維持風化，受益匪淺。後人不圖實踐，亦惟徒存其名而已。今盡除股數之名，專美樂輸，破畛域之分，講求仁義。前人集而成之，後人合而守之，一秉大公，不使稍有痕跡。倘後之視今，亦猶今之視昔，則斯會大可觀矣。

一、捐同志以示倡導也。前分股數，自多嫌疑。今秉大公，人皆欣然色喜。惟念會內租業不多，難望重成。如仍有始無終，深負今日盛舉。因將村內已得功名與會之人，量力勸捐，冀有餘貲，生殖補助。然此議專爲同志者勸，不願捐者，概不勉強。

一、嚴入會以勸後進也。文會乃斯文之藪，凡有功名者，皆得與焉。念會產瘠薄，故勸現在紳衿捐貲倡導。嗣後，報捐實職虛銜者，權照《會規》，捐貲入會，方稱在會之人。不入會者，即亦不與會。根本所在，體面攸關，人各奮勉，諒之、勉之。耆老必須實年八十，與例相符，遇有覃恩之年，由文會公稟呈請。如虛年濫邀者，不准入會。正途一行出仕，則不論在京、京外，概各照《會規》捐助。異途捐納貢監、從九品、八品虛銜，每名入會，折酒席大洋捌員；七品虛銜至四品虛銜，每名加壹，每品照從、監遞加壹倍，折貲入會；四品以上誥封，折捐席貲陸拾員；二品誥封，折捐席貲壹伯員入會。以上因本會產薄貲短，故將入會酒席折洋入會補助，暫行十年。待會內充裕，則仍各自請酒入會，不收折席。如期滿，會內不大饒裕，仍照章折席儀，務期眾力扶持，必使文會昌大，方不負今日殷殷美意也。勉之，望之。出仕官員，不論正途、異途，概於到任時捐本官廉俸壹季。陞遷人員，每陞任壹實級，則捐廉俸壹次，總以到任繳捐。若加虛級虛銜，不捐。以上爲培養根本、振大文運起見，永定爲例。如有心斯會，破格輸助，會内另議報功之典。會内人員，正途自舉人起，異途自知縣起，會内春、秋祔祭。如有功於會暨輸資銀至叁百兩以上者，皆得祔祭。

一、舉司年以專責成也。村内不盡讀書人，司年亦不必專用讀書人，惟每年舉正途功名者二人、異途功名者四人爲值年，總理會務。凡銀錢出入、興廢事件，統歸司年經管，租穀亦由司年人指搪穀價，責令司收。短少蒂欠，照數賠償。不惟事有統屬，亦可革爭搪、强借之弊。再，文會爲一村公所，有排難解紛之責，往往前手之事，易一手而變亂。必須上年司年人作爲次年副手，斯無隔手之虞。和衷共濟，一村賴之。再，接手司年之人，即由上年司年六人，各舉練達老成者一人充當。一經舉定，不容推諉，有廢公事。慎之，慎之。

一、定會期以會斯文也。文會者，會文之所也。我村有會之名，無文之實，甚至會文之席改爲算帳之餐，良可慨也。今仍遵舊規，遞年正月初六日春課，八月十六日秋課，由司年先三日出帖通知。屆期，會内備辦查點，齊集孝義祠，按名給卷，自辰至酉，一文一詩，不挾帶，不給燭。文成篇，詩滿韵，交卷時給丁餅壹對；有文無詩，有詩無文，或半篇、中股，或詞賦、詩歌，皆可與會，僅留茶點，不給餅。候甲乙定，仍榜示祠壁，以示優劣。

一、舉賓興以期鼓勵也。文會原爲栽培讀書人，數十年來，併無實用，固爲貲斧所限，要亦《章程》未立之過也。後人又不肯任一絲勞怨，以致互相觀望。即有一、二有心人，亦徒自慨嘆而已。幸創始之人已將各弊道破，防範在先，是以虛行數十年，不至終敗。今既除股，數講勸捐，支持危局，嚴立《章程》。行之十年，文會始成，賓興當舉矣。兹預定議：小試，每名給卷費洋貳員；鄉試，給程儀洋肆員；入泮，賀儀洋拾員；中舉，賀儀洋貳拾員；北上，貼公車費貳拾員，概由會内拔支公款。至於進士、翰林，已入仕版，自當助貲，入會生殖，方不負祖宗培養、闔村人望。會内僅用旗帳公賀，不另補貼。

一、重生殖以垂久遠也。凡有公款，定議長年分半行殖，由司年揀有業之家領借其款，定於來年上交下領日，本利清楚。遇有虧欠，變產足償。立法不峻，無以垂久遠，人各諒之。

一、明考覈以杜猜嫌也。會内出入帳籍，限於正月初七日，集闔會紳衿，當場考核,上手有疑錯,下手質之。一經接領,即爲下手,責任無可推諉。

光緒二年歲次丙子春二月　日,静山氏編緝。

捐數附述

一、收原始五拾九户,共捐皮租、骨租壹佰貳拾叁秤貳拾壹勀。

一、丙子二月,本族紳衿共捐本洋叁伯玖拾員整。

一、丁丑至辛卯,十五年内,共收各友入會折席洋貳伯叁拾貳員整。

以上老捐、新捐及入會人名、原始租額、地名,文會歷年賬籍可核,無煩備載。

——光緒《婺源查氏族譜》卷九《正誼文會原始規條》

清光緒續溪縣梁安高氏宗族學愚文會序并祀例、貼例暨捐例

學愚文會序　三十九世裔孫富浩善養

我先賢子皐子爲聖門高弟,而孔子謂:"柴也愚。"或謂此大賢之愚,非後世所可學而幾也。夫大賢之智,爲不可學。至大賢之愚,亦奚不可學哉?然孝曰愚,孝忠曰愚忠,其愚一誠而無僞,至公而無私,執中而無權,此大賢之愚。雖後世之智者且不易學,况愚者乎?獨是愚正不足爲學患,愚者患在自安於愚,愚者又患在不自安於愚。愚而自安於愚,則自暴自棄而不復學,此下愚之不移也;愚而不自安於愚,則予聖予知而不復學,此愚而好自用也。故必自安於愚,則不容已於學;不自安於愚,愈不容已於學。學則可以化其愚,變其愚,而不終於愚。昔夫子之以愚警高子,亦欲其進學耳,而况後之愚者,可不學乎哉?吾姓自高子以來數千年,其間智者、慧者不勝計,爲名儒,爲碩彦,光昭史乘,代有偉人,而卒未有能繼高子之愚者,以見學愚誠不易也。

國朝稽古右文,英材樂育,而我族文教不及前烈,豈宗族之氣運有盛衰?良以培植之無具耳。同治壬申,始倡修宗譜,越丁丑告竣。竊惟我族生齒頗繁而未有文會,其何以培後進而紹前徽?而况承家學者宜溯淵源,崇正學者宜培根本。爰商合族,興立文會,名曰"學愚",非特不忘先烈,且以愚者可學而智者愈無不可學也。吾願後之愚者,願學而不自以爲智。尤望後之智者,願學而直自以爲愚,則庶幾萬一乎我先賢子皐之愚。

捐産另載《文會譜》。

文會祀例

一、建立文會所，中龕設先賢高子神位，左龕祀本姓鄉賢，右龕祀捐田地直銀五十兩以上者及經理之人。

文會貼例

一、孤子讀書，已作文者，每年貼筆墨錢壹兩。

一、文會每年會課，或由本族前輩出題閱卷，或請他姓飽學，由首事預備師生茶飯、酒席。取超等者，給膏火錢八百文，特等六百文，壹等四百文。

一、文童縣試，貼錢四百文；覆試一場，貼錢二百文。

一、府試，貼錢六百文；覆試一場，貼錢二百文。

一、院試，貼錢六百文。

一、生員考優、拔貢，貼銀四兩。

一、生員下科，貼銀四兩。

一、舉人會試，貼銀十兩。

一、進士、殿試，貼銀十兩。

文會捐例

一、生員、補廩，捐銀二兩。

一、出五貢者，捐銀四兩。

一、中式舉人，捐銀二十四兩。

一、中式進士，捐銀四十八兩。

一、文會專植人文，凡捐職及應武試，不貼。

一、經費或不足，須核計歷年出息，照額減折攤發。

——光緒《梁安高氏宗譜》卷十一《文會》

清光緒績溪縣南關許余氏宗族惇叙堂文會序

文會序　積善思泉

夫聖門四科，文學居末，而夫子四教，文居其首，何哉？蓋文以載道，四科皆本德行，其以文學見長者，則品居其末。學文以明道，四教皆由文學而入，故文居其首。故曰："君子以文會友，以友輔仁。"此文會所由昉也。今之文雖與古異，而道無異。苟學文以明道，則將敦品詣，飭綱常，美風俗，出則致君澤民而有功於國，處則型仁講讓而有功於家，謂非宗族之光哉？然一族之人材，秀頑不齊，而其遭際亦困亨不一。苟無以培植之，則秀者或因貧而廢業，富者或以鈍而無成。故一族之中必先有振興文教之人，而後有人文蔚起之日。我先人以文章名世者，代有其人，雖至今，文物、衣冠經兵燹而猶未替，蓋先世培植之澤孔長矣。奈兵燹之後，舊譜及文會簿書散佚無存。故文會田産皆失業莫考，父老實深斯文天墜之懼，而流離甫集，元氣未完，又無力捐復，權於舊業，公同擬議，於公産稍撥取田産，繫諸文會，以爲（嚆）[嚆]矢。由是或顯宦、富商續捐財産，以繼長而增高；或有志之士竭力維持，以日興而月盛，則庶乎不虛。此序也，善本苦讀，勉博一衿，而家無儋石，虛願徒懷，是深有望於後起者矣。

——光緒《績溪縣南關許余氏惇叙堂宗譜》卷八《序·文會序》

第二節　宗族祭祀類會社規約

明弘治休寧縣陪郭葉氏祖社序

葉氏陪郭祖社序

土穀者，民事之所重而社與稷主焉。古者立社，通乎君民。天子畿内、諸侯建國各有社，此《春秋》所謂"用牲用幣"是也；而民則祭于里中，此枌榆之集是也。郡縣改國中之社祭于官，里中之社祭于民，春曰祈，秋曰報。所以然者，凡一歲之水旱、豐凶、雨暘、寒燠，惟社稷是賴，故上、下之祭因乎情文而致其報本之意。然今里社之出入相友，守望相助，疾病相扶持，如古之分田共井之制。脱有爲不義，必戒曰："我同社，無爲此也。"然後風俗以淳，教訓以明。一歲之中，鷄豚之賽，二戊會焉。有事賦于是，有功獻于是，此古者立社之通乎今也。今葉氏乃獨有社而何？初陪郭之里，葉氏世居之，族大以蕃，因自立爲一家之主，家之人，出入必告焉，疾病必禱焉。春、秋之賽，與里中同，所以戒飭其子孫敦睦其族屬，非謂僭也。自永樂間被災，門分各居，社亦隨廢。積五十年，而族之尊志道公復興之而仍舊貫，凡在其子孫，冀無忘先人立社之本意可也。韓文公有云："願爲同社人，鷄豚宴春秋"，此之謂焉。況爲同宗之盟，抑又甚者，不可忽也。

春、秋二戊祭祀，輪充盟首，週而復始。

戊午年盟首：春，葉志道長子孟奇；秋，葉志道次子孟善。

己未年盟首：春，葉仕舟；秋，葉思恭子華。

庚申年盟首：春，葉希潤；秋，葉希遠。

辛酉年盟首：春，葉道萬；秋，葉希岩。

壬戌年盟首：春，葉岳求；秋，葉孟常。

癸亥年盟首：春，葉孟璋；秋，葉蕃。

甲子年盟首：春，葉顯華；秋，葉宗鎮。

乙丑年盟首：春，葉萬春；秋，葉菖。

丙寅年盟首：春，葉茂；秋，葉萬森。

——弘治《休寧陪郭葉氏世譜》附錄下《葉氏陪郭祖社序》

明嘉靖祁門縣左田黄氏宗族清明祀會序

清明祀會序　裔孫永安

祖宗生衍，而後裔不能報者，不知《孝經》之大義也；前賢創立而後，人不能守者，不知周公之禮也。蓋吾黄氏自太守積公守新安，縣尉元和公始左田，而宗支繁茂，固有餘慶之可衍矣。然而世久支分，宗繁禮怠，幸吾商伯公慨然興祀，經塋拜掃，誠奉先裕後之盛舉也。迄後治亂不常，兵戈擾攘，人離心散，祭掃失時。於戲！思之不忍言也。幸者塋墓猶存，支延蔓盛，所謂羊存猶足以行昔人之大禮也。今愚竊念祖宗邵德之當報，前賢宏祀之當崇，復將各處祖墳經理立制，依時祭拜，庶上可以慰祖宗在天之芳靈，下可以啟子孫統會之有自。

噫！各恪良心，毋忘大典，守古傳今，慎今傳後，將來賢哲更有光於此焉。愚所願也，宗祧之幸也。是爲序。

——嘉靖《新安左田黄氏正宗譜》卷九《序類》

明嘉靖休寧縣汪溪金氏清明會序

清明會序　大綬公

我族清明會禮,由著先菴廢,則其子孫各祀於寢,各禮于墓。近吾父雞石公以復祠宇落成,乃率諸老正典禮,營常贍,供祭用,會集于祠,族咸以長者命,罔不敬承。是爲之序。

予嘗求古記禮者,先河後海之説,本之當務,章章也。報本之禮,可不講歟?我金氏自宋紹聖由梅結家汪溪,六百餘年,世奉兹義,罔有闊違。延及將仕公之子乃孫,葬公於上里,搆祠于墓之西麓,寘祀田十數畮,傍聯張忠靖祠,招道士居之,籍其田之所入,歲供祀事,揭曰"著先"。著先者何?昉於記,致慤則著以祀乎其先也。春露既濡,則怵惕興思,叙昭穆,駿奔走,執豆邊。方祭,羅而拜;既祭,合而歡。談者號汪溪右族,斯足徵矣。迨後,屢經兵火,興没不常。孫子雖衆,唯僅復張忠靖祠,而我祖之祀,任其頹圮而莫與振,家各祀于寢,人各禮于墓,會祭之典,不行於清明有年矣。不敏少習文藝,長領鄉薦,春清明日,從父拜祖于上里。顧予謂曰:"此吾將仕公之後所築以奉先者也,址存而禮壞,其吾人責乎?況今祠宇垂成,著先之禮,建議兹其時也。"即于是日,率宗老以正祭典,營常貯以供祭費。越明年,清明禮成,牲殺器皿,百爾具備,孫子麗不下千人,廣集敦倫堂,其祼獻,其序立,彬彬然一如著先時故典,而規模遠過之也。祭畢,燕毛飲福,相與頌禮。誠曰:"致愛則存,致慤則著,是故春、秋祭之時也,邊、豆祭之具也,著存祭之本也。乘其時,備其具,敦其本。兹會也,其庶幾《詩》所云'昭假烈祖,自求伊祜',而爲孝道之嘉會乎?若其以祖宗爲枯骨,視祭饗爲彌文,相率爲苟簡,以襲其故,甚至徒以飲食相徵逐,有如聚飛蚊然,則不敬莫大乎!是若是,而可以稱孝也與哉?"

——嘉靖《新安休寧汪溪金氏族譜》卷五之三《文翰紀載》

明嘉靖休寧縣西門汪氏墓祭會規約

重定墓祭會規約

一、先儒大家巨室,必立小宗法,乃可以合族。今定議吾西門始祖接公一支下長房嫡一人，立爲小宗子，族長一人輔之，祭享居族人之首，燕飲居族人之上，重承祖也。小宗子不在，或介子族長代之。

一、凡先墓，七房僉業已定，族中有私售者，有盜葬者，衆以告，小宗子及族長會衆執令改正。不服者，以不孝聞官，削名於譜。其先墓失業，或因不肖子孫私售，近代子孫能取續者，聽其自業。

一、今七派族彥，每人叶義出銀貳兩，共計若干兩，置立常住。每歲輪首者，所以鳩銀兩，按本生息，供拜掃之用。餘則存備置田、封植等費，不得擅動。動者，每一錢罰銀一兩。其此墓祭會銀，係於七派。知本子孫，叶義已貲，以傳承繼。日後年深，倘有一等無藉子孫，不知源流，恃强爭攙溷入者，會衆叱出，不得順情，外有執照爲正。

一、每歲輪首，以清明前半月內，將前銀取利息一半，買辦祭儀，議定該首四人率下首四人，轎到各處墓所拜掃。一名不到者，罰銀二錢。不在家者，聽著親房子侄代之；如無可代者，即將轎夫銀退還會首，免罰，或舉會內知本能事者補之。

一、迪功郎漢公墓，在十都部郞山，以清明前旬日內，但遇天晴，即行拜掃，務盡一日，奉行塋域。其祭儀、轎夫，每年議定文銀一兩三錢：猪肉一錢，酒、腐一錢，米一錢，熟丑四分，醎魚四分，紙、燭二分，守墳二分，燒餅三分。轎夫十六人，八錢五分。其三牲，該首者備獻，數不可缺。

一、六將仕公墓，在八都石屋；九承奉公墓，在五都龍源下村。二處拜掃，務盡一日。其祭儀、轎夫，每年議定文銀一兩三錢四分：猪肉一錢，酒、腐一錢，熟丑四分，醎魚四分，紙、燭三分，守墳四分，燒餅五分。轎夫十六人，八錢五分。其三牲，該首者備獻，不可缺數。

一、德公、文彬公墓，在一都蓮塘塝；七學士公墓，在一都下灘；八脩撰公墓，在一都泥坑。三處拜掃，務盡一日。其祭儀，每年議定文銀四錢三分：猪肉一錢，酒、腐一錢，鴨子五分，熟丑一錢，燒餅四分，紙、燭四分。其三牲，該首者備獻，不可缺數。

一、二僉判公墓，在五都栅嶺，拜掃務盡一日。其祭儀、轎夫，每年議定文銀三錢二分：猪肉四分，熟丑三分，米二分，紙、燭、餅二分，酒二分。轎夫四人，二錢。【其】三牲，該首者備獻，不可缺數。

一、五評事公【墓，在】柳塘；叔畔公墓，在二十五都溪頭。二處拜掃，務盡一日。其祭儀、轎夫，每年議定文銀三錢四分：猪肉四分，熟丑二分，米二分，紙、燭、餅二分，酒二分。轎夫四人，二錢。其三牲，該首者備獻，不可缺數。

一、接公、懷簡公、言公三墓，俱在三都余頭村金字園，以清明前一日，會內子孫，俱要躬詣墓所拜掃。不到者，罰銀五分。如在各鄉及在客者，不較。三牲，該首者備獻。紙燭三分，燒餅五分，酒一尊。

一、余頭村拜掃回首，各正衣冠，赴東山知本祠，奉行大祭。事見《祠規》。祭畢享胙，二人合燕一卓，照依世次敘坐，以樂厥成，毋得因而生事。違者，宗子及族長正之。不服者，會衆叱出；仍行不悛者，以不孝聞官，削名于譜。其大祭儀，每年議定文銀一十兩五錢。作一百名，聽從加減。猪，銀四兩；羊，銀一兩；酒，銀五錢；(枝)[桂]圓，三錢六分；南棗，二錢；糖菓，二錢五分；金花餅，六錢；鮮魚，五錢；臘鵝，五錢；鴨旦，六錢；荳粉，二錢；羹飯，三錢；醎魚，五分；厨子，一錢二分；柴，二錢；鼓樂，二錢；人工，三錢；蒜、菜、葱、筍，一錢；大、小燭，一錢五分；紙馬、香，七分；鷄，一錢。宿壇告神，用其胙，每一名分生亥一斤。其餘熟享，所獻神畢，燭頭聽從會內子孫及吾兩門七派子孫，願請者，待燕畢，會內齊送其門，不得需索茶酒。但添一丁，即要助銀一兩入貯。

一、清明後一日，上、下首眼同將各家領銀算帳，除本年祭儀支費若干，仍餘利息若干及田租若干，或接公、德公、漢公三處封植之用若干。餘利聚積，湊置祭田。其常住銀兩數目及八年會首名目，俱見《墓祭會文簿》。

——嘉靖《西門汪氏族譜》附錄《重定墓祭會規約》

明萬曆十五年二月暨清順治十四年三月徽州某縣清明會序及會規

東隱房首立清明會序

嘗謂人生天壤間，以報本則尚祀禱，以裕後則建遠猷，其盛典也。慨自世態澆漓，遽分爾我，矧不念木本水源，又不思貽謀燕翼，薄也甚矣。

予家世傳，幸充溫飽，敢曰予輩力哉？揆厥所由，實祖宗餘蔭及此也。子侄僉謀共議，所幸報本之心者，各備貲財，生殂於雨露既濡之，敬率衆祭掃，少伸之忱，更積盈餘，立爲常貯。又慮族衆貧富不齊，量度濟恤，嫁女婚男須自名門，效古人嫁勝吾家之風也。以今日視之，則有彼此之分；自祖宗而言，則均子孫矣，尤當耽念，不論後之有無之塋墓，年年概標掛，序昭穆，而不失其倫焉。

幸孫之不一，是皆子孫共膺久長之規矣。光前裕後，當茲盛舉耳。

明萬曆十五年龍集丁亥歲仲春吉旦，祀孫程泰昌百拜謹識。

條規

一、議誕子者，出銀壹錢入會。

一、議管清明日祀祖事，并登山標掛。今坐春社首，爲首先三、五日通知，闔門擇日長幼俱要登山標掛。如不去者，罰銀壹錢。七十以上者，不在此例。

一、會内銀兩，以作式分起息，諒有家業者領。倘無生業者，必致將業寫抵。至清明日，或本或利，面交明白。如有執匿拗衆者，衆坐取，仍罰前白銀壹兩公用。

其會内銀利，萬曆三十七年議過，因有餘者畏利不領，無生業者有借無還。後議以叁拾兩以上者，議例乙分捌厘算；伍拾兩以上者，議以乙分陸厘算；捌拾兩以上者，議以乙分肆厘算；百兩以上者，議以乙分弍厘算。但無生業不許領，必要寫業抵，衆議批前帳簿爲徵。

觀是會，吾祖泰昌公首率衆兄弟、子侄，各出微貲，令各至墓祭掃。備牲祀祖，存餘貲，壘積生息，真盛舉也。全賴吾父懷民公拘收并添丁銀，利上生利。至天啓三年，共積有叁佰餘金，甚非容易。是年，因修衆廳兩脅中庭，用貳佰貳拾餘兩，仍存捌拾兩，各人領借，不能償還，以致今清明寂寞若是。其尊祖敬宗之心何在？實薄也，甚矣。而支下子孫安忍如是哉？且門中人丁不旺，豈非祖宗不保佑乎？今時達承祖父之心，自願批田貳坵，計租拾叁砠半，遞年支貳砠，并收花利丁銀，備儀祀祖。倘多餘，存積生息，又可賙殯葬之需。每人以弍斗爲止，隨時量其出入，孤子以十六歲止。

一、所賙，倘各人有惡其名，不願領者，聽。

以上批田，時達承祖父之心，自願批者。日後，本房子孫，不得視爲己物，執拗侵刻。違者，衆執此鳴公，以不孝論。

因室人唆言不堪，特批。此算。

順治十四年丁酉歲清明後，程時達自執筆批。

———《餘慶堂清明會老簿》，清抄本

明崇禎十三年休寧縣古林黃氏清明會序

清明會序

嘗稽先王定制，靡不詳焉。至于祀典，尤爲兢兢。故上自天子，質文異獻，虎蜼異彝，盎說異酌；下迨黎庶，蒸嘗有祭，致愛有則，致愨則著，著存不忘乎心。緣人情以作，則因本始而隆儀秩秩可紀也，惟于墓祭有未載焉。後世君子，漢之太丘、宋之考亭，感雨露而生怵惕，思水木而懷丘壟，封掃、墓祭，實起二公。蓋事貴合宜，上下通效，補先王之闕典，崇本始之厚風，松楸用藉而有賴焉。亡何，時移事換，人以代遠，祖以世疎，歲事失脩，墓隨摧隕，莽薈蔓莛，狐穴兔跡，交相戕傷。加之湮沒久而不葺，內外竊而不理，或問先世名號、葬處而不知對，愈久愈迷而不省。噫嘻！塋域何爲乎？豈非先人體魄所藏之幽宅，人道之首務？尚不知其重若此，何况親盡情盡而不相視如途人者乎？今日之子孫，異日之宗祖，罔以澆俗而無是懼者乎？本族祠祭，歲有常典，惟慨清明墓禮中廢，明懷葺復，未遂夙志。今值家乘續明，人知雍穆彌綸，咸思敦本彌篤，命工採石，脩葺祖墓，培植松楸。令舊者新，隳者整，祖靈安而人事順，理所必然。復率七門子姓，集會維祀，立規定禮，貯蓄子母，以供標封。歲擬先清明一日，咸臨世墓，刈芳展掃，封土標白，遍履四隅，有無隳阝復而後已。歸詣宗祠，陳簠簋，設粢盛，神之格思，洋洋如在。禮畢，以歲事載籍簿書，別長幼，序昭穆，舉酒酬酢，樂享神餘，陶陶如矣。斯時也，春風滿座，和氣一堂。藉斯會而攝人心，追遠之誠可以伸，繩繩之誼可以聯。陟先壠，人人知一脉之所自；瞻簿書，世世明本始之厚歸。祖無世遠之奄，墓無年久之頹，根本繇是而堅固，枝葉未有不欣欣然而暢茂者也。族人僉曰："俞是誠今日之良規、異日之芳模，世澤可衍于無窮，綿不匱之錫類也者。"其能無綴數語于楮端乎？是爲之序。

崇禎十三年歲次庚辰仲春穀旦，裔孫文明百拜謹書。

——崇禎《古林黃氏重修族譜》卷四《清明會序》

南明弘光元年三月徽州某縣清明重訂惇本會規則

弘光元年清明重訂惇本會規則

一、元旦，容前，首家備晏酒一桌，五葷、五菓、五麵食、五小菜；燭一對，重四兩；金銀乙伯；燒紙三十張；色經文三付。一展容，一拜容，一徹容。

一、元旦黎明，冠者齊至首家拜容。畢，次序團拜，每給巧餅一隻。計重半斤。

一、登墓拜節，首家備整齊六格菓子鑽盒壹個、蜜糖湯一壺、茶匙湯碗二隻、炮竹二斤，先一日邀率。

一、標栢，首家備祭餚五品、熟鮮鷄三觔、去骨熟鮮肉三觔、圓子二斤、炒骨三斤、熟鮮魚三斤、五菓、五麵食、五小菜。此叁色首家收去。

帶骨熟醃猪首一個，計重五斤；如輕，醃肉湊秤；此色用請山神。好酒，定銀叁錢、米粿五十斤、豆腐十斤、錢一竿、燭二對、金銀乙百、燒紙三十張、色馬二付。

先一日，邀率冠者。次日，登山標掛。祭畢，齊至首家筭帳。筭帳畢，尊長宣讀《六諭》，子弟躬聽，賢者獎譽，不肖者規誡。或有賢而貧，不能糊口者，不能婚嫁者，不能殯葬者，無辜被侮者，通衆量助，不得懷私阻撓。若有不孝不悌、淫盜不肖，衆誡不改而至再至三者，斥逐，不許入會。事畢，將祭酒餚會飲。飲畢，炤數給粿。

衆議先期備祭，後期收租。首家或有不給者，筭帳之時，本房尊長代暫貯銀弍兩，應去坐在秋收，炤例加利，一併付生息之人總領。

一、曾祖、祖妣忌日，首家備素筵粿腐一桌，邀下首一人同祭。祭畢，給與粿腐共十枚。

一、古岩祠割(由)[田]及本支割(由)[田]，共錄一簿，各户細開米麥升斗，以便祗年徵納。

一、世系、生殁、配葬、諱號、年庚、土名，集註行實。

一、匣頭、儀容、祭器，交本房尊長或賢能收貯，以防失所。《帳簿》一樣二本，上、下首各收一本。

一、本房男婦壽誕，自四旬起，俱各往賀；六旬起，納銀三錢，會內支銀二錢，代燭奉賀；七旬，納銀五錢，支賀三錢；八旬、九旬、百歲，納銀一兩，支賀五錢。

一、誕子,納添丁銀一錢,筭帳之日上納。

一、娶親,納通知銀二錢。

一、嫁女,納通知銀三錢。

一、入庠,納銀二兩;入監,納銀叁兩。會内支銀一兩奉賀。

一、冠婚、客游,往返必詣各房尊長拜知。子弟遇尊長、父兄,必拜揖盡禮,不得侮慢。

一、匣中貯銀,付支下賢能、在家有生業之人生息,年利作一分錢筭。至筭帳之日,本利盡行兑出,以便酌量交付生息。但用註簿,不必書券。

一、首家祇年,將現在田租二十七砠、園荁五斗收作一歲祭祀,併納錢糧支費。

一、墳山,除先年梅津公及洙室孫氏納資葬外,今後支下再有附葬者,每穴納銀十六兩。厝一穴者,納銀八兩。但前後、左右不得侵犯妨害。違者,公同改正。

一、墳山左手,今明榜開作成園,每年硬納豆租五斗。餘山柴木,今議與其看守,篠柴聽榜砍斫,每年硬納山租乙錢五分。松柏雜木,除墓前後左右蔭木五丈之外,其餘蓄大,挵日,焰衆議分,不得私行砍斫。如獲盜害之人,衆共告究。

弘光元年三月十九日,立在家冠者登名於左。

繼瑚、繼洙、繼衮、繼辰、繼登、繼胤、明材、土才、明任、枝芳、枝茂、枝蕃、明榜、枝英、鼎鉉、枝蓁、枝華、枝藪、枝萬、枝蔚、枝莊、達謀、達訓、以鐸、以綬、光紳、拱星、拱辰、拱北、拱鳳。

——散件文書,原件藏安徽師範大學圖書館

清康熙五十六年二月祁門縣徑併清明會規約暨祭儀

文公清明墓祭説

朱子曰:"夫人死之後,葬形於原野之中,與世隔絶。孝子追慕之心,何有限極?當寒暑變移之際,益用增感。"是宜省謁墳墓,以寓時思之敬。今寒食之墓祭,雖《禮》經無文,世代相沿,寖以舊俗。上自萬乘,有上陵之禮;下逮庶人,有上墓之祭。田野道路,士友徧滿。皂隸、傭弓之徒,皆得以登父母丘壟；馬醫、夏畦之鬼，無不受其子孫追養。凡祭祀品味，亦稱人家貧富，不貴豐腆，貴在脩潔，馨誠竭愨而已。事亡如事存，祭祀之時，此心致敬，常存乎祖宗，而祖宗洋洋如在，安得不格外之誠而歆我之祀乎？

康熙五十六年仲春之吉，介古吳標聲謹録。

孝子不忍死其親，即喪必三年，葬限以月者，無非示民有終之義。若論人子之悲慕，雖没齒亦無盡期也。兹葬以藏形，廟以奉主，緣分自盡，情理允當。乃人當初喪未久，或亦致誠致愨之思。寖至代遠人湮，形神允隔，非過廟未必生敬，非過墓未必生哀，況其遠而又遠者乎？且深山窮谷之中，耳目未能時及，彼樹草之所蕃蕪，鹿豕之所殘踏，風雨之所傾折，强族之所侵凌，以及樵夫、牧竪之所蹂躪、損傷。仁人孝子，豈能恝然無所動于中乎？此省墓之節之所由起也。然古有省墓而無祭墓，今之祭墓相沿，習以爲常者，何也？或者春露秋霜，君子必有悽愴怵惕之心，而禮以情起，事以類推，未可知也。先人情久不相見，必執贄以先容。矧當祖考之式憑，而敢不潔爾粢盛，備爾脯醢，滌其蕪穢，脩其圮缺，凝忱滌慮，通冥漠於惚然、儵然之際，積子孫之精神，迎聚祖宗之精神。精神既通，則誠于以格，祀于以歆，而福于以錫矣。孔子曰："祭則受福。"蓋謂此也。如徒視爲具文，若時歲伏臘，相徵逐于原野蔓草之中，紛紛藉藉，侮慢褻諜，併不思爲祭爲掃之義，而止以飲福、受胙爲懷，視祖墓爲無何有之鄉，則祖宗亦視若輩爲莫須有之子。精神不通，則血脉不屬，理固然也。語云："祖宗發不發，當看祀事嚴不嚴。"旨哉，斯言不誣也！

時康熙五十六年歲次丁酉仲春之吉，標聲謹述併書。

清明拜掃儀例，祖有成規，因簿帙次完，爰輯而復訂焉。

一、散胙，十陸歲始，其菜粿毋論家外，炤丁均給，再到各墓，以至朱村者，各給粿拾枚。其朱村管年家備茶者，給粿壹觔、菜壹碟。永遠遵守，毋得擾亂。

一、秩下子孫，如有各墓不親到，惟至朱村領粿、魊地回家者，從衆公罰銀叁分入匣，仍不給粿。永遠各宜遵守。此批。

一、過七旬者，不能往墓標掛，亦給粿散胙無詞。

一、秩下子姓，往赴祖墓標掛拜祭，固是美念，宜以七歲能行者，炤中途給粿。如未七歲，舉步維艱，不得給付，永爲定例。

崇禎十六年二月清明日，後裔應蛟　号、文夔　号、汝璧　号、士瑁　号、天護　号、汝臯　号、士倫　号、之仁　号、之綱　号、早時　号。

依衆批。汝璜　号。

康熙五十六年丁酉歲仲春月清明日，標聲謹鈔。

清明租底開後：

朱錫段六畝圻，共租貳拾捌秤，佃曹接貴、汪記壽、汪記老。

楊木充租肆秤零伍勅，佃汪相。

東坑口租伍秤，佃余干。

麻榨前租原監收今交壹秤拾伍勅，佃汪佛老。

外屋大段原租叁秤拾勅，爲寺訟事出典取回，書聲復典與李，永禧等認交。

上充租貳秤零伍勅，税在二啚四甲吴子玉處，佃汪普生。

上盤坑租壹秤拾伍勅，佃李全。

上田石塔碣租壹秤，佃汪壽。

汪貞上首小租叁秤，汪花九承。

山培上小麥租壹秤，佃許。

沙圻麥豆監收。

原田鷄柒隻：項五德一隻；吴四十一隻；吴維盛貳隻，今改汪招保；方社法一隻；李興一隻，今小九；方花哩一隻。

儺神首家供給

本家儺神，祖例上下均供，下邊支費，本祀給付。突以訟費祀壞，各賬俱停。所剩尖刀圻租穀壹拾叁秤零伍勅，着首家收以應用。後因朱村基地訟事，復將此項壹拾叁秤，同外屋大段捌秤拾伍勅，又取同處租拾伍勅，共租貳拾貳秤拾勅，典與伯先，當得典價九五色銀玖兩，故供戲又無從措辦矣。本祀公議諒貼供戲，每脚銀四分、油燭八分、戲金壹錢捌分。至穀場有銀支付，不豐不嗇，不虧不缺，無得增減其説矣。

儀例開左：

五色粿玖拾勅，要鮮明均净；腐絲拾貳勅，要匀細；乾蘿蔔絲壹勅捌兩；菜末肆勅，要青細；麻油壹勅；鹽及芝麻香料聽用；鴨子叁拾陸枚；乾醎魚叁勅捌兩，開片者；豬肉柒錢，炤時價買，每斤煮熟無骨拾貳兩算付出；酒叁錢，炤時價算，合店壺付出，敬墳酒在外；大磚丕伯伍，足數；火紙柒個，要七張頭廿三萬足數。如少，炤數補出；好線香叁伯枝；好呈文柒拾張，打錢要一竿一張；經文肆拾副；帶血鮮雞壹隻，不散；三牲壹副；燭壹對；棹壹張，後山用。

以上儀物，用秤者俱係儀泗租秤準稱。上架、上墨、挑物，用僕貳人，腐飯首家備，外祀各給粿肆拾枚、菜各貳滿碟、肉各叄兩、酒各壹壺。祀事嚴敬，儀必豐潔，所以妥先靈，非為後人口腹，次首務要秉公持正。儀苟如式，或挾私隙而故意吹毛求疵者，以不睦論；苟不如式，或狥情而謬為曲護偏袒者，以不孝論。

詳誌祖宗墓所山向：

一世祖十一宣議公，諱琳，自休寧琳村遷居祁門十一都徑併住，生子三七公，與孺人同葬裏坑口柏樹下李姓右手僉業山芛塢口，有山業地稅。

汪氏四一孺人。

二世祖三七公，諱思敬，字欽遠，係休寧生長，帶至祁門居住。生子五二公，與孺人同葬楊村塘塢口，子山午向。

汪氏四二孺人。

三世祖五二公，諱元傑，字端顯，甲申年造屋裏坑口居住。壽元七十四歲，生子菘一公、富二公、定三公、成四公、桂五公，本門始祖滿六公，共六人，葬徑併黃龍戲珠，形丁向。

李氏載孺人，李氏孺人壽元三十六歲，葬休寧卅都八保流坑口，丁向。

繼張氏九四孺人，張氏孺人壽元七十歲，葬朱村，魚形，甲山庚向。

四世祖桂五公，諱登龍，字桂山，壽元八十三歲，生子韶四公、達六公、屑十公。與孺人同葬福州，未向。

張氏聰娘孺人。

五世祖達六公，桂五公次子，字庭柯，壽元五十歲，生子霖九公，與孺人同葬吳存仁住後。

胡氏宣娘孺人。

繼程氏應娘孺人，同胡氏葬七畝坵。

韶四公長子天七公出繼與馬元帥，害命，年三十二歲。三子陽十公無後，與富二公長子勝七公、次子武八公三公合葬，墓柏林。韶四公次子都八公年二十八歲，元時陣亡。

屑十公，桂五公第三子，胡氏圭娘孺人，生三女，無後，同葬石碣。

六世祖霖九公，諱汝霖，字大用，生子彥兼公。與孺人同葬尚園七畝坵，未山丑向。

胡氏安娘孺人。

七世祖彥兼公，早故，未得子，衆議摘繼琳材益公子爲嗣，葬西頭圍，蓮花形。

伯祖彥益公，原係琳村住，因子永旺公出繼琳村，又乏承祧之裔，故同永旺公居住就養，與孺人同葬福州尚圍七畝坵，與霖九公暨孺人同穴。

洪氏四娘孺人。

八世祖永旺公，字希茂，自琳村入繼，爲本門八世祖。生子六人：淵一公、潭二公、澄三公、潮四公、員童公、員宗公，庠生，壽元五十四歲，與孺人同葬珠形眼穴，丑艮行龍，未向加丁丑，分金牛二度。

謝氏催孺人。

九世祖淵一公，字景明，生于洪武戊辰年正月初一日，善地學，敦友愛，創造徑併宅基，生子斯奕公、斯文公，葬本宅後山珠形五二公左臂。

李氏興孺人，鳧溪女，葬下福州尚圍，未山丑向，桂堂地上。

以上列位祖宗，俱係清明日率秩下親行摽掛，去蕪加土，展忱加敬。以後祖宗，各支分行祭掃，不拘此一日也。

摽聲百拜謹誌。

正月初九日，本房敬祖祇告歲事。

七世祖彥兼公。

伯祖彥益公，胡氏孺人。

八世祖永旺公，謝氏孺人。

九世祖淵一公，李氏孺人。

十世祖斯奕府君，洪氏孺人。

斯文府君，洪氏孺人。

維年　月　日，裔孫△等，謹以粢盛、醴齋、脯醢、香帛之儀，祇薦歲事。尚饗。

儀節開後：

共拾壹位，分左右兩席，香案壹座。

三葷，雞、魚、肉；三素，香芪、木耳、煎付；京菓五；菓罩五；湯壹巡；飯壹進；酒三巡；帛貳束；火紙壹個；金銀一伯；燭壹對；降速香；爐瓶壹副；春雷陸兩；色錢二竿；三牲壹副；綿香五十。

祭後，首家備茶壹巡，每丁各帶春雷壹枚，外用三牲、燭火，即往後山祖墓拜節，大放春雷。

散胙：

熟亥壹觔，大稱無骨；熟鷄壹觔；熟魚壹觔；煎腐壹觔捌兩；酒拾壺。首家備四格菓盒貳個，下首執秤烹炮。

執事者同六十歲以上及房長飲福，歡散。

本祀扒浮穀陸秤，爲祭儀之費。

祭事相沿，寖以懈怠。祖宗神位，年久漸增，以致坐列無次，盤盂莫稽，故不得不分爲二日矣。廿四日，本門祭支祖以及有功德、輸資産者。廿五日，特祭伯祖，本支措辦。至各支祖宗，各支備辦，仍炤舊例可也。因慢爲之説，謹以書于其首。

從來祭神，難言之矣。惟聖人爲能饗帝，孝子爲能享親，天子七廟，諸侯五廟，大夫三廟，士一。庶人祀其先，孝子心雖無窮，而分則有限。自古祭法、祭義，莫不如是。然而祭魚祭獸，豺獺皆知報本，漢唐以來，未能深考。迨宋，先賢定爲祭禮，冬至祭始祖，時祭用仲月，忌日遷主祭禰，迄有可遵。方今聖明在上，孝治天下，則山陬海陸之區，莫不歡忻率循。雖有田則祭，無田則薦，緣分自盡，各致其誠可也。

吾家祖宗沿襲以來，累代相承，世遠人(夥)[顆]，莫之或易。律以朝廷議遷議毀之典，茫然莫解，亦謂有其舉之，莫敢廢也云爾。然聖人有言："祭則受福。"蓋不在邊、豆、殽核之間。祖宗相去幾百年矣，其精神涣散，然極致愛致愨之至情，以凝聚之，將所謂如聞如見，嘆息之聲，曷爲畢呈于愾然、慢然之頃？惟氣以類聚，精以神通，彼月臨潮往，時至萌生，理固然也。胡令之孫子于未祭之先，所謂致齊散齋者，初不知爲何事，則所謂居處笑語嗜樂者，併不知爲何物矣。將祭之時，聊應故事；當祭之際，談笑自若。直如傀儡場中，隨人相舞，而精神不屬。不屬則志氣昏惰，彼成子受脤不敬，死且不免，福云乎哉？今兹伯叔、兄弟所以深念乎此者，仰體事死如生之意。凡屬孫子，宜以聖言爲箴，以成子爲戒，庶幾有以妥先靈而蕃子姓矣。囑所勉旃。

皇清雍正六年歲次戊申季冬之吉，後裔標聲漫述併書。

蒸祭敬祖儀例開後：

七世伯祖彦益公，胡氏孺人：

祝維我伯祖，生我旺公。禮既出繼，別以爲宗。誼難仍世系而稱祖，奈琳村又乏承祧之後裔，我後人豈忍蒸嘗之無供？禮以情起，情以義通。潔粢盛以將敬，肅俎豆而告豐。惟伯祖之居歆，苾芬是薦。惟伯祖之有靈，福禄來崇。尚饗。

十世祖斯奕府君，洪氏孺人；斯文府君，洪氏孺人。附以二房、六房及英公房，共壹拾伍位。

本房十一世以下祖宗，仍照舊例，各支備辦祭儀可也。

祝維我顯祖，功德優崇。紹前人之徽，既已克昌於後裔；啟後人之緒，益以光大於前謀。孫孫子子，服先疇于不替；繩繩蟄蟄，食祖德於無窮。當歲事之將終，潔牲牷以展敬。庶靈爽之式憑，有以致萬福之攸同。尚饗。

儀節列後：

上壹席，用八仙棹壹張、六人棹臺壹張、椅陸把，祖宗六位，又五房二位。

鷄、肉、弗、魚、煎腐、京菓五碟、碟花五枝、糖尖五支、棹面廿五、屏風、棹圍、坐褥六，湯三進、酒三進、帛三進。

左右男婦各壹席，共壹拾伍位，男八女七。

平碟、肉、弗、魚、炒骨、煎腐、京菓、湯、飯、酒、四兩燭叁對、帛三束呈文五十、降速香、火紙五個、金銀五伯、春雷叁分、祝版壹分、猪一口、羊一口。

爐瓶貳副，小香爐三個，香匙、香盒壹副，盥手盆壹個，茅盆壹個，讀祝案棹壹張，棹圍共捌個，坐褥六個，手巾貳條，棕薦貳條，毡條貳條。

散福分胙：

熟肉貳觔，生不用；熟魚貳觔，生腥不用；炒骨貳觔，純骨無肉不用；弗貳觔，以五錢一支為率，其蒸及生俱不用；煎腐肆觔，透不見白，或黃支及火焙不用；好酒叁拾壺；羊雜，貳人共壹碗，粉三斤，醋三斤，次首烹炮。

其羊除分給以及頭足之外，再看餘肉多寡。三觔以下，只可衆散。若多，變銀入祀。

以上祭儀物件，務要精潔如式。若或一件不美，罰銀叁分，逐樣從公議罰，不得恃頑梗衆，衆非貪口福，以祀事不得不嚴故也。

所有祭費，本祀預先扒穀，照時價清筭，不累首家。其羊公估，以付首家供養，價銀店租出支，而猪則稅可也。

各樣俱用拾玖兩稱，次首執稱，付出。

《分胙條例》開後：

一、主祭者，給羊肉壹觔、弗壹對。

一、禮生五人，各給羊肉壹觔、各糖尖壹支。

一、進饌六人，各給棹面叁個、弗壹對。

一、司事貳人，各給棹面叁個、弗壹對。

一、散福，自十六歲以上齊集，分席以次坐，不得故意他出。如或他出，衆不候寡，其胙不存，亦不給，併不准頂替。

一、本年娶新婦，遵舊例送茶，衆給弗貳對。

一、童樂，每各給米貳升半、熟亥大稱貳觔、煎腐大稱貳觔、常酒拾壺。

一、散福，毋得借端炒席撒潑。違者，罰銀伍錢。如不服，請祖議責；如不服，聞官理論。

一、本支自七十歲以上者，給弗壹對。

一、後生能府縣應考者，給弗壹對。

十一宣議諱琳等世系（以下略）

桂惟人本乎祖，而吾家吳氏到休寧縣十三都，至元統元年，住約六伯餘年，乃唐玄宗時天寶元年，始祖自蘇州府吳江縣宰至。官滿之日，更家金竺，歷世數百載，子孫綿延繁衍，如貴顯吳伊遷右科出身，仕至將軍，不祿，葬冷水干。吳格贊周禮，請鄉舉登第，仕至紹興安撫，歸胡，除右史舍人，不祿，葬金竺。長子受蔭，仕至主簿；次子偶受父蔭，仕至西郡太守，先任岳州，又任泉州兼白，不祿，葬石田鍾山；三子非受蔭，登第，仕至運幹。十一都二保吳端顯，至元十八年辛巳，蒙上司文書，差本戶承充東路馬站；計後于正元二十五年戊子，上司文書分揀去下站，又增添稅糧入站。至大德五年辛丑冬，上司文書，本縣兩撥馬，休寧一撥馬，正副六疋，令站戶變賣，過造舡隻，在浦口安泊，仍係在城馬站帶管。原來每一撥馬，免糧七十石。今來每一舡免糧二十石，本縣原十五戶，當兩撥，將胡一舉一戶一十石二斗五升二合八，又章姊戶內撥糧三石七斗四升七合二勺，通該十四石，貼休寧金會、汪時若二舡；外一伯二十六石糧，係十三戶半，當仁、義、禮三舡。本舡係義字號，計共五名，自大德六年二月十五日，爲始，顧券相公一名。

每石糧當五日糧，當站開具于後：

吳端顯戶糧十一石二斗八升五合七勺，當二十六日，自大德六年二月十五日起，至四月初十日滿。

葉三杰糧九十八斗六升七合，當四十九日，四月十一日起，至六月初一日滿。

王謨糧八石八斗九升，當四十四日，六月初二日起，至七月十五日滿。

章衡糧七石二斗九升六合，當三十六日，七月十六【日】起，至八月廿二日滿。

陳元糧四石六斗七升六合，當三十二日，八月廿三【日】起，至九月十六日滿。

一、本户免糧稅錢廿二貫五百十八文，水、陸、山地揔計四伯一十一畝三角零五步半，夏、秋計苗米一十一石二斗八升五合七勺。

一、元僉至元十八年稅米八石四斗九升四合，水地九十九畝二十五步半，山地五十畝二角四十步。

因革除宣尉司，本路直隸行省，以此將馬站回造舡浦口五隻、階口五隻。

吳欽遠户，延祐二年，經理本縣實總田地一千四伯五十四畝一角四十七步四尺六寸，計稅錢五十九貫五伯八十四文六分八厘，站稅二十二石五伯一十八文，民稅五十七貫零六十六文，田共八伯六十九畝三角六步四尺六寸，地五伯七十一畝三角三十七步半，山二千三伯畝三角三十一步半，貯水塘三十二步，楊村麻榨前。

菘宅，田、山、地共計稅錢一十二貫弍伯八十七文，站稅免糧五貫零四文七厘，民稅納糧七貫二伯八十三文。

富宅，田、山、地共計稅錢二十貫四佰七十二文七分三厘一毛，站稅免糧五貫，民稅一十五貫四伯七十二文七分三厘一毛。

佛三宅，田、山、地共計稅錢一貫八伯五十五文三分五厘。

承宅，田、山、地共計稅錢三貫六十九文七分五厘七毛一系，站稅免糧二貫五伯文。

桂宅，田、山、地共計稅錢一十貫五伯一十二文九分八厘四毛，站稅免糧五貫四文七分，民稅五貫五伯零八文八厘四毛。

静宅，田、山、地共計稅錢九貫六伯三十九文二分八厘三毛七系，站稅免糧五貫，民稅四貫六伯三十九文八厘三毛七系。

定宅，田、山、地共計稅錢六伯六十三文九分六厘三毛七系。

堂衆存田、山、地共計稅錢一貫一十七分三厘。

欽遠經理端顯名目户，照前共衆爲業。

開除八十三文五分，入十一都胡紹祖葉子坑，又除苧塢口荒田稅十一文七分六厘六毛。

定一分菘認住基、田、地、山四十五文四分五厘，徑併住基、杭溪莊基，計七文，菘、富、桂、静共認各七文，共總八十三文七分，外七十九文一分入定宅、承宅一分。

菘、富、桂、静共認徑併住基、杭溪庄基,計稅二十八文,外净有一伯三十九文入承宅。

富宅,田、山、地總計一千柒十五畝二角三十二步,尚田三十二畝二角二步,忠田一伯五十八畝五十七步半,夏田八十畝三角五十步半,次夏田三十四畝一十三步。又尚田二十八畝一角二十四步,夏田四十四畝一角一十二步,尚山二佰六十六畝五十三步,夏山四百三十二畝三角一步。

菘宅,尚田一十四畝三十三步,忠田九十一畝一角廿七步半,夏田四十一畝三十七步,次夏田二十七畝三角三步半,次不及田二角三十步,尚地四十四畝三角四十六步半,夏地二十一畝三角五十步,夏山一伯九十六畝一角十七步,尚山一伯四十七畝三角二十八步。

桂宅,尚田二十一畝一十七步,忠田七十九畝二角卅五步半,夏田二十四畝四十六步半,次夏田廿五畝二角五十二步,尚地二十三畝二十五步,夏地二十二畝五十步半,尚山八十畝三角一十步,夏山二伯五十二畝。

静宅,尚田二十六畝二角卅八步,忠田五十九畝一角四十一步半,夏田廿七畝三角三十二步半,次夏田二十二畝二角廿五步,次不及田三畝四十九步,尚地二十六畝二十八步半,夏地二十二畝三角三十步,尚山七十五畝三角四十二步,夏山三伯一十三畝一角三十四步。

定宅,尚田一角,忠田九畝一角廿七步半,夏地一畝二角一十五步,尚山五畝,夏山三十步。

詠宅,尚田七畝三十三步,忠田二十畝一角七步,夏田十四畝二角卅二步,次夏田三畝十九步,尚地八畝二角七步,夏地三十步,尚山六畝,夏山九十二畝一角五步。

佛宅,松一公長子,尚田四畝一角一十四步半,忠田十畝三十七步,夏田六畝二角五十四步,次夏田七畝三角五十四步,尚地七畝三角三十七步,山四畝二角。

堂衆存田、地、山共計稅一貫一十七分三厘,吳欽遠經理,椿、祥、桂山俱係衆存,畝步條段開寫于後:

忠田四畝三角三十四步;夏田四畝一角四步半;次夏田二畝一角;田三畝一角廿四步,李源住基;田四十步,李坑口橋;田三十步,六保石北塢;田一畝一角,九保果子塢;田三角,九保鳳皇嶺嘴;次田三角,二保强公充;次田一角,九保寺坑源;夏田一畝二角七步,徑併上塢;田一畝三角卅六步,徑併住基;田壹畝,九都九保下荷坑;田壹角,六保石壁塢。

尚地五畝二角二十三步,夏地六畝一十四步。

地一角三十三步,二保苧塢;地三畝一角一十六步,朱村方四七住後;地一畝,三保長州;地二角,李源口;地二角卅四步,二保梓木段;地一畝一角,二保朱村;地一畝二角九步,三保長州;地一畝五步,長州;地一畝五十步,朱村;地三角十步,杭溪上段。

尚地壹伯零貳畝二角十八步,夏山壹伯零一畝三角三十步。

山三畝一角,岩山金谿坳;山一十七畝,二保苧塢;山四畝二角四十六步,岩山朝山;山一十一畝,住基後山;山三十畝,二保石碣;山九畝二角,二保徑并南山;山一十六畝二角,二保苧塢;山十畝,徑併上塢;山三畝三十步,九保青山培;山九畝,十都項三伯塢;山一十二畝,五保鳳皇塢;山二畝,二保裏坑黃柏坑。

吳桂山今具事件以示諸孫,各宜知曉:

一、裡坑口祖宅基,先買李天麒、李全公之祖夏地壹角貳拾步,又買本吳六三官忠田三畝二角五步,併漲作宅基,做土墩曬穀坦者皆是也,今係下宅。

一、後買朱村黃憲祖萬二公夏地壹畝四十九步,又買吳千一、學諭震夫忠田壹畝壹角五十步內富山,取上截造屋,佃火住,勝武自經理忠田二角卅六步。

一、衆宅,靜山、椿祥、勝武三名經理,各忠田壹畝廿八步,共三畝一角廿四步,夏地貳角叁步,共壹畝貳角九步。

一、衆存前後山并菜園,並未曾分,但取其便者種菜,土墩外山彎併地,富山、定山種菜;上首山彎併地,雲山、靜山種菜;墳地前,莅山、桂山種菜。惟于此地窄狹,又樹林下其地山腳砌石基址,元在園門裡有一片地,通下種菜。因顯祐孫從吳商隱家學禪,侄與我言,園牓下有一處路低泥濘,學生不堪進出,要掘園地作路,庶得便于行步,以此古路爲低園,今係吳壽卿管業。

一、苧塢口出李佛之住屋抵界,一片菜園圃,元是忠田二角四十七步半,夏田貳畝一角廿六步,次夏田一角三十四步,三色田共三畝一角四十七步半。原來跡無地,今與靜山存日對換,此田改路。有周保佺稱説我家將地對他田,要以此説有稅分高下。此説非理,就將同段土產對換,有何爭差?

一、苧塢口出一岸田,原具在衆存數內,後倩㞞溪李神公打量,分作六分抽分，各自經理均分，認契内畝步水色訖。苧塢口上角，有犁尖之地，係我管業，至今爲不可分之故。如有争論者，除絶嗣，亦只是五分之物。

一、現做水碓處，原是夏地壹畝，係衆存，不曾品搭何處。大約六十步爲一角，四角爲一畝。

一、吴庭梅喪後，庭椿、庭梧買屋基，二人浼我書契主盟，又要添上後山彎地。雲山絶後，合係五分之物，我亦隨波混流，不欲與論。思之我二次爲寫屋基契，併主盟，既不得分文，主契又不得同受絶户一分山地，亦自可發一笑。智者不可爲愚，愚者不可爲智是也。

一、經理衆存山地及祖居地基、田稅錢，及有虚稅，不曾作六分均認。我之愚性不貪，全不曾買，懼幼同分産業裨補。

一、航溪庄基，係是桂山、静山、椿祥、勝武四分用價鈔收買，今四分管業，契文椿祥收執。

一、朱村方四七住居屋地，原是定山分得，後來作五分收買，永爲守墳火佃，其契文椿祥收執。在先，方社、方明作菜園一半，方四七作菜園一半，每年各豆、麥二籌。

一、朱村吴胡興、胡一、胡二現今共居屋地，係是桂山、静山、椿祥、勝武四大分用價鈔收買吴庭梅之業，屋地永爲作田之佃火，契文椿祥房下收執。

一、徑併埓上，原名上園，其上之地、下之田、地之屋，係吴桂山、静山、椿祥、勝武四大分用價鈔收買吴庭梅之業，四分均用錢穀，于丙辰年十二月吉日起屋，丁巳年創造屋宇完成。汪三一公、三二公兄弟租賃安歇，特爲種作田産之計，每年供穀拾貳秤，田、屋宇之租一併在内，四大房各取穀叁秤。所買吴庭梅文契，椿祥收執。

一、楊村州地，係桂山、静山、椿祥、勝武四大分用價錢併買定山、雲山二分之業，今係四大分管業，文契椿祥房下收執。

一、前項各處文契，桂山曾收三紙，同之時已付椿祥收去，印嗣後未發回。

一、敬體吾父五二朝奉存日，施田用財，裝塑祊坑永禧寺大佛一堂，併創造佛殿，羅砌月臺，已荷本庵設立。五二朝奉前後二位孺人共三位香火奉祀。近來桂山又取江潤坑口以出與庵附近毗連之田，立契批與永禧庵，候吾終生永爲添助先父母香燈之資，請本庵輸納稅糧。雖本庵饒足，或不以此爲重。然湊成本庵之全璧，庶不負本庵奉祀先父母之美意也。

一、本家受胡梅郎名文霆李坑公塢夏田二角二十步，計税三十一文五分。他受本家夏地一畝二角一十步，計税十八文五分搪抵對過，本家合納渠税錢拾三文，每年貼鈔柒錢半。庚寅年四月二十，胡連名伯英領去鈔一貫五百。己丑、庚寅，二税錢足。

一、航溪程勝五名元道，與本家相共上叚庄後學堂塢山一培，元道內有夏山一畝二角；又學堂塢口與林家塢口抵界金字面，元道有夏山一畝。二號夏山共二畝二角，立契買與本宅。

一、本宅取屋頭塢忠田一角四十七步、夏田一角四十七步，立契買與程元道二處田，計税錢五十四文五分；又取同處庄頭塢口夏山二角、胡坑戒方塢夏山五畝二角二處，共山陸畝，與田共立契賣與程元道，內除二畝二角。

——《祁門徑併清明會簿》

清雍正休寧縣江村洪氏清明會序

惟正公清明會序

嘗讀祭義曰："春雨露既濡，君子履之，必有怵惕之心，如將見之。"以此知孝子慈孫之感時動念，而報本追遠意至深也。況祖功宗德，遺澤綿長；子孫百世，咸蒙其福。而祖宗坵墓，惟歲一拜掃，猶敢不盡其誠敬乎哉？吾祖惟正公，三門始祖也，創業垂統，恢廓貽謀，後人實嘉賴焉。有明之季，時值鼎革，所遺祀產，因兵燹而湮沒者居多。今子孫清明登墓，猶得分胙以享其餘，皆前人之蔭也。然墓前祭掃雖年年不廢，而音樂未具，於禮實猶有闕，則於心固猶有所未盡也。前已於墓上祭掃之日增用鼓吹，以成祀事。今重立《會簿》，循分序齒，輪流司會，仍以三月初一日為定期，支下子孫，屆期齊集瞻拜，盡誠盡敬，咸以伸其水源木本之思。赫赫祖靈，其亦含笑於九原矣乎。是為序。

——雍正《江村洪氏家譜》卷八《惟正公清明會序》

清乾隆五十四年九月績溪縣竹里村周思延等立汪公會祭器管理合同議約

立合同議約，璉齊派下思延、紹韜、有謨等，今有汪公會內所置有爐瓶壹副、銅羅弍面、火燼乙對、棹幃肆個，合議置辦公匣，盛貯乙處，(粘)[拈]閹經管,通同封鎖,無許檢出。有公事,檢出公用。再者,二分之內,倘有喜事,向有經管人告借,無許失落損壞。倘有損壞,必係借人重修、重換、賠償,公議不恕,併同經管人,須要耽心收檢面驗,勿怠。倘若遺失損傷不知,必致經管人賠償,亦不輕恕。再者,所有借項,有典處銀本壹兩,紹富處銀本肆錢,永才公分下出本叁秤半,永富公分下出本叁秤半,紹來處銀本壹兩伍錢,比即交出,入衆生放,乙同經管公匣人,上首交下首。倘若置買田產、家伙、物件,公議公置,不得肥私入己,(卦)〔掛〕欠不清。倘有此情,公議公罰。恐後無憑,立此合同議約一樣三紙,各執一紙,永遠存照。

乾隆五十四年九月初五日,立合同議約璉齊公派下

    裔孫 思延 押

       紹來 押

       紹韜 押

       紹富 押

       紹玥 押

       紹基 押

       垚海 押

    執筆 啟年 押

       有謨 押

——散件文書,原件藏安徽省績溪縣竹里村

清乾隆五十七年十一月黟縣濟陽江氏宗族龐村派福壽公支裔江上峰等復興冬至祀會合墨公約

立合墨濟陽江族龐村派福壽公支裔、裡田派寅簡公支裔,緣於乾隆三十七年一族合立冬至祀會,追祀卓公。奈族大難聯,人情多渙,紛紛不一其志,遂有妄生覬覦,希圖瓜分者。乾隆五十五年冬,因將各族所輸銀兩,兼權子母,共計若干數,原璧而歸之,從此分離乖隔,祀典幾爲之中廢。獨是興會立祀,孝子慈孫所樂爲也;分會滅祀,孝子慈孫弗忍聞也。忘祖者,固不能禁其聚而弗散;尊祖者,何難於既散而思聚。爰集同志,兩族合議,輸貲生息。匪云收族,聊以敬宗,不敢替也。將兩族銀兩分註,福壽公支裔輸銀三百五十兩,寅簡公支裔輸銀三百五十兩,共成七百兩,質當趙姓庄田,計租壹千零

砠。遞年兩家眼同監割,收租辦祭,兩家輪流值年。其租穀除辦祭外,餘存貯積,日後或□□,祀産或找足田價,亦兩家均齊,無得盈虧,庶立根植基,垂諸久遠,不至中墮,永鑒前轍。斯則吾兩家子孫之責也夫。立此合墨一樣三張,存匣一張,兩家各執一張,永遠存照。

乾隆五十七年十一月　日,立合同龐村派江上峰等　押
　　　　　　　　　　　　裡田派江興祀等　押
　　　　　　——散件文書,原件藏安徽大學徽學研究中心特藏室

清嘉慶十年績溪縣城西周氏宗族能幹會規條

能幹祠之設,所以報功,亦以勸後也。吾族自乾隆癸未重建宗祠,當日能幹,勤苦經營,十有餘載,理宜立祠特祭。是以公建此祠,敬設重建宗祠能幹神主,與有明始建宗祠能幹及接辦能幹神主一同特祭。每逢春、冬,宗祠祭畢,即於能幹祠設席特祭。本擬祠內給資頒胙、散福,因租息無多,難以敷用,復籌善後之策。公議除祠內所辦牲牷祭品、紙箔外,着諸能幹子孫願出己貲置産,歸能幹祠收租,以爲永遠頒胙、散福諸費。所有能幹子孫,未及捐出者,日後捐貲置産,一體給散。諸公名目及一切《規條》,開列於後。

嘉慶十年歲次乙丑春分前一日,闔族公訂。

一、祠內廳堂,定例毋許借作公館、書堂、會場及興工作并堆積物件。今能幹祠及桂花廳,亦照祠例嚴禁。倘有此等情弊,亦照祠例公罰。

一、收租辦祭,鬮定每年四人輪管,其租息分作二祭,照時價折算。除辦祭外,仍餘均分,穀、麥照祠例交衆,麥每斗交甕麥十升半,穀每百觔交乾穀八十觔。每祭,各公紙角一封,未捐者亦各一封,宗子主祭,給豬胙一觔。

一、祭能幹《祭儀》《定例》,已載明卷首《辦祭頒胙例》內,祭畢,祭儀請該年司值、查察十位,同散菓盒,禮壺、爵、樽、豬、羊還祠。

一、能幹祠自備祭儀,每公紙角一封,用綿連四一張分作兩隻,每隻裝杭箔足三十張、正古紙半刀。未捐者各一封,同始建宗祠能幹諸公共一封,用綿連四一張、正杭箔足二百、正光古四刀,菜九品:每碗定海參二兩、魚肚二兩、鷄一觔、魚一觔半、肉二觔、肉丸半觔、肚肺一觔、雜會,肉包三十二隻。兩祭前一日,倩人於祠內特辦,俱要豐潔,不得用殘物臭味,致失尊敬之意。如違,罰杭箔一把,對祖燒化。祭畢同散,照已捐者多寡酌辦。

一、定《總譜》一本，每年收支各賬，即於春分日公同核算，(騰)[謄]入譜內，以便稽查，并紙角版一片，上首交下首，毋得遺失藏匿。如有此情，將此人兩祭仍分股法罰出，公同置辦，仍罰杭箔一把，對祖燒化。兩祭，公同算賬，首事如有收多報少，并虛開款項情弊，即照數追出，亦罰杭箔一把，對祖燒化。

一、祠内配享、文會及各項呆胙，子孫向有變賣者，是視祖功宗德等於尋常產物，大失尊敬之意。今公議各能幹子孫收租辦祭、散福、頒胙，毋許變賣他人，亦毋許變賣會内之人。倘有變賣者，將該股法歸公買者，均以不孝罪論，均毋許收租辦祭、散福、頒胙。

一、有明始建宗祠能幹諸公名目列後：文化公、譜公、廷憲公、士龍公、新安公、施公、杞芳公、孟成公、尚堯公、之賢公、紳公、謙公、列公、富孫公、新巖公、可學公、社女公、初元公、之剛公、執中公。

一、重建宗祠能幹諸公名目列後：正貴公、炘公、郁公、豐公、仁家公、彬公、鰲公、城公、登路公、瑞楫公、之文公、瑞積公、允公、煥文公、思紹公、瑞霞公、志成公、炳文公、瑞霖公、瑞洸公、瑞仁公、士旂公、之冕公、瑞文公、瑞位公、燦公、廷桂公、廷楨公、桂殿公、瑞坦公、廣飛公、玉琳公、廷煇公、廷憲公、問馨公、廣輝公、廷錦公、宗訓公。

一、接辦宗祠能幹諸公名目列後：紹濂公、廷坊公、長明公、之楨公、元士公、廷宣公、廣涵公、廷寀公、廣煜公、宗道公。

一、已捐貨置產諸公名目列後：炘公、豐公、鰲公、瑞積公、煥文公、思紹公、瑞霞公、之冕公、廷桂公、桂殿公、瑞坦公、廷憲公、問馨公、廣輝公、廷錦公、士旂公、仁家公、炳文公，以上重建宗祠能幹，各出過捐銀十二兩正。長明公、之楨公、元士公、廷宣公、廣涵公、廷寀公、廣煜公、宗道公、承懽公，以上接辦能幹，各出過捐銀二十四兩正。

一、閹定收租辦祭名目列後：

乙丑：之楨公、之冕公、廷寀公、宗道公。

丙寅：思紹公、廷桂公、問馨公、廣涵公。

丁卯：炘公、元士公、廷宣公、廣煜公。

戊辰：豐公、煥文公、桂殿公、廷憲公。

己巳：鰲公、瑞霞公、紹成公、廷錦公。

庚午：長明公、廣輝公、瑞積公、士旂公。

辛未：仁家公、承懂公、炳文公。

田產列後：

慕字六百四十四、六百四十六號,田稅共一畝一分六釐五毫,土名洪栗園計二坵,佃人周廣大,今佃周戀餘,住黃毛坦,硬麥分六大斗,硬租穀六大秤。

才字四百十三號,田稅一畝三分,土名東林間,佃人張觀竈住雲台,硬麥分二大斗半,硬租穀六大秤。

宙字二百六十九號,田稅七分二釐,土名任宗祠前,佃人余高,今佃余壽大、余百保,住北門外,硬麥分三大斗,硬租穀三大秤。

洪字一千零七十二、三號,田稅八分五釐六毫。

洪字一千零六十六號,塘稅三釐,土名大灣,土名外塘,并小頂,計大小三坵,佃人王竈育,住炭坑,硬麥分三大斗,硬租穀二百四十勉。

傷字一千七百二十號,田稅八分六釐,土名洪栗園,佃人方觀應,住方家園,原租穀八秤,今包硬租穀五大秤。

女字一百九十號,田稅四分二釐,土名白石井,佃人何滿保,住何家田圩,硬租穀三大秤。

慕字一千八百五十九號,田稅一畝零九釐五毫,土名壁山前,佃人周廣俊,住黃毛坦,硬麥分五大斗,硬租穀五大秤。

慕字一千八百八十三號,田稅七分八釐二毫五系,土名王家屏計二坵,佃人柳閃,住破瑤嶺,原麥分一斗七升半,原租穀七大秤,今監分。

以上市八圖六甲,新立周新捐能幹會戶完納。

能幹祠內,前設捐貲置產能幹牌一座,有捐銀入祠置產者得上名,與諸能幹一體享祭。至置產立會、收租辦祭、頒胙、散福,均不在內。今邦達遵例為廣學公捐銀二十四兩、承怡公捐銀二十四兩,俱交宗祠置產。嗣後,有捐貲上名者,照此續入。

——光緒《梁安城西周氏宗譜》卷二十《能幹會》

清嘉慶歙縣桂溪項氏宗族始祖會會規

始祖會：此冬至祭始祖之會也。清泰而後,世衍族盛,人咸具報本返始之忱。然祠宇未立,遇歲時,家各薦于其寢。明萬曆乙未,始聚族之人萃金為會,以謀合祭之禮,人各一錢,費輕而易集,限輸五載,積纍而加多。由是祀事昭明,而議建祠、議祀田相繼興舉，皆此始祖會鼓舞倡導之也。

會規條目：

一、本會之設，以人本乎祖。余族始祖紹公，肇遷小溪，宏開巨族。仰溯淵源，當崇反始。今即未能遽興祠宇以妥神靈，做《禮》經有"冬至祭始祖"之文，故每歲此日，合族舉行，昭報本反始之忱，而附祭二世祖清公，三世祖文忠公，四世祖延慶公、延寧公止焉，又明大宗、小宗之義。此本會舉祭之經也。

一、始祖紹公，特設神位奉祀，永遠不遷。然祠堂未建，姑就宗子之家供奉，歲時舉祭，亦合族赴焉。自二世祖至四世祖，皆附祭也，故不設神位。

一、本會初設，各門願入會者，每人出紋銀壹錢。除今公用外，仍總若干，擇領生息，每週一分捌厘算，每年一算。候五年外，再支每年利銀，以爲祭費。然五年之內，在會人數，分爲五班，鬮定年分，每年每人出己銀，備桌面五席，猪、羊一副，香、燭、紙儀等項，冬至日舉祭，邀合族陪祭。

一、每祭，輪班會首先期鋪設始祖上席、二世祖左橫第一席、三世祖右橫第一席、四世二祖左橫稍下，二席相連，庶循昭穆之義。每席儀品，五年之內，己備者豐儉隨宜；五年之外，衆備，再定價例。

一、每祭，會首先晚鳴鑼聲邀，次日冬至，各至祭所拜祭。次早，復鳴鑼聲邀，以巳刻爲規，在家者務要赴祭所。五年之後，衆辦祭儀，照在會名目，寫定籌牌。祭畢，唱名給餅給籌，候分領胙。有在外者，托同族之人代拜，及有孩抱來觀禮者，亦知孝敬，亦各給餅領胙。若並無人至祭所者，停籌不給，餅胙姑照給，其胙亦候衆辦之日，再定《規則》。其桌席亦定常規，再量給酒若干，與輪班會首宴散。其籌牌亦即查明，候次日會衆批簿畢，交遞下肩收管。

一、今在會人數，總約二百餘，議分五班，每班以四十爲則，各門裁搭約數定班，庶便管事。以乙、庚年爲第一班，丙、辛年爲第二班，丁、壬年爲第三班，戊、癸年爲第四班，甲、己年爲第五班，各門品搭，拈鬮爲定。自後，照依次第，輪流管祭，週而復始，毋得攪捱。違者，罰銀壹兩，入會公用。

一、五年之內，各班辦祭，雖豐儉隨宜，然亦必先期預備合用祭物，臨期舉行，不致失禮。倘輕視怠緩，臨期無措，不成禮者，罰銀壹兩，入會公用。五年之外，衆辦，必冬至節半月以前，領銀者發銀，輪班者領銀，照規買辦。如不依期領發，致誤事者，各罰銀壹兩，入會公用。

一、本會置《文簿》一樣五扇，具載在會人名、銀數及《條規》、每歲支費出入等項，每班各收一扇。每歲祭畢，次日，各將《文簿》賷出，眼同結算，批寫某年會首某某支出銀若干、買辦某物若干、給胙若干、仍存本銀若干，批完，各班收去。如有登記，五簿一齊賷出，公衆面批，收簿者不許私自添易。違者，查出，罰銀壹兩，入會公用。

一、今會初設，入會者出紋銀壹錢生息。自後，各門有願入會者，照見在會銀數扣算補利，附入各班，管祭分胙。

一、今立會後，祖墳山出捳花利及豆租，每年輪班會首收貯公用。

一、本會之設，上奉神靈，以尊祖敬宗爲心；下明支系，以聯宗合族爲義。故須同心合志，以蘄有終。然祠宇未興，尤爲缺事，尚望高明仁孝者次第舉行焉。

——嘉慶《歙縣桂溪項氏族譜》卷二十二《祠祀》

清道光八年二月黟縣四都汪新月等新立祭祀會入會議墨合同

立議墨合同人汪新月同嘉福、嘉禰、嘉禧，新立祭祀會，四人同心協力，合助出會一股，四人均匀付應。會内子孫上丁，照丁上銀叁錢正。長智大婚，配酒棹銀壹兩，次子一半。再議，養女出嫁，衆取公堂銀壹兩，衣轎乙半。歷禧年清明祭，勿衆辦，國課使用結算，必要四支子孫眼同。日後，子孫必要遵墨而行爲準。會内支丁，必要與會爭氣，免開人笑。不得恃強欺弱，公議公説，可見肖子賢孫。今欲有憑，立此合議墨合同一樣四張，各執一張，永遠爲據存照。

道光八年二月　日，立合同人　叔公　汪新月　押
　　　　　　　　　　　　　　奉書　　嘉福　　押
　　　　　　　　　　　　　　　　　　嘉禰　　押
　　　　　　　　　　　　　　侄孫　　嘉禧　　押

（陳雪明録，卞利校）

——散件文書，原件藏安徽大學徽學研究中心特藏室

第三節　經濟類會社規約

清乾隆四十六年五月黟縣十都豐登路會等置買山業立議公禁合同

　　立議合同豐登路會等，緣受買山業乙處，土名木坑，問字　號，業稅三畝。現養樹木成林，松杉、雜木並盛，柴薪、竹草茂密，內有熟業茶顆，一應在內。今因吳應日缺用，出賣與豐登路會衆姓等名下爲業，公議買爲公業，公議長遠公養。所買山業之價，衆等公議，派丁兌價，稅係收入胡國珍戶內輸納。但有照派出錢者，業屬有分執，而不出錢者，公禁毋許入山。如違，鳴官究治。列名執單，袷于各姓合墨之內。嗣後，不但此業無分，且并（風）[封]門鎖，亦毋許入山。再議，刮柴山中曬，恃蠻魆挑，察出，鳴衆公罰。其山業蓄養樹林，摘茶之息已及，茲派丁餘錢，公議入會生利，以備兌糧，仍遞年同眼算明登賬，不得私肥。再，無知入山侵害，察出公罰。恐後無憑，立此合墨一樣九張，各姓執一張，永遠存照。

　　再批：山中所出之息，照銀兩多寡分。胡善慶出銀伍兩，方大義出銀叁兩，方樂善出銀叁兩，謝致義出銀壹兩，江、王二姓出銀壹兩伍錢，王仁德出銀叁兩，蔣餘慶出銀壹兩，散姓出銀壹兩壹錢。

　　乾隆四十六年五月　日，立合同豐登路會　王仁德　押
　　　　　　　　　　　　　　　　　　　　　方大義　押
　　　　　　　　　　　　　　　　　　　　　胡善慶　押
　　　　　　　　　　　　　　　　　　　　　方嘉樂　押
　　　　　　　　　　　　　　　　　　　　　謝致義　押
　　　　　　　　　　　　　　　　　　　　　江嘉慶　押
　　　　　　　　　　　　　　　　　　　　　蔣餘慶　押

　　再批：新契一紙，新□單一紙，老契、加契二紙，典約一紙，方大義當收去。押

（陳雪明錄，卞利校）
——散件文書，原件藏安徽大學徽學研究中心特藏室

清同治九年二月祁門縣桃源陳正輝等立興山會禁賭禁烟興利杜害合同規約

　　立興利杜害合同文約人陳正輝、國芳、永慰、朝基等，竊思山茂田腴，財用乃足；黜邪崇正，風俗斯醇。輝等世居裏桃源地方，山多田少，向興竹木，以資財用，茂林修竹，遠近蔥蘢，賭博、洋烟，先後申禁，一時鮮游惰之失業者。近因人心不古，山林殘毀，利用無資，烟、賭私行，澆風漸啟。此欲興利杜害者，宜早約束於將來也。爰是合衆公議，凡四保山場，約興材木各家子弟，嚴禁賭、烟。公議《禁規》列後，各宜遵守。違者，憑衆公議處罰。有恃强梗衆者，出邑鳴官懲治，庶林木日見其叢生，而人心胥歸於各正矣。立此合文四紙存照。

　　一、會内四保山場，不論己衆，所開成熟者，聽其興種花利；已荒者，概興松杉、竹木、春笋。家外人等，毋得入山戕害。若自行取用，先期出帖，其材杪非自興養者，不准擅伐。

　　一、山木成林出捹，不論己衆，每兩取五分，入興山會。餘價先取四分歸力坌，仍六坌照契稅分價。無據者，毋得爭競。

　　一、賭博、烟館，前經勒石嚴禁，恐日久廢弛，今復立約扶禁，毋得賭博及私開烟館。

　　一、會内四保山場，承種興苗之人，務要先行報衆，接首事入山訂界。簿載力坌，如無人承種，會内興養苗木。出捹之日，先行出帖，照據領價。如無業主者，該山亦歸會内。

　　一、興養苗木，野火爲害最甚。如有私放野火，加倍議罰；失火者，察實另議；見火者，務即鳴鑼赴救。

　　一、來龍、朝山、水口、墳山，關係最重。如有戕害者，加倍議罰。

　　一、會内錢文，公議存殷實之家。如有公用，公同開支，毋許私自移借等情。

　　一、以上《禁規》，違者，公議罰戲全本；加倍者，亦照前議；不遵者，各家先行懲治。至恃强梗衆者，即鳴官懲治，其費以會内開支。如會内不敷，即照四股出備，大經堂出一半，持敬堂出一股，饗保堂出一股，首事、紳耆，毋得推諉。至在山竹木，倘有戕害，不遵處罰者，業人先行報案，不得開支公費，衆即隨具公呈，以公費開支。如有携斧鋸及賭具、烟鎗，報衆者，議賞。

同治九年二月　日，立合同文約人

陳正輝 押	朝煥 押	開鉞 押	正綏 押
永慰 押	朝運 押	開泰 押	正盛 押
國芳 押	朝明 押	文琳 押	開森 押
正元 押	光宋 押	朝遜 押	開萌 押
應亨 押	桂風 押	朝畿 押	朝陞 押
正心 押	邦偉 押	正時 押	廷傑 押
應震 押	正順 押	肇訓 押	開蓬 押
應星 押	正俸 押	達禧 押	開黃 押
朝基 押	文瑛 押	朝輝 押	開蒲 押
應晨 押	朝禮 押	朝熙 押	肇魁 押
啟昌 押	邦倫 押	開茂 押	正旺 押
正國 押			

——封越健主編：《中國社會科學院經濟研究所藏徽州文書類編·散件文書》第四冊，社會科學文獻出版社，2017年，第66—68頁

民國七年正月徽州某縣汪溥泉等衆姓立興杉松合同會約

　　立興杉松會約人汪、程、李、奚、方、王衆姓等，爲供課資生、永保勿替事。原我塘塢地方，山居其九，田僅其一，農、工而外，計惟蓄養杉、松以取孳息，庶幾課有供而生有資。近因人心不古，殘害太甚，若非嚴行厲禁，將來濯濯在目。爰是衆等目擊心傷，僉議量酌捐費，興立杉、松議會，公同管理。再外來入，起釁生端，一家受累，合源扶持，務要公心直道。所有《條規》，逐一開左。倘有仍蹈前轍，復行荒廢，臨陣推逃，會同約首公罰。如遇梗頑不遵，鳴官理論。自約之後，衆等務期成始成終，齊心協力，則居者安，山有生息，而生財有道，是則供課之一道也，是則資生之一道也，是則居安之一道也。特立合同議約七紙，各執一紙，永遠爲據。

　　一、境内山場，倘有侵害被獲者，報知約首，照約公罰。如有梗頑不遵者，鳴官。公費，山主出一股，屬内出二股。

　　一、境内山場，日後介造，照價每元抽洋一錢，爲杉、松會約首收，生放活利。椏棶，任行採取供爨。

一、杉、松二木，大小乾濕，毋許下山。違者，罰洋拾元、酒四席。捉獲者，賞洋弍元。違者，倍罰。存情者，同罰。

一、杉、松嫩苗採樵，毋許夾帶。違者，罰洋四元、酒弍席。故違者，重罰。

一、山主採取杉、松應用，雖係己業，務早三日出帖通知。

一、境內有外來尋事生端，合源踴躍，毋許推逃。違者，重罰。

　　　　書筆　奚永青　押

民國戊午七年正月十六日，衆立合同文約人　汪鳳林　押　汪炳焜　押
　　　　　　　　　　　　　　　　　　　　　程國鈞　押　王道廷　押
　　　　　　　　　　　　　　　　　　　　　汪文瑞　押　汪作舟　押
　　　　　　　　　　　　　　　　　　　　　李榮清　押　方長生　押
　　　　　　　　　　　　　　　　　　　　　汪溥泉　押　汪之來　押

　　　　書筆　奚永青　押

——散件文書，原件藏南京大學歷史學院資料室，編號000059

第四節　神會規約

明萬曆四十年至民國三十年休寧縣旌城等村祝聖會會規

抄存起始出遊合議以便後考

　　住居十三都三啚里長吳天慶、保長汪宗公，及士、農、工、商各戶人等，爲議祝會事。切以田禾豐熟，人丁茂盛，全仗神靈護佑，是以各村各鄉立會敬神、祭祀，巡遊田間，邀神歡媚之意。今本都本啚上自上庄，下至下嶺，俱屬越國汪公九相公、胡元帥名下所轄，向雖立會祭祀，未舉出遊之典。今議奉神出遊，春祈祝會，必需人力扶持，錢財給用。議得士、商之家出錢，修坐輦，執事各件用度，農、工之家出力。上、下村司帝輦、相輦，上庄司帥轎，各執其事，共祝年穀豐登，人民樂業。人喜神歡，□然福祿永賴。如有不敬事肅奉者，神必降禍其家。□此立議，各宜遵照。

　　　□□□□歲在壬子春，主議里長　□□□押
　　　　　　　　　　　見議保長　汪宗□押

依議　上村各户　押
　　　　下村各户　押
　　　　上庄各户　押
　　　　——《崇禎十年至康熙四十九年祝聖會簿》，抄本

合會衆議
本村祝明聖會，各户遵前《規例》，恪守無異。邇來會戲亦守前規。自今而後，猶恐新春雨雪阻期，衆議凡戲子若到，天色晴，即在檯上搬演；若雨雪，不能外演，的議堂中搬演，以便會首之家。衆會户同批。
　　　　——《崇禎十年至康熙四十九年祝聖會簿》，抄本

清康熙元年休寧縣祝聖會因費用不資、衆議加穀租修改會規
祝明聖會遞年拔穀壹百砠與會首之家，邇來會事費繁，不敷支用。今衆會户公議：自康熙二年起，王承初會首爲始，每年加穀叁拾砠。以前汪啟元起，至汪明恭止，共捌户。公議每户會內拔出增補銀壹兩。又議接會之家，備饌盒叁個，叁葷叁素，雙料酒拾式壺，以爲定規，毋得異議。衆批。
　　　　——《崇禎十年至康熙四十九年祝聖會簿》，抄本

清康熙十年正月休寧祝聖會因費用不敷暫停戲文一輪之會規
康熙十年正月十五日，衆會户公議：向來恪守《會規》，邇因會內錢糧不敷，難于取辦，將敬神戲文暫停乙輪，至次輪首會，仍舊復興，會户無得異說。
一、議接會無骨熟肉式斤、熟魚乙斤、豆腐叁斤、酒拾（乎）[壺]，上下首眼同公買。
一、議會酒三日，暨免。
一、議敬神供儀，仍炤舊規。
一、議穀七十砠與做會之家，備辦供儀。
一、議穀價炤舊，每砠捌分筭。
一、議十三、十四日，上下首用酒叁（乎）[壺]，餘外不得同飲。
一、議十五日鳴鑼三次，衆會户齊集筭帳，酒拾（乎）[壺]，餚嗄炤舊，一户只許一人登席。

衆批。

——《崇禎十年至康熙四十九年祝聖會簿》，抄本

清康熙十一年休寧祝聖會因錢糧不敷再次修改之會規

祝明聖會，其來遠矣。古例演戲乙臺，每夜供儀四兩。于順治年間，錢糧贏餘，是以增至乙觔。迺于康熙十一年，因會內錢糧不敷，致免神戲。切思演戲原以敬神之古例也，不減供儀而免神戲，是會戶之徒口腹而慢神聖矣。茲議供儀，十四日，素儀炤舊。十五日，每戶熟肉半觔、熟魚半觔，演戲乙臺，拔穀柒拾砠與做會之家，餘穀炤舊例筭價入會，下首領去生息。若會內錢糧充足，另議增加可也。

一、議十四日素儀，炤前例。

一、議十五日每戶分熟肉半觔、熟魚半觔、豆腐乙觔。

一、議演戲乙臺，不過十五日。若遇雨雪，即神前搬演；晴日，搭臺外做。

一、議鳴鑼及出遊炤舊。

一、議各戶插燈，必隨神魚貫而行，以便頭首點名。如違，罰叁分。

一、議在會人戶，必要齊集點名。如有客外，先浼人答應。如點名不到者，罰銀叁分。

一、議十四、十五夜，神聖出遊上殿，必須上、下首監轎隨行，不得隱燈拔燭，褻慢神聖。如違，罰銀叁分。

一、議神聖出遊上殿，抬轎之人必要炤古例，上至青山下堨邊點名，下至八公橋。如違，罰抬轎之人伍分。

——《崇禎十年至康熙四十九年祝聖會簿》，抄本

清康熙十七年正月休寧祝聖會因加派浩繁、錢糧不敷而修改之會規

康熙十七年正月十五日，衆會戶公議：邇年因錢糧加派浩繁，以致會內銀數不敷支用，舊歲已將會穀當銀。今復欠缺，豈又復動會穀？是以公議將十四日、十五日供儀概免，會首只備花燭叁對，常儀敬神。其會穀內除肆拾砠，與做會之家演戲壹臺，其餘穀仍照前例。十五日，做會之家備腌雞壹觔、乾魚壹觔、醃肉式觔、豆腐叁觔，敬神筭帳後衆用。衆會戶各帶銀叁分，還做會之家，候會內盈餘之日，再議加增。衆批。

——《崇禎十年至康熙四十九年祝聖會簿》，抄本

清康熙二十七年休寧祝聖會因生聚稍豐而調整之祭祀會規

茲因前議會內空乏，以致減費。今生聚稍豐，是以衆會户公議定規：首會汪啟元爲始，定于十三日早出遊，十四日，用樂人請神出遊，夜遊仍舊規敬神。十三日早遊，十四日早遊，用樂人，待神酒三棹、五饌，用雞三隻，重三觔；東坡肉四斤半；醃魚三尾，重三觔；肉員肉三觔；炒骨肉三觔；三饌碗；用系粉三碗，蛋皮三碗；包三碗；酒拾貳（乎）[壺]。增穀叁拾砠，與做會之家，永爲定例。

衆議以上敬神餚饌，俱用熟者，見秤酒用十六壺。兩日，衆會户同享。又恐天色陰雨難定，十三、十四兩日，復議初十後，逢晴，鼓樂待神出遊一日爲規。

衆議索粉叁斤、蛋皮共九斤、包式斤四兩，看吉秤。

——《崇禎十年至康熙四十九年祝聖會簿》，抄本

清康熙二十七年休寧縣祝聖會公議新例和四十二年修訂會規

康熙二十七年衆會户公議新例列左：

初十後，逢晴，鼓樂待神出遊一日爲規。酒三棹、五饌、三湯。

熟雞三隻，重三觔；東坡蹄子三隻，重四觔半；醃魚三尾，重三觔；肉員，重三觔；炒骨肉，重三觔；索粉，重三觔；蛋皮九個；包子，重式觔四兩；酒拾陸壺。

十四、十五兩日，衆會户同享。

康熙四十二年，衆會户公議加穀三十砠，併前共穀壹百砠，與做會之家演戲兩臺敬神，永爲定例。俱要打鑼三遍，通知各户。

——《崇禎十年至康熙四十九年祝聖會簿》，抄本

清康熙三十六年正月休寧縣祝聖會因邇來贏餘而調整之祭祀會規

聖會邇來盈餘，今復當田。若不公議，則會有虧而無得盈餘矣。故衆會友神前公議：以後有銀買田，上下首必要查明實田佃户再買，不得狥情，私收田契。

一、議做會之家本年穀價，必要現銀付出，以便辦納錢糧，不許寫虛田，搭抵會內。

一、議會户筭帳,酒例加出支拾壺,不得多飲。

一、議汪帝夜遊,聖轎,必要抬至源口;元帥轎,必要抬至八公橋。不遵者,公議罰銀壹錢入會。

康熙三十六年正月十五日,會衆公議批照。

——《崇禎十年至康熙四十九年祝聖會簿》,抄本

清康熙六十年正月休寧縣祝聖會調整定規

本年正月,衆會户公議:自今以後,管會之家同上下手,各備鑼一對;又上、下兩村稻福所,各備鑼一對,共鑼五對,照舊例出支。如有喜助鑼者,聽其情願,會內不得出支。衆批。

——《清康熙至嘉慶祝聖會簿》,抄本

清雍正元年正月因康熙皇帝駕崩和荒歉而延遲會期衆户批

本年會期延遲,因康熙皇帝駕崩、國喪未滿,不敢迎神賽會。衆會户公同議過:十一日迎神,于廿日送神還殿。其旗、傘、鑼米,因上年荒歉,暫停不發。今已豐熟,衆議明年仍照舊例出支。所有樂輸會户汪綏章原本五錢,又該派永隆樂輸銀原本八錢三分,議作五年拨還,會內讓利。如違期,炤例肆息。

雍正元年正月　日,衆會户同批。

——《清康熙至嘉慶祝聖會簿》,抄本

清雍正五年休寧縣祝聖會微調會規

其汪敦義及汪元相二户原領本利銀伍拾兩有零,又虛田二宗,計租拾乙砠半,因聲遠相懇,衆會友將會骨暫抵止會。是以衆會友立議:暫將兩會骨情抵,俟日後事業茂盛,還前銀畢,聽入會,兩無他説。

衆會友公批。

——《清康熙至嘉慶祝聖會簿》,抄本

清乾隆七年正月休寧縣祝聖會買田公議

康熙四十九年正月,買汪伯兆横塘田租叁砠,應該當年拨支錢糧。今伯兆之子希聖來取,查得四十九、五十兩年錢糧未拨,迄今三十三載,若依舊例

盤筭，則計銀三十餘兩。衆會友公議：神會賬目，只宜樂助興隆，不便盡筭。酌中之道，將原價讓去壹兩五錢，希聖仍出銀壹兩五錢，比日即收銀壹兩五錢取贖，繳契清訖。

乾隆七年六月　日，衆會友公批。其銀即交下首汪耀章收，後出支。

——《清康熙至嘉慶祝聖會簿》，抄本

清乾隆十四年休寧縣祝聖會撥租穀與當會之家以解決荒歉祭祀游神問題衆議

會內空虛，無銀存貯。倘年歲不登，拔交不敷，不得不預爲籌畫。今議年來米糧極貴，會內仍存餘租，每砠增穀價銀弍分，作壹錢例筭。又向來給發旗、鑼、傘等米出支時價，而會內尚有餘租，似亦不合。今議拔租穀伍砠，貼當會之家發旗、傘等項，以爲妥當定例。又會內向出支從燈五盞，今吳祖兆會首助大紅紗燈一對上殿，則從燈不出支會銀。若日後紗燈損壞，或會內人喜助，或出支銀買，悉從人便。以上諸議，無非培植神會之意。公書存照。

——《清康熙至嘉慶祝聖會簿》，抄本

清乾隆二十三年十月休寧祝聖會因汪公廟被毀、神像化爲灰燼立議墨

立議墨吳芳茂、吳祖成、吳祖兆、汪宗公、汪光啟、汪嘉慶、汪永隆、汪毓仁、汪復禮等，議爲公存積貯生息，以圖立像造廟事。緣英烈越國汪公會，兩村公共，迄今三百餘載。每年正月，演戲兩臺，敬神酬願。當會之家，開除租穀壹百砠，以作費用，業有成規，無容異議。但向來神像安奉玉山祖殿，舊因乾隆丁丑年，廟宇遭燬，神像化爲灰燼。欲議重新，而會內無所積蓄，終覓艱難。爲此，會衆公議：將神戲、出遊諸事暫停，當會之家每年交出穀價，另行生息，日後計算本利，以作造廟、立像之費，庶神有憑依，而租穀不致虛糜。候廟像告成，另議善規。今將議例開列於左：

一、議穀價，每年十月初一日爲期，每砠照溪口米市價錢折扣筭□九七平會戥。

一、議穀價銀，定期十月十五日，交出壹百砠價銀。

一、議餘租，以來年正月十五爲期，照市價八折扣筭。

一、議祭神、胙儀等項，照時價開支。

一、議穀價銀，兩憑上、下首公付殷實戶生息，每週一分四厘生息筭，其

銀本利十月十五交出，不得拖欠轉領。

乾隆二十三年十月初一日，立議墨　吳芳茂　押　吳祖成　押
　　　　　　　　　　　　　　　　汪宗公　押　汪光啟　押
　　　　　　　　　　　　　　　　汪嘉慶　押　汪永隆　押
　　　　　　　　　　　　　　　　汪毓仁　押　汪復禮　押
　　　　　　　　　　　　　　　　吳祖兆　押

——《清康熙至嘉慶祝聖會簿》，抄本

清乾隆三十一年十二月休寧祝聖會公議吳升吉欠產事

各會户公議：緣乾隆二十五年正月，吳祖成同各會户神前結賬，承管會首吳升吉，結欠會内穀價銀拾七兩六錢六分叁厘。經今第八輪，又值吳祖成當會。每輪公議以本上起利，共計貳拾叁兩零一厘。奈吳升吉實受窘迫，委難措辦清償。是以同會人等公議：上輪已收升吉棄產銀九兩五錢，今又收祖成會股内同事會友，公議將己祀會内設法銀捌兩壹錢六分三厘，并上輪還銀，共成拾七兩六錢六分三厘，償清穀價本銀，其利公議停止。其升吉日後發福，亦當酬報神靈。又吳次宇領會内長屯樹價銀貳兩捌錢五分未清，其身已故，無嗣，公議令其親兄警晨出銀壹兩，爲其銷欠，以免徒盤虛賬無益。公議同批。

乾隆三十一年丙戌十二月　　日，會衆公批存簿

汪宗公　押　汪毓仁　押
汪光啟　押　汪復禮　押
汪嘉慶　押　吳祖兆　押
汪永隆　押　吳祖成　押

——《清康熙至嘉慶祝聖會簿》，抄本

清乾隆四十年休寧縣祝聖會恢復因乾隆二十二年玉山殿廟神像被災毀壞之游神公議

乾隆二十二年丁丑，玉山殿被災，廟像俱燬。二十四年，緣停會戲，以資建廟。經今兩輪，各會一週，公議原照前例，應行演戲二臺敬神。但原例戲不過正月十三日，斯時（斑）[班]少價昂，難於辦理。今議定期二月之内，不得過三月初一爲則。如有過期，仍照例議罰，以警怠慢。邇來餚物價長，其

澆臺酒酌公議減除,以免賠累。總冀竭誠盡敬,人喜神歡,永遠遵守。此議。

——《清康熙至嘉慶祝聖會簿》,抄本

清乾隆四十八年休寧縣祝聖會暫停會戲事公議

爲公議暫停會戲事。緣玉山神廟構造餘屋,延僧侍奉朝夕香火,四村曾公共樂輸。第多構觀音堂一所,業經苫蓋築牆成就,而旌城所輸銀兩多不付出。即各所輸,亦有未能收齊者。不特裝修缺費,抑且欠掛瓦工銀數,無處措辦。今本會合議:以公物辦公事,將會戲暫停一週。每年拔銀拾兩,除還欠裝修外,倘有盈餘,則置田爲住持恒業。一週之後,原照例演戲。爲此,公批存照。

——《清康熙至嘉慶祝聖會簿》,抄本

清嘉慶七年正月休寧祝聖會停止出游演戲一輪公議

本年正月十五日,衆户公議停止出遊、演戲,一輪滿,原復照辦。

一、議會内穀價銀,每砠照十月初一市價。

一、議會穀七折照筭。

一、議租穀照簿實收,不得順情少收。

一、議田坪會同汪、吴兩姓公估。

一、議錢價照實,不得多開。

——《清康熙至嘉慶祝聖會簿》,抄本

清道光二十四年休寧縣祝聖會重定會規

越國汪公九相公、胡元帥之神,起自明朝,迄今四伯餘年,實賴神佑。切上庄帥轎自乾隆五十年起,不服神化,以致會内連年空虛,各會公議停演。于嘉慶十六年正月,做會筭賬,會内盈豐。是以復議奉神出巡,共祝年豐,人民樂業。人喜神歡,自然福禄永賴。復思會内空虛,實由田坪以少開多、以錢作銀,空虛根脚。是以各户齊集,復議《規條》,開列于後:

一、議奉神出巡,定期初十日。如雨逢,無誤。

一、議奉神夜巡,定期十四、五兩夜,風雨不改。

一、議神戲兩檯,定期不過三月半,各户公議禁止夜演,免慮事端。必須邀同上、下首看戲定班。

一、議管會之家，收租必須認真，會現錢糧日遊、夜遊、演戲、田坪、雜項，均係做會之家外交出銀式兩，入會存匣。倘遇里長貼役，會內開支，不涉做會之家之事。

一、議酬聖折燭，入會存匣。

一、議存匣銀兩，汪、吳兩姓公同包封扞押。如遇公用，邀同開封，不得擅動。如違，公罰。

一、議田坪本年灘塌，本年當會之家自做，不得故意拖留下首。查出。議罰。

——《清道光祝聖會簿》，清抄本

清道光三十年正月休寧縣祝聖會汪復禮因家內無人管理公議暫停一年

今議應輪汪復禮，因家內無人管理，暫停一年，下輪照舊接當。是以邀集會户諸公批據，今交下手吳祖兆接管。

道光廿九年正月初十日，公議

   允議會丁　吳祖兆　押　汪宗公　押

      吳祖成　押　汪復禮敦仁客外，嫂代押　押

——《清道光祝聖會簿》，清抄本

清道光三十年九月休寧縣祝聖會佃户刁欠租穀訴狀

庚戌年，因會輪值吳祖成、會丁成雲收租存貯，以備次年祭祀、完納等項。突有頑佃潘春魁、汪志萬，竟將本年租穀刁抗不交。司會邀同上首，屢向催討，籽粒不償。投保理論，該佃强蠻不理。會內公議：若不控追，誠恐各佃效尤，在會諸公均皆允議。爲此，附《吳集新徵銀印簿》，具禀控追，一切收支費用，開明於後，以便會丁悉此情由也。

一、議會內如遇田坪，必得上、下會首公看。如要做者，公估，管年之家給付，不得因循推諉，庶免佃人藉口。

一、議會內各佃户，設或抗租不交，司年者即行通知上、下會首，同往催討。如有刁佃硬抗，顆粒不交，應即邀同在會諸公商議公允，再行公舉。而管年之家，亦不得藉公報私，其餘仍照舊規公議。此批。

道光三十年九月　日　汪宗公　吳祖兆　吳祖成

  會丁丁長　汪雲鵬　押

　　　　　　吴日熺　押
　　　　　　吴成雲　押
　　　　見議　汪焕章　押
抄呈稿底　　　　　　　　九月十九日
　　監生　吴祖成四六
　　耆民　汪錦堂七三
　　抱【呈】：汪升

禀爲霸業抗吞、叩提訊追事。緣生村吴、汪兩姓，昔興祝祀會，祖手置備田租，（以奉祭祀，以濟村中貧家花户糧賦。逾限者，會内代爲暫墊。以此——原件中被圈掉，編者注）輪流司辦，上供國課，下備蒸嘗，歷來如斯。生等糧在四嵒，集新等户徵銀，如期完納，（得免——原件中被圈掉，編者注）曾未誤公。詎有頑佃潘魁等種作祀田，歷欠租穀壹千零十一斤，本年全吞不交。生等屢向索討，顆粒無償。鳴保理論，互相抗吞，釘牌執業，竟敢拔棄。現今正租籽粒未償，田現佈種麥苗。似此恃强霸吞，情何以堪？若不禀追，各佃效尤，不特生等祀會廢弛，而國課將何以供？爲粘《欠租清單》陳叩，伏乞大老爺恩鑒，償差提追，儆抗吞，杜效尤，裕課，上禀。粘呈各佃欠租土名額交。叩電。

山背佃潘魁，土名查木圲，計租拾五砠半，打定硬交七砠，每年硬交折穀一百四十斤，歷年積欠租穀三百四十三斤，二十九年欠租穀八十四斤，三十年欠租穀一百四十斤。共欠租穀五百六十七斤。

上庄佃汪志萬，土名栗樹塢，計租三砠，打定硬交四十八斤，歷年積欠租穀一百八十一斤，二十九年欠租穀四十八斤，三十年欠租穀四十八斤。

又佃汪志萬，土名上庄門前，計租四砠，打定硬交七十五斤，歷年積欠租穀式百八十斤，二十九年欠租穀七十五斤，三十年欠租穀七十五斤。

兩號共欠租穀七百零七斤。

九月二十日，吴祖成批：候提案訊追，該生等仍將租字呈驗清單附。

九月三十日差來牌面。

爲霸業抗吞等事。據十三都三嵒監生吴祖成、耆民汪錦堂具控：潘魁等霸種祀田，歷欠租穀。向索無償，鳴保執業，竟敢拔牌强霸、叩提究追等情，粘單具禀到縣。據此，除批示外，合提訊追。爲此，仰值日頭謝奎、嵒捕余萬協保，立飭吴祖成等先將租字呈驗，一面提傳後開有名人等，限三日内帶縣，以憑訊追。該差毋得任延干咎。速速,須票。

潘魁,共欠租穀五百六十七斤,住山背。

汪志萬,共欠租穀七百零七斤,住上庄。

吳祖成,監生。

汪錦堂,耆民。

汪陞,抱呈。

差　謝奎
　　余萬

房　户承

道光三拾年玖月貳拾六日

抄稟銷呈底　十月十三【日】

此呈因承發房訛索錢文,要錢二千一百,故未遞進。此記。

稟爲感蒙恩追,合詞公謝,叩准註銷事。緣生等具控潘魁、汪志萬霸業抗租一案,沐批候提案訊追。該生等仍將租字呈驗清單附業,蒙提追在案。(而——在原件中被圈掉,編者注)該佃潘魁、汪志萬自知理虧,央人(再四——在原件中被圈掉,編者注)懇情,自願即將所欠租穀一併歸償,(該佃將租穀——在原件中被圈掉,編者注)現已如數挑交,生等會內收領。再,生會內祖手,向係憑契管業,並無租字,合並聲明,有勞憲心,理合申謝。伏乞憲大父師恩鑒,賞准銷案,望光上稟。

——《清道光祝聖會簿》,清抄本

清光緒四年七月休寧縣祝聖會調整修訂新會規

光緒四年秋七月,兩族公議敬神祭肴擺設一席,用廿碗、廿碟、三饌。

五海:參、肚、爪、魚翅、菠菜各件,均用乾者,兩舖中借用可也。

五鮮:鮮雞、鱖魚、(吵)[炒]粉員、蹄包、猪肚做兔。

五素:冬筍、香薑、洋菜、金針、木耳。

五捲蒸:每碗五個,計廿五隻。

廿碟:京菜錢、葷菜錢、糖菜錢、水菜錢。

三饌:鮮雞、蹄包、鱖魚。

同議汪文波等押。照前簿抄。

一、議存匣銀兩,汪、吳兩姓公同封包扦押。如遇公用,邀衆開封,不得擅動。如違，公罰。舊例照抄。

一、議田坪灘塌，必邀上、下會首同看。如要做者，公同估定工，管年之家囑人即做。不得因循推諉，庶免佃人藉口。

一、議會内各佃户，設或抗租不交，司年者即行通知上、下會首，同往催討。如有刁佃硬抗，顆粒不交，再即邀同在會諸公，妥議禀官。但司年之家不得藉公報私，其餘仍照舊議。道光卅年批，同上弍議，照前簿抄。

本會向規，元宵夜游後，送神登殿，接會之家備酒，用小菜四碟，加油煎荳腐一品，隨量飲啖，名曰"豆腐角酒"。蓋昔時神事告竣，已將三鼓夜深，藉以充腹禦寒而設。近來，神不出遊，而荳腐角酒仍蹱前例，客接三遍，坐席四鼓。濫飲無節，往往因醉生事。是以兩族公議，將此例革除。按年司會之家，交出新席錢壹千陸百文歸會，以備公用。餘俟神像重塑，再行整議。當日公允，則以本年爲始。此批。

光緒二年元宵節，議會丁汪文波、汪義青、吳友恕、吳盛卿。

維我汪、吳祝聖神會，供奉越國汪帝，以酬保障之德，由明至今，崇奉已久。歲庚申，逆氛入村，神像遭毀。自是，歷年辦胙，奠祭如前，惟奉神出巡及春間演戲兩事未舉。比時，公議按年司會交出戲價新制錢柒千式百文存貯，以冀積聚成多，重塑神像之需。深慮人心不一，有始鮮終。於是，友恕肩承存屯生息，每年正月望結帳之日，子母當衆清交，再行領轉生放。記載《會簿》，培植至今，計有伍拾洋矣。今顯伯將父遺實硬租式拾伍砠，書立當契二紙，當入本會。公衆允許，即將友恕經積之洋如數收轉，交付顯伯收支，老簿前頁註明，覽知即悉。惟是此款原議，因備重塑神像而設。公議當進之租式拾伍砠，不歸司年。公舉汪文波、吳友恕兩人各分經收，按年定期葭月朔，將穀交出，照溪口市價售賣，與戲價一總貯存。如經收愆誤，亦照《會規》戲價式議罰，以俟積有成數，將神像、神輦各廢重新，再行另議，兩族公允。此批。

與議在家會丁　汪文波
　　　　　　　吳友恕
　　　　　　　吳顯伯

祝聖會敬神祭文存抵：

維大清光緒△△年歲次△△新正月△△朔越初十日△△之辰，會首△△△丁△△等，謹以瓣香束帛、清酌庶饈之奠，敢昭告於敕封越國公忠烈昭忠廣仁武烈靈顯襄安王、敕封衍正尚相公顯佑王、敕封胡大元帥。

維神正直，澤被無疆。功昭宇宙，勳勒旂常。挺生聖嗣，績佐劻勷。將帥用命,貔虎威張。歙邦鎮守,略展鷹揚。弓彎月影,劍露鋒鋩。強寇震懾,敢肆猖狂。民不血刃,得免赬魴。六州感德,百世流芳。靈威顯赫,屢沐恩光。咸蒙默佑,閭里安康。捍災禦患,兆民其昌。酬功罔極,千載難忘。吹管擊鼓,敬奠椒漿。忱心悃禱。

——《清光緒三十年歲次甲辰春日立祝聖會簿》,抄本

民國三十年正月休寧縣祝聖會因物價騰貴而調整祭祀會規

查本年穀價奇漲,物價亦昂,而向例司會之家所收祀租,每米一石,只繳出洋弍元。入不敷出,欠缺甚鉅。公議重行改組,嗣後,司會所收之穀,照代收穀價,以三成扣算,毋得變更。公允此批。

民國三十年正月十六日與議人　吳蕃生　押　吳貽潤
　　　　　　　　　　　　　　吳延煥　押　吳錫英　押
　　　　　　　　　　　　　　汪錫敬　押　汪承業　押
　　　　　　　　　　　　　　汪承潤　押　汪紹基　押

——《清光緒三十年歲次甲辰春日立祝聖會簿》,抄本

清道光十年正月績溪縣太子神會會規及幫貼議據

清道光十年績溪縣太子神會會規

立合議西隅胡、唐二姓人等,今因本隅有太子神會,自乾隆年間起例,至今四十餘載,無有異言。詎因近年以來,人心不一,各懷異見,以至遞年租息、出入等項,往往徇私,擅行無忌。若不重新相議,將來異弊百出,不日將散。是以二姓人等重新邀集合議:其遞年租息、出入等賬,值首者輪流挨管。當各體公心,毋得私自徇私,擅以借貸。其在會內人等,亦毋得恃強欺弱,推惡利己,致生嫌隙。自議以後,如有違拗者,衆議斥出,永遠毋許入會。今欲有憑,立此合議爲用。

其定例開列于左:

一、定本會內人等,毋許私自強借。其有強借者,毋許入會,斷不狥情。

一、定本會分爲十二股,一年一換,輪流值首,毋得推挨。

一、定十八朝辦祭,值年者董事。其祭儀等物,十二股均吃均散。若有不到者,毋得散胙。婦人、小厮,毋許入席。

一、定遞年收租,值年者與前歲值年者二人收管。若有刁佃強吞等情,

十二人同收，公議。

一、定遞年曬穀上倉，十二股齊到。如有不到者，公罰米六升交衆，毋許入席。其在外生理者，不到亦可。後又定十二股，分爲兩班，六股管一年。再有不到者，公罰同前。

一、定曬穀之日，衆出穀弍行秤，以付六人收曬平伙之資。其請神紙箔在內。

一、定十八朝慶壽，值年者辦祭，要葷儀十二碗、素儀十二碗、湯三盞、飯三盞、菓子十二盆。如有不齊者，公罰青香一把，對神焚化。其鷄、魚、鴨子，衆買衆散。

——《清道光太子神會流水帳簿》，清抄本

清道光二十五年正月績溪縣太子神會幫貼議據

立議據人太子會內唐、胡二姓人等，今因先人創有太子神會一個，置有產業，遞年值事者，輪流收租生放，綽有餘賷。爰是二姓人等合議：在會內貼得閏年齋官者，會內貼出錢陸兩正，以付齋官花用。拈得小年齋官者，會內亦貼出錢三兩正。倘有會內有替代做齋官者，衆亦炤大小年錢數幫貼，永無異言，立此議據爲用。

道光廿五年正月十七日，立議據人等

　　　　胡召輝　押　　胡召福　押
　　　　胡細茂　押　　唐廷寶　押
　　　　胡召炯　押　　胡文德　押
　　　　唐廷華　押　　唐廷煒　押
　　　　唐廷柏　押　　唐招德　押
筆　　唐廷煒　押

——《清道光太子神會流水帳簿》，清抄本

清光緒二十一年祁門縣祁山船會規則

光緒二十一年歲次乙未立

船會規則 汪、王、吳三户同訂

三月念六日，備木紅紙三張，裁帖六十個，計錢十六文。

送上、下年船會帖各八個，各寫一個。

送上、下年福會帖各八個，同前。

送本年福會帖八個，寫一個。

送輪租陳姓帖二個，全寫。

送兒郎帖十乙個，全寫，旂手代送，給錢弍百文。

帖式

東山祖殿

端陽勝會，謹依年例，關請△△於四月朔日，各賫香信至閗謁神，臨期再不催請。謹此預聞。△年船會首人△△△等具。

又備梅紅乙十二張，裁單條八條，糊貼各門。寫本年船會在△司。

廿九日迎神座至閗，起身。

轎夫四名，鑼鼓二名，首人執旂一位，香紙一副，燈燭乙對，火炮一串。

迎至閗，內辦：雞一隻，五猖錢弍副，菜九碗，酒三杯，香紙一副，十六支燭乙對，火炮一串。外辦：亥半口，米乙筒，付乙塊，酒二文，賞手錢廿四文，旂手安神，歸伊收。

四月初一日，開閗。若遇閏月，遵前四月開閗，迎竹過街，并迎福。遵閏四月用事。

本日，吹手四名，給包十六個、面籌八支；兒郎十一位，給包六十個、神福錢六百文，向例，只給包五十六個；做船方宅，給包廿四個；畫船饒宅，給包廿四個，只給十六個；船腳五姓，給包廿四個；廟祝，給包四個；道士，給包四個；輪租陳姓，給包八個。

上年船、福會，各給包卅二個，各送香紙來閗，給足力錢八文。

下年船、福會，各給包卅二個，外兒郎送香紙足力八文，各送香紙來閗，同前。

本年福會，給包卅二個，各送香紙來閗，同前。

初二日，接做、畫船二姓路公橋方、柯岑饒。

辦扇八把，每把七文，面姜八包，每包四兩；帖乙個。

着首人二位，到路公橋方姓接。一位穿衣帽，一位執旂，一面先到祠堂內，後到水井邊去，出來。

辦扇四把，每把七文，面姜四包，每包四兩；帖乙個，照前，至饒姓。

分兩帖寫式

端陽勝會，關請台駕△△△日，做造彩畫龍舟。△年船會首人△△△具。

竹上橋，本會具帖，送至旂會，請伊号竹，約初二、三日，收伊竹價錢六十四文。

帖式

謹請貴會号竹。同年船會首人△△△具。

本會辦香紙、燭、火炮五猖錢一副，鑼鼓夫二名，駝竹夫一名，橋上用。

初三日起，至初五日止，本會首四人四門，打柴炭，用梅紅單帖四個，前三日，知會貼四門，寫本月初三、五日起止，船會打柴炭。

十五日，迎竹過街。

預先三日，辦木紅單帖十乙個，與兒郎、旂手分送。預先一日一更，至開請神面出座，給賞手錢廿四文、亥半口、米一筒、付十乙△、酒二文。

計開所辦之物，先一、二日辦就。

大員托盤二個，緞綉茶袱一個；酒一壺；兒郎衣乙副；凉傘一把；福巾一厶，旂手帽上用；花手巾五條；黃土布二尺四寸；判官、小鬼、□手各乙個；黃絹一尺三寸，大王用；紅頭繩式兩；銅絲花綠格綿神疏一軸；鐵絲五尺，冠帽用；三牲一副，請神面出座用；栢香、紙燭、邊炮等件；五猖錢三副，竹上用；兒郎，給包六十個，神福六百文；吹手，給包十六個、籌八支；船脚給米三升，駝竹。

夫馬

吹手四名，腰鑼二名，吊燈、傘二名，鑼鼓二名，傘一名，駝竹三名，爐（并）[瓶]一副，三位兒童分執。

本日，收船脚錢式百文，不到山砍竹；又收錢八十文，不令去收瘟；又收前一百〇一文，貼（火）[伙]主轎夫馬二名。

廿四日迎生福，本日，福會着首人二位，穿衣帽迎送。

本日丑刻，迎福出城，至廟，兒郎吃血酒。

生猪一隻，計九十斤；毛血一碟；鑼鼓二名；火把一名；熟血二碗；夾酒五壺；燈燭十式對；紅燭二對；邊炮一串；香紙一付；開城紙包收文；執旂一位。

本日，□迎福出城辦物

飲箱二名，內祭菜十式碗；吹手一付；鑼鼓二名；腰鼓二名；傘一把；吊燈二名；香几一付；菓盒一個；獻壺一把；爵三支；銀鑲杯三個；棹圍一個；燭臺一對；托盤一個；紅占一條；油合式斤〇；魚桃式斤〇；饅首五斤〇；乾雞一斤〇；乾魚乙尾；肺肝各一碟；肚兔一碟；時菓五盤；包糕五碟；水酒五壺；抬肉二名;挑羹一名;紅支燭二對;錦帛一付;香紙二付;邊炮二串;梅紅帖五條,上首送厘至閘,照樣收清力錢二十四;羹米三升;亥十乙殳,計每殳乙兩。兒郎吃羹,其亥供在神前。

計開本日福亥《規例》

上首船、福會,各八殳,包各卅二個。

下首船、福會,各八殳,包各卅二個。

同年福會,八殳,包卅二個。

兒郎,十五殳,包六十個。土地執秤,廿四、九,共加福亥一殳、包四個。

船腳,六殳,包廿四個。

輸租陳,弍殳,包八個。

剪匠,一殳,包四個。

做船方姓,六殳,包廿四個。

畫船饒姓,四殳,包十六個。

漆匠,一殳,包四個。

木匠,二殳,包四個。

廟祝,一殳,包四個。

道士,一殳,包四個。

吹手,包十六個,籌八支。

外又辦福亥弍殳,至廟吃羹,此福亥本閘收回。

辦和菜式

用付干數塊鏈絲,用紅麵米拌紅,再用木紅紙一張,裁八十塊,作菱角包,係廿四、九兩日發福亥,每殳一包,每日用八十包。

預先三日,備帖送上、下首船福會及本年福會兒郎、輸租陳宅吃福帖式:上、下首船福會各八個,寫一個;本年福會八個,寫一個;兒郎十一個,全寫;陳姓二個,寫一個。

帖式列後

東山祖殿

端陽勝會,謹依年例。恭請△△△、△△△、△△△、△△△,於本月廿四、九日,各賫香信,至閘謁神散福,臨期恕不再請。謹此預聞。

△年船會首人△△△具。

東山祖殿

端陽勝會,謹依年例。恭請輪租福户,於本月廿四、九日,整肅衣冠,至鬧謁神,散福頒胙,臨期不再復請。謹此預聞。
　　△年船會首人△△△具。
　　寫梅紅單條十條,本鬧、張王廟各五條,帖在門首。上年船會請進,上年福會請進,下年船會請進,下年福會請進,本年福會請進。
　　二十九日迎熟福
　　應規矩照前二十四日同二十四、九,應辦菜二、二席,請兒郎、吹手九碗,不用碟。
　　海參、鷄、蝦米、股菜、㤖蛾、肚肺、亥、亥元、帶絲、銀魚,以上十碗。
　　肝、舌、耳、腰、瓜子、花生、面姜、胦亥、新皮、北齊、炒骨、甘蔗,以上十二碟。
　　廟内行禮規矩
　　参神,神前四跪四拜,立定;接酒一杯,回首敬天地;一揖,轉身;一揖,立定。又接酒一杯,敬神。又接酒一杯,先揖而自飲。飲後,又揖。酒畢,菓盒一獻,辭神。神前四跪四拜,首人回謝,一揖,一(腿)[退],禮畢。我會回鬧,舖設兩席,胙亥四叟,付干絲四小碟,紅紙包好。如户帶香紙全付,至副鬧參神,四拜,立定;飲茶、飲酒,一揖,頭一杯敬神,二、三杯先揖後飲;上席,上湯一次,又羹一次,起身,禮畢。
　　五月初一日收瘟起早至廟
　　首人一位,捧神圖。
　　又一位,捧兒郎帽。
　　又一位,執旂。
　　又一位,兒郎物件。
　　夫馬
　　鑼鼓二名,傘一名,背面姜一名。
　　早(辰)[晨]到廟,辦香紙、燭、火炮六付:起身二付,拜對面一付,小鬼收瘟一付,回神一付。
　　各衙門有手本,有賞封。
　　本日,兒郎有飯米,每人一升。
　　初二日收瘟照前
　　本日,發午飯帖,出支錢四十文。

亞糕帖；玉卞帖，玉卞八亟托福會獲船，玉卞即竹鞭。

初三日

辦亞糕二作，初四日祭船用，每作約錢一百文，切一塊，插在船上，廟祝收。此糕候初五日發。

本日，着首人八位至寺吃福會，辦齋一席，自帶酒去，又帶香紙、燭、炮二付。

初四日收瘟照前。

本日早（辰）[晨]，帖告示，又帖八寶。辦午飯，米五升，麥、豆、麻和在五升之內。

本應亞船燈燭三對，發燭十一對、紙馬十四付、三牲一對、酒四文、鷄一斤。剪牲祭船，本閘收回。

端陽日

捧神面一位，捧面帽一位，執旂一位，捧兒郎物一位。又，首人一位，執酒壺一把，酒槳、兒郎每位敬酒一杯。又辦大筆一支、子鷄一隻、大王傘夫一名、鑼鼓夫二名、紙馬夫一名。龍舟起身，辦香燭、紙馬府邊炮一串、大錠二對。首人八位趕船。招手辦黃烟、船毛，烟錢一百，毛錢廿四文，本閘自辦亦可。旗手上船，賞錢廿四文。神座至張王廟，交來年船會收，來年船會立領約一紙，本會收執，旗手經交代。我會帶火炮一串，香紙、燭二付。

初六日

首人着八位執柴，同福會破斛。當日，收斛尖包八個。

帖式

謹具玉卞八函，關請貴會護送龍舟。

同年船會首人△△△具。

△年船會憑票發午飯式碗、亞糕八受、冷面兩碗、祭糕兩束，上層我會午飯票，下層福會送來票。

兒郎則規

三月廿七，寫帖十一個，邀衆兒郎參神。旗手分送，給錢二百文。

四月初一，衆兒郎至閘禮拜，每人給包四個，共計五十六個，近日加四個。又給神福錢六百文。外旗手頭一日安神座，賞手錢廿四文，亥半斤○、付一△、米一筒。

十三，寫帖十乙個，邀衆兒郎參神。旗手分送，不給錢。

十五,衆兒郎至鬧禮拜,每人包四個。又給神福錢六百文。

廿三,寫帖十乙個,邀衆兒郎食福。

廿四,衆兒郎至鬧禮拜。包照前,又給福亥十五殳。

本廟辦酒二席,請兒郎。十碗、十二碟。

本日,又辦福亥二殳,至廟食羹,此亥本鬧收回。

二十九日,衆兒郎禮拜,照前,給福亥照前。外加土地,廿四、九,執秤亥一殳。本夜,辦酒照前。兒郎始終,每位給錢一百文,又共計錢一千文。兒郎飯米,四月十五,每人給米一升;廿四,每人給米一升;廿九,每人給米一升;五月初一,每人給米一升;初二,每人給米一升;初四,每人給米一升;初五,每人給米一升,外每人加漿米一個。外旗手給開路米三升,近日,加初三每人給米壹升。每人共計八升、壹筒,旗手開路米在外。

五月初一日,上街收瘟,給衆兒郎包六十個,外貼小鬼錢二百四十文。

初五日,給兒郎虔誠小心散福錢六百文。兒郎惜物酒錢列後:

大王,廿四文,惜鞭;判官,廿四文,惜鞭,又十文,惜神疏;土地,廿四文,惜驟并圭;旗手,十弍文,惜旗;鑼手,十弍文,惜鑼;鼓手,十弍文,惜鼓;洗手,十弍文,七里丟;留手,七文,蒲圭;小鬼,五文,州圭。

抬手辦黃烟、船毛,黃烟六十文,船毛廿四文,給賞手錢十八文。外給黃瓜錢廿弍文,吃午飯用。外給旗手起神收瘟拜外錢廿四文。

造船則規 路公橋方姓

四月廿五日,起工,貼晝飯柴一日,給錢卅弍文,次日有竹柴晝飯,不必貼柴。

起神:亥半斤○,米壹筒,付一塊,酒四文,子雞一隻,燈燭一對,香二百支,邊炮一卜,紙馬錠一對,賞手錢廿四文。又每人每日給米乙升,又亥四兩,共計六人,計五日。油、鹽、菜、茶葉等項,每日共折錢一百文。

廿七日,拗船:亥一○斤半,米一筒,付一塊,酒四文,子雞一隻,邊炮一卜,香紙、燭弍付。賞手錢廿四文。新苧錢十六文,新水竹錢廿四文,新墨錢五文,新手巾扇錢一百四○文,計手巾六條、扇六把。外辦粗筆三四支、烟箱索七條、牽繩四丈、鐵絲四五尺,粟漆柴五根。每根計長六尺,近日批錢一百文,仰伊自辦。

廿九日,做船完工,辦菜六碟、夾酒一壺、米燒一斤、菜六碗,計開面姜四兩、亥一○斤、死血、蛋四個、中和猪肝。外給花紅布錢四百文。代上。

四月初一日,給包廿四個;十五,給包十六個;廿四,給福亥六殳、包廿四個。

廿五日,起上工,貼煮飯柴一日。次日,有竹柴煮,不必貼柴。近日,加三日柴錢,每日給錢卅六文。

畫船則規柯岑饒姓

包工、包飯、顏色、紙張一應在內,總計錢七百廿文,月大四月卅、月小四月廿九日畫。

外辦:子雞乙隻,亥半斤○,米一筒,酒四文,付一塊,賞手錢廿四文,面錢四十文,香紙三付,燈燭壹對,發燭式對,紅支式對。

四月初一日,給包八個,加八個。十五,給包八個,加八個;廿四,給福亥四殳,包十六個。廿九,給福亥六殳,包廿四個。

外給柴一梱,約錢卅文。

船腳則規

張、柯、陳、葉、江五姓輪流。

四月初一日,給包二十四個。十五,給駞竹米三升,三人駞,本日無包。廿四,給福亥六殳,包廿四個。廿九,給福亥六殳,包廿四個。船腳貼司年船會錢式百文,不去破竹。又貼錢八十文,不同去收瘟。又貼錢一百○一文,貼史主夫馬式名。

木匠辦物

高橙壹張,龍舟倉內木料,鑼架壹個,鼓架壹個,鑼鎚壹支,鼓錘壹支,大王槌壹個,鞭式支,龍眉壹對,龍角壹對,龍眼壹對,龍齒四個。以上等件,工錢向則五百文,今加錢五十文。外上、下廟內柵門,給酒錢廿四文。廿四日,給福亥壹殳,包四個。廿九日,給福亥壹殳,包四個。外辦烟箱索四條,(札)[扎]凳、椅與鼓架、鑼架用。鐵絲五尺,吊龍眼用。

漆匠

包油船規,錢一百七十文,漆兒郎、物件及桶、盆等物,無工錢。廿四,給福亥壹殳,包四個。廿九,給福亥壹殳,包四個。

桶匠

羹桶壹擔,內盆壹個,城內、外共辦,二共計規例錢壹百文,新加錢式十文。本會上街搬物,不到伊店。

船竹式

大竹八根,內斛竹壹根,其竹齊眉,周圍量見一尺一寸,頭尾要應梢。中號十六七根,其竹齊眉,周圍量見七八寸之譜。外辦栗漆柴四五根,計長六尺。竹價不一定,隨時高低。

吹手則規

四月初一,開閘四人,計壹套。十五,迎竹四人,計壹套。廿四,本閘四人,各户拜神,計壹套。又上街四人,計壹套。又請兒郎六人,計套半。廿九,共計叁套半,照廿四日。

以上共計九套,每套批錢一百廿八文,今已議定。近日新例,始終如一,議定工錢壹千二百文。

四月初一日,給包十六個,籌八支。十五日,給包十六個,籌八支。廿四日,酒壹席,九碗,不用碟,請兒郎用。廿九,酒壹席,照前。兩日給籌拾六支,係廿四、廿九兩日。

廟祝

四月初一日,給包四個。廿四日,給福亥壹爻,包四個。廿九日,給福亥壹爻,包四個。又廿五日起,廿九日止,每日給米壹升,照應做船。

道士

四月初一日,給包四個。廿四日,給福亥壹爻,包四個。廿九日,給福亥壹爻,包四個。近日新派初四、五夜祭船,賞手十六包、錢一百文。

觀音樓、十王寺和尚

照星辰牌,給燈油壹斤。

辦猪、鷄則

三月廿七,辦大雄鷄一隻,四月初一宰牲用。四月十五,辦大雄鷄一隻,本月用。廿四、廿九日,辦大雄鷄二隻,猪二隻,每隻八九十斤○之譜。廿五,辦小雄鷄一隻,做船起手。廿七,辦小雄鷄一隻,拗船用。廿九,辦小雄鷄一隻,五月初一日畫船點光。五月初五日,辦小雄鷄一隻,啞船用。

以上共計大小雄鷄各四隻,猪貳隻。

發福亥則

四月廿四日,船、福會上下首各八爻,計卅貳爻;同年福會八爻;兒郎十五爻,又土地執秤,外加乙爻;輸租陳二爻;船脚六爻。做船方六爻,廿九,只四爻;畫船饒四爻,廿九,六爻;木匠、漆匠、剪匠、道士、廟祝,各乙爻,共計五爻。外辦福亥二分,至廟吃羹,本閘收回。廿九日,照前只做船、畫船兩姓更易,外桶匠二爻。

發麵食則每斤八個

四月初一日,船、福會上下首各卅弍個,共計四會一百廿八個;同年福會卅弍個,或對支亦可;兒郎五十六個,加四個;船脚、做船各廿四個;畫船、吹手各十六個;道士、廟祝各四個。十五日,兒郎六十個;吹手十六個,做船廿四個,畫船十六個。二十四、九兩次,與初一日開閘同,外加木匠、剪匠、漆匠、執秤各四個。五月初一日收瘟,給兒郎包六十個。

給米則

兒郎:四月十五、廿四、廿九,每人米三升;五月初一日起,至初五日止,每日每人米乙升,又每人加漿米一筒,共計每人八升乙筒。旗手:外加開路米三升。十五日,給船脚駝竹米三升。二十五至二十九日,給做船人米三十升,給廟祝米五升。

四鄉打物

有人包出迎者,約交會內錢五千文之譜,先付一半,立領約一紙。無人包者,首人自去。

城廂內外打物

首人二位,一捧神疏,一執藍,約收錢乙千五六百文,今包成乙千文。

夫馬捴

自迎神以及送神,計七十五名。三月廿九日,六名;四月初三日,三名;十五日,七名;廿三夜,四名;廿四日,十弍名;廿八夜,四名;廿九日,十弍名;五月初一,五名;初二,同;初四,同;初四夜,二名,祭船;初五日,抬鑼鼓,二名;又土地馬一名,又大王傘一名;送神座出城六名。承夫者約錢四千文,並上下稅鑼鼓、吊燈在內。

東山祖殿

端陽勝會,謹依年例。關請△年船會于四月朔日,各賫香信,詣閘謁神。臨期恕請。謹此預聞。

△年福會首人△△△等具。

東山祖殿

端陽勝會,謹依年例,敦請貴會于五月初三日,賫香信,詣閘謁神。拜畢,素飯一叙。臨期恕請。謹此預聞。

△年福會首人△△△等具。

東山祖殿

端陽勝會，謹按年例關請貴會代辦斛竹一根。謹此預聞。

△年福會首人△△△等具。

遵照舊章，已至上礄，号定斛竹一根。今奉上，微敬感勞。謝謝！

△年福會首人△△△等拜。

憑票初五、六日，發祭糕八束、斛尖八個。△年福會票。

五月初五日，憑票發冷麵八碗。△年福會票。

船會租額_{計廿五號陳尚裕輸}

監收：土名鄭坑長速坵，計田乙坵，內取原租十五秤，佃謝其中。

土名鄭坑下連坵，計田乙坵，內取原租五秤，佃陳姨婆。

土名鄭坑牛厄坵，計田乙坵，內取原租六秤，佃李招才。

土名鄭坑黃柏坵，計田乙坵，計原租十秤，佃胡文品。

土名鄭坑苎頭坵，計田，原租六秤〇六斤〇，實六秤，佃陳千年。

土名鄭坑柿樹坵，計田乙坵，原十四秤〇六斤一十兩，實九秤，佃胡南山。

土名鄭坑藕壇塢，計田二坵，原五秤，實二秤十斤〇，佃操倫王。

土名鄭坑庄前，田一坵，原二秤，實乙秤，佃葉毛。

土名鄭坑塘塢，田一坵，原六秤，佃胡文品。

土名鄭坑冰塘塢，田一坵，原式秤，佃同。

土名五都鮑南冲塢槎坵，田大小三坵，原廿乙秤，佃胡光聖。

土名鄭坑東塢口，計田乙坵，原租十秤，佃陳必成。

土名兒塘塢，計田六坵，原十四秤，實二秤〇斤四兩，佃張文。

土名南岸宋家墳前，計田二坵，原十六秤，佃江茂。

土名七里亭口，計田乙坵，內取原租十秤，佃陳魁。

土名前山灣，計田八坵，內取原租十乙秤，佃胡戴仁。

土名五都羊尾坵，計田四坵，原九秤，實三秤十斤〇，佃何考四。

土名鄭坑高坵，計田二坵，原租十五秤〇六斤六兩，實八秤，佃陳餘廣。

土名一都黃里坵，計田乙坵，原十秤，實六秤十斤〇，佃陳采福。

土名西路高壟坵，計田乙坵，原七秤，實交二秤十斤〇，佃方聖茂。

土名東路管坑塢，計田乙坵，原租一秤，實乙秤，佃胡時□。

土名東塢口，計田乙坵，原十秤，佃陳祖發。

土名東塢口三么坵，計田二坵，原廿四秤〇六斤〇，實十六秤十八斤〇，佃陳祖發。

土名牛頸源塘下,計田乙坵,原四秤十二斤半,佃陳有福。

土名王和岺,計田三坵,原租八秤十四斤,實七秤十斤○,佃黃成周得海。

外又輸田一號,土名羅家亭下楚溪,迭年交穀六秤,其穀扒三秤,付與廟祝收;又扒一秤與廟祝完納本號糧穀。餘二秤內扒一秤與船會收,代陳姓辦香紙、燭,敬神三次;內扒乙秤與福會收,代陳姓辦香紙、燭,敬神三次,此穀準四月初一日開閘來交船、福會收,佃周初成。

糧則

城都二○九甲汪茂聖户,規錢二百文,共糧則二兩○十三分。司年者兑本年下限及來年上限。

四月二十四日,上首船會送來租簿一本、租契一紙,有匣乘之,有鎖一把,收匣者須檢點明白。送匣來人,給酒錢廿四文。

初五日發亞糕、午飯

上首船、福會,各亞糕八殳,每殳計二條一束,用木紅紙干束腰,約三寸長、八寸闊;下首船、福會,各亞糕八殳;本年福會,亞糕八殳;兒郎十一個,各亞糕一殳、午飯一盞。惟大王、土地、旗手每位外加一殳,統計十五殳。

七衙門各送亞糕乙大方塊

約三寸寬大,本首人親帶一人送去,有錢贈回。

正堂卅二文,兩房各八文,兩營各八文,司廿四文,衙十二文,共計錢一百文。

木匠辦物

高櫈一張,龍齒四個。龍舟倉內木料:鑼鼓架各一個,鑼鼓鎚各一個,大王鎚一個,鞭二支,龍眉、角各一對,龍眼一對。

以上工錢五百五十文,外上下廟內柵門,給酒錢廿四文。

廿四、廿九日,給福亥一、一殳,包四、四個,外辦烟箱索四條,(札)〔扎〕凳、椅與鼓架、鑼架用;鐵絲五尺,吊龍眼用;外辦竹椅一張,大王坐。

漆匠

油船錢一百六十三文,餘油桶、盆并兒郎物,無錢。

二十四、二十九,福亥乙、乙殳,包四、四個。

剪匠

兒郎帽十乙頂,並毛亥、土地、馬在內,計錢一千六百文,帽、袍包修。

廿四、廿九,給福肉一、一叟,包四、四個。降福、收瘟旗手金字十弍個,錢廿文。

陳尚裕輸租簿序字君盛,陳家塢人氏也。

閣邑船、福二會降福、收瘟,自宋迄今,數百餘載。前人建立《章程》,編派其會一百九十弍户,每年每户同值司事,計二十四年輪週復始。其費向係歲收樂輸,嗣因人力難齊,公置租穀,各户亦立己會,以補不足。奈年久各户己會沿革無(嘗)[常],近來司年之人,多有拮据,裕勉力敬輸田租弍百四十一秤零,輸入船會。又將六十九秤十七斤,輸入福會,曾立輸契弍紙,載明土名,敬入二會,有租簿二本,入匣存貯,每歲司年首人,照舊規辦理。本年并上、下年三屆司事面檢交代,其租稅糧照原則推入會內供解。仍禀請縣主賞示勒石,置雙忠廟壁,以垂永久。所願嗣後會內諸公,勤心經理,將事克誠,共沾神貺,以免拮据之慮。爰縷叙,載之簿首云。

道光二年壬午孟秋月吉日,陳尚裕敬立。

張邑等贈以匾額"尚義可風",此汪霑先生代作也。

乙未年槳船會收穀帳

北路:方村,土名竹林坵,七兩七分,收干來穀四秤,全業,遂司于佃方新壹;月坵,同收干來穀弍秤,遂司于佃發兄。

西路:汪洪坵,七月四、九,入收干來穀二秤十二斤,佃禾尚。

東路:陳家塢、東塢口土名三畝坵,七月四、十,收交穀十六秤十四斤,佃陳高進。

東路:東塢口,七月十六日,實產穀六秤十八斤,計田乙坵,全業,佃陳高廷。

西路:十里片,計田乙坵,原租十秤,實交穀捌秤,佃洪起法,七月十八,交來穀七秤十七斤。

東路:陳(加)[家]塢,土名陳門前高坵,原租十五秤○六斤六兩,佃陳高照,實交穀捌秤,計田弍坵,七月十八,交來穀七秤十六斤。

東路:七里塍亭,土名宋(加)[家]墳前,計田弍坵,原租十六秤,遂司于佃方姨婆,七月廿日,干來穀陸秤○捌斤。

北路:方村,土名降橋頭,原租八秤,計田乙坵,全業,七月廿二,收干穀弍秤○四斤,燧干,佃方松茂。

東路:陳家塢,土名黃里坵,原租十秤,佃光文,七月廿三,收交穀陸秤半斤。

北路：土名陳門前小楊坑，原租七秤，計田四坵，全業，燧干，佃金長生，七月廿五，干來穀式秤〇六斤。

東路：土名東塢口，計田乙坵，原租十秤，燧干，馬宅共業原租十秤，收實干來穀四秤，佃陳茂林。

西路：七里磜，周宅內取原租十六秤，收取原租十叁秤，佃王長春。土名楊家坦，折實交穀捌秤，七月廿六，收交來穀捌秤。

東路：鄭家塢，田乙坵，本會原租六秤，自干，佃汪九。土名牛尾塢，計原租十式秤，胡宅原租四秤，汪宅原租式秤，七月廿六，收干穀式秤十三斤。

東路：陳家塢，俗名"塘下"，內取原租四秤〇五斤，佃陳茂林。土名陳加門前，計田乙坵，武屆原租四秤〇五斤，七月卅日，干來穀乙秤，燧手干。

東路：五都，土名鮑南沖、槎坵，計田三坵，原租廿一秤，七月卅日，收干穀七秤十三斤，自干，廖宅原租三秤，佃劉聖友。

北路：小楊坑，土名橫路上，計田乙坵，原租十式秤，八月初三，收干來穀四秤，蔭干，佃葉禮兵。

東路：坳上，土名下連坵，計田乙坵，原租五秤，佃陳天社，蔭托干，八月初五，收干來穀式秤〇四斤。

東路：鄭家塢，土名冰壇塢口，計田乙坵，內取原租式秤，蔭干，佃胡禎祥，八月初六，收干來穀十五斤。

東路：鄭家塢，土名冰壇來塢，計田乙坵，原租秤，佃胡禎祥，八月初六，收干來穀三秤〇五斤。

東路：鄭（加）[家]塢，土名柿樹坵，計田乙坵，原租十四秤〇六斤十四兩，全業，佃胡玉成，八月初七，干來穀肆秤〇四斤，（遂）[燧]干。

東禄：土名長連坵，計田乙坵，三畝，錢三百文，原租十五秤，謝森兄原租十五秤，八月十二，干穀五秤〇六斤，遂司于佃葉大成。

西路：舒家塢口，原租十乙秤，佃許興萬，硬交穀七秤〇五斤，八月十七，收交穀七秤。

東路：五都白羊坦，土名兒壇塢，計田六坵，內取原租十四秤〇十四斤，佃劉條友，八月十九，干來穀乙秤〇八斤，（遂）[燧]干。

東禄：鄭（加）[家]塢，土名黃柏坦，原租十秤，佃胡正祥，八月廿三，干穀四秤，（遂）[燧]干。

西路：月山下，土名高壟坵，計田乙坵，內取原租七秤，佃方禮云，折實硬交穀弍秤十三斤,八月廿八,交來穀弍秤十三斤。

西禄:七岑下,土名鴨坵,原租六秤,九月初一,高穀二秤。

東路:七里亭,土名程家山下,佃葉大成,計田乙坵,計原租廿秤,船會內取原十秤,方、洪宅各原租五秤,乙未九月初一,干來穀乙秤十三斤,(遂)[燧]干。

東路:寺石坦,土名羊尾坵,內取原租九秤,折實租三秤十弍斤,乙未年十月十七,交來穀弍秤十三斤,佃陳金作,光緒廿乙年十乙月結,共收占穀一百廿六秤○八斤。

土名柿樹下,原租,佃程希聖,實交穀拾秤,十月廿七,收英洋弍元。

東路:土名前山灣,收錢四百□。

——《清光緒祁門縣城合邑船福會規則》,載王振忠主編《徽州民間珍稀文獻集成》第三冊,復旦大學出版社,2018年,第131—207頁

第五節　宗族盟約暨里社規約

宋咸淳七年十一月休寧縣率口程氏宗族宗會盟序

宗會盟序

以親九族,帝典首稱;不親九族,周詩垂戒。《詩》《書》所載親族之義大矣。程氏自太守君肇迹黃墩,爲徽著姓。今姑以率溪之族言之,自高祖三三宣義而下,其派有孟、仲、季三房,嗣胤鼎盛,日甚一日。其後,或他徙,或渡淮,或夭或絶,不可悉數。然而薨棟相接,支裔方蕃,巋然依立乎率溪之上者,百有餘年,亦不可不謂猶幸也。

海田變遷,厥有數存。自景定二年辛酉以來,屢嚙於水,至次年特甚。勢迫智出,人自爲謀,不得不議他居。計今二、三年間,徙者十七八,前之烟火枕席處所,頏爲一壑,其爲閒曠無幾。嘻!自是疎矣緊。其初,則皆吾祖、吾父之兄弟及吾兄弟也,如之何?其可以遠而疎哉?黃魯卿會兄弟,有序曰:"吾欲與兄弟及吾三姓兄弟約,以正月之十日、六月二十日會于大寧之浮圖,人各肴一樣、酒一壺、飯一器。春蠔夏荔,不拘其數,合而飲食之。古人騷賦詩詠,與夫授壺弓矢之具,有則攜之以供娛樂,相誥語以孝、悌、忠、信,勞問以老少安否,家計有無。至於農圃、桑麻之業,皆可抵掌而劇談也。勢

利俚下之詞,閨閫、米鹽之賤,則謹而勿出諸其口。"善哉,黃公之用心,自其兄弟及表兄弟尚如此,況吾宗而可終歲漠然無情乎?而又況自今以往會之難而疎之易乎?

大抵族聚則情親,情親則骨肉之意常相近。不聚則情不相接,不相接則骨肉日相疎,甚而致叔不識侄之名,弟不知兄之年;喜不慶,憂不吊,疾病不相扶持,而塗人相視矣。豈不大可傷哉?區區之意,以爲族不可以不聚,聚不可以無日。今以一歲節序稽之,春有春社、清明、上巳,夏有端陽、天貺節,秋有七夕、秋社、中秋、重陽,冬有開爐、長至。凡族之人,宜輪當一節以相聚會,其飲食則隨家豐儉。其與會則自伯父、叔父及堂從兄弟,下至諸侄,位各一人。當首之家,欲約他客,亦從其便。每會,則先一日發報,次日晨往暮歸,非大故不得却,大意以黃氏爲法。其有不箴,則尊長尚因得以坐訓之,無使疵癩吾和,爲宗黨恥。以相敦族表俗,無負詩書門戶,亦庶幾不蹈於角弓之譏,以髧髦盛時親睦氣象。此心此理,安得與桑田海水相出沒哉?此夢麟之所厚望於吾宗者也。謹百拜以請命于叔父,叔父曰:"可。豈特黃氏家法?吾家伊川翁同會之意,正類是耳!"既又曰:"吾兄弟四十二人,今老而健。僅僅如吾輩者,四人而止。若子若侄,亦已娶婦抱子且孫矣。先猷日邈,遺胤猶強,使吾四人皆康寧壽考,於此時得撫其子孫以相娛樂,豈不幸甚?"然則不有遷徙,何有知此會之爲善哉?夢麟謹受叔父教,退而述之,以遍告吾兄弟諸侄,自壬申歲始,請各書節會名次如左。

宋咸淳七年辛未長至節,程夢麟謹序。

又,玉蕊會牡丹期,固美景也,不若蘭亭、滕閣之爲雅。上巳蘭亭,九日滕閣,不若九世十三公之爲壽且樂。雖然,又孰若古者鄉飲之禮、尊讓、潔净、孝行於是立乎?又孰若率川程氏族飲足以兼是數者乎?良辰美景,無適非樂。白髮蒼顏,童冠熙熙。雅歌投壺,摻舞尊前,悠然孝悌、尊讓、潔敬之風故在也。前此非無會,皆以厚費而難繼。自今以往,或好景物,或好時節,人各具殽一品、酒一壺,惟蔬果不禁,隨所遇而飲,仍輪一人充首,充首者據飲外,具一麵或餛飩。二月十六日,此會之始也。此後能繼者,聽此日會外,贅客冲陶逸人江宇也,俾之叙,其何辭?

又,曹涇游翹舘之兩月,休陽率濱程君不遠四百里,走書而來曰:"吾族之舊居,多圮於水,他徙且十七八,子所悉也。余惟伊川翁《家法》,月必一會,今將倣而行焉。大率規焉,又出入黃直卿之意,顧直卿欲釀而聚,余欲輪爲之,主差不同耳。然亦務爲可繼,視直卿若勞實便,所來爲宗族,豈爲盤飱哉？子未忘前日交,宜有以規我。"涇竦而喜曰:"嘻！是足以出流俗萬萬。教衰俗薄,父子、兄弟合堂而處,至饑寒窘寠不相恤,如陳仲子避兄離母,賈少年所譏借鋤反唇等事,何可勝筭？有能猷念同出,以異居爲戚者哉！帥是而行,萬石君家安得專美？薰而良善,豈惟晋幾千人士,固不可以無學也？抑聞之先王之禮,節文其外,而忠信其本,所謂心親則千里對面。况相去則回環三數里,隔不能一短亭？雖微會焉,可也。而不然者,伏刀於笑,含毒於影,對面或且九疑。如老泉所謂逐兄遣子,取先人貲田,見訟於諸子者,豈必皆出於長沙之陶、衡陽之黄,然後爲路人哉？涇定交日久,見君之諸父皆謙和典刑,而棣萼諸賢皆揖遜有禮。能躬率其子弟孝恭友愛,要不待此而發意者。疎則易睽,久則易忘,其將以詔君之曾元雲仍示無窮乎？杯酒歲時,願時陳説此意,使之習熟見聞而身心安之,是所以壽忠信之一脉。若其擊鮮醑旨,盞斝序行,自應不至落莫,無用教也。"

壬申春戌,眷契生弘齋曹涇清父謹題。

——隆慶《率口程氏續編本宗譜》卷五《附録》

明洪武十三年三月婺源縣嚴田李氏宗族立掃松盟附書掃松集書拜掃集

掃松盟

嘗謂物本乎天,人本乎祖。祖必有墓,墓必世守而封溝之。爲子孫者,當永言孝忠,慎終追遠。而追遠之要,在於掃拜墳墓、祭祀春秋而已。然此禮必出衣冠禮義之族,而罕見於鄙野單微之家。吾宗李氏祖墓,由大大京公而上,出處既遠,因世變遷移之後,固不可得求其所矣。其自五常侍公卜居嚴田,枝葉蕃衍,閥閲蟬聯,松楸遠近,累世昭然在目。前代尊長掃拜之典,繼世相承,未嘗廢弛。迨自前元下江南以來,被回嶺汪氏豪勢之害,宗族多致消乏不振,甚至有將祖墳山地盜賣者。如族人奇三公盜賣承節安人及二評事并百十掌閣之墓地,從而掃拜因循,各處遠祖之墓,蓁棘蒙蔽,幾至失所,誠可爲之痛恨。其陌於世也,玄德於近年已嘗勉力復回所賣三世墳地,又因經理挨究得李仙墩許氏、洪源姚氏、羅村宣義等處墳墓山地八户,昨因與彦珪弟同脩《宗譜》,稽考先世墓落。彦珪乃嘅然曰:"吾見近來各枝掃拜,止以私家祖禰爲念。而常侍五公以下,至青蘿居士兄弟數處,俱莫之顧,甚不可也。明年,擬邀諸宗人,共立掃拜之盟,以紹前人之舊典,不亦可乎？"玄德深感斯言正合愚意,庸是敬同彦珪,稟覆尊長,邀請弟姪,自洪武十四年辛酉爲始,輪流充首,每至清明節,以晴爲期,各請雲集畢至,相與升高,以望松梓,拜丘墓而加封溝。且以示後子孫而教之曰:"此是幾世祖若妣某人之墓,永以孝思維則。故《思亭記》有云:'物至而思。'是見其墓而興思也。"又云:"視其美以爲勸,斯盟之立,將爲吾宗綿綿不已之勸。"掃拜既畢,又必奉時思之禮薦,以蘋蘩并暢觴詠之函情,叙天倫之樂事。以祖宗視之,雖百世之遠,一席之間,猶同一家之親。豈不美歟?諸尊長幸勿以玄德爲僭易,咸賜振作而共守斯盟於永久云。

時洪武十三年清明節,裔孫玄德百拜謹誌。

書掃松集

切謂生事葬祭,乃人子之當爲;慎終追遠,實民德之至厚。夫孝子仁人之心,人道之大,無以過此也。吾族李氏自常侍五公,始居婺源之嚴田,世爲望族,子孫繁衍,于兹累世矣。近自兵燹之後,散居各方,逮至不相視如途人者,幾希矣。及春、秋上塚拜掃之舉,其於遠祖,多所忽略。族弟玄道、彥珪慮矢宗族疏遠,易致曠怠,致有失其所者,遂取先世所遺《宗譜》,續而新之。及究纍世祖禰墳塋地理,歷歷明白,繼而又率族下子孫,每歲清明節前後,劇金營辦祭儀,普行拜掃摽掛。又恐此規莫克悠久,各捐己帑,收買膏腴四畝,爲永祀田,其税糧均派輸納,上、下二宅,輪次充首收租,以爲祭掃之資,庶可永久。一日,携譜及約束之誼未過,且言其所以然。森嘉之,切念吾宗尊長創業之艱難,非一朝一夕之可得。近世以來,無能作興之者,今吾二弟乃能作新之,豈非孝子順孫慎終追遠之厚德歟?先大人雖出繼江氏,然同源而異流爾。其於先世亦得以餘波及晋矣,安得不謂之美事哉?喜而爲之書數字,以激勸後之顯揚者云爾。

時洪武十八年乙丑三月上巳節後三日,裔孫森百拜謹書。

書拜掃集

三代以還,士之有禄者,得祭於廟,無禄則祭于寢。古無墓祭,始於秦漢。然禮因時制宜,固未爲不可也。吾宗自常侍五公,始居婺源嚴田,至大理評事青蘿居士,田產充斥,子孫蕃衍,屹爲大家。年代悠邈,堂封蕪没。及李仙墩許氏、洪源姚氏之竊爲豪勢所奪,俱已棄失。吾宗兄玄道、彥珪憂懼于中,詢訪得其所,遂歸地而均其税,復買田以充春、秋墓祭牲醴之儀。慮其遠或替,爲經久之圖,條列常式,籍載而藏之,俾世守勿失,其用心亦勤矣。嗚呼！昔吾夫子幼,忘其先域,問於曼父而後知,而曰："某東西南北之人,不可以弗識。"則聖人之致謹久矣。然而復祖墓者,其亦有合於孔聖之道歟？古者禄仕之家,有圭田以奉粢盛。後世風俗不古,若粢盛不設,祭饗不時,致使其先爲飢餒之鬼。有識者以私田供祀事,則亦古圭田之遺意歟！今觀吾宗二兄復墓之美,祭墓之忱,其尊祖敬宗爲何如也？彼宵人思售兆域以利財賄,廣膏腴以貽子孫,其視祖宗謾不加之意,則獲戾於吾二兄者多矣。敢誦所云,筆于末簡。

時洪武二十五年壬申春三月,宗弟唐文鳳書。

——嘉靖《嚴田李氏宗譜》卷七《盟》

明永樂元年三月婺源縣嚴田李氏宗族李氏蟠根思遠盟

李氏蟠根思遠盟

思遠盟者,永言孝思之謂也。孔子云："人之行,莫大於孝。"孝莫大於尊祖敬宗,保守墳墓,世世不忘,此孝之至也。嘗觀今之孝者,惟知有父母,而不知本乎祖宗,此大失也。吾祖五公常侍,嚴田始遷祖也,克昌厥後,枝葉蕃茂,各枝墳墓,散在遠近。或子孫淪没而失所者有之,或子孫遠徙而弗展者有之,或被人侵伐而濯濯者亦有之。且如本枝戴塢祖墳五所,本朝洪武以前,原有庵寮,前後田地,責委葉良善家積世佃住,其租利以供遞年祭掃之需。佃人必先掃净墳墓,然後相接植下子孫摽掛,以爲彝典,竝不失期,長幼雲集。近年以來,住人背逃,屋宇、田地今各荒閑。其清明之時,篤念祖宗墳塋者,非服役于公,則商遊于外,遂致因循。或在家而蔑視弗顧者,以爲故典不存,去之何益？甚至一、二年不行拜掃,以致山地被人瞰便侵占。原有祖業祭掃田貳畝有奇,坐落庵前及塘塢。又有熟地一局,坐落呈四塢,及塢口古塘一口,并庵基菜園餘地。近因洪武二十年行移設立糧長,有族婦貞一嫂施氏,懼役繁重,私匿去稅,令義子胡道佑寫賣汪功晦,得熟鈔四貫。洪武三十五年壬午三月初七日拜掃,只見地内鋤種苧菜。得知施氏賣價肥己,吾即備價取還,凡貞一嫂所賣山地,盡行贖回,稅悉歸户。即令黜族,不許再入此盟。仍帶子侄、僮僕,掘去園内苧菜。當遇族人李彦名力勸,業既經明令汪功晦立還佃約,每歲摽掛,徵租以供充首者公用。今立此盟約,除疏遠枝派自有子孫與無後者,不及遍歷摽掛,其自文十五公直下諸孫,凡十歲以上,能遠行者，俱入此盟，輪流充首。每歲清明，以晴霽爲期，長幼畢集，上自始祖，下及父母，同攄孝敬之誠，以無忘祖宗之德。定爲彝典，俾子孫世守而勿失；昭示罔極，庶豪强不得以兼取。夫然，則塋域生輝，林木壯觀，一以見祖宗之有世澤，一以見子孫之能世守也。既盟之後，仍有鬻山地、伐墳木等情者，黜族無貸。凡我同盟，尚鑒之哉！

永樂元年癸未三月朔旦，十六世孫伯遠驥奴書。

思遠盟者，我六世祖勤樂公追遠之盛心也。然盟雖無文，而良法美意不可遺忘。時恐世遠易湮，不能垂久，用昭譜牒，俾萬世而下爲子若孫者，皆知我勤樂公此舉之公，則凡孝思之心，追遠之誠，莫不勃然而興。而不肖之懷不軌者，亦莫不於是而銷沮也，謂非是盟之所感發耶？

嘉靖乙卯冬十月，裔孫時百拜謹誌。

——嘉靖《嚴田李氏宗譜》卷七《盟》

明成化十九年四月二十二日歙縣二十五都世忠廟田地盟書

世忠廟田地盟書

此即元延祐二年經理入世忠廟之業，閱後備載各祖墳地，惟忠壯公墳地無存。

直隸徽州府歙縣二十五都世忠廟神祝方文旺等，今因程廷章等告爭本廟田地，已蒙欽差巡撫尚書大人王批送各人情詞到問刑官處，問理明白。誠恐世遠人亡，無憑查究，所是本鄉及廟及休寧寄莊田地，俱係供奉香火，不係自己產業。審得叔名得，弟文進、敏進，侄富榮等，俱各分戶在前，與廟無干。程廷章等雖係忠壯公子孫，但其所居與廟相遠，管業不便，情願令文旺一支照舊在廟，崇奉香火。見存田地租息及各處香錢等項，每年積聚在廟，遇有損壞，即便修理，並不敢將寸土尺地盜賣與人，亦不許各房叔伯、弟兄人等侵奪廟利。如有此等情弊，許諸人指實陳告，着令程廷章等自招僧道承管，各無異詞。今恐無憑，立此盟書爲照者。

計開：

本鄉田地山塘壹拾肆畝　分　釐。

　　高段坑邊田貳號，壹畝柒分。

　　鐵源塘尾田，壹畝。

　　湖嶺下田，壹畝伍分。

　　吳村劉坑口田，壹畝伍分。《貽範集》開壹畝貳分。

學田，壹畝伍分。

　　王家塢田，壹畝及塘貳分。

　　廟基，貳畝肆釐。

　　廟後地，伍分肆釐。《貽範集》開伍分。

　　沙坡地，玖分。

　　莊上地，叁分。

　　廟後山，貳分伍釐。

　　沙坡嘴地，伍分伍釐。

　　長片田，壹畝叁分。

永豐鄉

　　寶惠夫人墓在。

　　墳地，壹分。

袞繡鄉

　　元譚公墓在。

　　元譚公墳地，肆分。

　　元譚公墳地，陸分。

仁愛鄉

　　忠壯夫人墓在。

　　董氏夫人墳山，柒分伍釐。

休寧縣

　　以上並無忠壯公墳地。

　　寄庄田地，壹拾肆畝零。

成化十九年四月二十二日，立盟人　方文旺
　　　　　　　　　　　　　　　　方名得
　　　　　　　　　　　　　　　　方富榮
　　　　　　　　　　　　　　　　方敏進
　　　　　　　　　　　　　　　　程廷章
　　　　　　　　　　　　　　　　程音遠
　　　　　　　　　　　　　　　　程金孫
　　　　　　　　　　　　爲書人　方文信
　　　　　　　　　　　　　見人　畢社政

王福

右付程廷章、程音遠等收執。紅字。

——[清]新安程氏諸派合輯:《忠壯公墓鬪偽録》卷一《世忠廟田地盟書》

明宣德至萬曆歙縣東門許氏宗族高陽社約序暨義田約

高陽社約序

寰宇以來,有民人焉,有社稷焉。養育人民者,無如社稷之神也。蓋社本生於共工之子勾龍,能平水土,以奠民居;稷本生於姜嫄之子后稷,能植稼穡,以粒民命。生爲上公,貴爲名神,其豐功盛烈,與天地同悠久,宜祀報無窮焉。故其《詩》曰:"思文后稷,克配彼天。粒我烝民,莫匪爾極。"此之謂也。東關許斯器氏,忠厚質直,英義老成,爲族人長。其會議,一姓必思宗功祖德,故能合異爲同,散處市廛,會萃則一。斯器由是會族衆商確,卒稽前典,祭掃先塋有常貯,報祀社稷有定規。纉積膏儲,謀貽膏壤,遂收租入,以備其庸。稍有贏餘,仍存如舊。宗枝日盛,聚齒日彌,隨其用以酌其儀,毋使貧富失倫、豐儉虧節。載於規籍,屬予紀其實,序於首簡。予嘗謂人生霄壤間,不忘本而思其報者,寔人之賢也。今觀斯器報本之議,其賢誠可畏,其合於儀度者,悉具列而一新之。舉宗翕然慨從,所議規,賢足尚也。然於嘉時吉月,少長咸聚,謀之以義臨事,而勉其成功,撫之以恩。樂善以勸其篤業,舉綱以極其弊,定效以齊其倫,遂使貧富脩和,賢愚尚禮。怠墮者服勞而勤於生理,驕肆者踐實而振於綱彝。洽然懽忻,秩然有序。因之敦本以睦族,成德以齊賢。息爭陵乖奪之風,保養善安生之本,建爲恒訓,以固同源,俾後子孫永遵而世守之,罔有攸斁。若然,則許氏淵源不竭,載於郡乘,出先越國而齊傳不朽,其流芳而未艾,又可嘉也。故書以爲《社約》序。

宣德元年丙午菊月既望,歙西纂脩郡志儒士胡以昇題。

本社營置義田約

嘗謂禮莫大於敬,莫過於誠。非敬無以脩祀事,非誠無以格神明。然而社稷之恩莫重於養生,奉祀之誠豈逾於春秋?且人非神莫能安,神非人莫能享。而享之之道,不貴乎物之豐盛,而貴乎心之誠潔。苟一有驕忽,則雖簠簋之是陳、籩豆之是設,而以祀神將安享乎?今既幸居寰宇,托處人倫,既得其生,既遂其養,安敢不脩祀事以報本乎？切見本族與異姓同奉社稷,後族內蕃衍,兼且異姓溷雜,意其不便,恐無以格神,是用布露下忱,虔恭於懇禱。蒙以賜號"高陽和豐祖社",凡遇春、秋祭賽,皆吾宗枝子孫虔於祭奠,純一不溷。逮至於今,咸仗神功,愈加奕葉茂麗,以倍於前。每逢歲報,祈儀深爲繁重,恐莫能及。今既幸叨族長,與侄士容同寅祀事,拳切在念。惟恐禮儀不週,欲將正賽物儀虔恭禮畢,爲營置義田,以資他日之不給者。猶豫莫決,於是會諸族衆,宣言未畢,咸謝而拜曰:"若然,不惟今日祖宗之光,抑且後日子孫之幸也。"既而退諸,閑暇復閱舊規,誠有定式。今姑且暫盟,約十餘年積有餘饒,仍遵舊額,勿違常憲。是爲序以記云。

宣德二年龍集丁未一陽月朔旦,許斯器謹托承事郎南昌府靖安縣知縣同里金文英書。

高陽社序

右《高陽社規》一帙,於上開具各項事例,以束衆心。自古三代立社,有松柏栗之殊。今所謂里社,亦古之餘風也。予少孤,而宗人甚衆,故不與里中之社,而宗人自爲一社,非惟專於祈報,蓋亦興起其親義之心,亦猶里之義社歟！每歲酹賽,以憑稽考。迨今而後,子舉宗親義敦睦,春、秋二戊,輪流祈報,週而復始,恪遵前規,毋替毋懈,虔敬神明,以昭靈貽悠久,顧不韙歟！庸是會族衆,議定其規,曰此永遠則而行之者。

宣德二年歲次丁未春祈,宗人許士容題。

又叙

蓋聞出乎其類,拔乎其萃,存乎誠者。行必信,而於日用之間,凡行當理所處中節,而吾宗族代有人焉。茲置社田一事,恐後力有不及者,有怠於神,共賴族兄士和、隱南、永禎等律己公忠,存心不昧,與我先人及族諸兄士容、嵩遠、斯誠、以存暨族衆自顯等,克成勝事,果資今日之助焉,誠可尚也。故書於籍,俾後之賢者仰而則之,不辱其所從來矣。

正統十年龍集乙丑,族人許士怡書。

高陽社後約序

蓋聞社五土、稷五穀之神,五土發,五穀生,爲民立命。國朝崇於闕之右，以配太廟。郡邑設壇，鄉村立祠，市鎮循家，虔恭寅畏。普天之下，莫不祀焉，其恭敬答報之心蔑以加矣。故祭有大小之殊，禮有大小之分，其誠一而已矣。且神以人而血食，人賴神以奠安。是以春祈萬彙之生，得沾時雨之濡；秋報百穀之登，賴無旱魃之潦。遂嘉穀有生成之願，則衣食有充足之備，其感應之道，有不待明言而著矣。況許氏高陽社族蕃枝衍，世遠人稠，行之悠久，先哲前賢，優於衆見，以郡而名其社，聚衆以虔其誠。又無異姓之相干，昭穆有序而不紊，禮有定分而不乖，均之以社田。蓄積盈餘，歲時享祀，易其牲豕，潔其酒饌，集衆以盡其誠，明神來格。睦族燕享有其道，宗族舉禮，無匱乏之家，則人神懽悅，禮有在焉。余處比間，身獲見昔，塾宗二十，斯器翁家詩禮名，文行倚舉，冠乎族長，人人欽服，時未文焉。今諸傑嗣士怡公交密敬久，甲子歲春，獲覘《社約》之籍，同邑吳永昇序其首，鄉友文林郎金文英亦爲文焉。今薄損重葺，囑余序後。余觀高陽盛族，人產甲鄉，高志之士，特達之材，彬彬輩出，而於繼志述事，遵祖之心奚待言哉！余覘斯籍，蓋約者簡省不繁之謂，會之於至一之理，使之無過不及之道，則行有脩，會計當理，增損得宜，俾當代、後裔敦親睦族，感格神聰，均沾善慶，永錫無疆之福，猗歟盛哉！姑述此以系其後。

正統九年甲子歲正月望日，同邑前鄉貢進士牛仲啟書。

又序

嘗謂源遠必流長，枝深則幹茂，理必然也。蓋吾宗高陽族者，譜系以祖，祖宗積德而源其流；繼以官胄，榮華而續其緒。俾宗有序而有行不紊，代有傳而紀不亂矣。茲爲宗枝蕃盈，義社有約，歲時享祀，會數禮勤。恐有昧於昭穆，淪於泛常者，今從其簡要，述以前八字，宗其源，析其流，繫之於《社簿》，則尊卑有倫，少長有節。使子子孫孫繩繩祖武，億萬斯年，崇其本，知其派，悠久而不替也歟。

正統十年歲次乙丑春祈月望後，族人許隱南書。

又序

吾宗望出高陽族，處於郡城之東者，累世矣。祖宗德澤，世久愈延，歷代相傳，遺風不墜，閨庭婚祭，厥有常儀。至於土穀之神，莫不致敬。然而元末兩市合社人等，事溷繁，每每祭祀無誠敬之心，祭徹而有醉飽喧囂之態。於是，吾伯祖祖六公謀於衆曰："古云'里閈之社用洽，鄉黨之歡合而同。'社如斯，非久處計。脱因争忿，必致瀆神。莫如分而祀之爲愈。"族衆翕然，無不可者。遂別立名曰"高陽和豐祖社"，春秋祈報，議定新規，而我後人謹遵不怠。神厨供器，當時未備，是兄士容與士和概弟隱南、永禎、士怡、自顯等，繼承先志，爲倡而創置之。嗚呼！社稷之神，其來久矣。自天子至於庶人，通得祀者，何哉？爲其有奠，居粒命之功也。今吾宗自立而祀之者，非求媚也，非矯俗也，不過曰使吾族之人時聚如斯，序之以長幼，語之以孝、悌、忠、信，相勉之以勤職業，毋致怠惰以廢先猷，毋致乖争以傷和氣，是則不獨敬恭明神，而亦庶可敦乎薄俗也。予雖不敏，與同宗黨恪守先訓，於兹有年，恐後之來者不知祖宗創立之心，忽然而不謹，故書此以勉之。

正統十一年丙寅歲上元節，族人許士和書。

又序

予叨高陽之裔，處三才之中，幸獲彌壽。非祖宗積德之至，曷臻於斯？曩年郡守孫下車之初，百廢俱興。聖朝鄉飲之制斯禮也，貴賤不可混淆，賢否不得雜處，必擇良善望重之人、高年碩德之士以與其席，以彰聖朝諸尊敬道、敦俗、尚禮之制。於是，謀諸於衆，僉曰："城東許氏，乃徽郡之右族，古歙之名家。迨至嵩遠，循循雅飭，脩身慎行，不受當時之責，永保性命之期，今已年高，宜居儌之列。"使者臨門，宣白就請。予聞斯薦，不勝增愧，辭至再而請愈篤，不得已而就焉。觀斯禮也，誠貴賤有等，儀文有節。苟非其人，莫能與焉，而養老之實，莫過於此。予何幸焉？誠荷祖宗之遺澤矣。兹今寒暑數載，虛度春秋，越古稀之年，適當高陽祖社之首，而又序乎吾族之長。間閲《社簿》，觀其春祈秋報之儀文，昭東穆西之序次，酬酢應變，列坐雍容，井然而有條，秩然而不紊。前人之述備矣，兹不復贅。雖然莫爲之前，雖盛弗傳；莫爲之後，雖美弗彰。而吾祖宗洎創之於前以傳諸後，而吾子孫烏可不繼志以光先人之志哉！不慚鄙陋，姑述俚言，使後之子孫若知有所自遵而行之，愈遠而愈彰，愈久而愈篤。不惟有光於前人，抑且有彰於後世。予莫知可否，質諸舍親，金文英曰："然。"遂書於《社規》之末，後繫之以銘曰：

自生民來，有社稷焉。惟吾高陽，特祀益虔。積蓄盈餘，置買義田。春祈秋報，豐潔是先。

祭畢冥享，昭穆承筵。觥籌交錯，出乎自然。禮儀三百，威儀三千。凡吾子孫，恪守勿遷。歷玆以往，億斯萬年。

正統十二年龍集丁卯秋八月　日，高陽後裔許嵩遠、承事郎南昌府靖安縣知縣金文英撰。

又序

上古以來，有民人焉，有社稷焉。社則勾龍奠民之居，稷則后稷立民之命。此其德配乾坤，恩同天地。民被其德，相安相養，敦睦以成俗也。吾族先與本關汪氏齋諭公等共爲一社，宋季間至元，族伯祖祖六公謀諸族曰："吾宗人事繁衆，且異姓混雜，吾族人當自爲一社，春、秋祭祀，使子孫序昭穆、習禮義。或商或儒，各肆本業，謹守禮法，毋墜先志。"咸稱曰："善。"於是，本宗自號爲"高陽和豐祖社"，輪更爲首祀之，至今無怠。迨吾父士聰公，因見每遇時祭，散胙人家，廣狹不一，起坐不容，行禮未便，有失外望。與族兄文浩、義剛、義弘，族侄弘道、弘遠、正通等相與議曰："率吾宗中，但新娶、誕子，每名或出銀伍分壹錢，歸衆輪領加利，積蓄至盛，增置祭田，買基立祠。"後吾兄克祥同尚禮、廷璧，將衆銀買拾都三畐汪暹、汪昕、汪晟、汪祥、汪仁義、汪禮道本關第字貳拾壹號五等地貳分零，因基尚隘未建。弘治辛酉年間，郡守彭公、縣令朱公來守是邦，勘得孚惠廟係無額淫祠，申上將廟折去，府庫改造射圃。其基地因原係本宗出捨建廟，作免徵報官，以此仍召克昌與廟鄰朱斌，納價銀貳佰肆拾兩入官，作科舉生員盤纏公用，其地帖仰昌等陸科納糧管業，各得柒分伍厘。後與斌弟文將地丈量，實數分撥兌換，各取便管各業明白。本宗又價買許昂銘及許世彰、世瑛山，許端又出己山腳開墾湊業。至正德三年元宵，賞燈會飲。昌曰："基地既成，宜當造屋買辦，督工無善於廷冕。"冕慨諾曰："此誠美事，當以身先之。"於是，邦大等協之，兩年屋成牆完。但恐日久後人不知其由，姑將其情聊載簿末，使後聞知之，賢者切勿以裡言語人。幸甚，幸甚！

正德十二年龍集丁丑端陽月，許克昌、許子成修。

奉高陽義社序

吾宗之社二：大社、義社異焉，大社於春、秋仲戊，遵王制而祈報於祠，群宗人祀之，以其數計，合則得分肆拾，折則倍焉；義社祭有常期，期無更徙，春取季之花朝，秋取季之重九，奉若祀者又貳拾分焉。曩者義社屆期相與迎神於室，會飲於家，於神無寧，於人爲忿義，識者誠病之矣。

　　嘉靖末，吾宗拓土新宇，以奉蒸嘗，貿鄰朱之址，以大其居。義社得歲餘肆拾金，時宗長尚質等舉而襄事，以成厥功，續奏落成。僉曰："資出於人，神寔尸之，徼神之惠而罔爲之報，豈知義者哉？"於是，即寢之前樓，爲神之定宅，而祈者、報者與有求而禱者，始畢集於斯矣。噫嘻！肇祀於昔而康祀於今，於人心獨無慊乎？雖然人知其源，難計其委，不有以紀之，後孰從而識之？會宗長津等以祠事至，亦曰："是不可不記也，爾繼忠記之，將貽似續大社之有所紀也，亦庶幾其有而不忘也哉！"是爲序。

　　時萬曆戊申季冬月吉，宗人許鑑識續，高陽後裔許繼忠謹書。

　　　　　　——崇禎《古歙城東許氏世譜》卷七《祈報社田序錄》

明弘治六年十月歙縣黃川陳氏五老同庚會序

五老同庚會序

　　嘗謂古人偉迹，凡足以爲後人楷範者，皆今之所當法者也。今之人知慕乎古，而能有以法之，其不亦賢乎哉？歙之黃川陳君士餘，新安之望族，以親友吳彥容、俞德仁、吳景義、吳士起俱同庚，結爲五老同庚會，蓋法睢陽五老會之遺意也。歲在癸丑二陽月三日，士餘壽躋六旬，彥容輩乃繪《睢陽五老圖》爲君壽，請予序及士夫詩歌以揄揚之。予按，傳至和中，杜祁公衍八十七，王禮侍渙九十，畢農鄉世長九十四，兵部朱貫八十八，始平馮公八十七，優游鄉梓，爲五老會賦詩酬唱，錢明逸序之。此睢陽五老之偉迹，爲後世之楷範者也。然世有古今，而人之懿德無古今，今之人誠能取法乎古，則古人偉迹可匹休矣。故曰："舜何人也？予何人也？有爲者亦若是。"予觀四老繪圖之意，詎但祝君之壽如五老者哉！蓋以期君之才、之德與之媲美焉耳。君天性穎異，剛而不屈，直而弗阿，孝友出於至誠謙恭，無事外飾。里有不平，多質于君，君以至公平之，罔不悅服。凡宗族大義，直以身任，未始以害辭。徜徉泉石，寵辱不驚，何樂如之？誠清世之高人，名族之領袖也。乃以是圖祝之，不亦宜哉！雖然四老以是期君，其所以待君者厚矣，豈不亦以自期而甘於自薄耶？誠能交相反而思曰："吾五人之才、之德，果能與睢陽五老相頡頏否歟？交相淬厲，勇猛進脩，不企及乎五老不已焉，則新安五老之才德，亦一睢陽五老而已。而其遐壽之必得者，又豈不得也哉？"噫！以今慕古，而能有以法之,其賢於人遠矣。是則睢陽以五老顯於古,新安以五老顯於今,今古偉迹,後先相輝,寧不爲世君子欣慕嘆羨之不已耶?若曰竊古人之嘉會,飾一時之虛名,固非五老之本心,亦非愚拙之敢望也。故樂爲之序。

弘治六年歲次癸丑冬十月上浣,賜進士出身、嘉議大夫、貴州等處提刑按察司按察使星源鯆溪汪進希顔書。

——正德《新安陳氏宗譜》附錄《五老同庚會序》

明正德五年正月休寧縣西門汪氏宗族知本祠會團拜序

西門汪氏知本祠會團拜序

聚族團拜,其來遠矣。特以序長幼、別疎戚而明人倫焉。否則,昭穆無以明,尊卑無以辨,上焉不知所自,下焉不知所傳,甚至相視如途,人亦有之矣。蓋由平日名不相聞,面不相識,又何怪其然耶?所以名家鉅族未始不以是爲汲汲也。吾族自接公繇婺源回嶺徙居邑之西門,子孫日蕃,支分派衍,遷寓不一。然泝其源,西門其本也。族先達彝公泊、以名公嘗倡行之,每於正月二日,率族之長幼咸集于堂,成禮而退。其麗不過三千指,迨今百載如一日焉,而子孫視前數倍矣。雖室廬之廣、廳堂之寬,亦莫能容,常以爲憾也。

弘治丁巳春,三山李公燁謫宰吾邑,下車之明日,謁拜神祖(趙)[越]國公于東山廟,見其祠宇傾頹,徘徊瞻視。因念公生則撥亂救民,死則禦災捍患,在在嚴祀而有典,禮所當祀。燁叨宰是邑,治民事神,政之先務,遂令一縣新之,命紹董治其事。紹以是謀諸族長,汝器、雄宗、永寶、景儀、仲輝、永興、以賢、宗志、天生諸公,各出己資成之,不擾于民。然地之見侵,聞公以歸之,鼎創後宮寢廟,以爲歲首會拜之所。祭必於正月十八日壽誕之晨,紹又患年遠或至廢弛,割己田五畝入祠,一以助祭祀,一以修廟宇,庶可爲悠久計。若然宗法不隳,名分不紊,上不負神祖之德,下不負李侯之心。非惟一族之幸,實一邑之幸也。衆曰:"韙。"

正德五年歲在庚午正月望日,七十七世孫紹思存拜書。

——嘉靖《西門汪氏族譜》附錄《西門汪氏知本祠團拜序》

明嘉靖七年十月休寧縣縣市吳氏宗族東岸節義社祭文式暨社款

休寧縣市吳氏東岸節義社祭文式

維大明某年歲次某春、秋某月某朔越某日,茲逢五戊之辰,會首吳文堅、文璇,吳貴、寶得、貴玄、文璋、文光、文明、文魁、玄清、文琪、文恭、文璣、文敏、文美、應兆、文爵、京寶、文琳、玄蔭、本寬、本厚、倜成、象高、得大、潮漳、汶滋等,謹具剛鬣柔毛之奠,致祭于東岸節義社稷明公尊神,而言曰:"里之有社,肇于古昔。暇食安居,敢忘先澤。惟我吳氏,聚居靡忒。繫社之同,祈報無斁。時豐人和,仰神之德。善勸過規,亦神是適。有開必先,伊誰作則?收族恤匱,宜書于册。衆志協和,神其鑒格。尚享。"

社款:

一、吾吳氏恭立社神,惟本氏一族敬設,不紊外姓,名曰"東岸節義大社"。計户三十有一,各備貯銀若干,以爲春秋祈報之需。年深月久,所積本利頗饒,遞年出入銀數,另有《收支文簿》以備存查。

一、春、秋二祭,具猪、羊各一,及辦果品、祭儀遵規。祭畢,將禮胙如序燕飲罷,則上、下爲首者迎神過桉,輪流應接。凡晨昏香、燭之儀及春、秋奠祭之禮,各宜誠敬,無致怠忽。

一、社、會新舊田租,遞年經收者立文簿明白,議將社田坐落、四至及佃輸租數附刊譜末,使子孫知來歷之由,庶無漏落矣。

計開社田:

字　號田　坵,坐落土名新田嶺,該燦租七砠半,佃人金義。東至　,西至　,南至　,北至　。

字　號田　坵,坐落土名新田嶺,該籼租五砠,佃人金龍。東至　,西至　,南至　,北至　。

字　號田　坵,坐落土名桃後口,該籼租五砠,佃人曹宗。東至　,西至　,南至　,北至　。

字　號田　坵,坐落土名新田嶺鮑坑,該籼租十砠,佃人余社保。東至　,西至　,南至　,北至　。

字　號田　二坵,坐落四都土名瑯源,該籼租五十砠,佃人金小囝。東至　,西至　,南至　,北至　。

字　　號田　　坵,坐落土名二都新塘,該籼租十六砠,佃人程得。東至　,西至　,南至　,北至　。

　　字　　號田　　坵,坐落土名二都堨田,該籼租五砠,佃人程志龍。東至　,西至　,南至　,北至　。

　　字　　號田　　坵,坐落土名八都高家源,該籼租十四砠,佃人殷仕下。東至　,西至　,南至　,北至　。

　　社田共計租一百十三砠。

　　——嘉靖《休寧縣市吳氏本宗譜》卷十《休寧縣市吳氏東岸節義社祭文式》

明嘉靖二十二年正月祁門縣謝村謝知龍、謝知遠等兄弟共立善則規約

　　謝村謝知龍、知遠兄弟,各思承父創業,遷構善則堂,以遺我後人。肯構名義,不爲不善,我後昆欲以繼述綿長于斯者,匪材則弗裕。故咸矢心,義立《條約》,名曰《善則規約》,以爲生財之計。財既生,遂則人心自協于一,庶幾不墮先人之業。凡居我善則堂者,繼自今以往,各宜顧名思義。《規約》所載者,一一遵守,毋許以一己之私,而壞乃義舉。如違,聞官治以不孝罪,仍遵斯規以行。《規條》已具,因立合同,二房各收允遵照者。

　　一、議男子遞年生辰,出紋銀式分,或籼穀六斤、三十一錢、四十二錢、五十三錢。六十,有子力事,出四錢;子不力事,出一錢。七十、八十,子孫力事,出五錢;子孫不力事,出一錢。

　　一、議婦人遞年生辰,出紋銀壹分,三十至八十,照男子減半出備。

　　一、凡子女許配他人,納幣日,出紋銀伍錢;起嫁日,出紋銀伍錢,以爲祭告之需。

　　一、凡男子娶室,有妝奩者,出銀紋伍錢;無妝奩者,止出一錢。

　　一、凡始生男子,出銀壹錢;次生、三生至五、七生,皆出伍分。

　　一、凡嬌客登門,取鼓樂禮銀壹錢。

　　一、凡子孫或僥倖鄉試,出銀伍兩;會試,出銀拾兩;歲貢,出銀式兩。

　　一、凡子孫生理,遞年所得利息,每壹拾兩出銀伍分,百兩出伍錢。由百至千,照伯義出。斯係義舉,幸毋欺昧。

　　一、每年二房各一人,我兄弟七人,議四次編管:癸年【謝知】龍、【謝知】遠;甲年【謝知】虎、【謝知】化;乙年【謝知】麒、【謝知】學;丙年【謝知】麟、【謝

知】遠。週而復始。長者貯匣，幼者執業。倘遇該管他許，出議代，但帳下須明記某人經手，庶責有所歸，不得推托。

一、議立匣一件、鎖一把，《規約》三張，匣貯一張，二房各一張執照。

一、該管出納者，須隨時記扎清白，不可徇私含糊，俱以年節日清筭交割。再管之人，日後人衆，須通衆眼同筭明交遞方許。

一、各分該出銀兩，須自分集，該管人在值其事，三日內交納，不許遞拗。違，倍罰。收銀須公平頂秤，切勿使氣狗私。違者，加一罰之。

一、在規銀兩，毋許善則堂子孫領借，及徇私借與吾輩，以招爭端。違者，責管借人賠還。

一、利不息則無窮，日後幸有蓄積，爲我子孫，切不任氣，招非啟訟，費用此銀。違者，理究。

一、興此利所以衛門面、修墓林、備祭祀而已，三者之外，不許濫用。違者，理究。

一、凡出納銀兩，務宜二人眼同秤對，參酌借人可否。其利限一月加二五，本利一色，切勿徇私苟且，以致失【度】，該管人賠還毋詞。

嘉靖二十二年歲次癸卯春正月元宵日，立義約人

　　　　　謝知龍　押　　知遠　押
　　　　　　知虎　押　　知化　押
　　　　　　知麒　押　　知麟　押
　　　　　　知學　押
　　叔父　謝璉　押

善則規約大吉。

——散件文書，原件藏南開大學歷史學院卞利處

明萬曆二年歙縣沙溪張停社記

歙【縣】沙溪張停社記　【汪】道昆

豐樂水出黃山，迤邐二百里，而近東會于五溪，又東入于歙浦。郡西上十里爲劍沙，沙溪名焉。吾宗聚族而居萬指，其北置廬，其南置社，中一衣帶亘之豐水也。里人春、秋饗祀，多以水溢失期。于是，徙置廬右，實與二鄭夾宰。然其地弗利，其制弗閎，議者亟遷，病在改作。

今上甲戌,社薔宗老静夫帥其族遷于廬左,乃卜劍沙,是惟墨食。相土物,具畚鍤,須材木,計程期,始于季夏,畢于仲冬。有堂,有皇,有門,有廡,延袤如千丈,高廣如千尺。蓋郡邑里社相望,未有閎麗于此者矣。自社而上,爲居阯,劍沙當其下流,勢若縮轂其口。相宅者,率多其吉祥,疇昔呶呶,于兹結舌。是時,二鄭亦各爲社,社本張停,張停之名,遂爲鼎峙,然二社咸以甲遜吾宗。予再過溪上,宗人類稱首事者之功,亟以記請。

夫社所以神,地道也。地載萬物,天垂象,取財于地,取法于天。王者尊天而親地,故教民美報焉。是以仲春擇元日,命民社,惟社事單出里社田,國人畢作社丘,乘供粢盛,言社爲國重也,國重而民益重之矣。在禮,有大社、王社、國社、侯社,置社不同等,侯國以上,有土者之司,置社則民社耳。輓近世,群里閈,比閭黨,歲時禱祀,以爲五穀所在,有勾龍之祠,大者薦醴酪、刲羊豕,小者奉盂酒、操豚蹄。簑笠耰鋤之夫,咸得以明要,束脩祈報,憚于三尺,信于縣官,法至厲也。在昔枌榆之與庫里,皆是物耳。戶牖以一社宰,遂相高祖定天下,夫非均平之效與,蓋孔子觀于鄉而知王道之易易,殆非虛語。大道之行,不得之朝廷,而得之鄉黨。鄉黨之禮,王化之原,禮失而求之野,聖人之旨微矣。周之盛時,天子、諸侯冕而秉耒,以事社稷、山川,不敢不恪。故其積也,崇如墉,比如櫛,而百室告盈。及其衰,爲黍離民不勝其愁苦恣怨。要以國本于社,社本于農。里社之有祀,虛文乎哉？治忽係之矣。今天子在宥而理綏萬邦,屢豐年,殷祀不愆,兆民時若,雖遐陬僻壤,成群立社,盼蠻是修,其在張停,式徵盈止,宗父老之潔其蘋藻以事神也,是以宜歌宜舞。春雨既濡,于耜舉趾,是故祈而祭也,宜歌載芟；秋築圃場,爰納禾稼,是故報而祭也,宜歌良耜。此而烝畀,此而燕享,誰曰不然？胡考之寧,邦家之光,宗父老並受明天子之賜矣。揆諸其始,在静夫乎？故曰："賢者之祭,必受其福。"其静夫、宗老之謂與？宗父老聞言而旅,進曰："社之爲義美,報于天地而受命于君,敬聞教矣。乃古之社也壇,而今之社也屋,何居？"予曰："屋非古也,爲其便于民也。社祭土而主陰,古之大社,必受霜露風雨以達天地之氣,王國之制猶存耳。而齊民有屋之者,則以歌于斯、舞于斯、燕樂于斯,非室無以適燠寒、蔽風雨,禮以義起,故雖亡于古,而古屋可也,屋可也。"宗父老再揖而退,修里社如初。是爲記。

——萬曆《汪氏十六族譜》卷十《典籍》

明萬曆四十七年二月某縣汪惟助等立社會合同文約

人誰不念所生？原其所自，報祈興焉。春有祈，秋有報，社之興也，非一代矣。下及殊方異俗，亦且典祀豐潔，牲殺致虔，毋以土谷之神資于民生者大，則人之祈所生、報所生者，自是致愨著存，謹凜將事，不敢以故事鄙夷之耳。故立社不必一方，同社不必一姓，在在俱有□會。謂之會者，當期而會飲，會首于斯，于以將祀事、答神庥、崇禮讓，申飭會中《條款》，毋致久而廢弛，習而翫易，庶幾社與天地同休，斯會亦與之俱有永矣。不則異姓同社，尚爾子姓世世守之，矧我宗祖一脉而共在斯會者乎？《條約》派後，各宜遵守。違者，衆罰不貸。

一、領銀不除色，每兩每月二分五厘加息，每次社日交付。如遲一日，每兩罰銀三分。銀憑義興等兑，不遵者，理論。

一、每次領銀，出辦肉二斤、酒八（并）〔瓶〕。

一、販至六兩，四人分領。至八兩，每兩議定每月二分文加息。

一、每次還銀，按日撞月筭利，不讓月。

一、銀至十兩數多，不許會內人價輪，立頭首二人，擇忠厚者借販，首人包催包討。違期，照例罰首人。

萬曆四十七年二月，初二日立社會合同文約人

    汪惟助 押 時鳴 押
     惟勤 押 時濬 押
     惟調 押 時旦 押
    汪尚宋 押 惟勛 押
     惟熹 押 時初 押
     惟功 押 時暘 押
     惟國 押 時省 押
     惟濟 押 時澄 押

——散件文書，原件藏黃山市安徽中國徽州文化博物館

明天啟元年春歙縣江村仁里社序

先王疆理區域，川谷異制，風氣異齊，民生其間，異俗，自非一道德而同

之,何能家喻户説以漸於仁? 故宣聖因之興慨,智士慎於卜居,垂訓遠矣。姬轍既東,嬴秦取以詐力,惟是民間風氣薄惡,即漢文之世,賈生未免太息。甚哉,仁里之難也。今天下罷侯置守,惟邑長爲親民上之人,樹之風聲,彰之物采,有起敝維新之責,亦惟樂只君子,叔季難之,故以身教者從,以言教者訟。善自爲範,不若善自爲祥。凡民是恥,豪傑猶興,人顧自期待,何如耳? 余鄉自鼻祖歙州公來宦此都,尋即家於橙里。惟茲一祖三宗,居則不遠,姓雖有二,謂松公繼程氏後,本實維一。今編齒日蕃,豈無分割? 由來同籍,世代仍沿,故事擇一里之長者,十年輪轉,出應有司徵賦,如漢時有分訟亭埤,爲民解紛,不能而後聽邑長繩之以法,只今亦猶古道也。嗟乎! 里甲尚矣。顧是中有強凌弱、衆暴寡,一膜之外,分胡越者,此爭訟所由基。爲民父母,或聽之不得其平,遂轉相報復,而怨毒彌糾。此刻薄之風所日甚,而天理、人心之桔亡久矣。邇者,凡我同籍之人,更相磨濯,思返厥初,著爲《條例》,俾世守勿替,命之曰"仁里社",美哉! 名矣。顧名思義,是在吾儕由今以往,一以奉公好義爲心,解紛和光,爲事悉捐私臆,盡撤藩籬,長者以是風於前,少者以是承於後。行之既久,庶幾克己復禮,禮至而義亦至,義至而仁不遠矣。《語》曰:"國之本在家,家之本在身。"我有此身,又必有生身之本。彼不孝不友,多行不義者,皆起於不讓。不讓則爭,甚至鬩于牆而傷厥考心。蓋未有家之不正而能正人者,故一家仁,一國興仁;一家讓,一國興讓。人人親其親,長其長,而天下平。孝弟也者,其爲仁之本與。故有志於仁而以仁吾里,無忝於祖而思以風他里,以還先王之舊觀,舉於是乎? 在道豈遠,術豈多耶?

天啟辛酉春,江學海序。

——乾隆《橙陽散志》卷十一《藝文志下·序文》

明崇禎十一年三月祁門縣謝村謝孟善等立盟出糶祀穀、禁止拖欠合同文約

立盟同議合同文約人謝孟善、起鳳等,切思玘、璡公之創業,竭力艱難,積立租數,上祀宗祖,下蔭子孫,遞今百有餘年,永遠遵守無替。迄今分內子孫,有人心不一,有拖欠穀銀不出者。又,佃種祀田,租穀私收不付匣者,以致屢年筭帳,口角爭端,六分平帳數次,費有百十餘金。恐有頹壞費祀,不得尊宗敬祖,是子孫成不孝之罪也。以此六分人等立盟,同議將祀租穀照依上年,無問貴賤,早穀柒分,晚穀捌分,六分人現銀均糶,以十二月爲率。如過

十二月,至正月,聽衆照時價糶賣出境,分下人無得爭端異説。又有分下人佃祀田,其租穀俱要照數即時交匣,無得延挨私收。如有此者,聽衆加倍作壹錢式分一秤徵銀。不遵者,甘罰白銀叁兩,入祀公用,仍聽衆遵文呈官理治,不得容情。經管祀匣人,其正租或有佃户不交納,有欠穀銀,俱盡在經管人包討,倍衆無詞。自今立文之後,各分人務要尊宗敬祖,以保善則名堂,無得苟私,侵壞費祀。如有此等,以准不孝罪論。今恐無憑,立此合同六紙,各分收壹紙。子子孫孫,永遠遵守爲照。

崇禎十一年三月廿六日,立盟同議合同約人　謝孟善　押

謝應護　押

謝三善　押

謝起鳳　押

謝記善　押

謝見鳳　押

謝應憲　押

謝應誠　押

謝應則　押

謝應永　押

——散件文書,原件藏南開大學歷史學院卞利處

明崇禎十二年徽州某縣汪氏宗族四維聖會規

太祖□□公及員佑公,一脉三枝,而蔭庇我等手足也。今各有奮力以續前志,患難相護,議同一體,毋得二心。祈願我輩如松柏長青之茂,永爲太平之慶,名曰"四維聖會"。如有一應公務,概在會内取辦。倘後有不遵約束,甘罰白銀式兩,會内公用。輪流週而復始,永遠(尊)[遵]守,安有不盛者哉!

時皇明崇禎十二年己卯太歲

汪玄應書

主盟叔父

汪應芊　押

汪應藝　押

汪應茂　押

第四章　會社生活規約

　　　　汪應菱　押
　　　侄輩
　　　　汪天德　押
　　　　汪佛全　押
　　　　汪玄龍　押
　　　　汪玄應　押
　　　　汪玄美　押
　　　　汪□元　押
　　　　汪天順　押　十七年除去。
　　　　汪德元　押　卅六年錢合糧。押
　　　　汪仕元　押
　　　　汪佛元　押
　　　　汪武元　押
　　　　汪仲元　押
　　　　汪兆元　押
　　　入汪華壽　押

一、收汪天德會本銀伍錢。

一、收汪佛全會本銀伍錢。

一、收汪玄龍會本銀伍錢。

一、收汪玄應會本銀伍錢。

一、收汪玄美會本銀伍錢。

一、收汪伯元會本銀伍錢。

一、收汪天順會本銀伍錢。還星甫伍錢，還君兆銀二錢。

一、收汪德元會本銀伍錢。

一、收汪仕元會本銀伍錢。

一、收汪佛元會本銀伍錢。

一、收汪武元會本銀伍錢。

一、收汪仲元會本銀伍錢。

一、收汪兆元會本銀伍錢。

一、收汪華壽會本銀伍錢。係十三年□□□收□□□□生息。

計開：

首會　汪伯元

　　　汪華壽　十四年四月出銀入會，其銀汪玄應收去，未入會內。

貳會　汪天德

　　　汪德元

三會　汪玄美

　　　汪兆元

四會　汪佛全

　　　汪玄應

伍會　汪仕元

　　　汪仲元

六會　汪玄龍

　　　汪佛元

七會　汪天順　十七年除去。

　　　汪武元

崇禎十二年三月，衆立。

衆議規則：

一、議定每年各出本銀伍錢正。

一、迪年敬奉醮乙中。大上帝紙馬一付，計貳分；枝麻壽桃叁拾雙；索面叁斤，付壹作半斗；酒叁（乎）[壺]；謝神亥貳斤；打醮先生銀叁分。

一、會本銀，輪流二人，共收一年。

一、衆議頭首遞年二人，領銀肆兩正。

一、衆議餘仗會本銀，除此首領之外，餘安在海鹽衆眼同生息。

一、衆議會本銀，週年弍分錢起息。

一、三月三日，頭首領會本銀本利，來年三月三日，隨即交出，付下會收。如違，罰銀伍錢公用。

一、衆議得子喜銀，長曰乙錢，次子伍分。

一、衆議會內三房衆事，在於會內支用。

一、衆議會銀，如遲過期，俱要當物押，三日不取，聽下典鋪另當。

一、衆議更樓，遞年租任錢肆分，關甫株。（……一直延續到乾隆二十

年,以下略——編者注)

——《汪氏會簿》,載王鈺欣、周紹泉主編《徽州千年契約文書》(宋·元·明編)第十卷《崇禎十二年汪氏會簿》,花山文藝出版社,1993年,第91—100頁

明崇禎婺源縣桃溪潘氏宗族團拜會序

桃溪潘氏團拜會序

團拜會者,所以正名分、別長幼、睦宗族也。粵自四世祖五公創其端,歷九世祖宣誼小三公、郡馬六三公大其傳。原其立法,期以正月,急其務也;遠近畢集,守其信也;籍記年月,因其齒也;唱名叙禮,表其敬也;禮畢而宴,合其懽也。一事之舉,而衆善之集此。吾族自始祖大五府君至于今,凡十三世,而一族之內殆五百人,雖居處相距數十里,富貴貧賤相去數十倍,然尊卑、少長,名分秩然。不富貴而凌僭,不貧賤而退避,不邇而泄,不遠而忘。來會之日,氣象雍然如一家人,宗族百世於斯見之矣。祖宗立法之意,何其良哉!

夫是法之立,固當百世因之而不可易。然世有盛衰,人有繁簡,則其禮文又不可不因時以爲之損益。考之五公之世,族不過數十人,故歲會一家,禮畢而燕,固以爲宜。當宣誼、郡馬之世,族已踰四百人。然富貴盛時,循其成例,亦不爲泰然。十甲須物,輪會一家,實昉於此,是亦因時以爲之制也。迨今世愈遠而族愈大,苟泥成迹,必俟禮周,設席而燕,雖假二日,尚亦不足,不若降坐席之燕,爲三行之酒,不俟禮周,以漸行酒,則輪會之家不以爲煩,而合懽之禮亦不爲失,豈非今日時中之制乎?

一日,吾兄孟剛裁其禮節,筆之簿書,以爲世守之規,且命予識之。予念四世祖既能創立是法,以遺後人,歷世又能因時制宜,使常不失其意,亦可謂世不乏人,無負於人之名,無蹈於禽獸之戒矣。嘅予生於數百年之下,而不失爲故家之後者,豈非祖宗立法之遺澤以沾溉之哉?故不辭,樂叙歷世之相承如此,而復爲之語曰:"富貴福澤,非不足以遺後人,然足以厚其生,孰若創是禮足以淑其心?犧牲粢盛,非不足以奉祖宗,然足以事死,孰若守是禮足以象其生?存吾族作于前,述於後,真可謂先後之得人,吾將以此告吾子之子,子之子將以告吾孫之孫。是繼是承,毋曰居今而反古;不怨不忘,須曰視

古猶視今也。"

是爲序。

十三世孫雙溪處士淇子溫序。

——崇禎《婺源桃溪潘氏宗譜》卷十《序》

明歙縣程霆議復忠壯公程靈洗真墓檄

附議復忠壯公真墓檄以後偶墓文集　霆再見

按,篇内曰程秀世業,又曰獨一名秀者至,則孳秀欣欣然來矣。秋山先生亦由是誤矣。嗟乎!彼文爆賈禍于前,子質效尤于後,皆斯文作之俑歟。文内十誤列後。

虛谷方公謂:歙有古墓四,而程有晉太守、梁忠壯公居其二,以四古墓爲郡重,而其二又爲程重。嗚呼,豈意吾二墓于今俱可痛乎!雙石侵逼於異姓,遂亂於其所設之假,而不得拜其真。篁墩又以業墓之族之浸微,忽之不收,乃遂棄是墓而别拜其假以充數。夫不拜其墓,是不有其祖也,久則墓必廢。或遂奪于人而穴之,是又棄此祖而賊之也,尚可以稱子孫乎?韓魏公曰:"其與世之絶者何異?"其信然哉,此吾之自絶也。雙石之痛,固諸族所共知,亦所共憤者,顧未得其機耳。若黄墩與雙石,事體不同,朝求之則朝在,暮求之則暮在。無異姓之撓,無多事之煩,惟同宗之賢智一行,以辨其真與假耳。一行而得認祖宗於千載之上,訓子孫於百世之下,不勞而功甚鉅,不費而業自遠,亦何所憚而不爲乎?霆間與宗人相值,罔不面告,第語略則難盡,語詳則難記。暫晤而遽别,則雖領而易忘;地隔而會少,所與語無幾人。而同姓之大事,非一人可顯決,況篁墩學士譜既明著而盛行,各派深信而久定,後生末學乃不謂然。自心且不能安,而敢强人以必同哉?第忠壯公墓,篁墩《譜圖》,其爲上水魚,而註曰:西陽坑邊墳地二畝十二步,東至地,南至水坑,西至地坑,北至地,此長翰山崇翁近斂財以修理者也。不知西陽坑爲衣冠葬,一誤也。而《世忠事實》載:宋嘉定間,體勘《公移》内開,墓在黄墩,官司經界地二畝十四步,東至路,南至路及大溪,西至園,北至園。二書地數相似,而四至惟北相同,東之有路與無路不同,南之小坑無路,與大溪有路不同,西則一惟園地與地兼水坑者不同。且地曰黄墩,曰西陽坑,本腦不同矣,二者將孰爲公墓乎?曰:"《公移》取鄉老之僉言,而官司親勘之,在篁墩譜前二伯七十年,經界又在公移之前七八十年,亦官民所論定也。"私譜不如公

第四章　會社生活規約

據，家族不如鄉衆。追尋古蹟，則去之遠者不如去之近者之得其影響，其公移勝乎？且譜非始於篁墩也，有世傳之老本焉，又有羅鄂州之《儀同廟記》與郡志胡經諭之《相公壇記》。改《廟記》爲《潭記》，二誤也。文簡公之《譜序》、唐宋之新舊《圖經》。唐《圖經》去陳百年耳，是數者之言墓地，皆曰黃墩，未有謂西陽坑者。言墓必與宅連，湖在宅東南，墓在湖西北，《圖經》曰："宅在黃墩，墓在湖西北。"文簡《序》曰："相公湖之潩村，名黃墩，村有故屋址，名相公宅，宅旁有相公墓。"胡《記》曰："公居之偏，其湖深廣，宅今爲湖；又不數百步，公墓也。羅曰黃墩者，墓與宅在焉，宅匯爲湖，恐墓亦隨没。"舊譜曰："宅在黃墩，東南有湖，公作壽塋于黃墩。"且謂墓前有千年龍角木，正向西南，胡記、家譜，木下爲壇，與社接宇，胡記，是湖也、宅也、社也、龍角木也，又墓地之證也。而湖在東南，墓在湖西北，社在西南，墓在木東北，方位亦明矣。不特此也，鄂州疑墓没於湖，將明秀孟公譜書指爲宋羅鄂州之語，三誤也。槐瀨先生亦謂今墓無可考，則墓於其時無形跡矣。今西陽坑之墓完好無（捐）[損]壞，不特無没湖之疑，將何時何人考得之而修治乎？況去湖、去故宅、去里社，若風馬牛之不相及，何得曰在湖旁、曰不數伯步、曰接宇也？雖有巨樨而無龍角狀，又在東南，非向西南，數者皆無一合，豈諸古典謬邪？西陽坑不合於古典，而別亦無一所可與合者，則曰書不可信也。今古塘程秀世業墓地一所，正在黃墩，與宋經界四至合，與諸古典所言湖宅、社木併方位亦悉合。程秀乃朱家山頭人，認爲古塘世家，四誤也。秀之上世，相傳公墓在其地，而今實無墓，又與墓無考而恐没之言合，亦將以此爲是乎？抑彼之不合者爲是乎？或曰篁墩於譜最所用心，其殆以槐瀨之誤而改著乎？霆曰不然。舊之可疑者，篁翁悉著有辨，此墓無辨，是無疑也。況此八、九種者，三四伯年、七八伯年前之遺籍，去忠壯公爲近，而《圖經》、經界、公移又郡邑所共訂者，乃先後錯出而相應，彼此文殊而事同，非出於實而有是邪？篁翁又何所據以糾八、九種之謬也？豈當時指公墓于西陽坑者，翁見其人而識公墓於故宅旁者，翁未遇焉，故翁無由而起疑耳？不然，則槐瀨之編，翁所習見，豈不執以勘其地邪？又曰古塘，何如而業此墓也？霆曰："唐、宋之亂，世忠氏皆棄墳墓而他往矣。宋時公墓無恙，廟壇、碑木俱存，乃謂世忠皆棄之，五誤也。世居祖地者，古塘也，其業公墓何疑焉？"又曰："亦如墓没於湖而無考何？"霆曰："不然，謂無考者，無墓形也。隨宅没者，以無墓形而意之，非質辭也。胡止言宅爲湖，未謂墓爲湖。文簡與《圖經》俱未謂宅爲湖，蓋其時宅猶未没也。公移、家譜，則墓故在，而今木與社又墓地未

543

没之證。以楓木爲檟木，六誤也。其無可考之跡，蓋年代悠邈，客土所壅乎？"夫墓地既存，業之又明，而乃棄，此之真就彼之假者，得非古塘之族寡且微之故乎？以霆訪之之勤，歙之諸宗，獨崇翁知之又辭，以其人無肯來者。閱半載，獨一名秀者至，蓋不特人外之矣，其又能見於篁翁哉？篁墩卒時，程秀年十三，乃謂見外於篁翁，七誤也。然固故吾祖之流脉也，忽其微而外之，遂併吾祖之真藏棄焉，又可乎？祖譬吾首也，體之所主，而最尊最重者也。古塘之微，譬則一小趾也，小趾末矣，必合之而後爲體之全。族之盛者，譬則躬也，或譬肩背與四肢也，謂末趾不足爲輕重，而去之亦痛入心也否邪。以股肱視之，則衆趾皆微而可去矣；以肩背視之，則股肱亦可去矣。無趾、無四肢，而獨躬也，可以爲人乎？況於獨顧其躬，保其四體而斷其首焉，有此人乎？己之本首，則棄之而他取以戴之，其亦相屬也否耶？故黃墩宅旁之墓，必不可不復也。錐其地而有石，則緣石而錐其土石之交，鋤土以求其石之砌，以公之顯盛而自營此墓，繼以子威悼公之孝而亦顯也。其真藏必有可驗。得真藏而固封之，表識之，是則萬世之本，萬世之幸也。智既殫矣，或猶不得其驗，則以古典之所同，即其地爲衣冠之藏，以致吾思本不盡之心，以示萬世報本之地，不愈於棄而不顧乎？若今之別拜非祖，則污辱甚矣。失令不復，則宋之二畝十四步者，洪武經理只五步矣，無經界，墓地已没，忽添出洪武五步，八誤也。能保其不漸入于異姓乎？彼以西陽坑爲公墓者，不過無所考識，姑以之充數而已。蓋未知故籍之具明，不虞有槐瀕者，萃爲一編，以爲後人辨證之張本也。今幸得所考，據以悉妄指之非。又得宅礫，里社以證。指廟礫爲宅礫，九誤也。指新社爲古社，十誤也。真墓之地而猶不復其真，不置其假，則視始作僞者罪益深矣。於此猶推昏縱懶，則又何望於雙石乎？是程之二墓，於吾今之世而並失之，虛谷有靈，將索其文二毁之矣。凡我宗盟，類多賢智，墨卿代面，幸相傳視，毋作虛談。細加籌議，訂期而往，共求真是，詔於萬世。曰仁曰義，矧祖有靈，俾昌以熾，顧不韙哉！故檄。

——[清]新安程氏諸派合輯：《忠壯公墓鬪僞録》卷一
《附議復忠壯公真墓檄》

清康熙三十五年五月休寧縣首村朱氏宗族朱世德等議墨合同

　　立議墨合同人世德、次治、元亮、希茂、朝郁、朝禄、朝清、自熙等，吾族創立宗祠，始于明季崇禎二年，闔族批丁，各出樂輸，共建祠宇，以盡人子報本之忱。構工將半，緣與鄰村訐訟，以此未得告成。至于順治十五年，闔族批丁樂輸，約計百有餘金，以爲遞年修葺祠屋，兼納錢糧。其銀雖有批領，不能生息，于事無濟。至康熙四年，支丁貴自客外歸來，見祠宇損漏，邀同志倡議，闔族公舉，凡支下嫁女、公堂誕男長口，取其二項，公貯入匣，係之與朝綱管理，遞年于長至日果酒敬祖畢，公同族衆清筭註簿，向無異議。至康熙十六年後，舉元凱、自盛、希茂、希珪管理，照遵前人規議，所貯祠匣銀兩，遞年運籌生息，收支出入，皆如前規。至康熙二十三年，復交自盛、希珪、德魁、可松管理無異。豈于康熙三十三年，有田來當祠銀，祠內不從，因此訐訟，是以任康、可松等不願管理。今奉縣主金批，議立管祠。今闔族公議，共舉朝益、邦遜、邦積、國英等，蒙批在簿，准任管理。但執事者務要潔己奉公，庶貞自守，既無瑕疵，族衆自無異議。設有恃強，任事者傳知，各門支下子孫集衆公論。恐後人心不一，立此議墨合同一樣三張，兩社各執一張，存匣一張，永遠遵守爲照。

　　康熙三十五年五月　日，立議墨合同人　　世德　押　　世宰　押　　以治　押
　　　　　　　　　　　　　　　　　　　　　元亮　押　　以恬　押　　以愉　押
　　　　　　　　　　　　　　　　　　　　　希茂　押　　朝郁　押　　朝禄　押
　　　　　　　　　　　　　　　　　　　　　朝清　押　　自熙　押　　希雅　押
　　　　　　　　　　　　　　　　　　　　　希祝　押　　希孟　押
　　　　　　　　　　　　見議人　朝珍　押　　朝聘　押　　傑壽　押

　　一、議膺任祠務，原非自願樂從，因下爲族衆推舉，上爲祖宗出力，吾族長幼，人各虛心體貼，無得妄生異議，肇起爭端。但執事者既任其勞，無使再任其怨。族中倘有無知不法、恃強橫逆者，傳集族衆，呈官究治。

　　一、議任事者，務要潔己正人，不得徇情懷私。今既議執事者三年交換，現任者自宜敬謹其事。倘遇事有疑難，即商之于衆，抑可以杜無知妄言之口，又可以爲後接任者之規。

　　一、議坐穀價，照時值，先付銀，先發穀；後付銀，後發穀，但佃户來約看

穀之日,即議付某人收,輪流挨次,不得爭執高低。倘有將首飾來抵押,計重一兩,只押七錢,議定冬至日清償。如不清付,將原首飾典内押銀票,付本家取贖。金珠、寶石概不押,免後爭執。

一、議各項《條規》,當遵前簿舉行,無得異説。

——散件文書,原件藏安徽大學徽學研究中心特藏室

清康熙四十七年五月休寧縣首村等各村朱氏宗族收回春公墓捐款誓約

永言孝思

吾宗自二世祖春公始遷海陽,派十有三,支分繁衍,屹爲望族者,今十八村矣。自春公葬溪口廟嶺龜山,佑啟後人。向者係前人厥謀弗臧,遂致失業,使祭掃闕典。歷經百有餘年,雖子孫常懷激憤,然報復無因。今幸際縣主龍圖再世,洞察民冤,犀照黃氏之奸謀,而吾宗各派爲子孫者,不乘此時之機,以復春公之墓,洩數百年之積恨,縱不能效襄公復九世之仇,然木本水源,使後世知忠孝之大節。願吾宗各派諸公,竭力輸資,共襄盛舉,以盡孝子賢孫之志,不勝幸甚,書其名於左。

康熙四十七年五月　日,謹啟。

首村:世觀,字尚賓,輸銀貳拾兩。

　　家鼎,字文九,輸銀拾兩。

　　邦禮,字季和,輸銀拾兩。

　　邦超,字漢升,輸銀拾兩。

　　　　字景伯,輸銀拾兩。

　　可官,字登吉,輸銀拾兩,又輸貳拾兩。

上倫堂:士諶,字永符,輸銀壹伯兩。

　　邦孚,字峒雪,輸銀伍拾兩。

　　繡,字我文,輸銀拾兩。

葩莊:朗,字元昭,輸銀叁拾兩。

　　暘,字天宜,輸銀拾兩。

　　恒,字心如,輸銀叁拾兩。

　　幟,字漢旌,輸銀拾兩。

　　鎮,字公威,輸銀拾兩。

濂,字若周,輸銀拾兩。

——散件文書,原件藏安徽大學徽學研究中心特藏室

清康熙五十三年歙縣江村重建慈化西社記碑

重建慈化西社記碑

一代之制作,官與民奉行維謹,罔敢弛軼。而世遠年湮,風流歇絕,恒賴後起者相與維持而振作之,而後良法美意垂諸無窮。嗚呼!莫爲之後,雖美弗傳,有以也夫。如鄉社之設,其來久遠。姑弗深論,即其始於洪武、成於嘉靖者,社壇基地,恩賜免徵,備載邑志,班班可考。其意大率本祈報之文,寓教養之法,棲神於壇,春、秋祀之,而於里中擇年高德茂者爲約正、副,率一里之人咸聚焉。月有常會,會有常期,相與賞善罰惡,型仁講義。立社學以訓蒙,置社倉以貯穀,俾人自爲教,家自爲養。嗚呼!里盡如此,官斯土者,其樂何如也?乃自有明以來,迄今二百餘載,官吏郵傳,老成凋絕,世事變遷,人心懈散。爲問當年立社本意,所爲致祭、講約之常典,寂闃無聞。即壇壝遺規、郊圻舊址,昔共侈爲輪奐之觀,今則大都委於荒烟蔓草中。古今興廢之致,可勝嘆息也歟!

余以菲材奉天子命,來佐新安,甫下車,採風問俗,知此地人心尚樸,事多近古。即鄉社之舉,至今獨能行之,而江村則尤稱最焉。其奉祀社稷,素有朝獻之儀,每歲輪禋,無論家居,恪遵先典。即遠遊千里外者,亦莫不屆期而至。其奉醴牽牲,誠敬豐潔,備極情文,可稱盛舉。惟社壇舊制,規模狹隘,神位偏安,歷年久遠,漸次傾欹,里人之欲起而謀所以更新之。歲壬辰,東皋堂倡首,舉一門所輸,已數十倍,嗣是而通村共襄力焉。不數月,釀金千數,庀材鳩工,廟遂以成。琢石爲壇,奉神正座,制度軒昂,規模宏廠,是豈徒壯觀瞻哉?蓋里之人法前人建立之深意,欲其垂於久遠,以紹前徽,以昭繼述,而所以賞善罰惡、型仁講義者即於是乎寓。將從此而設社學,置社倉,凶荒有備,詐僞無虞,禮樂興行,風俗淳美。一社新而諸善備,古所謂仁里,其在斯與?其在斯與?

余深善夫江村人之善於持久也,爰喜而爲之記,使後世知前人重新之意而油然興起,是亦守斯土者之責也夫。

康熙五十三年甲午冬日,江南徽州府同知署知府事張叔玭譔。

——乾隆《橙陽散志》卷十一《藝文志下·碑》

清乾隆十二年十月祁門縣康啟儼等立毋許私繳老契破敗山場公產束心合同文約

　　立束心合文約爵、禄二公六大房秩下康啟儼、良燦等,向有承祖所共各保山場,本處自二保調字號以起,又叁保陽字、四保雲字、八保吊字、十保伐字號止,自儒、信二公立有《謄契簿》貳本,每房收壹本,其契照簿挨號,點明歸籠。後因儒公習學舉業,得入宫牆,是以將契文、字約竹籠付弟信公收貯,自祖至今,世守無異。近因人丁蕃衍,人心不一,恐有變賣之弊。今二房秩下商議,托憑親鄰,寫立合同叁紙,存匣一紙,爵、禄二房每收一紙。自領文約之後,各宜遵守,毋許私繳老契,破敗公產。如違,押令取續,仍執此文,送官逞究。若知情不舉及倚强欺弱、臨事推諉者,公罰白銀伍兩,入聚衆匣,斷不姑恕。今欲有憑,立此合同文約存照。

　　再批:祖遺山場契文、字約,係信公收貯。但業經幾朝,歷年已久,或先有(移)[遺]失。若不能依《謄契簿》逐張撿出,秩下要用之際,理尋約契,付衆無詞。若實在無存,本心無愧,遞年十月十五筭賬之日,先靈座前表心,無得異說。照。

　　乾隆拾貳年拾月拾玖日,立束心合文約爵、禄二公秩下

　　　　經手　　啟佺　押
　　　　　　　　啟儼
　　　　　　　　啟珂　押
　　　　　　　　啟璲　押
　　　　　　　　啟鼎
　　　　　　　　良燦　押
　　　　　　　　良燻　押
　　　　　　　　良熠　押
　　　　　　　　良傑　押
　　　　中見　親鄭紹文　押
　　　　　　　鄰詹南賓　押

　　——封越健主編:《中國社會科學院經濟研究所藏徽州文書類編·散件文書》第四册,社會科學文獻出版社,2017年,第3—4頁

清嘉慶三年三月祁門縣謝村謝善則堂謝錫禄等共議經管祖產規約

立仗議合文,謝善則堂以洪公秩下裔孫錫禄等,緣吾祖明季由謝村分居隱將山下,創業開基,建立祠宇,上安先靈,下序尊卑,續置祖產以濟修茸、設祭。所有來龍庇蔭,向係蓄養保祖,遵遺《祖訓》無異。邇年族內蕃衍,人心不一,有違《祖訓》,以致荒蕪祖產,祠內空乏,有負先人之志。今合族諸思木本,設立《規條》,祠內公議六人經管,所有祠內田租、器皿等件,悉照六人輪流收理。及祠內之事,經管必要盡心竭力,以爲上祖之志。嗣後,秩丁各要遵守,毋得異言。其經管之人,毋得私將產業、器皿變售。如有此情,聽憑族衆執此合文鳴公理論,以爲不孝之罪。今公議合文一樣六紙,各執一紙,永遠遵依存炤。

　　嘉慶三年二月　日,立議合文謝善則堂。
　　秩下經管人　　錫禄　押因錫禄年邁,文徵代管伍閒
　　　　　　　　錫慶　押　叁閒
　　　　　　　　錫淮　押　壹閒
　　　　　　　　錫情　押　弍閒
　　　　　　　　文棟　押　陸閒
　　　　　　　　文滋　押　肆閒
　　中見　族日祓　押
　　　　　桃冲　押
　　代筆　族日福　押

計開《條例》于後:

一、善則祠租,公議拈鬮輪流,遞年一人經收,定期正月廿日,眼同族衆結賬清筭,交下首執管,週而復始,不得違拗,狥私肥己、價押情弊。

一、洪分經催錢糧、兵米,亦照善則祠例。跟管祠內錢糧,經管人不得拖欠。再,祠之穀,遵例遞年祠內拔租拾秤,貼經催人辦公差費,秩丁毋得執拗。其祠內之穀,照收租數,公議八折交衆。

一、來龍、水口蔭木、柴薪、竹園,毋得私行盜砍、盜挳。

一、祠內器皿等件,亦照前議期,上首交下首,不得將兼作,有推委。

一、祠前衆地,概行公禁,毋許曬穀,亦不得狥情。如違,查出公罰。

　　　　　　　——散件文書,原件藏南開大學歷史學院卞利處

清嘉慶二十三年十月黟縣四都汪大旺等人入雷祖神會議墨合同

　　立議合同汪大旺壹同人等，今將本里邀同公議雷祖神會，每名輸出干穀貳砠、干小麥叄砠，衆人前去生息，每人俱要齊心踴躍，亦不得(已)[以]強欺弱。每年衆人等眼同清筭，亦不許私心未已。近因人心不壹，每恃立合同，各人收壹紙。其會內人等，倘有(聲)[生]端等事，各人(啟)[起]初出穀出麥。本衆議定，日後，不知每人要出會者，亦無本利，亦不得退回。倘有會內人不遵合同、爭論等情，鳴公理説。如有不遵者，衆會內人等送官究治。今欲有憑，立此合同壹張，每股各收壹紙，日後永遠爲據。

　　嘉慶廿三年十月　　日，立議合同　　汪大旺　押
　　　　　　　　　　　　　　　　　　　汪大有　押
　　　　　　　　　　　　　　　　　　　項日長　押
　　　　　　　　　　　　　　　　　　　項日鰲　押
　　　　　　　　　　　　　　　　　　　胡貴有　押
　　　　　　　　　　　　　　　　　　　胡貴乾　押
　　　　　　　　　　　　　　　　　　　程周榮　押
　　　　　　　　　　　　　　　　　　　汪大順　押

（陳雪明録，卞利校）

——散件文書，原件藏安徽大學徽學研究中心特藏室

清道光十六年正月績溪縣東關馮氏建造祠堂邀會議約

邀會議約

　　立合議約東關馮厚倫堂四分派下人等，今因建造宗祠中堂，賴祖福庇，勉力竪造，而下堂及大門并無關攔，不能延擱。但建造中堂，現已虧困，所批清明租息，又須五年、十年纔得收齊，一時不能應用。是以集衆商議，公邀一會，計七十數，錢貳百兩正，以爲造下堂需用之資。衆議將祠內租息及各公所批清明租息，以坐填付會項。其會着愔俊一人出名，其各租息亦歸愔俊一人統收填付，以專責成，其餘派丁，不得亂收。每年收租之時，着派丁二人，邀同愔俊，往鄉收齊曬乾，公同過秤，照時折價。每年除付會項外，餘剩錢文，

仍歸祠內公用。其會付滿，仍歸祠內收取公用。立此合議一樣四紙，各執一紙爲據。

　　道光十六年正月　　日，立合議約人　達宗公派下裔孫
　　　　　　　　　　　　　長分　成彰
　　　　　　　　　　　　　二分　景銀
　　　　　　　　　　　　　三分　愔海
　　　　　　　　　　　　　四分　愔泰
　　　　　　　　　　　　　　　　愔榮
　　　　　　　　　　　　　　　　愔俊
　　　　　　　　　　　　　　　　愔銘
　　　　　　　　　　　　　　　　愔坊
　　　　　　　　　　　　　　　　愔灝
　　　　　　　　　　　　　　　　愔林
　　　　　　　　　　　　　　　　成椿
　　　　　　　　　　　　　司書　愔和

　　　　　　　　　　——光緒《績溪東關馮氏家譜》卷末中《雜志》

清咸豐六年十一月祁門縣康起銥等立嚴禁盜賣祠內山場束心合文約

　　立議束心合文約康興仁堂秩下經手人起銥、大運、大同等，蓋吾族自十五世祖復卿公始遷樟源，承扙二保、三保山場不少。至十七世祖德俊公，又加買受，是以二、三保山場，我族十得八九。近因人丁繁衍，賢愚不等，有不肖子孫，將祠內山場立契賣與他姓者亦不少。于是合族公議，再不加嚴禁，將來山場盡歸他姓，甚至祖墳俱難保守。自茲以往，如有復蹈故轍，盜賣衆產者，不但革出祀外，并將是身家業盡行收入祠內，驅出境外，永不入祀。再，自己買受山場，非本族授受，亦不可賣。族內若無人要，即興仁堂內買。如有私賣與他姓，并頂與他姓者，亦照上賣衆產列驅逐，斷不寬恕。再，本族有人做中者，亦與私賣人同罪。自立合文之後，各宜謹遵無違是幸。今欲有憑，立此束心合文四紙，存匣一紙，各房執一紙，永遠存照。

　　咸豐六年丙辰歲十一月二十四日，立束心合文約康興仁堂秩下經手人
　　　　起銥　押　大迎　押

大運　押　錫蕃子代　押

大同　押　錫疆子代　押

大寬　押　有松　押　大怡　押

應郁　押　大昆子代

應烝母代　押

緝熙書　押

——封越健主編：《中國社會科學院經濟研究所藏徽州文書類編·散件文書》第四册，社會科學文獻出版社，2017年，第7—8頁

第六節　公益慈善暨互助性會社規約

清嘉慶十六年十月祁門縣八都邱新法等立澤濟橋會股分加禁合文

立議加禁合文澤濟橋會股分人等，緣身等祖父在於蔣村下首建立一橋，以濟行人，伐石砥柱，蕩平維木。功成，各出資本立會，以爲修葺之用，屢年在周王廟做會筭賬，歷有年所。彼因人心岐出，一會分作二會，身等分會之後，取名澤濟，定期十月初一日，照股挨閧輪做，至今無異。近有以會變賣，每起争競之端。婦女入吃，亦無男女之别。雖嘉慶十年批有簿據，而二者猶不免焉。是以合議加禁，務要以祖父之心爲心，不得私自變賣，亦不得婦人入會同吃。倘股分内男人外出，照股熟物公存。自立合文之後，各股遵議，毋得再蹈前轍。如有此情，公議行罰，仍依此議爲准。恐後無憑，立此加禁合文一樣式拾紙，一紙存匣，各股收一紙，永遠存照。

再批：陳惟英、【陳惟】源橋會壹股，於乾隆五拾年欠利，未曾入會。今會内念其祖上俱是同事之人，照本利入會。倘子孫有涉利之心另賣，不拘本姓他姓，俱不得入會。其加禁合文，以着存匣一紙，付伊爲執。此照。

嘉慶十六年十月廿一日，立議加禁澤濟橋會人等

邱新法　押　邱積善　押　王欽餘祀　押　邱新法　押

邱積善　押　陳璫公祀　押　吳國英　押　程獻舟　押

程寬如舍　押　邱新法　押　程世涇祀　押

盛子文　押　吳舜如　押　程純一如　押　陳有璫祀　押

程獻舟　押　吳致叙　押　鄭正增　押　陳世倫祀　押
王開一　押　陳世熊　押

（陳雪明錄，卞利校）

——散件文書，原件藏安徽大學徽學研究中心特藏室

清道光二年二月祁門縣善和村程氏宗族利濟會規

復興利濟會序

吾族利濟之會，始建于康熙戊寅，而中道遂廢；繼起于乾隆己丑，而末路尤衰。追憶先人之立斯會也，各輸田租，共襄美舉，發棺掩骸，施茶撥路，所以溥美利而行惠濟者，立法非不盡美也。奈心衆不齊，積久彌怠，各家多將輸出田租分去，存者存，賣者賣，甚至田稅不扒，反累會內虛供，以致斯會復興者未幾，而旋又廢矣。余等心焉傷之，因念昔人既有利濟之名，何至今而亡其實也？爰集族中好義君子，復整舊規，重加釐別，前車之覆，立善後之規。其租之退出未賣，願復輸出者，業歸會管，稅應會供，永遠遵守，毋得變異。其有租已變賣，不能抵上者，應令將其原稅挖去，免累會內虛賠。議將會內現存田租，每年聞定二人爲首，經收交帳，訂期四月初十日，量辦薄酌，齊集會友，清算交錢，不押不欠。下首接領，生販出息。待會內充裕，再行酌復舊規。雖存之租無多，而積小加大，興復之無難也，倘有好義君子，樂善同仁，輸助錢穀，以推利共濟，尤予之所厚望而深幸也夫。是爲序。

時道光二年歲在壬午仲春月上浣之吉，茂鑾謹識。

利濟會復興後叙

利濟云何？所以濟人而利物也。夫博施濟衆，堯、舜猶病，以斯會而侈言利濟，毋乃或涉于夸乎？然先民有言，一介之士，苟存心于愛物，于人必有所濟，則知方便法門，隨處皆有利益。況斯會撥路施茶、斂遺掩骸，雖施未能博，濟未能衆，未始非濟人利物之一端也。吾族先賢，各輸田租，共立此會，施茶清道，以濟行人；發棺掩骸，以收枯骨。當其時，道無病人，野無露胔，採風者稱盛事焉。繼以人心不古，各家多將先人輸出之租分去，而斯會遂廢，族運亦因以中落。然其所分去之租，多有變更，究亦無復存者。其先年所扒租稅，反累會內代爲虛供，以致斯會空存利濟之名，而無復其實，良可悼也。

近幸族內諸君子慨然有志復興此會,于此亦足覘人心好善之良,而族運且將轉而復古也。觀其重釐《規則》,輪流派管,生販運息,經收交賬,有積小加大之模,無久攬滋弊之患。推誠布公以任事,不存自私自利之心,移挪侵蝕之無由,永宏利物濟人之願。將有同人好善之君子,不吝厚貲腴田之助者,吾知其利濟之久,福利亦必隨之矣。《書》曰:"作善,降之百祥;作不善,降之百殃。"《易》曰:"積善之家,必有餘慶;積不善之家,必有餘殃。"毋若小人以小善爲無益而不爲也,當思君子之積功累仁爲可繼也。誰謂斯會也而不可云利物濟人之事也哉?

時道光五年歲在旃蒙作噩塞余月日躔實沈之次,鈍根子敏征氏捷書于綠蔭山房之西齋。

重新議定《會規》列後:

一、議此會起而復廢者,皆因各家輸出田租復行悔退,以致效尤日多,莫可禁止。若不鑒戒,嚴立《規則》,又恐前局依然。今議各家輸出田租,均出誠意,既歸會管,永爲公物,共相保守,毋得悔退。倘有悔退,以子孫違悖祖規,准破祀例論。

一、議迭年閻定二人爲首,經收會穀,務要逐號開明,收穀若干。除支用外,仍餘存之穀,每秤十八秤作米八升,照市折價交錢入匭,公同生販,務要現錢,不得押欠拖遲。違者罰。

一、議生販必審誠實穩當,方允立券,其穀公同追收。倘有失脫,責令經手出販人賠償。

一、議迭年收穀、完糧、施茶、撥何家冲路各事,均係當年首人經理。訂期四月初十日備酌,齊集會友,清算交賬,務要年款年清,上交下接,毋得過期、移易滋弊。違者,議罰。

一、議備酌原爲算賬及會內叙事而設,每公秩下,議舉能者一人赴席,不到者不存。辦酌以八百文爲率,係爲首者硬夯,不得開動眾支,候會內有羨餘,再行另議。

一、議算賬之日,會友務宜齊集局中議事,毋得托故不到。違者,罰。

一、議迭年施茶,于和溪碼店邊設局,以濟行人。自六月初十起,至七月盡爲止。會內支錢六百,責令當年首人辦理,務要潔净。其餘發棺、掩骸等事,候會內充足,再行議舉。

一、議撥何家冲路會內開支錢五百文,付當年首人,雇請土工,開撥净盡，以便行人往來，不得潦草了事。違者，重罰。

一、定例當年收穀，次年交錢完糧、辦酌，毋得更移。

一、遞年錢糧票銀。

一、復興此會，原爲繼志貽謀、利物濟人之事，凡我同人，務宜推誠布公，諒無假公濟私等弊。如有此情，神明鑒察。仍務獎勸後進，輸助錢穀，共襄美舉，以綿世澤于無疆焉。

衆友同立。

——《徽州會社綜録》上册

清道光二十八年三月徽州某縣五保何其盛等衆姓立聚義會同心合文約

立議同心合文約據，今有五保衆姓人等，原因本保各處地方，向係種作爲謀，不但春祈、秋報，而且夏、冬四季無閑，將來本處他保無人肯等，人人畏法，個個偷閑。其人雖衆，指寔無名。今于道光念捌年間，是以衆姓商議，官有正條，民有私約，只得請出衆姓有名者，公議聚義會壹首。倘有地方公差，迭年在五保之内查名點保，任伊可選。若點者本保之人，毋得躲。雖是奉官所點，衆嘆虧乎？倘有日久年深，茶乾水盡，衆議貼補些微茶水之需，日後衆姓毋得異説。再者，等保之人，勞者些微風塵之苦，喫者些微之虧，亦不能累及此會。倘有風波不吉，會内之人亦不得等保之人倍慮。自立合文之後，願在會之人，人人遵據，個個同心。再願合保家家樂業，户户歡欣。《書》云："當思父母之劬勞，謹守朝廷之法度。"立此合文四紙，以作韓、地、仁、和四號，焚香告神，各拈壹紙，永遠爲據。

　　　　　　　　仁字號。

大清道光二十八年三月十六日，立議合文五保衆姓人等

　　　　　　　　　　何其盛　押　何造之　押
　　　　　　　　　　汪鎮廷　押　張其盛　押
　　　　　　　　　　張榮茂　押　張占魁　押
　　　　　　　　　　汪怡興　押
　　　　　依口代筆　方有成　押

合保公議以（上）[下]五條：

一、議本保之長，經催錢糧，以免憲慮。

一、議來往路斃無名等姓，一切鳴報。

一、乞丐在保内訛詐，一切不能容情。

一、議丐食之人，將物在本保貨賣，毋得私自收買。

一、議本保家家户户，滋事生端，違者，鳴衆理治。

——散件文書，原件藏南京大學歷史學院資料室，編號000057

清光緒二十二年二月祁門縣桃源洪氏宗族取善會引

取善會引

蓋聞千里魂歸，誰識關山難越？九京夢冷，早傷杯棬已空！而況浩劫頻遭，未裹馬援之革；舊冤新哭，長吟杜甫之詩。若令露宿風餐，恐旱魃之爲虐；爲之招魂入墓，消隱患於無形。所以錫類推恩，周至不遺枯骨；通都大邑，聖朝特重厲壇。我邨當七省之要衝，爲三朝之舊族。白楊古冢豈少餒？而黄土長埋，無過問者。凡先志所未酬，待後人之善繼。某等惻隱有心，創行匪易，欲存長久之計，必資生息之功。愧獨力以難支，尚待釀花作蜜；約同人而核算，端由集腋爲裘。伏望慷慨好施，勝造浮屠七級。得春、秋祭掃，長垂功德於千秋。從此朗月清風，幸棲靈之有所；行見銜環結草，永食報以靡涯。

是爲引。

光緒二十二年歲次丙申春二月上浣，紹宣謹撰。

——光緒《桃源洪氏宗譜》卷一《取善會引》

民國七年五月歙縣某村吴連興等柒拾伍仟會會約

嘗聞堯夫尚義，曼卿沾助麥之恩；鮑叔重情，管仲沐分金之惠。乃羨高風於往古，因期厚誼於當今。愧身錢已空囊，束手形同涸鮒。由是思及邀會，爲能濟此燃眉。爰請諸公共推嘉惠，友則訂以拾位，諾已重於千金，各付大錢柒仟伍佰文，集成柒拾伍仟之會。首會任身領用，下輪照例推行，一年兩度，自有定期。挨點拈鬮，奚虞越次。伏願以義爲利，金諾無虚；還期自始至終，玉成其美。謹啓。

民國七年歲次戊午五月　日，謹立《規章》。

謹將會友芳名列上：

首會　吳連興

　　　張承駿　張源炳　張煥彩　張承華　張有禎　張四寶　張竈九

　　　凌雙全　張承寶　凌家煌

所有《會規》開列於後：

一、會期，每年兩次，上季定於五月十四日，下季定於十一月十四日。

一、會酌，諸公面議，每會計錢兩仟文。

一、會友，屆期務要人銀齊到。

一、洋價，照市而作，無得異言。

一、會利，大填該付錢捌仟肆伯文，收者俱依此而付。

一、收會，拈鬮挨搖，點勝者得會，二人同點則準先，三人同點則重搖。

一、第十會餘利錢陸伯文，須大小填均分。

一、第十一會餘利錢玖伯文，增貼柒會式百廿五文，捌會四百五十文，玖會式百廿五文。

一、首會，自二會至末會，俱照捌仟四百付出，不得縮少。

凡大小填，每會該付錢數載明於左：

第一會，會友拾位，各付錢柒仟五百文。

第二會，大小填付錢八仟四百、六仟六百六十文。

第三會，大小填付錢八仟四百、六仟四百六十七文。

第四會，大小填付錢八仟四百、六仟式百廿五文。

第五會，大小填付錢八仟四百、五仟九百十五文。

第六會，大小填付錢八仟四百、五仟五百文。

第七會，大小填付錢八仟四百、四仟九百廿文。

第八會，大小填付錢八仟四百、四仟〇五十文。

第九會，大小填付錢八仟四百、式仟六百文。

第十會，大小填付錢八仟三百四十文、收餘利錢六十文。

第十一會，大小填付錢七仟五百文、净收錢七十五仟文。

戊午年五月十四日，第一會吳連興收。

戊午年十一月十四日，第二會。

己未年五月十四日，第三會。

己未年十一月十四日，第四會。

庚申年五月十四日,第五會。

庚申年十一月十四日,第六會。

辛酉年五月十四日,第七會。

辛酉年十一月十四日,第八會。

壬戌年五月十四日,第九會。

壬戌年十一月十四日,第十會。

癸亥年五月十四日,第十一會。

嘗聞有無相濟,分金著多與之風;緩急相周,交友有通財之義。自古既多厚誼,于今豈乏高情?惟身適有急需,束手正無善策。擬邀一會,以濟燃眉。緣請諸公冀成集腋,友則訂以一十有四位。其爲德勿二勿三,會則集成一百零五仟,每付錢七仟五百,首會任身收用,下輪照例推行,一年兩度,自有定期。挨點拈聞,奚虞越次?伏願以義爲利,金諾無虛;還期自始至終,玉成其美。謹啟。

中華民國七年五月　日,謹立《規章》。

謹將會友芳名列於左:

首會△△△。

所有《會規》開列於後:

一、會期,每年兩次,上季定於五月,下季定於十一月。

一、會酌,諸公面議每會。

一、會友,屆期務要人銀齊到。

一、洋價,照市而作,無得異言。

一、會利,大填該付錢九仟文,收者俱依此而付。

一、收會,拈聞挨搖,點勝者得會,式人同點則準先,三人同點則重搖。

一、第十三會,餘利錢叁仟文,須大小填均分。

一、第十四會,餘利錢拾式仟文,須大小填均分。

一、第十五會,餘利錢一仟五百文,增貼九、十、十一會三百七十五、七百五十、三百七十五文。

一、首會,自式會至末會,俱照九仟付出,不得縮少。

凡小填,每會該付錢數載明:

第吉會,每人付錢七仟五伯文。

第二會,每人付錢陸仟捌伯五十八文,多十二文。

第三會,每人付錢陸仟陸伯九十三文,多九文。

第四會,每人付錢陸仟五伯文。

第五會,每人付錢陸仟式伯七十三文,多三文。

第六會,每人付錢陸仟文。

第七會,每人付錢伍仟陸伯陸拾柒文。

第八會,每人付錢伍仟式伯伍十文。

第九會,每人付錢四仟七伯十五文。

第十會,每人付錢四仟文。

第十一會,每人付錢叁仟文。

第十二會,每人付錢一仟伍伯文。

第十三會,每人收餘利錢式伯拾四文,大填付八千七百八十六文。

第十四會,每人收餘利錢八伯五十七文,大填付八千五百三文。

第十五會,每人付錢七仟五伯文。

中華民國七年五月　日,第吉會△△△。

中華民國七年十一月　日,第二會。

嘗聞堯夫尚義,曼卿沾助麥之恩;鮑叔重情,管仲沐分金之惠。乃羨高風於往古,因期厚誼於當今。愧身錢已囊空,束手形同涸鮒。由是思及邀會,於以濟此燃眉。爰請諸公共推嘉惠,友則訂以拾四位,錢則集以柒拾仟,每位叨輸五串,任身收領頭籌。聚會定有《規章》,惟是例年兩季,收會非無前後,或亦挨點拈鬮。伏願無虞無詐,永徵守信於同人;還期有始有終,不負通財之雅意。謹啟。

民國七年歲次戊午榴月吉日,謹立《規章》。

謹將會友芳名列於左:

首會△△△,△△△,△△△,△△△,△△△,
　　△△△,△△△,△△△,△△△,△△△,
　　△△△,△△△,△△△,△△△。

所有《會規》開列於後:

一、會期,每年兩次,上季定於五月十三日,下季訂於十一月十三日。

一、會酌,諸公面議每會。

一、會友,屆期務要人銀齊到。

一、價洋,照市而作,無得異言。

一、會利，大填該付錢陸仟文，收會俱依此而付。

一、收會，拈鬮挨搖，點勝者得會，二人同點則準先，三人同點則重搖。

一、第十三會餘利錢兩仟文，須大小填均分。

一、第十四會餘利錢八仟文，須大小填均分。

一、第十五會餘利錢壹仟文，增貼九、十、十一會式百五十、五百、式百五十文。

一、首會人自式會至末會，俱照陸仟文付出，不得縮少。

凡小填，每會該付錢數載明備考：

第吉會，每人該付錢五仟文。

第二會，每人該付錢四仟五佰七十式文。

第三會，每人該付錢四仟四百六十式文。

第四會，每人該付錢四仟叁百卅叁文。

第五會，每人該付錢四仟一百八十式文。

第六會，每人該付錢四仟文。

第七會，每人該付錢叁仟七百七十八文。

第八會，每人該付錢叁仟五百文。

第九會，每人該付錢叁仟一百四十三文。

第十會，每人該付錢式仟六百六十七文。

第十一會，每人該付錢式仟文。

第十二會，每人該付錢壹仟文。

第十三會，每人該收餘利錢乙百四十式文。

第十四會，每人該收餘利錢五百七十壹文。

第十五會，每人該付大錢五仟文。

中華民國七年榴月　日，第吉會△△△。

——［民國］吳連興：《柒拾伍仟會書》

第五章　移風易俗規約

第一節　綜合性移風易俗規約

明隆慶休寧縣璫溪金氏宗族移風易俗議約

陳俗

族必有俗，族之大小，惟視其俗之何如。俗美矣，即有小族，亦可以言大；俗不美，即有大族，乃所以爲小。小、大之分，不係乎人力之衆寡、厚薄，而係乎其俗。世之人以族大自矜，族小自愧，失其義矣。予宗之在吾邑，不可謂不大，然而邇年以來，風俗之薄，固有小族之所不爲而爲之者。爲子弟者，不知以是自愧，顧猶訑訑然以右族自多，或以侈諸人，或以加諸其鄰。使不蚤爲之圖，將不知其所極矣。予因述古者化民成俗之義，叙於篇端以爲據，復以舊俗與今俗之不同者，條綴于後，以見予家之俗舊如是，今如是；如是而爲美，如是而爲不美。使爲父兄者知以是，誨其子弟；爲子弟者，知以是自誨。早夜以思去其不美者，以就其美者，或者亦變今還古之一機也。豈惟於薄俗有補，而大族之名庶其無愧云。

古俗論

《王制》："天子，歲二月，東巡狩，至于岱宗，命大師陳詩以觀民風。"

《周禮》："誦訓，掌道方志，以詔觀事，以知地俗。"此言古者之治，以辨風審俗爲先。

《曲禮》："教訓正俗，非禮不備。"

《王制》："一道德以同俗。"

《學記》："君子如欲化民成俗，其必由學乎？"

《孝經》："移風易俗，莫善于樂。"

此言古者變化風俗之道。《易》曰："天下有風，姤；后以施命誥四方。"曰："風行地上，觀；君子以省方觀民設教。"曰："山下有風，蠱；君子以振民育德。"此三言"風"者，雖與風俗之"風"不同，而風俗之"風"實取諸此。故《易》之"象象"每言"風"，輒寄以移風易俗之意。"施命誥四方"，先事而申之以言也；"省方觀民設教"，隨俗而導之以道也；"振民育德"，因教而加之以鼓舞作興之術，使其導之而必從，從之而必變，變之而必化，手舞足蹈，以遷于善，而不知誰之爲之者也。此三言者，其於變化風俗之道而又其要焉，故特著之。

李氏曰："上行下效，謂之風；衆心安定，謂之俗。移風易俗，在則人，亡則書。"

此言今日陳俗之意。

右倫義 凡六條

一、孝養者，人子之常。吾聞先祖兄弟五人之養吾曾祖也，村中無屠肆，日輪一人，往邑市肉，以供午餐。此之謂養口體已，非養道之至，至今族人傳說，以爲美談。邇來屠肆盈村，市肉不必於邑，每日族中嚶嚶緝緝、連袂而游者，孰非人之子？孰不有父母之當養？然而知有父母之養者幾人？知有父母之養，而每食必有酒肉養者幾人？即使人人以酒肉養，且亦省市肉之勞，況求其人又不多得。間猶有子息悖德，不惟不能養，而且有後言，以致今之爲父母者往往自爨，不受人子之養。噫！子道之衰極矣。哀哀父母，生我劬勞；欲報之德，昊天罔極。曾謂一口體之養不可得邪？口體之養不可得，何敢望其養志？此等人豈惟得罪於名教，實則得罪於天！天之降罰不爽，汝之待父母者如是，汝子之待汝者亦復如是。往迹昭昭，在人耳目，可不懼哉？可不懼哉？

一、古語云："難得者兄弟，易求者田地。"吾家先世分財産，至有以子姓多寡爲數，不論兄弟者。邇來風俗薄惡，知有利而不知有義，兄弟之際，往往以財産相爭論，或兄長而暗剝其弟，或弟强而明剝其兄。或兄弟等而利權在兄，則兄奪弟；利權在弟，則弟奪兄。或分衆産而巧立名色以多取，或收衆財而虛出支銷以自私。情既乖離，事多侵奪，小則惡言相詬，攘臂相加；大則告訐于官。嗟夫！兄弟其初一人之身也，一人之身，分而爲二人、三人，其實一人也。飢寒不至於殞命，何至以一人之身而自相殘賊哉！習俗移人，賢者不免。使其處夷齊之鄉，決不至是。

一、母有嫡、庶，吾家前代庶出者多，未聞有尊庶母爲嫡者。邇來族中一二庶子，遇嫡母死，即尊其母與嫡母齊，假之服飾，崇之居處，使其下之人與其子若孫以嫡母之呼呼之，死則尊其主與嫡母同床，祭則與嫡母同席。雖不敢正其名於人人，然已占其有無嫡之心，豈惟嫡母之目不瞑於地下？使庶母有知，豈能自安？是之謂以非道尊其母，徒使其母得罪於死者，見笑於旁人，徒使一身得罪於名教。明有人非，幽有鬼責，所宜深省。

一、妻者，齊也，言與己齊體也。故娶妻者必求其與己可齊體者，非齊體者，止為妾，此娶妻、妾不易之常，不獨我祖宗為然。邇來族間人，乃有妻死而躋妾為妻者，又有買人之妾而冒以為妻者。夫妻死而躋妾為妻，彼必以為妻者，吾之妻也，吾可躋也，而不知妻與妾名分截然，禮不得以妾為妻。名分者，天所秩也，人不得紊也；禮者，朝廷所議也，人不得易也。況妻存之妾，不惟名分之存，且既習行而安之矣。一旦躋生妾於死妻之次，死者既不安，生者亦決不安，而吾躋之者之心獨安乎？買人之妾以為妻，妾與己、與己之妻，雖未有名分，然而人知其為某之妾矣。某與我一等人也，某以為妾，我以為妻，是何我之自賤？且吾所為尊之者，非徒己尊之也，正欲其遵之於人，人以示吾尊也。然而一則吾之舊妾，一則人之舊妾，吾稱以為妻，安知人肯以妻稱之？吾禮以為妻，安知人肯以妻禮之？縱使其稱以妻，禮以妻，安知其不有後言？天下不可易者，名不可犯者，分不可不分者，尊與卑。躋己之妾於妻之次，買人之妾而以為妻，名既不正，言亦不順。以奉宗廟，則鬼神必不享；以理萬事，則人情必不服；以齊食居，則吾心必自慚。家人忿之，外人非之，未審何樂而為此？

一、族中舊時娶妾者少，吾祖年四十八，吾祖母年四十五，才生吾父。彼時家道亦頗裕，尚未娶妾。今人未三十，無子即娶妾，年四十而不娶者，鮮矣。間又有有子而娶者，習俗澆敝，淫冶成風。克家者，當以為戒。

一、妾者，接也，所以承接乎我者也，名分雖與妻不同，而求其清白不犯名義，一也。邇來族間子弟娶妾，間有娶諸族人之使女者。夫以族人之使女為妾，律雖無禁，而情則有嫌。使果一童女，猶其可也。萬一其主已有所私，而吾又娶以生子，相瀆甚矣，今後宜以為戒。有錢買妾，不必局於親知；生子承宗，豈容憚於選擇？別嫌明微，古有禮在，不在律禁。

右族義凡四條

一、宗族以和睦為貴。我曾祖以前，未聞有某某相爭論者。嗣後，族間往往爭論，互相搆訟。說者概謂強弱相欺，予追憶所見，相欺者固亦有之，然多見於不達事子弟，恃其門第之盛，事必自專，言所狂悖，人情不平，因而爭論。所賴各門尊長知事者多，但有此爭，各相引咎一笑而釋。至於相搆訟者，多是承祖業產毫厘之差。據我先世諸父老，豈肯掩人之毫厘以爲己有意者？彼時人少產多，此以分寸厠彼，尋丈之間，因便而業。或互相有業，傳至子孫，得業者不知其非有，而原業者檢知故紙，遂爾求復。萬一不吐，輒相搆訟，以一而喪百者有之矣。是何不智之甚哉！噫！善守者，不貴於執，而貴於見其大。此產固吾所世貽矣，然證之簿籍，果非吾之所有，則推以與人，何足以爲吾之損？若沾沾焉諱其所短以致爭，適有以彰其短，非善守者也。善創者，不貴於搜及毫末，而貴於握其大。吾能耕者耕，商者商，積有餘貲，惟吾所欲，無不如意。若夫祖來所失之毫末，復亦可，不復亦可，吾且置之度外。若切切焉恤其所失以必爭，適足以喪其所有，非善創者也。"爭親不如改娶，爭田不如改買。"此雖鄙言，可以深長思矣！可以深長思矣！

一、護短者，人之大病，而護短不惟顯己之短，且以增所護者之短。何謂顯己之短？護短之心，即不克己之心也。豈但不可與入堯、舜之道，何以入衆人之群？何謂增所護者之短？彼有短而我護之，彼必益肆其短而無忌，是故小則起爭端，大則生訟端，皆護短之爲也。我先君存日，拳拳以是爲戒，于此可見前人處短必有劑量。邇來族中有一、二門，性氣乖甚，見己而不見人，知有親而不知有義。不惟護子弟輩之短，雖僕輩有短，亦爲之解說；不但護其小短，雖其短至於犯姦、犯盜、犯詐偽，亦爲之掩覆蓋藏，以致重貽其累而不悔。噫！亦惑之甚矣。是非之心，人皆有之，誰短誰長，豈能掩外人之耳目？護之何益？護疾忌醫，其疾必死。子弟有短，而吾爲之護，譬之火而覆之薪，薪愈厚而火之潰愈大。一旦火焱上達，燎原燒天，遂爾不救，豈徒無益，實害之矣。未審何樂而爲此？然此一念勝心所發，最人所難克。有志者宜如何？長短未見之先，先以是理擬議於心曰："君子處心以公，與人以謙。長在我，且將委曲以全彼，短如何當護？"又以人己之勢自忖曰："我護其短，人亦護其短。我之勢有加於彼，而彼不敢言，且不厭衆人之論。萬一彼有加焉，不亦增一不雅也？短如何可護？"又以護短之所至，自警曰："人與己各護其短則必爭，爭不已則訟，訟不已則喪家、亡身、辱親之禍所不免也。短如何敢護？"夫如是，庶乎勝心降而短之來也，知所以處之矣。村居稠密，犯此者多，故章末重致意焉。

一、莫難管者，衆事也。非見大者，不肯管；非才智足以服人者，不能管。

非秉正持公者管之，而人不信從。我始遷以來，諸英彥豈徒能管？其於衆事，直有以振植綱紀，以樹一宗之家聲，爲後人休。百餘年來，雖或不能無少廢墜，然猶往往有任其事者。孰意此數年間，老成相繼凋喪，而一時人情率爾一變。不惟不肯任事，且或有撓之者矣；不惟不肯相與成事，且或有蠹之者矣。是果何爲也哉？蓋人之常情，見小而不見大，見己而不見人。一有所爲，必先計其利害之在我何如，以爲進止。彼其不理乎衆事也，必以爲衆事於吾何有，而吾庸其心，吾而理吾己事，吾朝植而暮可蔭矣。殊不知己事者一人之事也，衆事者非吾父之所遺，則吾祖之所遺，則吾祖以上諸先祖之所遺也。父所遺，屬乎一家；祖所遺，屬乎一門；諸先祖所遺，屬乎一族。其爲義孰重？己事者，一事所係也；衆事者，非一族紀綱之所係，則一族家聲之所係。紀綱廢，則內治淆；家聲頹，則四鄰恥。其爲勢孰急？己事理，則蔭止一己；而衆事理，則蔭及一家、一門、一族，而己在其中。其爲利孰多？是故知大體者，必求先理乎衆事。衆事之不理，切切焉以爲己憂，而日夕之不寧。至於己事，雖未嘗不經吾心，然終不以己事而先衆事。蓋將以是而上續前人之紀綱，下延百世之家聲，以合群情，以齊庶政，以維衆業，以消內釁，以杜外侮，究其蔭，真若曲轅之櫟，而一族皆在其廣被之中。而不知爲之者，豈朝植而暮蔭者所可倫哉？若夫不知大體者，則惟知己事而已，而奚暇顧其他？今人謂不能緝理家事者爲不克家，使猶有祖宗，斯人也，乃祖宗一不克家子也。悲夫！

一、本族舊日各項衆銀甚多，各門分領分借，克期完納，即無違誤，違誤有罰。邇來人心大異，內有一、二子弟，機關尤深，但遇領借，衆銀在手，猜忌橫生；臨納之際，百計推故。雖事之無干於此銀者，亦執此銀以相鈐制。衆人相視，束手無策，只得曲意遷就，以圖了事。而斯人遂自以爲得計，而衆莫己若也。此風一煽，效尤者多，以致今日各門子弟平居無事，猶相嬉嬉笑言，爾我俱喪，若一家然。一遇衆銀在前，相視如賊，相忌如仇，相畏如虎，相猜相疑，如鬼如蜮。若非隨時分散，必多議論。數十年來，族中少有蓄貯，一切衆事，百無一成，謂之曰故家遺俗，吾不敢信其然也。始作俑者，必食其報！

右族相見禮 凡五條

一、長幼有序。吾聞諸長老云，吾先世，凡尊長到，子弟毋問各門，皆起立候揖。尊長見子弟，非五服內，亦降階相揖。吾少時猶及見其然。邇來族中子弟，多縱恣，終日譀譀，言不及禮。豈惟各門，雖本門尊長到，亦坐不起立，並立不避正位，並坐不就隅，並行不徐候，並語不遜先發。值於中途不左讓，飲於同席不後出，慶吊於同途不侍行。由今之俗而不變，吾不知其所終。大抵吾族中邇來同門子姓，敵手奕博者多不遜，不悌之風，多起於此。識微者宜知所戒。

一、古人之揖必磬折，今之士大夫相揖，手去地不一、二寸，似於太過，庶民家止以磬折，而首微俯者爲是。吾見先君輩，相揖多磬折，日來禮俗漸壞，揖而磬折者僅十一。間有二、三子弟，又止直躬而首微俯，且行且揖，豈是大家禮體？族人往往有後言，而此等略無省改，豈真所謂木偶。不能僂僶者，與若年六十以上筋力强者勿論。

一、君子相見以禮。往時族間人出門，雖夏月，必穿長衣，間有穿短衣者，見人但拱手謝曰："無禮不敢揖。"此不過三四十年事。邇來族人多穿短衣，持大扇上街，相見則執扇相揖，不以無禮爲怪。噫！短衣非禮，短衣而揖又非禮，揖而執扇又非禮，短衣、執扇而揖長者又非禮，揖穿長衣之長者又非禮。《詩》曰："相鼠有體，人而無禮。人而無禮，胡不遄死？"俗以爲安，吾不知其所終。

一、稱呼自有名分。祖來四、五代，稱呼決無不正。此後世次漸遠，有叔、叔祖，曾、高叔祖未生，而侄、侄孫，曾、玄侄孫已五七十歲者。少小相狎，雖玄侄孫亦未免以名呼高叔祖，此何足怪？但既冠以上，則成人之道，而禮所由生，名分豈容以不正？故侄雖老，必須以叔呼其叔；叔雖少，必須以侄呼其侄；侄孫雖五十、七十，必須以叔祖呼其叔祖；叔祖雖初冠，必須以侄孫呼其侄孫。尊屬以遞而升，卑屬以遞而降，辨如堂陛而截然不越，厲如劍矛而凜然不犯，庶不失故家文獻之意。邇來族中卑屬之年長者呼尊屬，往往降下一等，或呼叔祖爲叔，或呼太叔祖爲叔祖；尊屬之幼者呼卑屬，往往升一等，或呼侄爲兄，或呼侄孫爲兄。狃於少小之習而不能變，安於年齒之尊而不肯降，遂使族中名分間有不得其正者。夫名分者，國家所以辨尊卑以定志者也，其事雖見於人，而其原則出於天。敘天秩而人無所與，人而守乎名分，尊莫尊焉。《易》曰："謙尊而光，卑而不可逾。"故侄雖老，必以叔呼其叔；侄孫雖老，必以叔祖呼其叔祖，豈不益見其高？叔既少，則以老侄呼其侄；叔祖既少，則以老侄孫呼其侄孫，豈不足示其尊？禮莫大於分，分莫大於名。知禮之君子，必求名分各得其正；名分各得其正，則人心各得其安；人心各得其安,則外議無從生,而亂無由作。孔子治衛,以正名爲先,名不正則言不順,言不順則事不成,名分之所係大矣!近來,族間尊屬呼卑屬,間又有俗名,不曰某侄、某侄孫,而曰某朝某官。此呼甚鄙,鄰鄉不如此也。子弟間相呼,或又有戲名,如長子、矮子之類,不論叔侄,此名甚褻,鄰村亦多有之,此皆禮俗之壞,其漸或至於喪其名分。知禮子弟,甚毋襲故。

一、孔子曰:"人而無信,不知其可也。"信之所係大矣!吾先世諸尊之與人,豈徒能信?其相敬相愛之情,見於傳聞者甚多。邇來族間子弟,徂詐相尚,不知其非。吾不暇遠舉,姑舉吾一門論之。吾與子弟言,有一言不出於衷者,天鑒在上。然子弟與吾言,每十句不得一、二句真實。雖未必人人如是,然如是者多也。我固可欺,而爾則不可我欺。欺我固無害,而爾之自欺其心,則爲害甚大。習以成風,同門且然,況四海九州之人乎?可怪,可嘆。

右士勸

一、讀書以勤爲本。予以前不暇論,姑以予論之。予在學時,銳志進取,自分資性凡下,不敢復念家人生業以分其心。每月除二、三日歸省外,其餘無日不在館,無時刻不尋繹古義,步趨古人作法。每至思焦神昏,乃少息,然猶不得一第,爲後人勸。邇來讀書諸子,予不知其何説也。觀其讀書之多,似可以相觀而善,不比予之孤陋,固宜其進取之尤鋭,而用功之尤敏也。然而今日之讀者,予不敢信其有進取之志也,使其有進取之志,當不待屈抑而發奮,而況其屈抑而不發奮也;予不敢信其能用功也,使其能用功,當及其少年而加勉,而況其既長而不加勉也。語資性,固亦有不予若者,然而勝予者多,而今乃若此。夫何故斯文之不振而相尚之無人?頹墮成性,玩愒爲常,不惟不能相觀而善,而反相觀以安於不善。激之不行,策之不進,靡然如雨餘沾地之絮,遂泥焉耳矣!此等人豈惟自誤,亦且誤其父兄,且又沮夫後日之父兄。欲教其子弟者,究其罪,當與不克家之子同科。噫!汝等在驄下三三五五,共議各家不克家子弟,必曰:"家門不幸,生此不肖。"而豈知其自流於此等之不肖而莫之覺也,哀哉!

右吏約

一、吾聞先君云:"祖來有遺言,子孫不得爲吏。"夫吏,士之次也,其不欲人爲之者何?厭乎吏之習,而吾徽之吏習尤可厭故也。邇來朝廷行有權詔吏道，許入貲免考。一時富家、士大夫家子弟，多以是爲發身捷徑，爭奔走之。吏之盛，於今爲最，然終非有志者之所樂。吾宗住兩村，吾瑠溪一村，向守祖宗遺言，未嘗違。吾懼夫風靡波蕩之中難於特立，特申言之。

右官常
一、居官以廉能爲本。能在天，廉在人。吾家先世入仕者，多守廉能，如主簿公之在新寧、鎮撫公之在平江、御史公之在臨江，載於《序》《傳》中者可見。邇來族中清議不行，在仕途者，十五爲子孫計，貪取一時之利，不思他日之害。豈知此等財帛，非盜之官，則朘之民，事犯則害及其身，不犯則禍延於子孫。明有國法，幽有天憲。出此入彼，豈其能逃？《詩》曰："殷鑒不遠，在夏后之世。"予請以一時污吏之子孫，爲吾族仕者之殷鑒。

右庶民之職
一、百姓以輸納糧差爲盡職。吾先世嘗有以助賑致有"江東富民"之號者，雖其事不文墨見意，鄉間所傳必不虛，況糧差而不以時納乎？邇來族中子弟，不思我所當盡者何職，一切應納糧差，不肯以時輸納。遇有里役催徵，耳若不聞。或縣中比責緊急，里役哀告，而吾亦漠然無恫瘝乃身之念。殊不知我與里役一體人也，今年輪爾催，明年輪我催；今年縣中比責爾，明年縣中比責我。糧差者，朝廷之糧差也，先後不免。即使篋中無錢，亦當稱貸以應，安得以必不免之糧差，而以歲月先後之間累人比責而不動心？有是情乎？即使里役未嘗告哀，亦當倡衆以時輸納，以爲己地，又安得以己所輸充之役，而以見役不見役之故，視人比責若秦越然，而不思求爲之解？有是事乎？究其情，豈真能不畏官府？不過依在大戶中放情有素，又忖里役不與之結冤，遂爾無所顧忌耳！萬一里役激怒，指名呈縣，縣役領片紙下鄉，彼必束手鉗口，自恨其輸納之不早矣。竟誰欺哉！竟誰欺哉！

右祀制
一、祀者，家之大事。《文公家禮》："庶民，祭四代。"明制，只許祭三代。考我先君以上，猶據《家禮》行。爰及我輩，則又承先君，行而不祧，益無所據。觀我一門，而各門可知矣。今後，各門除品官家外，止應遵明制，祭三代，慎毋以爲細故，任情而行。縱能逃得國憲，難免識者之譏。且鬼神有知，亦必不享，詳在《明宗》卷内。

右喪禮 凡二條

一、居喪之禮，食旨不甘，聞樂不樂。我先世舊俗，凡人子在三年喪内，不看戲，不與喜宴，不隨衆人行喜慶禮。不得已而行，易首服，俟衆人慶畢乃行。邇來族中子弟，居喪三年内，往往看戲、與宴爲常事，人亦恬不爲怪。甚者未成服、未殯即看戲、與宴，此等人不知視父母爲何如人。哀哉！

一、禮：聞父母喪，必奔。吾先世奔喪，至有水陸三千里，以十有一日達者。邇來子弟聞喪，十九不奔，問之，曰："買賣拘也。"又有一等子婦，素不重其舅姑，逾月逾時，不肯奔告。爲家長者，或不達禮，或達禮而又不能以禮正之，問之，曰："彼買賣拘也。"不知買賣與父母孰與輕重。孟子曰："養生不足以當大事，惟送死足以當大事。"此等人豈但違禮，實大逆天，不可不重以爲戒。

右昏義

一、結親高下，門第亦因以高下。吾族五十年前，一切嫁娶，俱出名家，載於譜中者可考。邇來子弟不求自立，往往於聘娶上計財利，某家出得聘禮若干，則許之嫁；某家有嫁奩若干，則求之娶。更不論門户相當不相當，此之謂賤視其子女，此之謂蔑視祖宗名器。豈惟其人之低，人亦低視其家；豈惟族人薄之，祖宗幽冥中亦不歆享；豈惟自顧多慚報，使其子女異日有知，亦必怨詈其父母不當如是。顧門第者，宜知所慎然。所謂名家者，豈必其氏族之大、宦迹之多、財富之盛？但系出故姓，有禮讓敦厚之風者則是。

右繼義 凡三條

一、立嗣之所繫甚大，我先世若八世祖司户公、七世祖宣教公、曾伯祖御史公之立嗣，今其子孫皆忘其誰某之爲生父，此立之善者。邇來族中大義不明，無子者往往以立嗣爲諱。嗟夫！人之有子無子，皆天也，立嗣安用諱哉？諱之念生而弊遂多端矣，何也？立嗣不可以不明，而一有所諱，則取異姓贅婿，乞養隨母，收遺棄，買帶娠，如吾《譜例》所禁者有矣。行之不可以不早，而一有所諱，則死而後立者多。而事非素定，覬覦之徒，攘臂起争，喪其所有，卒以不嗣者有矣。取之不可以不公，而一有所諱，則或以小嫌捨其近屬，而遠取之族以啟爭者有矣。《語》曰："神不歆非類,民不祀非族。"立嗣者,正欲其承我之祀事而歆之也,故必擇諸一氣之相通者。兄弟之子,其氣通於吾父;從父兄弟之子,其氣通於吾祖;再從、三從兄弟之子,其氣通於吾高、曾祖。屬有遠近,而氣同一脉,死者之神,怕附生者之氣。以立氣通則神存,神存則感之而應,盼之而通,格之而來格,享之而來享,吾祖廟其世世血食矣。若取異姓贅婿、乞養隨母、收遺棄、買有娠者以爲嗣,陽有繼而陰絶矣。惡乎其能繼?昔有婦取屠家子冒爲子,既而其子承祀視鬼者,見一敝衣持刀者坐享之,而其父彷徨門外不得入。究之,方知其爲屠子,而坐享者屠父也,此神不歆非類之明驗。故曰:立嗣不可以不明。財産者,人之所爭也。吾度吾之不能必有子也,則擇取一子,告諸家廟,稟諸家長,證諸族人,立以爲嗣。行之既久,事體日定,人情日安,彼雖欲造爭端,而無釁可乘,惡乎其喪家?故曰:行之不可以不早。屬愈親則猜忌愈多,有識者決不以一時之小嫌而忘終身之大計,故其立嗣必取之近屬。縱使遠者賢,而吾之近者能守成,不至於大不肖不可托,則吾亦不得以遠間近,爭端何自而生?故曰:立之不可以不公。嗟夫!立嗣,大事也。不知者以爲嗣獨在吾,而不知我父、我祖、我祖以上之世皆其所繫,吾而狗吾欲諱之情而不圖其大,則不明、不早、不公之敝不免,而奕世以來之嗣,自我絶矣。吾能忍於吾之不繼,而能忍於吾父、吾祖之不繼乎?若是者,明有人非,幽有鬼責。雖死,有餘辜矣!雖死,有餘辜矣!

一、父母育子,十月之懷,三年之愛,艱勞萬狀。日夜望其成長,以衍我世,孰肯割愛以畀人?不幸而有近屬無子,倫序有在,以禮求繼。於是,告諸家廟,以禮遣之,豈其情之得已哉?制於禮焉耳,此古者以子繼人之常也。邇來族中子弟,識見卑鄙,乃有以子而求繼乎人者,甚則有爭繼者。嗟夫!以子繼人,此逆情事也。如之,何其求之?又如之,何其爭之?度其情,不過以繼爲名,取其業爲己肥,而實不繼耳!殊不知繼者繼其世也,世繼而業自隨耳!若徒取其業而不繼其世,則是業也吾之祟也。何也?彼之有是業也,豈彼一人之積,一朝一夕之故哉?其所由來者遠矣,父傳之子,子傳之孫,子子孫孫,不知幾傳而至於彼。而一旦無子,懼其歷世之不祀也,而取吾之子爲繼,故不惜以業畀之,是畀其子也,非畀吾之子也。爲之繼者,果能以世爲重,居彼之室,食彼之食,顧彼之門庭,理彼之户役,承彼之祭祀,以彼爲父,而不敢父其父,而爲之父者,亦不敢復子其子。内以存諸心,外以稱諸人,真若一體而分無間然者,則其有是業也固宜。若徒以繼爲名而有其業,既有其業,偃然以爲固有,而不以子道自居,徒以歲時祭祀掩外人耳目。爲繼若此者,豈惟繼父之怨?自繼父以上,實莫不怨。豈惟衆心非之,天實厭之。求免乎禍,且不可得,況能有其業乎?然則如之何則可?亦曰:有人之業者,必先不有其子。不忍其子者,不當忍人之業。無故之獲,有道之所深憂;非望之福,哲人之所甚禍。天道昭昭,決不可欺!

一、生父恩重,繼父恩重又義重。凡爲繼子者,視繼父當如生父,生則養,没則祭、則葬。葬必擇善地,地不善則改遷,墓壞則以時修葺。世守其祭與墓,俾勿替壞。萬一堪輿家説可憑,繼父墓,法當蔭子孫。不蔭繼子,而誰蔭乎?我先世若主簿公葬司户公於九龍潭,參軍公葬宣教公於圵子塢,二地皆極一時之選,皆繼父也。今其子孫一以萬指計,一以五千指計,説者謂二地所蔭。事雖未足盡信,然揆諸天道,審諸地理,稽諸人情,固宜其然。邇來族中繼子,不知繼父恩義兩重,每每視繼父不若生父,葬不擇善地;既葬而不善,不改遷;墓壞,不以時修葺,謂禍福與己不相干。嗟夫!此豈待繼父之道哉?夫使禍福果不相干,而吾既爲之繼子,即其子也,豈有子而視其父若外人者?況繼子於父,非其侄即其從侄,則其再三從侄,不惟情義相屬,而血氣實相屬。截此木以接彼木,而彼木之生理遂貫此木而生。彼木與此木,非有氣相屬也,而生生不絶者,一接之故也。豈有血氣相屬而禍福不相干者哉?世之人信形骸而不信心,信常情而不信天道,卒陷於悖逆不道而不悔,可哀也已!

右子弟澆習 凡五條

一、中也養不中,才也養不才,故人樂有賢父兄也。吾先世子弟,有不肖者,尊者多以禮曉諭之,使歸於正。邇來風俗薄漓,專一誘人爲惡,内有一、二無籍,又欲因是以爲衣食之媒,每見人家子弟不肖,百計誘引,入以甘言,啖以旨食,導以淫蕩,托以腹心相照,許以緩急相扶。群游朝夕,情好日滋,小子何知?自不覺墮其牢籠中而莫之脱,而膏脂腥血,恣其吮胘,惟所欲得,無不如意。論一時,雖若可快,而不知重貽他日之憂。天道好還,無往不復。今日之不肖,即前日無籍者之後代也。可不念哉!可不念哉!

一、君子和而不同。吾族舊時相與,止以親疎爲厚薄。邇來各門不達事子弟,往往聽人誘引,私相結納,或三人,或五人、十人,共爲一會,託爲心腹。想其情,必曰:"自今以後,我等有事,誓相扶持。"而不知止是酒食、游戲、淫媒之事。及至有事，何嘗見其扶持？而亦豈其所能扶持哉？予看此等多是無父之子，使其有父，決不至是。可嘆！可嘆！

一、子弟以讀書、習禮義爲上，純篤務農、商者次之，習學拳家乃最下策。我家先世多讀書，間有務農、商者，亦皆知文墨，能詞賦，至今稱文獻者歸焉，迄未聞有習拳家者。三十年來，族中有一、二子弟，素知拳藝，每一演試，翔舞如飛，凌空掠遠，閃灼奪目，觀者如堵。小子無知，目爲上技，傾篋求學。一人倡之，十人和之，幾至成風。嗟夫！族俗之習，下流一至此哉！藝成而下，拳之技又下之下者也。使吾之拳能如師，亦不過一拳師耳！有人目我曰："拳師，我必不欲，我如何而學之？"百工技藝，皆得執藝於君子之門，獨拳師不得入其門。使拳師而得入其門，必非君子之門矣。夫藝而不得近君子，我如何而學之？凡名之爲藝，皆有益，而拳之技獨無益而有害。手足便習於擊搏，則見人必多相戲，相戲則有害；與人爭則必有所恃，有恃則有害。早暮出入，遇不測，則未免輕敵，輕敵則有害。方我之初學之也，必曰："是技足以衛身。"而不知後之爲身累者，是技也夫求以衛身，而反爲身累，我如何而學之？孟子曰："不仁者，可與言哉？安其危而利其菑，樂其所以亡者。"予嘗求其人而不得。今見吾族中之學拳家者，然後知天下之果有安危、利菑、樂亡者也，使其由是而不變，喪身亡家之禍所必不免。予將以是爲諸子弟曲突徙薪之戒。

一、祖來立有社、會，春、秋祈報，此禮之正。嗣後，立五年首會，以分理一年神會之事，祀土神越國汪公，亦正禮所謂"有功於民，則祀之"，但上元、亨二神以花燈非正。邇來族中人，立昌嗣會，曰爲祈子計。祈子雖古禮，而立之爲會則不經矣。此會一立，遂使張仙、太子、周王等會相繼而立，概曰祈子。酒食、游戲，人情所樂，少年無知，競相徵逐。一人倡之，百人和之，不數年間，一族子弟莫不波趨瀾倒，靡然於流蕩漂泊之習，而我宗數百年恬靜純雅之風，至是而一大變，寧不貽有識者之深憂？酒本狂藥，戲乃爭端，豈惟靡財，實則胎禍。苟有知道之賢子孫，有志於變俗焉，其必以是爲首務，而毋曰細故云。

一、俗尚宜儉。予族人舊多穿木綿、苎葛，予初昏時，適薦在庠，先君止穿予以木綿，藍衫亦木綿爲之。是時，族中家家充足。邇來人衆財分，家道十不及五，予視先君又不及十之一、二。予每示諸子侄以樸素，而諸子侄孰肯以木綿衣，畢昏者又孰肯以木綿爲藍衫者？何怪乎族之人？前人作法於涼，而後人猶以奢終，不知今以奢作法，後日當何如？有識者寧無隱憂？

右子弟詭習凡二條

一、匿名帖，俗謂之"沒頭帖"，所以揚人未露之過惡。夫過惡者，人之所諱，過惡未露，而吾匿名以揚之，使其人怒而無所歸罪，得罪名教而無所辨，其立心之險惡已甚。況本無是惡，而誣以爲然，欺心、欺人、欺天，其罪與左道殺人者同科。我少時尚未見族中有此帖，邇來往往有之。此其人必自以爲得計，而不知其能逃罪於人，而不能逃罪於天。天鑒在下，無微不照。隱惡幽愆，受罰不輕，寧死不願聞子孫有此行也。

一、古人制書、制字，本以誘人爲善。邇來族中一、二子弟，既讀書，識義理，能文墨，不思以爲善，而反藉是以爲惡。事體多端，難以悉數，要其歸，眩瞀是非，舞弄文法，顛倒一族。族中人知事者少，不知事者多，借聰假明，聽其提舞，若傀儡在掌握中，欲左則左，欲右則右。每欲行一事，欲止一事，嗾衆冥聵，以爲之先，而己享其成，遂使世人謂聖人之書字，亦有時而助惡。使夫人不識書字，決不至是。噫！書與字，豈端使然哉？要亦夫人不做書字行耳！夫人假聖人之書字以通文墨、識義理，不能做書字行使世人歸功於聖人，而反使聖人得罪於世人，此真所謂"聖門之蠹，書字有神"。豈其能容請於夫人之終事驗之？

右子弟惡習凡四條

一、吾族先輩有恒言，凡在鄉間，慣恃强毆人、詈人者，出外經商，多不利。予始以爲謾言耳，既而就其義繹之，又以時事驗之，果然，乃知是言爲有見。夫商以和爲本，和則能招徠天下之人，利之所由生也。夫人在鄉間，既以毆詈人爲常事，則其心之無忌憚也已久，而其手足之輕於椎搏也，己便而安，彼其心必以爲一時之才智意氣皆出吾下，吾何逞而不可？而不知人之忍讓之也，一旦商於異邦，安能自抑以相下？縱有能勉自抑者，亦其始至然耳。久則狎，又久則玩。故性猶在，便習未降，一有激觸，自不覺其勃然以發而莫之禁矣，如之何？其能招徠天下之人？不惟不能招徠天下之人，或因是而遂喪其所有者，有矣。又或因是而并累其家與身者，亦有之矣。柳子所論臨江之麋，正若爲斯人發。然此姑以人事言耳，其大者猶有數，在此乘，則彼除；彼之在鄉乘矣，則其除於商也，數不能易也。又其大者，有天道在，豈天道福善而禍淫？彼既淫於鄉矣，豈天復益之以縱其淫？則其商之不利也，天道不容爽也。于此可見大數之乘除，天道之虧益，與人事之好惡，相爲表裏。君子甚毋輕於恣手口以生怨，而隱受除數淫罰也。

　　一、諺語謂："有事而私得錢者，曰'偏手'。"或與人同舉一事，而己私以意示承事者之家，令其密以錢若干見遺，當與爲内應。不然，且敗其事。既而錢不果至，輒百計阻撓，以要其至。或至而又如其數，則油然爲之倡，陽爲公道以主張其間，而陰行衰此益彼之術。雖損衆人之十以償己之一，亦所不惜也。事不露，則詫爲得計，而笑人之蚩。萬一詭迹昭人耳目，在他人必有涅然沮喪者矣，而彼猶恬不介意。蓋惟知錢之足以肥吾家，而奚暇顧人之罵我鄙也哉？夫同住此村中，同出一祖，同舉一事，非素薄者，決不肯以是而逆人之詐。而若人乃以如是之詐，行乎其間，得錢而迹不露，賣人而人不知，此其情與夫子所謂譬諸"小人"者，殆又甚矣，如之，何其爾爲也？人生天地間，豈無別可覓錢處？今乃索之旁蹊曲徑，是自促其生道也。況此等錢物來之不明，去之必速，人情之所共憤，即天心之所必厭也。汝得其一，而天奪之十，或奪百焉，汝安得而知之？汝笑人之蚩，而豈知人之笑其更蚩也哉！予族間向未見有此等人，而今乃往往見之。予觀其人，皆才之足有爲者，而惜其用之不善，因著其情狀以醜之，使其因是而省悔焉，則周處之事固其所優爲也。

　　一、財固人之所愛，然而取之有道。取之不以其道，則是財也，吾之祟也。吾族古來諸老彦，豈不愛財？然未聞有以無道取者。觀諸傳誌中所載，往往猶好施與。邇來大道不明，人情見利而不見義，間有一、二子弟，其情尤乖。每見財有可取，輒忘其廉、恥、禮、義之心，而百計以求取。或乘人之愚而詭以取，或乘人之懦而力以取，或乘人之不克家而誘以取，或乘人之有釁而挾以取，或乘人之有急而嚇以取。不惟不顧義，而情亦不顧；不惟不顧外人，而父子、兄弟之親亦不顧。不恤物議，不畏人怨，不念國法天憲。究其情，直若蚊蝱之見腥血，蹲足戢翅，恣其所嚼，至死不悔。噫！亦惑之甚矣。財者，人之心也，爾欲之，人亦欲之，奪人之欲以與爾，爾能享之乎？財之有多寡，天之數也。彼有彼之財數，此有此之財數，損彼之數以益此，天豈爲之乎？人生天地間，莫不有天然之財，順其天然者求之，自足以足一生之用而有餘。若必取之不以道，則去之亦必不以道。天道好還，決不容爽。

　　一、《祖訓》有言："各安生理，毋作非爲。"我生之初，尚未聞我族有爲盜、爲拐唆者。五十年間，屢屢有犯。前車既覆，後車不鑒。邇來似有小警，祇恐生理未復，病根猶在。幼而不能引以正道，長而不能安以生理。縱其自爲，聽其自止，此多是父兄長者之罪。

右子弟逆習凡二條

一、祖墓者，祖宗之遺骸所瘞，所係不細。向來傍祖安葬，止在禁步之外，其後漸入禁步內，已爲不順。數十年來，乃有侵入拜壇內葬者，有立冢於墓旁而葬侵左右障土下者，有葬其趾者，有葬其肩者，有跨葬其顚者，有直入基圈內葬者，有既葬其趾而又障其後、遮截祖墓者。既殘其室，又剝其膚，又撼其脅、胸、心、腹。是可忍也，孰不可忍也！是可忍也，孰不可忍也！此等事，豈惟各鄉未之有？雖求之亂冢中，亦未有如此甚者！於此見吾族人心之狠，不顧祖宗，不念他人，不恤外議，惟欲其一家富貴。而豈知此等葬若得富貴，是無天道矣。天下焉有無天道之事哉！故有識者直以此爲凶禍之囮，但未審在其身與在其子孫，速改則其禍小，不速則其禍大。蓋吾之所葬者，非吾父，則吾祖也；祖墓之所葬者，非吾父之祖父，則吾祖之祖父，則吾祖以上之祖父也。吾祖父之祖父，與吾祖、吾父之於吾，有遠近，無親疎。吾所受於吾父、吾祖之遺體也，吾祖父之祖父所遺也；吾所受於吾父、吾祖之遺業也，吾祖父之祖父所遺也。斬其遠根而溉其近枝，塞其遠源而疏其近派，情於何有？義於何有？無情無義，法於何有？無情、無義、無法，天道於何有？縱無賢子賢孫鳴於官以正國法，其終何以逃乎天？刑律有引律比附之文，若以生人律比之，此與操戈入室戕祖父者同情，罪坐"十惡"，常赦不原。子孫知而不舉，與坐視祖宗之戕不救者同情。罪雖有差，情亦難恕，其禍安得以不大？此非予言也，予口代天言也。若不早悔，後將噬臍。念之！念之！

一、墓地者，祖宗之陰宅所寄。凡在子孫，皆知世守，況我先祖輩乎？邇來族間人情貪鄙，至有以祖宗墓地售者，始也猶曰餘地，既則有遷葬者矣，又既則有棄尸者矣。究其端，蓋起於一人之無良，而其後遂從而效之，意曰："彼固子孫也，彼可售而吾獨不可售乎？"殊不知天下之事，有當效者，有不當效者。出於義，則當效；出於非義，則當戒。墓地者，祖宗之所遺，以俾我守者也，非我之有也，祖宗之有也。取非其有以自售，是乃祖宗之盜也，奈之何？妒人之盜而效之也。予嘗究其事，而知其情之有不可諉者五，而義不存焉；又嘗究其事，而知其理之有不得爲者三，而天道不存焉。何謂情之不可諉？子孫而售祖宗墓地，罪之大者也。即使其貧不能自存也，猶可諉也。今則有富者也，即使其愚，爲人所誑也，猶可諉也。今則有哲者也，即使其爲小人也，猶曰："彼不顧行檢也，今則皆君子也。"謂其迷於利而利又非厚，謂其壓於勢而勢又足抗。如之，何而可以墓地售也？然此皆以情言。若繩親之以義，則身可殺、家可滅，而墓地決不可售。何謂理之不得爲？人生天地間，所恃以自立者，情、義、法三者而已。祖宗者，生我者也，而又以其産業養我。死之日，私此尺寸之土，以自掩其骸。如之，何其忍以爲利？予求諸情而不得。古之人有葬人之不能葬者，有施人以地葬者。今此之葬者，非吾祖、吾父，即吾祖父之祖父也；非吾親祖父，即繼祖父也，即未繼之伯叔祖父也。其地祖父之地，而非我之地也；其葬祖父之葬，而非我之葬也。如之，何其可以爲利？予求之義而不得。在律，售墓地，有禁；遷葬售者，有重禁；棄尸售者，禁又重。如之，何其敢以爲利？予求諸法而不得。夫不得於情則有歉心，不得於義則有物論，不得於法則有顯戮。如之，何而莫之顧忌也？然此猶以人事言，若質以天道，則逆天者亡。子孫而售墓地，逆莫大焉，直有亡而已矣。何暇瑣瑣焉爲人心、物論、國法哉！嗟夫！幹傷而枝亡，根拔而葉瘁。此固理之相因而機之相爲感應，不可得而爽者也。祖墓之在我，根也。墓地，培根之土也。侵葬者，但損其根耳！根固在也，培根之土固在也，予猶以爲古今之大惡而罪在不赦。若夫遷尸、棄尸而售其地，則既去其土，又斬其根矣。如之，何而望其枝葉之復長茂也！如之，何而望其枝葉之復長茂也！

右女子澆習 凡二條

一、婦女無知，鬼神事，固宜其信。男子讀書，識義理，豈應復有此惑？邇來族中子弟，往往故違明律，輕聽妻女於各處妖巫家問卜，及各淫祠內燒香、獻燭、禮塔。或縱之群行，或伴之獨行，或又招致巫、覡之類於其家，環坐觀聽，論説禍福，而男子亦從旁竊聽，隨其所云，輒修福田。是以近來多異樣福田，前所未見者。此果何等爲邪？夫好游、好卜、好禮神，女人故態所賴。爲丈夫者，以禮救止。若止隨波逐流，何以爲丈夫？此雖一事，而所關於家門者甚大。一則見其夫之無夫綱，一則見其家之無家法，一則見其鄉非禮義之鄉。其諸婦女所犯，姑置勿論，求見容於名教者，當念之。

一、男女授受不親，禮也。不論親屬與外人，舊日各門，室宇深邃，婦女無由出街，與小販子相接。近來人增三倍，門內並無空地，曬晾等事，未免出街。婦女之性，見有小販，其有所欲，買也固宜，但應委諸夫子；夫子不在，委諸同門一男子，豈應敵面與販子品貨議價？少知恥者，猶以婢子轉手傳遞；無恥者，即親相授受。間又有夫在旁，親見其婦如此，而反助之，莫之怪者。噫！風俗之敝，至此極矣！夫小販，小人之奸者也，婦人之行易污，於是而不遠嫌，惡乎遠其嫌，安得不起外人之議論？大抵婦人，禮不逾閾。出名家者，決不肯輕露其顏面與外人見。凡在閫外立，街上游冶，常日與外人接面者，決是小家之子。

右女子惡習

一、女使，所以給使令，操井臼，承事主公、主母，雖無門外之役，而事之繁簡勞逸，與男使夐然不同，相待宜厚於男使。吾族婦女多小見，習以成風。每御女使，不如牛馬，飢寒困苦，鞭撻捶楚，腹無充腸，身無全衣，體無完膚。如是者十家而九，然尚未聞有撻之死者。邇來漸有撻之至死，噫！此何理也？天下之事，止於理，違理則入法矣。此固一人子也，天之生人也，何貴？何賤？彼以貧而賣則爲賤，然彼非賣其骨肉也，賣其生以托我也；此以富而買則爲貴，然我非能買其骨肉也，買其生以供役也。是故教之而不從，撻之可也；役之而不聽，撻之可也。從矣，聽矣，而所事之不能如吾意，猶當以情（亮）[諒]之，曰："彼少小無知也，彼蚩蠢無知也。"焉得遽加之刑？縱刑之，亦朴作教刑而已，焉得刑而致之死？天之所惡，莫大於打殺人；朝廷之法，莫重於打殺人。彼身可殺，而彼鬼不可滅；國網可漏，而天網不可脫。人而打殺人，主母而打殺女使，不受罰於明廷，必受罰於幽宅，或在其身，或在其夫，或在其子孫。天理昭昭，決不可欺！

右女子逆習

一、人之情，愛男而惡女者，常也。然愛之而急欲其生，惡之而即致之死，是情也不可以爲常。我先世未聞有溺女者，邇來乃有溺女之風。其情多起於婦人之厭多女，而夫之不知事者，或又助之，遂成此孽。但不知此孽始自何人。嗟夫！虎不噉子，彼雖女也，而亦我所生也。我何能忍而摔諸水？投胎於我者十月，而一旦解於懷，呱呱而啼，蠢蠢而動。旁有見者，且不能不惻然興念，欲抱而寘之懷。我何人也？有十月之愛者也，我何能忍而摔諸水？嗟夫！是可忍也，孰不可忍也！是可忍也，孰不可忍也！天之於人也，以生生之理寄之,夫婦生有男,而必生有女者。爲夫婦地也,婦非夫不生,夫非婦不成,孰爲貴?孰爲賤?孰爲可有?孰爲可無?但人之生生也,有生女而不生男者,有生男而不生女者,有生男多而女少者,有生女多而男少者,此皆天地生生之有不齊。雖天地且不得而爲,而況於人乎?故人之生男生女也,但當順而受之,不得以愛惡而欲其生死。夫苟能順而受之,則今雖女也,安知其再之不生男也?天佑之也。不幸而有不生男者,十百之一、二也,不齊之天也,不可以爲常也。其不能順受之者,今既女也,安知其再之不復生女也?天罰之也。幸而有生男者,十百之一、二也,不齊之天也,不可以爲常也。天之道,福順而禍逆;天之性,好生而惡殺。母而殺女,古今大惡。豈惟此女含冤於地下?雖生者莫不爲之含冤,雖天地亦必爲之含冤。作之孽,降之百殃。縱使其幸而復生男,亦必有別爲之罰者,而人不及知也。不然,是天道有爽也,夫天安有爽道哉?告爾有衆,律有明條,婦人犯罪,罪坐夫男。幽明之理一而已矣,幽明之法一而已矣。犯則受罰於明時,不犯則受罰於幽宅。出乎此,必入乎彼。暗室何知?天鑒在兹。芽子何爲鬼神所持?勿謂何傷,其禍將長;勿謂何害,其禍將大。彼婦無知,得爲則爲。不知明法,不畏陰誅。豈知禍作咎有,攸歸凡百。君子敬而聽之。

右男女愚習凡二條

一、居喪自有居喪之禮。吾家自主簿公以來,治喪不用浮圖,見於文字中,往往可考。嗣後,相吾家禮者,元有陳定宇、胡存菴二公,明有朱(風)〔楓〕林公,三公皆一代名儒,豈有用浮圖之理?邇來村中有喪,止一、二家不用浮圖,餘皆用浮圖,甚至讀書家亦用浮圖,殊爲悖禮。夫浮圖法果何所據?浮圖能爲人爲禍福,則凡爲惡者又何足忌?但求一浮圖足矣。天下豈有此理?予請反覆其理,以爲信佛者,西方之有道人也。其好善惡惡之心,與中國同。中國之人,固有以私而爲人造福免罪者矣,必非有道者也。然則佛縱能爲人爲禍福,安肯以私而爲人爲禍福?幽之法與明同,世之人以私而爲人造福免罪,而使朝廷善善惡惡之理不明,則誅;使佛而以私爲人爲禍福,而使天地善善惡惡之理不明,則先已得罪於天地,何以能爲禍爲福?然則佛縱能爲人爲禍福,安敢以私而爲人爲禍福?人之死,魂散而魄滅,佛之死亦然。佛死而能爲人爲禍福,則生可知。然而諸佛不能免臺城之死,圖澄不能救石氏之亡。後秦之衰,羅什何爲也?(符)〔苻〕堅之殺道安,無濟也。然則佛豈徒不敢爲人爲禍福,實亦不能爲人爲禍福。予嘗觀其書,諄諄誘人爲善,則是無禍福之說。此說必後之學佛者託佛爲之,以資衣食。使釋迦、達磨諸人見之,必唾之矣。況死者生之終事,事既終矣,又安有終後之禍福以待浮圖超度?有賢子孫,但當修德以蓋前人之愆,即是爲己造福,爲死者造福。今後,居父母喪者,當一遵古禮,行以禮,報其親,厚其親者也。用浮圖,則待其親以非道,薄莫甚矣。溺於鄙俗之禍福,而不能裁之以正,吾爲族之達者羞之。佛自釋迦以來,往往有實迹載諸史傳,又有諸佛經行於世,與道教夐然不同。故古之闢二教者,多辨佛,爲其言近理,易以惑也。佛教辨道,不足論矣。予著此篇,亦此意。然佛本自爲一教,無與於禍福之說。而今之以禍福託佛教者,乃其末流之弊,實爲佛累。故予此篇,先爲佛清其源,而終乃究罪於末流,使諸佛見之,亦當斂手稱謝,謂予爲能洗其污。而今之人猶醉魄於其末流,何也?或曰:"子之論佛,皆據理,但云無死後禍福,則世固有死而躬歷地獄,見先亡人醒以語人者,何也?"予曰:"然,有是事也。然非古有之也,自唐始耳。昔唐太宗嘗夢歷地獄,因倡爲地獄之說,而又爲之圖以示天下。於是,天下之人疑心而信。耳目往往昏忽迷溺,自以爲其死之必如是,而素懷畏心。故於臨終之際,精神愴恍,遂不覺其見諸夢寐,形諸心目,若有然者。然非真有之也,心神召之耳!使其生於大道之世,口不道是言,耳不聞是事,目不見是狀,心不存是思,則其將死之際,自當帖然安靜,以還造化舊物。又安有是感召哉?"善乎,溫公之言曰:"三代以前,無人夢入陰府。"此言足破千古之惑。

一、人之受病,非由於稟受之怯,則內傷、外感、勞役、嗜欲所致。古聖相傳,惟治以藥,後世始有祈禳之說,然亦不過精白此心,以昭告天地鬼神,祈以赦過宥愆而已,未聞有佈福田者。邇來世教漸衰,大經不正,人情見邪而不見正,而吾族爲甚。一遇家人得病,心中無據,東馳西走,非至巫家斷紙,俗取紙幾張付巫燒,視之言吉凶,則來覡家問卜,則向卦家買卦,諸家颺言有某福田。有某福田,則召至其徒,如式修設。或陳米、豆食數器于其庭,先請天神,次請地祇,次請人鬼,名曰"燈粥"。或祭猖神於籬邊,或飯殤魂於墻角,或解咒鬼於野地,隨其財力,靡敢有愛。如或諸家不言福田,則曰:"福田不上卦,卜病必凶。"是以諸家知其然,但遇病卜、病卦,則多開福田。間有佈福田而亦求醫者曰"福藥並行",然而俯首以布福田者多矣。噫!是何不智之甚哉!使巫、覡而果知死生,則凡欲決死生者,何不之巫、覡也?使福田而能起人死,則凡欲免死者,何不修福田也?識者以爲福田無益,予直以爲不徒無益,實害之矣,何也?天神、地祇、人鬼,肯因巫之請而來乎?肯降吾之凡舍乎?肯潔吾之米、豆食而居歆乎?果有猖之神,肯向籬邊而享食乎?果有殤之魂、咒之鬼,肯向墻頭野地而覓供饌乎?此必不然者也。吾猶幸其不然也,則止於無益而已。萬一享之而來享,其不怒而唾之乎?唾之則降之殃矣。夫神與人一道,以是請予,予唾之矣。況神乎?善乎?孔子之言曰:"丘之禱,久矣。"此真福田也。病至而精白,一心以告虔,已爲無策。今之福田,吾不知之矣。

右御節婦

一、節婦者,女中之英。家有節婦,豈惟亡夫之光,實一家之光、一門之光、一族之光、父母之光,倫理所關,綱常所係,夫豈細故?我先世諸公知其然,於是以殊禮崇節婦。觀其於我高叔祖妣周氏一人可見,詳見邑志、郡志、《新安文獻志》,皆所以表彰其事以酬其德,激揚其風以勸其後。邇來族中不學無術,不聞大道。知有節義之重者,固亦有之,然而不知者多。每遇一婦,夫亡無子,有志守節,翁姑、伯叔往往利其聘幣而厭其口食,多方沮抑,啟之貳志。或佯爲心腹,以示其事之難;或假之媒妁,以誘其情之遷;或減其口食,以使其難存;或誶之語言,以使其難受;或衰之禮貌,以使其難安。甚則造爲穢惡之謗,以喪其節,使其垂首喪氣而不敢辨。或又陰結求昏之家,設爲機阱,逼而奪之。幸而性烈者,則自決以全名;不幸而水性,則有含憤拭泪以就忍辱而已矣。彼見其後之忍辱,遂以爲此婦初未嘗節。噫!其誣人之節也,甚矣!殊不知人之節有天植者,有養成者。天植者,自決者也;養成者,夫亡之後,夫家之人待之愈厚,食之愈豐,親之愈密,信之愈深,任之愈尊,委之愈重,愛敬之愈至,順其所欲,違其所惡。晨昏省定,不責以子婦之禮;有小失,不以爲非。語及夫婦之際,則激揚其貞烈之風,使之自奮自勸而不能已。夫彼既有不忘其夫之情,而又見吾翁姑、伯叔之間待之如是,彼亦安肯忍辱以事於他人?此之謂"養成"。及其爲節一也,不咎其不能養,而誣人之節,而使節義之義不明,節義之風不行,是謂"誣天"。奪人之節者,逆天造言,以污人之節,而使節婦蒙不潔之名,是謂"毀天"。天心之仁愛,每於孤兒寡婦之身爲切。匹婦含冤,三年不雨;一夫抱屈,六月飛霜。天於此等輩,其降禍也必慘,必在其身而不在子孫。予於譜特著《紀節》一卷,正以明其義之所關甚大,而欲人之知所重。慎毋誣天、逆天、毀天,自取慘禍,悔無及也。

右待塾師

一、塾師，所以提防幼性，不得不嚴。吾見前人之待塾師若大賓然，未嘗意敢一言相謔，恐褻其居尊之體。邇來族中一、二塾東，不知大體，溺愛護短，輕犯塾師，不怨其刑重，則指其教偏，出言相詬，甚則移其子弟於他塾。嗟夫！此豈御塾師之道哉？夫以子弟委其教育，其責匪輕。敬塾師，豈徒敬在師？正以導子弟之敬；慢塾師，豈徒慢在師？適以長子弟之傲。於塾師何所損益，而所關於子弟者甚大。諺曰："將錢買棒，刑重又何可怨？"教有詳略，必其子弟之進學有難易，教偏又何可輕議？不求刑教而求姑息之教，豈復有良子弟出其家？"小不忍則亂大謀。"此言殊當深省。

右御著存觀

一、祖來立有著存觀，只爲看守觀後祖墓及墓祠。立常貯田，以給道士及祠內香燈。嗣後，知義子孫，又各施有己田以助常貯，此皆尊祖敬宗之意，非崇信其術、求福田也。邇來觀宇重葺，道士多貧，賢子賢孫，止應隨分施助，以共成祖宗之美。孰意人心不古，世事反常。祖宗立田爲常貯，而子孫減價糶其穀；祖宗施田以爲助，而子孫收其穀或并收其田；祖宗割己之有，以贍道士，而子孫視道士爲機上肉，恣其唊食。雖道士不敢有言，祖宗豈無陰靈？雖族中一時無人仗義執言，而賢子孫之自處豈當如是？請撫心思之。

右御中户

一、吾徽人有上、中、下三等，然自天地視之，則皆人也；自朝廷視之，則皆臣子也。何貴？何賤？何高？何下？但下一等人，住吾之屋，食吾之田，埋骨吾之山，吾以下人之禮待之固宜。至於中一等，自屋自田，自山埋骨，祇以在吾四鄰，新故異姓，貧富、強弱異勢，原無別樣高下。我先世諸彥，待之甚有恩義，平居則以禮相與，有事則導之行，有變故則爲之匡掖維持。是以此等人感吾之德，尊吾爲稅户之家。每相見，必呼曰"稅户"；每有言，必先曰"稅户"。有喜來慶，有憂來吊，有營治來相助役。聽吾呼召，遵吾驅令，不敢與吾抗禮，不敢與吾論行坐次，不敢與吾通婚姻。積習之久，彼此相安，以至今日，子孫不言不争，而享有尊分。邇來族中有等不知事子弟，遂真以爲彼乃中户，我乃上户，我之欺彼，我之分也，待之略不以禮，與之略不以情。幸而無事，則猶爾自爲爾，我自爲我。萬一有事相干，則必有過分之求，或田地相連而越侵其界；或買賣相交而過覓其利；或户役相干，我輸則短其常數，彼輸則取盈焉。而猶過之，少有不順，則詈之惡言而不顧，甚則面拳毆之，又甚則挾吾門第而曰："必將如之何，如之何。"以嚇其必從。及彼有事，有變故，不惟不能導引匡扶，反爲之作孽作盡，開騙局焉。噫！待之薄，一至此哉！縱使其默然無言，而吾之所行，自足以上奸天和，下生叢怨，暗消吾家之福。萬一有敢言者出其間，所損不亦大乎？前人以德爲尊，故尊足以壓彼而彼服，後人以勢爲尊，故彼或犯吾之尊以相角。善自尊者，養其尊而不褻，而使在己有常尊，乃爲得策。

右御僕

一、失物而詛罵者，情之常。至於鳴鑼上街詛罵，則變矣，不可以爲常。我家舊時豈不失物？豈不鳴鑼詛罵？然必所失之大乃爾。故或歲一見焉，或時一見焉，月一見焉，行者不敢輕，而見者以爲異。十餘年來，小人中但有失物，即鳴鑼上街詛罵，或日一再見焉，是何敢於犯上如此哉？婢僕之盜害成風，而小人不堪也。蓋主者之養僕也，日欲其取柴，而取之無所，則盜之而已矣；主者之養婢也，日欲其取菜，而取之無所，則盜之而已矣。盜之路熟，於是而粟、麥盜焉，瓜、果盜焉，鴨、鷄、鵝盜焉。往而不盜，彼小人之所恃以爲生者，山與園田之利耳！朝取柴一束焉，暮又來；今日取菜一握焉，明日又來。奉之彌煩，侵之愈急。欲訴則主者多護短，欲已則所恃以生者日促而無所底止。於是隱其諱而上街詛罵，且鳴鑼焉，一則欲其人之知，一則欲衆人之皆知，一則欲天地、鬼神之知，且得以少洩其不平焉。此乃小人萬分不得已之情。不然，小人自有小人之分，而何至若是哉？噫！律有盜田野菜菓、山野柴木之條，是盜也，雖與强、竊二盜有間，然亦盜也。孔子不飲盜泉之水，但有盜名耳，而夫子且不飲，況出於真盜者哉！律有罪坐家長、罪坐主使之文，是盜也，雖非吾之所使，然始也不約束而終也受其贓。雖非主使，猶主使也，天地、鬼神厭人之。盜害也，久矣。今又有激切上聞者焉，夫焉得而不聽？聽之，則降之殃矣。然則能逃乎國法，亦不能免乎天刑。《易》曰："積善之家，必有餘慶；積不善之家，必有餘殃。"諸葛武侯曰："勿以惡小而爲之。"此雖小惡，然積之而不已，則漸以高大。涓涓不息，自成江河；焰焰不滅，遂至燎原。天下事無不由小以致大，由微以致著。告爾君子，慎毋見小者之爲利而忘此大害。異日惡積而不可掩，罪大而不可解，悔無及矣。

右御衆僕

一、最苦者，衆僕，爲其役使多而無人庇之也。是以祖來待衆僕甚寬，非有衆務，不得輕喚；非有大犯，不得加刑。正以優其生以蕃育之，以不負祖宗貽厥之意，且以資族中無僕者昏喪、起竪役遣之助。邇來族中子弟，不知所重，輕狥己私，每御衆僕，薄於己僕，至於責備衆僕與己僕同，或反過之。予各舉其一、二，以爲信。己僕無屋，則日夜爲之處；而衆僕無屋，則聽其投止。己僕有犯，則百計爲之免；而衆僕犯，則雖語之而不聞。及己僕與衆僕爭，則又抑衆僕而護己僕。凡此皆薄衆僕之大者也。或喚月工，而責備其不到；或喚昏喪、起竪，而責備其不齊；或相見，而責備其不稱呼；或遇於途，而責備其不左避；或索其所有，取其所剩，而責備其不從輕，則隨時手批、拳毆、脚踢，重則按之地撻之。甚則撻之而又以黑索縶之不釋，使其家之不寧，急倒囊焉，以飽吾欲，以求免然後已。凡此皆責備之大者也。夫衆僕者，非始祖所遺之僕，則先祖之僕也，吾而待之薄，是薄吾始祖、先祖也。衆僕者，非上、下門之僕，則一族之僕也，吾一人而責備之，焉能禁他人致不責備？是促之困而逃竄也。孟子曰：「所謂故國者，非謂有喬木之謂也，有世臣之謂也。」族而不有是僕，何以爲故族？數十年來，是僕之無所居而投止於他人，有所激而逃竄於他邦者，不知其幾矣。由今之俗而不變，其不至於空其居者幾希。昏喪、起竪之不賴其力不足惜，而祖宗所貽數百年之僕，一旦屬於他人，投於他邦，有賢子孫，其忍見之、聞之？有賢子孫，其忍見之、聞之？然則如之何則可？亦曰：「待之寬，責之薄，羈（縻）[縻]而不以爲僕，數若祖宗時焉，則庶乎其可矣。」

右保近山

一、本村坐山、朝山、青龍山，乃一村之拱衛，拱衛受傷，一村必不得安。弘治庚申，誤信鄙術，輕於青龍山頭闢開一丈有奇，以廣祠址。比及己巳，纔十年耳，村中一旦大訟生，肇自祠中，積十餘年不息。繼有大火，起自西偏之末，延及東偏，有延及街之南以至於溪，又逾東小溪以及橋下，又逾南小溪以及朝山，時在山草木皆煨燼，已議伐，未決。次年，漸發生。僅存有同府倉樓及忠義門從堂。又不數年，同府新廳火，忠義新樓火，延毁從堂。予家宋、元來屢世締造，豈下二三千間？至是而片瓦不留矣。此始遷以來所未有之變，一時人心惶惶，交口追咎。庚申之誤，已無及矣。於是議立蓬瀛、中秋二會，嚴約長養,雖折一枝、採一葉且有罰,況土與石乎？邇來二會既散,人情頓恣,害及小薪,害及古木,今又害及土石而無所畏忌,遂使一村之中獄訟、火災又作,連歲不息。其將誰咎？地理之說,固不足信,然以理論,則不能不信；以禍福之徵論,則不敢不信。人之一身,頭、目、手、足病,則痛徹於腹心。宅址,腹心也；前後、左右山頭,目、手、足也,焉有前後、左右山病而宅址不病者乎？人之一家,外垣圮則禍患潛及於內室。宅址,內室也；前後左右山,外垣也,焉有前後左右山圮而宅址無禍患乎？此理也,始失於青龍山,而大訟、大火作；今失於朝山,而訟與火又作,此禍福之徵也。哲人先理而思防,凡民畏徵而順理。不念乎理,不畏乎徵,妄作以犯地理之禁,天必厭之。

右惜古木

一、吾家來龍山、朝山、青龍山所存松木,大者也,已歷三朝；次者,乃四十首所長養；小者,中秋會所長養。前人寶此木如寶宗器,或嚴之禁,或咒之神,或掩之捕,無歲不然,以有今日,以明世守。邇者族中人心不一,中秋會散,三山無主,盜害日滋,其將何極？夫喬木者,故家之徵也,固非故家之所恃以為故,而故家非喬木,則無以驗其故,然則此木之有係於吾家者大矣。富貴可一旦有,而此木不可以一朝一夕得。有賢子孫,當必有繼中秋會而作者矣。予日望之,不識何者是吾家賢子孫也。

右述予家之今俗與舊俗不同者五十三條,皆其大而人所共知者。其小而人不及知,或大而莫之知,及知而不忍言者,猶不知其幾也。嗟夫！古之風俗形於詩,詩有美刺,而俗之美惡見焉,今則暴諸迹矣。古之變俗者,本乎禮樂,學道德禮樂,學道德之化行而俗變焉,今則假諸政矣。世變江河,俗日以下,而變日以難,不有識微之賢父兄,孰能消惡於未形,以收牿童牛之功？不有自克之賢子弟,孰能遏欲於既發,以享豶豕牙之利？吾安得吾族之有賢父兄子弟者出焉,以慰吾陳俗之一念哉。

——隆慶《璜溪金氏族譜》卷十八《陳俗》

清同治十一年正月祁門縣歷溪村王氏宗族合一堂暨同人堂族長王修焱等立婚姻遵祖規合約

立合文人王帖公秩下兆禮、修焱等,為扶持《祖規》,以敦風化事。緣我族自咸豐六年纂修《支譜》,奈因秩丁不肖,不明大義,婚嫁於不重之門,上玷祖宗,下污嗣續。經蒙親友,爰立合墨一樣二紙,以後,秩下子孫永遠遵守,毋得效尤,各宜自愛。近因兵燹之後,誠恐秩丁不肖,婚嫁不明,不得不公議嚴加約束,以扶《祖規》,以正風化。自立合文之後,所有秩丁婚嫁,務要察實,身家清白,門户相對,方可結親。倘有不察明白,愛親結親,復蹈前轍者,公議同人、合一兩祠,禁止入祠嫁娶,并族房長、斯文人等,亦毋得接書迎送。日後修譜之日,定照《祖規》,譜削其名,決不寬恕。今立合文一樣十四紙,每譜各收一紙,永遠存照。

同治十一年正月初十日,立合文人王帖公秩下合一堂族長修焱 押
<ruby>　　　　　　　　　　　　　　</ruby>同人堂族長兆禮 押
<ruby>　　　　　　　　　　　　　　</ruby>修己 押　際泰 押
<ruby>　　　　　　　　　　　　　　</ruby>金林 押　庚耀 押
<ruby>　　　　　　　　　　　　　　</ruby>際坎 押　明採 押
<ruby>　　　　　　　　　　　　　　</ruby>際侃 押　福林 押
<ruby>　　　　　　　　　　　　　　</ruby>聖範 押　興盛 押
<ruby>　　　　　　　　　　　　　　</ruby>高緒 押　登全 押
<ruby>　　　　　　　　　　　　　　</ruby>接林子代 押
<ruby>　　　　　　　　　　　　　　</ruby>登進 押

——散件文書,原件藏黄山市安徽中國徽州文化博物館

清光緒二十七年二月徽州不纏足會章程

光緒二十七年二月二十三日,欽奉上諭:朕欽奉慈禧端佑康頤昭豫莊誠壽恭欽獻崇熙皇太后懿旨至,漢人婦女,率多纏足,行之已久,有傷造物之和。嗣後,搢紳之家,務當婉切勸導,使之家喻户曉,以期漸除積習,斷不准官吏、胥役籍詞禁令,擾累民間。如遴選秀女,仍由旗民挑選,不得採集漢人,致蹈前明弊政,以示限制而恤下情。將此通諭知之。欽此。

擬辦徽州不纏足會章程
第一款　宗旨
本會尊奉懿旨,以解脱婦女纏足之苦厄、謀子女婚嫁之便益爲宗旨,與

他項社會毫不干涉。

第二款　辦法

甲　本會辦法,重在勸未纏足者不纏,兼備各種方法,以為已纏而有志解放者之用。

乙　本會聯絡同鄉,使同志諸人之子女免婚嫁上之窒礙。凡會內人兩姓適當之結婚,本會皆樂為贊成。

丙　本會除聯合同鄉外,仍與他省、他府所設之不纏足會廣為交通,期收仿效之益。

丁　本會設會所於徽州府城,由全體委員公舉書記員、會計員各一人,以辦各事,俟會事擴張,再行議設分會。

戊　未設分會之前,各處辦事需人,現由會員之分在各處者自行認辦,即名曰"某處幹事員"。此項幹事員兼書記、會計之任。

第三款　會員之組織

凡有志于入會者,得本會會員一人之介紹,即可入會。但會員之各組織區之如左:

甲　凡本會之發起人而兼擔認本會義務捐者,為特別會員。

乙　凡由會員介紹入會者,不論曾否輸志願捐,概為通常會員。但通常會員有願意擔認義務捐者,亦可加入特別會員。

丙　凡不欲為會員,而樂提倡本會,或佽助書報款項者,本會公推為名譽員,仍按期刊登《會冊》,以彰盛德。

丁　凡婦女可一律入會,不論曾否解放,但如有解放者,本會當別立法以旌獎之。

戊　凡他府、他省人,可一律入會。

己　會員如有願退會者,聽便。惟必須將退會之意見陳明於書記員,以便削籍。其已輸之捐款,概不退還。

庚　凡會員有毀傷本會名譽及不服從本會法律者,本會有除名之權。

第四款　會員之責任

甲　服從本會法律之責任。

全體會員之法律

一、入會時,各以姓氏、籍貫、年歲、妻氏、子女報告。

二、入會后,所生之女,不得纏足;所生之子,不得與纏足者為婚。

三、入會前，所生之女，未纏足者，不得再纏；已纏者，解放與否，聽其自便。

四、入會報告，須有介紹人簽名。

幹事員之法律

一、書記員司通問及宣告及據會員之報告登册事。若本會需用文字，亦由書記起草。

二、會計員司銀錢之出内及豫算、決算之報告。

三、如有不稱職者，經會員三人以上之糾正，但糾正須有實據。即當自行辭職。

四、如以他故辭職者，當舉人自代，經會員三人以上之認可，即可交替。

五、各處幹事員，視此。

乙　維持本會名譽之責任

若有不服從本會法律者，即爲毁傷本會名譽，全體會員皆有糾正之責任。若經本會會員三人三次以上之糾正，本會有照第三款庚項辦理之權。但除此外，凡不干涉本會者，本會亦不干涉之。

丙　擴張本會之責任

一、調查内地婦女社會之狀况，以爲創立女報之資料。

二、研究家庭婦女進化之原理，以爲振興女學之基礎。

三、討論改良嫁娶舊俗之方法，以期別立《章程》，見之實行。

丁　對於會外人之責任

一、會員對於會外人，當以口勸、文勸盡種種開導之責任，即各有介紹人入會之權。

二、如會外人有依附、假借、誤解本會宗旨，或有礙本會名譽者，會員雖無糾正之權，而有爲本會辨白之責任。

徽州不纏足會暫訂辦事章程

一、書記員、會計員、各處幹事員之責任，已具《章程》之第四款，各盡義務，不支薪水。

二、各處幹事員，得有就所在處收集捐款之權，但收滿二十元，即當寄交會計員。

三、通常會員，皆有介紹人入會之權，而無代收捐款之權。惟若有就近過付，即時轉交會計員或幹事員者，可從宜辦理。

四、各處幹事員之收有捐款者，所有通信費，可於款內支取。惟按期報告會員時，必以清單交由會計員彙報。

五、各處幹事員之未收有捐款者，及通常會員之不得代收捐款者，所有通信費可於每屆開單，向會計員支取。如有不願支取者，即以其應支之數作爲志願捐。

六、通信費惟以函內有本會之印刷物，或匯寄會款，或購辦物品三事爲限。若止空函論事，或陳意見，不得濫支。

七、本會收受捐款，皆即時付收據，此收據必有會計員或各處幹事員所簽之字。

八、各處幹事員，皆由會計處發交本會印刷之捐款收據，以備收款發付。

九、本會所刊《會章》《公啓》等彙裝成帙，在會會員各執一本，以爲憑證。

十、本會會錄擬備兩帙：一爲《記事籍》，隨時登記會員之報告；一爲《會員姓名籍》，以入會先後爲次，編刻成册，仍按在會會員各致一本。至《記事籍》，不別刊發，全體會員皆可至書記員處閱看。

十一、各處幹事員，亦當各備《記事籍》一帙，隨時登記情狀及入會者姓名，仍按期報告書記員，以備編刻。

十二、本會收支各項清帳，當於每屆結帳之期，刊發傳單，或登報報告。其存會計員處者，全體會員皆可前往查閱。

十三、常年捐定限一年收清，現以癸卯年八月初五日爲開會之始日，每年按此推算。

十四、本會《會章》，如有須修改之處，在徽州者三人以上之提議，即當修改。其修改之法，由書記員據提議人之意見，報告全體會員。無論遠近，限三個月內，各將意見復於書記員，由書記員從多數相同之意見起草決行。

——［清］徽州不纏足會編：《徽州不纏足會章程》

清光緒二十七年季秋月婺源冲田積慶義濟茶亭規碑

積慶義濟茶亭

謹將輪租芳名及租額開述於左：

竈新輸入骨租拾秤，土名葉塢口田壹坵。

神助輸入骨租拾秤，土名高源山。

萬興輸入骨租柒秤，店前綿田壹坵。又輸骨租田秤，土名塘源行者塢。

學欽輸入骨租拾肆秤，又田皮叁畝，土名梅嶺下。

有茂輸入田皮貳畝，土名蛇□塢田壹坵。

贊壽輸亭底塅貳片，田壹小坵。

式古堂輸租。

光緒二十七年歲次辛丑季秋月穀旦立。

又將《住亭規》列於左：

一、外設添燈一炷，夜照人行，燈火不得熄滅。如違，議罰。

一、長生茶一所，無論日夜，不得間斷匱乏。如違，重罰。

一、客行李什物，倘有失落，查出住亭人私匿，先行議罰，再行逐出不貸。

一、住亭人不得引誘賭博，查出，議罰逐出。

一、住亭人不得開設洋烟，查出，議罰逐出。

一、住亭人不得窩藏匪類，留宿異端，查出，議罰逐出。

一、住亭人恃勢逞兇，無故鬧事，報知村內，定行議處。

一、梅嶺磡，每逢朔、望之日，住亭人須將掃净。如違，查出議罰。

——碑銘，原碑現立於江西省婺源縣賦春冲田村齊恒安家門口

第二節　禁烟禁賭規約

清咸豐十年三月徽州某縣許春和、李君茂等立兄弟戒賭合約

立邀兄弟戒賭合同約人許春和、李君茂、方其茂、黃則山、張榮開、李萬廷、胡如山、黃振華、李海廷、黃進廷、黃上蘭、張榮占、陳榮華、黃榮枝、胡加保、程貴榮、汪義陞、方貴全、汪二九、胡有仁等，今因賭博之事，一則焦勞父母，二則損壞自身，三則誤其正業，四則亡喪家財，五則傷情失義，六則敗其聲名，七則人不重我，八則不顧終身，九則連累妻子，十則國法是驚。至今日猛醒回首，各務其業。雖異姓，猶如一家；雖各居，不啻一脉。每人合一同心，自願神前杜戒，玉成一會。無論大小賭博、洋烟，在家、在外及親朋相勸，一併不得狥情故犯。如有狥情故犯、外處私賭者，日後查出，不但逐出會外，

而且神前跪香，重責過街，兼罰錢文，決不寬恕。各人傾立心論，于過年、度歲、嬉遊，只可彈弦歌唱，不可觀望賭場。恐怕易動其心，稍有或犯，擇于咸豐十年二月二日，並出會錢之無幾，要而必成于始終，貴乎兄弟之心。果能承此戒約，改悔成心，永遠不犯，不無興家創業之日，更不至虛過光陰之人，所以各家父母、兄弟之幸，亦是祖宗後人之幸也。今欲有憑，立此合約，各執一紙存據。

    李君茂　押　　胡如山　押　　李海廷　押　　程貴榮　押
    方其茂　押　　張榮開　押　　張榮占　押　　方貴全　押
咸豐十年三月　　日，立兄弟戒賭合同約人
    許春和　押　　黃振華　押　　黃榮枝　押　　汪二九　押
    黃則山　押　　黃進廷　押　　胡加保　押　　汪義陞　押
    李萬廷　押　　黃上蘭　押　　陳榮華　押　　胡有仁　押
 中見人　胡榮華
 代　筆　章飛聲　押

——散件文書，原件藏安徽大學徽學研究中心特藏室

清同治十二年七月徽州某縣廷會等共立嚴禁賭博烟燈并無故生端橫行鄉里等事議約

  立議字廷會、知，廷雙、本清等為復加嚴禁賭博、烟燈，並無故生端、橫行鄉里，以靖地方事。竊賭博、烟館叠奉憲禁，無用細贅。近有無知之徒，膽敢橫行，恃強欺弱，滋生事端，為害地方，殊深痛恨。為此，閤族公議，開列《祠規》，嚴禁一切。倘有不法之徒膽敢賭博、開設烟館，并恃強橫行，無故生端，公同禀官究辦。一切費用，出于公衆，不得累及經手之人，而經手人亦當執公辦理，毋得畏首畏尾，退縮不前。倘有挾仇誣扳，一經查實，亦當公同究治。倘有經手人徇情推諉，從重議罰。事屬風化攸關，里仁為美，爰立此議字一樣六紙，各户執一紙存照。

  同治十二年七月初二日，立議字　廷會　押　本年　押
             廷知　押　椿福　押
             廷双　押　起彬　押
             本恕　押　松林　押

本水	押	良興	
元寶	押	明進	押
本清	押	福寿	押
文明	押	玉生	押
文銀	押	全有	押
文潤	押	重陽	押
文快	押	滿太	押
連喜	押	全銜	押
章喜	押	文恒	押
起成	押	起楷	押
樹進	押	賜寶	押
起怡	押	錦寿	押
長愈	押	全益	押
本安	押	雙福	押

——封越健主編:《中國社會科學院經濟研究所藏徽州文書類編·散件文書》第四册,社會科學文獻出版社,2017年,第69—70頁

引用和參考文獻

一、文集與雜著

C

《程氏貽範集》（徽州），三十卷，[明]程敏政輯，明成化刻本，藏美國國會圖書館。

S

《率濱社錄》，二卷，[明]程應徵，明嘉靖二十七年刻本，藏中國國家圖書館。

Y

《潁川文集》，十三卷，[清]潘書馨，清康熙玉森堂刻本，載《北京師範大學圖書館藏稀見清人別集叢刊》第六冊，廣西師範大學出版社，2007年。

Z

《忠壯公墓闕僞錄》，[清]新安程氏諸派合輯，清雍正九年率口惇本堂刻本。

二、譜牒

B

《倍郭程氏敦本錄》（休寧縣），二卷，[明]程亨輯，明弘治五年程璽刻本，藏中國國家圖書館。

C

《蔡氏族譜》(歙縣),不分卷,[清]蔡日融原輯、蔡佛賜補輯,清順治十六年刻、嘉慶二十二年補輯抄本,藏上海圖書館。

《曹氏統宗本宗二譜合録》(徽州府),不分卷,[清]曹樹從鈔纂,清道光十六年抄本,複印本藏南開大學歷史學院卞利處。

《曹氏統宗世譜》(徽州府),不分卷,纂修者不詳,明萬曆四十三年刻本,藏上海圖書館。

《曹氏宗譜》(績溪縣),十二卷,[民國]曹成瑾等修,民國十六年旺川敦叙堂木活字本,藏安徽省圖書館。

《昌溪太湖吳氏宗譜》(歙縣),九卷,[清]吳如彬等纂修,清乾隆三十年刻本,藏上海圖書館。

《程典》(休寧縣),三十七卷,[明]程一枝纂修,明萬曆二十七年刻本,藏安徽省圖書館。

《程氏東里祠典》(祁門縣),一卷,明抄本,藏中國國家圖書館。

《重編棠樾鮑氏三族宗譜》(歙縣),二百卷、首一卷,[清]鮑光純等纂修,清乾隆二十五年一本堂刻本,藏上海圖書館。

《重建吳清山汪氏墓祠徵信録》(歙縣),四卷,[民國]汪慰輯,民國十四年刻本,藏上海圖書館。

《重修古歙東門許氏宗譜》(歙縣),十卷、首一卷,[清]許登瀛等纂修,清乾隆六年刻本,藏中國國家圖書館。

《重修休邑城北周氏宗譜》(休寧縣),十二卷,[明]周思松等纂修,明萬曆二十四年刻本,複印本藏安徽大學徽學研究中心資料室。

《翠園胡氏宗譜》(祁門縣),二卷,[明]胡一俊、胡夢鯉等纂修,明萬曆二十九年刻本,藏中國國家圖書館。

D

《大阜潘氏支譜》(蘇州府),正編四十卷、附編十卷、首一卷,[民國]潘家元等纂修,民國十六年松鱗莊鉛印本,藏中國國家圖書館。

《大谷程氏世榮堂家乘》(績溪縣),四卷,[清]程庭烑統修,清乾隆四十八年刻本,民國二十五年翻印,藏上海圖書館。

《大谷程氏宗譜》(績溪縣)，四卷，[清]程常憲主修，清光緒三年叙倫堂刻本，藏上海圖書館。

《瑁溪[金氏]家譜補戚篇》(休寧縣)，六卷，[明]金應宿纂修，明萬曆十四年刻本，藏上海圖書館。

《瑁溪金氏族譜》(休寧縣)，十八卷，[明]金瑤、金應宿纂修，明隆慶二年歙縣黃氏刻本，藏中國國家圖書館。

《德卿公匣規條》(歙縣)，不分卷，清抄本，藏安徽大學文學院程自信教授處。

F

《府前方氏宗譜》(歙縣)，二十卷、首一卷，[民國]方爲國等纂修，民國二十年敦本堂木活字本，藏河北大學圖書館。

《傅溪徐氏族譜》(歙縣)，十二卷，[清]徐景京、徐璟慶編，清乾隆二年木刻本，藏河北大學圖書館。

《富溪程氏祖訓家規封丘淵源合編》(休寧縣)，不分卷，[清]程顯謨纂修，清宣統三年抄本，藏上海圖書館。

G

《古林黃氏重修族譜》(休寧縣)，四卷，[明]黃文明纂修，明崇禎十六年刻本，藏中國國家圖書館。

《古歙城東許氏世譜》(歙縣)，八卷，[明]許光勳纂修，明崇禎八年刻本，藏中國國家圖書館。

《古歙謝氏統宗志》(歙縣)，八卷，[明]謝廷諒等纂修，明萬曆三十二年刻本，藏上海圖書館。

《古歙義成朱氏宗譜》(歙縣)，十卷、首一卷、末一卷，[清]汪掬如等纂修，清宣統二年存仁堂活字本，複印本藏安徽大學徽學研究中心資料室。

《古黟環山余氏宗譜》(黟縣)，二十二卷、首一卷、末一卷，[民國]余攀榮等纂修，民國六年木活字本，藏上海圖書館。

《古築孫氏家譜》(黟縣)，四卷，[清]孫家暉纂修，清嘉慶十七年刻本，藏上海圖書館。

《桂林洪氏宗譜》(歙縣)，八卷，[民國]洪業遠纂修，民國十二年木活字本,藏上海圖書館。

H

《韓楚二溪汪氏家乘》(祁門縣),十卷、首一卷,[清]汪衍桎等主修、汪發宰纂修,清宣統二年木活字本,藏中國國家圖書館。

《河間凌氏宗譜》(祁門縣),十六卷、首一卷、末一卷,[民國]凌雨晴、凌克讓纂修,民國十年刻本,藏安徽大學徽學研究中心特藏室。

《鶴山李氏宗譜》(黟縣),二卷、首一卷、末一卷,[民國]李世祿等纂修,民國六年木活字本,藏上海圖書館。

《橫岡胡氏支譜》(黟縣),二卷,[清]胡璟等纂修,清康熙四十三年刻本,藏中國歷史研究院圖書館。

《洪川修譜議事雜錄》(績溪縣),不分卷,[民國]程蘭纂修,民國十一年刻本,藏安徽省圖書館。

《華陽邵氏統宗譜》(績溪縣),十八卷、首一卷,[清]邵蘭等纂修,清乾隆二十八年叙倫堂等刻本,藏上海圖書館。

《華陽邵氏宗譜》(績溪縣),十八卷、首一卷,[清]邵玉琳、邵彥彬等纂修,清宣統二年木活字本,藏上海圖書館。

《華陽舒氏統宗譜》(績溪縣),十九卷、首一卷,[清]舒安仁等纂修,清同治九年叙倫堂木活字本,藏上海圖書館。

《環溪吳氏家譜》(婺源縣),四卷,[清]吳光昭等纂修,清光緒三十年寶誥堂木活字本,藏中國國家圖書館。

《璜源吳氏族譜》(休寧縣),八卷、首一卷,[明]吳燁、吳應期纂修,明萬曆七年吳氏保和堂刻本、萬曆三十七年增修,藏中國國家圖書館。

《璜源吳氏族譜》(休寧縣),十卷、首一卷,[清]吳銓纂修,清康熙六十年刻本,藏上海圖書館。

J

《濟溪游氏宗譜》(婺源縣),二十八卷、首一卷,[清]游永等纂修,清乾隆三十三年叙倫堂木活字本,藏上海圖書館。

《濟陽江氏統宗譜》(全國),八十卷、首一卷,[民國]江峰青等纂修,民國八年木活字本,藏河北大學圖書館。

《續溪城南方氏宗譜》（續溪縣），二十四卷、首一卷、附城南方氏祠譜四卷，[民國]方樹等纂修，民國八年思誠堂木活字本，藏中國國家圖書館。

《續溪東關馮氏家譜》（續溪縣），八卷、首三卷、末三卷，[清]馮景坡、馮景坊纂修，清光緒二十九年木活字本，藏中國國家圖書館。

《續溪璜上程承啟堂世系譜》（續溪縣），十五卷、首一卷、末一卷，[清]程步雲等纂修，清宣統三年承啟堂木活字本，藏上海圖書館。

《續溪積慶坊葛氏重修族譜》（續溪縣），八卷、首一卷、末一卷，[明]葛文簡等纂修，明嘉靖四十四年刻本，藏上海圖書館。

《續溪霞間高垂裕堂支譜》（續溪縣），四卷，[民國]高耀鏡纂修，民國二十三年石印本，藏河北大學圖書館。

《續溪縣南關許余氏愔叙堂宗譜》（續溪縣），十卷，[清]許文源等纂修，清光緒十五年木活字本，藏安徽省圖書館。

《續谿仁里程繼序堂專續世系譜》（續溪縣），二十三卷、首三卷、末三卷，[清]程秉燿等主修，清光緒三十三年木活字本，藏上海圖書館。

《續邑北門張氏宗譜》（續溪縣），十二卷、首一卷、末一卷，[清]張沛澤等纂修，清光緒十三年敦倫堂木活字本，藏上海圖書館。

《甲道張氏宗譜》（婺源縣），六十卷，[清]張翼先等纂修，清道光十九年木活字本，藏中國國家圖書館。

《甲道張氏宗譜》（婺源縣），六十四卷，[清]張琴等修，清光緒二十五年木刻本，藏北京大學圖書館。

《甲道張氏宗譜》（婺源縣），四十二卷、續編二卷，[清]張圖南、張元澧纂修，清乾隆四十七年刻本，藏河北大學圖書館。

《澗洲許氏宗譜》（續溪縣），十卷，[民國]許汪生等纂修，民國三年追遠堂木活字本，藏上海圖書館。

《江村洪氏家譜》（休寧縣），十四卷，[清]洪昌纂修，清雍正八年刻本，藏中國國家圖書館。

《金山洪氏宗譜》（歙縣），四卷，[清]洪承科、洪必華修，鮑杏林纂，清同治十二年致祥堂刻本，藏山西家譜資料中心。

《錦谷程氏宗譜》（續溪縣），四卷，[清]程希賢主修、程漸魁纂修，清光緒三十年惇庸堂木活字本，藏上海圖書館。

《錦營鄭氏宗譜》（祁門縣），八卷、首一卷、末一卷，[清]鄭道選修、鄭士滿纂,清道光元年敦倫堂木活字本,藏上海圖書館。

《京兆金氏宗譜》(祁門縣),六卷,[民國]金啟富、金啟遜纂修,民國十年刻本,藏安徽大學徽學研究中心特藏室。

《荊川明經胡氏五義堂宗譜》(績溪縣),十六卷、首一卷、末一卷,[清]胡學先、胡森順等纂修,清光緒十年五義堂木活字本,藏天津圖書館。

L

《梁安城西周氏宗譜》(績溪縣),二十卷、首一卷、末一卷、附勘誤記一卷,[清]周之屏等纂修,清光緒三十一年敬愛堂木活字本,藏上海圖書館。

《梁安高氏宗譜》(績溪縣),十二卷,[清]高富浩等纂修,清光緒三年木活字本,藏中國國家圖書館。

《臨溪吳氏族譜》(休寧縣),十四卷、附宗約一卷,[明]吳元孝纂修,明崇禎十四年刻本,藏中國國家圖書館。

《龍池王氏宗譜》(婺源縣),十三卷、首一卷、末一卷,[清]王全芝等纂修,清道光二十六年木活字本,藏上海圖書館。

《龍川胡氏支譜》(績溪縣),四卷、首一卷,[民國]胡緝熙、胡兆成等纂修,民國十三年木活字本,藏中國國家圖書館。

《龍井胡氏族譜》(績溪縣),不分卷,[明]胡東升等纂修,明嘉靖三十五年刻本,藏安徽省績溪縣宅坦村博物館。

《龍溪俞氏家譜》(婺源縣),十六卷、首一卷、末一卷,[清]俞大澋等纂修,清乾隆四十七年木活字本,藏上海圖書館。

《羅氏宗譜》(歙縣),十卷,[明]羅汝聲纂修,明正德二年刻本,藏上海圖書館。

M

《眉山吳氏宗譜》(歙縣),八卷、首一卷,[民國]吳永豐纂修,民國十五年敦倫堂木活字本,藏上海圖書館。

《明經胡氏龍井派宗譜》(績溪縣),十二卷,[清]胡寶鐸、[民國]胡宣鐸纂修,民國十年刻本,藏安徽省績溪縣宅坦村博物館。

《明經胡氏壬派宗譜》(黟縣),十二卷,[清]胡叔咸等纂修,清道光六年木活字本,藏上海圖書館。

《茗洲吳氏家典》（休寧縣），八卷，[清]吳翟纂修，清雍正十一年紫陽書院刻本，藏安徽省博物院。

《茗洲吳氏家記》（休寧縣），十二卷，[明]吳子玉纂修，清抄本，藏中國國家圖書館。

P

《盤川王氏宗譜》（績溪縣），六卷、首三卷、末二卷，[民國]王德藩等纂修，民國十年五教堂木活字本，藏中國國家圖書館。

《平陽汪氏宗譜》（祁門縣），八卷，[清]汪大樽等纂修，清同治七年木活字本，藏安徽大學徽學研究中心特藏室。

《平陽汪氏宗譜》（祁門縣），八卷、首一卷，[民國]汪錦波纂修，民國十八年裕元堂刻本，藏安徽大學徽學研究中心資料室。

《屏山舒氏宗譜》（黟縣），三卷，[清]舒道觀纂修，清道光二十七年五之堂木活字本，藏上海圖書館。

Q

《祁門胡氏族譜》（祁門縣），不分卷，[清]胡廷琛纂修，清光緒十四年木活字本，藏上海圖書館。

《祁門清溪鄭氏家乘》（祁門縣），四卷，[明]鄭之珍、鄭之錫等纂修，明萬曆十一年刻本，藏上海圖書館。

《祁門善和程氏譜》（祁門縣），十四卷、程氏寵光錄一卷、程氏足徵錄四卷，[明]程昌纂修，明嘉靖二十年家刻本，藏中國國家圖書館。

《祁門善和程氏仁山門支修宗譜》（祁門縣），四十一卷、首一卷、附錄一卷，[清]程際隆纂修，清光緒三十三年太邑汪錦堂木活字本，藏安徽省圖書館。

《潛川汪氏惇本祠溯源家譜》（歙縣），八卷，[清]汪士鋐纂修，清康熙三十三年刻本，藏上海圖書館。

《清華東園胡氏勳賢總譜》（婺源縣），三十卷，[民國]胡上林等纂修，民國五年木活字本，藏上海圖書館。

《清華胡仁德堂續修世譜》（婺源縣），二十七卷、首一卷、末一卷，[民國]胡啟鬐等纂修，民國六年仁德堂木活字本，藏上海圖書館。

《清華胡氏文敏公宗譜》（婺源縣），十卷、首一卷、末一卷，[清]胡元熿等纂修，清嘉慶二十三年木活字本，藏上海圖書館。

《清華胡氏宗譜》（婺源縣），二十四卷、首一卷、末一卷，[民國]胡鳴鶴等纂修，民國六年勳賢堂木活字本，藏上海圖書館。

《清華胡氏族譜》（婺源縣），六卷，[明]胡尚仁、胡天民等纂修，明天順二年刻本，藏中國國家圖書館。

《泉塘葛氏宗譜》（績溪縣），十六卷、首一卷、末一卷，[清]葛光漢纂修，清宣統三年木活字本，藏山西家譜資料中心。

R

《仁里程敬愛堂世守譜》（績溪縣），四卷、首一卷、末一卷，[清]程紹邰等主修，清道光九年敬愛堂刻本，藏上海圖書館。

S

《三田李氏統宗譜》（徽州府），不分卷，[明]李暉、李春融纂修，明天啟元年①刻本，藏中國歷史研究院圖書館。

《沙堤葉氏家譜》（祁門縣），十三卷，[明]葉盛春主修，明萬曆七年刻本，藏上海圖書館。

《沙南方氏宗譜》（歙縣），五卷，[明]劉曰謙等纂修，明萬曆三十四年木活字本，藏中國國家圖書館。

《善和程氏仁山門支譜》（祁門縣），不分卷，[清]程衡等纂修，清康熙二十一年刻本，藏中國國家圖書館。

《商山吳氏宗法規條》（休寧縣），不分卷，[明]吳世禄、吳應試等輯，明萬曆抄本，藏中國國家圖書館。

《上川明經胡氏宗譜》（績溪縣），三卷、首一卷、末一卷，[民國]胡祥木等

---

① 《中國家譜總目》和《中國善本書目》均將該譜著錄爲"明萬曆四十二年刻本"。但據查該譜內容，其中尚有萬曆四十六年序文，而時間最晚之《蘭埜李氏分派總序》更落款爲"皇明萬曆庚申夏季之吉"，萬曆庚申年實爲天啟元年。據此，編者將該譜定爲天啟元年刻本。

纂修,清宣統三年木活字本,藏上海圖書館。

《歙淳方氏柳山真應廟會宗統譜》(歙縣、淳安縣),二十卷,[清]方善祖等纂修,清乾隆十八年刻本,藏黃山學院圖書館。

《歙南武擔姚氏漁梁上門支譜》(歙縣),三卷、首一卷、末一卷,[民國]姚邦燮纂修,民國十年永澤堂木活字本,藏河北大學圖書館。

《歙西堨田汪氏家譜》(歙縣),四卷、首一卷,[清]汪邦忠等纂修,清光緒七年刻本,藏中國歷史研究院圖書館。

《歙西範川謝氏支譜》(歙縣徙蕪湖),十二卷,[民國]謝炳華等纂修,民國十四年木活字本,藏上海圖書館。

《歙西金山宋村宋氏族譜》(歙縣),十二卷,[清]宋德澤纂修,清康熙五十九年秉德堂刻本,藏河北大學圖書館。

《歙西汪氏重輯支譜》(歙縣),四卷、首一卷,[民國]汪宗海纂修,民國八年抄本,藏上海圖書館。

《歙西巖鎮百忍程氏本宗信譜》(歙縣),十二卷、首一卷、附程氏宗譜會訂一卷,[明]程弘賓等編纂,明萬曆十八年刻本,藏中國國家圖書館。

《歙縣桂溪項氏族譜》(歙縣),二十四卷、首一卷、末一卷,[清]項啟鎁等纂修,清嘉慶十六年木活字本,藏安徽省圖書館。

《歙新館鮑氏著存堂宗譜》(歙縣),十六卷,[清]鮑存良等纂修,清光緒元年著存堂木活字本,藏上海圖書館。

《率口程氏續編本宗譜》(休寧縣),六卷,[明]程時用、程文傑等纂修,明隆慶五年刻本,藏中國國家圖書館。

《雙杉王氏宗譜》(婺源縣),二十卷,[清]王啟魁纂修,清光緒十九年孝睦堂木活字本,藏上海圖書館。

T

《潭渡孝里黃氏族譜》(歙縣),十卷、首一卷、末一卷,[明]黃玄豹重編,[清]黃景管參補、黃臣槐等校補,清雍正九年校補刻本,藏安徽省圖書館。

《唐氏三族祖塋祭祀譜》(歙縣),四卷,[清]唐必桂纂修,清光緒八年木活字本,藏上海圖書館。

《棠樾鮑氏宣忠堂支譜》(歙縣),二十二卷、首一卷、末一卷,[清]鮑琮纂修,清嘉慶十年刻本,藏安徽省圖書館。

《桃源洪氏宗譜》（祁門縣），六卷，[清]洪釗纂修，清光緒二十六年惇睦堂木活字本，藏上海圖書館。

《藤溪陳氏宗譜》（休寧縣），七卷，[清]陳豐纂修，清康熙十二年刻本，藏安徽省黃山市消防隊李俊處。

《托山程氏族譜》（歙縣），五卷，[明]程泂纂修，明萬曆元年刻本，藏上海圖書館。

W

《灣里裴氏宗譜》（黟縣），六卷、首一卷，[清]裴元榮等纂修，清咸豐五年敦本堂木活字本，藏上海圖書館。

《汪氏祠規》（歙縣），不分卷，[清]汪宏敬撰，清乾隆抄本，藏安徽省圖書館。

《汪氏湖山墓祠紀》（婺源縣），一卷，[清]汪松泰等纂修，清道光二十七年刻本，藏上海圖書館。

《汪氏十六族譜》（歙縣），十卷，[明]汪道昆等纂修，明萬曆二十年刻本，藏上海圖書館。

《汪氏世守譜》（績溪縣），十卷、首一卷，[民國]汪行廣等主修、汪順煌等纂修，民國四年木活字本，藏上海圖書館。

《汪氏通宗世譜》（徽州府），一百四十卷、首二卷，[清]汪璣、汪嘉祺等纂修，清乾隆五十二年刻本，藏安徽省圖書館。

《王氏統宗世譜》（徽州府），卷數不詳，存卷一至三，[明]王廷昉等纂修，明萬曆三十五年刻本，藏上海圖書館。

《王源謝氏孟宗譜》（祁門縣），十卷、考辯一卷、附錄一卷，[明]謝顯纂修，明嘉靖十六年刻本，藏中國國家圖書館。

《望仙譚氏宗譜》（休寧縣），卷數不詳，存卷一、卷三，[明]譚本立、程文綉等纂修，藏中國國家圖書館。

《文堂陳氏宗譜》（祁門縣），六卷、首一卷，[清]陳淦等纂修，清道光八年木活字本，藏上海圖書館。

《文堂鄉約家法》（祁門縣），不分卷，[明]陳昭祥輯，明隆慶六年刻本，藏安徽省圖書館。

《吳越錢氏七修流光宗譜》（歙縣），六卷、首一卷，[民國]錢文德等主修，民國三年木活字本,藏上海圖書館。

《武溪陳氏宗譜》(祁門縣),四卷,[清]胡廷瑞纂修,清同治十二年敦厚堂刻本,複印本藏安徽大學徽學研究中心資料室。

《婺南雲川王氏世譜》(婺源縣),八卷,[清]王居穆、王作霖纂修,清康熙四十五年刻本,藏中國歷史研究院圖書館。

《婺南雲川王氏世譜》(婺源縣),四卷,[清]王魁昇等纂修,清乾隆二十一年刻本,藏上海圖書館。

《婺源桃溪潘氏宗譜》(婺源縣),二十一卷,[明]潘文儁等纂修,明崇禎九年刻本,藏中國國家圖書館。

《婺源查氏族譜》(婺源縣),八卷、首二卷、末十二卷,[清]查蔭元等纂修,清光緒十八年鳳山孝義祠木活字本,藏中國歷史研究院圖書館。

X

《西關章氏族譜》(績溪縣),四十卷、首二卷,[民國]章尚志纂修,民國四年木活字本,藏上海圖書館。

《西門大公房揮僉公支譜》(休寧縣),十卷,[清]汪立正等纂修,清乾隆四年百城書屋刻本,藏中國歷史研究院圖書館。

《西門汪氏族譜》(休寧縣),十一卷、附錄一卷,[明]汪尚和纂修,明嘉靖六年刻本,藏中國國家圖書館。

《溪南江氏族譜》(歙縣),不分卷,[明]江珍纂修,明抄本,藏南京圖書館。

《仙石周氏宗譜》(績溪縣),二卷,[清]周善鼎等纂修,清宣統三年善述堂木活字本,藏上海圖書館。

《蕭江復七公房支譜》(婺源縣),六卷、首一卷,[清]江如松等纂修,清乾隆三十七年木活字本,藏美國猶他州家譜學會。

《蕭江家乘》(婺源縣),十二卷,[清]江賡纂修,清道光三十年敦倫堂刻本,藏上海圖書館。

《蕭江全譜》(婺源縣),五卷、附錄五卷,[明]江旭奇等纂修,明萬曆三十九年刻本,藏上海圖書館。

《新安畢氏族譜》(徽州府),十七卷、首一卷、附錄一卷,[明]畢濟川主修,明正德四年刻本,藏中國國家圖書館。

《新安陳氏宗譜》(徽州府)，二卷、附録一卷，[明]陳靖纂修，明正德二年刻本，藏中國國家圖書館。

《新安程氏世譜》(休寧縣遷無爲)，三十六卷、徵文録十卷、首一卷，[清]程佐衡纂修，清光緒十八年無爲縣嘉會堂目耕樓木活字本，藏上海圖書館。

《新安程氏統宗補正圖纂》(徽州府)，二十卷、首一卷、末一卷，[清]程尚龍等纂修，清乾隆十二年刻本，藏中國歷史研究院圖書館。

《新安程氏統宗補正圖纂》(徽州府)，三十二卷、首一卷、末一卷，[清]程士培纂修，清康熙二十四年刻本，藏中國歷史研究院圖書館。

《新安程氏統宗世譜》(徽州府)，二十卷、譜辨一卷、附録二卷，[明]程敏政纂修，明成化十八年刻本，藏中國國家圖書館。

《新安程氏諸譜會通》(徽州府)，十四卷，[明]程孟纂修，明景泰二年刻本、五年增刻本，藏中國國家圖書館。

《新安大程村程氏支譜》(歙縣)，二卷，[清]程豫等纂修，清乾隆五年受祉堂刻本，藏上海圖書館。

《新安東關濟陽江氏宗譜》(歙縣)，二十四卷、首一卷，[清]江上錦等纂修，清乾隆五十四年木活字本，藏上海圖書館。

《新安瑯琊王氏宗譜》(徽州府)，八卷、首一卷、末一卷，[清]王大鵠纂修，清道光二十九年刻本，藏山西家譜資料中心。

《新安嶺南張氏會通宗譜》(休寧縣)，不分卷，[明]張復始等纂修，明嘉靖十二年刻本，藏日本東京大學東洋文化研究所。

《新安吕氏宗譜》(徽州府)，六卷、附一卷，[明]吕繼華等纂編，民國二十四年重印明萬曆五年德本堂木活字本，複印本藏安徽大學徽學研究中心資料室。

《新安蜀川陳氏宗譜》(績溪縣)，十二卷、文翰五卷，[明]陳明和纂修，明成化刻本，藏中國國家圖書館。

《新安孫氏宗譜》(徽州府)，五卷、附孫氏支譜六卷，[清]孫毓华、孫德昭等纂修，清道光十五年刻本，藏中國國家圖書館。

《新安汪氏重修八公譜》(休寧縣)，八卷，[明]汪尚琳纂修，明嘉靖十四年刻本，藏日本東京大學東洋文化研究所。

《新安汪氏宗祠通譜》(歙縣)，四卷、首一卷、末一卷，[清]汪之遴等纂修，清道光二十年刻本，藏中國國家圖書館。

《新安休寧古城程氏宗譜》(休寧縣),十一卷、引證一卷、會訂一卷,[明]程惟時等纂修,明隆慶四年刻本,藏上海圖書館。

《新安休寧乾灘吳氏會通譜》(休寧縣),十二卷,[明]吳斌等纂修,明嘉靖十一年光裕堂刻本,藏中國國家圖書館。

《新安休寧汪溪金氏族譜》(休寧縣),五卷、附錄一卷,[明]金弁、陳有守等纂修,明嘉靖三十二年刻本,藏中國國家圖書館。

《新安休寧文昌金氏世譜》(休寧縣),十卷、附錄一卷,[明]程天保等纂修,明正德十年家刻本,藏中國國家圖書館。

《新安徐氏墓祠規》(歙縣、休寧縣),不分卷,[清]徐禋纂輯,清乾隆九年刻本,藏南京大學圖書館。

《新安徐氏宗譜》(歙縣),十八卷,[清]徐景京、徐璟慶、徐禋纂修,清乾隆三年刻本,藏河北大學圖書館。

《新安朱氏宗祠記》(休寧縣),不分卷,佚名,清光緒抄本,藏安徽大學徽學研究中心特藏室。

《新安左田黃氏正宗譜》(祁門縣),二十卷、文獻十九卷,[明]黃瑜纂修,明嘉靖三十七年刻本,藏中國國家圖書館。

《新州葉氏家譜》(歙縣),不分卷,[清]葉爲銘輯,清光緒三十三年抄本,藏上海圖書館。

《星源銀川鄭氏宗譜》(婺源縣),六卷、首一卷、末一卷,[清]鄭永彬、鄭起煒等纂修,清乾隆四十年木活字本,藏上海圖書館。

《休寧曹氏統宗譜》(休寧縣),十五卷,[明]曹誥、曹嗣軒纂修,明萬曆四十一年刻本,藏中國國家圖書館。

《休寧戴氏族譜》(休寧縣),十五卷,[明]戴堯天重編,明崇禎五年刻本,藏上海圖書館。

《休寧范氏族譜》(休寧縣),九卷,[明]范淶纂修,明萬曆三十三年補刻本,藏安徽省圖書館。

《休寧古林黃氏重修族譜》(休寧縣),十二卷、首二卷、末一卷,[清]黃治安、盧鵬纂修,清乾隆三十一年刻本,藏安徽省圖書館。

《休寧茗洲吳氏家記》(休寧縣),十二卷,[明]吳子玉編修,明萬曆十九年抄本,藏日本東京大學東洋文化研究所。

《休寧陪郭葉氏世譜》(休寧縣),四卷、首一卷、附錄三卷,[明]葉志道纂修,明弘治十一年刻本,藏中國國家圖書館。

《休寧西岸汪氏族譜》(休寧縣),不分卷,作者不詳,清同治抄本,藏上海圖書館。

《休寧縣市吳氏本宗譜》(休寧縣),十卷,[明]吳鋹、吳津等纂修,明嘉靖七年家刻本,藏中國國家圖書館。

《休寧宣仁王氏譜》(休寧縣),十二卷,[明]王宗本纂修,明萬曆三十八年家刻本,藏中國國家圖書館。

《休寧葉氏族譜》(休寧縣),十卷,[明]葉文山等纂修,明崇禎四年刻本,藏上海圖書館。

《休寧邑前劉氏族譜》(休寧縣),六卷,[明]劉堯錫、劉齊禮纂修,明嘉靖三十八年刻本,藏中國國家圖書館。

《休邑黃氏思本圖》(休寧縣),不分卷,[明]黃顯仁等纂,明洪武二十二年刻本,藏天津圖書館。

Y

《嚴田李氏宗譜》(婺源縣),總卷數不詳,存譜圖、墓圖和卷七,[明]李時百纂修,明嘉靖刻本,載王强主編《明代家譜》第二輯第十五册,鳳凰出版社,2017年。

《黟北盧氏族譜》(黟縣),不分卷,[明]盧乾等纂修,清抄本,藏上海圖書館。

《黟北查氏族譜》(黟縣),二卷,[民國]查必達纂修,民國九年排印本,藏上海圖書館。

《黟縣莫氏宗譜》(黟縣),四卷,[清]莫春暉撰,清嘉慶十四年抄本,載劉伯山編纂《徽州文書》第二輯第五册,廣西師範大學出版社,2006年。

《黟縣南屏葉氏族譜》(黟縣),八卷,[清]葉有廣等纂修,清嘉慶十七年木活字本,藏安徽省圖書館。

《營前鄭氏家譜》(祁門縣),五卷,[明]鄭周世、鄭繼世纂修,明萬曆九年家刻本,藏中國國家圖書館。

《余川越國汪氏族譜》(績溪縣),二十卷、首一卷、末一卷,[民國]胡祥木纂修,民國五年木活字本,藏上海圖書館。

《余氏宗祠約》(婺源縣),不分卷,[明]余懋衡撰,明天啟刻本,影本藏江西師範大學歷史文化與旅游學院廖華生博士處。

《魚川耿氏宗譜》（績溪縣），八卷、首一卷、末一卷，[民國]耿全總理、耿介撰修，民國八年木活字本，藏上海圖書館。

《腴川程氏宗譜》（婺源縣），三十二卷，[清]程元瑞等纂修，清同治七年尚義堂刻本，藏安徽大學徽學研究中心特藏室。

Z

《澤富王氏宗譜》（歙縣），八卷，[明]王仁輔等修，明隆慶六年刻本，藏安徽省博物院。

《張氏統宗世譜》（徽州府），本源紀一卷、内紀十八卷、文獻十一卷、目錄二卷，[明]張士鎬、張大鵬等纂修，明嘉靖十四年刻本，藏中國國家圖書館。

《中井河東馮氏宗譜》（祁門縣），總卷數不詳，存卷一至三，[清]馮光岱纂修，清嘉慶九年和義堂木活字本，藏上海圖書館。

《周氏重修族譜正宗》（績溪縣），十五卷，[清]周思武、周思宣、周齊賢等纂修，清康熙五十五年刻本，複印本藏安徽大學徽學研究中心資料室。

《竹馬館東李宗譜》（婺源縣遷居浙江金華縣），十一卷，[民國]李瑞梓等纂修，民國二十四年如在堂木活字本，藏河北大學圖書館。

《竹溪陳氏墓祀錄》（祁門縣），四卷，[明]陳光纂修，明嘉靖十三年刻本，藏中國國家圖書館。

《族譜便覽》（績溪縣），不分卷，[民國]胡宣鐸等，民國刊印本，複印本藏南開大學歷史學院卞利處。

《左臺吴氏大宗譜》，三編，[民國]吴吉華纂修，民國二十三年中華書局排印本，藏中國國家圖書館。

三、地方志

C

《橙陽散志》，十二卷，[清]江登雲纂，清乾隆四十年刻本。

F

《豐南志》,十卷,[民國]吳吉祐纂,安徽省圖書館據稿本傳抄本。

H

《徽州府休寧縣都圖鄉村詳記》,佚名,清抄本,複印本藏南開大學歷史學院卞利處。

《徽州府志》,二十二卷,[明]何東序修、汪尚寧等纂,明嘉靖四十五年刻本。

《徽州府志》,十八卷,[清]丁廷楗、盧詢修,趙吉士纂,清康熙三十八年萬青閣刻本。

《徽州府志》,十二卷,[明]彭澤修、汪舜民纂,明弘治十五年刻本。

《徽州府志》,十六卷、首一卷,[清]馬步蟾纂修,清道光七年刻本。

J

《績溪縣志》,十二卷,[明]陳嘉策修、何棠等纂,明萬曆九年刻本。

《績溪縣志》,十二卷,[清]清愷修、席存泰纂,清嘉慶十五年刻本。

《績溪縣志》,十卷,[清]較陳錫修、章瑞鐘纂,清乾隆二十一年刻本。

Q

《祁門縣志》,八卷,[清]姚啟元修、張瑛等纂,清康熙二十二年刻本。

《祁門縣志》,三十六卷、首一卷,[清]王讓修、桂超萬纂,清道光七年刻本。

《祁門縣志》,三十六卷、首一卷,[清]周溶修、汪韻珊纂,清同治十二年刻本。

《祁門縣志》,四卷,[明]余士奇修、謝存仁纂,明萬曆十八年刻本。

《祁邑都圖》,不分卷,佚名,清抄本,複印本藏南開大學歷史學院卞利處。

S

《沙溪集略》，八卷，[清]凌應秋撰，安徽省圖書館傳抄本。

《善和鄉志》，八卷，[清]程文瀚纂，清光緒七年抄本。

《歙縣志》，十六卷，[民國]石國柱、樓文釗修，許承堯纂，民國二十六年鉛印本。

《歙志》，三十卷，[明]張濤修、謝陛纂，明萬曆三十七年刻本。

T

《潭濱雜志》，二卷，[清]黃克呂撰，清光緒二年木活字本。

W

《婺源縣志》，六卷，[明]馮炫纂修，明嘉靖十九年刻本。

《婺源縣志》，六十卷、首一卷，[清]吳鶚修、汪正元纂，清光緒九年刻本。

《婺源縣志》，七十卷、末一卷，[民國]葛韻芬等修、江峰青纂，民國十四年刻本。

《婺源縣志》，十二卷，[清]蔣燦纂修，清康熙三十三年刻本。

《婺源鄉土志》，七章，[清]董鍾琪、汪廷璋編，清光緒三十四年木活字本。

X

《新安婺源程氏鄉局記》，不分卷，紀事截至雍正年間，[清]程曷纂，清抄本，藏安徽省圖書館。

《新安志》，十卷、附錄一卷，[宋]羅願撰，宋淳熙二年纂，清光緒十四年刻本。

《休寧縣志》，八卷、首一卷，[明]李喬岱纂修，明萬曆三十五年刻本。

《休寧縣志》，八卷、首一卷，[清]廖騰煃修、汪晉徵纂，清康熙三十二年刻本。

《休寧縣志》，二十四卷、圖一卷，[清]何應松修、方崇鼎纂，清道光三年刻本。

Y

《巖鎮志草》,四卷,[清]佘華瑞纂,清雍正十二年纂,清乾隆刻本,安徽省圖書館傳抄本。

《黟縣三志》,十六卷、首一卷、末一卷,[清]謝永泰修、程鴻詔等纂,清同治十年刻本。

《黟縣四志》,十六卷、首一卷、末一卷,[民國]吳克俊、許復修,程壽保、舒斯笏纂,民國十二年黟縣藜照堂刻本。

《黟縣鄉土地理》,不分卷,[民國]胡存慶纂,民國十四年鉛印本。

《黟縣志》,八卷,[清]竇士範纂修,清順治十二年刻本。

《黟縣志》,十六卷、首一卷,[清]吳甸華修,程汝翼、俞正燮纂,清嘉慶十七年刻本。

四、原始文書簿籍(册)暨文書、文獻彙編

A

《安徽師範大學館藏徽州文書》,周向華編,安徽人民出版社,2009年。

B

《葆和堂需役給工食定例》(休寧縣),不分卷,[清]吳功善抄存,清抄本,藏中國社會科學院經濟研究所。

《不平鳴稿——天啟崇禎年間潘氏訟詞稿》(休寧縣),[明]余顯功,明抄本,藏南京大學歷史學院資料室,編號000094。

C

《崇禎十年至康熙四十九年祝聖會簿》(休寧縣),抄本,藏南京大學歷史學院資料室,編號000055。

《叢桂堂置產簿》(徽州某縣),清抄本,藏南京大學歷史學院資料室,編號000131。

《溁川文會簿》（歙縣），不分卷，作者不詳，傳抄本，複印本藏南開大學歷史學院卞利處。

D

《寳山公家議》（祁門縣），七卷、首一卷、附錄一卷，[明]程昌撰、[清]程宗武續，清順治刊本，藏安徽省圖書館。

《寳山公家議》（祁門縣），七卷、首一卷、附錄一卷，[明]程昌纂修，明萬曆三年刻本，藏中國國家圖書館。

H

《環溪王履和堂養山會簿》（祁門縣），不分卷，清嘉慶刊本，藏安徽省圖書館。

《黃賓虹文集》，上海書畫出版社、浙江省博物館編，上海書畫出版社，1999年。

《徽州不纏足會章程》（徽州府），不分卷，[清]徽州不纏足會編，清光緒二十九年刊本，藏安徽省圖書館。

《徽州會社綜錄》，上、下冊，[清]佚名，清抄本，藏中國歷史研究院圖書館。

《徽州民間珍稀文獻集成》，三十冊，王振忠主編，復旦大學出版社，2018年。

《徽州千年契約文書》（宋·元·明編、清·民國編），王鈺欣、周紹泉主編，花山文藝出版社，1993年。

《徽州文書》，第三輯，劉伯山主編，廣西師範大學出版社，2009年。

《徽州文書》，第一輯，劉伯山主編，廣西師範大學出版社，2005年。

M

《明清徽商資料選編》，張海鵬、王廷元主編，黃山書社，1985年。

《明清徽州社會經濟資料叢編》，第二輯，中國社會科學院歷史研究所徽州文契整理組編，中國社會科學出版社，1990年。

《明清徽州社會經濟資料叢編》，第一集，安徽省博物館編，中國社會科學出版社,1988年。

《明萬曆汪氏合同簿》,藏南京大學歷史學院資料室,編號000027。

N

《南京生意始末根由》,[明]張明方,藏中國歷史研究院圖書館。

Q

《柒拾伍仟會書》(歙縣),不分卷,[民國]吳連興訂,藏南開大學歷史學院下利處。

《祁門徑併清明會簿》(祁門縣),清抄本,藏上海圖書館。

《清道光太子神會流水帳簿》(績溪縣),不分卷,作者不詳,清抄本,藏南京大學歷史學院資料室,編號000115。

《清道光祝聖會簿》(休寧縣),清抄本,藏南京大學歷史學院資料室,編號000116。

《清光緒祁門縣城合邑船福會規則》,載王振忠主編《徽州民間珍稀文獻集成》第三册,復旦大學出版社,2018年。

《清光緒三十年歲次甲辰春日立祝聖會簿》(休寧縣),抄本,藏南京大學歷史學院資料室,編號000121。

《清康熙至嘉慶祝聖會簿》(休寧縣),抄本,藏南京大學歷史學院資料室,編號000111。

《清咸豐、同治婺源虹關鏡心壇扶鸞乩語日録》,[清]方外卧雲等撰,清抄本,載王振忠主編《徽州民間珍稀文獻集成》第三册,復旦大學出版社,2018年。

T

《同王姓交涉公事》(績溪縣),藏安徽省績溪縣胡里村胡開陽處。

W

《汪氏會簿》(徽州某縣),不分卷,作者不詳,清抄本,載王鈺欣、周紹泉主編《徽州千年契約文書》(宋·元·明編)第十卷《崇禎十二年汪氏會簿》,

花山文藝出版社,1993年。

X

《向杲孟陽公叙歷代祭祀》(歙縣),清抄本,載《徽州會社綜録》下册,藏中國歷史研究院圖書館。

Y

《以承祭祀》(績溪縣),不分卷,[清]胡裕倩堂,清光緒二十年四月立,藏安徽省績溪縣上庄鎮宅坦村博物館。

《餘慶堂清明會老簿》(徽州某縣),不分卷,作者不詳,清抄本,藏上海圖書館。

Z

《中國歷代契約粹編》,上、中、下册,張傳璽主編,北京大學出版社,2014年。

《中國歷代契約會編考釋》,上、下册,張傳璽主編,北京大學出版社,1995年。

《中國社會科學院經濟研究所藏徽州文書類編·散件文書》,四册,封越健主編,社會科學文獻出版社,2017年。

《紫陽崇文會録》(杭州府),清康熙刻本,藏安徽省博物院。

後　記

　　2014年11月，由本人主持申報的2014年度國家社科基金重大項目《中國古代民間規約文獻集成》（批准號：14ZDB126）經過競標評審，榮幸獲准立項。次年3月，項目開題報告會如期在合肥舉行。安徽教育出版社編輯夏業梅女士得知消息後，主動聯繫我，并全程參加了開題報告會。之後，經過密切的交流、協商和聯繫，在安徽教育出版社時任總編輯張丹飛女士的鼎力支持下，夏業梅女士多次誠邀我商談項目成果出版事宜。在此過程中，我特地提出了可否先將民間規約遺存較爲豐富的徽州民間規約先行出版。這一提議，得到了張丹飛總編輯和夏業梅女士的積極回應。當時之所以考慮這一問題，主要是因爲重大項目時間斷限下限爲1840年以前，導致1840年至1949年間很多連續性較強、十分珍稀的徽州民間規約文獻無法收入《中國古代民間規約文獻集成》項目成果之中。

　　時間過得飛快，在東奔西走、北上南下到處收集、複製（含拍照）和抄錄中國古代各類民間規約文獻的同時，特別留意抄錄的徽州民間規約文獻也積纍到了百餘萬字。這期間，我的工作經歷了重要變動。2017年3月，我由安徽大學徽學研究中心調入南開大學歷史學院工作。2018年7月，我和安徽教育出版社簽訂了《徽州民間規約文獻精編》圖書出版合同。隨後，安徽教育出版社以此爲題申報了國家出版基金項目并獲批。

　　2019年，夏業梅女士因工作變動，本書轉由綜合編輯部江舟主任負責。2020年4月初，根據雙方約定的時間，《徽州民間規約文獻精編》全部交稿，分爲《村規民約卷》《會館、善堂、公所暨行業規約卷》《社會生活規約卷》和《宗族規約卷》四卷四個專題，同時向出版社提交了該書收錄的原始規約文獻圖片，以供責任編輯校對參考。

　　經過江舟主任和陶忠娣、付靜等編輯半年多的認真審讀與細心校對，《徽州民間規約文獻精編》即將付梓出版。

　　在《徽州民間規約文獻精編》行將面世之際，我謹對本書出版過程中付出心血和勞動的各位領導及各位編輯致以衷心的感謝！特別感謝現已升任時代出版傳媒股份有限公司出版業務部主任的張丹飛編審、安徽教育出版社綜合編輯部江舟主任，項目統籌李冰冰、陶忠娣、付静，以及已調往合肥師範學院工作的夏業梅女士。正是她們的鼎力支持和嚴謹求實的敬業精神，纔使得本書得以立項并如期順利出版。

對參與本書各卷文獻收集整理與點校録入工作的安徽大學社會與政治學院博士生導師沈昕教授、徐州醫科大學馬克思主義學院陳雪明博士，以及南開大學歷史學院博士生張致和、碩士生潘寧和萬桐同學等，我謹向他（她）們表示最誠摯的謝意！他（她）們在繁忙的教學科研工作或緊張的學業之餘，積極參與項目，并以高度負責的態度認真開展工作，不僅減輕了我的壓力和負擔，而且保證了本書的質量。我也從與他（她）們的合作中獲得了無窮的樂趣與不竭的動力。

還要特别感謝安徽省圖書館歷史文獻部石梅主任、復旦大學中國歷史地理研究所王振忠教授、江西師範大學廖華生博士、安徽大學徽學研究中心張小坡研究員、日本熊本大學伊藤正彦教授和楊纓博士！他們在幫助我借閲和複製徽州民間規約文獻等方面，提供了全方位的支持和熱情的服務。没有他們的協助與支持，或許本書中很多珍稀的規約文獻將無法收録。

在我主持繁重的項目資料收集整理和研究過程中，我的妻子、安徽大學圖書館戴聖芳館員承擔了全部家務。在此，謹向她致以真誠的感謝！

由於本人水平、時間和精力有限，加之受新冠病毒疫情的影響，本書在徽州民間規約文獻的收集、分類、録入、點校、精選和終稿校對等方面，還存在很多不足甚至訛誤之處，懇請讀者予以批評指正，并冀望有機會再版時予以改正、補充和完善。

卞　利

2020 年 12 月 20 日

於南開大學中國社會史研究中心暨歷史學院